第一インターナショナルと
マルクス主義

荒川　繁　著

創　風　社

凡　例

1　第一インターナショナルの大会議事録（1864 〜 72 年）については，Jacques Freymond, *La Première Internationale* Ⅰ. Ⅱ.（1962）を用いた。訳文は荒川による。

2　第一インターナショナルの総評議会の議事録（1864 〜 72 年）については，*The General Council of the First International*, Minutes, Moscow 全五巻，を用いた。訳文は荒川による。

3　MEGA は，Marx Engels Gesamtausgabe の略で，Text と Apparat からなる。Ⅰ部は著作集を，Ⅱ部は『資本』の草稿集を，Ⅲ部は書簡集を，Ⅳ部は抜粋ノート等，を扱う。

4　MEW は，Marx Engels Werke Dietz の略である。邦訳は『マルクス＝エンゲルス全集』全 41 巻，補巻（大月書店）を用いた。

目　　次

序　文 ……………………………………………………………………… 9
　第 1 節　第一インターナショナルと『資本』 ………………………… 9
　　《資料 1》いわゆる本源的蓄積『資本』初版 …………………………12
　第 2 節　『資本』初版の序文 ……………………………………………13
　第 3 節　『資本』第二版のあとがき ……………………………………19
　　《資料 2》『資本』第 I 部，新メガ II / 5, 6, 7
　　　　　　（初版，第二版，フランス語版）の「前おき」 ……………26

第 1 章　マルクスによるイギリス労働組合主義批判 …………………67
　第 1 節　M. リュベルの問題提起 ………………………………………67
　第 2 節　1864 年の「創立宣言」と「暫定規約」 ……………………71
　第 3 節　労働組合による賃上げ闘争をめぐるマルクスとウェストンとの
　　　　　論争 ………………………………………………………………74
　第 4 節　国際労働者協会　第一回ジュネーヴ大会 1866 年 …………92
　第 5 節　労働組合の意義 …………………………………………………96
　　《資料》オーエン主義とチャーティズム …………………………110

第 2 章　1868 年のヴリュッセル大会と 1869 年のバーゼル大会 ……121
　第 1 節　第一インターナショナルと大会 ……………………………121
　第 2 節　国際労働者協会　第三回ブリュッセル大会 ………………123
　第 3 節　国際労働者協会　第四回バーゼル大会 ……………………154
　第 4 節　大会の意義 ……………………………………………………182
　　《資料 1》P. J. プルードン ……………………………………………188
　　《資料 2》標準労働日のための闘争，機械と大工業，機械経営の発展に
　　　　　　伴う労働者の反発と吸引 …………………………………191

第 3 章　1871 年のロンドン協議会 ……………………………………205
　第 1 節　第一インターナショナルとパリ・コミューン ……………205

第2節　普仏戦争とパリ・コミューン………………………………………208

　　第3節　国際労働者協会　ロンドン協議会……………………………………237

　　第4節　ロンドン協議会の意義………………………………………………268

　　《資料》マルクスとブランキ主義……………………………………………279

第4章　国際労働者協会と組織構成…………………………………………………295

　　　　　──総評議会と各国組織を中心に──

　　第1節　第一インターナショナルの規約改正…………………………………295

　　第2節　1864年の暫定規約から1869年の規約改正まで……………………299

　　第3節　1871年ロンドン協議会からハーグ大会までの規約編集……………306

　　第4節　第一インターナショナルの組織原則…………………………………324

　　《資料1》「共産主義者同盟規約」（1847年）……………………………331

　　《資料2》「共産主義者同盟規約」（1851年）……………………………339

第5章　1872年のハーグ大会………………………………………………………343

　　　　　──資本主義的蓄積の歴史的傾向──

　　第1節　政治的決議とバクーニン主義…………………………………………343

　　第2節　ロンドン協議会からハーグ大会まで…………………………………345

　　第3節　国際労働者協会　第五回ハーグ大会…………………………………372

　　第4節　ハーグ大会の意義………………………………………………………388

第6章　マルクスの教育論…………………………………………………………405

　　第1節　第一インターナショナルと児童教育…………………………………405

　　第2節　1866年大会から1869年大会まで……………………………………408

　　第3節　『資本』と教育条項……………………………………………………438

　　第4節　マルクスの教育思想……………………………………………………451

　　《資料》生産的労働と教育の結合について…………………………………469

あとがき……………………………………………………………………………517

第一インターナショナルと
マルクス主義

序　文

第1節　第一インターナショナルと『資本』

　本書は働く人々の抗議，抵抗運動，とりわけ1864年から1876年まで活動を続けた第一インターナショナル，国際労働者協会を対象とするが，特に問題となるのは1867年刊行の経済学批判『資本』*Das Kapital* 第Ⅰ部の理論的作業と労働運動とのかかわりである。すなわち，1865年のJ. ウェストンとの賃金闘争から，1871年のパリ・コミューン後に現実化した政治闘争との関連である。数十年をようした経済学批判『資本』執筆にもっとも凝集される時期に，なぜマルクスは国際労働者協会の活動に従事したのであろうか。古典派経済学，アダム・スミス『諸国民の富』（1776年），D. リカード『経済学と課税の原理』（1817年）のもつ理論的かつ歴史的限界をのりこえんとするマルクスにとって，経済学批判『資本』と国際労働者協会とはいかなる意味で関連していたのであろうか。理論的作業と併行して行なわれた運動の意義を解明することが本書の課題である[1]。

　経済学批判『資本』第Ⅰ部初版1867年，第二版1873年，仏語版1872 ～ 75年の「序文」および「後がき」で，マルクス主義の課題が，経済学研究と労働運動との関連が語られた。つまり「近代社会の経済的運動法則の解明」が経済学批判『資本』序文で提起され，同時に第一インターナショナルで労働運動が遂行されたのである。では，こうした運動がすすめられた近代社会のすがたはどのようなものであったのであろうか。

　吉岡昭彦氏は『近代イギリス経済史』（岩波全書，1981年）で，次のように述べる。
「第四章　【1】イギリス資本主義の発展と世界市場支配」
　「(1) ヴィクトリア朝の繁栄の経済的基礎」
〈全ヨーロッパを震撼せしめた1847年恐慌および1848年革命ののち，イギリス資本主義は，カリフォルニアおよびオーストラリアの金鉱発見（それぞれ1848年, 51年）に刺激されつつ急速な回復局面に入り，早くも1850年には，「飢

餓の 40 年代」とは対照的な「ヴィクトリア朝の繁栄」を謳歌しはじめた。この「繁栄」は，1857 年恐慌および 1866 年恐慌によって脅かされたとはいえ，1873 年の大不況開始に至るまで，約四半世紀の間，イギリスは，年平均成長率 3 ％，貿易成長率 14％という当時としては驚異的な経済成長を維持することができた〉（91 頁，本文の頁数を示す）。

　こうして「1847 年恐慌と 1848 年革命」後のヴィクトリア朝の繁栄は，景気循環をふくみながら 1850 年代から 1873 年の大不況期まで続いた。そしてこの産業資本確立期で，イギリス資本主義は，次のような変化をみた。

　〈まず第一に，基軸をなす綿工業は，世紀前半における機械化の完成により，当面見るべき技術変革が行われなかったにもかかわらず，後述する経営的専門化によって急速な成長を遂げた。原綿輸入量は，「綿花飢饉」（1861 ～ 65 年の「南北戦争」による綿花輸入激減，杜絶）の時期を別とすれば急テンポで増加し，綿製品とりわけ綿花輸出もまた 2 倍に増大して，その輸出依存度は 70％にまで達したのである。

　第 2 に，綿工業が依然として基軸を占めていたにもかかわらず，基本原料生産部門である鉄鋼業および労働手段生産部門である機械工業の自立的発展が顕著になった。これは，何よりもヨーロッパ大陸諸国およびアメリカにおける産業革命の本格的進展と鉄道建設，同じく植民地インド「開発」のための鉄道建設，海運業における鉄鋼船の増加，大型化など，いわゆる「運輸革命」によって惹き起こされたものであり，後に述べる鉄鋼業の三大発明と株式会社の形成がその飛躍的発展を可能ならしめた。鉄および鉄製品の輸出は，50 年代後半から急上昇して羊毛製品の輸出を凌駕し，輸出依存度も 40％に達したのである。同様に，機械輸出もまた 50 年代後半から急速に輸出水準を高めていった。

　第 3 に，農業は，工業の急速な発展と生活水準の向上による穀物，畜産物需要の増大に支えられて，「イギリス農業の黄金時代」を謳歌しつつあった。「保護に代わる最高の代替物」（ケアド）といわれた「高度集約農業」——地主の土地改良を前提とするところの，借地農の継起的資本投下による多肥，多労働，多収穫農業——の本格的展開がそれを可能ならしめたのである。ただし，「黄金時代」の 20 年間において，穀物輸入は 2 倍以上，畜産物輸入は 3 倍以上に増加し，農産物自給率が徐々に低下していっただけでなく，農業の相対的地位が低下し，総労働力および国民総所得のうちにおいて，農業労働力および農業所得

序文　**11**

が占める比率は，それぞれ，21％から15％，20％から14％へと急落したのである〉（92 〜 93 頁）。

　こうして，1）機械制大工業にもとづく綿工業の成長，原綿輸入と綿花輸出の増大，2）ヨーロッパ大陸諸国およびアメリカでの鉄道建設，海運業，「運輸革命」，綿工業とならぶ鉄鋼業と機械工業の発展，3）「イギリス農業の黄金時代」，「高度集約農業」（継起的資本投下，多肥，多労働，多収穫農業），農産物自給率の低下，農業の相対的地位低下が指摘された。

　さらに以上をふまえて，「(2) イギリス資本主義と古典的世界市場」について述べる。

　〈周知のように「繁栄」期のイギリスは，「世界の鉄工所，世界の運送業者，世界の造船業者，世界の銀行家，世界の工場，世界の手形交換所，世界の商業中心地」（ノールズ）と規定されているように，きわめて多様な形態で世界市場に対する絶対的支配を維持していた。こうして1860年代には，「世界の工場」たるイギリスを中心とし，その周辺にヨーロッパ大陸および北アメリカの後進資本主義国が，食糧，原料輸入市場，工業製品輸出市場として配置され，さらにその外縁を，中南米，中近東とりわけインドをはじめとするアジアの後進的農業国および植民地が，食糧，原料の補完的輸入市場，工業製品の代替輸出市場として取り囲み，中心国イギリスは，それらの諸国と放射線状に「双務的」な貿易関係を取り結ぶところの，古典的世界市場の同心円的構造が完成したのである〉（98，100 〜 101 頁）。

　このように19世紀中葉のイギリス資本主義の展開，ヴィクトリア朝の黄金時代，綿工業および鉄鋼業，機械工業の発展，また「イギリス農業の黄金時代」がしめされ，そして「世界の工場」「世界の銀行家」「世界の商業中心地」イギリスを中心とする世界市場の形成が語られた。さらに注目すべきは，こうしたイギリスの経済発展に対応する政治構造の特質である。これについて「【3】(1) 近代国家と自由主義経済政策の推進主体」で，イギリスの政治と経済との関係，「国家機構の地主的構成と国家機能＝政策の資本制的性格」，産業資本家と土地所有者との共存関係について指摘される。他方，浜林正夫氏は『増補版 イギリス市民革命史』（未来社，1971 年）で，「早熟で妥協的なイギリス市民革命と典型的なイギリス資本主義の創出」について，同著「結びにかえて」で次のように述べている。

12

〈さて以上のような諸党派の分析を全体としてみると，イギリス市民革命は，国王，国教会，封建領主を一方の核とし，富農，借地農，萌芽的産業資本を他方の核として，両方ともその周辺に改良主義的妥協的な層をもちつつ相対立し，もっと下層の農民や職人は封建的な関係がつよいところでは国王側へ，そうでない場合には議会側へ，しかもその左翼へ位した，というイギリス革命の階級構成がうかびあがってくるであろう。市民革命としてのイギリス革命に特徴的なことは，二つの対立する社会勢力が真正面から激突せず，それぞれにいわば緩衝地帯のようなかなり厚い層をもってぶつかった，ということなのである。……だからイギリス市民革命のあとに資本主義社会がただちには成立しない。ほんらいのブルジョア的な勢力は，革命を妥協的に終結せしめた地主，商人の勢力と，あるいは対抗し，あるいは提携しつつ，中途半端に残された封建的な諸関係を利用して，農業革命と産業革命への路を準備する。それがいわゆる資本の本源的蓄積の過程であるが，この過程では封建的諸関係の残滓がかえってこの過程をおしすすめるための有力な手段となるのである。イギリス市民革命がただちに産業革命をうみださず，封建的諸関係の残滓を利用して，かえって徹底的な本源的蓄積をすすめることを可能ならしめたということに，妥協的な市民革命が典型的な資本主義をうみだしたという謎をときあかす鍵がひそめられているように思われる〉（319 ～ 320 頁）。

こうしてイギリスの急速な資本主義の確立と不十分な市民革命との相互関連が，本源的蓄積を媒介にして整理されている[2]。

《資 料 1 》「いわゆる本源的蓄積」『資本』初版

資本の蓄積は剰余価値を前提とし，剰余価値は資本制的生産を前提とし，資本制的生産はまた，商品生産者の手における比較的多量の資本および労働力の現存を前提とする。だから全過程は，資本制的蓄積に先行する『本源的』蓄積（A. スミスの『先行的蓄積』previous accumulation『諸国民の富』第 2 編，序論。「資財の蓄積は事物の性質上分業に先だたざるをえないかから」大内，松川訳，岩波文庫（二），232 頁）を，すなわち資本制的生産様式の結果でなくその出発点たる蓄積を，想定しているように思われる。

貨幣や商品が最初から資本でないことは，生産手段や生活手段がそうでない

序　文　**13**

のと同じである。それらのものは資本への転化を必要とする。一方には，自分の所有する価値額を他人の労働力の購入によって増殖せねばならぬ貨幣，生産手段および生活手段の所有者，他方には，自分の労働力，したがって労働の販売者たる自由な労働者，という2つの非常に異なる種類の商品所有者が対応し接触せねばならないという事情である。この商品市場の分極作用とともに，資本制的生産の基本条件が与えられている。資本関係は，労働者と労働実現条件の所有との分離を前提とする。資本制的生産がひとたび自己の足で立てば，それはこの分離を維持するばかりでなく，ますます増大する規模でそれを再生産する。だから資本関係を創造する過程は，労働者を労働諸条件から分離する過程に，すなわち一方では，社会的生活手段および生産手段を資本に転化し，他方では直接生産者を賃労働者に転化する過程であるにすぎない。ゆえに，いわゆる本源的蓄積は，生産者と生産手段との歴史的分離過程にほかならない。それが『本源的』なものとして現象するのは，それが資本の前史をなすからであり，資本に照応する生産様式の前史をなすからである。

　この分離過程は，事実上近代ブルジョア社会の全発展史を含む。封建的搾取様式の資本制的搾取様式への転化。発展の出発点は労働者の隷従制であった。その進展はこの隷従の形態変換にあった。資本制的生産はすでに14世紀および15世紀に地中海沿岸の諸国で散在的に見られるとはいえ，資本主義時代はやっと16世紀から始まる。資本主義時代の現れるところでは，農奴制の廃止がとっくに実行されており，中世の都市制度がすでに滅亡の時期に入っていた。

　分離過程の歴史のなかで歴史的に画期的なのは，人間大群が突然かつ暴力的に彼等の生活維持手段および生産手段から引き離されて無保護なプロレタリアとして労働市場に放りだされる瞬間である。労働者からの土地収奪は全過程の基礎をなす。Die Expropriation der Arbeiter von Grund und Boden bildet die Grundlage des ganzen Prozesses. この収奪の歴史は，国が異なれば異なる色彩をおび，また，順序を異にし相異なる諸段階を通過する。それはイギリスでのみ古典的形態をとるのであって，だからわれわれはイギリスを例にとるのである（II / 5, S.574-576）。

第2節　『資本』初版の序文

　第一インターナショナル，国際労働者協会の課題，すなわち1840 〜 60年代

14

のイギリスの経済発展，資本主義の繁栄のもとで働く人々，労働者階級の将来を見据えることは，同時に進められた経済学批判『資本』編集に影響を与えるものである。ゆえにマルクスにとって，これら2つの作業は，相対立するものでなく，むしろ相互に誘発しあうものであった。『資本』編集に結実していく理論的批判精神は，現実の運動の指針を求めて国際労働者協会に集まったヨーロッパ諸国の労働者に力を与えるものであり，同時に国際労働者協会での運動の前進は，マルクスに資本主義分析の精密化を，その理論的深化を迫るものであった。

国際労働者協会が創立された1864年9月は，まさに経済学批判『資本』全三部の骨格をなす「1863～65年草稿」が生み出されようとしていた。ゆえにマルクスは，この理論的総括を踏まえて，ヨーロッパの労働運動にたいする指針を提示することができたのである。マルクスが，ドイツ担当通信書記として活躍した中央評議会（1866年9月から総評議会）には，イギリス労働組合主義，フランスのプルードン主義，ドイツのラッサール主義など，多様な思想をもつ代表があり，運動方針をめぐる論議はその当初から激論をきわめた[3]。

とりわけ1865年6月に中央評議会でおこなわれたJ.ウェストンとの論争は，労働組合の賃上げ闘争の意味，労働者の経済闘争の根幹にかかわる問題であった。マルクスは問題の背後にあるJ.S.ミル『経済学原理』（1848年），その思想，社会改良主義の労働者への影響を踏まえて，働く人々の抵抗運動，各国労働運動の合意形成を獲得せんとした。

1867年刊行の経済学批判『資本』第Ⅰ部序文（7月25日）で，マルクスは経済学批判『資本』執筆の意図を述べた。

私が第Ⅰ部を公衆に送ろうとするこの著作は，1859年に公にされた私の著書『経済学批判』の続きをなす。……かの以前の著述の内容は，この第一章に概括されている。私がこの著作で研究しなければならないのは資本制的生産様式，および，これに照応する生産諸関係および交易諸関係である（MEGA II / 5, S.12）。それの行なわれている典型的な場所は，今日まででではイギリスである。これこそ，イギリスが私の理論的展開の主要な例証として役立つ理由である。
「資本制的生産の諸々の自然法則から生ずる，社会的な諸々の敵対の発展程度の高低は絶対的に問題でない。問題なのは，これらの法則そのものであり，頑強な必然性をもって作用して自己を貫徹しつつあるこれらの傾向である。産業

序文　**15**

的に発展した国は，発展の遅れた国にたいし，他ならぬそれ自身の将来の姿を示すのである」。

　「たとえ一社会が，その社会の運動の自然法則の足跡を発見したとしても——また近代社会の経済的運動法則を暴露することは，本著の最後の究極目的であるが——その社会は，自然的な発展諸段階を飛びこすことも，それらを立法的に排除することも，できない。だがその社会は，生みの苦しみを短くし，やわらげることができる」。 es ist der letzte Endzweck dieses Werks, das ökonomische Bewegungsgesetz der modernen Gesellschaft zu enthüllen——kann sie naturgemäße Entwicklungsphasen weder überspringen, noch wegdekretieren. Aber sie kann die Geburtswehen abkürzen und mildern.

　18 世紀のアメリカ独立戦争が，ヨーロッパの中産階級にたいして警鐘を打ち鳴らしたように，19 世紀のアメリカの南北戦争は，ヨーロッパの労働者階級にたいして警鐘を打ち鳴らした。イギリスでは，変革過程が手にとるように明らかである。 一定の高さに達すれば，それは大陸に反応するに違いない。大陸ではそれは，労働者階級そのものの発展程度に応じて，より残忍な，あるいはより人道的な，諸形態で行われるであろう。かくして今日の支配階級は……他ならぬかれら自身の利益によって，労働者階級の発達を阻止する——立法的に制御しうる——いっさいの障害を取り除くことを命ぜられている。それゆえ私は，なかんずく，イギリスの工場立法の歴史，内容および諸成果にたいし，本巻において多大の頁をさいた。一国民は他の国民から学ばなければならないし，また学びうる。

　さらに，イギリス帝国の在外代表たちは語る。「ドイツ，フランス，簡単に言えばヨーロッパ大陸のすべての文明国において，資本と労働との現存諸関係の変化が，イギリスにおけると同じように感ぜられ，また同じように不可避である」。同時に，大西洋のかなたで，北米合州国の副大統領が言明した。「奴隷制の廃止以来，資本＝および土地所有諸関係の変化が，日程にのぼっている！」（MEGA II / 5, S.13f）。

　ここから「近代社会の経済的運動法則を暴露する」ことの意味を理解しえよう。たとえ社会の運動の自然法則を発見しても，その社会は自然的な発展段階をとびこすことも，立法的に排除することもできない。だが社会は生みの苦しみを短くし，やわらげることができる。すなわち労働者の学習，進歩によって，「社

会の運動の自然法則の足跡」を発見し，「資本＝および土地所有諸関係の変化」，「資本と労働との現存の諸関係の変化」に向かうのである。マルクスは経済学批判『資本』執筆および国際労働者協会の現実的活動，労働者の向上から「今日の社会は，固定的な結晶物ではなく，変化しうる絶えず変化の過程にある，一つの有機体である」（MEGA II / 5, S.14）と，1867年7月経済学批判『資本』「序文」に記すことができたのである。

「序文」でしめされた運動の視点は，初版経済学批判『資本』第3章「絶対的剰余価値の生産」「4 労働日」で，次のように述べられた[4]。

「標準労働日なるものの創造は，資本家階級と労働者階級との間の，長期にわたる多かれ少なかれ隠蔽された内乱の産物である。この闘争は近代的産業の範囲内で開始されるのであるから，それはまず，近代産業の祖国たるイギリスで演ぜられる。イギリスの工場労働者たちは，彼らの理論家たちが資本の理論に対して先ず挑戦したのと同じように，イギリスの労働者階級ばかりでなく，近代的労働者階級一般の選手であった」（MEGA II / 5, S.238）。

さらに北アメリカ合州国について，白人の労働も，黒人の労働が奴隷労働の烙印をおされているところでは解放されない。だが南北戦争の第一の果実は，大西洋から太平洋まで大股にあゆむ8時間労働であった。1866年8月，8時間をすべての州で標準労働日とすることがバルティモアの総労働者会議で決議された。

「それと同時に（1866年9月の初め），ジュネーヴにおける『国際労働者大会』は，ロンドンの中央委員会の提案に基づいて次のように決議した。『ここに，労働日の制限を，それなくしては解放を求める他の一切の努力が挫折をせざるをえない予備条件だと宣言する。……我々は8労働時間を労働日の法的限度として提案する』」（MEGA II / 5, S.240）。

続いて経済学批判『資本』第四章 相対的剰余価値」「4 機械と大工業」では，次のように述べられた。「資本からやっと奪った最初の譲歩としての工場立法は，初頭教育を工場的労働と結びつけるにすぎぬとすれば，労働者階級による不可避的な政権獲得は，理論的および実践的な技術教育のためにも労働学校におけるその占めるべき席を獲得するであろうということは，疑う余地がない」（MEGA II / 5, S.400）。

序　文　**17**

　1867 年の経済学批判『資本』第Ⅰ部「資本の生産過程」出版前後，国際労働者協会はその綱領および組織原則を固め，前進をかさねた。1867 年の第 2 回大会をへて 1868 年に第三回ヴリュッセル大会，1869 年に第四回バーゼル大会を開き，資本主義経済のもとでの労働運動の理念が形成された。一方，1864 年にプロシア＝デンマーク戦争，1866 年の普墺戦争を終え，近代国家形成に向かう神聖プロイセンのアイゼナッハで，ラッサール派とは異なる独立した労働者党「社会民主労働者党」が 1869 年に設立された。他方，1870 年の普仏戦争から発生した 1871 年パリ・コミューン「労働者階級の政府」は，3 月 18 日から 5 月 28 日まで「二ヵ月のあいだ政治権力をにぎった」のであり，そして 1871 年 9 月開催の国際労働者協会のロンドン協議会は，独自の労働者党設立および「労働者階級の政治運動，政治権力の獲得」を決議した。そして翌 1872 年 9 月のハーグ大会では，ロンドン協議会の「政治決議」は一般規約に組み入れられ，また組織破壊を企図する無政府主義者バクーニンの追放が決議された。さらに総評議会は，イギリスの首都ロンドンからアメリカ合州国のニューヨークに移された[5]。

　他方，「これまでのすべての社会の歴史は，階級闘争の歴史である」をもって始まる『共産党宣言』は，国際労働者協会の創立にさいして不問にふされ，1872 年ハーグ大会直前に刊行された。すなわち，『共産党宣言』（1872 年）ドイツ語版は，ハーグ大会決議とあわせて，各国に創立されていた労働者党に綱領を提示するものであり，とりわけその序文，パリ・コミューンの歴史的経験を踏まえた国家権力の獲得，プロレタリアートのディクタツールの理解は，その根幹をなすものであった[6]。また 1847 年で中断している「社会主義的文献の批判」の拡充を，また「様々の反政府党にたいする共産主義者の立場」についての変更の必要を述べているのは，国際労働者協会の進展を考慮したものであろう。

　この『共産党宣言』（1872 年）ドイツ語版の刊行は，1840 年代の共産主義者同盟と 1860 年代の国際労働者協会を，ヨーロッパ労働運動として統一的にとらえ，イギリスを典型的事例とする 1867 年『資本』によって「近代社会の経済的運動法則の暴露」を行い，さらに 1870 年の普仏戦争後，大陸における運動の重心となったドイツを中心に政治運動を導出せんとするものであった[7]。

　さらに注目すべきは，この経済学批判『資本』第六章「2．いわゆる本源的蓄積」に『共産党宣言』から引用されていることである。すなわち，「資本主義的

蓄積の歴史的傾向」末尾の「人民大衆による少数の横領者の収奪」に，『共産党宣言』「Ⅰ ブルジョアとプロレタリア」から，次の部分が注（252）に引用された。

（252）「産業進歩——ブルジョアジーを自己の無意志，無抵抗な担い手とする産業進歩は，競争による労働者たちの孤立化の代わりに，結社による彼らの革命的団結を生ぜしめる。だから，大工業の発展につれて，ブルジョアジーの足もとから，彼らがその上で生産し，かつ生産物を取得する基礎そのものが取り去られる。彼らは何よりも先ず彼ら自身の墓堀人を生産する。彼らの滅亡とプロレタリアートの勝利とは等しく不可避である。……今日ブルジョアジーに対立するすべての階級のうち，プロレタリアートのみが現実に革命的な階級である。その他の諸階級は大工業とともに衰微し滅亡するが，プロレタリアートは大工業の固有独自の産物である。……中間諸身分，小産業家，小商人，手工業者，農民，これらはすべて，中間諸身分としての彼らの生存を滅亡から守るために，ブルジョアジーと闘争する。……彼らは反動的である，すなわち彼らは，歴史の車輪を逆に廻そうとする。」（マルクスおよびエンゲルス『共産党宣言』ロンドン，1848 年）（MEGA, II / 5, S.608–610）。

こうして「資本主義的蓄積の歴史的傾向」で，1867 年の経済学批判『資本』と 1848 年『共産党宣言』の連続性が示された。共産主義者同盟と第一インターナショナル，国際労働者協会との連続性，『共産党宣言』と経済学批判『資本』とのつながり，さらに労働者と中間層との運動の統一が提起された。

「一言で言えば，共産主義者は，いたるところで，現存する社会的および政治状態にたいするどの革命的運動をも支持する。最後に，共産主義者は，いたるところで，すべての国々の民主主義的諸党の提携および協調につとめる」（MEW, Bd. 4, S.493. 服部文男訳『共産党宣言，共産主義の諸原理』新日本出版社，1998 年）。

マルティン・フント氏は「共産党宣言の魅力」『共産党宣言はいかに成立したか』（初版 1973 年，第 2 版，1985 年）で述べる[8]。

「一冊の小さな仮綴じ本がその出版後はるか 100 年以上を過ぎてもなお何百万もの人々を魅了する理由はいったいどこにあるのだろうか。……『宣言』はいつでも，搾取や抑圧，階級対立や戦争から人類を究極的に解放するに至る道筋の原点を占めている」。「1847 年に歴史上はじめて，労働運動のある進歩的組

織とマルクスおよびエンゲルスの革命的学説とが相互に結びつくということが起こったのだが，そのさい両者は互いに学び合い共同してある新しい質に到達した。この融合過程の成果であったのが，国際的労働運動の，そして同時にドイツの労働運動の，最初の革命党，共産主義者同盟であり，その綱領，『共産党宣言』である。それと同時に，この小冊子は共産主義的世界運動の出生証明書でもあり，科学的共産主義の出生証明書でもある」。

「当時存在していた労働運動の三つの部隊のなかで，フランスの秘密結社（四季協会，ブランキ主義──荒川）はもっとも長い伝統をもつものであったが，もっとも分散しており，イギリスのチャーティストは最大のものであったが，組織的にもっともゆるやかであり，正義者同盟は最小のものであったが，もっとも国際的で，理論的にもっとも開かれていた。大多数の同盟員はパリおよびロンドンにいるドイツ人の手工業人たちであった」（3〜8頁，本文の頁数）。

さらに「邦訳への原著者あとがき」（ポツダム，2001年1月）で述べる。

「本書は，当初1973年に，『共産党宣言』125周年を機に，刊行された。……21世紀初めの読者にお願いしたいのは，それらの章句および概念をただ単に時代遅れのものとのみ見るためにではなく，まさにそれらから，歴史はつねに開かれた過程であり続けるだろうということを学び，また，歴史の経過はどのような状況にあっても批判的な客観性をもって探求し叙述すべきであるということを学ぶために，特に批判的に考察することである。」

「『宣言』の成立史がもう一度書かれるとするならば，初期資本主義の搾取され政治的に無権利であった労働者たちにとっての実践的綱領であるのに，資本主義の推進力の賛美を含む世界史のスケッチで始まり，それに政治経済学についての歴史的構想をもつ究明が続くという，マルクスとエンゲルスの同時代人たちにとっては驚くべき，あるいは衝撃的でさえある事実が，ぜひとも詳細に分析されるべきであろう」（217〜219頁）。

第3節　『資本』第二版のあとがき

さらに1872年には経済学批判『資本』第Ⅰ部第二版が第七編25章，分冊の形で刊行され，労働者階級の課題に答えた。経済学批判『資本』第二版には，初版の「序文」に「あとがき」（1873年1月24日）が追加され，この「あとがき」

20

で次のように述べられた。

経済学批判『資本』が，ドイツの労働者階級の広い範囲で急速に見出した理解は，私の労働の最上の報酬である。またドイツ人の世襲財産だと看なされた「偉大な理論的感覚」がドイツの労働者階級において新たに復活している。1848年以来，資本制的生産はドイツで急速に発展したのであって，今日ではすでにめまぐるしい繁栄を来している。だが運命は，依然として同じようにわが専門家たちにくみしない。

「経済学がブルジョア的であるかぎり，すなわち，資本主義的秩序を社会的生産の歴史的，一時的な発展段階とは解しないで，逆にそれの絶対的で究極的な姿態と解するかぎりは，経済学は，階級闘争がなお潜在的状態にあるか，またはただ孤立的な諸現象において顕現する間だけ，科学たりうるにすぎない。イギリスをとってみよう。その古典派経済学は，階級闘争が未発展の時期のものである。その最後の偉大な代表者たるリカード は，階級的利害の，すなわち労賃と利潤との，利潤と地代との対立を，素朴にも社会的な自然法則と解することにより，ついに意識的に彼の諸研究の軸点たらしめている。だがそれと共にまた，ブルジョア経済学はその乗りこええない限界に到達した」（MEGA II / 6, S.701f）。

「ドイツのプロレタリアートは，ドイツのブルジョアジーよりもはるかに確固たる理論的な階級意識をもっていた」（MEGA II / 6, S.703）。ドイツ社会の歴史的発展は，「ブルジョア経済学」の独創的な育成を排除したが，この経済学にたいする批判は排除しなかった。「かかる批判は，それがいやしくも一つの階級を代表するかぎりは，ただ，資本制的生産様式の変革と諸階級の究極的廃絶とをその歴史的使命とする階級そのもの——プロレタリアート——のみを代表することができる」（MEGA II / 6, S.703）。

こうして第二版「あとがき」では，これまでイギリス労働運動の背後においやられていたドイツ労働者が注目された。そして1869年アイゼナッハ党に結集したドイツ労働者階級が，国際労働者協会で多数を占めたイギリス労働組合主義，その背後にあるブルジョア経済学の歴史的限界を乗り越え，独自の道を歩むことが述べられた[9]。

続けて，ドイツの「理論的な階級意識」について述べられた。ロシアのペテルブルグの『ヴェストニク・エヴロービィ』誌は，1872年5月号で経済学批判

序　文　**21**

『資本』第Ⅰ部の方法を扱った書評を公表した。

　「私の方法の唯物論的基礎を論及している『経済学批判』（ベルリン，1859 年）への私の序文から引用したのち」，つづけていう。

　「マルクスにとって重要なのは，ただ一つ，彼がその研究に携わっている諸現象の法則を発見することである。……まずなによりも重要なのは，諸現象の変動の，諸現象の発展の法則，すなわち一つの形態から他の形態への，関連の一つの秩序から他の秩序への移行の法則である。ひとたびこの法則を発見するや，彼は，この法則が社会生活において自己を発表するところの諸結果を詳細に研究する。……生産力の発展程度の相違するにつれて，諸関係およびそれらを規制する法則も相違する。マルクスは，この観点から資本制的経済秩序を研究し説明するという目標を設定することによって，彼は，経済生活の精密な研究がいずれももたねばならない目標を厳密に科学的に定式化するに他ならない。……かかる研究の科学的価値は，ある与えられた社会的有機体の発生，生存，発展，死滅，および，より高等な他の有機体による元の有機体の交代を規制するところの，特殊的な諸法則を解明することにある。そして，こうした価値をマルクスの著書は実際にもっているのである」die besondren Gesetze welche Entstehung, Existenz, Entwicklung, Tod eines gegebenen gesellschaftlichen Organismus und seinen Ersatz durch einem andrem, höheren regeln.

　マルクスはこの書評を好意的に受けとめ，10 頁の書評から約 2 頁分を抜粋独訳し，経済学批判『資本』第二版「あとがき」に収録し述べた [10]。

　「この筆者は，私の現実的方法だと彼の名づけるものをかくも立派に描き，その方法の私自身の用い方に関するかぎりではかくも好意的に描いているのであるが，こうして彼の描いたものは弁証法的方法以外の何ものであろうか（MEGA II / 6, S.707-709）。

　そして，研究方法は「現実主義的」であるが，叙述方法は「不幸にしてドイツ的，弁証法的」であるという批判に答えた。

　「もちろん叙述の仕方は，形式的には研究の仕方と区別されねばならぬ。研究は，素材を細部にわたってわがものとし，素材のさまざまな発展諸形態を分析し，これらの発展諸形態の内的な紐帯を探り出さなければならない。この仕事が成就されたのち，初めて現実的運動 die wirkliche Bewegung が照応的に叙述されうる」（MEGA II / 6, S.709）。

22

さらにヘーゲル哲学にある現実的なものと理念的なものとの転倒性を指摘したのち、「ドイツ的弁証法」の批判的精神について語る。弁証法がヘーゲルの手でこうむっている神秘化は、彼が弁証法の一般的な運動形態を初めて包括的かつ意識的な仕方で叙述したということを決して妨げない。神秘的な外皮のなかに合理的核心を発見するためには、それをひっくり返さなければならない。その合理的姿態では弁証法はブルジョア階級にとって恐ろしいものである。

「なぜなら、この弁証法は、現存するものの肯定的理解のうちに、同時にまた、その否定の、それの必然的没落の理解をも含み、その生成した形態をも運動の流れにおいて、従ってまた、その経過的な側面から理解し、なにものによっても威圧されることなく、その本質上、批判的であり革命的であるからである」（MEGA II / 6, S.709）。

こうしてヘーゲルによって解明された弁証法のもつ批判的意義を指摘したのち、「労働者階級の経済学」である経済学批判『資本』の課題は、私有財産を基礎とする「需要供給の法則の盲目的支配」「ブルジョア経済学」（『創立宣言』1864 年，MEGA I / 20, S.10）の限界を乗り越えること、すなわち資本主義的秩序を「社会的生産の絶対的で究極的な姿態」と解する見解を克服することにあるとする。労働者階級の利害を代表する経済学批判『資本』は、歴史の運動を受け入れ、「諸現象の変動の、諸現象の発展の法則、すなわち、一つの形態から他の形態への、関連の一つの秩序から他の秩序への移行の法則」を、すなわち「ある与えられた社会的有機体の発生、生存、発展、死滅、および、より高等な他の有機体による元の有機体の交代を規制する特殊的な諸法則」の解明をその課題とするのである。

「資本主義社会の矛盾に満ちた運動は、実践的なブルジョアにとっては、近代的産業が通過する周期的循環の浮沈において、最も痛切に感ぜられるのであって、この浮沈の頂点は──全般的恐慌である。この全般的恐慌は、まだ前段階にあるとはいえ再び進行中であって、その舞台の全面性ならびにその作用の強さにより、神聖プロシア、ドイツ新帝国の成金たちにさえ弁証法をたたき込むことであろう」（MEGA II / 6, S.709）。

そして 1872 年から 75 年にかけて第二版と前後して刊行された経済学批判『資本』「フランス語版」第八編 33 章（七編 24 章「いわゆる本源的蓄積」は八編「本

源的蓄積」に編成）では，「第二版 あとがきの抜粋」に次の注が付された[11]。

　「ここで予言された恐慌が，オーストリア，合衆国，ドイツで勃発した。……イギリスが中心的爆発地となり，その衝撃は世界市場において，人々に感じとられるものとなるであろう」（MEGA II / 7, S.697）。

　資本制的生産様式の矛盾に満ちた運動は恐慌となって現れるが，「近代社会の経済的運動法則の暴露」を意図する経済学批判『資本』は，同時に「社会の運動の自然法則」をさし示し，より高次な経済社会への前進，「社会的先見によって管理される社会的生産」（MEGA I / 20, S.10）への移行を述べる[12]。そしてマルクスが主導的な役割をはたした国際労働者協会こそは，まさに現実のブルジョア社会の批判，すなわち，この歴史法則を現実に実現するものであり，ここに第一インターナショナルにおける活動が，経済学批判『資本』編集とともに行われる必然性があったのである。

注

1）マルクスは 1845 年に「フォイエルバッハにかんするテーゼ」で次のように述べた。
　「哲学者たちは，世界をさまざまに解釈しただけである。肝要なのは，世界を変えることである」，「人間の思考に対象的な真理が得られるかどうかという問題は──理論の問題ではなくて，実践的な問題である。実践において，人間は真理を，すなわち彼の思考の現実性と力，彼岸性を証明しなければならない」と。
　服部文男訳『新訳ドイツ・イデオロギー』（1996 年，新日本出版社，MEW, Bd.3）。
　　この見地はマルクスに生涯一貫したものである。なお以後，『資本』*Das Kapital* からの引用は括弧内に原文頁数のみを記す。

2）吉岡昭彦『地主制の形成，絶対王政の基盤』（創元社，1957 年），『イギリス地主制の研究』（未来社，1967 年），『インドとイギリス』（岩波新書，1975 年），また大塚久雄『欧州経済史』（岩波書店，1973 年）も，イギリス経済形成の理解にとって有益である。なお本源的蓄積については，拙著『資本蓄積と労働者階級の運命』，第 2 章「いわゆる本源的蓄積（第 3 部を含む）」，第 3 章「『資本論』第 I 部初版と本源的蓄積論」を参照（創風社，2009 年）。

3）プルードンについては，石原博「初期プルードンの経済思想に関する一考察」『研究年報 経済学』第 48 巻 1 号（1986 年），「後期エンゲルスの『哲学の貧困』評価について」『科学と思想』第 46 号（1987 年），津島陽子『マルクスとプルードン』（1979 年），阪南大学叢書，森川喜美雄『プルードンとマルクス』（未来社，1979 年）を参照。これらの研究は，プルードンの思想，理論，そして運動を理解するうえで貴重である。

24

4）労働日をめぐる闘争については，服部文男「『資本論』成立過程における〈階級闘争〉・〈国家〉」『マルクス主義の発展』（青木書店，1985 年）を参照。

5）この時期の英，仏，独の労働運動とマルクスの関連については Waleria Kunina Zur Untersuchung der Geschichte der internationalen Arbeiterbewegung durch Karl Marx, Marx-Engels-Jahrbuch 7, 1984 年 が貴重である。同論文では，マルクス，エンゲルスの労働運動論を初期の共産主義者同盟と後期の国際労働者協会との関連で理解し，両者を連続した運動として把握する。とりわけ英，独，仏の運動の相違と関連，さらにそれらの運動へのマルクス，エンゲルスのかかわりが論じられる。例えば，イギリスでは，チャーティストと普通選挙権，労働組合運動，労働貴族主義が，またフランスでは，1831 年のリヨン織工蜂起，プルードン主義者，小所有の理想化，無利子信用およびブランキ主義，1848 年パリ蜂起，1871 年のパリ・コミューンが，さらにドイツでは，1844 年のシェレージエン織工蜂起，ヴァイトリングおよびラサール主義，普通選挙権，国家支援の生産協同組合，ゴータ綱領批判が検討される。

6）1871 年 6 月から 7 月に，エンゲルスによって原文である英語からドイツ語に翻訳された『フランスにおける内乱』（1872 年，ドイツ語版への序文で引用された）については，MEGA I / 22, S.179-226 を，またマルクスが校正にかかわった仏語訳については MEGA I / 22, S.481-515 を参照。

7）マルクスは 1870 年 7 月 20 日付のエンゲルス宛の手紙で，「もしプロイセン人が勝てば，国家権力の集中はドイツの労働者階級の集中に有益だ。さらにドイツの優越は，西ヨーロッパの労働運動の重心をフランスからドイツへ移すだろう」と述べている（MEW, Bd.33, S.5）。他方，エンゲルスは『共産主義者同盟の歴史によせて』（1885 年）で述べる。1852 年にケルンの共産主義者が有罪の判決をうけるとともに，ドイツの自主的な労働運動の第一期の幕はおりる。……今日の国際労働運動は，事実上，当時のドイツの労働運動の直接の延長である。このドイツの労働運動は，およそ最初の国際的労働運動であり，また国際労働者協会で指導的な役割をになった多くの人々がこのドイツの運動からでてきた。そして，共産主義者同盟が 1847 年の『共産党宣言』のなかでその旗に書きしるした理論的な諸原則は，今日ではヨーロッパならびにアメリカのプロレタリア運動全体を国際的に結びつける，もっとも強力な手段となっている（MEW, Bd. 8, S.577）。

8）マルティン・フント，橋本直樹訳『共産党宣言はいかに成立したか』（八朔社，2002 年）。橋本「『共産党宣言』普及史序説」（八朔社，2016 年）は，『宣言』普及史を詳細に論じている。

9）エンゲルスは 1888 年『ルートヴィヒ・フォイエルバッハとドイツ古典哲学の始まり der Ausgang der klassischen deutschen Philosophie 』で，ドイツの理論的精神について「ただ労働者階級のもとでだけ，あのドイツの理論的精神は萎縮しないで存続して

序文　**25**

いる。……ドイツの労働運動は，ドイツ古典哲学の相続者である」と述べた（MEW, Bd. 21. S.307）。

10）書評の著者はサンクトペテルブルク大学のイ・イ・カウフマン教授であり，書評の表題は「カール・マルクスの経済学批判の見地」で，また「カール・マルクス著，ドイツ語からの翻訳第一巻。サンクトペテルブルク，1872 年，前付け 13 頁，本文 678 頁」と記されている。マルクスの引用部分は MEGA II / 6, apparat S.1624–1626 にある。

またレーニンは，『カール・マルクス』1914 年の末部「文献」で，イ・カウフマンの『資本』書評（1872 年）は，「マルクスが『資本』第二版のあとがきで，イー・カーンの考察を引用して，自分の唯物弁証法的方法を正しく解説したものであることを認めている点で，注目に値する」と述べた（栗田訳『カール・マルクス』岩波文庫，1971 年）。

なお『ヴェストニク・エヴロービィ』に公表されたこの書評には，最後に H．К とのみ記され，カウフマンの名前は書かれていない。マルクスはカウフマンの名前を知りえなかったのであり，『資本』第 I 部仏語版（1872 〜 75 年）でも書かれていない。これはエンゲルス編集の『資本』第三版（1883 年）および第四版（1890 年）に対抗して 1914 年に出版されカウツキー編集の『資本』の「索引」（初めて付された）でも記されていない。なお，カフマンの書評は，『経済』（第 37 号，1967 年 5 月号）で，二村新太郎，村田陽一氏によって翻訳されている。また故服部文男氏からカフマン書評のロシア語コピーを頂いた。

11）フランス語版『資本』第 I 部八編 33 章（1872 〜 75 年）では，ドイツ語版『資本』初版「序文」および第二版「あとがき」抜粋が引用された。江夏，上杉訳『フランス語版資本論』（法政大学出版局，1979 年），林直道編訳 B『資本論』第一巻フランス語版第七篇「資本の蓄積」，第八篇「本源的蓄積」』（大月書店，1976 年），同『フランス語版資本論の研究』（大月書店，1975 年）。なお恐慌については富塚，吉原編『資本論体系 9　恐慌・産業循環（上，下）』（有斐閣，1997 年），ヴォルガ総監修・永住道雄訳『世界経済恐慌史 1848 〜 1935 年』（慶應書房，1937 年）を参照。

マルクスは述べる。

「資本制的生産の真の制限は，資本そのものである。」

「手段——社会的労働の生産諸力の無条件的発展——が，現存資本の増殖という制限された目的とたえず矛盾する。だから資本制的生産様式は，物質的生産力を発展させ，これに照応する世界市場を創造するための歴史的手段だとすれば，それは同時に，こうした歴史的任務とこれに照応する社会的生産諸関係との間のたえざる矛盾である」（II / 4・2, S.324）。

「周期的には，相抗争する諸機能の衝突が恐慌となってあらわれる。恐慌は，つねに，現存する諸矛盾の一時的な暴力的解決にすぎず，撹乱された均衡を再び建設する暴力

26

的な爆発にすぎない」（II / 4・2, S.322f）。

12)「近代社会の経済的運動法則」を，「資本制的生産様式の生成，発展，消滅」と捉える見地は，MEGA II / 5, 6 の「まえおき」，長谷部文雄『資本論』「訳者はしがき」（1952年，青木書店），河上肇『資本論入門』，レーニン『カール・マルクス』で述べられていた。長谷部文雄氏は「訳者はしがき」で述べた。

「この書の目的が，近代的社会の経済的運動法則の暴露にあり，資本制的生産様式の発生，発展，および消滅の法則の解明にあるということである。最大の眼目は，論理的論理にあるのではなく，歴史的論理にある」。

次の文献も参照。宇佐美誠次郎「『資本論』の序文」，岡本博之「『資本論』と現代」，岡本，宇佐美，横山，木原，林篇『マルクス資本論の研究』上（新日本出版社，1980年），宮川実『資本論講義』I および別巻（青木書店，1967年），黒滝正昭「基本概念の動態的把握」『史的唯物論と現代 2　理論構造と基本概念，服部文男編集』（青木書店，1977年），林直道『フラス語版資本論の研究』（大月書店，1975年），佐藤金三郎「48 経済学批判としての『資本論』―『資本論』の方法」（『資本論物語』杉原，佐藤編（有斐閣ブックス，1975年）。なお，資本蓄積と恐慌，産業循環と労働者階級の運命については，服部，佐藤編『資本論体系の成立』，拙著『資本蓄積と労働者階級の運命』（創風社，2009年）を参照。

《資 料 2》『資本』第 I 部，新メガ II / 5, 6, 7
（初版，第二版，フランス語版）の「前おき」

マルクスにとって経済学批判『資本』*Das Kapital*──「近代社会の経済的運動法則を解明する」──の作成と第一インターナショナル，国際労働者協会での活動はどのように関連していたのであろうか。理論的作業（資本主義的商品生産，価値論，剰余価値論，蓄積論）と併行して行なわれた運動の意義を明らかにすることが課題である。これについて近年刊行された『資本』第 I 部「資本の生産過程」，新メガ II / 5, 6, 7（初版，第二版，フランス語版）の「前おき」で，貴重な指摘がなされている。以下，これについて要約して紹介しよう。

なお我が国には，『資本』第 I 部（初版「資本の生産過程」六章，第二版「資本の生産過程」七編 25 章，フランス語版「資本主義的生産の発展」八編 33 章）のすぐれた翻訳と研究がある。江夏美千穂訳『カール・マルクス　初版　資本論』，「訳者あとがき」（幻燈社書店，1983年）。江夏美千穂訳『カール・マルクス　第二版　資本論』，「訳者あとがき」（幻燈社書店，1985年）。江夏美千穂，上杉聰

彦訳『カール・マルクス　フランス語版資本論』上下，「訳者解題」，「訳者あと
がき」（法政大学出版局，1979 年），林直道編訳『カール・マルクス 資本論第一
巻フランス語版 第 7 篇 資本の蓄積，第 8 篇 本源的蓄積』「解説」，「付録」（大
月書店，1976 年）。林直道『フランス語版資本論の研究』（大月書店，1975 年）。
江夏美千穂「フランス語版『資本論』の翻訳と研究についての若干の覚書」『東
京経済大学会誌』第 95 号（1976 年）。佐藤金三郎「『資本論』第 1 巻，アメリ
カ版のための編集指図書（マルクス）について」大阪市立大学『経済学年報』
第 31 集（1971 年）。

　『資本』第 I 部「資本の生産過程」初版，六章編成，新メガ II / 5 の「前おき」
1983 年刊行の新メガ II / 5 の「前おき」で，『資本　経済学批判』の意味，『資本』
成立の歴史的，社会的意義について述べる。
　メガの本巻は，マルクス，カール『資本　経済学批判 *Das Kapital. Kritik der
politischen Ökonomie*』初版の第一巻をふくむ。『資本　経済学批判』は，1867 年
9 月にハンブルクのオットー・マイスナー出版で刊行された。『資本』は，マル
クス主義の主著である。なぜなら『資本』でマルクス主義は，安定した学問的
基礎づけと反駁できない理論的根拠を受け取るからである。マルクスは，著作
全体の学問的な目標を述べ，「近代社会の経済的運動法則を解明する」（S.13 /
14, MEGA II / 5. 以下頁のみ記す）という課題を提起した。唯物論的歴史観およ
び唯物論的弁証法のみごとな適用によって，マルクスは資本主義的社会構成の
発展を，一つの自然史的過程として理解した。かれは，資本主義的生産様式の
表面では見えない，その深部で作用する推進力と法則を認識した。この社会構
成の内在的法則は，客観的に和解できない対立とそれには解決できない矛盾を
生みだすことを，マルクスは指摘した。彼は，プロレタリアートが，それ自身
資本主義発展の産物であり，資本主義のなかで成長し訓練され，不断の階級闘
争で形成され組織される社会的な力であること，を証明した。
　『資本』（1867 年）の作成は，その最後の決定的な段階で国際労働者協会での
マルクスの活動と時間的に重なる。かれは労働者階級とその指導者にその歴史
的使命を自覚させ，また科学的社会主義と労働運動を結びつけるために，同時
に与えられた機会を利用した。そのさいかれは，その経済研究の知識と成果を
用い，休みなくそれを広めた。資本主義的社会構成をその生成，活動，死滅の
過程で把握する革命的な学説，プロレタリアの経済学は，数十年間の集中的な

28

研究の成果である。マルクスは，労働者階級の歴史的使命を学問的に根拠づけるために，広範囲の経験的資料を加工した（MEGA II / 5，前おき，S.11-14）。

　マルクスは，その最終的な表題を初めて明確に『資本』と呼んだ。『経済学批判』はただ副標題をなすだけである。*Das Kapital. Kritik der politischen Ökonomie.*（1862 年 12 月 28 日付，マルクスのクーゲルマン，ルートヴィヒ宛の手紙）。1863 年 8 月から 1865 年 12 月までマルクスは，主著の全三巻の草稿を最終的に作成した。かれは第一巻を公表するまえに，最初に草稿で全四巻を作成していた。それは内容的にまた方法的にきわめて重要であった。『資本』全四巻は，一つの内的な統一を形成し，相互に条件づけあっている。

　『資本』第一巻は，剰余価値をその純粋な姿で研究した。それは『資本』第三巻で論じられるその特殊な形態の理解のために，不可欠な前提である。剰余価値とその特殊な形態とのあいだの明白な区別は，資本主義の本質の認識にとって決定的な意味があった。ブルジョア経済学は，とくにこの相違を理解できず挫折した。

　資本主義的社会構成の本質と発展を規定するすべての根本的な法則は，すでに『資本』第一巻で述べられていた。そのなかには資本主義の基本法則としての価値法則，剰余価値法則および資本主義的蓄積の法則がある。それはこの巻で同様にこの法則に内在する，そしてそれらの基礎にある矛盾の生成，展開，解決，新たな設定が，明らかにされるので可能であった。資本主義的社会秩序は歴史的に必然的である，またそれはどの他の構成と同様に，「自然の発展段階を飛び越えることも，法令で取り除くこともできない」（S.14）。しかしそれは永久的ではないし，変わらないものではない，「硬い結晶ではなく，変化しうるまた常に変化の過程にある有機体である」（S.14）。歴史的結果において，資本と労働との現存関係の変化が問題である（MEGA II / 5，前おき，S.15-21）。

　また新メガ II / 5 の「前おき」で，第一章「商品と貨幣」，「資本主義的商品生産」，「価値論」，「商品の物神性論」について述べる。

　マルクスは長い研究および思索過程で，叙述の起点カテゴリーを 1858 年に見出した。それは商品であった。商品は資本主義的有機体のいわば細胞であり，制度全体の最小にして大量の礎石であった。起点としての他のカテゴリーの試みは，それに先立って何度も行われていた。そしてマルクスは徐々に，資本関

係また剰余価値生産で直接に始められないことを認めた。理論的展開のはじまりは，論理的な原理にも歴史的な原理にも対応しなければならない。とくに第一に展開できるものを前提できない。それは利潤，労賃，地代でもないし，資本と労働関係でもない。それは，マルクスがついに知った貨幣，価値ですらない。市民的富の原基形態は商品である。それゆえ商品は，理論的展開で起点カテゴリーでなければならない。マルクスは，この認識で『要綱』を終え，それで『批判』（1859 年）を始め，この考えで『資本』第一巻を開始した。

　歴史的に商品生産は資本主義ではじめて成立するものではない。だが資本主義ではじめて商品生産は，すべてを支配する生産の形態となる。すべての社会的関係を規定し，浸透するものは商品生産である。資本主義では，すべてのものが商品になる。商品の分析は，マルクスの価値論に現実の理論的基礎を与える。資本主義的商品生産は，したがって社会的生産一般の正常なあるいは自然的な形態では決してなく，特定の必然的な，そして発展の一時点で時代遅れになる一つの生産様式であることを示している。商品はマルクスによれば，使用価値と交換価値との矛盾した統一である。同時に商品を生産する労働は，二重の性格を持っている。それは具体的労働と抽象的労働の統一である。商品と商品を生産する労働の二重の性格の展開は，マルクスの重要な科学的功績の一つである。

　マルクスは商品に含まれており，価値をつくり出す労働の性格を分析し，つぎの結論に達した。交換価値は人間の，生産者の社会的関係である。しかし資本主義的制度の表面では，社会的諸関係は物象的関係として転倒された形態で現れる。なぜなら「私的生産者たちは，彼らの私的生産物，物象を介して初めて社会的接触を結ぶ。それゆえ彼らの労働の社会的諸関連は，彼らの労働における人と人との直接的に社会的な関係としてではなく，人と人との物象的関係として，物象と物象との社会的関係として存在し現象する。しかし社会的事物としての物象の第一の，一般的な表示は，労働生産物の商品への転化である」（MEGA II /5, S.47. 以下頁のみ）。

　価値実態としての労働の分析のあと，そして価値尺度としての労働時間の確立のあと，マルクスはいまや初めて次の課題を，自身に課した。商品の価値形態を完全に，すなわち貨幣形態までのその展開を探求し説明するという課題を。そのさい価値形態，価値実態と価値の大きさのあいだの内的に必然的な関連を示すこと，また価値形態が価値の本性から生じることを証明することは，かれ

にとって決定的であった（S.43）。『資本』第一巻での価値形態の最初の完全に叙述された展開は，大きな科学的成果である。マルクスは次のことを，古典派ブルジョア経済学の一つの基本的欠陥として描写した。

「かれらは商品のまた特に商品価値の分析から，価値をまさに交換価値にする価値形態を見つけ出すことに成功しなかった。……その原因は，価値の大きさの分析に完全にかれらの注意を奪われていたということだけではない。それはより深いところにある。労働生産物の価値形態は，最も抽象的であり，しかしまたブルジョア的生産様式の一般的な形態でもある。これによってブルジョア的生産様式は，社会的な生産様式の一つの特殊な方式として，従って同時に歴史的として特徴づけられている。それゆえ，それを社会的生産の永遠の自然的形態として誤認すれば，必然的に価値形態の，ゆえに商品形態の，さらに発展して貨幣形態，資本形態などの独自性をも見落とすことになる」（S.43 / 44. Fußnote 24）。

価値形態の分析から，そしてそれに続いて，マルクスは商品の物神的性格に関する思慮深い考察を展開した。「私的労働者の社会的関係を，したがって私的労働の社会的規定性を，明らかにする代わりに物的に覆い隠すのは」，それはまさにこの形態，商品の価値形態であった（S.47）。マルクスは商品の物神的性格を規定した。

「商品の神秘主義は，それゆえ次のことから生じる。私的生産者にとって，かれらの私的労働の社会的規定は，労働生産物の社会的自然的規定性として現れる。人々の社会的生産関係は，事物相互の，また人間にたいする事物の社会的関係として現れる」（S.47）（MEGA II / 5，前おき，S.22–26）。

さらに新メガ II / 5 の「前おき」で，第二章「貨幣の資本への転化」，第三章「絶対的剰余価値の生産」，第四章「相対的剰余価値の生産」，第五章「絶対的および相対的剰余価値の生産のさらなる研究」（労賃論）について述べる。

この堅固な理論的基礎のうえでマルクスは，第一巻で資本の成立の叙述にいまや取り組んだ。かれは貨幣の資本への転化を 1857 / 1858 年『要綱』で，はじめて論じた（MEGA II / 1.1）。1861 年から 1867 年までマルクスは，さらにその完成と単純流通から資本の流通への移行のより大きい論理的結論に取り組んだ。『資本』第一巻の初版ではじめて，貨幣の資本への転化のまとまった印刷稿を提示した。商品流通の最高の産物としての貨幣は，歴史的かつ論理的な出発点で

あり，そこから資本と剰余価値がマルクスによって論理的に展開された。

マルクスは単純商品流通の公式（W − G − W）を，直接に流通で現われる資本の公式（G − W − G'）と比較した。第一の公式では内容と目的は使用価値である，流通はただ形式的な性格を担うが，第二の公式では，商品をより高くうるために，それゆえに剰余を獲得するために商品を買うことが問題である。

公式 G − W − G' は，「直接に流通領域で現われる資本の一般的公式である」（S.110）。

「商品の消費から交換価値を引き出すためには，わが貨幣所有者は流通領域内で，市場で，その——使用価値自身が交換価値の源泉であるという独自な性質を持っており，その現実の使用そのものがそれゆえ労働の対象化，だから価値創造であるというような——商品を発見するという幸運に恵まれねばならない」（S.120）。

労働力は「能力」に本質があるのではなく，「活動」で現れる。労働力は労働者によって積極的に支出され，動かされ，また資本家によって積極的に利用され，消費される。マルクスは商品としての労働力の登場が，資本主義的生産様式をそれ以前のすべての生産様式から区別する決定的な特徴であることを明らかにした。マルクスは労働力商品の価値を，古典派経済学の賃金基金論者，またプルードン，ラサールが受けいれたように，絶対的な最低生存費に向かう不変の大きさとして理解しなかった。かれは明確に表明した。「他の商品と違って，それゆえ労働力の価値規定は歴史的かつ道徳的要素をもっている」（S.124）。それによってマルクスは，労働組合闘争の意義と可能性について，とくに国際労働者協会で激しく論議された問題にたいして答えた。マルクスは，すでにその報告『賃金，物価，利潤』で第一インターナショナルの中央評議会員に伝えられた学説を，『資本』第一巻で深めた。いまかれはそれを，労働運動全体に理解しやすいものにした。より高い賃金と他の経済的な利益を求める労働組合の闘争は，正当であるばかりでなく，労働力をその価値以下で支払うという資本の傾向に，成功裏に抵抗するために不可避である。

労働過程と価値生産過程の統一としての資本主義的生産過程の根本問題を，マルクスはすでに『要綱』で解決し，叙述は「1861 ～ 63 年草稿」（MEGA II / 3.1）で成熟した形態をとり始めていた。『資本』第一巻でマルクスは，いまや

用語上最終的に，労働過程の単一の要素を，労働対象，労働手段そして労働として規定した。

　「労働者はそれゆえ，使用された生産手段の価値を維持する，あるいはそれを価値構成部分として生産物にうつす……この追加的労働の……独自に有用な性格によって」（S.149）。

　この構成部分をマルクスは不変資本 C と呼んだ。具体的労働による生産手段の価値移転の考えは，「1861 〜 63 年草稿」ではまだ結論のすべてで成立していなかった（MEGA II / 3.1）。しかし正確な叙述は，『資本』第一巻で初めて生じた。賃金労働者はかれの労働の具体的性格によって，不変資本の価値を生産物の価値にうつしているあいだに，賃金労働者はかれの労働の抽象的性格によって「かれ自身の労働力の価値に対する等価を再生産する」（S.156, 155）。

　それゆえ資本主義的剰余生産の秘密は，資本家が賃金労働者を必要労働時間を超えて無償で働かせることにある。あらゆる剰余価値（M）は，その本質によれば資本家が支払わずに取得する剰余労働である。

　「労働過程の立場から，客観的要因および主観的要因として，生産手段および労働力として区別される同一の資本諸要素が，価値増殖過程の立場から，不変資本と可変資本として区別される」（S.156 / 157）。

　マルクスによる不変資本と可変資本（C ＋ V）とへの資本の分類は，根本的に重要であった。ここにマルクス経済学とあらゆるブルジョア経済学とのあいだの境界がある。なぜなら二つの要素 C ＋ V からなる資本構成は，労働者階級と資本家階級とのあいだの階級対立が克服できないことを，反駁できないように証明するからである。そのことから，労働力商品が全剰余価値の唯一の源泉であることが明らかになる。マルクスは，剰余価値がどのように成立するのかという問題を，価値法則に反することなく初めて解決した。剰余価値法則は資本主義の経済的根本法則であり，資本主義的生産様式の内的関連を規定する。剰余価値率は，可変資本にたいする剰余価値の比率であり，それは必要労働にたいする剰余労働の比率に対応する。

　「剰余価値率は，それゆえ資本による労働力の搾取度の，あるいは資本家による労働者の搾取度の，正確な表現である」（S.163）。

　剰余価値生産の二つの方法を，マルクスは『資本』第一巻で別々に連続して論じ，それを対比して定義した。

序　文　**33**

「労働日の延長によって生産される剰余価値を，私は絶対的剰余価値と名づける。これに反し必要労働時間の短縮，およびこれに照応する労働日の両構成部分の量的割合における変化から生じる剰余価値を——私は相対的剰余価値と名づける」（S.254）。

絶対的剰余価値は資本主義的生産の基礎であり，また相対的剰余価値のための歴史的かつ理論的な出発点である。絶対的剰余価値の分析の中心に，マルクスは労働日をすえた。

1864年に創設された国際労働者協会の論争で，労働日の制限をめぐる闘争問題は重要な役割を演じた。それゆえマルクスは，とりわけ『資本』第一巻で労働日の叙述をかなり拡大し，それに関する多くの歴史的説明と衝撃を与える実例をあげた。労働日の制限をめぐる闘争で，労働者階級が組織される。労働日の長さを決定するいかなる経済法則も存在しないと，マルクスは明言した（S.181）。「かくして資本主義的生産の歴史で労働日の標準化は，労働日の制限をめぐる闘争として——総資本家すなわち資本家階級と総労働者すなわち労働者階級とのあいだの一つの闘争として——現われる」（S.181）。

マルクスにとって労働日の短縮のための闘争は，労働力の保持のために必要であっただけでなく，階級意識の成長と階級としての労働者の組織化の可能性の展開ために重要な問題であった。それと同時にかれらは，「人間形成のために，精神的成長のために，社会的機能の充実のために，社交的な交際のために，肉体的および精神的な力の自由な活動のために時間」を使う。すべての必要なことがらは，資本の側からは「まったくの愚行」としてみなされ（S.207），ゆえに闘争で資本に認めさせねばならないのである。

けれども絶対的剰余価値は，資本主義的生産の一般的基礎であり，それゆえ資本主義の廃止によってのみ消滅しうる。労働日の無制限の延長は，確かに絶対的剰余価値のきわめて人目をひく形態であるが，唯一のものではない。結局，一定の必要な労働日を超えるいかなる剰余価値も絶対的剰余価値である。それは労働者数の，すなわち労働者人口の増大によっても大きくなる（S.245）。絶対的剰余価値の増大は外延的にも，内包的にも生じる。資本は賃金労働者の労働強度を，社会的平均を超えて増大しようとする。そのさい個別資本の価値生産物は，「社会的標準度からのその強度の偏差で」変化する（S.425）。それは労働日の延長のように，剰余価値生産に作用する。

絶対的剰余価値の問題の詳述に続いて，マルクスは歴史的にかつ理論的に相対的剰余価値論を展開した。資本主義社会がそれ自身の基盤のうえで，とりわけ産業革命の結果として発展しはじめるやいなや，相対的剰余価値の生産が剰余価値生産の典型的な方法となる。この時代は，機械制大規模生産によって特色づけられる。機械制大規模生産は今日まで続く非常に矛盾した，しかし傾向において技術的進歩の絶えざる過程を含む。その内容は労働生産性の絶えざる上昇を表現する。

マルクスは資本主義での生産性増大の三つの歴史的段階，単純協業，マニュファクチュアでの分業，最後に機械と大工業を調べた。かれは，資本主義での技術進歩が搾取度の増大にいたることを，明らかにした。

「資本主義的生産過程の推進的動機および規定的目的は，資本の最大の自己増殖，すなわち最大の剰余価値の生産，それゆえ資本家による労働力の最大の搾取である」（S.268）。

マルクスに第一巻ではじめて詳細に，工場立法の重要な役割に取り組む契機をあたえたのは，同様に労働者階級の直接の利害であった。工場立法は労働者の状態を緩和し，また産業革命の促進を引き起こす。そこから生じる資本主義的生産関係のより急速な展開は，労働者階級の量的増大，その強まる集中と組織化を伴う。マルクスは同時に，当時の資本主義の最新の発展傾向を示した。かれはプロレタリアートの闘争に，重要な方向性を与えた。

どのように労賃が論じられるのか，またとりわけ著作全体のどの箇所で労賃が論じられるのかについてのマルクスの理解は，かれが『資本』を準備した年月のなかで，長期の展開と変更にさらされた。1858 年の著作「プラン草案」で，さしあたり賃労働にかんする独立の書物が予定されていた。そこで労働力商品の価値の労賃への形態転化，その具体的運動とその変動が論じられるはずであった。賃金問題の叙述にたいするマルクスの構想は，数年をへて次第に変化した。

マルクスは一方では，賃労働にかんする独自の著作を書くという意図を明確に放棄していなかった。しかし研究と叙述の進展で，この問題はますます第一巻のための研究に取り込まれていった。労賃とその形態の論述は，資本関係の包括的で論理的かつ歴史的な叙述にとって無条件に必要となった。

労賃は通常の意識では虚偽のまたゆがめられた反映を受けるので，労働力の価値の現象形態の叙述は不可避であった。それによって同時に，古典派ブルジ

ョア経済学の本質的な，階級に制約された認識限界が暴露された。労働力の価値の大きさへの影響要因としての歴史的，精神的要素の明確な規定は，最低生存費としての労賃理解の残りすべての最終的な解消を意味した。これは他方では，労働組合の経済闘争の必然性のより深い基礎付けにとって重要な意味を持った。マルクスの労賃論は 1867 年の『資本』第一巻で，その最初の成熟した叙述を見出した。それはここではなお「労賃の転化した形態での労働力の価値または価格」という表題で，第五章「絶対的剰余価値と相対的剰余価値の生産についてのさらなる研究」の第四項目として現れた。第二版でマルクスは，それに独立の編をあてた（MEGA II / 5，前おき，S.27-37）。

　さらに新メガ II / 5 の「前おき」で，第六章「資本の蓄積過程」，「いわゆる本源的蓄積」，「資本主義的蓄積の一般法則」，「論理的なものと歴史的なものとの統一」について述べる。
　商品の二重の性格，商品を生産する労働の二重の性格，不変資本と可変資本とのあいだの相違の発見の後，そしてその純粋な形態での剰余価値研究の後，マルクスはその蓄積論を初めて系統的に『資本』第一巻で述べた。この叙述の頂点が，資本主義的蓄積の一般法則の定式化であり，資本主義的蓄積の歴史的傾向の作成である。蓄積とともに資本主義的生産様式は，それ自身の基礎のうえで発展する。賃労働と資本とのあいだの敵対的関係は，繰り返し再生産される。資本主義的生産様式の基本的矛盾は，深化される。抵抗傾向にもかかわらず，ブルジョア社会での労働者階級の社会的地位は悪化する。プロレタリアートは，この社会の革命的階級として形成され，組織される。そして人間による人間の搾取を，社会主義革命で廃止する能力をますます発展させる。
　マルクスは剰余価値の資本への転化を研究し，新しい資本が，拡大された再生産で，常に他人の不払いの労働の化身として現れることを示した。商品生産の所有法則は，資本主義的取得法則に急変する。それに対応するのは次のこと，すなわち労働者は，資本主義では原則的に彼自身の労働成果の一部分で支払われること，可変資本は，労働者の生活手段基金の特殊な歴史的な形態の一つでしかないことである。しかし労働者の個人的消費ですら，生産的消費とともに，資本主義的再生産過程の構成要素であり，剰余価値の再生産とともに資本関係は繰り返し新たに再生産される。

資本の蓄積は労働力への需要を高め，賃金上昇を導くことができる。だが賃金は蓄積にたいして従属的な変数であり，蓄積は常に資本の価値増殖欲求に向かっている。賃金の運動は，資本主義的搾取の制度を危うくすることはできない，なぜなら，賃金の展開は資本主義的搾取の発展に従属しているからである。労働生産性の増大の，同時に資本による資本の生産のあらゆる方法は，資本の最小規模の増加，資本の集積と集中，そして資本の有機的構成の高度化と結びついている。蓄積のさらなる不可避的結果は，相対的過剰人口の成立である。相対的過剰人口は循環的展開の条件として，生産の個々の領域での飛躍的な拡大にとっての条件として，また循環的発展のあらゆる段階で，労働者階級にたいする資本の抑圧手段として，資本主義的生産の不可欠の要素である。

『資本』第一巻で，資本主義的人口法則が初めて成熟し系統的な形で述べられた。マルクスは特殊な資本主義的人口運動が，資本主義的生産様式の経済的運動法則から引き起こされることを述べた。蓄積過程で可変資本も絶対的に増加するが，しかし資本の不変部分にたいし常に低下する比率で増加する。そこから「つねに相対的な，すなわち資本の中位の価値生産欲望にとって過剰な，従って過剰な労働者人口すなわち剰余労働者人口」（S.507）が生じる。資本関係の拡大と展開とともに，「資本による労働者のより多くの牽引と労働者のより多くの反発が結びついている段階もまた広がる。……だから労働者人口は，それによって生み出された資本の蓄積とともに，それ自身の相対的過剰化の手段をますます大量的に生み出す。これこそが資本主義的生産様式に独自の人口法則であって，実はどの特殊な歴史的生産様式も，その特殊な歴史的にあてはまる人口法則をもっている」（S.508）。

『要綱』と「1861 ～ 63 年草稿」で示唆された産業予備軍の機能は，『資本』第一巻で詳細に展開された。産業予備軍の形成は蓄積の必然的な結果であると同時に，「資本主義的生産様式の生存条件である」（S.508）と，マルクスは断言した。他方でそれは，資本家による労働者階級の強められた搾取に役立つ。資本の蓄積が，「一方では労働の需要を増大するが，他方で労働者の供給をその『遊離』によって増大する。同時に非就業者の圧力は，就業者により多くの労働の流動化を強いる，それゆえ，ある程度，労働供給を労働者の供給から独立させる。労働の需給法則の運動は，この基礎のうえで資本の専制を完成する」（S.515／516）。『資本』第一巻でマルクスは初めて，相対的過剰人口の様々な形態を展開

した。かれはこれを，流動的形態，潜在的形態，停滞的形態として特色づけた（S.516）。特殊な形態，過剰人口の最深部の沈殿物として，かれは被救恤的窮民を名づけた（S.518 / 519）。

　『資本』第一巻での蓄積論によってマルクスは，『資本』全体に特有な論理と歴史の統一の原理を，とくに印象深い仕方で実現した。かれは資本主義的蓄積の歴史的傾向を説得的に述べた。かれは重要な客観的な生産関係をその統一で，その成長過程，その発展過程，その没落過程で調べ，論理的な導出を歴史具体的な説明で根拠づけた。広範囲の歴史具体的説明は，それ自体論理的叙述の重要な一要素であり，重要な方法論的な意味があった。同時にマルクスは，もう一度強調した。労働者の状態への資本蓄積の影響の分析では，よい収入を支払われた労働者に基づくだけではなく，労働者階級の状態を決定する要素の多様さが考慮されねばならない，またそこに生じた恐慌を含むより長期の期間が，研究の基礎にされなければならない。

　マルクスは，拡大された資本主義的再生産の機構を系統的かつ論理的に述べた後，その蓄積論の頂きで資本主義的蓄積の一般法則を述べた。

　「社会の富，働いている資本，その増大の範囲および勢力が，従ってまた労働者人口の絶対的大きさおよび彼らの労働の生産力が大きくなればなるほど，それだけ相対的過剰人口および産業予備軍が大きくなる。自由にしうる労働力は，資本の膨張力のばあいと同じ諸原因によって発展させられる。産業予備軍の相対量は，それゆえ富の力能につれて増大する。だが，この予備軍が現役労働者軍に比較して大きくなればなるほど，固定的過剰人口あるいはその困窮が彼らの労働苦に反比例する労働者層が大量的となる。最後に，労働者階級の窮乏層と産業予備軍とが多くなればなるほど，公認の被救恤的窮民がそれだけ多くなる。これは資本主義的蓄積の絶対的，一般的法則である。この法則は，あらゆる一般法則と同様に，その実現においては多様の諸事情によって修正される」（S.519）（MEGA II / 5，前おき，S.37–42）。

　蓄積論の作成および理論全体へのその組入れで，マルクスが「1861 ～ 63年草稿」で獲得した進歩は，『資本』で資本主義的生産様式の発展法則の最終稿に向かう重要な一歩であった。それ自身の基礎のうえでの階級関係の再生産に関連して，論理的にその歴史的生成，資本主義的蓄積の歴史的傾向の問題が現れた。

だが資本関係の歴史的形成の問題への解答は，資本主義的蓄積の一般的絶対的法則にいたるまでのカテゴリーの論理的系列とは本質的に相違する。そこでいわゆる本源的蓄積の分析（アダム・スミスでは「先行的蓄積」）が，きわめて変化にとんだ成立過程を示すことは，驚くにあたらない。それにまたその位置の価値の問題とその位置づけの問題が結びついている。この試みは，この特殊な研究対象の範囲と限界の規定を伴う，マルクスのその時々の認識状態を反映する。

　1861年なかばまでの叙述の試みで，蓄積のための部分はまだ現れていない。他方1861年夏からは本源的蓄積のテーマに，のちの第六章の他の要素が密接に結びついていた。マルクスはとりわけこの時期に，資本の蓄積とその歴史的前提について，この対象の「論理的なもの」と「歴史的なもの」との弁証法に，重要な認識の一歩を踏み出した。1861年夏のプラン草案への補遺で，かれは明白に意図を述べた。「いかに資本が生産するのかだけではなく，いかに資本それ自体が生産されるのか——それ自身の起源」，その「出発点は，もちろん社会の前資本主義的生産段階に属する」（MEGA II / 3.1, S.285）。

　蓄積と本源的蓄積を，構想された著作で，ひとつの部分で扱うという意図は，1863年までの研究過程で固まった（MEGA II / 3. 4. S.1404, 1450）。それと並んで，蓄積と同時に本源的蓄積をも資本の生産過程内で叙述する意図，それゆえ『資本』第一巻に取り入れるというマルクスの意図がますます明白になる。

　『資本』第一巻での本源的蓄積論の内容と「1861～63年草稿」での本源的蓄積論の内容との対比から，「1861～63年草稿」ですでに理論の本質的見地が含まれていることを確認しうる。再生産の作成の終わりで，そして『追加』で，「ß）いわゆる本源的蓄積」の項目のもと，マルクスは歴史的に資本運動の前提として据えられねばならない本質的条件に取り組んだ（MEGA II / 3. 6, S.2280–2379）。マルクスが「1861～63年草稿」で本源的蓄積論の準備段階をおこない，1867年までそれを成熟させたことは，この時期に研究と叙述が互いに密接に関連していることを，明白に証明している。広範囲の歴史研究と部分的仕上げによって，マルクスは1867年に歴史過程を成熟して叙述することができた。

　それは資本主義を，客観的に必然的な経済社会構成として特色づけた。まさにこの点で『資本』第一巻での本源的蓄積にかんする部分は，「1861～63年草稿」での準備作業をはるかに超えた。同時に1867年の第一巻での理論の完成した形態で，マルクスがその叙述を繰り返し経験的資料で補充してきたことがわかる。

序　文　**39**

それをかれは「1863 ～ 65 年草稿」の作業と並行して，さらに第一巻の執筆のあいだも研究しなければならなかったのである（MEGA II / 5，前おき，S.43–45）。

　最後に新メガ II / 5 の「前おき」で，「資本主義的蓄積の歴史的傾向」，「論理と歴史の統一」について述べる。

　その拡大された歴史的部分を含めての本源的蓄積の『資本』第一巻への取り入れ，および「1861 ～ 63 年草稿」に比べそのかなりの量的拡大また内容の充実は，歴史的な説明の視点からのみ評価されるべきではない。むしろつぎのことが確認される。カテゴリーの論理的系列は，それらの実在の歴史的起源と結合されねばならないということであり，さもないと探求された対象の研究と叙述は，それらの歴史的な道しるべ ihres historischen Orientierungspunktes を奪われるのである。純粋に論理的であることでは，資本関係の歴史的連続性を解明することにも，資本の起源と存在形態についてのブルジョア的神秘主義を暴露することもできない。

　その時までにまだ達成されていない明確さで，マルクスは古典的実例イギリスをもとに，二重の意味で自由な賃金労働者の創造の暴力的性格を示した。かれは資本主義的土地所有者と産業資本家の生成についての，欺瞞的なブルジョア的説明を論駁した。資本主義の成立期の本源的蓄積の叙述は，幻想を破壊し，産業資本家がその禁欲的節約によって出現したことを，童話として仮面をはいだ。「アメリカでの金銀産地の発見，土着民の絶滅，奴隷化および鉱山への埋没，東インドの征服と略奪，アフリカの商業的黒人狩猟場化は，資本主義的生産時代の幕開けを特色づける。この牧歌的な過程は，本源的蓄積の主要な要素である」（S.601）。

　そしてマルクスは，この成立過程を要約した。

　「もし貨幣が，オジエによれば，頬に自然的血痕をつけてこの世に生まれてくるとすれば，資本は頭からつま先まで，あらゆる毛穴から血と汚物を滴らせながらこの世に生まれてくる」（S.607）。

　マルクスはそれによって，封建時代の終わりに資本の加速された集積にいたる実際の社会経済的機構また政治的機構を情け容赦なく暴露した。暴力を新しい制度の助産婦として，一つの経済的力として特色づけた。

　蓄積にかんする章の歴史的部分の終わりでマルクスは，資本の蓄積からの結

論を，資本の歴史的生成からの結論，および研究対象の限界規定からの帰結と矛盾なくひとつにし，そこから資本主義的蓄積の歴史的傾向を導出した。資本主義的私的所有は，個人的労働にもとづく私的所有の否定である。だが資本主義的生産様式の運動法則，剰余価値法則は，こんどは合法則的にある点に達する。そこでは資本主義的関係が生産手段の集中化にとって，また労働の社会化にとって狭隘になるのである。資本主義的生産様式は自然過程の必然性をもって，それ自身の否定をうみだす。その帰結，歴史的産物は共産主義社会である。それは「資本主義時代に達成されたもの，自由な労働者の協業，土地および労働そのものによって生産された生産手段の自由な労働者の共有を基礎にして」（S.610）発展する。

　「ドイツ労働者党綱領への欄外注解」で，マルクスはこの問題の古典的説明を与えた。そこでかれは，共産主義社会構成の二つの段階を原理的に特色づけた。他方マルクスは，そのための不可欠の根拠を『資本』ですえていた。『資本』は，共産主義の第一段階のかなりの指標を含んでいる。マルクスは社会のこの発展段階を，次のように特色づけた。

　「共同の生産手段で働き，その多くの個人的労働力を一つの社会的労働力として自覚的に支出する自由な人間の一つの団体。……この団体の総生産物は社会的生産物である。この生産物の一部分は，再び生産手段として役立つ。それは依然として社会的である。しかし他の部分は，団体の構成員によって生活手段として消費される。したがってそれは，かれらのあいだで分配されねばならない。この分配の様式は，社会的生産有機体それ自身の特殊な種類，およびそれに対応する生産者の歴史的発展度とともに変わるであろう。ただ商品生産と対比してみるために，各々の生産者の生活手段の分け前は，その労働時間によって規定されるとわれわれは前提する。それゆえ労働時間は，二重の役割を演じるであろう。それの社会的で計画的な配分は，相異なる欲望にたいする相異なる労働機能の正しい比率を規制する。他方において労働時間は同時に，共同労働への生産者の個人的分担の尺度として役立ち，したがってまた共同生産物のうち，個人的に消費しうる部分についての生産者の個人的分け前の尺度として役立つ。人々の，かれらの労働およびかれらの労働生産物にたいする社会的関係は，この場合では，生産でも分配でも，依然として透明で簡単である」（S.45 / 46）。

序文　**41**

　第一巻での大工業の分析のさい，マルクスはそこで発展する現存制度の変化の傾向と新しい社会の形成要素に詳細に取り組んだ。マルクスは，なお資本主義的条件のもとでの工場制度の力を，しかしとりわけその資本主義的使用の廃棄のあとの工場制度の力を示した。そのさいかれは多くの注意を，生産的労働と教授，教育との結合に向けた。

　「工場制度から……将来の教育の萌芽が発生した。この教育は，社会的生産を増大するための一方法としてだけでなく，全面的に発展した人間を生産するための唯一の方法として，一定年齢以上のすべての児童に，生産的労働と教授，体育を結びつけるであろう」（S.396）。

　この発展傾向をマルクスはさらに明確に特徴づけた。

　「工場法は，最初の資本に一時的に強いられた譲歩として，ただ初等教育を工場労働と結びつけるとすれば，労働者階級による政治権力の不可避的獲得は，理論的技術教授および実践的技術的教授にもまた，労働者学校でその位置を獲得するであろうということは，少しも疑う余地もない。生産の資本主義的形態とそれに照応した労働者の経済的諸関係が，そのような変革の酵素および古い分業の廃棄という酵素の目的と絶対的に矛盾することは，同様に少しも疑う余地がない」（S.400）（MEGA II / 5，前おき，S.45-50）。

　さらに「MEGA II / 5，前おき」で，マルクスの方法論，「唯物論的に基礎づけられた論理的なものと歴史的なものの統一」について述べる。

　『資本』は全体として，方法論の名作である。エンゲルスはすでに1859年に書いた。「マルクスの経済学批判の基礎にある方法の作成を，その重要さにおいて唯物論的な基本見解にほとんどおとらない成果とみなす」（エンゲルス，フリードリヒ，マルクス『経済学批判』第一分冊書評，MEGA II / 2）。

　マルクスはここで，そしてまたそれ以前の著作で，ヘーゲル弁証法と取り組むことでその方法を展開し，唯物論的，弁証法的方法を適用した。マルクスのこの偉大な精神的業績は，レーニンを次の重要な確認に導いた。

　「マルクスがたとえ『論理学』を……あとに残さなかったとしても，だがかれは『資本』の論理学をあとに残した。……『資本』では，ヘーゲルからすべての価値あるものを受け継ぎ，この価値あるものをさらに発展させた唯物論の論理学，唯物論の弁証法，そして唯物論の認識論（三つの言葉は必要でない，それは同一である）が，一つの科学に応用されている」（レーニン「ヘーゲル弁証

法（論理学）の見取図」『レーニン全集』第 38 巻）。

　唯物論的な歴史観にもとづいてのみ，そして弁証法的方法の適用でのみ，マルクスは『資本』を執筆し，資本主義の一般的運動法則を明らかにすることができ，またこの社会の歴史的位置を規定し，労働者階級の歴史的使命を根拠づけることができた。マルクスは，その著作について「芸術的総体」と正当に語ることができた（1865 年 7 月 31 日付，マルクスのエンゲルス宛の手紙）。

　総体性の思想は，すべての弁証法的哲学に共通である。マルクス的方法の決定的なものは，同時にその科学性を基礎づけるその唯物論的性格にある。弁証法の仕上げのため，ヘーゲルの功績のあらゆる称揚で，マルクスはつねに彼の方法とヘーゲルの方法との対立を強調した。マルクス的方法の唯物論的性格と「論理的なもの」および「歴史的なもの」との統一が，直接に結びついている。それを観念論の弁証法論者は展開できなかった。唯物論的弁証法で「論理的なもの」は，反映され理念的なその合法的内容に凝縮された「歴史的なもの」を表現する。それゆえ『資本』は，それ自体構想されたものでなく，資本主義の現実的運動の論理的表現である。

　この唯物論的に基礎づけられた「論理的なもの」と「歴史的なもの」の統一は，さまざまな仕方で『資本』を貫いている。論理的展開の目的は，資本主義の運動法則を明らかにすることであった。それは感覚的に近づきやすい社会の表面では認められない。むしろ，この現われている社会構成の表面とその本質とのあいだには対立がある。しかし同時に，この対立は仲介されている。それゆえマルクスの課題は，資本主義的生産関係の統一と対立の論理的基礎づけに，その現象と本質の論理的基礎づけに，その本質があった。マルクスは客観的現実から出発し，論理的展開の起点カテゴリーとして見出した商品を第一に分析した。さらなる論理的な分析と総合で，概念過程のすべてで，マルクスは真の歴史との接触を失わなかった。それは多くの箇所で論理的展開を基礎づけ，支持し，説明した。

　論理的な研究と叙述の最後で，再び資本主義的生産関係の実在がある。しかしそれはいまやその関連で理解され，その本質で洞察され，その必然的な解放までの発展傾向で客観的に合法則的なものとして根拠づけられている。抽象から具体へと昇るマルクス的方法はまた，唯物論的に基礎づけられた「論理的なもの」と「歴史的なもの」との統一の表現でもあることを，それは意味している。

唯物論的な矛盾の弁証法は，すでに早くからマルクスによって展開され，利用されてきた。『資本』でそれは，完全な仕方で適用された。唯物論的な矛盾の弁証法は，矛盾を否定する古典派経済学者の着手とも根本的に相違する。しかしそれはまた，小市民的で反動的な空想家による矛盾の扱い方とも相違する。それは矛盾をたしかに反映するがその必然的な発展を理解せず，そして資本主義の矛盾を避けるために，社会的発展を小規模生産に戻そうとする。唯物論的な矛盾の弁証法は，結局，矛盾を仲介によって「解消する」，対立する側面のジンテーゼによって「解消する」，ヘーゲル的な方法とも相違している。

　マルクスは『資本』で，客観的な社会的発展で起きている矛盾の運動，矛盾の解消，そして矛盾の廃止を映している。マルクスが確認したように，資本それ自体は「生きた矛盾」である（MEGA II / 1. 2, S.334）。なぜなら資本の性格上，生産の一つの特殊な制限，同様にいかなる制限の凌駕も，矛盾した傾向として基礎づけられているのであるから（MEGA II / 1. 2, S.327）（MEGA II / 5, 前おき，S.50-54）。

『資本』第 I 部　第二版，七篇 25 章編成，新メガ II / 6 の「前おき」

　1987 年刊行の新メガ II / 6 の「前おき」で述べる。まず『資本』第 I 部第二版刊行の意味，理論と運動との関連について述べる。

　メガの本巻は，1872 / 73 年にハンブルクのオット・マイスナー出版所で刊行されたカール・マルクス『資本　経済学批判』第一巻改訂第二版，『資本』第一巻の補充と変更（1871 年 12 月〜 1872 年 1 月）および『資本』第二版の案内を含む。この著作の初版は 1867 年に刊行された。それは科学的社会主義と国際労働運動の歴史において卓越した出来事であった。『資本』によってマルクスは，「近代社会の経済的運動法則」（S.67, MEGA II / 6，以下頁数のみ記す）を解明し，科学的社会主義と労働運動との融合の新しい段階を準備した。唯物史観にもとづき，この著作では資本主義的社会構成の展開が自然史的過程として示された。資本主義の生成，発展，消滅の基礎にある法則と原動力が明らかにされ，この社会には解決のできない矛盾が内在することが証明された。ブルジョアジーとプロレタリアートとのあいだの階級対立の，経済的原因の科学的分析が初めて見出された。マルクスは『資本』で，労働者階級にかれらの解放闘争のためのきわめて重要な理論的武器をあたえた。第二版の出版のために，マルクスは初版を徹底的に改訂した。

1871 年に『資本』第一巻の新版の必要が生じた。1867 年と 1872 年とのあいだの時期は，労働運動の高揚によって特色づけられる。とりわけドイツ労働運動と国際労働運動にとって重要な二つの政治的事件があった。すなわち 1869 年の社会民主労働者党の創設（アイゼナッハ党）と 1871 年のパリ・コミューンである。アイゼナッハ党の創設は，労働運動と科学的社会主義の結合の新しい状況をつくりだした。それによって同時に，マルクス主義理論の普及のためのより拡大された基盤が生じた。パリ・コミューンで「資本家階級とその国家に対する労働者階級の闘争は……ひとつの新しい段階にはいった……世界史的に重要な新しい出発点を……獲得した」（1871 年 4 月 17 日のマルクスのクーゲルマン，ルイ宛の手紙）。

『資本』第一巻新版の準備と刊行は，次の時期に属した。それは国際労働者協会のロンドン会議（1871 年）で具体化された労働者階級の闘争の政治的原則の活用と貫徹によって特色づけられる時代であった。ドイツでの労働運動は特別な責任をになった，なぜならパリ・コミューンの敗北のあと，国際労働運動の重心はドイツへ移ったからである。アイゼナッハ党はマルクスとエンゲルスの著作の出版に，また彼らの思想の獲得にさまざまな活動をおこなった。当時『フランスにおける内乱』（Marx），『住宅問題』（Engels）が刊行され，『共産党宣言』（Marx, Engels），『ドイツ農民戦争』（Engels）が再刊された。この過程にくみ込まれたのが，『資本』第一巻第二版の出版である。1872 年に出版された『資本』ロシア語訳およびフランス語版の刊行開始によって，マルクス主義思想の普及と習得の基礎が国際的に著しく広められた。

1867 年『資本』の五年間の影響について，マルクスは第二版への「あとがき」で確認した。「『資本』がドイツの労働者階級の広い範囲で急速に理解されたことは，私の労働の最上の報酬である」（S.701）。経済闘争の課題ならびに労働組合の役割は，1866 年ジュネーヴ大会の諸決議に含まれている（MEGA II / 6, 前おき，S.11–14）。

つぎに新メガ II / 6 の「前おき」で，『資本』第二版の構成の変更，第一編「商品と貨幣」，「価値論」，「価値形態論」，「商品の物神性論」について述べる。

マルクスは第二版を「改訂された版」と呼んだ（S.59）。この特徴づけは著作の詳細な構成と内容の変更に基づいている。構成の変更は第二版の特徴に属する。著作の内部的な構成は，本質的に変わらなかった。一つの例外をなしてい

るのは，ただ第一章「商品」である。「本の外的な区分」が変更される（1867年8月23日，エンゲルスのマルクス宛ての手紙）。それはとりわけ，労働者階級での『資本』の受け入れと理解を促進するという目的に役立った。マルクスは，エンゲルスによってなされた指示の理由を認め，実行した。

「書物の基本的に新しい三つの要素」（1868年1月8日のマルクスのエンゲルス宛の手紙），剰余価値のその純粋な形態での分析，商品を生産する労働の二重性格の取り扱い，「背後に隠された関係の不合理な現象形態」（同上）としての労賃の叙述，これについては『資本』の書評でほとんど触れられなかった。

第二版のいくつかの編は，初版と比較して構成でかなりの変更を示している。第一編「商品と貨幣」もそれに属する。それは「最も困難である，なぜなら経済学の極めて抽象的な部分であるから」（1859年2月1日，マルクスのヴァイデマイアー・ヨーゼフ宛の手紙）。

初版の第一章には，第二版では三つの章をもつ第一編が対応する。労働日および相対的剰余価値の生産についての研究もまた，構成での重要な変更を受けた。第一編「商品と貨幣」は，内容的に重要なテキストの展開を示している。それは第二版での商品論と価値論のさらなる展開を証明する。初版の第一章「商品と貨幣」の改訂の動機は，本文と付録での価値形態の二重の扱いであった。マルクスはさらに指摘した。

「商品世界の価値であらわれ社会の労働力は，……たとえ無数の個人的労働力から構成されているとしても」（S.73），同一の人間労働力としてみなされる。けれども個人的労働力は，平均的労働力の性格をもたねばならず，そういうものとして活動しなければならない（同上）。この叙述では商品の質的な規定がある。それによれば抽象的労働は，価値の共通の社会的実体をつくりだし，量的な規定を含めて明白にそれを仲介する。それにしたがえば「個々の労働力は……社会的労働力の一部としてみなされ，それゆえその支出の尺度は個々の労働力ではなく，それが社会的労働力の構成部分として活動する諸関係で見出される」（S.31）。

価値実態と価値の大きさについての補足的所見で，マルクスは私的交換による社会的労働および社会的に必要な労働時間の，自然な成立を指摘した。価値の大きさと価値実態の社会的性質の詳細な理解は，商品としての労働生産物の一般的な登場の条件のもとで，次のことをかれに可能にした。労働時間の比

例的配分の一般的法則の特殊な貫徹形態を明らかにすること。1868 年 7 月 11 日のクーゲルマンへの手紙でマルクスは，この一般法則への還元によって，価値論で表現される法則的関連の現実を指摘した（『マルクス，エンゲルス全集』第 32 巻，大月書店，454 頁）。

労働の二重の性格の分析を，マルクスは彼の著作の最善のものと呼んだ（1867 年 8 月 24 日，マルクスのエンゲルス宛の手紙）（『マルクス，エンゲルス全集』第 31 巻，大月書店，273 頁）。

このきわめて新しい要素とその意味は，だがただ少数の人々のみによって知られていた。マルクスは第二版で，使用価値および価値としての商品の矛盾した統一から，商品を生産する労働の二重の性格への移行を，「I. 2 の表題」（「商品のうちに表示されている労働の二重性格」）で表現することで，そのことを考慮した。それによって同時に，資本主義的生産関係の歴史的性格をすでにその萌芽で，具体的労働と抽象的労働とのあいだの矛盾で分析する，労働者階級の経済学の質的に新しい出発点が強調された。労働の二重の性格の研究は，新たな総合的規定によって豊かにされた（S.79 / 80）。そのなかで「人間的労働力の支出」（S.79）は共通の特徴として，また抽象的労働と具体的労働との矛盾した統一の包括的契機として特徴づけられた（MEGA II / 6，前おき，S.17-23）。

『資本』初版でマルクスは，価値形態分析の課題を次のように述べた。

「いま使用価値と交換価値がなんであるかを知るなら，この形態 I は，最も単純な最も未展開の方式であり，任意の労働生産物を……商品として表現すること，すなわち使用価値と交換価値の対立の統一として表現することが理解される。そして同時にすぐに単純な商品形態，20 エレのリンネル＝一着の上着が，その完成された姿態，20 エレのリンネル＝ 2 ポンド・スターリング，すなわち貨幣形態をえるために通らねばならない姿態変換が理解されるであろう」（MEGA II / 5. S.648 / 649）。

第二版では価値形態分析の課題は，きわめて経済学的に基礎づけられた。「その最も単純きわめて目立たない形態からまばゆい貨幣形態までの，商品の価値関係に含まれた価値表現の展開」（S.81）が，従って貨幣神秘の解明が問題である。かれは価値形態分析の二重のテクストを暫定的解決と考えたが，それは第二版で取り消された。

同じように本質的に内的な関連が，またこの発展関係の現象形態が分析された。マルクスは単純な価値形態を未発展な形態として，あるいは一般的な価値形態を展開された形態として特徴づけることに，制限されなかった。かれは『初版』の叙述を，交換過程で現れ次第に固まっていく形態としての価値形態の，社会的対象性についての補足的見解よって改善した（S.30）。そのさいかれは次のことを考慮した。相対的価値形態と等価形態が展開する社会的矛盾の極を形成すること，その本来の担い手が増大する規模で交換関係にはいる社会的構成員であること。全体的な価値形態によって，二人の商品所有者の偶然的な関係は止揚されること。労働生産物に対象化された労働の同等化によって，抽象的で社会的労働の関係は，直接に社会的形態での労働として出現すること，最後に貨幣で具体的に表現されること。その結果かれは，価値の社会的性質をより深く理解することができた。

『初版』でマルクスは，社会的関係の転倒性と社会的関係の具象化の経済的基礎を明らかにした。『第二版』で商品物神性の論述は，構成の一項目で，社会関係の転倒したブルジョア的意識形態の理解にとっての結節点として，また商品分析および価値形態分析の核心として強調された。マルクスは私的労働と社会的労働とのあいだの矛盾を，商品物神性にとっての原因としてより詳細に取り組んだ。

かれは商品物神性を，資本主義的生産関係の本質が覆われて現れる客観的な思考形態として特徴づけた。

「だから商品形態の神秘性は，たんに次のことにある。商品形態は，人間自身の労働の社会的性格を，労働生産物そのものの対象的性格として，この事物の社会的な自然属性として人間にうつしだし，したがってまた，総労働にたいする生産者の社会的関係も，かれらの外部に存在する対象の社会的関係として，人間にうつしだす」（S.103）。

マルクスは，商品物神性が価値規定の内容から発するのではなく，商品としての労働生産物の形態から発することを明らかにした。マルクスは，貨幣の価値尺度機能を初めて基本機能として特徴づけることで，とくに貨幣の価値尺度機能を強調した（S.121）。第一章での価値実態の精密な規定は，価値の尺度としての貨幣の正確な規定にゆきついた（S.124）（MEGA II / 6，前おき，S.24-29）。

さらに新メガ II / 6 の「前おき」で，第二編「貨幣の資本への転化」から第七

編「資本の蓄積過程」まで，特に第六編「労賃」の独立について，述べる。

エンゲルスが1872年5月22日のリープクネヒト，ヴィルヘルムへの手紙で「ここに問題の核心がある」と述べた。初版の第二章「貨幣の資本への転化」は次の点で訂正された。マルクスは，循環 W － G － W と G － W － G' の内容をより明確に表現するにいたる。単純商品流通が「流通の外にある最終目的，使用価値の取得にとっての手段」（S.170）に役立つことを強調することで，単純商品流通の重要な特徴をさらに正確に規定した。マルクスは，資本主義的生産様式の特質をより強く強調すること，またそのさい資本主義分析にとって，労働力の商品性格の発見の意義を強調することにつとめた。労働力商品の購入と販売を正確に特徴づけることを，マルクスは重視した。かれは労働力の買い手と売り手とのあいだの接触を，「自由な所産」としてだけでなく（MEGA II / 5, S.128），「最終的成果」（S.191）として描いた。

第二版の第三編「絶対的剰余価値の生産」は，二，三の部分でさまざまな程度のテキスト変更を示している。

「労働は第一に，人間と自然とのあいだの過程である。人間がかれ自身の行為で自然との新陳代謝を仲介し，調和し，制御する過程である」（S.192）。

初版ではまだ，「労働過程は第一に人間と自然とのあいだの過程である」（MEGA II / 5, S.129）と書かれていた。変更の結果，人間労働は労働過程の特殊な契機としてより明確にされ，またこの過程での人間の能動的な役割が強調された。従って第二版では，労働と労働過程とのあいだの正確な区別が生じた。変更によって今や，労働は人間と自然とのあいだの自然的関連を実現し，労働過程の支配的要因であることが強調された。

第七章「剰余価値率」は，「いちじるしく作りかえられた」（S.700）。改訂でマルクスはあきらかに次のことに導かれていた。剰余価値率の理解は，資本主義的搾取の本質の把握にとって，また同時に労働者階級の実践的闘争にとって，注目すべき意義があること。絶対的剰余価値の分析の中心に労働日がある。この叙述の理解を助けるために，マルクスは第八章の中心にある問題，労働日の限界，剰余労働時間の延長への資本の傾向，標準労働日をめぐる闘争の歴史を，区分けでもきわだたせた。第二版の第八章は初版と比べて，ごくわずかな内容の変更を示している。理論的にまた実践的に重要であるのは，その内部で労働日の長さの変化がおこる限界の規定の正確さである。初版でマルクスは，「絶対

的に身体的な，また多かれ少なかれ相対的な社会的制限内」（MEGA II / 5. S, 179）での変更について語ったが，第二版ではそれに対して，「身体的また社会的制限内」（S.239）での変化についてのみ語った。それはまた次の文と一致する。

「しかし両方の制限は，きわめて弾力的である」（S.239）。

第二版の第四編「相対的剰余価値の生産」は，構成でのかなりの変更のほかに，内容にかんするテキスト展開をも示している。構成の変更で，マルクスはエンゲルスの指示に導かれた。「より多くの小区分と主要部分の明確な強調」（1867年8月23日，エンゲルスのマルクスへの手紙）。構成で最も重大な変更を示しているのは，第十三章「機械と大工業」である。この部分で資本にふさわしい相対的剰余価値の生産方法が分析され，資本主義的機械生産での労働者の立場が包括的に描かれ，資本主義社会の変革要素が明らかにされた。

相対的剰余価値論は，二，三の点で豊かにされ正確にされた。それはとりわけ，相対的剰余価値の分析に不可欠な，技術とテクノロジー概念あるいは科学技術と工芸学の概念にあてはまる。die Begriffe Technik und Technologie bzw.technisch und technologisch. 第二版で初めてマルクスは，技術とテクノロジーならびに科学技術と工芸学とのあいだをより正確に区別した。二つの概念は，さらに明確に相互に分離された。技術という専門用語はかれには，ますます人間によってつくられた労働手段の表示に役立った。第二版で初めてマルクスは労働の技術的性格について（S.211），また「労働過程の技術的条件」について語った（S.221）。それによって労働の内容と労働条件が，労働手段によって最終的に刻印されていることがより正確に表された（MEGA II / 6, 前おき，S.29-34）。

初版の第五章，「絶対的剰余価値と相対的剰余価値のさらなる研究」では，ただ少数の内容の変更が生じた。賃金運動の理解にとって重要な第二版第十五章（第五編）の詳述では，「労働力の価格と剰余価値の大きさの変動」について，どのようにして労働の生産力の変動が剰余価値と労働力の価値に作用するのか，またそれがどのようにして労働の社会的強度の増大にいたるのかが，より正確に述べられた。

かれの著作全体での労賃の位置についてのマルクスの熟考は，第二版で決着した。労賃の分析は，初版では第五章「絶対的および相対的剰余価値の生産にかんするさらなる考察」の構成要素であったが，いまや第二版では一つの独立した編（第六編）をつくる。この叙述は，次のことを強調するための追加的な

方法である。つまり労働力の価値あるいは価格の転化した形態としての労賃の論述は，本書の基本的に新しい要素をなし，搾取関係の暴露にとってきわめて重要である。そのことに二，三の本文変更も役立っている。資本と労働とのあいだの交換は，なぜ人間には他の商品の売買と同種のものにみえるのかが，たとえばより明解に強調される。

　第二版の第七編「資本の蓄積過程」は，ただ二，三の内容の変更のみを示している。この部分はフランス語版ではかなり仕上げられ，総じて蓄積論は豊かにされた。技術とテクノロジーとのあいだのより厳密な区別は，なかんずく資本主義的蓄積の一般法則，蓄積論の核心にかかわる二，三の見解の明確化に至った。この分析での決定的な要素は，資本の構成であり，また蓄積過程の進行でのその変化である。資本の有機的構成の正確な規定を，マルクスはフランス語版で初めてあたえた。初版と同じように，第二版でもまた「1863 ～ 65 年草稿」で獲得された資本構成に関する認識は，いずれにせよ完全には表現されていない。資本主義の経済生活での新しい現象として株式会社の急速な増加を考慮して，マルクスは連合した資本家をその叙述で引き合いにだした（ヴァリアンテ 572. 20）。二，三のテキストの変更は，資本主義的生産様式の特質をより明らかにするという目的に役立った。賃金の増大は資本主義的生産の基本的性格を少しも変えるものではないことを，かれは明白に強調した（ヴァリアンテ 561.29–30）。マルクスは，自然的人口増加と産業予備軍の必然性とのあいだの関連をはっきりと表現した（ヴァリアンテ 578. 23–25）。

　第二十三章の終わりをなすアイルランドにかんする詳述で，マルクスは資本主義的蓄積の一般法則が，植民地的に抑圧された農業国でどのように貫徹するのかを示した。いくつかの事情が，初版のこの部分の仕上げに指針となった。アイルランド民族の解放闘争は，1867 年と 1869 年に頂点に達した。初版でマルクスは，資本の本源的蓄積過程の円熟した叙述を与えた。すでにそこで研究は「1861 ～ 63 年草稿」と比較して，経験的資料で補われていることを示している。この作業をマルクスは，第二版でも続けた。とくに農民の収奪過程の取り扱いで，19 世紀に支配的な収奪の方法の取り扱いで，また被収奪者にたいする血の立法で，それは生じた。このようにして本源的蓄積の暴力的で略奪的な性格の証明が補われた（MEGA II / 6，前おき，S.36–38）。

最後に『資本』第Ⅰ部第二版の「あとがき」について，また弁証法的方法の唯物論的性格について述べる。

第二版の「あとがき」は，マルクス主義の歴史でひとつの重要な位置をしめる。ここでマルクスは，ブルジョア経済学の歴史の含蓄のある要約をおこなった。

ブルジョア経済学の発展から出発し，マルクスは科学とイデオロギー，階級闘争とイデオロギーとのあいだの関連を解明する基本的な証言をおこなった。

「経済学がブルジョア的であるかぎり……経済学が科学的であるのは，階級闘争が潜在的であるか，あるいは散発的な現象でのみ現れるかぎりである」（S.701.）。それはイギリスにおける経済学の発展に基づき示された。階級の対立を言い表したリカードによって頂点が，科学としてブルジョア経済学のこえることができない限界が達成された（S.702）。リカード以後のブルジョア経済学には，一つの完成した科学的学説をもはや作成できないことが明らかにされた。決定的な分岐点は1830年に達した。フランスでの七月革命と大ブリテンでの1832年の選挙法改革で，ブルジョアジーとプロレタリアートとのあいだの階級闘争は，公然たる一般的な性格を受け取った。マルクスの理解では，1830年は流れの変り目を示している。それはすでに19世紀の最初の20年に，古典派経済学と並んで存在していた俗流経済学の強力な進展と科学的理論形成の放棄の傾向によって特徴づけられる。ブルジョア経済学は，客観的にますます弁護的になった。

リカード以後の経済学の俗流経済学の水準への移行は，一つの不可逆的な過程であること，そこでJ. S. ミルが一つの特別の地位をしめていることをマルクスは示した。かれの『経済学原理……』（ロンドン，1848年）は，ブルジョアジーの前に新たに現れた諸問題に答えようという最初の重要な試みであった。J. S. ミルの見解の中心思想は，分配関係を歴史的とみなし，生産の法則に自然法則の性格を与えることである。そして「密かにブルジョア的関係が……押し込まれる」（『経済学批判要綱』前おき。II / 1.1, S.24）。J. S. ミルは，資本主義の改造についての少しも新しくない考えをかれの学説の基礎にして，分配における変更によって，ブルジョアジーに社会改良主義の道を示した。かれは労働者階級を永久に資本主義制度に結びつけるという目的で，社会改良の必然性をさし示した。労働運動にたいする，J. S. ミルの見解の少なからざる影響および危険性のゆえに，マルクスはJ. S. ミルの学説の弁護的性格の暴露に常に注意を払った。そのことを証するものが，かれの援助によって1869年にベルリンで刊行

された小冊子，エッカリウス，ヨハン・ゲオルグ『J. S.ミルの経済学説に対する一労働者の論駁』である。第二版のあとがきでマルクスは，ブルジョア経済学の歴史の主要な段階をスケッチした。古典期—解体—俗流化。それはとりわけ「1861 ～ 63 年草稿」で反映される（MEGA II / 3. 2 から MEGA II / 3. 5 まで），このテーマでの数年の集中的な取り組みの神髄であった。

『資本』の構成は，ヘーゲル『論理学』での概念の運動と似ているが，ひとつの原則的な違いがある。ヘーゲルにとって思惟が「現実的なものの創造者」（S.709）であるが，マルクスは思惟から独立し，しかし思惟によって反映された対象の本質を研究した。そこにマルクスの弁証法的方法の唯物論的性格があらわれ，またそれによってヘーゲル的方法から根本的に相違しているのである。この意味でマルクスは，とりわけかれの方法とヘーゲルの方法とのあいだの世界観的対立を明らかにすることに及んだ。社会分析への唯物論の一貫した適用によってのみ，そして弁証法と唯物倫との有機的結合の一貫した適用によってのみ，マルクスは資本主義の運動法則を解明することできた。弁証法と世界の唯物論的な説明との統一は，マルクスの方法の新しい特質を構成する。それは経済理論の完成にとって土台をなし，『資本』第一巻の各版でおこなわれている。ドイツ語第二版は，この行程での重要な一歩を具現化する。ドイツ語第二版は，『資本』第一巻のドイツ語初版とフランス語版とのあいだの連鎖をなし，独自の科学的価値を有する（MEGA II / 6，前おき，S.39-44）。

『資本』第Ⅰ部フランス語版「資本主義的生産の発展」八編 33 章編成，新メガ II / 7 の「前おき」

1989 年刊行の新メガ II / 7「前おき」で，まず『資本』フランス語版刊行の意味，パリ・コミューン後のフランス労働運動，プルードン主義，J. S.ミルについて，述べる。

メガの本巻は，1872 から 75 年にパリのモーリス・ラシャトル出版所で刊行されたカール・マルクス『資本　経済学批判』第一巻フランス語版を含む。J.ロア，ヨーゼフは，マルクスの委託によって同書翻訳を，1872 年のドイツ語第二版にもとづき作成した。マルクスはこのテキストに一貫して批判的修正をおこない，経済理論の充実とテキストの正確さをもたらした。総じて，それは異なった性質のテキストの展開をもった。マルクスは，かれによって認められた『資

本』第一巻フランス語版を，原本から独立した学問的価値をもつ成熟した著作とみなし，またドイツ語に熟知した読者によっても利用されるべきであると考えた。そこでかれは「ロンドン，1875年4月28日」の日付をもつ「読者へ」で述べた。「このフランス語版の文芸上の不完全さがどうあろうとも，この版は原本から独立した学問的価値をもっており，ドイツ語に親しんでいる読者にも参照されるべきである」（MEGA II / 7, S.690. 以下頁のみ記す）。

『資本』でマルクス主義は，その学問的な基礎づけと理論的証明の本質的な深化を受け取った。ここでマルクスは，唯物論的見解にもとづきその剰余価値論を展開した。唯物論的弁証法の応用は，資本主義社会の発展を一つの合法則的過程として理解することを，かれに可能にした。資本主義の発展を規定し，資本主義的生産様式の表面下で作用する推進力と法則を知ることで，この社会の経済的運動法則を明らかにした。マルクスは，資本主義的社会秩序の内在的法則が，克服できない対立と矛盾を生み出すこと，それはブルジョア社会によって解決できないことを証明した。マルクスは，ブルジョアジーとプロレタリアートとのあいだの敵対的矛盾の経済的原因を暴露し，そこからプロレタリアートの歴史的役割を展開した。資本主義の発展の産物としてのプロレタリアートは，比較的長期の歴史的過程で共産主義社会を設立するため，資本主義社会を革命行為で取り除き，政治的権力を獲得し，支配階級にのぼる社会的力であることをかれは確認した。

マルクスは，かれの経済理論の作成を40年代に始めた。それについては，とくに次の著作，『経済学—哲学草稿』，『哲学の貧困』，『賃労働と資本』ならびにエンゲルスと共同で起草された『共産党宣言』が，証明している。かれの仕事に多方面の刺激と広範囲の源泉資料を伝えたのは，エンゲルスの著作『国民経済学批判大綱』と『イギリスの労働者階級の状態』であった。多くの抜粋ノートが証明している多年の資料研究調査は，マルクスの主著の最初の草稿作成に先行する（MEGA IV / 7 から IV / 11 まで）。

彼自身が原草稿と呼んだ『経済学批判要綱』の執筆は，『資本』作成の長期にわたる段階を準備した。1861 〜 63 年に『資本』の第二の草稿「経済学批判草稿」が成立した。それは研究草稿の特徴を示した。1863 年 8 月から 1865 年 12 月まで，マルクスは『資本』の理論的な全三部の草稿を書いた。かれは到達に満足して

いなかったけれども，とくにエンゲルスの催促で，第一巻を独立に出版することを決心した。1866 年 1 月 1 日に，かれは第一巻の最終の起筆を始めた。

1867 年 9 月のその出版は，マルクス主義の発展史での区切りであった。1867年の版は，『資本』ののちの版の基礎となった。すでに 1872 年に第一巻のドイツ語第二版が，重要な変更をもってハンブルクで刊行された（MEGA II / 6）。同じ年にマルクスは，『資本』第一巻のドイツ語版の改訂ならびにフランス語版のテクストで，さまざまな段階の作業をおこなっていた。たしかにマルクスが第一巻の改訂第二版でおこなった変更は，フランス語版でも考慮されたが，だがフランス語版はそれを越えて，ドイツ語第二版にたいし本質的な相違を含んでいた。従ってフランス語版『資本』は，その逐語訳ではなく，独立の著作である（MEGA II / 7，前おき，S.11–13）。

マルクスは，『資本』のできるだけ広範な普及に尽力した。彼は英語版および他の言語への翻訳に集中した。フランスの政治的状況，とりわけフランス労働運動および国際労働運動へのプルードン主義の影響，ならびにプルードン，ピエール－ヨーゼフの理念にもとづくバクーニン，ミハイル・アレクサンドロヴィッチの社会的教義は，マルクスをフランス語の翻訳に向かわせた。……さらにフランス語版の生成が次の時期にあたることは注目にあたいする。つまりフランス労働運動でパリ・コミューンの経験が影響をおよぼし，フランスの社会主義者たちが独立した労働者党を組織し始めた時期。パリ・コミューンによって，ブルジョア国家機構の破壊がプロレタリアートのディクタツール樹立の前提条件として不可欠であるという，マルクスの洞察が確認された。70 年代初頭の歴史的諸事件は，プロレタリアートの革命的な大衆の党の生成および労働者階級と農民，都市中間層との同盟を要求した。パリ・コミューンと同時に，国際労働運動の歴史における新たな時代が始まった。それは最終的な階級闘争への労働者階級の準備によって特徴づけられる。パリ・コミューンの歴史的経験は，マルクス主義のさらなる発展および労働運動でのその普及を促進した。

プルードンは，40 年代の初めに所有権独占の批判をもって登場した。リカード，デイヴィッドの価値論を空想的と解釈し，資本主義と共産主義とのあいだに第三の道を求めた。かれは生産者からの生産手段の分離を批判し，資本による抑圧に対し小生産者を救い出そうとした。プルードンは私有財産を，プロレタ

リアによってつくられた剰余価値の不正な横領として特徴づけた。社会的貧困からの打開策としてかれは、現実ばなれした改革計画を宣伝した。マルクスは1847年夏に出版された著作『哲学の貧困。プルードンの貧困の哲学への回答』でプルードン主義と論争的に対抗し、社会発展の法則に関するかれ独自の唯物論的な学説を広範囲に表明した。かれは、資本主義関係の枠内で資本主義の否定的側面を取り除こうとするプルードンのプランが空想的であること、そのプランは疑わしい改良主義のイデオロギーであると、指摘した。小市民階級のプロレタリア化を阻止するか、あるいは取り消すこと、そして同時に商品生産関係を維持することは、まったく同様に空想的である。

　『資本』第一巻は、誤ったまたプロレタリアートの解放にとって有害なプルードンの見解を、再び反駁するためには適切な手段であった。すでに1859年2月1日のヴァイデマイアー、ヨーゼフ宛ての手紙で、マルクスは次のことを指摘していた。かれの起草した著作『経済学批判。第一分冊』、「商品」「貨幣あるいは単純流通」の章もまた、プルードンの教義に向けられている。「この二章で同時にプルードン主義、いまフランスで流行している社会主義が、根底的に破壊される。それは私的生産をそのままにして、だが私的生産物の交換を組織化するものであり、商品を欲するが、貨幣を欲しないとういうものである。共産主義は第一に、このにせの兄弟を片づけなければならない」。

　プルードンは、流通領域で起きている諸過程に資本主義的搾取の原因をみた。かれにとって貨幣資本は、金融界と銀行家の手工業者と小売商人とへの圧迫の本来の原因であった。かれは、小生産者の商業資本および高利資本への従属が取りのぞかれるために、生産要素の獲得に無利子の信用を支給することを提案した。プルードンはかれの信用改革によって、資本主義社会が平和的手段で公正な秩序に変わりうると信じた。かれは協同組合運動をめざし、小株式をもつ「人民銀行」を生み出した。そして貨幣のない交換を、労働時間価値で組織しようとした。それは数ヵ月もしないで失敗した。

　革命的大衆行為や資本主義への広まった批判は、保守的に構える経済学者に、進歩的経済学の完全な否認のきっかけを与えた。フランス語版でマルクスは、とりわけ J. S. ミルの見解に、先に刊行された『資本』第一巻ドイツ語版よりもさらに多くの注意を向けた。彼はフランス語版の第五編 XVI 章「絶対的剰余価値と相対的剰余価値」に J. S. ミルとの論争を追加したが、それをエンゲルスも

後のドイツ語版に継承し，脚注で次のように記した。

「上記の箇所は，『資本』フランス語版にもとづき翻訳される」（MEGA II / 8, S.492）。

それらは，J. S. ミルがその著『経済学原理』（ロンドン，1848 年）で述べてきた，剰余価値の源泉に関する論争に関連する。マルクスは次のことから出発した。リカードのようなブルジョア経済学者は，剰余価値の起源を求めず，それを社会的生産の自然的形態として考え，そして剰余価値の大きさを決定する原因にのみ関心を持った。だがリカードから半世紀後に J. S. ミルが登場し，以下の命題から利潤を導出した。食物，衣服，原料，機械的手段は，それらの生産時間に相応するよりも長時間存在すると。利潤は交換，売買と関連しないであろう。J. S. ミルは利潤を，賃金額を超える剰余と呼んだ。かれは利潤が，前貸資本の総額で計算されることを考慮しない（MEGA II / 7，前おき，S.14–18）。

つぎに新メガ II / 7「前おき」で，フランス語版『資本』の独自性，八編三三章の構成，第二編，第五編，第六編について述べる。

マルクスはフランス語版で，できるだけ多くの普及と結果を期待した。それを証明するのが，大衆版を個々の分冊で出版すること，および著書の困難なテキストおよび活版印刷術の形式を，より平易な叙述にするという決定である。ドイツ語第二版ですでに変更されていたにしても，マルクスはフランス語版で再び編成を変えた。『資本』ドイツ語第二版は七編二五章で，フランス語版は八編三三章で構成された。章の分類と表題も，一部分変更された。多くの変更が，後にドイツ語第三版に受け継がれた。論理的な構成を遂げるために，例えばマルクスは XI 章「剰余価値の率と量」の形を変えた。「いわゆる本源的蓄積」の章に，フランス語版では一つの特別な編，第八編「本源的蓄積」があてられた。

ドイツ語第二版とフランス語版とのあいだのテキストの比較は，著しい相違をとくに後の章で示す。多数の挿入と補足を，マルクスはとくにフランス語版の後半でおこなった。「資本の蓄積過程」編は，根本的な修正を受けた。フランス語版の XXIII 〜 XXV 章を含む第七編「資本の蓄積過程」（ドイツ語第二版と第三版では第七編 XXI 〜 XXIII 章）のほかに，第三編 XI 章「剰余価値の率と量」（ドイツ語第二版と第三版では IX 章）は，大きな変更を示している。

マルクスは，必ずしもかれの考えに一致しない翻訳に気づいた。革命的に作用する学問を，言語上ふさわしい専門用語に置きかえるという問題の複雑さに

ついて，後にエンゲルスは，『資本』第一巻の英語翻訳への序文で述べた。英語版のために，ほとんどの困難な箇所でフランス語のテキストが利用された。

「しかしながらわれわれが読者に，なしですませることができない一つの困難がある。ある専門用語を，日常の生活だけでなく通常の経済学でも，それがもっているものから違った意味で用いることである。しかしこれはさけられない。およそ学問のどの新しい見地も，その学問の専門的な用語で革新を含んでいる。……近代の資本主義的生産を人類の経済史でのたんなる通過段階とみる理論は，その生産形態を永遠で最終的とみなす文筆家に習慣となったものとは異なった専門用語を使わねばならないことは，しかしながら自明のことである」(MEGA II / 9. S.12 / 13)。

　二,三のテキスト章句は，フランス語版ではより明確にされた。それはドイツ語版よりもさらに的確に述べられた。それは価値の形態変化に関連する概念の叙述で，とりわけ明白であった。ドイツ語第二版（第二編4章2「一般的定式の矛盾」）では，「同じ交換価値，すなわち対象化された社会的労働の同じ量が，同じ商品所有者の手の中で，この所持者の商品の形で，この商品が転化する貨幣の形で，この貨幣が再転化する商品の形で交替しつつ残る」(MEGA II / 6. S.175)。フランス語版（第二編V章「資本の一般的定式の矛盾」）では，「同じ価値，すなわち実現された社会的労働の同一量が，常に同じ交換者の手の中に残る。たとえかれがこの価値を，かれ自身の生産物の形で，貨幣の形で，そしてまた他人の生産物の形で交互に持つとしても」(S.127)。この差異を認めた概念の利用で，マルクスは一貫して強調した。対象化された社会的労働の形態変換の考察で，交換価値，叙述の対象であるのは，以前にすでに説明された価値の現象形態ではなく，商品流通で商品－貨幣－商品の形態変化を続けるまさに価値である。

　第二版の第五編「絶対的剰余価値と相対的剰余価値の生産」は，変更されたフランス語版の表題，第五編「剰余価値の生産についてのさらなる研究」で重要な変更を受けた。とくに注目すべきは，マルクスがフランス語版で「総体的労働者」の概念を拡大したことである。ドイツ語第二版では，この問題の論述は次のとおりである。労働過程は本来，頭脳労働と手労働を一つにまとめる。第14章「絶対的剰余価値と相対的剰余価値」，「後にそれらは敵対的対立にまで分離する。生産物は，総じて個々の生産者の直接的生産物から結合された労働

作業員の共同的生産物に変わる」（MEGA II / 6, S.478）。第 XVI 章「絶対的剰余価値と相対的剰余価値」，「しかしながら個人的生産物が社会的生産物に，集団的労働者の生産物に変化するときから」（S.440）。生産的に働くために，自分で手を加えることすらいまや必要ではない，総体的労働者（集団的労働者）の器官であること，その下部機能のなにかを行うだけで十分である。物質的生産の本性から導出された生産的労働の本来的規定は，しかし個々の労働者にとってではなく，全体として考察された総体的労働者にとって，つねに有効でありつづける。

「総体労働者」Gesamtarbeiter の概念は，マルクスによってすでに協業，マニュファクチュアおよび機械の結果の論述で，分業の影響を説明するために繰り返し用いられてきた。ドイツ語第二版でマルクスは，私的労働の複合体としての社会的総労働について語った（MEGA II / 6, S.103 / 104）。この概念はフランス語版では，「私的労働」の対立概念としての「社会的労働」で再現された。二，三の章で「総体的労働者」の概念は，「結合された労働者」にたいする同義語として用いられたが，それは「集団的労働者」に翻訳された。マルクスはこの概念を，生産物の生産に従事するすべての労働者の総体を特徴づけるために，それゆえ協業と技術的分業の条件のもとで生産する工場のすべての労働者を特徴づけるために用いた。結合された総体的労働者がマニュファクチュアの生きた連動装置をつくることは，部分労働者の組み合わせから生じる新しい質の表現である。この組み合わせは，生産テクノロジーの必要に対応する。
　総体的労働者は，細目労働者から結合された一つの労働者である。多くの部分労働者の結合によって，労働の効果は著しく高められる。それは資本には社会的生産力を増大させるが，労働者には個人的生産力を貧困化する。それゆえ，協業や機械が個々の労働者を社会的労働者によって駆逐することを示すために，マルクスはこの概念を用いた。機械は，総体的労働者あるいは結合された労働作業員の構成を根底から変えた。分業は著しく拡大された。結合された総体的労働者あるいは社会的労働体は，進歩した分業の産物である。

　労賃の国民的相違の分析で（第六編 XIX ～ XXII），マルクスは一つの他の重要な補足をなした。ここで論じられるテーマの基点は，労働力の価値の大きさを決定する要因の変化である。マルクスはドイツ語第二版で，世界市場でのさ

まざまな労賃の結果に取り組んだ。より強度が高くより生産的な国民的労働日は，世界市場でより高い貨幣で現れる，とかれは書いた。従って，たとえ労賃が剰余価値と比較してひくかろうとも，労働の絶対的貨幣価格は，ある国でより高くなりうるであろう（MEGA II / 6, S.520）。フランス語版の XXII 章で，マルクスは考えをさらに進めた。「労働強度」は，国民的平均すなわち平均的な労働強度から離れると確かに価値の尺度を変えるが，しかし世界市場では別の結果が記載される。平均的労働強度は国から国へと変化するので，国民的平均の順位が生じる。その結果は，より高い強度の国民的労働は，より多くの貨幣で表れるより多くの価値を生産することになる。資本主義的生産の発展水準は，国際的水準を超える労働の強度と生産性を決定する（MEGA II / 7, 前おき，S.19-27）。

　さらに新メガ II / 7「前おき」で，フランス語版『資本』の独自性，第七編「資本の蓄積」について述べる。

　かれの蓄積論は価値論および剰余価値論と同様に，マルクス主義経済学の基本的構成部分をなし，資本の生産過程の叙述と社会的総資本の再生産の叙述とのあいだの関連を解明した。マルクスは資本の蓄積過程にかんする第七編に，フランス語版では新しい導入を作成した。対応するテキストのドイツ語第二版では，前述の剰余価値生産の叙述と剰余価値実現との簡潔な要約で始められていた。フランス語版では，第七編の導入は，資本が通過するいくつかの段階の強調によって始まる。そのさいかれは市場の役割を強調した。すでに資本の蓄積過程にかんするその分析の最初で，マルクスは流通の意味を，その商品を販売し実現された貨幣の最大部分を再び資本に転化するという，資本家にとっての強制の意味を明らかにした。したがってかれは最初から，蓄積過程の以下の分析は資本の流通過程の正常な経過を前提することを強調した。

　剰余価値の資本への転化にかんする変更された叙述によって，マルクスは経済法則の客観的性格を強調した。致富衝動によって支配されている資本家は，その資本を絶えず拡大することを強いられる。マルクスはこの見地を広げた。蓄蔵家にあっては個人的熱狂として現れたものが，資本家のもとでは社会的機構の作用である。競争は資本家に資本の増大を，「累進的蓄積」を強制する（S.514）。マルクスは重要な変更をテキストでおこなったが，そこでは比例的な不変資本部分の増大を伴わない，労働力の増大された搾取の問題が論じられた。

この種の搾取はさまざまな仕方で可能である，すなわち労働者数の増大によって，労働時間の延長によって，あるいは労働強度の増大によって可能である。これらすべての場合に不変資本部分が同じ規模で拡大されずに，資本の蓄積は労働力の弾力性によって増大される。資本は労働力と土地との編入によって，蓄積の要素を拡大することを可能とする膨張力を獲得する（S.526）。

　資本主義的蓄積の一般法則の分析を，マルクスはフランス語版では次の「前おき」——この章（XXV章）では，資本の増大が労働者階級の運命に及ぼす影響が論じられる——で始めた。その研究で最も重要な要素は，資本構成と蓄積過程の経過のうちに起こるその変化である。資本の構成は二重の意味で，すなわちその価値比率に応じて，ならびにその技術的かつ素材的構成に応じて理解される。次にマルクスは，資本の有機的構成でかれが理解することについて，簡潔な説明を与えた（S.534）。第二版でかれは資本の有機的構成を，あとの場所ではじめて規定した。第二版でマルクスは，資本の有機的構成をすでに不変資本部分と可変資本部分との構成として，生産手段に投下される価値部分と労働手段に投下される価値部分とのあいだの比率として規定した。しかしそれを，資本の技術的構成と資本の価値構成とのあいだの相互関係として，明白に示すことなしに。

　マルクスは第二版で，スミス，アダムと論争した。スミスは生産手段の量と労働力の量とのあいだの一定の比率を，その分析で公理とみなした（MEGA II / 6, S.568）。フランス語版でマルクスは，さらに一歩すすんだ。この比率は蓄積の進行で，著しく変化することに注意を促しただけではない。資本の有機的構成を，その技術的構成によって規定され，そしてその変化を反映する価値構成として明らかにした。「資本の構成は，二重の観点で現われる。価値の点から見れば，それは資本が不変部分（生産手段の価値）と可変部分（労働力の価値，賃金額）とに分解される比率によって決められる（上記は訳者の追加）。

　生産過程で機能する素材の点からみれば，どの資本も生産手段と活動する労働力とから成り立っており，資本の構成は使用される生産手段の総量と生産手段を使うために必要な労働量との比率によって決められる。前者の資本構成が価値構成であり，後者の資本構成が技術的構成である。最後に，両者の密接な関係を表現するために，資本の価値構成が資本の技術的構成に依存するかぎり，従って，資本の技術的構成の変化が資本の価値構成のうちに反映するかぎり，

われわれは資本の価値構成を資本の有機的構成と呼ぶ」（S.534）。

ドイツ語第二版にはまだ含まれていないこの明確な定義にもとづいて，個別資本の構成の相違への示唆が続く。それらの平均から，ある生産部門の総資本の構成が生じる。そして以下では，総生産部門の平均構成の平均が，ゆえにある国の社会的資本の構成が，出発点にされる（MEGA II / 7，前おき，S.27- 30）。

同じ資本構成のもとで，労働力にたいする増大する需要と蓄積とのあいだの関連をひき続いて論じていたマルクスは，二，三の挿入と変更でテキストを豊かにした。例えば XXV 章「資本主義的蓄積の一般法則」で，かれはとりわけ蓄積の進行での可変資本部分の相対的減少を論じていたが，資本の蓄積の必要が，賃金上昇が起こるような労働力への需要を引き起こすことができるという事情に取り組んだ。そしてかれは同時に，この確証を補った。この前提が永続的現象になるなら——すなわち，労働者への需要が変わらずに増加するなら，しかもこれはあてはまると（S.535）。

一つの重要な挿入が，労賃と資本の蓄積とのあいだの相関関係の問題でなされた。マルクスはこの問題を，いわゆる自然的人口法則との論戦で，明らかにした。資本の蓄積と労賃とのあいだの依存関係の問題は，労働運動で大きな役割を演じた。「賃金鉄則」のドグマで多くの混乱をもたらしていたラサールに直接にかかわることなしにマルクスは，資本，蓄積と労賃率とのあいだの関係は，資本に転化された不払い労働と追加資本に必要な補助労働とのあいだの関係にすぎないことを，詳細に論述した（S.541）。労賃の上昇は資本主義制度を危うくするのではなく，その拡大された再生産を保障するために制限されることをかれは示した。

マルクスはフランス語版で，資本の「集積」die Konzentration と資本の「集中」die Zentralisation の両概念を，厳密に区別した。第二版でマルクスは，分散した資本の牽引を特徴づけるために「集積」概念を用いた。「これはもはやたんなる蓄積と同一の生産手段と労働に対する指揮の集積ではない。それはすでに形成された資本の集積であり，それらの個々の独立性の止揚であり，資本家による資本家の収奪であり，多数の小資本の少数の大資本への転化である」（MEGAII / 6，S.571）。

この箇所にマルクスは，フランス語版で「集中」概念を挿入した。

「それはもはや蓄積と混同される集積ではなくて，本質的に異なった過程であ

62

る。それは蓄積と集積のさまざまな中心を結合する牽引であり，……少数の資本への集積である。要するに，厳密な意味での集中である」（S.547）。

マルクスはこの特殊な過程を——資本への絶えざる転化か，あるいはすでに存在する資本の牽引によって——特徴づけようとするに応じて，それ以後「集積」概念を「集中」概念で一部は取り替えた（MEGA II / 7，前おき，S.30-32）。

最後に新メガ II / 7「前おき」で，フランス語版『資本』の独自性，第八編「資本の本源的蓄積」，XXXII 章「資本主義的蓄積の歴史的傾向」について述べる。フランス語版で「本源的蓄積」という表題で特別な編にまとめられた章は，二，三の注目すべき補足を含んでいた。ここでマルクスは，生産者と生産手段の歴史的な分離過程をより詳細に説明した。そしてかれは，資本主義社会の経済構造が封建社会の経済構造から生まれたことを描いた。かれは封建社会の解体が，いかに資本主義の要素を解き放つかを詳細に記述した。直接的生産者，労働者は，賃労働者，労働力の自由な売り手になる。同時に新たに解放された人は，かれらの生産手段を，封建的社会制度でのかれらの生存の保障を奪われる。産業資本家は，専門の手工業親方だけでなく，富の源泉を所有していた封建領主をも，追放せねばならなかった（S.633）。

マルクスは，本源的蓄積の歴史が様々な国で相違を示し，個々の局面が異なった順序で経過することに，注意を促した。かれはイギリスでの展開を，『資本』で実例としてもちいた。本源的蓄積の秘密の論述で，フランス語版ではいくつかの変更がなされた。そのさいとりわけ重要であるのは，生産者からの生産手段の分離の問題への補足である。

ドイツ語第二版でマルクスは，それについて的確に述べた。

「労働者からの土地収奪は，全過程の基礎をなす。それゆえわれわれは第一に，それを考察しなければならない。その歴史は国が異なれば異なる色彩をおび，また順序を異にし，相異なる諸段階を通過する。それは英国でのみ古典的な形態をもつ，それゆえわれわれは英国を例としてとる」（MEGA II / 6，S.646）。

いまこの章句を，この社会的過程の普遍的性格への指示によって補った。まず英国で根源的な仕方で遂行された農民の収奪過程は，西ヨーロッパの他のすべての諸国が同様に経過する運動であった。

「それはいまなお英国でのみ根源的な仕方で遂行された。それゆえ必然的に，この国はわれわれの粗描で主役を演じるであろう。だが西ヨーロッパの他のす

べての諸国も，同じ運動を経過する。この運動が環境に応じて地域色を変え，あるいはより狭い範囲に狭められ，あるいはめだたない特徴を示し，あるいは異なった順序をたどるとしても」（MEGA II / 7, S.634）。

1881年2月にザスーリチ，ヴェラ・イヴァーノヴナがマルクスへの手紙で，ロシアの村落団体とロシアの歴史的発展の展望について助言をもとめてきたとき，マルクスは彼女に1881年3月8日の手紙で，『資本』フランス語版のまさにその箇所への指示によって答えた。70年代に集中的にとりくんだロシア研究の印象のもとに，かれは強調した。明らかにされた運動の歴史的不可避性は明白に西ヨーロッパの諸国に限定されること，ロシアの社会的再生の支点になりうる村落共同体の生命力によって，この運動の歴史的不可避性はロシアとは相違すること。

資本主義的蓄積の歴史的傾向にかんするその詳述（XXXII章）で，マルクスは資本の集中を伴うさまざまな変化の過程の叙述を，一つの重要な観点に関して補充した。資本主義的生産法則の運行によって，労働の協業，科学の意識的技術的応用，土地の計画的利用，労働手段の合理化と生産手段の節約が発展することを確認し，以下を追加した。「……世界市場網へのすべての国民の組合せ，そこから資本主義制度に刻印された国際的性格」（S.679）。それでかれは，資本の拡大の結果としての資本主義の国際化を指摘した（MEGA II / 7, 前おき，S.32-35）。

マルクスがフランス語版を『資本』の将来の版の手本と考えていたことは，エンゲルスが序文で書いたドイツ語第三版の準備からも推論される。

「マルクスは初めに，第一巻のテキストの大部分を改作し，いくつかの理論的問題をより鋭く記述し，新たなものを挿入し，歴史的かつ統計的資料を最新の時代まで補完することを考えていた。彼の病気の状態および第二巻の最終編集をおこなうという衝動は，これをかれに放棄させた。最も必要なことだけが変更され，その間に出版されたフランス語版にすでに含まれている，追加だけが挿入されねばならなかった。遺作にはだが結局，かれによって部分的に訂正され，またフランス語版への指示を備えたドイツ語の一冊が見出される。同様に，かれが利用されうる箇所を詳細に示したフランス語の一冊がある」（MEGA II / 8, S.57）。

アメリカ語版の準備が問題となっていた時，マルクスは1877年9月27日付

きのゾルゲ，フリードリヒ・アードルフ宛ての手紙で述べた。ドゥエ，カール・ダニエル・アードルフによる『資本』の英語への翻訳では，かれがフランス語版を対比することを条件にして同意した。

「彼は翻訳にさいし，ドイツ語第二版のほかにフランス語版をぜひとも対比しなければならない，そこで私は多くの新しい事を追加し，多くの箇所を本質的によりよく述べたから」。

『資本』第一巻のフランス語への翻訳は，国際労働者協会の決議の実行への重要な一歩であった。国際労働者協会は 1868 年のヴリュッセル大会で，『資本』の他の言語への翻訳を提起していた。フランス社会主義者のあいだでマルクス主義の学説がどのような反応を見出したのかは，フランス労働運動の発展で知ることができる。1878 年リヨンの労働者大会で代表は科学的社会主義の意義について討議したが，それによってプルードン主義が相変わらず有害な影響を及ぼしていたフランス労働運動で，一つの進歩を示した。一年後マルセーユの大会で，マルクス主義はすでに大きな成功を経験した。生産手段の社会化が目標に宣言され，革命的な労働者党の創設が決議された。1880 年のル・アーヴルでの大会は，マルクスとエンゲルスの協力のもとに起草されたフランス労働者党の綱領を受け入れた。『資本』第一巻のフランス語版は，フランス社会主義者のあいだでマルクス主義の普及に深くかかわった（MEGA II / 7, 前おき，S.35-37）。

1883 年のマルクス亡き後，1883 年に『資本』第一部ドイツ語増補第三版（MEGA II / 8, 1989 年），1887 年に『資本』第一部英語版（MEGA II / 9, 1990 年，ドイツ語第三版からムアとエイヴリングによって翻訳，エンゲルスの編集），1890 年に『資本』第一部ドイツ語第四版（MEGA II / 10, 1991 年，エンゲルス編集）が，公刊された。こうしてエンゲルスによって編集されたドイツ語版『資本』第一部第三版，同第四版は七編 25 章であったが，英語版『資本』第一部は八編 33 章であった。他方，マルクスの編集したドイツ語版『資本』第一部初版は六章で構成された（第一章「商品と貨幣」，第二章「貨幣の資本への転化」，第三章「絶対的剰余価値の生産」，第四章「相対的剰余価値の生産」，第五章「絶対的および相対的剰余価値の生産にかんするさらなる研究」，第六章「資本の蓄積過程」）。続く同第二版は，マルクスによって七編 25 章（「労賃」は第六編に独立）で，そしてフランス語版『資本』は八編 33 章（「本源的蓄積」は第八編に独立）で，編集された。そしてドイツ語第三版，アメリカ語版のためのマルク

スの手書きの指図書 1877 年では，八編 33 章であった。この指図書については，
MEGA II / 8, S.7–20, 21–36 にある。またこのエンゲルスの『資本』編集作業に
ついては，MEGA II / 8, 前おき S.17–18, 同アパラート S.805–808, MEGA II / 9,
前おき S.15–17, MEGA II / 10, 前おき S.14–16, S.23–25, に記されている。

第1章　マルクスによるイギリス労働組合主義批判

第1節　M. リュベルの問題提起

　1848年革命敗北後の一時的後退を経たのち，ヨーロッパにおける労働運動は，1864年の国際労働者協会創立（第一インターナショナル）を期に新たな飛躍をとげるのであるが，他方，1860年代のマルクスの労働運動論，とりわけその労働組合論も，これに対応してその深化を強いられることになった。これまでマルクスの労働組合論については，その労働者党論との関連で様々な議論がおこなわれてきたのであるが，必ずしもマルクスの労働組合論の特質を解明するにいたっていないように思われる[1]。

　このマルクスの労働組合論に関連して注目されるのは，M. リュベルの研究である。彼は報告「賃金，価格および剰余価値　Salaire, Prix et Plus-Value」について分析を加え，そのなかで次のような注目すべき注解を示している[2]。

　「ジョン・ウェストンは，イギリスの労働者で国際労働者協会の創立以来（1864年）総評議会の会員であったが，インターナショナルの創立宣言と暫定規約を仕上げるために，国際労働者協会の暫定委員会の最初の会議で（1864年10月5日），マルクス，マッツイーニ派のヴォルフとともに，小委員会に任命された。マルクスは1864年11月4日付けのエンゲルス宛ての手紙で，『古いオーエン主義者で，現在かれ自身製造業者であり，とても愛想のよい親切な人物であると』述べている。ロバート・オーエンの思想は，ウェストンの初舞台に大きな影響を与えたが，それはおそらくこの論争での彼の態度を一部分は説明する。彼は，賃金改善のための労働組合の闘争に関心をしめすよりは，むしろ新たにつくられた社会がブルジョア社会にやがてとって代わることを想像するに熱心であった。」

　「その半分が労働組合の代表から構成されていた労働者インターナショナルの中央評議会が，労働組合闘争の現実の目的として賃金制度廃止を提案しようとしたのは，おそらくこれが最初であった。従ってマルクスが，その理論的報告の革命的な結論を向けたのは，イギリス労働組合主義の指導者集団に対して

であり，ただ J. ウェストン一人に対してのみではなかった。マルクスはこのように，当時その歴史の新しい段階を始めつつあったイギリス労働組合主義が1843 年以来はなれてきた二重の伝統——オーエン主義とチャーチスト運動——を再び結びつけた。シドニー，ビアトリス・ウェッブ『労働組合運動の歴史』パリ，1897 年，荒畑，飯田，高橋訳，1973 年，日本労働協会)。その言葉を用いることなしに——マルクスが起草者であった国際労働者協会の創立宣言と規約にも同様に存在しない——マルクスは，労働組合運動に一つの目的を，つまり社会主義を提起した。」[3]

　M. リュベルは報告「賃金，価格および剰余価値」の検討から，同書におけるマルクスの批判の矛先が，ウェストン個人に対してよりも，むしろイギリス労働組合主義の指導部に向けられていたこと，またマルクスが，労働組合運動に社会主義という目的を事実上提起したと述べているのであるが，第一に，報告「賃金，物価および利潤」におけるマルクスの真の意図はいかなるものであったのか，第二に，再び結びついたとされるオーエン主義およびチャーティスト運動とイギリス労働組合主義との関連はいかなるものであったのかが，さしあたり問題となろう[4]。

　報告「賃金，物価および利潤」は，1865 年の中央評議会においてマルクスが，労働組合による賃上げ闘争に反対したウェストンの主張に対し根本的な批判を加えたものであり，*Das Kapital*『資本』成立過程の解明にとって不可欠な文献であるばかりでなく，その内容に鑑みてマルクス労働組合論の本質に深く係わるものであると言うことができよう。

　したがって以下では，マルクス労働組合論に関するリュベルの以上のような問題提起を受け，さらに，1864 年の国際労働者協会の創立から1866 年のジュネーヴ大会までの流れにおいて，マルクス労働組合論の特質がいかなるものであったのかについて考察をすすめることにしよう[5]。

　資料 1
　E. P. トムスンは『イングランド労働者階級の形成』市橋，芳賀訳，青弓社2003 年（E. P. Thompson: *The Making of the English Working Class*, London, 1964）で次のように述べているが，労働運動の成立，育成の視点から重要である。

第1章　マルクスによるイギリス労働組合主義批判　**69**

「序文」

「私は階級が歴史的現象であることを強調する。……階級は人間関係に実際に生じる（そして生じたと実証されうる）なにものかであると考える。それどころか，階級という概念は歴史的な関係という内容を含んでいる。……関係はいつでも，実在する人びとと実在する状況のなかに具現されているのだ。……人々が（継承されたものであれ，共有されているものであれ）経験を同じくする結果，自分たちの利害のアイデンティティを，自分たち同士で，また自分たちの利害とは異なる（通常は敵対する）利害をもつほかの人々に対抗するかたちで感じ取ってはっきり表明するときに，階級は生じる。階級の経験は，主として人々が生まれながらにして入り込む――あるいは，不本意でも入り込まざるをえない――生産関係によって規定される。階級意識とは，これらの経験を，伝統や，価値体系や，思想や，さまざまな制度によって具現されている文化的な範疇で取扱う様式である。経験はあらかじめ決定されているようにみえるとしても，階級意識はそうではない」（11～12頁）。

「私の確信するところでは，階級が社会的，文化的に構成されるものであると考えないならば，われわれは階級を理解することはできない。そして階級は，かなりの歴史期間にわたって自ら展開していくものとしてだけ研究しうるような諸過程から生成するのである。1780年から1832年の期間，イングランドのほとんどの労働民衆は自分たちのあいだで，また支配者や雇用主に敵対する点で利害を同じくすると感じはじめた。当時の支配階級はそれ自身，かなり分裂していた。支配階級がこの同じ期間においてまとまりをもちえたのは，じつは，労働者階級の反乱に直面するなかで一定の対立関係が解消された（あるいは相対的にとるにたらないほどに弱まった）からにすぎない。こうして，1832年には，労働者階級の存在はイギリスの政治過程において最も重要な要因だったのである（14頁）。

資料2

ロバアト・オウエンについて，永井義雄氏は『ロバアト・オウエンと近代社会主義』（ミネルヴァ書房，1993年）の「はしがき」で以下のように述べる。

「オウエンはそれら（性格，資質）が人間本人の統御しようのない内的外的環境により決定されることを，生涯にわたって力説し続けた。わたくしはこれを，

70

オウエンにおける環境による性格決定論，つづめて環境決定論と呼ぶが，オウエン自身は「性格形成原理」the principle of the formation of the human character と呼んだ」（2頁）。

「オウエンの協同社会主義は，企業原理としての側面に注目すれば，協同つまり共同労働を軸とした生産と消費の共同体，その意味では協同社会・主義である。しかし他方，社会組織原理としての側面に注目すれば，協同つまり全員の利害の一致を基本とする，調和と友好の社会，協同・社会（交）主義であった。……こうして両義におけるオウエンの協同社会主義が理想資本主義であったればこそ，オウエンは平和革命が可能だと信じることができた。社会（交）主義は，資本主義の対立物ではなく，資本主義の一姿態であった。それだからこそ，マルクスとエンゲルスとは社会主義の呼称を避けたし，J. S. ミルはそれをハリエットとともに共有したのである。「今や，わたくしたちは，以前のわたくしよりもはるかに民主主義者ではなくなった。なぜならばわたくしたちは，大衆の無知，特に利己心と残忍性とを恐れたからである。しかし，究極的な進歩についてのわたくしたちの理想は，民主主義をはるかに超えて，明確に社会主義者という一般的呼称の下にわたくしたちを入れるものとなった」（『ミル自伝初期草稿』山下訳，御茶ノ水書房，1982年，257～58頁）。

ミルのこの発言は，オウエンの協同社会主義を資本主義の改良型だというわたくしのこれまでの議論に納得しない人にさえ，納得可能なものだろう。そうして，もっと重要なのは，それに続くミルの文章である。

「わたくしたちは，将来の社会問題は行為の最大限の個人的自由と，地球上の原料を共同に所有し，全員が結合労働の利益に平等に参与することとをどうすれば結合することが出来るかということであると考えた。わたくしたちは，そのような社会変革を可能なあるいは望ましいものにするためには，現在労働者大衆を構成している教養の乏しい群衆に，またかれらの雇用者の圧倒的多数の人びとに，それにふさわしい性格上の変化が起らなければならないことを，明白に理解していた。労働者も雇用者も，従来のように自分の利益だけの目的のためではなく，高邁で少なくとも公共的，社会的な目的のために労働し結合することを，実践によって学ばなければならない。……教育と習慣とによって，ごく普通の人びとでも，公共のために戦うのと全く同様に，公共のために土地を耕したり織物を作ったりするようになるであろう。……しかし，将来の進歩

の過程がこのような方向に向かっていることは確かである」（山下訳『ミル自伝初期草稿』258〜59頁）。オウエンの協同社会主義の理念がJ. S. ミルに継承されていることを疑い得ようか（16, 17頁）。

第2節　1864年の「創立宣言」と「暫定規約」

　1864年9月に創立された国際労働者協会の指針ともいうべき「創立宣言」および「暫定規約」は，事実上マルクスによって起草されたものであるが，この二つの文書において労働組合は，どのように位置づけられていたのであろうか。
　まず「創立宣言」では10時間法案獲得について述べた次の箇所が注目される。「イギリスの労働者階級は，30年にわたって最も驚嘆すべきねばりづよさでたたかったのちに，土地貴族と貨幣貴族のあいだの一時的な分裂を利用して，10時間法案を通過させることに成功した」[6]。10時間法案は，工場労働者に巨大な，肉体的，精神的，知的な利益をもたらした。
　他方，「労働時間の法律的制限をめぐるこの闘争は，貪欲を怯えさせた以外に，じつに中産階級の経済学である需要供給の法則の盲目的な支配と，労働者階級の経済学である社会的先見によって管理される社会的生産とのあいだの偉大な抗争に影響を及ぼすものであったから，なおさら激しくたたかわれた。こういうわけで10時間法案は，大きな実践的成功であるだけにとどまらなかった。それは原理の勝利でもあった。中産階級の経済学があからさまに労働者階級の経済学に屈伏したのは，これが最初であった」[7]。

　1848年革命後のヨーロッパの労働運動の前進面の一つとして，マルクスはこの10時間法案の獲得を評価しているのであるが，それは二つの点からなされている。第一に，10時間法案の獲得が労働者階級の生活，健康，文化などにとって計り知れない成果をもたらしたこと，第二に，労働日の制限が，10時間法案による労働時間の制限という，言わば労働者階級の政治的運動によって実現されたことである[8]。したがって，10時間法案獲得は「実践的成功」であるのみならず，資本と労働のあいだの「偉大な抗争」に影響を及ぼす「原理の勝利」であるとみなされたのである。換言すれば，労働組合運動を経済運動の視点からだけでなく，労働者階級の政治運動の視点からも考察していると言えよう。このことは，10時間法案に続けて，1860年代のヨーロッパ労働運動の前進面と

してマルクスが評価した協同組合運動，さらに労働者階級による政治権力の獲得がその偉大な義務となったことが強調されていることにも対応するものであった。

「所有の経済学にたいする労働の経済学のいっそうおおきな勝利が，まだそのあとに待ちかまえていた。われわれが言うのは，協同組合運動のこと，とくに少数の大胆な働き手が外部の援助をうけずに自力で創立した協同組合工場のことである。……近代科学の要請におうじて大規模にいとなまれる生産は，働き手の階級を雇用する主人の階級がいなくともやっていけるということ，労働手段は，それが果実を生みだすためには，働く人自身にたいする支配の手段，強奪の手段として独占されるにはおよばないということ，賃労働は，奴隷労働と同じように，また農奴の労働とも同じように，一時的な，下級の形態にすぎず，やがては自発的な手，いそいそとした精神，喜びに満ちた心で勤労に従う結合労働に席をゆずって消滅すべき運命にあるということ，これである。イギリスで協同組合制度の種子をまいたのは，ロバート・オーエンであった」。

協同労働（co-operative labour）は，原則において，また実践においてどんなに優れていようと，もしそれが個々の労働者の時折の努力という狭い範囲にとどまるならば，大衆を解放することも，大衆の負担を目立って軽減することさえもできない。従って，勤労大衆を救うためには協同労働を全国的規模で発展させる必要があるが，土地の貴族と資本の貴族は彼らの経済的独占を守り永久化するために，彼らの政治的特権を利用し，今後も労働の解放の道にあらゆる障害を横たえることをやめないであろう。

「従って，政治権力を獲得することが，労働者階級の偉大な義務となった。労働者階級はこのことを理解したようにみえる」[9]。

では，次に「暫定規約」では労働組合についてどのように記されているのであろうか。まず，「暫定規約」の前文は「創立宣言」を受けて，次のように述べている。「労働者階級の解放は，労働者階級自身の手でたたかいとらねばならないこと，……労働者階級の経済的解放が大目的であり，あらゆる政治運動は手段としてこの目的に従属すべきものであること」[10]。

このように「暫定規約」の「前文」では，まず第一に，労働者階級の解放の事業がプロレタリアートを中心に，農民，中間層など「あらゆる階級支配の廃止」を意味することが指摘され，国際労働者協会の目的が「あらゆる階級支配の廃

止」という政治的課題の実現にあることが述べられる。しかし同時に，「あらゆる形態の奴隷性」の基礎には，労働手段の独占者への労働する人間の「経済的な隷属」があること，ゆえに「労働者階級の経済的解放が大目的」であり，「あらゆる政治運動は手段としてこの目的に従属する」ことが確認される。こうして「前文」では，「労働者階級の解放」の事業が，「労働者階級の経済的解放」に凝集され，「創立宣言」と同様に経済闘争の意義が，したがってまた労働組合運動の意義が重視されるとともに，そのことと政治運動との関連性が強調されるのである。

　続いて，「暫定規約」では，労働組合について次のように記されていた。

　第10条「国際労働者協会に加盟する労働者諸団体は，兄弟的協力の永遠のきずなで結ばれるとともに，その既存の組織をそのまま維持する」[11]。

　この第10条によって，様々な労働者諸団体の中核にある労働組合は，個人が単独で，あるいは諸個人が支部を設立して国際労働者協会に加入する場合と異なり，団体資格のままで国際労働者協会に加入することが規定され，「労働者階級の経済的解放」を根底において支えるものとして位置づけられた。では，いかなる労働組合が想起されていたのであろうか。この点について「暫定規約」では，イギリス労働組合に対する配慮がみられた。

　例えば，第4条は「中央評議会の所在地はロンドンとする」と述べ，「イギリス帝国の首都」に国際労働者協会の中心が置かれることになった。また第7条は「法律上の障害を別としても，いかなる独立の地方団体も，ロンドンの中央評議会と直接に通信してもさしつかえないのはいうまでもない」と規定し[12]，事実上ロンドンにある中央評議会（第一インターナショナル）がイギリス国内の労働者諸団体の組織化の中心的な役割を，つまり各国における「全国的団体」（第7条）の機能を果たすことになった。さらにこれに関連して，第8条は「連合王国内で会員を獲得し」と記し，イギリス労働組合の国際労働者協会への取り込みが意欲的にはかられることになった[13]。

　このように「暫定規約」（1864年）では，国際労働者協会の中央評議会がイギリス労働組合を導くという内容になっているのであるが，このことは当時，合同機械工組合に代表されるような新型組合を設立し，全国的な中央組織を持つにいたる程の高い組織率を誇っていたイギリス労働組合を，国際労働者協会に統合し[14]，もって労働者階級の解放事業の中核に据えようとする構想を示すものであると言えよう。では，マルクスはイギリス労働組合主義をどのようにみ

ていたのであろうか[15]。

第3節　労働組合による賃上げ闘争をめぐるマルクスと ウェストンとの論争

　マルクスのイギリス労働組合主義に対する評価をみるうえで貴重な資料となるのが，すでにリュベルも指摘しているように，1865年に中央評議会でおこなわれたマルクスとウェストンとの労働組合による賃上げ闘争をめぐる一連の論争であった。

1　論争概観

　労働組合による賃上げ闘争に反対を唱えるウェストンとこれを批判したマルクスとのあいだで1865年の3月から8月にかけて，中央評議会を舞台にして一連の論争がおこなわれた。この時期にマルクスは，すでに『資本』全三部に対応する「1863～65年草稿」を書きあげていた。これまでこの論争は，ウェストンの賃上げ反対論，すなわち労働組合による賃上げが物価上昇をもたらすという主張に対する，マルクスの理論的批判に中心をおいて論議されてきた[16]。しかし，この論争は単なる賃金論批判を越えた，マルクス労働組合論に係わる問題をはらんでいたのであり，実際マルクスはその報告の冒頭で，次のように論敵のウェストンを一面では評価するという内容の「まえおき」を述べているのである。

　「いま大陸ではストライキというほんものの流行病と賃金の引き上げを要求する全般的な叫びとがいきわたっている。この問題はわれわれの大会にあらわれてくることであろう。諸君は，国際労働者協会の指導部としてこの重要な問題について確固たる信念をもたなければならない。……もう一つのまえおきを私はウェストン君について述べなければならない。彼は，労働者階級には極めて不人気であることを自分でも承知している意見を，労働者階級のためになると考えて諸君に提出しただけでなく，それを公然と擁護してきた。このような精神的勇気の発揮は，我々の誰もが尊重すべきものである。私が希望するのは，私の報告のスタイルはあけすけだが，その結論においては，彼の命題の根底にある正しい考え（the just idea lying at the bottom of his theses）と私に思われるも

のに，私が同意していることを彼に分かってもらいたいということである。しかしながら彼の命題は，その現在の形では理論的に誤りであり，実践的に危険であると私は考えざるをえないのである」[17]。

　明らかにマルクスは，一方では，ウェストンの主張が「その現在の形では，理論的に誤りであり，実践的に危険である」と述べているが，他方，「その結論において，彼の命題の根底にある正しい考えと私に思われるものに，私が同意していることを彼にわかってもらいたい」と述べ，ウェストンの命題を評価しているのである。では，マルクスが同意している「彼の命題の根底にある正しい考え」とはいかなるものであろうか。ウェストンの賃上げ反対論であろうか，あるいはもっと別な内容が，ウェストンの主張に含まれていたのであろうか。
　この問題を検討する前に，ウェストンとマルクスとの論争を概観しておくことにしよう。当時，国際労働者協会の中央評議会の構成員であったウェストンは，3月14日の中央評議会で次のような問題提起をおこなった。
　「1．ある特定の産業部門での賃金上昇は，他の産業部門の犠牲で獲得されるのではないのか。2．賃金の一般的な上昇という仮定の利益は，それに照応する物価の上昇によって否定されるのではないのか」[18]。
　また4月4日の中央評議会でも，ウェストンはさらに次の二つの問題を提起した。
　「1．労働者階級の社会的および物質的な繁栄は，高賃金によって一般的に増進されるのか。2．より高い賃金を求めようとする労働組合の活動は，他の産業部門にとって不利に作用しないのか」[19]。

　ウェストンは前者に対しては否定的に，後者については肯定的に答えた。
　このようにウェストンの賃上げ反対論は，第一に，たとえ賃上げがおこなわれたとしても，物価上昇によって賃上げの利益は相殺されてしまうこと，第二に，労働組合による賃上げは，それが可能であったとしても，労働組合の力が弱い，あるいは十分に労働組合に組織されていない他の産業部門の労働者の犠牲においておこなわれること，第三に，賃上げによって，労働者階級の繁栄は増進されるのか，というものであった。
　このウェストンの議論は，『ビー・ハイヴ』（The Bee-Hive）で，「工場からの火花」（Sparks from the Workshop）というタイトルを付して，1864年末から

1865 年春にかけて投稿されてきた記事に基づくものであった[20]。それは賃金闘争が，物価上昇をもたらすか，あるいは他部門労働者の犠牲でのみ行なわれることを述べ，その根底で J.S. ミルに代表される賃金基金説を前提としており，危険であった。しかし，同時に労働組合の賃金闘争それ自体のもつ限界性にも通じるものであった。

　このウェストンの問題提起を受けて 1865 年 5 月 20 日に臨時の会議が開かれた。この会議についてマルクスは，同日付のエンゲルス宛の手紙で次のように報告している。

　「今晩は『国際労働者協会』の臨時会議が開かれる。善良な呑み助おやじで古いオーエン主義者のウェストン（大工）が二つの命題を提出した。それは彼が常日頃『ビー・ハイヴ』で擁護しているものだ。

　　１．賃金率の一般的な上昇は，労働者たちにとっては何の利益もないだろうということ。

　　２．従って労働組合は有害な作用をするのだということ。

　これら二つの命題は，我々の協会ではただ彼だけが信じているのだが，もしこれが承認されるようなことでもあれば，我々は，当地の労働組合にかんしても，いま大陸で一般的にみられるストライキの流行にかんしても，完全な敗北に陥るであろう。……人々はもちろん僕からの反論を期待している。だから，本来は今晩のために僕の返答を作り上げるべきなのだが，それよりも僕の本を書き進めるほうが大事だと思うので，今晩は即席でやるより他はない。

　僕にはもちろんはじめから次のような二つの要点はわかっている。１）労賃が諸商品の価値を規定するということ。２）もし資本家たちがきょう４シリングのかわりに５シリング支払うとすれば，あすは（需要の増大によって可能にされて）彼らの商品を４シリングではなく５シリングで売るだろう，ということ。……経済学の一コースを１時間に圧縮することは君にはできないだろう。だが，われわれは全力を尽くすだろう」[21]。

　マルクスは広まりつつあるストライキ闘争の重要性に鑑み，ウェストン批判をおこなったのであるが，この５月 20 日の臨時の会議では，「僕の本を書き進める」ため，反論の原稿を準備することなしに「即席で」「経済学の一コースを一時間に圧縮」しておこなった。このとき『資本』全三部をなす「1863 〜 65

年草稿」が準備されていたのである。なおウェストンは，労働組合の賃上げが他の労働者の犠牲において実現されることを批判したのであるが，マルクスは「労働組合が有害な作用をする」（労働組合の役割）と言い換えている点が注目される。

　続いて 6 月 20 日と 27 日の二回にわたりマルクスの本格的な反論が，中央評議会でおこなわれた。このマルクスの報告は，今日「賃金，物価および利潤」として広く知られているのであるが [22]，それは全部で十四の部分からなり概略を示せば，一から三までが賃上げが物価上昇をもたらすというウェストンの命題を直接批判したものであり，次いで四から六では理論的導入部分，さらに七から十二で，この論争に係わる範囲でマルクス自身の理論を積極的に述べ，最後に十三と十四で，労働組合による賃上げ闘争それ自体について検討するという構成となっている。言わば，一から十二まではウェストンの二つの命題のうちの前者の部分，つまり労働組合による賃上げが物価上昇をもたらすという議論の批判にあてられており，最後の十三と十四では，ウェストンの命題の後半部分，つまり労働組合は労働者にとって有害に作用しないのか，が検討されているのである。

　他方，これらのマルクスの批判に対しウェストンは，6 月 20 日の会議では「マルクス君によって読まれた報告部分では，自分の主張した原理になんらかの影響を与えるものはなにも提起されなかったし，証明もされなかったと思う」と述べ [23]，また 6 月 27 日の会議でも，マルクスの報告のなかで農業労働者に関連した説明の正確さについて質問しており，マルクスの反論を斥けている [24]。そしてこれ以降も，論争は断続的に 8 月まで中央評議会で続けられたのであった。
　なおマルクスは，6 月 20 日の第一回目の反論をおこなった後，6 月 24 日付のエンゲルス宛の書簡で，この報告について次のような注目すべき内容を伝えている。
　「僕は，ウェストン君が提出した問題，賃金の一般的な上昇はどのように作用するのかについて中央評議会で報告を読み上げた（印刷すればおそらく 2 ボーゲン zwei Bogen になるであろう）。そのうちの第一の部分はウェストンのでたらめな議論に対する反論であり，第二の部分は，時宜に適するかぎりでの理論的説明である。いま人々はそれを印刷させたいと言っている。一面ではそれは

僕にとってたぶん有益だろう。というのは，彼らは J. S. ミルやビーズリ教授やハリソンなどと結びついているからだ。他面では僕は躊躇している。ウェストン君は論敵として非常に好ましいというほどのものではないから」と述べている[25]。

この手紙から判断してマルクスの報告は，ウェストンに対する反論部分と，マルクス自身の理論的展開部分とから構成され，その大きさは約 2 ボーゲンであると推測される。しかし，現在残されている報告は 2 ボーゲンではなく，約 3，5 ボーゲンであるという推定が，新メガ編者によってなされている[26]。

マルクスは，5 月 20 日の即席での報告をふまえ，6 月 20 日と 27 日までに報告を作成したと考えられる[27]。すなわち，「まえおき」，「一から六」まで，次いでマルクスの積極的な理論と結論を述べ，彼自身が小標題を記した「七から十四」まで。

「七 労働力，八 剰余価値の生産，九 労働の価値，十 利潤は商品をその価値どおりに売ることによって得られる，十一 剰余価値が分解する種々の部分，十二 利潤，賃金および物価の一般的関係，十三 賃金引上げのくわだて，または賃金切下げ阻止のくわだての主要なばあい，十四 資本と労働との闘争とその結果」[28]。

では，以上の推定が可能であるとすれば，なぜマルクスは『資本』の内容を先取りしてまで報告を執筆しなければならなかったのであろうか。実際，報告の一から六で，ウェストンに対する批判はひとまず完了しており，七から十四はマルクス自身の理論の展開となっている。報告は，マルクスが問題の重大さを再認識したからであると考えられる。それはリュベルも指摘するように，この論争がウェストン個人の批判にとどまらない，イギリス労働組合主義の指導部およびその背後にある J. S. ミルの理論に対する批判をも内包したものであることによると言えよう。では，この論争の本質とはいかなるものであり，また，ウェストンの「命題の根底にある正しい考え」とは何を指すのであろうか。

2　ウェストンの主張

中央評議会の論争で，ウェストンは，なにを訴えようとしていたのであろうか。あるいは彼の議論の根底にはいかなる命題が存したのであろうか。ウェストンの考えを知るうえで貴重な報告の原稿は残されていないけれども，彼の報告の内容は，マルクスも指摘したように，『ビー・ハイヴ』で公表された「工場からの火花」という表題をもつ一連の記事から窺い知ることができる。ウェストン

が『ビー・ハイヴ』で 六回にわたり連載した記事のうち，第三回から第六回まで労働組合による賃上げ闘争に対する反論にあてられており，これが中央評議会でのウェストンの報告の基礎になったと考えられるが，この部分は，マルクスの報告から判断して「ウェストンのでたらめな議論」をなすものと言え，マルクスが評価したとは考えにくい。従って，これと異なる議論を展開した1864年10月8日付の第一回目の記事と1864年10月22日付の第二回目の記事の内容が注目されることになる。以下，賃上げ反対論に先立って示されたウェストンのこれら二つの記事を紹介し，さらにその内容について考察をすすめることにしよう。

1864年10月8日 「工場からの火花」I

「産業諸階級の支持に値する労働者の新聞，産業の機関紙にとっての本質とは何であろうか。この問題に正確に答えるためには，我々は何故，何の目的で，彼らが自己の利益に向けられた機関紙を必要とするのかを最初に考えなければならない。もしその利害が，多くが肯定しているように資本家の利害と同一であるなら，それゆえもし利害の一致が真実であるなら，産業者階級の利害を守る独立の機関紙は必要ないであろう。一般的な感覚は，肯定されているものの真意に対し否定的であるように見える。分析によってこの疑義を確認することができる。

資本家たちは彼らの資本が生み出す利子のゆえに，彼らの資本の使用に関心がある。しかし，その使用が労働の雇用を確保するかいなかには無関心である。より大きな収益が資本家にとって重要な唯一の問題である。ここに利害の一致はない。

製造業者は，労働の生産物から得る儲けのために労働を用いる。このために，製造業者はできるだけ安く労働を入手することを必要とするが，他方労働者は彼の労働に対して，できるだけ高い価格を求めようとする。労働者の目的は，雇用に就けない者が誰もいない時に最もよく達成されるが，製造業者の目的は，雇用に就けない者が多い時に最もよく達成される。ここに利害の対立がある。

食糧業者は，同じ理由から労働者の雇用に関心がある。彼らは労働者に商品を供給することを期待する。要求は労働者の購入から作り出される儲けへの考慮から生じる。この見地から，彼らはできるだけ高い価格を求めようとする。他方労働者の利害は，業者にとって損失であったとしても，できるだけ低い価格

80

で供給されることにある。ここでは当事者は互に相手の損失に関心がある。利害の一致の反対である。

　我々はさらに分析を続けることができるが，よりよい結果は得られないであろう。事実はいわゆる利害の一致は偽りであり，欺瞞であるということである。有益な労働なしに生活している階級は社会には存在しない，しかしその利害は，有益な労働の行使によって生活している者の利害と直接に対立する。

　労働者階級——その利害は対立する集団の利害と一致せず，それゆえ彼らの新聞で擁護することが不可能である——が，彼ら自身の機関紙を必要とするのは，その全てが新聞で強く表明されている対立する強力な利害集団に，彼らが反対しなければならないからである。すなわち労働者階級の機関紙は，敵の新聞の反論，ひどい嘘，偽りの主張の影響を打ち消し，また真理を拠り所にし正義を導きの星としながら，より賢明でよりましな事態を生み出すため，彼らの努力を支援し指導することをその目的とするのである。そしてそこに産業的冷淡さを再活性化し，以前の諸運動の分散した諸要素の集中と再統合をはかり，労働者によってかつて行われたよりも偉大な成果へとそれらを結集しうることに，産業の機関紙にとっての主要な本質がある。

　私の希望は，労働者階級の財産である『ビー・ハイヴ』が，男らしく熱心で高貴な精神に導かれ，産業者階級の利害を現実に，また真に主張するような機関紙となることである。それだけが大衆を昏睡から目覚めさせ，彼らが現在そのもとにある政治的農奴制の堕落に，もはや服従しないという決意をもたらすことができるのである。1848 年の偉大なチャーティスト運動の最前線にオコナーを置いたのは，彼の優れた才能や知性ではなく，憲章に対する彼の熱意と確固たる信念であった。そして現在も当時と同じである。——彼らは死んだのではなく，眠っているのだ，何故なら誰も彼らをおこさないからである。大衆は無関心なのでなく，正直，熱意，高潔という武器に対する呼びかけを忍耐強く待っているのだ。そしてその呼びかけが適切になされるならば，彼らはすぐに答えるであろう」。

　この第一回目の記事では，労働者階級の機関紙に対するウェストン独自の意見を見出すことができよう。「彼らは死んだのではなく，眠っているのだ，何故なら誰も彼らをおこさないからである。大衆は無関心なのでなく，正直，熱意，

高潔という武器に対する呼びかけを忍耐強く待っているのだ」。ウェストンは政治的隷属状態からの労働者階級の覚醒という課題を，1840年代のチャーティスト運動の高揚を念頭におきつつ論じ[29]，現在も労働者階級の状態は変わっていないこと，また労働運動の復興を，すなわち，以前の諸運動の分散した諸勢力の結集とその再配置を，『ビー・ハイヴ』が果たすべきであると主張しているのである。『ビー・ハイヴ』の目的が，労働者階級の政治運動の覚醒とその再結集にあると示されているのであり，そして，こうしたウェストンの議論の基礎には，自己の利益獲得に腐心する資本家たち，製造業者，食料業者の利害と労働者階級の利害の根本的な対立が存したのであった。

1864年10月22日 「工場からの火花」II
「私の読者が，十分な根拠がないとして私の主張の正当性に疑いをはさむことがないように，比較的最近の二，三の出来事を手短に述べることにしよう。

誰もが次のことを記憶しているであろう。ロンドンの建築工の9時間運動が，連合した雇い主のロックアウトによって応酬され，また最も専制的で抑圧的なドキュメントがこれに続いたこと。そしてそのドキュメントは，どのようにして労働者によって答えられたのであろうか。暫くの間9時間運動を棚上げして，彼らの全てのエネルギーを，この嫌なドキュメントに対抗して集中したのである。そして労働者を堕落させ，奴隷化しようとする暴君のこのたくらみに抵抗しようとした彼らの男らしくて勇敢な決意ほど，より有益に労働者がかつて行動したことはなかった。闘争は長期化し絶望的であり，多くの時間と経費を要したけれども，勝利は完全で決定的であったので，人々は獲得される道徳的な勝利が，その達成のための費用をはるかに越えると考えざるをえなかった。

この災難から他のいかなる有益なものが生まれないにしても，少なくともこの事実は明らかに次のことを示した。職工階級は，彼らの週給の大きさや彼らの日々の仕事の期間よりも，彼らが所有する少数の自由に，はるかに高い価値をおいたということである。

あの闘争でさんぜんと輝いた，我が職工仲間たちの道徳的性格におけるこの輝かしい特徴こそが，私に希望と自信を将来において与え，さらにまた，大衆の社会的かつ政治的な向上を心から望み，大衆に知性と道徳的価値が支配する時が間近にあるという確信を抱かせた。それは全ての真の改革者にとって大きな喜びであったに違いない。

82

　さらに我々は，つい最近，労働者階級が過去 15 年間，道徳的に堕落していなかったことを示す，すばらしい機会を得た。むしろ反対に，エクスター・ホールや聖ジェームズ・ホールや他の場所での次のような集会は，そうした考えに対する十分な反証である。すなわちこの国の教養ある怠け者達が，彼らの仲間であるアメリカ南部の人間泥棒や殺人者達の次の試み，つまり世界で最も立派で自由な政府を転覆し，その廃墟に奴隷制と人間束縛に基礎を置く政府を樹立しようとする悪魔にそそのかされた試みに賛成したことへのいかなる参加にたいしても抗議したこと。

　それらの集会で述べられた種々な意見と労働者が受けた熱狂は，支配階級の悪魔のような主張に決して降参し一致することがなかった綿業労働者の気高い行為と併せて，労働者階級の道徳的性向は，堕落するどころか公正な機会のもとでは当然そうであるように，近年確かに向上してきたことを明確に証明しているのである。好ましい条件のもとで労働者の良心を高め威厳を与えることは，有益で生産的な労働の当然の結果であり，他方，過度の怠惰が精神を傷つけ堕落させ，また人間のもつ高貴な性質を破壊するにいたるのもまた同様に当然のことである。従って，アメリカ問題に関するいわゆる上流階級の行為を説明するのは困難ではない」。

　この第二回目の記事でウェストンは，現在でも労働者は以前と変わっていないということを，最近の具体的な事例から説明しているのである。まず，労働者の奴隷化を狙ったドキュメント撤回を求めて闘ったイギリス労働組合の諸闘争 [30)] 次いで，アメリカ合衆国の奴隷制樹立に抗議したイギリス労働者の集会やこれに連動した綿業労働者の反対行動から，ウェストンは，現在の労働者階級の知性と道徳的性向が向上し，さらに労働者の政治的かつ社会的意識が健全であることを確認し，もって社会改革への展望を導出せんとするものであった。

　こうしてウェストンは労働組合による賃上げ闘争に対して反対しつつも，他面で，イギリスの労働者階級が，労働組合を中心にドキュメント撤回闘争やアメリカ南部の奴隷制（綿花栽培）に対する反対運動を推進したことを高く評価しており，言わば，有益で生産的な労働によって良心を高めた労働者が，労働者の自由，その権利を守るための政治闘争に参加することを強く肯定しているのである。このことはまた，第一回目の記事で述べられたチャーティスト運動に対するウェストンの高い賛辞にも符合するものであった。

第1章　マルクスによるイギリス労働組合主義批判　　**83**

　そして，こうしたウェストンの主張を踏まえてマルクスは，労働組合による賃上げ闘争に異を唱えたウェストンの議論の根底に，オーエン主義，チャーティズムの流れを受け継ぐ政治的に急進的な労働運動の伝統があることを見抜き，それに対する賛意を報告を「まえおき」で与えたと考えられる。「かれの命題の根底にある正しい考え」。実際，以上みたようなウェストンの主張は彼にのみ固有のものでなく，この時期のイギリス労働組合運動の一つの潮流を形成するものと言えるものであった。このことは当時，イギリスで発行されていた労働者の新聞に掲載された記事からも確認することができる[31]。以下，二，三の記事を紹介しつつ，さらに検討をすすめることにしよう。

　最初の記事は，連合王国全国鉱山労働者組合の機関紙『マイナー・アンド・ワークマンズ・アドヴォケート』（The Miner and Workman's Advocate）の，投書欄に掲載された。

1）1865 年 1 月 7 日　ロバート・チーズモンド
　アメリカにおける戦争が終了し，やがてイギリスでは，労働市場は過剰な労働に見舞われることになるであろう。もし我々が未組織のままであるなら，労働者は，より低い価格で労働を売るようになり，そうなれば災難は炭鉱夫や鉄鋼労働者だけでなく，イギリスの全ての労働者に及ぶことになろう。炭鉱夫と鉄鋼労働者だけでなく，イギリスの全ての労働者は団結せよ。我々のセクト的な不和をなくし，人民憲章と名づけられた文書によって強調されたような，イギリスの全成年男子への普通選挙権という一つの共通の目的のために組織せよ。その時までイギリスの労働者は，彼らの権利を獲得することはないであろう。私は言う，組織せよ，しかも直ちに。もう一時の猶予もならない，というのは全ての瞬間が大きな事件で満ちているからである。
　特権的な少数者は，どのようにしてこの偉大な国の労働者を支配しているのであろうか。彼らが団結しており，労働者は団結していないからである。イギリスの労働者よ，共通の絆のもとに団結し，諸君の正当な権利を主張せよ。諸君がばらばらであるかぎり特権階級は支配し，全ての富の生産者である諸君は，現在と同じ卑賤の身に依然として甘んじなければならないだろう。同志よ，もうおしまいにしようぜ。我々はあらゆる天賦の権を持っているのであり，政治権力を望みさえすればよいのだ。それで我々は安泰だ。その時，我々は自分を

84

支配する法律を作ることに発言権を持つことになるのだ。

次の二つの記事は 1865 年 9 月のロンドン会議で，『マイナー・アンド・ワークマンズ・アドヴォケート』を改組し，国際労働者協会の機関紙となることが決定された『ワークマンズ・アドヴォケート』（The Workman's Advocate）に掲載された [32]。

2）1865 年 10 月 14 日　マァンクウェアマウス

クリャムリングトンのストライキについて，一言述べさせてくれたまえ。炭鉱夫は，賃金引き上げのために三ヵ月の間ストライキを続けている。雇い主は，これを拒否した。しかし，雇い主にとって係争中の真の問題は，炭鉱夫が組合を持つべきかいなかである。雇い主はこれに否と答える。 しかし，私はダーラムとノーサンバーランドの坑夫達が，彼ら自身の利害を考慮し，労働者は必要な時には相互に助け合い，いかなる犠牲を払っても自己の組織をまもることを決意したことを雇い主に示すような仕方で，労働者を支援することを期待する。

私は貧しい炭鉱夫として，このストライキについて一つの提案をおこないたい。それはストライキが終了するまで，隔週続けて 1 シリングの寄付をおこなうことである。もしそれができるなら，クリャムリングトンのストライキは炭鉱夫に有利に終結するであろう。

数年前，我々はヨーロッパの解放のために各自 1 シリングを寄付し，後には，オーストリアの強固な支配から，イタリアにその正当な領土の一部を勝ち取ろうとしていたガルバルディを助けるため，一群の兵士を整備し，経費を支払うために小銭を寄付した。では，大陸の兄弟のためにこれらのことをしたのに，なぜ我々は，本国で互いに助け合うことに出し惜しみするのであろうか。イギリスの炭鉱夫よ，無気力な状態から目覚め，求めに応じて立ち上がり，諸君の組合を公然と潰そうとしている雇用者の連合と闘っている，諸君の兄弟達を支援することを私は希望する。

3）1866 年 1 月 27 日　非組合員の靴工への提言　W. ハメット

我々は，食料の高価格や家賃の絶えざる上昇と闘ってきただけではない。靴屋のハンマーが，他の労働者のほとんどが眠りについた後で聞こえるということは，よく知られたことである。自らを時代の精神と結びつけ，我々の組合に加わりたまえ。そうすれば我々の団結した力で雇い主に圧力を加え，我々自身の

物質的条件を改善することになるであろう。労働組合が，労働の規制と労働の価値に決定的な力を及ぼすことは疑えないことである。労働組合は強大な，包括的な組織であり，自治という広範囲な諸原則を含み，才能に長け，精力的で，先見の明のある労働者によって管理されている。彼らは，労働の諸権利を守り，資本の絶えず侵略的で，独占的な機能に歯止めをかける。労働組合の諸原則が，それ自体真実であることは，議論する必要のないことである。

　団結は強さであり，知識は力であるということは，ベーコンの時代から今日まで認められてきた原則である。分裂は弱点であり，広範な軋轢である。それは我々の道徳的，社会的，あるいは政治的進歩に影響するいかなる計画の完成と発展を阻止する。我々が自らの大義への参加を呼びかけるのは，諸君の算術的な力のためのみでなく，よりよい政府の手段としてである。というのは，もし各自の力と知性が行使されるなら，万人に対する一般的な利益が生じるからである。

　我々は産業において全国的に合同し，また評議会に代表を持つ全産業の統合によって支持され，さらに，ヨーロッパ大陸の全ての主要諸国とアメリカ合衆国に支部を持つ国際労働者協会との共通の連帯によって強化されている。我々の強さの主たる源泉は，諸君の分裂した仲間の我々の隊列への不断の流入に求めることができる。というのは昨日非組合員であった人々は，今日我々と合同し，有能な労働者の仲間となるからである。

　以上みた三つの記事は，ウェストンが『ビー・ハイヴ』で述べた内容を補強するものであると言えよう。第一の記事では，労働者の団結と普通選挙権，人民憲章，政治権力について述べられ，第二の記事では，炭鉱夫労働組合のストライキ支援とかつてのヨーロッパ解放闘争への支援について，また最後の記事では，労働組合の役割，労働の価値，労働者の団結，その社会的，政治的進歩，ヨーロッパ諸国とアメリカ合州国との連繋について述べられていた。

　すなわち，1860年代のイギリスにおいては，オーエン主義や1840年代のチャーティズムの系譜を受け継ぐ政治的に急進的な労働組合運動の潮流が存在したのであり，また，この潮流は，イギリス労働組合の支柱をなし，国際労働者協会（第一インターナショナル）の中央評議会に多数の代表を派遣していたイギリス労働組合の改良主義的部分とはその立場を異にし，労働組合の課題を，経済闘争にのみ狭く制限することなく，社会改革や政治運動をも含めて広く捉え

ていたことにその特徴を有するのであった[33]。

　ウェストンが国際労働者協会の中央評議会で賃上げ反対論を展開したとき，彼は『ビー・ハイヴ』で論じたように，労働者が社会運動，政治的活動をおこなうことを含めて議論を展開したと考えられる。そしてこのウェストンの主張は，彼にのみ固有のものでなく，イギリス労働組合運動の一つの流れを反映したものであり，また，ここにこそマルクスが賛意を示す根拠が，したがってまた彼の労働組合論への影響を見いだすことができよう。

　最後に，中央評議会での論争の翌年『コモンウェルス』（*The Commonwealth*）に掲載されたウェストン自身の記事を示すことにしよう。このなかでウェストンは，労働組合の使命を明確に提示しており，その意味で 1865 年の論争におけるウェストンの真意を示すものである。なお，『コモンウェルス』は，『ワークマンズ・アドヴォケート』を改組したもので，国際労働者協会の中央評議会の機関紙であった[34]。

4）1866 年 7 月 28 日　「『コモンウェルス』の将来／一つの提言」J. ウェストン

　第二，とりわけ最もよく支払われている産業での賃金引き上げのためのストライキは，『コモンウェルス』によって支持されるべきではない。同紙は，この高価な愚行に代わる手段を案出するように務め，その影響力を用いて，将来ストライキが再発することを防ぐようにするべきである。また同紙は，ストライキの煽りやストライキに対する好意的な言動がその結果であるところの，階級と階級との間の闘争を促したり，あるいは階級として，他の階級に対する敵対の感情を持つようにしむけるべきではない。但し，産業階級が，その政治的権利を獲得することを阻止するという目的のために団結した階級や様々な階級出身の諸個人の場合は別にして。

　これらの人々と共に『コモンウェルス』は，社会の全ての部門に浸透している他の全ての不正の根底にある政治的不正を取り除くという目的で，激烈で決定的な戦争を行うべきである。この例外を除いて，同紙は階級間の敵対の感情を煽るべきではない。何故なら，周知の如く，階級の存在は諸階級が其自体として規制できない原因に基づくものであり，いかなる階級も正当に責任を問えない，現在の文明の基礎にある欠陥から発生したものであるから。

支払いの高い部門の労働組合は，賃上げのためのストライキをおこなうべきでない。労働者が結集し闘うのは，社会の「すべての不正の根底にある政治的不正」，「産業階級が，その政治権力を獲得することを阻止する」場合のみである。「階級の存在は諸階級が其自体として規制できない原因に基づくもの」，「現在の文明の基礎にある欠陥」から発生したものである。ウェストンは，労働組合を含む労働諸団体を，政治的改革運動の中核，「政治的不正を取り除くこと」に位置づけ，そうした労働者の政治運動を『コモンウェルス』が強く推進することを提唱しているのである。従ってここには，以前，『ビー・ハイヴ』の役割についてウェストンが述べた論旨と同一のものを，さらにまた，マルクスが評価した正しい視点を確認することができるであろう。ではマルクスは，このウェストンの主張に対してどのように答えたのであろうか。

3　マルクスの反論

先に指摘したように，中央評議会におけるマルクスの報告は全部で十四の部分から構成されており，このうち賃上げ反対を述べたウェストンの「でたらめな議論」に対する反論は，報告草稿の一から五でなされている。マルクスは，「報告の二」で，ウェストンの賃上げ反対論に理論的な反論を加える。

労働の生産諸力にも，資本と労働との使用量にも，生産物の価値がそれで評価される貨幣の価値にも，なんの変動もおこらず，ただ賃金率にだけ変動がおこったと仮定すると，その賃金の上昇は，どのようにして諸商品の価格に影響を及ぼすことができるのであろうか。これらの商品の需要と供給との現実の比率に影響を及ぼすことによってだけである。

労働者階級は，全体として見れば，その所得を生活必需品に費やし，またそうしないわけにはいかない，ということは完全に正しい。それゆえ，賃金率の全般的上昇は，生活必需品にたいする需要の増大をひきおこし，その結果として生活必需品の市場価格の上昇をひきおこすであろう。これらの生活必需品を生産する資本家たちは，かれらの商品の市場価格を引き上げることによって，上昇した賃金の埋め合わせをするであろう。

しかし，生活必需品を生産しない他の資本家たちはどうか。しかも諸君は，かれらが少数だと考えてはいけない。賃金の全般的上昇の結果，かれらの利潤率が下落するばあいには，かれらは，かれらの商品の価格の上昇によってそれ

を埋め合わせることはできないであろう。なぜならば，これらの商品にたいする需要はふえなかっただろうからである。それゆえに，これらの産業部門では，利潤率は，賃金率の全般的上昇に単比例して低下するだけでなく，賃金の全般的上昇と，生活必需品価格の上昇と，奢侈品の価格の下落とに複比例して低下するであろう。

さまざまな産業部門で充用される諸資本の利潤率のこの相違は，どんな結果をもたらすであろうか。もちろん，その結果は，どんな理由からにせよ，さまざまな生産部門で平均利潤率にちがいがおこるばあいにふつういつでもおこる結果と同じである。資本と労働は，もうけの少ない部門からもうけの多い部門に移されるであろう。そして移動のそうした過程は，一方の産業部門では需要の増加に比例して供給がふえ，他方の産業諸部門では需要の減少におうじて供給がへってしまうまでつづくであろう。こうした変化がおこったあとに，一般的利潤率はさまざまな産業部門でふたたび均等化されるであろう。原因がなくなれば結果もなくなり，諸価格は以前の水準と均衡に復するであろう。賃金上昇の結果生じる利潤率の低下は，なにも二，三の産業部門にかぎられるものでなく，全般的なものになってしまうであろう。したがって，賃金率の全般的上昇は，市場価格を一時的に攪乱したあとでは，諸商品の価格になんの永続的な変動もおこすことなく，ただ利潤率の全般的低下をもたらすだけであろう。

マルクスは「十二．利潤，賃金および価格の一般的関係」でも，ウェストンの提起した第一の問題，すなわち賃上げが物価上昇を引き起すのに対して，賃金の一般的上昇は一般的利潤率の低下をもたらすであろうが，諸商品の平均価格すなわち価値には影響しないことを述べている。

続いてマルクスは，労働組合による賃上げ闘争それ自体について論考を進めており，従って，報告の十三と十四は，言わば，労働組合による賃上げ闘争が労働者に不利益をもたらすのではないのかという，労働組合それ自体の機能に係わる問題提起に，マルクスが答えたものであると言えよう。ではマルクスはどのように，この第二の問題について論じているのであろうか。

第一に，マルクスは「十三．賃金引き上げのくわだて，または賃金切下げ阻止のくわだての主要な場合」で，労働者が「賃金の引き上げをくわだてたり，賃金の切下げを阻止したりする主要な場合を慎重に考慮してみよう」と述べ，1）労働生産性，2）貨幣価値，3）労働日あるいは労働強度，に変化がおこった場

合，4）資本主義的生産の周期的循環と市場価格の変動，の四つの場合について個別に検討をおこなっている。すなわち，労働組合が労働者に不利に作用するのではないのかという発問に対し，なぜ労働者は賃上げ闘争をおこなうのか，あるいは，なぜ，おこなわなければならないのかと問題を提起して，検討しているのである。そしてこれに対しマルクスは，労働者が資本家との公平な売買をおこない，そして労働力の価値，その正常な消耗を維持するためには，労働組合による闘争が不可欠であると結論している。マルクスは，十三の結論を次のように結んでいる。

「賃金引き上げの闘争は，たんにそれに先立つ諸変化のあとを追いかけているにすぎず……一言で言えば，それは資本の先行する行動に対する労働の反対行動であるということである。賃金引き上げ闘争を，これらの全ての事情から切り離して取り扱い，賃金の変化にのみ目を奪われて，それをおこさせる他のすべての変化を看過するならば，諸君は誤った前提から出発して誤った結論に達することになる」[35]。

マルクスは賃上げ闘争の正当性を論じつつも，同時に，この闘争が資本の先行行動に対する労働者側の反対行動にすぎないという，この闘争の意義を労働者に指摘していると言えよう。

さらにマルクスは，賃上げ闘争について考察をすすめるが，十四の標題は「資本と労働との闘争とその結果」であり，これまでの議論を総括するものとなっている。マルクスはまず，「資本と労働とのこのたえざる闘争において，労働は，はたしてどの程度まで成功をおさめるだろうか」と自ら問題提起し，検討している。マルクスは，闘争が最終的に労働力の価値に一致すると答えるが，同時に，労働力の価値が他の商品と異なる特質を持つことを述べる。

「労働力の価値は，二つの要素——ひとつはたんに生理的なもの，もうひとつは歴史的または社会的なものである——by two elements, the one mainly physical, the other historical or social によって形成される。労働力の価値の究極の限界は生理的要素によって規定される」[36]。労働力の価値は，この純然たる生理的要素の他に，伝統的な生活水準によっても規定され，またこの歴史的または社会的要素は拡大することもできれば縮小することもできる。労働力の価値は固定的な大きさでなく，可変的な大きさである。

90

では，労働力の価値は生理的限界をどれだけ越えることができるのであろうか，マルクスは次のように述べる。利潤の最高限は，賃金の生理的最低限と労働日の生理的最大限によって限界が定められる。「それが実際に，どの程度のものに確定されるかは，資本と労働との絶えざる闘争（by the continuous struggle between capital and labour）によってのみ決まる。すなわち資本家は賃金をその生理的最低限に引下げ，労働日を生理的最大限にのばそうと絶えずつとめているし，他方，労働者のほうはこれと反対の方向に絶えず圧力を加えるのである。事態は，結局，闘争者たちのそれぞれの力の問題（a question of the respective powers of the combatants）に帰着する」[37]。

このように労働力の価値は「闘争者たちのそれぞれの力」によって，ある大きさに確定される。すなわち，労働力の価値は他の商品と異なり，「歴史的または社会的な要素」と「生理的な要素」という二つの要素から構成され，その大きさの決定には労働者階級の力の大きさが，つまり労働組合の力が深く影響するのである。では，こうした資本と労働との不断の闘争は，長期的にはどのような結果を労働者階級にもたらすことになるのであろうか。マルクスは十四の後半部分で，この問題について次のように論じている。

労働の価値の限界については，その実際の決定は常に供給と需要とに依存する。ここで需要というのは資本のがわでの労働の需要を，供給というのは労働者のがわでの労働の供給を意味する。資本の蓄積が進むのと同時に，資本の構成に累進的な変化が生じる。こうして産業の進歩にさいして労働需要はふえることはふえるが，資本の増加率と比べるとその増加率は絶えず逓減している。このようにして近代産業の発展は，労働者に不利で，資本家に有利な情勢をうみださざるをえず，その結果，資本主義的生産の一般的傾向は賃金の平均水準を低める，すなわち労働の価値を多かれ少なかれその最低限度に押し下げることになる。

では，このような「事態の傾向」に対して，労働者階級は資本の侵害に対する抵抗を断念すべきであろうか。そんなことをすれば彼らは救いようのない敗残者の群れに堕してしまうであろう。もし彼らが資本との日常闘争において臆病にも退却するならば，彼らはきっと，「もっと大きな運動をおこすための資格」をみずから失うことになるであろう。

しかし同時に，労働者階級は，「これらの日常闘争の究極の効果」を過大視し

てはならない。彼らはもろもろの結果と闘っているだけであって，それらの結果の原因と闘っているのではない，下向運動に抵抗しているだけで，その運動の方向を変えているのではないことを忘れるべきでない。従って彼らは，これらのゲリラ戦にのみ心を奪われてはならず，「『公正な一日の労働に対して公正な一日の賃金を』という保守的な標語のかわりに，『賃金制度の廃止』という革命的なスローガン "Abolition of the wages System!" を彼らの旗に書き記すべきである」[38]。

　報告で，マルクスは労働力の価値規定を深化させたが，これには資本主義的商品生産の分析をふまえての労働力商品の独自性の分析があった。さらに資本の蓄積過程が資本構成の高度化を伴って進行し，それが労働と資本の需給関係に及ぼす影響を考察し，生産力の発展，資本主義的生産の進展が賃金の平均水準を低めるという「一般的傾向」を導出し，もって賃金闘争の意義とその限界とを主張したのであった。最後にマルクスは，これまでの報告全体を概括し，三つの決議案を提起しているが，そのうちの第三のものは労働組合の役割について述べたものであった。

　「3. 労働組合は資本の侵害に対する抵抗の中心（centres of resistance）として十分役立つ。その力を思慮分別なく使用すればそれは部分的に失敗する。現在の制度の諸結果に対するゲリラ戦（a guerilla war）だけに専念して，それと同時に現在の制度を変えようとせず，その組織された力を労働者階級の終極的解放，賃金制度の最終的廃止のためのてことして使用しなければ，それは全面的に失敗する」[39]。

　マルクスは労働組合を，「資本の侵害に対する抵抗の中心」と規定したうえで，労働組合が，日々のゲリラ戦だけでなく，賃金制度の根本的改造をもその使命とすることを提起したのであり，また，これをもってマルクスはウェストンの第二の質問に答えると同時に，「彼の命題の根底にある正しい考え」に対しても正当な評価を与えたのであった。

　では，マルクスのこうした詳細な反論はなぜ必要であったのであろうか。先に指摘したように，ウェストンに対する批判は，報告の一から五で事実上終了しており，六から十四はマルクス自身の積極的な展開部分であると言えよう。そして，このようなマルクスの詳細なウェストン批判の背景には，すでにリュベ

ルも指摘しているとおり，イギリス労働組合主義の指導部があったと考えられ
よう。むしろ，マルクスにとっては，J.S.ミルを背景にもつこの指導部を批判
することこそが報告の眼目であったとさえ言えるのであり，ここにマルクスの
ウェストン批判の真意を読みとることができるのである[40]。

　またそのことは，「公正な一日の労働に対して公正な一日の賃金を」というイ
ギリスの労働運動で古くから用いられてきた「保守的」な標語に代えて，「賃金
制度の廃止」という「革命的」スローガンを，最後に提起していることからも
推察しうるのであり[41]，それゆえ，労働組合を「賃金制度の最終的廃止のため
のてこ」として位置づけるという「決議3」の提案は，まさにイギリスの改良
主義的な労働組合に向けられた批判であると判断することができよう。では，
労働組合の使命について，翌年のジュネーヴ大会ではいかなる論議がなされた
のであろうか。

第4節　国際労働者協会　第一回ジュネーヴ大会 1866 年

　1866 年ジュネーヴ大会は，スイスのジュネーヴで開かれた国際労働者協会の
最初の大会であった。大会では，第一インターナショナルでのこれまでの論争
をふまえ，経済闘争についての論議が激しくたたかわされた。ウェストン批判
において提示されたマルクスの労働組合論は，その根底においてウェストンに
対する評価を含むと同時に，他面で，J.S.ミルおよびイギリス労働組合主義に
対する批判をも含意するものであった。実際，賃上げ闘争に関する論争は，当時，
イギリスおよび大陸で流行病のように広まっていたストライキ闘争に直接に影
響を及ぼすものであり，中央評議会における論争の後，すでに 1865 年 9 月のロ
ンドン協議会では，大会議案の一つとして「決議6　労働組合。過去，現在，未来」
が提起されていた[42]。

　1866 年ジュネーヴ大会では，マルクスによって起草された決議「6 労働組合。
その過去，現在，未来」が承認されたのであるが[43]，では 1865 年の中央評議会
での論争と「決議6　労働組合。その過去，現在，未来」との関係はいかなるも
のであったのであろうか。「決議6」は，「労働組合，その過去，現在，未来」の
三つの部分から構成され，全体をもって労働組合の歴史的使命を論じている。

　まず「イ）その過去」では，労働組合の起源について次のように述べている。

「資本は集積された社会的な力であるのに，労働者が処理できるのは自分の労働力だけである。したがって資本と労働とのあいだの契約は，決して公正な条件にもとづいて結ばれることはない。……労働者がもつ唯一の社会的な力は，その人数である。しかし，人数の力は不団結によって挫かれる。」

　「最初，労働組合は，この競争をなくすか少なくとも制限して，せめてたんなる奴隷よりはましな状態に労働者を引き上げるような契約条件を，たたかいとろうという労働者の自然発生的な試みから生まれた。the spontaneous attempts. だから労働組合の当面の目的は，日常の必要をみたすこと，資本の絶え間ない侵害を防止する手段となることに限られていた。一言でいえば，賃金と労働時間の問題に限られていた。労働組合のこのような活動は，正当であるばかりか，必要でもある」。

　マルクスはこのように労働組合の起源を，資本と労働との契約関係それ自体に求め，労働の売買関係の公平さを維持するために労働組合の結成が不可欠であったとする。さらに，マルクスは労働組合が新しい課題を担うとして次のように述べる。

　「他方では，労働組合はみずからそれと自覚せずに，労働者階級の組織化の中心となってきた。Centres of organization of the working class. 労働組合は，資本と労働のゲリラ戦にとって必要であるとすれば，賃労働と資本支配との制度そのものを廃止するための組織された道具としてはさらに一層重要である」[44]。

　こうして労働組合の発生を経済闘争を基礎に論じ，さらに，賃労働制度の廃止という政治課題をも労働組合の使命としている点は，1865年の論争を受け継ぐものである。この背景には1867年『資本』刊行にいたる，マルクスの経済学研究の深化がある。商品生産，価値生産を前提にして，資本主義的商品生産，剰余価値生産の分析が行われたのである。資本家と労働者の自由な取引，労働力の商品化，労働力の自由な売買が商品交換，価値生産の視点で理解されたのである。

　続いて「ロ）その現在」では，労働組合が本来の経済闘争を基盤としつつ，さらに政治運動のための「組織された道具」として，より明確に位置づけられる。

　「労働組合は一般的な社会運動や政治運動 general social and political movements からあまりにも遠ざかっていた」。だが労働組合は，自分の偉大な歴史的使命にいくらか目覚めつつある。このことは「イギリスの労働組合が近年の政治運動

に参加していること」や，1866年7月に「シェフィールドで開かれた巨大な労働組合代表者会議」が，イギリス労働組合の国際労働者協会への加盟を促した決議を挙げたことからも明らかである[45]。このように「ロ）現在」では，経済闘争のみならず，政治運動にも取り組み始めたイギリス労働組合運動の新しい動向にも注目しつつ，労働組合の方向性が模索されている点が確認される。

　最後に，「ハ）その未来」では，これまでの議論を踏まえ，労働組合が全労働者の利害を代表して「慎重に」行動することが強調されている。

　「いまや労働組合はその当初の目的以外に，労働者階級の完全な解放という広大な目的のため，労働者階級の組織化の中心として慎重に行動することを学ばなければならない。労働組合は，この方向をめざすあらゆる社会運動と政治運動を支援しなければならない。……労働組合は，異常に不利な環境のために無力化されている農業労働者のような，賃金の最も低い業種の労働者の利益を細心にはからなければならない」[46]。

　ここでは労働組合が，労働者階級の「組織された道具」として，経済闘争という「当初の目的」に，組織されることもなく最貧困層にある農業労働者の状態の改善，すなわち「労働者階級の完全な解放という広大な目的」が追求されている。

　このようにジュネーヴ大会の決議「6　労働組合。その過去，現在，未来」は，1865年の論争の成果を踏まえ，労働組合の課題について，述べたものであると言えよう。すなわち「決議6」は，経済闘争に運動の重心を置き，熟練労働者を中心に強力に組織されていたイギリスの労働組合を，新たに政治運動にも参加しはじめたイギリス労働組合運動の新しい潮流，すなわち急進的な労働組合運動の視点から批判し，もって労働組合に最貧困層にある農業労働者をも含む「労働者階級の完全な解放」という新たな課題を提起せんとするものであった[47]。また労働組合運動と並んでオーエン主義の協同組合運動についても，決議された。

　ドロシィ・トムスンは『チャーティスト——産業革命期の民衆政治運動』1984年で，次のように述べている。

第Ⅱ部　第9章「農業労働者と各職種の労働者」

　「農村地方には，この時期に階級対立がけっしてなかったわけではなく，農業

経営者と地主たちは，こうした村の状況を非常に気遣っていた。彼らの多くは，自分たちの農業労働者に向かって都市のチャーティストが演説しようとすれば，いかなるかたちのものでもそれに強く反発した。実際，彼らのきびしい警戒のため，農村地域になんらかの組織をつくって運動を広めるというチャーティストの仕事は，ほとんど実現不可能なほどの難事であった」（262頁）。

「チャーティストは，村へ入りこむのは困難だったにもかかわらず，農村の労働者をけっして見棄てはしなかった。1843年の裁判のさいの弁論において，ジェイムズ・リーチが次のように宣言したとき，農業労働者，工場労働者，工場外労働者を一体にしてとらえていた」（265頁）。「小土地保有者ないし小農業経営者は，町の親方労働者と同様に，自分の政治的立場を守り抜く自由をずっと多くもっていた。しかし，チャーティストとして著名になった農業経営者や小土地保有者は，多くはなかった」（268頁）。

「決議5　協同組合労働」co-operative labour
「国際労働者協会の任務は，労働者階級の自然発生的な運動を結合し，普遍化することであって，なんであろうと，空論的な学説を運動に指示したり，押しつけたりすることではない」。

「我々は，協同組合運動が，階級対立に基礎をおく現在の社会を改造する諸力のひとつであることを認める。この運動の大きな功績は，資本に対する労働の隷属に基づく，窮乏を生み出す現在の専制的制度を，自由で平等な生産者の連合社会という，福祉をもたらす共和制度とおきかえることが可能だということを，実地に証明する点にある」。

「社会的生産を，自由な協同組合運動の巨大な調和ある一体系に転化するためには，全般的な社会的変化 general social change，社会の全般的条件の変化が必要である。この変化は，社会の組織された力，すなわち国家権力を，資本家と地主の手から，生産者自身の手に移す以外の方法では決して実現することはできない」[48]。

これは創立宣言で述べられたことをふまえたものであるが，ロバート・オーエンによって始められた協同組合運動を労働組合運動とともに充実し，労働者階級の経済的解放を実現せんとしたものである。賃上げ闘争に反対するウェストンが主張する協同組合運動が評価されていたのである。

第 5 節　労働組合の意義

　これまで国際労働者協会の確立期に対象を限定して，マルクス労働組合論について検討をおこなってきた。マルクスの労働組合論は，1865 年の中央評議会におけるJ. ウェストンとの一連の論争において整備され，翌 1866 年のジュネーヴ大会で承認されるに至るのであるが，その萌芽は，マルクスによって起草された 1864 年の「創立宣言」および「暫定規約」の内にすでに述べられていたと言えよう。

　マルクスは，中央評議会に多数の代表を派遣し，種々の面で国際労働者協会の支柱をなしていた熟練労働主体のイギリス労働組合主義を，賃金闘争から，またオーエン主義，およびチャーティズムの伝統を受け継ぐ急進的な労働運動の視角から批判したと言えよう。J. ウェストンの主張の根底にある正しい思想である。「労働者階級の組織化の中心」として位置づけられた労働組合が，オーエンによって展開された協同組合運動とともに，「労働者階級の経済的解放」という大目的を実現すべく，経済闘争のみならず政治運動をも意識的に追求し，支援することが 1866 年ジュネーヴ大会において承認されたのである [49]。そしてこのような働く人々，労働者の状態を解明し，それに指針を与えたものが 1866 年に清書がはじめられた『資本』第Ⅰ部である。この『資本』では資本主義的生産の進展のもとでの労働者の状態が考察された。機械制大工業の導入と婦人，児童労働の利用，労働日の延長，労働強度の増大，さらに蓄積論では見えざる糸にしばられた労働者の貧困，相対的過剰人口と労働者の窮乏が分析された。

資料 1

　マルクスは，労働組合とチャーティスト運動との関連について『哲学の貧困』1847 年で次のように述べていた。

　「イギリスでは当面のストライキのみを目的とし，そしてそのストライキとともに消滅する部分的団結にとどまらなかった。労働者と企業家との闘争において労働者たちの城砦として役立つ恒久的団結が，労働組合が結成された。そして現在ではそれらの地方的労働組合のすべては全国労働組合連合協会に一つの結集点を見いだし，そして協会の中央委員会はロンドンにあり，協会所属員数はすでに八万人に達している。それらのストライキ，団結，労働組合の結成は，

チャーティスト die Chartisten という名のもとにいまや一大政党を構成している労働者たちの政治闘争と時を同じくして進行した」。「大衆の防衛する利害が, 階級的利害となる。しかし, 階級対階級の闘争は一つの政治闘争である。」「労働者階級の解放の条件, それは, あらゆる階級の廃止である」（MEW, Bd. 4, S.180f)。

エンゲルスもチャーティズムについて『イギリスにおける労働者階級の状態』1845 年（浜林正夫訳, 新日本出版社, 下, 2000 年, MEW, Bd. 2）の「労働運動」で述べる。

「チャーティズムは 1835 年にはじまっていらい, たしかに主として労働者の運動であったが, 急進的な小ブルジョアとはまだはっきり別れてはいなかった。労働者の急進主義はブルジョアの急進主義と手をたずさえていた。憲章は両者の合言葉である。彼らは毎年合同して国民集会をひらき, 一つの党派のように見えた」。「このころすでに, 新救貧法反対運動と 10 時間法案運動とがチャーティズムと密接に結びついていた」（65, 66 頁)。

「工場労働者, そのなかでもとくに綿業地帯の労働者が, 労働運動の中核をなしている。ランカシャ, とくにマンチェスターは, もっとも強力な労働組合のあるところであり, チャーティズムの中心地であり, もっとも社会主義者を数えるところである。工場制度がある労働部門にはいりこめばはいりこむほど, ますます多くの労働者が運動に参加する。労働者と資本家との対立が鋭くなればなるほど, 労働者のプロレタリア的意識はますます発展し, ますます鋭くなる」（80 頁)。

さらに『共産党宣言』（『共産党宣言　共産主義の諸原理』服部文男訳, 新日本出版社, 1998 年, MEW, Bd. 4）（1848 年）で述べる。

「Ⅲ　社会主義的および共産主義的文献」「3　批判的・空想家的な社会主義および共産主義」。「本来的に社会主義的および共産主義的な諸体系, すなわちサン＝シモン, フーリエ, オウエンらの体系は, さきに述べたプロレタリアートとブルジョアジーとのあいだの闘争の最初の未発展の時期に現われる。……これらの体系の創案者たちは, なるほど, 支配的な社会そのものにおける諸階級の対立, ならびに解体させる諸要素の作用を見てはいる。しかし, 彼らは, プロレタリアートのがわに, いかなる歴史的な自立性をも, いかなるそれ独自の政治運動をもみとめない」（101 頁)。

また「Ⅳ　種々の反政府党にたいする共産主義者の立場」。「第二節によれば，すでに組織された労働者諸党に対する共産主義者の関係，したがってイギリスにおけるチャーティストおよび北アメリカにおける農業改革者とのその関係は，おのずから明らかである」（106 頁）。

エンゲルスも『共産主義の諸原理』（1847 年）で「イギリスでは労働者からなるチャーティストのほうが，民主主義的小ブルジョアまたは急進派よりも無限に共産主義者に近づいている」と述べる [50]（143 頁）。

さらにマルクスは 1855 年 6 月 8 日付「行政改革教会――憲章」『新オーダー新聞』で述べる。

「憲章はきわめて簡潔要を得た一文書であって，普通選挙権の要求以外には，ただその実施のための同数の条件である次の五個条をふくんでいるにすぎない。すなわち，1，無記名投票，2，国会議員にたいする財産資格の廃止，3，国会議員の手当支給，4，一年制議会，5，平等選挙区。……イギリスでは，普通選挙権は，一方に貴族およびブルジョアジーと，他方に人民諸階級とのあいだの広大な仕切線をなしている。……それは人民諸階級の憲章であり，彼らの社会的要求を実現するための手段としての政治権力の獲得を意味している。だから普通選挙権は，1848 年にフランスでは一般的友愛の合言葉として理解されたのに，イギリスにおいては戦いの合言葉と解されているのだ。フランスでは革命の当面の内容が普通選挙権であった。が，イギリスでは普通選挙権の当面の内容が革命なのである。……チャーティストは議会の全能を人民の権力にまで向上させることによって議会の全能を高め拡大しようと欲している。彼らは議会制度を破壊せず，それをいっそう高度の水準に高めようとする。真実は代議制度を破壊することだ」（MEW, Bd.11, S.268f）。

資料 2

チャーティストと労働組合との関係について，ドロシィ・トムスンは『チャーティスト――産業革命期の民衆政治運動』（1984 年）で，次のように述べている。

「序　1838 年から 1848 年までの 10 年間にわたって，イギリスの当局は，近代における運動のなかでもっとも大衆的反乱に近い様相を呈した一つの民衆運動に直面した。この島のすべての地方の勤労民衆は――イングランドだけでは

なくスコットランドおよびアイルランドにおいても——ひとつの政治綱領を支持する示威運動に起ち上がり，それを推進するための組織を結成し，またその運動の過程において，多くの方面で旧来のものとはまったく異なる文化と生活様式をつくりだした。

この運動の中核にあり，こうした活動のすべてがそれにそってなされた綱領は，誤解を招くほど単純で簡単なものであった。チャーティスト運動という名を生み出した人民憲章というその綱領は，1838年5月に公刊されたものであり，成人男子普通選挙権，無記名投票，議員の財産資格の撤廃，議員への給与の支給，平等選挙区制，議員の毎年改選を要求したものであった」(iii)。

「チャーティスト運動には，工場労働者，抗夫，平底船の船員といった人びとだけではなく，婦人，下働き労働者，アイルランド人労働者，技工職人，居酒屋主人，および非国教系の巡回牧師たちが参加していた。これらの人びとは，国の政治機構から排除されているという感情，この国に成長しつつあった振興の有力な商工業者層によって搾取されているという感情に基づいた，階級としての共通な感覚を分かちあっていた」(v)。

第Ⅲ部　第11章　ストライキ
「G. D. H. コールは，このストライキをそうしたものであったとみなした。『ストライキは自然発生的であった。工場労働者のあいだには活動的なチャーティストが個人としては存在していたかもしれないが，チャーティストはまとまった集団としてはストライキの発生にまったくかかわりがなかった。』……しかし，地方史的研究は，すべての地域においてチャーティスト運動と労働組合の活動とのあいだには密接な相互関係が存在していたことを示している。チャーティストがストライキに参加した度合いは，場所ごとに異なっていた」(423頁)。

「そのさい労働者たちは，不況下における賃金問題，穀物法反対運動，および救貧法の施行というようなその他の社会問題にたいする反対運動を考慮した末，政治権力の獲得こそが唯一の解決策であると決意していた職種組合の指導のもとで，ストライキを行った。マンチェスターで会合を行い，ストライキは人民憲章の獲得のために行なわれるべきである，と宣言したのは職種組合の代表たちであって，チャーティストの代表たちではなかった。そしてストライキを指導したのは，繊維工業の組合ばかりでなく，機械製造工や鍛冶工の組合でもあった。……彼らは人民憲章を擁護する決議を行うとともに，この地域のあらゆ

100

る職種組合の代表者による集会の開催を呼びかける決議を採択したのである。」
（424，425 頁）。

注

1）淡路憲治氏は『西欧革命とマルクス・エンゲルス』（未来社，1981 年）で，マルク
スの労働組合論について次のように述べている。1866 年のジュネーヴ大会への「提言」
において「マルクスは，労働組合に，ほぼ労働者階級解放のための前衛党としての位
置づけと役割を与えているのである」（80 頁）が，1871 年のロンドン協議会の「第 9
決議」では「労働者自身による解放の組織として，労働組合論の発展線上において，
あえて労働者党の必要が主張されているのである」（93 頁）。淡路氏は労働組合の機
能を労働者党との関連において捉えその変化を論じているのであるが，問題は相互の
違いと関連であろう。1840 年代マルクスの政治運動論と 1860 年代の経済闘争論との
関連，そこでの政党，組合の関連であろう。つまり，労働組合の理解は，後期第一イ
ンター運動のなかで深まったのではなかろうか。Ursula Herrmann: Der Kampf von
Karl Marx um eine revolutionäre Gewerkschaftspolitik in der 1.Internationale, 1864 bis
1868, Berlin 1968. は，労働力の価値規定に関連して労働組合の意義を論じており貴重
であるが，マルクス労働組合論の理解において淡路氏と同一であると言えよう。

2）Maximilien Rubel: Karl Marx Œuvres Économie 1, Paris, 1965. リュベルはこのマル
クスの報告の表題を「賃金，価格および剰余価値」としている。Ibid., p. 473.「初版，
ドイツ語版および英語版にみられる表題，副題は，マルクスによるものではない。我々
は表題の選択および本文の分類で先行する刊行者から遠ざかっていた。マルクスの報
告の内容は，我々にこの危険を冒すことを認めているように思われる。」Ibid., p.477.
　また彼は，この仏語訳に際して，マルクスの娘エリナによって 1898 年に出版され
た『価値，価格および利潤 Value, Price and Profit』を底本とし，さらに 1952 年にモ
スクワで刊行された『賃金，価格および利潤 Wages, Price and Profit』，また 1898 年『ノ
イエ・ツァイト』に発表されたベルンシュタイン『賃金，価格および利潤　Lohn, Preis
und Profit』も参考にしている。Ibid., p. 477. なお，1865 年 6 月第一インターでおこ
なわれた報告にはタイトルはなく，「火曜日（1865 年 6 月 20 日），中央評議会にて朗読」
MEGA II / 4・1，S .385 とのみある。報告は 6 月 20 日と 27 日に，二回おこなわれた。
これまでわが国では報告が『資本』全三部の内容を要約したものとして理解され，「賃
金，価格および利潤」と題名をつけられてきたが，理論的視点からだけでなく，むしろ
第一インター内の労働運動の見地からとらえ，Price を「価格でなく物価」と訳すべ
きであろう。辞書によれば，Price of commodities 物価（研究社『新英和大辞典』），
Price Contorol 物価統制，Price Index 物価指数（岩波『新英和辞典』）などの用例がある。

服部氏が「賃金，価格および利潤をめぐって」『経済』2002年6月号で述べておられるように，論争は賃金上昇が物価の増大にいたるとするウェストンの賃上げ反対論を批判したものであり，もし報告に題名をつけるなら「賃金，物価および利潤」と名付けるべきであろう。以下では，この題名を用いる。

3）Maximilien Rubel: Karl Marx Œuvres Économie 1, pp. 475, 1629. 都築忠七氏も『資料 イギリス初期社会主義 オーエンとチャーティズム』（平凡社，1975年）の「まえがき」で，オーエン主義とチャーティズムとの結合について述べている。

4）1840年代の英労働者の運動であるチャーティストについては，ドロシィ・トムスン『チャーティスト──産業革命期の民衆政治運動』Dorothy Thompson, *The Chartists Popular Politics in the Industrial Revolution*（古賀，岡本訳，日本評論社，1988年）が有益である。「日本語版への序文」「チャーティスト運動はイギリスで19世紀30年代末期に起こり，ほぼ40年代終わりまで続いた。この運動が最大の勢力となってもっとも高揚したのは，1838年から42年に至る時期であり，それは同世紀のもっとも深刻な不況の一つとほぼ同じ時期に当たっていた。……彼らは政治改革運動，すなわち立法過程にこの王国の全成人男子の参加を要求する運動に，ともに結集したのである。……その運動の過程では，彼らはめざす直接の目的──参政権と政治的意思決定過程への参加権の獲得──は達成できなかったかもしれないが，しかし，彼らははかり知れない大きな自信と経験をかちとることができ，イギリスの政治において，独立した労働者階級の存在を不滅のものとして確立したのである。ある見方に立てば，チャーティズムは近代労働者運動の先触れ──すなわち世界最初の労働者階級の政治運動とみなされるかもしれない。(i, ii)

　　また，チャーティズム運動について古賀秀男氏は『チャーティスト運動の構造』（ミネルヴァ書房，1994年）で述べる。1848年成立のロンドン職種組合代表者会議の運動綱領案には，「オウエン主義の自給自足の国内植民地の提案やチャーティズムの成人男子普通選挙の要求も包含されており，諸職種の組合を基礎にオウエン主義者とチャーティストを糾合して，壮大な連合組織の結成を構想し始めたとみることができる」（83頁）。「経済的社会的救済・改善と政治改革とを結合させて要求の実現をめざす運動論が，職種組合とチャーティストの双方から提起されていたのである」（87頁）。同『チャーティスト運動の研究』（ミネルヴァ書房，1975年），『チャーティスト運動』（教育社，1980年）も有益である。さらにチャーティストと労働組合の関連については飯田鼎『イギリス労働運動の生成──黎明期の労働運動と革命的民主主義』（有斐閣，1958年）が貴重である。

5）1864年から1866年の時期に対象を限定したのは，労働組合の賃上げ闘争が問題となったこの時期に，経済闘争の推進，マルクス労働組合論の骨格が形成されたと考えたからである。1866年から1872年の時期については，さらに研究が必要である。ま

たイギリス労働組合運動とマルクスとの関係について論じた文献に Henry Collins, Chimen Abramsky: *Karl Marx and the British Labour Movement*, London, 1965 がある。国際労働者協会におけるイギリス労働組合の意義を強調したことは，この文献の大きな長所であるが，イギリス労働組合主義とマルクスとの基本的立場の違いを曖昧にしている点は問題である。なおマルクス労働組合論の文献として Kenneth Lapides: *Marx and Engels on the Trade Unions*, London, 1987 が詳しい。

6) MEW, Bd.16, S. 10, MEGA I / 20, S. 9.

7) MEW, Bd. 16, S. 11, MEGA I / 20, S. 10. なおフリッツ・ナフタリ（1888 ～ 1961 年）は『経済民主主義 その本質，行程，目的』（1928 年）で，マルクスのこの部分を引用している。

8) マルクスは『資本』初版「第三章 絶対的剰余価値の生産」「4 労働日」で 1860 ～ 61 年のロンドン建築工の 9 時間労働をめぐるストライキをあげ，次のように述べた。
　　　「同等な権利と権利との間では暴力が裁決する。かくして資本制的生産の歴史においては，労働日の標準化は，労働日の諸限度をめぐる闘争――総資本家すなわち資本家階級と総労働者すなわち労働者階級との間の一つの闘争――として現れる。」MEGA II/ 5, S. 181.

9) MEW, Bd. 16, S. 11, 12, MEGA I / 20, S. 10-11.

10) MEW, Bd. 16, S. 14, MEGA I / 20, S. 13.

11) MEW, Bd. 16, S. 16, MEGA I / 20, S. 15. マルクスは 1864 年 11 月 22 日の中央評議会で，労働諸団体が団体資格のままで国際労働者協会に加入できること，また国際労働者協会に加入した団体は，中央評議会の会員となる代表を一名選出する権限を持つこと，但し，中央評議会はその代表に対する承認権を持つことを提案し，支持されている。こうした措置の背景には，イギリス労働組合運動の国際労働者協会への統合が意図されていたと言えよう。*The General Council of the First International 1864-1866*, Minutes, 1962, p. 49.（以下 *The General Council 1864-1866* と略記する）。

12) MEW, Bd. 16, S. 16, MEGA 1・20, S.14, 15. なおイギリス人の会員は一時期，中央評議会の全構成員 55 人のうち 27 人を占めていた（*The General Council 1864- 1866*, p. 436)。

13) マルクスは，1866 年 10 月 13 日付のクーゲルマン宛の手紙で，「イギリス労働組合のロンドン評議会は，国際労働者協会イギリス支部と称すべきかどうかを目下協議しております。そうなれば，当地における労働者階級の統治権はある意味では我々の側に移ることになり，我々は運動を強力に『推進』できるわけです」と述べている（MEW, Bd.31, S.534)。

14) 合同機械工組合の性格，およびこれと国際労働者協会との関係については，飯田鼎『マルクス主義における革命と改良――第一インターナショナルにおける階級，体制

および民族の問題』（御茶の水書房，1966 年），225 〜 235 頁を参照。飯田氏は，国際労働者協会に加盟した組合が，主として軽工業に働く組合が大部分で，重工業労働者の組合がみられないこと，また入会金も寄付金もともに零細であると述べている（234 頁）。I. A. Bach, L.I.Golman, W.E.Kunina: *Die Erste Internationale*, Teil 1, Moskau 1981, 6 Kapitel, *Die Internationale in England*, Ursula Herrmann, *a. a. O.*, S. 312f もあわせて参照。

15）1864 年 11 月 4 日付のエンゲルス宛の手紙で，マルクスはイギリス労働組合の指導者について伝えているが，その評価は微妙である。ロンドン労働組合協議会議長のオッジャーと石工組合の書記であるクリーマーによって，国際労働者協会の創立集会が招集された。

　「この両人はブライトの指導のもとに，北アメリカ擁護のための労働組合の大集会をセント・ジェームズ・ホールで成立させ，同じくガリバルディ（歓迎）の政治的示威をも実現させた」，「非常に厄介だったのは，我々の見解を労働運動の現在の立場に受け入れられるような形で表すようにとりはからうことだった。この同じ連中が数週間後にはブライトやコブデンと一緒に選挙権のための集会を開くのだ」（MEW, Bd. 31, S. 10–16）。

　後に 1866 年 8 月 31 日付のベッカー宛の手紙でマルクスは，「クリーマーとオッジャーは議会改革連盟で我々の意志に反してブルジョアと妥協し，二人とも我々を裏切ったのです」と述べている（MEW, Bd. 31, S. 524）。

16）平井規之「マルクス『賃金・価格・利潤』」『経済』1976 年 5 月号。またヴィゴツキーも，ウェストン批判の理論的側面を重視している（Witali Wygodski: Der Platz des Manuskripts "Lohn, Preis und Profit" im ökonomischen Nachlaß von Karl Marx, in *Marx–Engels–Jahrbuch 6*, Berlin 1983, S. 224f）。なお拙稿「第一インターナショナルと土地問題――『賃金，価格および利潤』におけるウェストン批判」『研究年報・経済学』第 49 巻 4 号（1988 年），および「J. S. ミルとイギリス労働運動――賃金論を中心に」服部，大野，大村編『マルクス主義の生成と発展』（梓出版，1989 年）を参照。

17）MEGA, II / 4.1, S. 385. この「まえおき」の重要性については服部文男氏の御教示による。なお「まえおき」で，マルクスが「その結論においては」と述べているのは，マルクスの報告の結論部分，つまり十四の部分を指すと考えられる。

18）*The General Council 1864–1866*, p. 82.

19）*Ibid.*, p.88.

20）『ビー・ハイヴ』は 1864 年 11 月 22 日の中央評議会で国際労働者協会の機関紙とすることが決定された（*The General Council 1864–1866*, p.48 および MEW, Bd.16, S. 609）。

21）MEW, Bd. 31, S. 122f. 5 月 20 日の臨時会議は 5 月 9 日の中央評議会で決定され，また 5 月 23 日にも論議が行われている（*The General Council 1864–1866*, pp. 97, 100.）この手紙で述べられた「ストライキ」の具体例については Ursula Herrmann, *a. a. O.*,

S.247–311. に詳しい。

22）1865 年 6 月 20 日と 27 日のマルクスの報告は，6 月 6 日の中央評議会でマルクス
から提案されていた。そのさいマルクスは，一連の反対決議をも用意すると述べた。
なお，マルクスの報告が行われた 6 月 20 日と 27 日の中央評議会には，議長であるオ
ッジャーは欠席し，代わりにエッカリウスが議長を務めていた。さらにウェストンお
よびマルクスの原稿出版を求める声が中央評議会にあったが実現されなかった。それ
は 1898 年にマルクスの娘エリナ（英語）およびベルンシュタイン（独語）によって
刊行された。

23）*The General Council 1864–1866*, pp. 109–110.

24）*Ibid.*, p.111.

25）MEW, Bd.31, S. 125.

26）MEGA, II / 4. 1, Apparat, S. 687, Wygodski, *a. a. O.*, S. 213. ところで新メガ編者は何
を根拠に 3.5 ボーゲンと判断したのであろうか。マルクスの元の草稿は 8 葉（16 頁）
であるが，『新メガ』に掲載された草稿の写真版（第 1 頁，第 6 頁，第 16 頁）をみると，
マルクスは各頁に細かい文字でぎっしりと書き込んでおり，これを印刷した場合，何
ボーゲンになるのかは，活字の大きさや版型によって異なり，にわかに判断できない
であろう。マルクスは 2 ボーゲン，つまり 2 × 16 = 32 頁と判断し，新メガ編者は
3.5 ボーゲン，つまり 3.5 × 16 = 56 頁と計算したのであろうか。

　　マルクスの死後，報告は出版されることになったが，例えば，1898 年のエリナ編
集の英語版小冊子では本文 84 頁，ベルンシュタイン翻訳のドイツ語版の小冊子 1910
年では 43 頁，『マルクス・エンゲルス全集』では 52 頁，新メガでは 42 頁，リュベル
編のフランス語版では 55 頁，モスクワで出版された英語版小冊子（1970 年版）では
51 頁であった。

　　おそらく 3.5 ボーゲンという新メガ編者の推定は，最後のモスクワの英語版小冊子
を根拠にしたものと考えられ，実際，これによれば全体で 51 頁（表紙，目次および奥
付を加えると 56 頁）となり，3.5 ボーゲン（56 頁）に近づく。いずれにしろ報告はマ
ルクスの生前には出版されておらず推定の域をでないのであるが，2 ボーゲンとは 6
月 20 日の第一回報告の分量であり，報告全体は 3.5 ボーゲンであるとも考えられる。

27）新メガ編者は，マルクスがエンゲルスに宛てた書簡日付の 6 月 24 日までに報告を
全て執筆しており，その大きさは 2 ボーゲンでなく 3.5 ボーゲンであるとしている。
MEGA, II / 4. 1, Apparat, S. 687, MEGA, I / 20, Apparat, S.1126. Wygodski, *a. a. O.*, S. 213.

28）リュベルは報告（一から十四）を次のように表題をつけ，整理している。
　　まえおき，Ⅰ「賃金，価格および貨幣」一から四，Ⅱ「価値，価格および労働力」五
から七，Ⅲ「剰余価値」八から十二，Ⅳ「労働力の価値」十三，結論「賃金制度廃止
のための闘争」十四。なお MEGA II / 4・1, I / 20. によるとマルクスの報告には，五

はなかった。

29）チャーティスト運動については，ドロシィ・トムスン『チャーティスト　産業革命期の民衆政治運動』（古賀秀男，岡本充弘訳，日本評論社，1988 年）が貴重である。次のように述べられた。

　　第 I 部第二章　チャーティストの新聞

　　「チャーティストによるあらゆる刊行物のなかで，なによりももっとも重要であったのは『ノーザン・スター』であった。……この新聞はイギリスのあらゆる地方で購読された。『スター』では，基金集めの団体から，集会や講演旅行のための組織にいたるまでのあらゆる種類の組織が紹介され，あらゆる種類の政治問題がその欄で検討された。運動についてのさまざまなニュースがそのなかには印刷されており，また全国的なニュースと国際的なニュースが印刷され，解説された」（67 頁）。

　　「この新聞が成功したのは，それが読者によって単にファーガス・オコナーの声を代弁するものとしてでなく，チャーティスト運動の新聞と考えられたためであった。チャーティスト運動がそれ以前の急進的運動と異なっていたことは，綱領よりも，その規模においてであった。チャーティスト運動の意義は，長い時期にわたって，運動を押しすすめたさまざまな推進力を単一の綱領のなかに凝集し，イギリス諸島全体をその訴えと組織で覆いつくしたその能力のなかに存在していた」（69 頁）。

30）1859 年の 9 時間労働運動および組合員である資格の破棄を求めた誓約書「ドキュメント」撤回闘争については，飯田鼎『マルクス主義における革命と改良』（御茶の水書房，1966 年），前掲書 227 ～ 228 頁参照。また，チャーティスト運動の伝統，ロンドン建築工のドキュメント撤回，南北戦争とランカシャ綿業労働者，綿果飢饉，ポーランド独立については，モートン，テイト『イギリス労働運動史 1770 ～ 1920』（古賀良一訳，法政大学出版局，1970 年）が有益である。

31）労働組合の諸新聞の基本的論調は，労働組合の賃上げ闘争は支持するが，あくまでも経済問題に限定するという，言わばイギリス労働組合主義にそった内容であり，労働組合の政治闘争について論及した記事は比較的少ないと言えよう。この点は『ビー・ハイヴ』でも同様である。なお，労働組合の理解のうえで飯田鼎氏の次の指摘は貴重である。

　　「極端にいえば，機械工，印刷工，建築工などの熟練職種のクラフツ・マンを除くすべての労働者は，不熟練労働者であるということもできる。歴史的に考察するならば，1830 年代，産業革命によるイギリスの労働力構造は，いわゆる『労働貧民』labouring poor の広範な階層の存在を背景に，一方における綿業中心の機械制大工業の出現と，他方，近代工業技術の影響を被ることなく存在しつづけた手工業 handicraft の並存状態のなかで，前者は，不断に労働市場に溢れ出る貧民労働力を陶冶し，これを近代的な労働者階級に再編成する過程をへる。後者は，中世的なクラフト・ギルド

の労働力掌握および技術伝承の方式をうけつぎ，クラフト・ユニオンの労働力の統轄の方法として，労働組合運動のなかに長く生きつづけたのであった。ところが前者の場合には，たえ間ない技術変革と，企業の大規模化および大量生産の進展のなかで各部門の熟練に分解しつづけ，……不熟練業種として存在しつづけた」（飯田鼎『労働運動の展開と労資関係』1977 年，未来社，263，264 頁）。

32）この点については *The General Council 1864-1866*, pp. 400-401 を参照。

33）1860 年代のイギリス労働組合運動内部の特徴および対立については飯田鼎『労働運動の展開と労資関係』(65 ～ 98 頁）が貴重である。とくに

「労働者階級の前にあらわれた矛盾として，ジャンタによって代表され，ロンドンにその本部をおくところの全国的職業別組合の指導者と，これに対立するものとしての機関紙 The Bee-Hive によるところの，主としてミッドランド地方および北部地方の数多の小規模な労働組合に基礎をおくジョージ・ポッターとの矛盾であり，当時の運動の内部に重大な波紋を投じ」(66 頁），「ジャンタによって指摘される合同主義の原則と，ポッターによって率いられた旧型の戦闘的組合主義との和解しがたい対立であった」。「ポッターの地盤とするところのミッドランドおよび北部において，チャーティストの伝統が根強くそのために，労働者階級の政治的急進性と組合運動における自然発生性の発現が重視され，ポッターは実に，このような背景の下で，その戦闘性を誇りえたのであった」(72，73 頁）。

さらにモートンは『イングランド人民の歴史』A. L. Morton, A People's History of England 1968（鈴木，荒川，浜林訳，1972 年，未来社）で述べる。

「ジャンタとその政策は，その影響力が頂点に達した時ですら，決して挑戦をうけなかったわけではない。多くの派が，とくに北部にはあり，抗夫や織物労働者を含んでいたが，『新型』組合にしたがって組織されはしなかった。これらの産業では，しばしば闘争精神旺盛で，……かれらこそ，ロンドンにその主な基盤をもつジャンタの支配に挑戦しながら全国組織への第一歩をふみだし，最終的には『労働組合会議』を生みだしたのであった。この闘争の中で，北部の人びとは，この時期のもっとも有力な組合関係紙であった『ビー・ハイヴ』の編集者ジョージ・ポッターのかけがえのない支持をうけた」(369 頁）。

また，モートン，テイト，古賀良一訳『イギリス労働運動史 1770 ～ 1920』(1956 年），ビアトリス・ウェッブ『労働組合運動の歴史』(1894 年），荒畑，飯田，高橋訳 (1973) 年，日本労働協会も有益である。なお，『マイナー・アンド・ワークマンズ・アドヴォケート』の 1865 年 2 月 4 日に掲載された「炭鉱夫と彼らのストライキ」という表題の記事において，労働組合のストライキが「小さな内乱」として批判されているのであるが，たとえ批判であるとしてもストライキ闘争を「小さな内乱」とみている点は，標準労働日をめぐる闘争を資本家階級と労働者階級との「隠然たる内乱」とみるマル

第 1 章　マルクスによるイギリス労働組合主義批判　　**107**

クスの評価とも関連し興味深い（Karl Marx *Das Kapital*, 1867, MEGA II / 5, S. 238）.

34）この点については *The General Council 1864–1866*, p. 410 および MEW, Bd. 16, S. 625. 参照。なおマルクスも『コモンウェルス』編集部に一時期，加わっていた。

35）MEGA, II / 4. 1, S. 425f.　なお，『賃金，物価，利潤』は，1864 年から 1867 年までのマルクス，エンゲルスの著作，資料をあつかった MEGA I / 20 にも収録されている。

36）*Ebenda*, S. 426.

37）*Ebenda*, S.427f. また，マルクスが報告の「一」の末尾で，「われわれがしなければならないのは資本家の意思を論じることではなく，かれの力，この力の限界，この限界の性格を研究すること，これである」と述べていることは，この引用部分に係わるものと理解されよう（*Ebenda*, S.389）。

38）*Ebenda*, S.432. マックス・ベアは『イギリス社会主義史』（Max Beer, *History of British Socialism*, 1940）「第三編　チャーテイズム」（大島清訳，岩波書店，1972 年）で，次のように述べた。

　「チャーティズムの教師（オブライエン）は，この要求（「正当な一日に対する正当な賃金」が，労働者大衆の支配する議会によってのみ実現されること，すなわち労働者は無産者の利益のために経済革命をおこすことを目的として政治権力を利用すべきであると考えることを，止むをえないことと認めた。かれは読者に告げた。

　「『正当な賃金』は非常に魅力的な文句であるが，しかしいろいろな意味に解される。現在の状況のもとでは，この要求を実現することは不可能である。資本，機械そして競争の結合した力が絶えず賃金を低下させ，労働組合によってのみ自己の利益を増進しようとする労働者の希望を減殺するに相違ない。労働組合は雇用主をして職工の賃金を農業労働の賃金水準に切り下げさせないようにすることができれば関の山である。労働組合は，職工の個人的な熟練が重要さをもっている種類の労働には幾らか役立つであろう。制度を完全に変革することなしに，職工が正当な一日の労働に対して正当な賃金を要求できる望みがあるのであろうか。それは私の見解では不可能である』」（69 〜 70 頁）。

39）*Ebenda*, S. 432. 「報告『賃金，物価，利潤』のための覚書」では，第一に，賃金の上昇が比較的長期にわたったとしても，それは賃金労働者の隷属状態を廃止するものではなく，緩和するにすぎないこと，第二に，労働組合が，「労働者階級を階級として組織する手段」であることが述べられている（*The General Council 1864–1866*, p.272）。

40）ウェストン批判の背後にイギリス労働組合主義の指導部が存在したことについては，1865 年 6 月 24 日付のエンゲルス宛書簡で，マルクスが「いま人々は，それ（報告——荒川）を印刷させたいと言っている。一面ではそれは僕にとってたぶん有益であろう。というのは，彼らは J.S. ミルやビーズリ教授やハリソンなどと結びついているからだ」と述べていることが注目される。この手紙で，マルクスが「彼らは」と述べ，

ウェストンが，と記していないことは，マルクス報告の意図を示すものと言えよう。
MEW, Bd.31, S. 125. 杉原四郎『ミルとマルクス』（ミネルヴァ書房, 1957 年）も参照。
なお，コリンズとアブラムスキーは，労働組合について述べた「決議 3」に対し，イ
ギリス労働組合主義の指導部は同意していたと述べているが疑問である（Collins,
Abramsky: *op. cit.*, 105）。

41）シドニー・ウェッブ，ビアトリス・ウェッブ『労働組合運動の歴史』（飯田鼎・高橋
洸訳，1973 年，日本労働協会）上，213 頁も参照。「公正な一日の労働に対する
公正な一日の賃金を」という標語については，1881 年に書かれたエンゲルスの論文「公
正な一日の労働に対する公正な一日の賃金」を参照。エンゲルスは「これは，過去
50 年にわたってイギリスの労働運動の標語となってきたものである」と述べている
（MEW, Bd.19, S. 247–250）。

42）*The General Council 1864–1866*, p. 305.

43）マルクスは 1866 年 10 月 9 日付のクーゲルマン宛の書簡で，ジュネーヴ大会につい
て報告し，「ロンドンの代議員たちの綱領を書いてやりました」と述べている（MEW,
Bd. 31, S. 529）。また 1866 年 7 月 31 日の中央評議会でもマルクスは，大会議案に関
する小委員会の報告をおこなっている（*The General Council 1864–1866*, p.217）。

44）MEGA, I / 20, S. 232f.

45）*Ebenda*. ここで述べられた政治運動とは，議会改革連盟を中心とした成人男子住民
に対する普通選挙権獲得運動である（MEW, Bd.16, S.630f）。また 1866 年 1 月 15 日
付のクーゲルマン宛の手紙でマルクスは，「我々は，以前はもっぱら賃金問題に没頭し
ていただ一つの真に大きな労働者組織であるイギリスの『労働組合』を運動に引き
入れるのに成功しました」と述べている（MEW, Bd.31, S. 495）。

46）MEGA, I / 20, S. 232f. またコリンズとアブラムスキーは，「決議 6」に関連して，労
働組合の闘争が，労働者階級の完全な解放にいたるために通過しなければならない諸
段階をなすという点において，マルクスとイギリス労働組合主義とは一致していたと
述べているが，支持しがたい（Collins, Abramsky: *op. cit.*, 117）。

47）イギリス労働組合の二つの流れについて，C. D. H. コールは次のように述べる。
「1850 年代に労働組合が著しく発展したのはこの二つの型の組織が台頭したからで
ある。一方では A・S・E によって代表される型の『合同組合』が台頭し，経済闘争
と救済活動との緊密な結合，運営の中央集権化，および労働の供給と条件に対する制
限的規整という非政治的政策を掲げた。他方では紡績工織布工連盟によって代表され
る型の『連合』が台頭し，地方単位の財政と連合的構造，標準価格表に基礎をおく団
体契約，そして特に労働時間と労働条件の法律的取締の要求を着実におし進めた。こ
の二つの型は対立するものではなかったが，経済闘争の問題を異なった見方で眺め，
異なった面に注意を集中する傾向をもっていた」（C. D. H. コール『イギリス労働組

第 1 章　マルクスによるイギリス労働組合主義批判　**109**

合運動史』岩波現代叢書，1953 年，林，河上，嘉訳Ⅱ，71 〜 72 頁）。

　　また，前川嘉一は次のように述べる。

　　「職能別組合 Craft union は主として「人員制限」と「共済機能」によって標準労働条件の確保に努めた。職能別組合は熟練工の職業独占と，その労働力供給の制限を基礎においていたのである。他方，綿業工労働組合は賃金ならびに労働諸条件の標準化，団体交渉を行い，労働時間の制限ならびに工場内労働条件の改善について立法的規制によって行った。工場規制の諸立法化運動の中心が綿業労働者であった」（「1853 年ランカシャー紡績工連合，1858 年北部ランカシャー織布工組合の結成」『イギリス労働組合の発展』ミネルヴァ書房，1965 年，22 〜 25 頁）。

48）MEGA, I / 20, S. 231f.　1866 年のジュネーヴ大会の決議のうち，「決議 6」とともに決議「2　労資の闘争における協会の仲介による国際協力」が重要である。この「決議 2」では，資本家の外国人労働者の悪用によるストライキ破りに対し，国際協会が効果的に機能してきたことを報告している（*The General Council 1864–1866*, p.341）。

49）チャーティズムとオーエンとの関連について，都築忠七編『資料　イギリス初期社会主義　オーエンとチャーティズム』（平凡社，1975 年）が重要である。

　　また，マックス・ベアは『イギリス社会主義史』（1940 年）の「第三編　チャーティズム」（大島清訳，岩波書店，1972 年）で，次のように述べた。

　　「チャーティスト運動が進展するにつれて，獲得すべき終局の目的と，社会問題および経済問題とに，一般の関心がしめされた。……そのために，かれらは目的への手段として憲章のための闘争にはいったのである」。「1845 年までにはチャーティズムが社会革命の目的をもっていたことについて，疑いの余地はない。この事態に気に食わない中流階級の急進的政治家は，1839 年つぎのように述べた。『思想の進歩にいつも注意している人々には気付いているように，オーエン主義は現在においては形式はともかく大部分の労働者階級の実際的信条となっている』。一保守党政治家は 1839 年の概観を書くにあたって，次のように論じた。『チャーティストの憎悪は，今日まで民衆の憤怒の対象であった社会の特権階級よりも，むしろ一般の資本家に対していっそう強く向けられている。事実，運動は明確に中流階級に対する反抗である。チャーティストが政治組織の暴力的変革を求めるのは，多くの権力や特権を享有することを目的としているからでなく——かれらの目的をなんらか定義して見るなら——賃金労働および資本の全然存在しない，いままでに無い社会状態を生みだすためである』」。

　　チャーティズムの中央機関紙は，もっとあからさまに宣言した。

　　「社会主義とチャーティズムとは同一の目的を追求するもので，ただその方法において異なるだけである」。しかしチャーティズムに同情をもたず，むしろ敵意をさえもっていた正統オーエン主義の一派があり，それはロバート・オーエン自身においてもっとも著しかった。

110

　　「チャーティズムを信奉した労働者階級の大衆は，オーエン主義の社会批判を採り
　　入れた。しかし彼らは，オーエンがかれの全体系の中でもっとも重要なものと考えた
　　救世の教義を拒否した。そのためオーエンは，チャーティズムを退歩とみなした。
　　1839 ～ 45 年は一つの社会組織としてのオーエン主義が敗れた時代をしめす」（66 ～
　　69 頁）。
50）エンゲルスはチャーティズム運動の新聞である『ノーザン・スター』紙に，「ドイ
　　ツの状態」を 1845 年 10 月 15 日，10 月末，1846 年 2 月 20 日に投稿した。さらに，
　　エンゲルスは『ラ・レフォルム』で 1847 年 10 月 26 日「イギリスの商業恐慌──チ
　　ャーティスト運動──アイルランド」，1847 年 11 月 1 日「チャーティストの農業綱領」
　　また『ブリュッセル・ドイツ語新聞』で 1848 年 1 月 9 日「ファーガス・オコナーと
　　アイルランド人民」を執筆している（MEW, Bd.4）。

《資 料》オーエン主義とチャーティズム

　M. リュベルは，Karl Marx Œuvres Économie 1（Paris, 1965）で，「マルクス
はこのように，当時その歴史の新しい段階を始めつつあったイギリス労働組合
主義が 1843 年以来はなれてきた二重の伝統──オーエン主義とチャーチスト運
動──を再び結びつけた。」と述べた。この二重の伝統について，詳しい説明を
されている。都築忠七編『資料　イギリス初期社会主義　オーエンとチャーティ
ズム』（1975 年，平凡社）から，必要と思われる部分を資料として要約して紹
介する。

I　社会主義と急進主義
　ここで都築氏は，オーエン，産業革命期の工場経営，社会主義について述べる。
　このときオーエンは，ナポレオン戦争中に急速に進展した産業革命の成果を
評価しながら，機械を労働に奉仕させるような制度，協力と統一のコミュニ
ティの設立──やがて社会主義と呼ばれるもの──を提唱したのである。この時
代の労働史研究の碩学 E. P. トムソンは，オーエンを「社会主義の親切なパパ」
と呼ぶ。
　自然権としての労働全収益権は，独立生産者のユートピアとでもいうべきも
のであって，産業革命期の先進的な工場経営者オーエンの思想では必ずしもな
かったようである。彼は，機械の導入と生産力の飛躍的な上昇が，人間労働の
価値を減少させるのではなく，これを高めるような交換手段と生産の組織とを

考えながら，労働価値説を援用したのである。A. スミスは『国富論』のなかで，「土地の私有と資本の蓄積に先立つ事物の原初的な状態では， 労働の生産物は労働者に帰属する」と述べている（40，41頁）。

オーエンは，『新社会観』第一論文のなかで，「国内の革命なしに——戦争や流血の惨事もなしに——否，現存する事物を早まって撹乱することなしに」「幸福のシステム」をつくり出すことが必要だと述べている。時あたかもラディズム（機械破壊運動）の波が，イングランドの中部，北部を襲った直後のことであり，1812年夏には，ウエリントンがイベリア半島で使ったよりも大きな軍隊が，これらの地域に派遣されていた。……ランカシアの紡績工や織工にとって，1818年は経済闘争の年だった。……舞台では再びオーエンが，脚光を浴びていた。1820年5月の『ラナーク州への報告』は，彼の「計画」の産業的側面をさらに詳述したものだが，ようやくこの年彼の提案が労働者階級によって取り上げられた。1824年末ロンドン協同組合が設立された（41 ～ 44頁）。

　4　「製造し労働する貧民救済協会調査委員会への報告」　1817年
　　　　——下院救貧法委員会付託　ロバート・オーエン——

〈ここに訳出した『報告書』（1817年3月）は，オーエンのユートピア計画をはじめて明らかにしたものとして重要であり，計画の公表は「近代社会主義の開始をしるしづけた」とさえ言われる（ポドモア）。ナポレオン戦争の終結は，戦争景気のなかで導入された機械，新しい巨大な生産力を維持したまま，失業者を巷に氾濫させた。労働者のあいだの窮乏が救貧税負担の脅威と共に上流階級を驚かせ，救貧問題調査委員会が設置され，その招請でオーエンは『報告書』を用意した〉（74頁）。

当面する困窮の直接の原因は，人間労働の価値が低下したことである。この低下はヨーロッパとアメリカ，しかも特にイギリスの製造業に機械装置が一般的に導入されたため起きたものである。イギリスでは，アークライトとワットの発明により，この変化が大いに促進された。……このような新しい機械装置のもたらした最初の結果は，個人的富を増大させ，いっそうの発明を促すために新しい刺激を与えることだった（75頁）。

今日，労働者階級が，機械力に対抗するのに十分な手段を持たないことは，少し考えればわかることである。そこで，つぎの三つの結果のどれか一つが生ずることになる。

一，機械装置の使用を大幅に節減しなければならないか，あるいは，二，現在用いられている程度に機械の存在を許せば，数百万の人間が餓死しなければならない。もしくは，三，貧しい失業労働者のために有益な職業を見つけなければならない。機械装置は，現在のように，彼らの労働にとってかわるために使用されるのではなく，労働に奉仕するものにさせなければならない（76頁）。……かくも重要な，そしてわれわれの福利にとってかくも絶対的な必要な変化を導き出すためには，社会の真の状態に関する包括的な見解と正確な知識とが要請される。……そこで私は，問題を先へ進め，どこまでも機械の改良を推進しうるような取り決めのもとで，どうすればすべての貧しい労働者階級のために有益な雇用が見つかるか，を説明したいと思う（77頁）。

貧民の労働が，最善の指導の下で行使されることが必要である。そこで最小の費用で最大の利益をもたらすような計画が，この分野で立てられなければならない。すなわち，貧民の子供たちが悪しき習慣に染まるのを防ぎ，彼らに良き習慣を与え――彼らに有用な訓練と教育とをほどこし――成人に適当な労働を与え――彼ら自身と社会とに最大の利益をもたらすように彼らの労働と消費とを指導し，そして彼らを不必要な誘惑から解き放ち，彼らの利益と義務とが緊密に統一されるような環境の下に彼らを置くものでなければならない。

こうした諸利益は，個人または家族に対し別々にこれを与えることも，また大集団に与えることもできない。それは，一つの施設の中に500から1500人，平均して約1000の人口を統一するような計画の下でのみ，有効に実施できる。……そこで私はこの計画を，25年にわたり広大な規模で，貧しい労働者階級のあいだで得た毎日の経験の結果として提出したい，と心から願うものである（78頁，都築忠七訳）。

II　労働者階級意識の形成と人類的立場

ここで都築氏は，労働者階級意識の形成，オーエンの協同社会主義と労働組合運動との不協和音について述べる。

「これら代表の報告は，協同が成功したことの実際的な証拠を多数記録にとどめるものではないが，少なくとも労働者諸階級のあいだで，今までに例のない団結の精神が成長したことを示している。……代表の報告は，社会の完全な変革――現存の『世界秩序』の完全な転覆に至る変革――を労働者諸階級が考えていることを示している。彼らは社会の底辺ではなく，その頂点に達しようと

第 1 章　マルクスによるイギリス労働組合主義批判　**113**

強く望んでいる。あるいはむしろ，底辺や頂点なるものが，そもそも存在すべきでない，と考えている。」これは，1833 年 10 月，ロンドンで開催された協同組合労働組合会議に対する『プアマンズ・ガーディアン』の論評である。「労働者諸階級」(working classes) なる用語は，これより 20 年前，性格形成に関するオーエンの論文のなかに「叙述的な言葉」として用いられた（ここでは labouring classes として）のが最初の例だと言われている（ブリッグズ）。……他方 E. P. トムスンは，1830 年代の中ごろまでに「労働者階級が形成された」と言う。

　1830 年代は，労働者諸階級，特にそのなかの先進的部分——主として職人たち——がユニオン（労働組合，協同組合，政治同盟）によって象徴されるような労働者階級意識にめざめた時期，と見ることができよう。一方では労働時間短縮のための闘争のなかで，他方では選挙法改正をめぐって，労働者諸階級が中流階級との隔絶の度合いをたしかめ，……そして今，全国的な組合結成の動きのなかで，彼ら自身，利益の一致を強調し，団結の精神に訴えた。このような挑戦と，その部分的成功と挫折の歴史のなかで，ディズレーリが描いたような「二つの国民」——相互に隔絶した文化をもつ金持と労働者——が成立したのである（136 〜 137 頁）。

　オーエンが，政治改革の運動に特に関心を向けた証拠は見当たらない。すでにオーエンは『ラナーク州への報告』のなかで，協同の村計画の経済的側面を詳述しながら，消費を生産に直結させるような新しい交換手段を提唱していた。人間労働という「自然的価値基準」を体現する交換手段である。……オーエンは，1832 年 9 月，全国衡平労働交換所を開設した。彼の場合，それが新社会への「橋渡し」として意図されたことは言うまでもない。手工業職人を主体としたため，食料品や原料品の確保に問題が生じた。やがて労働交換所も，ダービーのロックアウト支援闘争にまきこまれ，労働組合運動と運命を共にした。しかもオーエンの協同社会主義と労働組合の階級闘争との不協和音が，このとき，運動の全体に流れていた（142，143 頁）。

　同時に彼（オーエン）は，「労働組合および英国とアイルランドの富と知識のすべての生産者への提言」を発表し（『クライシス』1834. 1. 11），労働組合組織がそれぞれ産業，製造業の全部門に拡大され，雇主のあいだにも組合を結成し，両当事者が各自の組合から委員を選出して「双方の友好的連絡のための組合」

を作り，それによって労使間のすべての相異点を調整すべきである，と説いた。それが，当時のオーエンの，組合にたいする姿勢でもあった。……先に見た労働と資本との協議会構想も，無知から生産者を解放するための措置として提案されている。そのかぎりでオーエン主義は階級の福音ではなく，すべての人間のための，人類的立場を標榜しようとしたと言えよう。それと共にオーエン主義は，階級に基礎をおく組合闘争から離れ，すべての良き人のための一つのセクトへと姿を変えた。そしてオーエン自身，人々をミレニアムへと導く予言者として描かれるようになった（145，146頁）。

III　チャーティズムの成立

　ここで都築氏は，オブライエン，オコナー，『ノーザン・スター』，北部の労働者運動，「人民憲章」について述べる。

　オブライエンはチャーティスト運動初期の指導者のなかで「最大の知性の持ち主」（ギャメッジ）とみなされた。しかしオブライエンは，彼自身，親近感を抱いていたバブーフやオーエンとは異なり，財産共有社会の確立を直接めざしたのではなく，「財産に関する法律の急進的な変革」により，労働の生産物を労働者に確保できるような私有財産制度を提唱した。これはホジスキンの思想である。しかも彼（ホジスキン）は，「同時に労働者であり，かつ資本家である」ような「中産階級」の成長に「最善の希望」を寄せている。そのような中産階級ないし独立生産者の自由社会を保証するようなリベラリズムが，ホジスキンの主張の特色をなしていた（220頁）。

　オブライエン自身，「早くから私は協同社会主義者でした」と言明してはいるが，ホジスキンの財産論に負うところが少なくなかった。半ばこれに依拠しながら，今彼は，フランス革命の解釈を試みた。オブライエンは，ロベスピエールの弁明を行った。

　ロベスピエールにとって財産は，「神聖不可侵の権利」にとどまらなかった。それは「社会制度」であり，法によって保障される権利であり，他人の財産を尊重する義務によって制限されるべきものだった。ロベスピエールは，この法が主権者たる人民の意思によって，無限に変更される可能性を考えていた——このようにオブライエンは解釈し，労働全収益権にもとづく「純粋な」私有財産制度からオーエンやバブーフの共産制までを，その可能性のなかに含めた。

そこでは人民の意思ないし「同意」が最後の拠り所であり，このようにして彼は，民衆の同意をもってする社会制度の変革——社会変革への道に到達した。オブライエンは，合憲的な請願よりも，それ自体革命的な人民議会の選出を優先させ，20万の労働者の支持があれば，その議事が合法化されるものと考えた。革命的な労働者議会をイギリス史のなかに位置づける試みは，彼を含むチャーティスト指導者の手にゆだねられた（221，222頁）。

　チャーティズムは，階級運動として自らを形成しつつあった。しかしその階級的背景自体，各地方によってその様相を異にしていた。チャーティズム成立の最初の推進力になったのは，熟練職人の政治意識であり，それは，選挙法改正時の全国労働者階級同盟にさかのぼるものであった。同盟のおそらく最後の活動の一つは，1835年4月28日，印紙税反対の請願のために公開の集会を開いたことである。

　1836年末までに，協会は『腐敗した下院』批判をまとめて注目をひき，ついで翌1837年2月28日の集会で議会への請願文を採択した。オブライエンは，この両方の文書が，「労働者の知的能力に関する誇り高い証明書」だと述べている。この請願文は「腐敗した下院」の分析を要約し，「普通選挙，財産資格制限の撤廃，一年制議会，平等代表，議員有給制，秘密投票」を求めるもので，「人民憲章」の直接の起源とみなされよう（222〜223頁）。

　チャーティズムの「革命的」様相の多くは，北部の産業労働者——機械導入の犠牲になった手織工や非人間的な労働条件に服した工場労働者——の新救貧法反対闘争に由来するものであった。1834年の救貧法改正案の「精神的な父」はベンサムとマルサスであった（エドスル）。1837年5月16日，新救貧法反対の請願を検討するウエスト・ライディングの住民集会が開かれた。10万から20万の参加者。オコナーは，普通選挙権の必要を訴えると同時に，「人民と生死を共にする決意だ」と語った。ロバート・オーエンが，新救貧法だけでなく，あらゆる救貧法に反対の立場を明らかにした。「今日のような巨大な生産力を得た以上，もはや救貧法は不必要になった」と。

　1838年3月，新救貧法撤廃動議が議会で葬り去られたとき，オコナーの『ノーザン・スター』（同年3月24日）は，議会の改革なしに北部イングランドを救うことはできないと宣言した。チャーティズム以外に新救貧法反対闘争の将来がないように思われたとき，運動員の多くはチャーティストになった（224

116

〜 225 頁）。

　北部の新救貧法反対闘争のなかで,民衆の新聞として生まれたのが『ノーザン・スター』であり，その社主ファーガス・オコナーは，この新聞を通じてやがてチャーティスト運動に君臨するようになった。今彼は，ロンドンおよび北部の労働者運動に接近し，ウイッグと新救貧法とを攻撃し，オコネルと決裂した。やがてこの組織は，不況下の下層の労働者，ハーニーの言う「真のプロレタリアート」を組織して，会員 3000 を擁する「首都の大衆政党」（ショイエン）へと成長した。産業労働者ないし下層労働者の生活権の擁護と，熟練職人の政治意識とのあいだには，最初からある種のそごや不一致がみられたのである（225 〜 226 頁）。

　全国運動としてチャーティズムの成立に至ったいま一つの契機として，バーミンガム政治同盟の動きに注目すべきだろう。バーミンガムは，鉄工業とその関連産業の小さな作業場の町で，そこで働く親方と熟練職人とのあいだには目立った社会的障壁もなく，経済的にも彼らは，不況の影響を同じように痛切に受け止めていた。1838 年 8 月 6 日のバーミンガム大会は，チャーティズムの正式の開始を告げるものと言われる（ホウヴェル）。「国民請願」のための署名を集め，「勤労者階級全体会議」を開催することが決定された。一労働者が普通選挙権は「パンとチーズの問題だ」と叫んだ。集会は「人民憲章」が「国民請願」の原則に一致するものだとして，これを承認した（226 〜 227 頁）。

　4　「人民憲章」ロンドン労働者協会（1838 年）
　〈1837 年 2 月，ロンドン労働者協会は，のちの『憲章』の六ヵ条を含む「大ブリテンとアイルランドの人民の平等な代表のための法律」を求める請願を採択した。翻訳には，1838 年 5 月 8 日に発表された第一版と，地方の労働者協会からの意見を参照して修正された第三版とを用いた。〉

　人民憲章
　議会の下院にイギリス人民の正当な代表を準備するための法律の概要。
　普通選挙権　　財産資格制限撤廃　　一年制議会　　平等代表
　議員有給制　　秘密投票の諸原則を採用する。
　国会議員 6 名，ロンドン労働者協会員 6 名，計 12 名からなる委員会により作成され，連合王国の人民に宛ててこれを発表する。ロンドン労働者協会のため

にストランド 126 のヘンリー・ヘザリントンにより発行。シェー・レーン 1 の
クリーヴおよびシティ・ロード 15 のワトスンより発売，全国書店で入手可能
（247 頁）。

　労働者協会から大ブリテンおよびアイルランドの急進的改革者へ。
　同胞諸君，急進的な改革の偉大な諸原則を，なぜわれわれが熱心に支持する
のか，その理由はたびたび述べてあるので，今われわれは，かなりの程度まで
実際的なかたちで，これらの原則を明示しようと努力した。代表による自治が
政治権力の唯一の正当な基礎であり，憲法上の諸権利の唯一の真の根拠，良き
法の唯一の正当な起源であるということが，政治の公理であるとわれわれは考
える。そしてそれ以外の基礎の上に築かれる政府は，すべてアナキーないし専
制に堕落する，もしくは一方で階級と富の邪神崇拝を，他方で貧困と悲惨とを
生み出す傾向を必ず持つということが，疑いようのない真実であるとわれわれ
は考える。
　しかしながら自治の原則のために闘う一方，われわれは，民衆が啓蒙される
程度に応じてのみ，法律も正しいものになり，そして社会的にも政治的にも，
万人の幸福が必ずそれに左右されることを承知している。だが徳を伴わない利
己心が自己の排他的な利益を追求するのと同じように，社会の排他的特権的な
諸階級は，いつも彼らの権利を永久化し，民衆の啓蒙を危険なものとして禁止
しようとする。したがってわれわれは，少数者の利己的な政府を信頼しつづけ
るよりも，むしろ全人民による政治権力の行使から万人の啓蒙が生ずるものと
信じたい。——現在，少数者に独占されている諸権利の行使を人民全体に拡大
することのなかに救済策が見出されるという信念（248 頁，都築忠七訳）。

IV　社会改革への道
　ここで都築氏は，チャーティスト運動の挫折，階級間の対立と協調，オコナー，
土地問題，炭鉱労働者，穀物法の廃止について述べる。
　1839 年の国民請願の否決，コンヴェンションによる政策樹立の失敗，指導者
の大量逮捕，一部の絶望的な武装蜂起のなかでチャーティストは，道徳力派も
実力派も，共に国家権力の壁の厚さを思い知らされていた。彼らは，議員への
働きかけからゼネストまで，当面可能と思われたほとんどすべての戦術を検討
し，無念にも敗退した。今彼らの多くは，囚われの身にあって，労働者の政治

的社会的解放達成のための長期的プログラムについて思いをめぐらせていた。やがて敗軍の将が戦略について論争を始めたが、主としてそれは、階級間の対立と協調をめぐるものだった。1840 年 7 月マンチェスターに集まったオコナー派の代表者会議で、チャーティストの組織計画が検討され、全国チャーター協会が成立した（300 〜 302 頁）。

　1842 年は不況と物価高の年であり、19 世紀を通じてこれほど陰鬱な年はなかったと言われる（ブリッグズ）。7 月スタフォードシアで炭鉱夫のストライキがあり、8 月にはマンチェスター周辺で 25 パーセントの賃銀切り下げに反対するストライキが発生し、数日間でこの地域 130 の紡績工場とほとんど同数の染色工場、機械工場、鋳物工場が操業をやめ、約 5 万人が影響を受けた。ストライキの目的は、「公正な労働日と公正な賃銀」の獲得と人民憲章の実現だった。同年オーエンは、政治の変革だけでは困窮の問題に対処しえないというチャーティスト批判を繰り返し、自ら「移行憲章」を発表した。

　1842 年のストライキのあとチャーティストの組織が、オコナーの言葉によれば「防衛的勢力としてさえ麻痺し」、『ノーザン・スター』自身、「チャーティズムは死んだのか」とたずねなければならなかったころ、この新聞が、起死回生の望みをかけたのは後述の「土地問題」であり、しばらくは炭鉱労働者の闘争にも大きな期待が寄せられた。

　1842 年末に組織された炭鉱労働者組合は、まさに「チャーティストの時代の労働組合」であり（チャリナー、リプリー）、抗夫の多くがチャーターに署名し、チャーティストの弁護士 W. P. ロバーツが組合の法律顧問になった（303 〜 304 頁）。

　オコナーはヨーク監獄にいたころ、アイルランド問題をめぐって小土地保有制を提唱しており、1842 年のコンヴェンションでも小農地への労働者の入植をとなえた。翌年『ノーザン・スター』は、土地が「飢える労働者救済の唯一の道」であると訴え、「土地」キャンペーンを展開し、同時にオーエンのクィーンウッド・コミニュティの紹介も行われた。1845 年 4 月、ようやくオコナーの提案が取り上げられ、チャーティスト土地協同組合（合法性取得のため、のちに全国土地会社と改称）が設立された。

　小土地制は、機械に対するオコナーの回答であったし、政治的平等だけで達成できない社会的幸福実現の道であった。一方、1843 年以後の景気の回復とともに、穀物法反対同盟とオコナーらチャーティストとの関係も改善され、オコナー自身コブデンを尊敬し、1846 年穀物法廃止を達成したトーリーの首相ピー

ルにも賛辞を贈った。ブリュッセル在住のマルクスには、「土地貴族の最終的な敗北」と共に、労働者がブルジョアジーと闘ってイギリスの支配階級となる道が開かれたように思われた。マルクス、エンゲルスはオコナーの演説を絶讃し、チャーティストがつぎの選挙に候補者を立てる意向を示したことを歓迎した。事実 1847 年の総選挙でオコナーは、ノッティガムでトーリー候補と共に選出された（304 ～ 305 頁）。

　8　「チャーティスト土地計画」ファーガス・オコナー
　〈オコナーの土地計画に関する四つの資料は、いずれも『ノーザン・スター』（1842 年 4 月 30 日、1843 年 4 月 15 日、1845 年 5 月 17 日、1846 年 8 月 22 日）に発表された〉
　「C　土地――労働者階級への手紙」（1845 年）
　私は、賃金を規整するため、言いかえれば労働の価値を自然市場で検証し、それによってその価値を人為市場で確立するために適用できる小農場計画の父であり、母であり、祖父、祖母、伯父、叔母そして名付親である。// 私は、土地保有計画に大きな重要性を付与するものだが、要するにその重要性とは、多数の人人が小銭を出し合って卸売市場で土地を購入し、適当な大きさに分割して、これを小売市場で卸値で売ることができるということである。……いつも土地に留意していただきたい。土地は諸君のものであり、いつかは諸君もその分け前にあずかるだろう。……土地は人民の相続財産であり、人民からこれを盗んだ国王、君主、貴族、華族、僧侶、平民がそれを保有するのは、なんらかの人間の権利または神聖な権利に基づくものではなく、民衆の無知という権利証によるものである。自然権は諸君のものである。人間の簒奪は彼らのものである。

　諸君の忠実な友であり下僕であるファーガス・オコナー　（350 ～ 351 頁、都築忠七訳）。

第2章　1868年のヴリュッセル大会と1869年の
　　　　バーゼル大会

第1節　第一インターナショナルと大会

　1864年に英国と仏国の労働者の代表によって設立された国際労働者協会（第一インターナショナル）は，1865年のロンドン協議会，さらに1866年ジュネーヴ大会と1867年ローザンヌ大会をへて，総評議会（中央評議会）のおかれた英国およびヨーロッパ大陸で次第に足場を築いていった。では歴史的にこのように形成された第一インターナショナルの運動，働く人々の抵抗運動は，さらにどのように展開されたのであろうか。

　新メガI / 20（1864 〜 67年）「前おき」（1992年）で，国際労働者協会について次のように述べている。

　「この組織の形成は，労働運動の歴史で新しい段階を開始した。それは労働者の最初の国際的な大衆組織に発展した。 共産主義者同盟ですでに小さな政治的前衛が，マルクスおよびエンゲルスの学説を受容していたが，第一インターナショナルでは発達したプロレタリアートの大衆運動によってマルクス主義の基本理念の受容が始まった。労働運動の数十年間の独立の過程で，国際的な労働者組織は決定的な突破口を獲得した」。

　「この巻にふくまれている国際労働者協会の文書資料は，すでに『資本』の仕上げに獲得されたマルクスの理論に原則的に根ざしている。同時にそれらは，彼らの学説を再び目覚めた労働運動に結びつけようというマルクスとエンゲルスの努力が，理論の発展に新しい刺激をあたえたことを示している。その時代に展開したプロレタリア的大衆運動は，これまでよりもはるかに広範囲な基礎のうえで，日々の課題と将来の目的を互いに結合すること，また，なお未熟な労働者を組織的かつ意識的な政治活動に導くことを要求した。経済闘争の戦術が仕上げられねばならなかったが，そのさい近代の産業プロレタリアートの要求を中心に据えることが重要であった」。

　「1866年ジュネーヴ大会は，国際労働者協会の設立段階を終了した。歴史の

最初の公開の国際的労働者大会として，同時にそれは国際的な経験交換の文化にたいする礎石をすえた。国際労働者協会の年次大会での労働運動のあらゆる基本的問題の広範な民主主義的討議が，それに本質的に寄与するはずであった。それによって促進されたさまざまな諸国の労働者組織の理論的協力は，経済闘争や政治活動でのそれらの実践的相互支援と同様の大きな意義をもった。だから総評議会が代議員の決議に従って仏語と英語で公表した公認の大会報告書は，大きな関心をもった。マルクスは最初から，インターナショナルの最高機関としての大会の意義を強調してきたが，かれは第一回大会についての公式の報告書の作成にも熱心に取り組んだ。とりわけかれの戦友デュポン，エッカリウス，ユングもそれに参加した」。

　さらに第一インターナショナルの組織について述べる。

　「マルクスが『創立宣言』で展開し，『暫定規約』前文でまとめた綱領理念に劣らず重要であったのは，かれによって規約条項に記された組織規定であった。かれは広範囲な国際的大衆組織に適した弾力的で民主的な組織構成を計画した。その本質的な特徴をなすのは，地方支部と加盟団体の広範囲な権限，インターナショナルの最高の機関としての大会の承認，大会に報告義務のある中央評議会による大会と大会との間の指導であった」。同アパラートでも，暫定規約の第３条と第５条は，大会が「国際労働者協会の最高の機関」であり，また暫定規約の第６条は，中央評議会が「さまざまな協力的協会のあいだの国際的仲介機関として」，「各国のプロレタリアート階級運動を緊密に統合し，整序し，指導し」，「大会と大会の間，国際労働者協会の指導機関として機能する」と述べた[1]。

　このように国際労働者協会（第一インターナショナル）の規約では，各国組織の自立性を前提として，総評議会と各国組織のゆるやかな関係のもとで，各国組織の独自的前進と国際労働者協会の統一が，はかられていた[2]。以下では，大会が国際協会でどのように位置づけられ，いかなる意義を有していたのかを，すなわち国際労働者協会の意志決定について考察するものである。さらに大会の位置づけについては，次の研究がある。

　ロルフ・ドリューベックは，国際労働者協会を「プロレタリアートの最初の国際的で革命的な大衆組織」とし，「マルクスやエンゲルスが，共産主義者同盟以来，労働運動の組織原則としてまもってきた民主集中制によれば，労働者組織の最高の機関は大会である」と述べた[3]。またモニカ・シュタインケは，「プ

ロレタリアートの革命的大衆組織としての国際労働者協会の形成」,「総評議会と労働者諸組織との関係を民主的中央集権制の原理によって形成する」と述べた[4]。

さらに,バフ,クニナ,ゴリマンは,「暫定規約は,インターナショナルの構成のなかで民主主義的原理を発達させる条件を保障していた。労働者大会が最高指導機関であった。規約は,地方の組織と全国的な組織に,さらに協会の会員に広範囲な権限を認めていた。……暫定規約は,国際的な労働運動の指導に必要な中央集権制の要素も備えていた。それは,特に指導機関である総評議会の権限と義務のうちに見られる」と述べた[5]。レーニンは述べる。「第一インターナショナル(1864～1872年)は,資本に対する労働者の革命的襲撃を準備するための国際的な労働者組織の土台をすえた」[6]。

以上の研究から,国際労働者協会は革命的大衆組織であり,大会を最高の機関とし,民主的中央集権制のもとに各国組織が編成され,大会と大会とのあいだの指導機関である総評議会の指導のもとに,国際労働者協会の行動の統一性がはかられていたことが理解されよう[7]。以下では,1868年ヴリュッセル大会と1869年バーゼル大会の,大会決議の成立過程,および大会論議を考察することで,つまり国際労働者協会の意志決定機構を具体的に分析することで,マルクスの運動論を考究せんとするものである。論点は,第一に,大会議案作成のうえでの総評議会と各国組織との関連,第二に,大会で決議を行ううえでの両者の関連である。

第2節　国際労働者協会　第三回ブリュッセル大会

1　大会前の総評議会での論議

総評議会が1868年にヴリュッセル大会の開催を準備する時には,総評議会には1864年の暫定規約および1866年ジュネーヴ大会で承認された規約,さらに大会後に総評議会が刊行した1867年の規約があった[8]。

ジュネーヴ大会で規約が論議されたさい,暫定性を記していた暫定規約の第3条,第8条は削除されたが,暫定規約第3条は「1865年に,国際協会に加盟した労働者諸団体の代表をもって構成される一般労働者大会をベルギーで開催するものとする。大会は労働者階級の共通の志望をヨーロッパに向かって宣言

し，国際協会の規約を最終的に決定し」，「必要な方策を審議し，協会の中央評議会を任命する」こと，他方，第8条は，暫定中央評議会は「一般大会の招集を準備する措置をとり，大会に提出されるべき主要な問題について，さまざまな全国的および地方的団体と協議するであろう」と，述べていた。

また1867年規約第3条で，大会は，次期大会の開催地と開催日時を決定し，総評議会の所在地および評議員を決定すること，第4条で，大会で総評議会は一年間の活動について公式の報告を行うこと，さらに同「細則」の第1条で，総評議会は大会決議を執行すること，第6条で，各支部は代議員一人を大会に派遣すること，第9条で，代議員の費用は各支部でまかなわれること，第10条で，国際労働者協会の全ての会員は被選挙権を持つこと，第11条で，代議員は全て大会で議決権を一票持つことが記されていた[9]。

以上から理解されるように，大会は，労働者階級の共通の志望をヨーロッパに向かって宣言し，総評議会を任命する。そして総評議会は，この大会決議を執行するのである。また大会への各支部の代議員の派遣と大会での代議員の議決権が認められていた。

この規約を踏まえて総評議会は，その年の9月に開催される大会の準備，とりわけ大会議案の作成を各国の諸組織とも協力して取組んだ。そして大会が終了すると，大会決議の刊行におわれた。まさに大会を中心として総評議会は動いていたと言えよう。総評議会の議事録を手掛かりに，第三回ヴリュッセル大会の議案作成をみてみよう。

1868年1月21日の総評議会で，ショーが議長に選ばれ，前回の議事録が確認された。ユングは，ストライキにある彫刻師と宝石箱師への援助を求めるジュネーヴからの手紙を読んだ。ストライキは，ジュネーヴ委員会の承諾のもとで起こった。

次の大会議案が各国の組織に検討を委ねられることになった。1）信用制度，2）機械とその影響，3）技術教育と総合教育，4）合理的教育計画，5）土地の共有と私有，6）ストライキと調停制度 courts of arbitration.

1月28日の総評議会で，ショーが議長に選ばれ，議事録が確認された。次の文書が国際協会の会員に送付された。

「前大会は，次の問題を総評議会に委ねた。これに対する諸君の返書を期待する。1）信用制度と協同生産の交換制度を組織することの可能性，2）機械使

用の貧困労働者への影響，3）貧困子弟の技術教育および総合普通教育の明確な計画を作成することの是非，4）土地，鉱山，運河，道路，鉄道が私的所有で，私的利益のために使われるのか，あるいは公的所有で，共同体全体のために使われるのか，5）ストライキと調停裁判を設立することの是非。9月のヴリュッセル大会の議案は諸君の返書による」[10]。

こうして大会議案は，第一に，先の大会決議受け継ぐこと，第二に，総評議会はそれを踏まえて議案を整備するだけではなく，各国組織に提出議案の検討を委ね，各国組織との協力のもとに大会議案を作成しようとしていたことが確認される。

大会の準備はさらに進められた。

1868年3月17日の総評議会で，ショーが議長に選ばれたが，前回の議事録が準備されておらず，確認は次回に送られた。ローレンスは述べた，信用なしでの協同組合的生産は，それが想定する規模で広がることができない。総評議会が，生産協同組合支援のための信用協会問題を検討することを提案し，支持された。

3月31日の総評議会で，ショーが議長に選ばれ，議事録が確認された。ジュネーヴで起きた建築業のロックアウトについて報告された。資本家からの条件は，国際労働者協会を非難するものであった。

4月14日の総評議会で，ショーが議長に選ばれ，議事録が確認された。ユングはジュネーヴからの手紙を読んだ。口論と扇動を起こすために挑発行為がなされ，連邦政府の介入が起こりうると。手紙は，ストライキの基金集めに奔走したパリのヴァリによって取られた措置を支持した。

4月28日の総評議会でオッジャーが議長に選ばれ，議事録が確認された。大会への報告は用意できたこと，費用は25ポンドであるというロークルからの手紙が報告された[11]。

1868年5月26日の総評議会で，ショーが議長に選ばれ，議事録が確認された。

ジュネーヴからの手紙は，紛争は終わったこと，多くの産業で4月に合意した条件で仕事が再開されていると伝えた。ロックアウト以来1260人が国際労働者協会に加入し，パリから一万フランが届いたと述べた。マルクスは，外国人法の改正のため，次の大会はヴリュッセルでは開催できないだろうと述べた。

6月2日の総評議会で，オッジャーが議長に選ばれ，議事録が確認された。ユングは，ベルギーの議会が外国人法を延長したこと，また国際労働者協会

126

は警察の監視のもとで大会を開くことができないし，さらに規約第3条は総評議会が緊急の場合，大会開催地を変更できると規定しており，大会は9月5日ロンドンで開くことを提案し，デュポンが支持した。コーンは，他の場所が見つかるまで，決議が延期されることを提案した[12]。

6月9日の総評議会で，オッジャーが議長に選ばれ，議事録が確認された。ユングは大会議案の討議を一週間延期し，ベルギー支部の意見を聞くことを提案した。オッジャー，ヘールズから，ベルギー支部に意見を聞くことなく，開催地を変更できるという意見が提起された。論議のすえ，ベルギー担当書記が，ヴリュッセル宛の書簡で，当地の委員会に意見を求めることが合意された。

6月16日の総評議会で，ユングが議長に選ばれ，議事録が確認された。二つの大集会が開かれた，一つはヴリュッセルで，他はリエージュで。中産階級の新聞は国際労働者協会を公然と非難する。大会はベルギーで開くべきであり，ベルギーでの国際労働者協会の存続は，そのことにかかっていると，ヴリュッセルから報告された。

マルクスは次のように述べた。三週間前に大会開催地の変更を提案したとき，未確認のことがあった。外国人法は一般法である。大臣が，大会は開催すべきでないと宣言することで，我々を抵抗へと駆り立てた。ベルギー支部は，政府に対立してでも，大会を開催すると宣言した。我々はかれらを支持する。私は提案を撤回すると[13]。

1868年6月23日の総評議会で，ユングが議長に選ばれ，議事録が確認された。大会議案と労働組合への呼びかけを起草することが論議された。

7月7日の総評議会で，ユングが議長に選ばれ，議事録が確認された。パリからの通信は，かれらが大会宣言を起草していること，また大会に代議員を派遣するため，総評議会が大会議案を直ちに公表することを求めていること，他方ベルギー支部でも大会議案が刊行され，大会準備を整えるため，地方代議員の集会が予定されていることが伝えられた。こうしたなか大会議案を論議するため，常任委員会を次の土曜日に招集することが決められた。

7月14日の総評議会では，ショーが議長に選ばれ，議事録が確認された。大会議案について常任委員会の次の報告が行われた。1）総評議会の会費を半ペニーに引き下げる。不承認。2）労働時間の短縮。承認。3）資本家の手中での機械の影響。承認。4）土地所有。承認。5）労働者階級の教育。承認。6）労

第 2 章　1868 年のヴリュッセル大会と 1869 年のバーゼル大会　**127**

働者階級の社会的解放を促進するための信用制度の設立。承認。さらにヘールズは，協同組合的生産を樹立するための最善の方法を追加提案し，ルークラフトが支持した[14]。

　こうして大会の議題を確定した後，さらに議案の討議に進んだ。

　1868 年 7 月 21 日の会議で，議事録が確認された。マルクスは，次の会議で大会議案が論議されること，また機械の問題が優先されることを提案し，承認された。

　7 月 28 日の総評議会で，ユングが議長に選ばれ，議事録が確認された。

　マルクスは「資本家の手中での機械の影響」について報告した。機械の避けられない帰結として予想されたすべての諸結果は逆転された。労働時間を短縮させる代わりに，労働日は 16 〜 18 時間にまで延長された。かつては標準労働日は 10 時間であった。過去一世紀で労働時間は当地でも，大陸でも法律によって増加された。過去一世紀の総ての労働立法は，法律によって労働者をより多くの時間働くことを強制するようになってきている。

　1833 年になってようやく児童の労働時間は 12 時間に制限された。過度労働の結果，精神や文化のためのいかなる時間も残されていない。彼らは肉体的にもおとしめられた。ロバート・オウエンは，工場で労働時間を制限した最初の工場所有者であった。10 時間法は婦人と児童の労働日を 10 時間半に制限した最初の法律であったが，それはいくつかの工場でのみ適用された。法律が働く人々により多くの自由な時間をもたらす限り，それは前進の一歩である。機械の進歩と諸個人の労働強度の増大で，以前の長時間労働日よりも今日の短時間労働日で，より多くの仕事がなされている。人々は再び過度労働である，労働日を 8 時間に制限することがすぐに必要になるであろう。

　機械使用の他の結果は，婦人と児童を工場へ押しやったことである。婦人はこうして社会的生産における能動者になった。婦人や児童が社会的生産に参加することは悪いこととは思わない。9 歳以上のすべての児童は，その時間の一部分を生産的労働で用いられるべきであると思う。しかし，現在の状況で彼らが労働を強いられる仕方は，悲惨である。

　機械使用の他の帰結は，その国の資本の諸関係がすっかり変わってしまったことである。以前は，富んだ労働の雇い主と自分の道具で働く貧しい労働者た

ちがいた。彼らは雇い主に有効に抵抗できる力をもった，ある程度まで自由な主体 free agents であった。近代の工場職工にとって，婦人と児童にとって，そうした自由は存在しない，かれらは資本の奴隷である。

　機械から生ずる困苦は一時的にすぎず，だが機械の発展は不変であると，そして，もし機械が一度に多数の人に雇用をもたらすなら，機械は絶えず雇用から多数の人を放りだすと，しばしば言われた。絶えず職を失った過剰人口がある。それはマルサス主義者が主張する国の農産物にたいする人口の過剰ではなく，より生産的な作用で置き換えられた過剰である。農耕に用いられた機械は，その雇用が変動しない絶えず増大する過剰人口を生みだす。この過剰は都市に群がり絶えざる圧力を，賃金を引き下げる圧力を労働市場に及ぼす。ロンドンの東部の状態は，それがもたらす現象の一つである。機械は一方で，協力的に組織された労働に通じ，他方では，かつてあった社会的および家族的諸関係の解体に帰着すると，結論づける。

　ウェストンは，前の話し手は，工場地域の機械のみに言及していると述べた。建築業では機械は，労働時間を延長してこなかった。機械は，最も骨の折れる部分の作業をなし，機械の世話は困窮的な仕事ではない。もし手製でなされるなら 10 日間必要なことを，機械をもった人が 10 時間でできるなら，これは労働に対する総需要を減少させないであろう。過剰人口は，現在の賃労働制度から生じたものである。ミルナーの提案で，論議は 8 月 4 日に延長された。

　1868 年 8 月 4 日の総評議会で，議事録が確認された。

　ミルナーは，論議を再開した。労働者はその日暮らしであり，職を追われた者は再就職が大変である。労働者が自分を雇う手段を見いだすまで，機械は少数者の利得であり続ける。

　ヘールズは，機械で成人の肉体労働がなくなり，働き手が機械の付属品になり，婦人と児童の労働が成人労働に代わっているが，機械は労働者の競争者ではなく，かれの援助者であるべきと述べた。

　エッカリウスは，機械が総労働需要を減少させないというウェストン意見に対して，1844 年に発行された小冊子をもとに反論した。綿工業で総労働需要は減少し，またマンチェスターの綿工業によってインドでは餓死者がでた。

　ウェストンは，自説にこだわった。

　マルクスは手短に答え，大会で，真に，この問題が討議されると述べた。

ロー婦人は，機械によって婦人は家事奴隷から救われたと述べた。マルクスは，決議の形で結論を出すことを提案した[15]。

ここで注目すべきは総評議会内部でも，資本主義的生産の起動力である機械について意見が対立していたことである。経済学批判『資本』（1867 年）をふまえ，マルクスは，機械制大工業が労働者にどのような影響をおよぼすかを述べた。労働密度の強化，労働時間の延長，婦人労働と児童労働の増加，産業予備軍の創設である。そして大会で，つまり各国の労働者が集まる大会での論議の中で，機械の資本主義的使用について合意に達すると述べ，問題を大会論議に委ねたのである。

1868 年 8 月 11 日の総評議会で，前回の議事録が確認された。

マルクスは，先の会議の結論を次のようにまとめた。機械は一方で，資本家階級の最も強力な独裁と強奪の手段となるが，他方で，機械の発達は，賃金制度を真に社会的な生産制度で置き換えるために必要な物質的な諸条件をつくりだした。　ユングが同意，承認。

エッカリウスは，労働時間短縮に関する問題で議論を始めた。白書を踏まえたマルクスの『資本』第一部を引用しながら，雇用労働者は減少していることを述べた。労働時間は短縮すべきであり，また衛生報告からも過度労働が問題となっていること，さらに富が増大し，賃金の引き上げ，時間の短縮が可能であると述べた。

ミルナーは，労働時間の短縮が望ましいとしても，生産の縮小をもたらすであろう，賃金の引き上げは容易だが，時間の短縮はその後でよいと述べた。

マルクスは，労働時間の短縮が生産の縮小をもたらすというミルナーと一致しなかった。なぜなら，労働日の規制が導入されたところでは，他の産業よりも生産用具ははるかに改善されている。労働時間の短縮は，より多くの機械導入の効果をもたらし，小規模生産をますます不可能にしている。だがそれは，社会的生産に到達するために必要であった。また，衛生問題は解決されている。それにしても労働時間の短縮はまた，労働者階級が精神および文化の面でより多くの時間を確保するために必要である。

労働時間の法的制限は，労働者階級の物心両面での向上，さらに終極的解放のための第一歩である。いまでは婦人や児童のために国家が介入すべきことを，誰も反対しない。そして，かれらの労働時間の短縮は，多くの場合，成人男子

の時間短縮にもつながるのである。この点でイギリスは先頭にあり，他の諸国は，ある程度までこれに従うことを余儀なくされている。世論の喚起はドイツでも始まっており，ロンドンの総評議会は指導を期待されている。原則は前の大会で決定されており，今は行動の時である。

コープランドは，労働者階級の状態が，労働時間の短縮で改善されると述べた。ウェストンは，総評議会のいかなる行動も，改善に帰着すると考えなかった。ルークラフトは，問題が討議されるべきと述べた。

このように総評議会でも，労働時間短縮について意見の対立があったこと，すなわち資本主義的市場経済への理解が不十分であったことが分かる。ここに1867年の経済学批判『資本』刊行の歴史的意義を確認しうる。マルクスは機械を剰余価値の生産，資本主義的搾取機構との関連で論じるだけでなく，「真に社会的な制度」への物的条件としても位置づけ，労働者階級の財産としうると述べ，歴史創造への展望を示した。また労働時間短縮でも，短縮を労働者階級の権利として捉えるだけでなく，人間成長の条件としても理解していたことが注目される。こうして総評議会で論議が進められたが，他方各国でも準備が進められていた[16]。

1868年8月18日の総評議会で，ユングが議長に選ばれた。エッカリウスは，ヴリュッセルへの代議員派遣費用は準備できておらず残念であるというアメリカのジェセップ氏からの通信文を伝えた。他方，イタリアでは，大会議案がいくつかの新聞で報道され，ダッスイが代議員に指名されたこと，他方，約4000人からなるスイスのドイツ人労働者教育協会は，その大会で，国際労働者協会に加盟し，また自己負担で大会に参加しようとするどの人も，委員会から大会参加への信任状を受け取るとしたことが，伝えられた。また，同日，総評議会からの数名の大会代議員が指名された。

8月25日の総評議会で，ユングが議長に選ばれた。労働時間の短縮問題について，次の決議が提案された。1866年のジュネーヴ大会で，労働日の法的制限はこれからの社会改善のために不可欠の予備条件であると，満場一致で決議された。総評議会は，現在，この決議を実行する時期であると考え，国際労働者協会が設立されている様々な諸国で，世論の喚起を始めることが，すべての支部の義務になったと考える。

第 2 章　1868 年のヴリュッセル大会と 1869 年のバーゼル大会　**131**

　9 月 1 日の総評議会で，ショーが議長に選ばれ，議事録が確認された。

　マルクスは，「総評議会の第四回年次報告」をおこなった。北アメリカの労働者階級の潜在的な力は，連邦政府の官営事業で 8 時間労働日が法律で実施されたことや連邦加盟の八つないし九つの州で，一般的な 8 時間労働法が公布されたことによって明らかである。にもかかわらず，目下アメリカの労働者階級は，たとえばニューヨークで，8 時間労働法の実施を妨げようとしている反抗的な資本にたいして，必死の闘争をおこなっている。この事実は，最も有利な政治的条件のもとでさえ，労働者階級がなんであろうと重大な成果をおさめるということは，彼らの勢力をきたえ集中する組織の成熟度にかかっているということを，証明している。

　また労働者階級の全国的な組織でさえ，その国境のそとで労働者階級の組織が欠けているために，挫折しがちである。なぜなら，すべての国は世界市場で競争しており，したがって互いに影響を及ぼしあっているからである。労働者階級の国際的な紐帯だけが，彼らの決定的な勝利を保障することができる。国際労働者協会を生みだしたものは，この必要にほかならない。協会は，ある宗派または理論の温室で育てられた植物ではない。それはプロレタリア運動の自然の産物であり，そしてこの運動自体は近代社会の正常な，さからうことのできない傾向のうちから生まれてくるものである。

　この報告の採択をローが提案し，ミルナーが支持し，承認された。ウェストンは，協同組合に関する報告を朗読した [17]。

　以上で，大会前に総評議会で行われた議案の討議は終了する。ここで第一に，資本主義的生産の土台であり，従ってまたマルクスの 1867 年の経済学批判『資本』の基礎をなし，そして児童および婦人労働を巻き込み，労働者階級への影響が問題となる機械の資本主義的使用が，第二に，機械の使用に伴う労働日の無制限的延長，労働強度増加への抵抗運動，つまり労働時間の法的規制が，議論された。機械の資本主義的な使用の意義と限界，そして労働時間短縮闘争の歴史的意義が，従って労働者階級の自律的運動への指針が討議されたのである。また大会議案は，総評議会が事前に全ての決議案を準備し，それを大会で承認するというものではない。実際には，総評議会内でも意見が分かれており，総評議会執行委員の多様な見解が白熱し，根底に「資本主義的蓄積と労働者階級の運命」の問題への理解が，論議の中で深まったことが注目される。

132

　総評議会の執行委員は各国担当書記として，各国の労働組織と絶えず交信しており，総評議会での大会論議から執行委員自身が学習することは，そのまま各国の運動に影響し，総体としての労働者階級の力量を押し上げることになる。ここに自発的な議論を踏まえての知的水準の向上と労働者の合意形成を意図するマルクスの運動論を確認しえよう。

　とりわけ，マルクスが作成した「総評議会の第四回年次報告」で示された視点，アメリカのような有利な政治条件のもとでも，8時間法の現実の運営にさいしては多くの困難を伴い，これに抵抗し，運動を実現するために労働者の組織の成熟が必要であると述べられていることは，運動の自立，つまり暫定規約第7条，「各国労働者の全国的団体の創設」を示すものとして注目される。さらに，世界市場で競争しあう各国の利害対立から生じる労働者の国際的連帯の困難に抗するには，国際労働者協会のもとでの労働者の国際的結合だけが勝利を保障すると述べている。

2　第三回ヴリュッセル大会（1868年9月6日～13日）

　大会に総評議会は一つの支部として参加し，総評議会から代議員を派遣した。
　なお，ヴリュッセル大会については，文書「大会報告書　国際労働者協会の第三回大会」を手掛かりにして，考察することにしよう[18]。
　第一の会議が，9月6日に開かれた。会議は10時30分に始まり，参加代表者の資格が確認された。ここで暫定委員会，議長が決められた。
　第二の会議が，9月6日の夕方の3時に始まった。ロンドンの総評議会を代表するユングが議長につき，続いて参加代議員の点呼がとられた。最初にユングが，国際労働者協会の目的，フランス，アメリカ，イタリア，スイス，ドイツ等の運動を報告した。次に各国代議員の活動報告が続いた。これらの報告は，英語，独語，フラマン語に翻訳された。会議は，6時45分に閉会した。
　第三の会議は9月7日に，ヴリュッセルのブリスメ議長のもとで，10時に始まった。そして，議長，副議長，およびフランス，イギリス，ドイツ，ベルギー担当の書記からなる委員会が決められた。そして議長に選ばれたユングが席につき，午前の会議は運営問題にあてられ，支部や団体の代表者だけが参加できることが決められた。また，会議の運営については，ローザンヌ大会の決定に従うことが確認され，点呼が取られた。大会の議事日程について論議され，議案の問題を検討するための委員会をつくるため，5時に集会を開くことが確

第2章　1868年のヴリュッセル大会と1869年のバーゼル大会　**133**

認され，１時に閉会した[19]（*La Première Internationale Tome* Ⅰ, 1962, pp.239–257. 以下，頁数のみ記載）

こうして第一，第二，第三の会議で，まず代議員資格の確認と，大会執行委員の選出へと進んだが，この1868年第三回大会で，労働者自身による大会議事運営の理解が次第に深まっているといえよう。また報告は英，独，フランドル語の三ヵ国語に翻訳され，労働者自身による国際会議が実現された。また会議の性格に照らし，大会の運営に関する会議は，午前の非公開の会議とされたのである。なお大会運営は，先のローザンヌ大会にならうことが確認され，先の大会の経験がいかされた。

第四の会議は，９月７日の夜の７時に始まり，デュポンは，マルクスの作成した総評議会の報告を読んだ。

「1867〜1868年は，国際労働者協会の歴史上で一時期を画するものである。おだやかな前進の一時期につづいて，協会の活動範囲がいちじるしく拡大したため，支配階級の激しい非難や政府の迫害をまねくにいたった。協会は闘争の段階にはいった。いうまでもなく，フランス政府が労働者階級にたいする反動の先頭に立った」。

「ジュネーヴの建築労働者の闘争では，ある程度までスイスにおける国際労働者協会の存亡がかけられていた。つまり，建築業の雇主たちは，労働者が国際労働者協会から脱退することをもって，いっさいの譲歩の先決条件としたのである。労働者はこの僭越な要求を断固として拒否した。スイスの国内からも，国際労働者協会を仲介としてフランス，イギリス，ドイツ，ベルギーからも寄せられた援助のおかげで，労働者はついに労働日の短縮と賃金の引上げとを獲得した。国際労働者協会はすでにスイスの土地に深く根をおろしていたが，いまや急速に拡大した」。

その後議長の提案で，ヨーロッパ大国の間での戦争か起こった場合，労働者はいかなる態度をとるのかという問題について論議を始めた。この問題について各国代議員の報告が続き，最後に論議をまとめるための委員会をつくることが，トランの提案で決議された。

カタラ（ジュネーヴ）　第一に言いたいのは，戦争は世論に基づいてはいないことである。例えば1866年に，いたるところで人々は戦争に反対した。ジャー

ナリスト，思想家，ブルジョワ，卸売商人，労働者たちは，この点で全員一致していた。しかしながら恐ろしい戦争が起こった。なぜか。それは世論を超えて世論を打ち砕く制度があるからである。人々の意志を超える意志があり，それだけが戦争あるいは平和の権利を有するのだ。この現実のなかに戦争の真の原因があるのだ。我々の一人一人が，また国際労働者協会全体が，戦争にたいして立ち向かうのである。戦争を行う権利がある人々に対し，この権利を生み出す諸制度に対し，かれに永続することを許す無知に対し，あらゆる力を用いて立ち向かう（pp.260f）。

　デュ・パペ（ヴリュッセル）　戦争は，我々すべてにとって災害であることは明らかである。でも，我々のいつもの抗議のほかに，戦争の廃止のために実践的に参加することが求められている。そのためには，二つの方法がある。第一は，兵役につくことを拒否することで，直接に戦争に反対することである。または同じことになるのだが，軍隊は消費を必要とするので，労働の拒否によって。第二は，直接的に作用しないが，社会問題それ自体を解決することによってである。それは戦争の廃止に達すると主張する。それはインターナショナルが，その発展によって勝利させようとしてきた方法である。第一の方法を用いつつ，それは休みなく繰り返される。第二の方法だけが，悪をその根源で消滅させる。戦争の原因を人物にあるとしてきたが，それは誤りである。戦争の唯一の真の原因は，我々の社会制度のなかにある。
　すべての戦争の主要な原因は，飢えである。労働者は，彼らの社会活動を続けることで，また現代の無秩序の唯一の原因である貧困状態の廃止に達することでのみ，戦争の問題で有効に働くことができる [20]（p.262）。

　会議は11時に閉会した。また第五の会議で，午前の非公開の会議と奇数番号の会議を公表しないことが決められた。
　こうして第四の会議で総評議会の報告がなされ，労働者階級の組織化と国際的連帯が提起された後に，議論はヨーロッパでの戦争へと向かった。振興国プロシアのひきおこす戦争，総評議会の報告でもふれられた1866年プロシアとオーストリアの戦争が，労働者の大会でも論議されたのである。また第五会議で，組織問題を扱う運営会議は公表されないことが決められ，権力介入への予防がはられた。

第2章　1868年のヴリュッセル大会と1869年のバーゼル大会　**135**

　第六会議は，夕方の7時30分に始まった。最初に先の会議の議事録が読まれ，承認された。デュポン議長は，ストライキ問題の議論に入った。

　グラグリアは，ジュネーヴ支部（スイス）のつぎの報告を読んだ。

　「ストライキと仲裁者という問題についての返事として」（pp.265f）。

　マレシャーは，リエージュ支部（ベルギー）の報告を読んだ。

　「ストライキ，労働組合の連合と不測のストライキのための仲裁評議会の創設について」。

　ストライキは，資本と労働とのあいだに今日でも存在する対立の必然的な結果であり，この対立を増大させるにすぎない。ストライキは争いである。ストライキは組織されなければならない。ストライキでは全員一致し，各人の権利を尊重すべきである。ストライキは仲裁評議会によって国家管理されるべきである。仲裁評議会は，正義と連帯の原則を認め実行するすべての国民とすべての職業団体に属する成員によって構成される。国際労働者協会だけが，この組織の議長をつとめることができる。労働者の立場を引き受ける権利と義務に責任をおうのは，この国際労働者協会である。現在の困難の救済手段はストライキの思慮深い組織化にあるが，最終的な救済手段は正義と互助組織にあることを記憶にとどめよう（pp.266-270）。

　デュ・パペは，ヴリュッセル支部（ベルギー）の報告を朗読した。

　「ストライキ，労働組合，インターナショナルへのこの組合の加入，不測のストライキのための審判評議会の創設について」。

　ストライキは，貧困の消滅という大問題の部分的な解決でさえないが，それはこの問題の解決へ最終的に導く闘争の一手段である。これが，偏狭な協同組合員に対抗しなければならないと考える理由である。かれらは消費，信用および生産の団体以外に，労働者のあいだのいかなる重要な運動をみず，とりわけストライキを無用と，また労働者に不利益とさえ考える。ストライキ一般に対してなされる二つの反論に答えておくことにしよう。

　まず，経済学者および社会主義者たちによってしばしば繰り返されるA.スミスの反論に出会う。前者は確かにこの反論を，経営者とのすべての闘争を労働者に思いとどまらせるために，また経済法則の厳格さに労働者が従うようにするために利用する。後者はこの反論を，現実の社会秩序の武器として利用する。すなわち，そこではプロレタリアは，長い鎖の輪を絶対に破ることはできない

と言われている。

「A. スミスは言う。このような紛争において，親方たちははるかに長くもちこたえることができる。地主，農業者，親方製造業者，あるいは商人は，職人を一人も雇用しなくても，普通は，既得のたくわえで一年や二年は生活できる。雇用されずに一週間生きていける職人は多くないし，ひと月生きていける職人は数少なく，一年間生きていける職人はめったにいない。長期的には親方は職人なしでより長くすごせないが，親方にとっての必要性は，それほど直接的なものではないのである（「長期的には，職人にとって親方が必要であるのにおとらず，親方にとって職人は必要だろうが，その必要性はそれほど直接的なものではないのである」）（『国富論』第 8 章「労働の賃金について」水田訳，121 〜 122 頁，Cannan p.66）。経済学の父親の言葉を今日くり返す人は，アダム・スミスが執筆した時代以降なされた経済の巨大な進歩を，見ていないように思われる（p.271）。

　我々は報告の最初で，ストライキは有益で必要であると述べた。われわれの願望，すなわち生産物の平等な交換，生産者のあいだの相互性によって取り変えられる，人間による人間の搾取の廃止にもかかわらず，完全な解放が今日不可能である労働者が存在するかぎり，抵抗団体を設立することは必要であると主張する（p.279）。

　労働組合の現実的で，肯定的な未来が明らかになる。けだし我々が認めるストライキは，暫定的なものとしてのみ有益だからである。絶えざるストライキは，賃金制度の永久化である。でも我々は，賃金制度の廃止を望んでいる。絶えざるストライキは，資本と労働とのあいだの休みない，終わりのない闘争である。でも我々は，労働と資本の連合を望まず，労働による資本の吸収を求めている。なぜなら資本は積み重ねられた労働だからである。労働の生産物である資本は，労働者の所有物であるにすぎない（p.284）。

　タタレ（パリ）は述べた。労働組合は，労働者に大きく貢献することができる。それは労働者の賃金を保証するだけでなく，職業教育，機械の問題などに精神的な感化を及ぼし，労働者の解放を準備する。

　カタラ（ジュネーヴ）は述べた。問題は，いかなる事情のもとで，ストライキは最も成功しうるのかである。建築業での労働者のストライキの時，ジュネ

ーヴで起こった実例は，基準として役立ちうる。ジュネーヴでは，我々は約3000人の労働者と一緒に，二週間にわたり街路にあった。我々は多人数の，そして情熱的な人民集会をもった。ストライキの組織者たちは市街でまさに，反対運動をつくり維持するために行動した。それなしには，権力者との激しい衝突はおこらなかったであろう。そして結局，建築業労働者は労働時間の短縮と賃金引き上げを獲得した（pp.285f）。

　デュポン（ロンドン）は，ジュネーヴ大会の報告の抜粋を読み上げた。
　「労働組合，その過去，現在，未来」
　「その未来」で，「資本の煩わしい操作に対抗するという直接的な仕事のほかに，労働組合は労働者階級の根本的な解放という偉大な目的で，労働者階級の組織の中心として現在，意識的に行動しなければならない。労働組合は，この方向でのあらゆる社会的，政治的運動を援助しなければならない」と述べ，さらに続けた。現在の社会は二つの階級から構成されている。資本家と生産者。社会的力をもつ資本家は，絶えず労働者を搾取する。この敵対心は社会戦争を生みだす。この状態で，労働者は資本の侵害にたいし抵抗によってのみ身を守る。最も有効である手段の一つが，ストライキである。我々は，ストライキを武器としてだけでなく，労働者階級の力を組織する最良の手段と考える（pp.288f）。

　ブリスメは，委員会によって提案された次の決議案を読んだ。
　「大会は以下のことを宣言する。
　1．ストライキは，労働者を完全に解放する手段ではない，しかし労働と資本との闘争の現在の状況においては，しばしば不可欠である。
　2．ストライキを一定の規則に，すなわち組織，適時性，適法性の諸条件に従わせる理由がある。
　3．ストライキの組織の見地から，労働組合，共済組合，失業保険基金等がまだ存在していない職業では，これらの制度を設立する理由がある。そして，労働組合の各地方連合の中に，ストライキ支援に向けられた基金を設立しつつ，全ての職業および全ての諸国の労働組合を相互に連帯させることが必要である。一言でいえば，インターナショナルによって着手された仕事を，この意味で継続すること，また，プロレタリアートを集団として本協会に加入させるように努力することが必要である。

138

4．適時性と適法性の見地から，各地域の諸抵抗グループの連合の中に，これらのさまざまなグループの代表から構成される一つの委員会を任命することが必要である。それは審判委員会（un conseil d'arbitrage）を構成する（不測のストライキの適時性と適法性について判断するために）。そしてこの審判委員会の形成方法においては固有な風習，習慣および立法に従って，異なった諸支部に一定の自由を残しておくことが必要である。

5．大会は，その進歩を説明するため，各グループあるいは各支部に由来する抵抗基金に関する報告を毎年用意する（グラグリアによって提案された追加）」。

会議は 11 時に閉会した [21]（p.290）。

こうして第六会議では，「労働組合のストライキ」について決議が採択されたが，それは 1860 年代にイギリスを中心にして頻発したストライキ闘争を，労働者の闘争の不可欠ものとして肯定的に理解し論議された。とりわけイギリス労働組合主義の，「仲裁制度」によるストライキの抑制，「仲裁委員会」，「審判委員会」をめぐって論議された。もとよりストライキは，無分別でなく一定の秩序のもとでおこなわれてのみ，運動の力を引き上げるのである。そして 1866 年ジュネーヴ大会の決議「労働組合，その過去，現在，未来」が朗読され，資本主義的商品経済での労働組合運動の意味が，確認された。労働者階級の経済的解放という国際労働者協会の目標が，論議のなかで労働者に伝えられた。

第八会議は 9 月 9 日の 7 時 15 分に始まった。第六会議の議事録が読まれ，採択された。議題は機械問題に移った。

スティーは「労働者の状態への機械の影響」についてのヴリュッセル支部の報告を朗読し，フルスは「賃金と労働者の状態への機械の影響」に関するリエージェ支部の報告を朗読した。

デュラクーは「賃金と労働者の状態への機械の影響」に関するパリ製本工の報告を朗読した。そして，テイズ書記は委員会の次の決議を朗読した（pp.290–297）。

テイズ，機械の導入は，常に資本家の利益ために労働者を搾取する手段であること，機械は労働者の手にあるときにのみ本当のサービスをもたらすこと，協力的連合によってのみ我々は実際的結果に，つまり経済的障害がなくなる状

態に到達することができる。

レスナー（ロンドンのドイツ支部）は述べた。労働者が強く反発せざるをえないのは機械に対してではなく，機械を少数の搾取者の手におく社会組織に対してである。機械は労働者のためにつくられたと，機械は労働時間を短縮すると信じられている。反対のことが起こっている。それでイギリスの法律が干渉せざるをえなかったのである。演説者は，昨年刊行されたカール・マルクス『経済学批判　資本』の抜粋を引き合いにだした。そこではこの問題が完全に論じられている。

クーロン（ヴリュッセル）は述べた。我々は，機械が現実の社会組織で果たす役割りの重要性については，みな一致している。確かに生産この強力な道具は，大規模なサービスを生み出し，より少ない労働と苦労で生産額を増加させるようにするが，それは搾取者の手にあり，労働者には貧困と苦痛の増大をもたらしている。この状況は終わらねばならない。このすばらしい道具が，すべての人のために機能することは社会の必然性である。経済的性質と政治的性質を忘れるべきでない。このために私は委員会によって示された決議に，「政治的」という言葉を挿入することを提案したのである。

トラン（パリ）は次の結論を提起した。機械は労働道具にほかならないこと，この道具は生産を増加させる手段であるので，それ自身は問題とならないこと，機械が今日生みだす悲惨な結果は，国際労働者協会が変えようとしている経済状態にのみ起因することは，様々な報告が確認している。以上を考慮して大会は，この問題について決議をあげる必要はないと宣言する。署名，トラン，ヒン，フォンテーネ。

デュパペ（ヴリュッセル）は述べた。1．機械は他のすべての労働手段と同様に労働者自身のものであり，彼らのために働かねばならない。2．にもかかわらず現状では，この導入が労働者への一定の保障条件をもってのみ行われるようにするために，労働組合に組織された労働者にとって，職場への機械の導入に関与する理由がある。

エッカリウス（ロンドン）は述べた。もし機械が一方で，資本家の手で専制と拘束の最も強力な手段の一つであるなら，他面でその発展は，現在の賃金制度を協力の真の社会制度に置き換えるために必要な諸条件を創りだす（pp.297–

140

299）。

　委員会報告　機械問題　Question des machines

　一方では，機械は資本家の手中で，専制と強奪の最も強力な手段の一つであること，他方では，機械がもたらす発展は，賃金制度を真に社会的な生産制度に置き換えるために必要な諸条件を創りだすものであること，機械はより公平な組織によって，労働者に所有された時にのみ真に彼らの役立つものになることを，踏まえて大会は宣言する。

1. 協同的連合および相互信用組織によってのみ，生産者は機械の所有に到達しうること，
2. にもかかわらず現状では，この機械の導入が労働者にたいする一定の保障と代償をもってのみ行われるために，労働組合に組織された労働者が職場への機械の導入に関与することは当然である [22]（pp.347f）。

　さらに第八会議で「教育問題」が論議された。ヴリュッセル支部の報告——労働者階級の教育，科学研究と作業の実習を含む総合的な教育が述べられた。またパリ製本工の報告，リエージュ支部の報告，ルアンサークルの報告がなされた。続いてジュネーヴ支部の報告——義務教育，無償教育，国家による学校教育の保障と学校の維持費等が述べられた。会議は 11 時に閉会した [23]（pp.300–338）。

　第十会議は 9 月 10 日にデュポン議長のもと，夜の 7 時 30 分に始まった。議事録が朗読され承認された。そしてドーテは「教育問題」について報告した。議論がなされ，「教育問題」についての委員会の決議が朗読された。

　こうして第八会議では，労働者への機械の影響が論議されたが，これは大会前に総評議会でも論議された問題であり，それは資本主義的生産の根幹をなすものであった。機械のもつ生産力，生産増大を認めつつも，それが労働者に与える影響，労働時間延長，労働強度，婦人と児童労働，失業が問題となったのである。ここでレスナーが，マルクスの経済学批判『資本』1867 年を引き合いにだしていることが注目される。第一インターナショナルの指針としての経済学批判『資本』「近代社会の経済的運動法則」の把握である。決議では，協同的連合，相互信用組織というプルードン主義者の意見も含みつつ，現状で機械は

労働者の強奪手段であるが，同時に機械の発達は，資本主義経済からより高度な経済構造をうみだす物質的基礎であることが指摘された。こうして生産力の発展，機械製大工業のもつ意義について，各国労働者の共通の理解が図られた。

なおこの会議では教育問題も論議された。大工場での児童，婦人労働の問題から，さらに児童の総合的な教育が提起された。そして労働時間の短縮がその前提条件として提起された。なお会議の冒頭では毎回，議事録が確認されているが，これは議会論議への労働者の習熟を示すものと言えよう。

「当面，合理的な教育を編成することは不可能であることを考慮して，大会は様々な支部に対し，労働者が現実に受けている教育の不足を，できるだけ改善しうる公開の講習会を設けることを勧める。そして労働時間の短縮が，不可欠の前提条件である[24]」（p.347）。

第十会議で，さらにデュポン議長は「労働者の相互信用」に議論を進めた。リシャーは「信用問題」についての委員会の決議を述べた。フォンテーヌは，委員会の決議に対し，「信用問題」についてのヴリュッセル支部の報告を述べた。

ムラは，リエージュ支部の報告を朗読した。会議は 10 時 45 分に閉会した（pp.348-356）。

第十二会議は 9 月 11 日にデュポン議長のもとで進んだ。点呼の後，議事録が読まれ，承認された。「信用問題」について論議が続いた。議長は，ヒン，ロンゲ，パペによって提出された決議を朗読した（pp.356-361）。

労働者の相互信用問題
1．資本によって獲得されるあらゆる種類の利子や利益は，それらがいかなる形をとろうとも，きのうの労働がすでに豊かにした資本のために，今日の労働から天引きされた価値である。後者は，蓄える権利はあったとしても，他人の費用でそうする権利はない。
2．それゆえ，利子は不公平と不平等の恒久的な原因であること，そしてそれを維持する協力的連合は，現実の社会をむしばむ利己主義の原理を，やすやすと個人から集団に移動させる。
3．労働者による連帯の原則の大規模な応用は，金融支配勢力との闘争で労働者が現在自由にできる唯一の実践的手段である。

142

大会は原価に基づいた交換銀行の創立を結論する。それは，信用を民主的にかつ平等にすること，生産者と消費者との関係を単純なものにすること，すなわち資本の支配から労働を守ること，資本を労働の動因である自然的で正当な機能へ復帰させることを，目的とする。交換銀行の設立と同様に複雑な問題の実際的な意義について直ちに意見を述べることはできないことを考慮して，大会は相互信用理論を明確にしつつ，ヴリュッセル支部によって提案された団体規約案を全支部に送付し，深遠な議論がなされること，そして，次の大会がこの点について決定を下すようにできることを，要望する [25]（p.388）。

こうして第十と第十二会議では，信用制度の改革によって社会改革をおこなうという信用問題が論議された。交換銀行，相互信用論など信用を民主化することで，資本の支配から労働を守ることが，提起された。これに関連するのが，プルードンの「人民銀行」について述べたマルクスは論説「P. J. プルードンについて」（1865 年）である。

信用制度が労働者階級の解放をはやめる役にたつことはできるが，「利子生み資本を資本の主要な形態とみなしたり，信用制度の特殊な一適用であるいわゆる利子の廃止を社会改造の基礎にしたてようとするのは，まったく素町人的幻想です」（MEW, Bd.16, S.30f）。

なお「国際労働者協会の第一回および第三回大会の決議」によれば，イギリスとドイツの代表およびスイスの代表の一部は，投票を棄権した。

第十二会議でさらに「所有権」が論議された。ルアン支部とヴリュッセル支部の二つの報告があった。委員会は，鉱山，運河，道路の所有権については一致していた。でも耕作地の所有権については，対立した。

ルアン支部の報告　「土地の所有権」経済学は，所有権について，労働によって獲得された所有権のみを認める。人間に無償で与えられた土地は，共同の集団的所有物でしかない。土地所有権の問題は，社会科学によって容易な解決を見出す。法律によって土地は，その自然の所有者に，集団の人間に，団体に戻る。この同じ法律の適用で，個人は彼自身が作った生産物の排他的な所有者になり，経済学の法的な寄生は，永遠に人類から消え失せる（361f, 364f）。

「所有地問題」についてのヴリュッセル支部の報告

「耕作地，森林，鉱山，炭鉱，運河，道路，鉄道は，将来社会で，個人所有であるべきか集団的所有であるべきか」。

もし土地の個人的所有権が，正義，経済均衡にもとづく新社会の生存にとって必要ならば，土地の個人的所有権は正当なものとなり，あらゆる反感，共産主義のあらゆる計画にもかかわらず存続するであろう。反対に，土地の個人的所有権が新社会それ自体と両立しないなら，それは正当なものとならず，あらゆる好感，それに好意的なあらゆる意見にもかかわらず，消え失せるであろう。

だがプルードンにとって，土地の個人的所有権の社会的使命とはいかなるものであろうか。それは社会，国家に対して個人の独立，自由を保障することである。そのうえ正義にもとづく社会では，この個人的独立の保障はすべての人にとって存在せねばならない。従って各人は，われわれの社会では認められないその土地所有権部分を持つのである。

プルードン「農業は土地所有の基礎であり，所有権の偶然の原因である。同時に農民に生産手段が保障されなければ，それは農民に彼の労働の成果を何も保障しない。弱者を強者の侵入から守り，略奪と不正行為を禁止するためには，所有者のあいだに恒久的な境界線を，乗り越えられない障害を設定することが必要と感じられるようになった。毎年，人民は増加し，入植者の熱望は増える。疑いなく，分配は地理的に決して平等ではなかった。多くの権利があり，いくつかの権利は自然にもとづくが，だが誤って解釈され，さらにより悪く適用されている。相続，贈与，交換。でも原則は同一である。平等は所有を確立してきた，平等は所有権を確立するであろう」（「第1章 所有権についての思い出」p.368）。

分割された小所有は，科学の名において非難された。個人的な大所有は，正義の名において非難された。土地は，連合した農村労働者の所有権であるべきか，あるいは社会全体の所有権であるべきかについて，将来が決めるであろう（pp.365–379）。ムラは，運営会議で採択された次の決議を読み上げた。

土地所有権の問題 la question de la propriété terrienne
1.鉱山，炭鉱，鉄道に関連して
大規模な労働用具は土地に固定され，土地のかなりの部分をしめている。こ

の所有地は自然によって人間に無償で提供されたものであること，この労働用具は，必然的に機械ならびに集団の力の適用を必要とすること，今日，資本家の唯一の利点として存在する機械や集団の力は，将来，もっぱら労働者の利益とならなければならないこと，このためには，この二つの経済力が不可欠であるすべての産業は，賃金制度から解放された諸集団によって運営されることが必要である，以上を考慮して大会は次のように考える。

（1）採石場，炭鉱，他の鉱山，並びに鉄道は普通の社会では，国家によって代表される社会集団に属し，しかし再生された国家でなく，そして国家自身，正義の法に従う。（2）採石場，炭鉱，並びに鉄道は，社会によって，今日のように資本家ではなく，二重の協定で労働者団体に譲渡される。一方は，労働者団体に信任を与え，また社会に委譲の科学的で合理的な活用を保証する。原価に最も近い価格でのそのサービス，団体の会計報告を点検する権利，したがって独占の再現の不可能なこと，他方は，その同僚に対し労働者協会の各成員の相互の権利を保障する。

2．農業所有権に関連して

耕種学の知識の適用と生産の必然性は，大規模に集団で行われる耕作，また農耕への機械の導入と農耕での集団の力の組織化を必要とする。そのうえ経済的展開それ自体は，大規模な耕作に帰着する傾向にある。したがって農業労働と土地所有権は，鉱山労働および床土（心土）所有権と同等に扱われるべきである。そのうえ土地の生産の基盤は，あらゆる生産物の原料であり，あらゆる富の主要な源泉であり，それなしには労働生産物それ自体はいかなる独自性もない。不可欠のこの原料のある人への放棄は，社会全体を放棄された人物に従属させる。以上を考慮して大会は，次のように考える。経済的展開は，耕作可能な土地の集団的所有権への入会を，社会的必然性にする。鉱山が鉱山団体に，鉄道が労働者団体に譲渡されるように，土地は，社会と耕作者のための保障条件をもって，農業者団体に譲渡される。

3．運河，道路，電信について

交通手段は，全体の管理を必要とし，幾人のエコノミストが独占をおそれて求めるように，その維持は個人にはゆだねることはできないことを考慮して，大会は，交通手段が社会の集団的所有権であり続けるべきであると，考える。

第 2 章　1868 年のヴリュッセル大会と 1869 年のバーゼル大会　**145**

4．森林にかんして

　森林を私人にゆだねることは，森林の破壊にいたること，国土のある箇所での森林破壊は，水源の保存を，それゆえ良質の土地の維持を，また公衆衛生ならびに市民生活を妨げる。以上を考慮して，大会は森林が社会的所有権であるべきと考える。

　30 賛成，4 反対，15 棄権で，大会で採択[26]（pp.405-407）。

　最後に，副議長ムラは午前の会議で，翌年も総評議会をロンドンに置くことが決められたと述べた。会議は，次の大会開催地をバーゼルに決めた。会議は 10 時 45 分に閉会した（p.379）。

　こうして第十二会議で所有権問題が論議された。決議の一方で，鉱山，炭鉱，鉄道，道路，通信，森林等は社会的所有，集団の所有が提起されたが，他方で，農業耕作地については協同的所有，農業者団体へ譲渡について提起され，いまだ小土地問題は残った。背景には，フランスで優位をしめる小土地所有支持のプルードン主義者の意向があったと思われる。強固な小生産者の独自性——耕地，生産手段の私的所有，自己労働，個人所有と自由が，存在していたのである。

　「賃金制度から解放された社会集団」，「土地の科学的で合理的な開発」，大規模な耕作，機械の導入が主張されるが，土地所有の問題は複雑であった。

　マルクスは，経済学批判『資本』初版の第四章 4「機械と大工業」で，大工業と農業について次のように述べた。

　「農業の部面では，大工業は，それが旧社会の堡塁，農民を滅ぼし，これを賃労働者に置き換えるかぎりで，最も革命的に作用する。いなかでの社会的な変革要求および対立は，都市でのそれらと均等化される。慣習的に朽ちた不合理きわまる経営の代わりに，科学の意識的，技術的応用が現れる。農業とマニュファクチュアの幼児未発達な姿態に絡みついていた両産業の本源的な家族的紐帯は，資本主義的生産様式によって完全に引き裂かれる。しかし資本主義的生産様式は，同時に農業と工業との新しくより高度な総合の，合一の物質的前提を創造する」。

　ここで土地所有問題の条件である資本主義的生産様式の進展，また同時に農業と工業との連携が指摘される。

146

　第十四の会議は 9 月 12 日にデュポン議長のもと，夜の 7 時 30 分に始まった。議事録が読まれ，承認された。オーブリは「労働時間短縮問題」について ルアングループの報告を読み，タタレ（パリ）は同問題について次の委員会の報告を読み上げた（pp.379-387）。

　「労働時間短縮問題」

　決議は，ジュネーヴ大会で全員一致で採択された。労働時間の法的制限は，以後のすべての社会進歩にとって不可欠の前提条件である。大会は，この決議に実践的な効果を与える時期にいたったと考え，国際労働者協会が設立されているあらゆる場所でこの問題を討議することが，すべての国の全支部の義務であるという意見である[27]。

　このように労働時間の短縮は，1866 年ジュネーヴ大会で決議されており，ヴリュッセル大会ではその実行が提起されたのである。そして総評議会の報告でも指摘されアメリカでの 8 時間労働日の実現が，経済運動と政治運動の進展を，新たに押し出したのである。

　「北アメリカの労働者階級の潜在的な力は，連邦政府の官営事業場で 8 時間労働日が法律によって実施されたこと，連邦加盟の八つないし九つの州で一般的な 8 時間労働法が公布されたことによって，明らかである」（MEW, Bd. 16, S. 322）。

　議長は，スイスのベルンの平和大会への代議員派遣の決議を読みあげた。ここで大会への書簡と電文が，報告された。会議は 11 時に閉会した。

　ベルンでの平和大会代議員の派遣についての決議

　1．ベルンに行く国際労働者協会の代表は，ジュネーヴ，ローザンヌ，ヴリュッセルの各大会で採択されたさまざまな決議を，インターナショナルの名前で大会に持っていく。あらゆる論議，そこで採択されたすべての決議は，個人的責任にのみ負う。

　2．インターナショナルの代表は，平和連盟が，インターナショナルの活動をまえにしてその存在理由をもちえないこと，そして，この協会はインターナショナルに参加し，その会員はインターナショナルのいずれかの支部に受け入れられることを，宣言する[28]（pp.388f）。

　実際，ベルンでの平和大会は，国際労働者協会への参加を求めてきたバクーニン主義者の活動の一部をなすものである。またバクーニン主義者は，これま

第2章　1868年のヴリュッセル大会と1869年のバーゼル大会　**147**

でのイギリスの労働組合主義，フランスのプルードン主義とは異質の，大陸に
拠点をおく無政府的な国際的陰謀組織であった。会議は11時に閉会した。

　第十六の会議は9月13日にミュラ議長のもと，2時30分に始まった。指名
点呼がとられ，議事録が確認された。セプレは，ドイツ語支部グループの名前
で「戦争について」の決議を読んだ。インターナショナルの大会は，次の決議
をとる。
　　1. 国際労働者協会のあらゆる機関は，すべての国の労働者が戦争に強く反対
　　　意見をのべること，かれらのできる手段で戦争に反対すること，人間の殺
　　　害と労働生産物の破壊にたいするすべての協力を拒絶することを，勧める。
　　2. 文書が住民のあいだに広められる。そして労働者に，とくに軍隊に必然的
　　　に編入される労働者に，人間の権利と義務について啓発する。
　　3. 総評議会は，この決議の精神に一致する時宜と特殊な状況に適したあらゆ
　　　る措置をとる。

　次にデュポン議長のもと，ロンゲ（カーン）は，運営会議で採択された「戦
争について」の委員会決議を読み上げた。
　正義が自然的集団，人民，民族の間の，同様に市民の間の関係の規範でなけ
ればならないこと，戦争の主要な原因は経済的均衡の不足にあること，戦争は
最強者の言い分にすぎなかったし，また権利の承認ではなかったこと，戦争は
特権階級あるいはそれらを代表する諸政府による，人民の従属の手段にすぎな
いこと，戦争は専制主義を強化し自由を抑圧すること（我々はその証拠として
イタリアとドイツとの先の戦争を示す。1848年，1859年イタリア－オーストリ
ア戦争），家族には死別と廃墟を，軍隊が集結する全ての箇所では頽廃をまき散
らし，こうして戦争は無知と貧困を維持し，永続させること。
　以上のことを考慮して，ヴリュッセルで招集された国際労働者協会の大会は，
戦争に激しく反対することを宣言する。大会は，国際労働者協会の全ての支部
とそれぞれの国のおのおのに，同様に，いかなるものであれ全ての労働者団体
と全ての労働者グループに，人民に対する人民の戦争を防止するため最大の活
力をもって行動することを勧める。戦争は生産者たちの間で行われれば，兄弟
あるいは市民の間の争いでしかないのであるから，それは今日，内戦としての
み考えることができるのである。

大会は，それぞれの国で戦争が勃発した場合，とりわけ労働者に全ての労働を中止することをすすめる。大会は，あらゆる国の労働者を活気づける連帯の精神を十分に考慮し，戦争に反対する人民の戦争に彼らの支持が不足しないことを期待する（pp.403f）。

副議長ムラは，選出された今年の総評議会員の名前を示した。またムラは，運営会議で採択された「土地所有権問題」についての決議を読み，採択された。

また「協同についての委員会」で作られた報告が読まれ，相互の協力が論議された。さらに各国での労働問題，労働者の状態をあつかった「労働者もノート」も論議された。最後に議長デュポンは，閉会の挨拶をした[29]（pp.404–429）。

この戦争問題は先の大会でも議題として提起されておらず，総評議会でも大会議題として準備されていなかった。戦争について９月７日の第四会議で，また９月１３日の第十六会議で論議された。この議題は，ヨーロッパで現実に行われた大国間の戦争，1853～54年のクリミア戦争，シュレースヴィヒとホルシュタインをめぐる1864年のプロシア，オーストリアとデンマークの戦争，そして1866年のプロシア，オーストリア戦争に対し，各国労働者がどう向き合うかを問うたものであり，戦争の原因，その歴史的意味，その防止が問題となった。

決議で，戦争に反対する労働者の抵抗運動，国際労働者協会に参加した労働者の連帯，さらに抵抗手段として労働停止，が述べられていることは興味深い。イギリスを中心とする十九世紀の自由主義経済，資本主義の世界的発展，各国の対立，その帰結としての戦争，そしてこれに対する労働者による反戦が論議されていたのである。各国での経済の進展，拡大と戦争，しかし同時に，経済成長，対立をこえて戦争への反対，平和を求めるヨーロッパ労働者の国際的連帯が論議されたのである。

なお平和について，カントは『永遠的平和のために』（1795年）で，ルソーは『サン・ピエール師への永久平和論（1713～33年）抜粋』（1759年）で，国家連合を唱え，恒久平和について論じていた。すでに十八世紀にはイギリス，フランス，プロシア等の列強が，スペイン王位継承戦争，オーストリア王位継承戦争，七年戦争で争っていたのである[30]。

こうして第十二，第十四，第十六の会議で，これまでの会議で論議されてきた労働時間短縮，教育，信用，土地所有，戦争の諸問題が論議され，決議され

ている。また総評議会の所在地，その構成員，次期大会の開催地も決められており，大会が重要な位置をしめていたと言えよう。総評議会も毎年の大会で選出されるのであり，大会に拘束されるのである。1868年の第三回ヴリュッセル大会では，問題ごとに委員会が作られ，その報告を踏まえて，各国の代表が意見を述べるという形で議事は進行した。大会では各国の労働者諸団体の代表が中心となり，多くの各国代表の演説が行われた。総評議会が指導機関であり，総評議会の決議案が大会で決議され周知されるというのではなく，国際労働者協会に加盟した各国の独立した労働者諸団体の代表が集まり，運営および運動の諸問題について討議し，互いに理解を深め方策を考えるという，労働者の成長を意図した，労働者独自の国際的な大会であった。

　この1868年第三回ヴリュッセル大会では当時のヨーロッパで懸案事項であった諸問題，それはすでに1866年第一回ジュネーヴ大会で提起されていたが，労働組合とストライキ，機械の影響，協同組合の諸問題，労働時間の短縮が討議された。ヨーロッパ各国の諸組織の連絡機能を担う総評議会を中心に，各国の代表が集まる大会を通して，各国の運動は前進への手掛かり，各国の運動への見通しをつかもうとした。毎年の大会毎に労働者の見識が深まり，歴史の大局を，つまり1867年の経済学批判『資本』，資本主義的商品生産，価値論，剰余価値論によって基礎づけられた社会変革の展望を，経済闘争と政治闘争の関連を，現実の問題を通して把握しようとしたのである。

　また，非公開の「運営会議」は午前に行われた。すなわち拡大する第一インターナショナルへの国家の干渉を配慮して，ロンドンの総評議会や諸支部の報告，規約の修正，総評議会の所在地と翌年の大会開催地など，国際労働者協会の組織と運営について非公開で論議された。そして運営会議で，ドイツの代議員がマルクスの1867年の経済学批判『資本』の読了と翻訳を各国の労働者に勧めた[31]。

3　大会後の総評議会

　大会終了後，総評議会でヴリュッセル大会の報告がなされた。

　1868年9月22日の総評議会で，ユングが議長に選ばれた。まずエッカリウスは，ヴリュッセル大会で，ロンドンが総評議会の所在地として，また総評議会の構成員が選出されたことを述べた。ユングも大会について報告をした。スワンホテルでは，ヴリュッセル支部が作業していた。大会で執行委員会が選ばれたが，代議員の多くはフランス語を話し，議事はフランス語に通訳された。意

150

見の対立が激しいので作業は大変であった。

ルークラフトは報告した。将来，通訳者を雇えるなら，各自はもっと意見を述べることができるであろう。論議の要点が，通訳されたとは思わない。軍隊とぶつかった時に混乱したが，仕事はうまく進んだと思う。さまざまな意見が述べられたが，やがては正しい結論に到達しうると思う。

エッカリウスは述べた。1867年のローザンヌ大会では，一名の代表だったベルギーは，今度の大会では一つの党派をなしていた。イギリスの労働組合主義が，近年ベルギーで取り上げられた。労働組合が，あらゆる決議，演説に現れている。労働者は，労働組合で全てを改善できると考えている。

レスナーは，専門の通訳者が必要であろうし，またヴリュッセル大会の準備は不十分であったと述べた。ユングは，準備は不十分と考えるが，通訳者の採用に反対した。

マルクスは述べた。我々はフランス人の非難だけを耳にした，だが大会に参加することは彼らの勇敢な行為であり，また審議会での配慮の不足は，現在の事情に起因することを忘れるべきでない[32]。

9月29日の総評議会で，ユングが議長に選ばれ，議事録が確認された。ニューヨークのペレティエからの手紙は，ローザンヌ大会資料の受取を伝えた。

マルクスは，ヴリュッセル大会の資料を24部印刷することを提案し，デュポンが支持した。コーンは，大会について，専門の通訳者が必要であること，また議案について大会前に総評議会で十分論議されなかったので，大会で総評議会の見解を示せなかったと述べた。

10月6日の総評議会で，ルークラフトが議長に選ばれ，前回の議事録が朗読されたが，ラファルグは次の事を問題とした。何故エッカリウスが機械問題についての総評議会の決議を，ヴリュッセル大会および『タイムズ』で自作としたのかを尋ねた。

エッカリウスは，混乱していたので間違えたと答えた。マルクスは議事の承認を提案し，デュポンが支持した。議事録は承認された。そしてラファルグは，1866年のジュネーヴ大会での総評議会の提案と1868年のヴリュッセル大会の決議を，一緒に印刷することを提案し，デュポンが支持し承認された。

1868年の10月13日の総評議会で，ミルナーは議長に選ばれた。マルクスは，イギリス労働組合をモデルにした組合が，ドイツ全土でつくられていると述べた。

第 2 章　1868 年のヴリュッセル大会と 1869 年のバーゼル大会　**151**

　10 月 20 日の総評議会でコーンが議長に選ばれ，議事録が確認された。ニューヨークからの手紙が読まれたが，それはヴリュッセル大会の報告が，ニューヨークでの全国労働連盟の大会（9 月 21 ～ 26 日）に間に合わなかったと伝えていた。

　11 月 3 日の会議でデュポンが議長に選ばれ，議事録が確認された。報告（第一回大会と第三回大会の決議）の前半が朗読され，承認された。
　ユングは，マルクスが報告の残りの部分の翻訳を訂正することを提案し，ウェストンが支持した。承認された。
　11 月 10 日の総評議会で，レスナーが議長に選ばれ，議事録が確認された。報告の後半が，朗読された。報告の承認をユングが提案し，ショーが支持し承認された。
　12 月 22 日の総評議会でオッジャーが議長に選ばれ，議事録が確認された。ウェストンは，大会決議（第一回大会と第三回大会の決議）を印刷することを委託された[33]。

　こうしてヴリュッセル大会後，大会報告の印刷と普及が，総評議会で準備された。大会は労働運動の歴史的課題を具体的に提起し，その前進を意図するのであるが，国際労働者協会での毎年の大会は，各国の多様な運動から労働者が共通の理論的綱領を作成するための一里塚であった。ヴリュッセル大会で 1867 年の経済学批判『資本』の読了とその翻訳がドイツの支部から提案されたが，マルクスの企図がここに確認されよう。そして，指針をなすべき第三回ヴリュッセル大会決議を，第一回のジュネーヴ大会決議と合冊して刊行することが，総評議会で決められた。
　1869 年に総評議会で刊行されたこの文書の内容は，次のとおりであった。

第一回　ジュネーヴ大会　1866 年
　1）資本と労働の闘争での協会の仲介による諸勢力の国際的結合，2）労働日の制限 3）年少者と児童（男女）の労働，4）協同組合労働，5）労働組合その過去，現在，未来。
第三回　ヴリュッセル大会　1868 年
　1）労働組合とストライキ，2）資本家の手中での機械の作用，3）労働者

階級のための信用制度，4）教育問題，5）土地，鉱山，鉄道の所有，6）労働時間の短縮，7）戦争と常備軍，8）平和連盟の招待への回答，9）ドイツの代議員による決議，10）労働者階級の状態への統計調査[34]。

　当時の運動にとっての基本的な課題が，古典派経済学を批判した『資本』（1867年）によって裏付けられて，この文書に提起されており，大会決議が各国の運動への共通の理論的綱領をなした。
　「資本主義的蓄積の歴史的傾向」（小見出しは第二版第二版から）
　「この転化過程のいっさいの利益を横領し独占する大資本家の数が絶えず減ってゆくにつれて，貧困や抑圧や隷属や堕落や搾取の度合いが増大するが，ますます膨張をつづけながら資本主義的生産過程そのものの機構によって訓練され結合され組織化される労働者階級の反抗も増大してゆく。資本独占は，それとともに開花しそれのもとで開花したこの生産様式の桎梏となる。生産手段の集中と労働の社会化は，それらの資本主義的な外皮と相容れない時点に到達する。この外皮が爆破される。資本主義的私有の最後を告げる鐘が鳴る。収奪者が収奪される」（『初版　資本論』第6章2「いわゆる本源的蓄積」江夏美千穂訳，1983年，幻燈社書店，858頁）（MEGA II / 5, 1983, S.609）。

　さらに国際労働者協会の整備とともに，これと深く係わる国際社会民主同盟の加入問題があった。1868年10月，ジュネーヴで，バクーニンは国際社会民主同盟を設立した。1868年11月3日の総評議会で，ユングは，ジュネーヴ支部からスペインの労働者へ送られた声明文の抜粋を朗読した。それはスペインでの変革が単に政治的なものではなく，経済的なものであることを表現していた。11月29日に同盟の綱領と規約が総評議会に送付され，それは12月15日の総評議会で論議された。この会議で，デュポンとジョナールは，国際社会民主同盟が国際労働者協会の弱みになるであろうし，また，かれらの目的は国際労働者協会によって達成されると述べた。マルクスは，他の国際的な組織を協会に加えることは規約に反すると述べた。スイス担当の書記が返書を準備すること，また返書は公表することが承認された[35]。
　1868年12月22日の総評議会で，ユングは国際社会民主同盟への返書を朗読した。それはデュポンの追加をもって承認された。また，国際社会民主同盟の綱領に署名している多くの者は，ヴリュッセル大会で，平和連盟についての決

第2章　1868年のヴリュッセル大会と1869年のバーゼル大会　**153**

議に賛成していたことが指摘された。こうして12月22日の総評議会で，国際団体の加盟は協会を解体させるだろうという理由で，国際社会民主同盟は加入を拒否された[36]。

これに対し社会民主同盟は，総評議会が同盟の綱領を承認し，同盟の地方支部を認めるなら，同盟を解散すると伝えてきた。1869年3月9日の総評議会で，国際社会民主同盟の書記からの手紙が読まれた。それは同盟の国際協会加入への返答を求めていた。マルクスは回答を読みあげた。この返書で，同盟の綱領を検討することは総評議会の機能の外にあること，また同盟が加入するなら，同盟支部の所在地と数を総評議会に報告する義務があると述べられた。そして回答の返送をデュポンが支持した。マルクスの回答は承認され，また文書は国際協会の諸支部に送られることになった。1869年7月27日の総評議会で，マルクスは，同盟が総評議会の意見を受け入れたこと，そして同盟の加入を提起し，承認された。社会民主同盟は協会に加入することになった[37]。

マルクスは1869年3月5日付きのエンゲルス宛ての手紙で，バクーニンについて述べている。国際労働者協会の規約の第一条によって，「同一の目的，すなわち労働者階級の保護，進歩，完全な解放をめざしている」労働者団体はすべて加入を許される，と。同じ国におけるいろいろな労働者部分の発展段階も，違った諸国における労働者階級の発展段階も，必然的に非常に違っているのだから，必然的に現実の運動も非常に違った理論的な諸形態において表現される，と。国際労働者協会の生み出す行動の共通性，あらゆる国々における諸支部のいろいろな機関紙による思想交換，最後に一般大会における直接の討論は，徐々に一般的な労働運動のための共通の理論的綱領を作り出していくであろう，と。

それゆえ，「同盟」の綱領についていえば，それを総評議会はどんな批判的審査のもとにもおく必要はない。総評議会は，それが労働運動の十全な科学的表現であるかどうかを検討する必要はない。ただ総評議会が問うべきは，この綱領の全般的な傾向が国際労働者協会の一般的な意図——労働者階級の完全な解放——と矛盾していないかどうか，ということであると。ただ綱領中の一つの文句，第二条「それはなによりもまず，諸階級の政治的，経済的，社会的平等化を欲する」という項は，この難点に該当するかもしれない。「諸階級の平等化」ということは，文字どおりに解釈すれば，ブルジョア社会主義者たちが説教した「資本と労働との調和」の書き換えにほかならない。論理的に不可能な「諸

階級の平等化」ではなくて，歴史的に必然的な「諸階級の廃止」こそが，国際労働者協会の究極の努力目標なのである（MEW, Bd. 32, S. 273f）。

　社会民主同盟の国際労働者協会への加入をめぐって述べられたこの書簡で，マルクスは1864年創立いらいの国際協会の経験を前提に，その組織特徴を述べているのである。第一に，労働運動の発展に対応して，国内および国外での労働諸団体の意見の相違を認めていること，第二に，だがそれらの相違は，国際労働者協会の行動の統一性，労働諸団体相互の意見交換を介し，さらに一般大会での直接の討議から，共通の綱領の作成にいたるというのである。1868年第三回ヴリュッセル大会を終えてこの発言は，まさに大会の性格，国際労働者協会の原則を示すものである。

　とりわけ，バクーニンのいう「階級の平等」への批判は，まさに『共産党宣言』で提起され，1867年の経済学批判『資本』で裏付けられた論点，諸階級の対抗，階級闘争の経済的基礎を踏まえたものであり，「資本と労働の調和」でなく資本の廃止，階級の廃止を述べたものである。そしてそれが，国際労働者協会の目標，労働者階級の解放ともつながり，毎年の一般大会で労働者自身によって合意される原則，共通の理論的綱領になるのである。

第3節　国際労働者協会　第四回バーゼル大会

1　大会前の総評議会での論議

　翌1869年にも，ヴリュッセル大会の成果を受け継ぎ，ヨーロッパ各国での運動の前進を求めて，大会準備が総評議会で行われた。

　1869年1月5日の総評議会で，マルクスは常任委員会の報告を読んだ。フランスの綿織糸，綿織品製造業者がイギリスとの競争のために，労働者の賃金を切り下げるというものである。これに対し，反対の決議をあげることになった。

　1月19日の総評議会で，ヘールズが議長に選ばれ，議事録が確認された。ジョナールは，パリとルーエンで，ヴリュッセル大会の議案を待っているということを述べた。

　1月26日の総評議会で，レスナーが議長に選ばれ議事録が確認された。規約と大会報告を求めている手紙が朗読され，書記がそれを送ることになった。

　2月2日の総評議会でウェストンが議長に選ばれ，議事録が確認された。

第2章 1868年のヴリュッセル大会と1869年のバーゼル大会　　**155**

　絹地染物屋とリボン織工の紛争を伝えるスイス，バーゼルからの手紙が報告された。絹地染物屋は，国際労働者協会の会員であるという理由で12月26日にロックアウトした（締め出した）。最初にロックアウトされた数は480人であった。マルクスは，それが通常のストライキ，ロックアウトではなく，国際労働者協会を押しつぶすためのものであるので，問題をとりあげることに賛成した。

　2月9日の総評議会でユングが議長に選ばれ，議事録が確認された。デュポンは，信用制度の問題がフランスではすたれており，労働組合の設立が盛んであると述べ，また今年度の大会議案を，フランスの選挙前に公表すること提案した。提案を次の会議で論議することが同意された。なお大会決議を『ビー・ハイヴ』や『クリスピン』で，四回連続して広めることになった。

　1869年2月16日の総評議会でルークラフトが議長に選ばれ議事録が確認された。ユングは，バーゼルからの記事を伝えた。チューリッヒの技師，大工，製本工たちが労働組合をつくり，国際労働者協会に加入した。バーゼルの労働者のために基金が集められた。

　デュポンは大会議案についての先の会議の発言を取り上げたが，マルクスは，今，議案全体を公表することは時期尚早であると述べた。教育と信用の二つの大きな問題が，次の大会に送られており，土地所有問題がきっと登場するであろう。この三つの事柄が大会の議案として公表され，別な提案をしようとする人は，その提出を求められると述べた。

　次の決議が承認された。書記は大陸の全ての支部に，次のことを伝える。土地，信用そして教育が，再び大会の議案に含まれること，大会に提起すべき他の議案を持っているどの支部も，できるだけ早急にそれらを送付すること，議案について書かれた新聞や文書も同様に大会前にロンドンに送付されること[38]。

　こうして1869年の2月には，土地所有，信用制度，教育問題という大会議案が，先のヴリュッセル大会を受けて確認され，総評議会から各国組織へ提起されることになった。そして同時に，他の大会議案の提出が各国の支部に求められており，議案作成への各国支部の参加が，マルクスによって提起されたのである。現実のなかで活動する各国の諸支部からの反応が，つまり各国の労働者の自律的な成育が期待されたのである。

　1869年2月23日の総評議会でレスナーが議長に選ばれ，議事録が確認された。

リノは第一回ジュネーヴ大会と第三回ヴリュッセル大会の決議報告書を提出した。一部につき1ペニーで販売されることになった。

3月2日の総評議会でユングが議長に選ばれ，議事録が確認された。書記は，ロンドンで国際労働者協会と連絡している全ての組合に，第一回大会と第三回大会の決議報告書を送付したことを伝えた。

4月13日の総評議会でユングが議長に選ばれ，議事録が確認された。マルクスは北ドイツ議会で，労働者を真に代表する代表によって三つの社会主義的な演説がなされたと述べた。そのうちの一人ベーベルは，10時間労働日，労働組合の自由を求めた。また，ジュネーヴの要求を取り上げ，相続権の問題を今度の大会議案に含むことを提案し，ミルナーが支持した。承認。

4月20日の総評議会で，書記は大会に参加する代議員の費用が，6シリングを越えないようにというバーミンガムからの手紙を伝えた。デュポンは，ゲノア（イタリア）からの手紙で，ヴリュッセル大会の報告書が届いていないこと，また規約ならびにジュネーヴ大会，ローザンヌ大会の報告書も求めていると述べた。

1869年5月4日の総評議会でアップルガースが議長につき，議事録が確認された。マルクスは，4月20日の総評議会で委託されたベルギーの虐殺にかんする宣言案を読んだ。

「ベルギーの虐殺　ヨーロッパと合衆国の労働者へ」

「イギリスではストライキなしに，しかも大規模なストライキなしに，一週間が過ぎるということはほとんどない。もしそんな場合に，政府が兵士たちを労働者階級におそいかからせるなら，このストライキの国は虐殺の国になってしまうであろう。……この幸福な生活をおくっている国は，ベルギーである。大陸的立憲制度の模範国で，地主と資本家と司祭の居心地のいい，しっかりと垣根をめぐらした小さな楽園である。……スランのコカリル製鉄所の精錬工のまったく合法的なストライキが騒擾に変えられてしまったのは，もっぱら民衆を挑発するために，突如として現場をおそった騎兵や憲兵の強力な一隊のためだということは，いまでは資本家の新聞の不本意な証言によってさえ証明されている。……この地域の炭鉱夫のあいだにほとんどゼネラル・ストライキに近いものが起こって，多くの軍隊が集結された。軍隊はフラムリでは小銃の一斉射撃で戦闘を開始し，九人の鉱夫が殺され，二十人が重傷を負わされた。……ベ

第2章　1868年のヴリュッセル大会と1869年のバーゼル大会　　**157**

ルギーの資本家は，かれが労働の自由といっているものにたいする並みはずれた熱情の点で，全世界で名声を博している。彼の雇っている働き手たちが，年齢や性の例外なく，その生活のあらゆる時間を彼のために労働する自由を，資本家は非常に愛しているので，この自由を傷つけるあらゆる工場法を，いつもいきどおりをもってしりぞけてきた。……だから彼（ベルギーの資本家）は，ストライキを狂気のようにいきどおるのである。彼にとって，ストライキは瀆神であり，奴隷の反乱であり，社会的大変動の兆候である。……国際労働者協会が，ベルギーで歓迎されない客であったことは，たやすく了解できよう。……すでにヴリュッセルのベルギー委員会は，スランとボリナージュの虐殺について十分な調査を始め，のちにその結果を発表するという意図を公表した」（MEW, Bd.16, S.350-354）。

　アップルガースは述べた，それは立派な宣言であるが，論議される前に，事件についての詳細があればさらによくなる。
　書記（エッカリウス）は，従業員を服従させるために軍隊が使われたベルギーのスランの精錬工のストライキに関する4月20日の議事録を読んだ。ユングは，スランとボリナージのストライキと虐殺の詳細を与えた。
　アップルガースは述べた。それは古いありふれた話である，労働者は貧しく彼らの状態を改善しようとするが支配者は抵抗する，しかし支配者が軍隊を支援につかうのは，完全に拒否されるべきである。雇用者がそのように労働者を切り倒すのに，傍観していることはできない。すべてを助けることは義務である。宣言は残酷な暴行の告発以上である，それは事態の描写であり国中に広められるべきである。
　マルクスは二つの問題があると述べた，一つは，ストライキをする労働者の権利，二つは，その力を示すために何かをしなければならない国際労働者協会の運命。宣言が採択され，印刷され，普及されるというヘールズの提案は，エッカリウスによって支持され，全員で承認された。
　1869年5月25日の総評議会でルークラフトが議長に選ばれ，議事録が確認された。デュポンは，労働者階級の解放闘争における労働組合の力を考え，ベルギーのストライキ闘争は大会議案に含まれるべきであると述べた。
　6月8日の総評議会でユングが議長に選ばれ，議事録が確認された。　フランスの『人民の声』紙は大会を紹介し，機械工たちが二人の代議員を決めようと

していることが伝えられた。

レスナーは，大会議案を作成するため常任委員会の会議を開き，6月22日までに報告することを提案し，エッカリウスが支持した。

6月15日の総評議会で，ユングが議長に選ばれ，議事録が確認された。ジュネーヴのドイツ語支部の手紙が読まれた。それは，どのようにして労働者階級が集団的所有に到達し，階級対立を廃棄できるのかという大会議案にかかわる提案を示していた。ヴリュッセル委員会の手紙は，大会議案にかかわる二つの問題を有していた。つまり将来における正義の組織と友好な共済組合の連合組織である[39]。

このように大会議案は，第一に，先の大会の問題を受け継ぎ，第二に，各国諸団体が，相続権，労働組合，集団的所有などの新たな提案をおこない，総評議会がこれらをまとめるという形で作られた。二月に総評議会から大会議案が提起され，二月から六月までに，各国諸団体の提案を踏まえて，より具体化されたのである。各国の運動にとっての指針をなす大会議案の作成に，多様な展開と課題を含む各国の労働者諸団体の意向が反映され，問題解決への糸口が探究されたのである。総評議会を中心とする大会議案の論議を介して，共通の理論的綱領の作成が模索されたのである。

さらに 1869 年 6 月から 8 月まで，総評議会で大会議案の審議が行われた。

6月22日の総評議会で，デュポンが議長に選ばれた。マルクスは，ゾーリンゲンからの次の手紙を読んだ。労働問題は国際的結合によってのみ解決されるという確信がますます広まっていると，またライプツィヒの製本業者は，他国の製本業者との国際的結合を望んでおり，彼らの支部のいくつかは国際労働者協会に入っていると。

大会にかんする常任委員会の報告が確認された。1）土地所有問題，2）相続権，3）労働者階級は，どこまで信用を利用できるのか，4）普通教育問題，5）労働者階級の解放に対する労働組合の力。

また大会での議事の進行が確認された。1）信任状の確認，2）大会執行委員の選挙，3）総評議会の報告と諸支部の報告，4）大会議案の討議，5）次年度の総評議会の所在地の決定，6）総評議会の委員の選出，7）次期大会の日時と場所の決定。また議案に，統計的な調査が行われていることを示す注意

書を添付することも確認された。最後に，大会議案の討議を次の会議から始めることが決められた[40]。

　この会議で，総評議会提出の五つの大会議案が確認され，これ以後の会議で審議され，大会議案がつくられた。大会前に各国の支部と同じように，総評議会でも大会議案について論議されるのであり，言わば予備的な労働者の学習会が開かれるのである。そして大会で直接に意見をかわし，論議を通して，共通の見通しにたどり着くことが図られた。現実の歴史的経験を重視する各国労働者の運動を踏まえての労働者階級の合意作りが，総評議会で意図されていたのである。またこの総評議会で，大会の議事運営，従ってまた大会の役割についても論議されていることは注目される。議決権と係わる信任状の確認，総評議会だけでなく各国支部の報告，さらに大会での総評議会の場所と構成員の選出，次期大会の決定が，総評議会で確認されているのである。

　大会前の総評議会では，特に土地所有について論ぜられた。
　1869 年 6 月 29 日の総評議会でルークラフトが議長に選ばれ，議事録が確認された。新聞社から，大会議案を掲載するのに 17 シリング求めてきたことが報告された。ミルナーは総評議会の会議で，通信に時間をかけすぎることに反対した。もっと短縮すべきであり，さもないと大会議案の討議ができなくなると。
　大会議案の討議が開始された。書記は，耕作地について先の大会で承認された決議（1868 年ヴリュッセル大会）を読んだ。決議が代議員が十分に納得するものかどうかが問題となり，問題は再審議されることになった。総評議会が決議の確認を提起するのか，あるいは次の大会の採択のために，他の決議に代えるのかである。
　7 月 6 日の総評議会でルークラフトが議長に選ばれ，議事録が確認された。
　ミルナーは土地問題の論議を再開し，以下の文章を先の大会決議の補足として提起した。土地，鉱山等は，国民全体のために国家の所有とする。広大な土地や鉱山の自身の所有 individual ownership は，少数者に多数者に対する支配力を与えているが，これは国民の自由とは矛盾する。全ての個人の，自国の土地への関与に対する自然権を実現する唯一の方法は，土地を万民ための万民の所有にすることである。
　マルクスは述べた。ミルナーは，論争の本質を正確に理解していない。鉱山や森林が共有財産になることに反対はなかった。少数者の手中への土地の累積

によってひき起こされる侵害は，認められた。議論になったのは耕作地についてのみである。反対意見は，小農の支持者達からでてきた。小所有が議論の核心である。

　社会的必要性の嘆願は，抽象的な権利の主張よりもまさっている。圧政のあらゆる可能な形態は，抽象的な権利によって正当化されてきた。この扇動様式を放棄する時期である。問題は，いかなる形態でこの権利が実現されるかである。封建的所有を農民的所有に変換するには社会的必然性があった。イギリスでは，地主は農業で必要であることを終えた。自然権については，それなしには生きていけないのであるから，動物も土地にたいする自然権をもっている。この自然権を論理的帰結におしすすめるなら，我々は，すべての個人が彼自身のとりぶんを耕作するという主張に帰着する。

　社会的権利と社会的必要性とによって，いかなる仕方で生活手段が獲得されるべきかが決定される。社会的必要性は，工場がゆきついた方向に強制される。そこでは協同作業が義務化された。いかなる人も独力で何も生産できないという事実は，協力の社会的必要性を示す。決議にもう少し強い表現を与えることに反対しない。

　ウェストンは述べた。小規模なマニュファクチュアのような小農業は，運命づけられている。科学と機械は小農業には適用されない，小農業は放棄されざるをえない。協同組合では，個人的無関心さは彼らが労働から受け取る総額において，小さな差異にすぎない。協同組合が小農民の気持ちをとらえるなら，かれらは容易に賛成するであろう，もし，そうすることが彼らの利益になることが示されるなら。

　マルクスは述べた。小農民階級は大会に参加していないが，かれらの理想主義の代表達はそこにいた。プルードン主義達は，この点で非常に強い。彼らはヴリュッセルに来ていた。評議会は，決議に対して責任を負う。決議はヴリュッセル委員会によって，取扱うべき対立を知っている人たちによってつくられた。私はそれらを作りなおすことに反対しない。ウエストンは，社会的必要性についてのみ語った。我々は，土地の私的所有のどちらの形態も，悪い結果に至ったことをみた。小生産者は名ばかりの所有者でしかない，だが，かれは依然として所有者であると思うのでさらに危険である。イギリスでは，二週間の

うちに議会の法令によって，土地を共同所有に変えることができる。フランスでは，所有者の負債と課税義務によって伴われた。

　1869 年 7 月 13 日の総評議会でルークラフトが議長に選ばれ，議事録が確認された。土地問題について再び議論された。
　アップルガースは述べた。権利と社会的必要について論じるのではなく，いかにして土地を獲得するのかという現実的な方策を考えるべきだ。
　エッカリウスは述べた。個人的所有は，今やさらなる進歩への障害となってきた，その廃止のための社会的必然性がある。協同組合的生産が変化の起点をなし，変換をもたらす唯一の利用できる方法である [41]。
　こうして資本主義的生産の基底をなす私的所有，その土地所有の論議で，先のヴリュッセル大会の決議が確認され，そしてこの決議の議決状況から，その整備が図られたのである。土地，鉱山所有のほかに，とりわけ農民的小土地所有について，総評議会でも意見は多様であり，マルクスの意見も慎重であった。プルードン主義者たちに代表される独立小生産農民の歴史的意義が，大会問題で現実的な課題として問われたのである。

　1869 年 7 月 20 日の会議でルークラフトが議長に選ばれ，議事録が確認された。
　マルクスは，**相続権の問題**の議論を始めた。この問題は，以前にジュネーヴの社会民主同盟 the Alliance of Socialist Democrats of Geneva によって提起されていた。とくに社会民主同盟は相続権の完全な廃止を求めた。相続の二つの形態がある。遺言の権利，遺言（状）による相続はローマに由来し，ローマに特有のものである。それは現在，イギリスや合州国で存在する。ドイツの相続権は無遺言の権利であり，家族の権利である。支配人が死ぬと，財産は子供ら全員に属する。ドイツ人は他の相族権を知らなかった。
　社会民主同盟は相続権の廃止で，社会革命を始めようとしている。提案は新しくはない。サン・シモンは 1830 年に，それを提起していた。それは経済的手段としては役にたたないであろう。我々は，生産手段の私的所有を廃棄すべきである。万人が，かれの労働力を発揮すべき権利と手段をもつようにするため，全ての労働手段は社会化されるべきである。これが実現できれば，相続権は問題とならない。そうなっていない以上，家族的相続権は廃止されえない。最初は，労働手段を社会化する手段をかち取ることでなければならない。

ヘールズは，人は死後に，財を処理するいかなる権利も持たないことを，宣言すべきであると述べた。

ウェストンは，人々が働かなくても生きていけるようにする所有権の移転は，強く非難されるべきであると述べた。議論が進む前に，決議を示すことの是非について話された。マルクスは次の会議で決議を出すことに同意した[42]。

こうして労働者が取り組むべき問題として相続権の廃止が，バクーニン主義者から提起され，先の土地所有問題との関連で論じられた。そしてここでは，資本主義の根幹をなす生産手段の私的所有の廃棄という形で論じられた。

1869年7月27日の総評議会でルークラフトが議長に選ばれ，議事録が確認された。土地国有化を求めたワルトンからの手紙が報告された。またパリのバァルリンの手紙は，技師，靴工，製本工等が，代表を大会に送ると伝えてきた。

8月3日の総評議会でユングが議長に選ばれ，議事録が確認された。会費を支払った支部のみが，大会に参加できることが確認された。

マルクスは1869年8月7〜9日に，ドイツのアイゼナッハで社会民主労働者党が設立されたこと，同党は，国内法が許す範囲内で国際労働者協会に加盟すると述べた。また，スイスのジュネーブにある国際労働者協会のドイツ語支部委員会（1865年9月創立）のベッカーについて報告した。

さらに，マルクスは相続権の廃止に反対する理由を次の五点にまとめ，報告した。この決議はエッカリウスの提案で，ウェストンが支持し認められた。

1. 相続権が社会的に重要であるのは，故人が生存中にふるってきた支配力を，すなわち，所有権によって他の人々の労働生産物を自分自身に移す支配力を，子孫に残すからにすぎない。例えば，土地は現存の所有者に，地代の名目で，他人の労働生産物を等価なしに彼に移す力を与える。相続は，ある人の労働生産物を他の人の懐に移す力をつくりはしない。それはその力を譲渡する諸個人の変化に関係するだけである。

2. 我々が取り組まなければならないのは，原因であって結果ではなく，経済的土台であってその法制的上部構造ではない。だから我々の大目的は，ある人々にその生存中に，多くの人々の労働の果実を自分のものとする経済的な力を与える諸制度を廃止することでなければならない。相続権の消滅は，生産手段の私的所有を廃止する社会変革の当然の結果であろう。これに反して相続権の廃止は，決してそのような社会変革の出発点となること

はできない。

3．40 年ほど前に，サン・シモンの信奉者たちによっておかされた大きな誤りの一つは，相続権を現在の社会組織の法的結果としてではなく，経済的原因として取扱ったことである。相続権の廃止を社会革命の出発点と宣言することは，労働者階級を，現在の社会にたいする真の攻撃点から引き離すことになるだけであろう。それは理論における誤りであり，実践において反動的である。

4．我々は，相続法を扱うさいに生産手段の私的所有が存在し続けることを，必然的に想定している。相続にかんする一時的な措置として，次のものがある。（1）すでに多くの国にある相続税を拡大し，それによって得られる資金を社会解放の目的にむけること。（2）遺言による相続権の制限。それは——無遺言あるいは家族相続権とは区別される——私的所有の原理それ自体の恣意的で迷信的な誇張表現のようにすら思われる。

　ここに整理された相続権に関する決議は，土地所有の社会化と関連して述べられたが，バクーニン主義者のいうように相続権の廃棄を運動の課題とすることは，労働者階級を運動の核心からそらすとして反対された。他人の労働を支配する資本主義生産，そしてその基礎をなす私有財産，生産手段の私的所有は，廃止されねばならない。そしてこれが運動の目標であり，これが達成されれば，相続権の問題は解消する。さらにマルクスの提案で，教育問題が信用問題に先行することが確認された。そして次の会議で教育問題が討議されることになった。さらに特別会議が土曜に開かれることになり，土曜日の会議では大会問題に集中することが決められた[43]。

　1869 年 8 月 10 日の総評議会でルークラフトが議長に選ばれ，教育問題が論議された。エッカリウスが，児童と若者の教育と職業訓練に関するジュネーヴ大会の決議を朗読した。マルクスは，教育問題には独特な困難が伴うと述べた。一方では，本当の教育制度を作りだすためには社会環境の変化が必要であり，他方では，社会環境の変化のためには，本当の教育制度が必要である。我々は現在いるところから出発しなければならない。大会はためらうことなく，教育は義務教育であるべきと決議するであろう。

　8 月 17 日の総評議会でルークラフトが議長に選ばれ，議事録が確認された。

マルクスは述べた。いくつかの点で我々は意見が一致している。議論は，ジュネーヴ大会決議を再確認することから始まった。ジュネーヴ大会の決議は，精神教育を，仕事，身体訓練，技術訓練と結びつけることを述べている。技術教育は，分業作業の欠陥を埋め合わせるものである。分業では，徒弟はかれらの仕事の全てを知りえないのである[44]。

このように教育問題が総評議会で論議され大会議案として提起されていることは，国際労働者協会の性格を知るうえで重要である。労働運動の具体的な課題の行き先に，児童の教育問題が，さらに人間の全面的発達が見通されていたのである。国際労働者協会の目的である労働者階級の経済的解放を理解する手掛かりを，ここに見いだすことが出来よう。

1869年8月24日の総評議会でルークラフトが議長に選ばれ，議事録が確認された。マルクスが大会の総評議会の報告を書くことが承認された。またヘールズは，大会代議員の選出を提案し，総評議会から代議員が選ばれた。ハリスは，信用問題の論議を再開した。

8月31日の総評議会でルークラフトが議長に選ばれ，議事録が確認された。

書記は，土地問題についての報告をニューヨークから受け取ったこと，また大会支援金を諸団体から受け取ったことを知らせた。病気で欠席したマルクスの報告を聞くために，特別会議を開くことが決められた[45]。

このように総評議会では，6月に常任委員会が提起した五つの問題にそって討議され，総評議会執行委員の見識が広げられた。とりわけ資本主義的生産の根底に横たわる地主の土地私有，つまり土地所有と相続権問題が，国際労働者協会の課題である労働者階級の解放との関連で議論された。生産手段の私的所有，階級支配の根拠が提起された。このことは第一回大会と第三回大会の決議を受けて，さらに運動の前進を示すものである。まさに大会議案の作成過程が，各国の運動の進捗によって規定され，それを踏まえての進展が総評議会よって，提起されていたのである。

各国の運動の成果が総評議会に集約され，これによって総評議会自体が向上し，これがさらに各国へ還元されていくのである。ロンドンにある総評議会とヨーロッパ各国の運動とが，相互連関的に発展し，歴史を前進させることが意図されていたのである。

2　第四回バーゼル大会　1869年9月5〜11日

　バーゼル大会で，決議はどのように作成されたのであろうか。バーゼル大会を資料「インターナショナル第四回大会報告書　1869年バーゼルで開催」をもとに，考察することにしよう[46]。

　大会は，1869年9月5日から11日までバーゼルで開かれた。9月5日（日曜日）には，大会の開催地バーゼルの支部により，代議員が受入れられた。そして暫定委員会が選ばれ，代議員の資格が確認された[47]（La Première Internationale Tome Ⅱ 1962. pp.5-12. 以下，頁数のみ記載）。

　第一の公開会議は，9月6日（月）に，バーゼルの支部長によって10時から始められ，委員会により代議員の資格が確認された。次の大会執行委員会が設立された。議長，副議長，仏語，独語，英語，スペイン語の担当書記。そして大会への手紙，電報が伝えられた。12時に閉会した（pp.13-14）。

　第二の公開会議，9月6日では，大会運営の次の提案が論議され，承認された。
　1）各会議の最初と最後に指名点呼が取られる。
　2）各国の発言者は，一つの問題について二回だけ発言できる。自説の展開に10分，反駁に5分を自由に使える。
　3）大会議事日程の主要問題の決議はすべて，指名点呼で投票される。
　4）書記は，さまざまな問題に投票する代表の名前を記録する。
　5）一日に二つの会議がある。第一の会議は午前9時から12時まで，第二の会議は午後2時から夕方の6時までとする。第一の会議で運営問題を取り扱い，第二の会議で議事日程の問題を討議し，投票する。
　6）検討すべき問題と同数の委員会が任命され，各成員は参加する委員会を指定する。
　7）大会は，最初にロンドンの総評議会によって提出された五つの問題を扱う。他のすべての問題はその後で扱う。
　各提案は，三ヵ国語で文書で提出される。

　五つの委員会は次のとおり。1）土地所有権問題，2）相続権問題，3）相互信用，4）総合的な教育，5）労働者解放への労働組合の活動。これらの問

166

題について討議が行われ，会議は6時15分に閉会した[48]（pp.13-19）。

　こうして第一の会議で代議員の資格が確認され，第二の会議で議事運営の規則が，すなわち発言時間，回数，点呼，公開会議と非公開会議の区別，議事録の整備等が，これまでの大会を踏まえ，また六月の総評議会での提言を受けて，大会論議に先立ち確認された。さらに大会議題の論議のために，議題毎に委員会が設けられ，代表は自由に希望する委員会に参加し，討議に加わることになった。統制ではなく，各国の代表の自主的な判断が重視された。こうした大会議事運営の規定の背景には，1869年に国際労働者協会に加盟した社会民主同盟に対する対抗措置が，伏在すると思われる。

　第三の公開会議は9月7日（火）にユング議長のもとで，2時25分に始まった。点呼で出席が確認された。
　ロベールは，フランス語で「総評議会の報告」を行った。
　「総評議会の報告では，主として資本と労働とのあいだのゲリラ戦闘について述べる。われわれの言うのはストライキのことであるが，昨年ヨーロッパ大陸ではストライキの波がまきおこった」。1868年スイスのバーゼルのリボン織工と絹染色工のストライキ，イギリスと比べて労働時間は長く賃金は低い，国際労働者協会からのスト援助，そして国際労働者協会からの脱退の押しつけ――3月にはジュネーヴで建築労働者と植字工のストライキ，国際労働者協会にたいする国家権力の十字軍――4月にはスランの精錬工とボリナージュの炭鉱夫のストライキ，ベルギー政府の労働者虐殺――1868年12月フランスの綿業地域を襲ったストライキ，「賃金をもっと引き下げれば，フランスの綿製品でイギリスを襲撃できる」，賃金の大幅引き下げ，国際的産業戦争と労働者階級の国際的団結，イギリスとフランスの労働者階級の兄弟のきずな――オーストリア，ウィーンの労働者，社会主義とインターナショナルの旗のもとに結集，「政治のあり方が労働者の状態を左右するのだから労働者も政治にたずさわらなければならない」――プロイセンとドイツ地方，全国での労働組合の設立，1869年3月アイゼナッハ大会，国際労働者協会への個人加入――イギリス，1869年8月バーミンガムの労働組合一般大会で，国際労働者協会への支持と加盟の要請――1869年9月アメリカ全国労働同盟への総評議会の呼びかけ「貧者と富者との闘い」（MEGA I / 21, 2009, S.46-158.『全集』第16巻，362～376頁）。

続いて，ヒンがベルギー総評議会の報告をした。そこには宣伝，組織，スト
ライキ，ボリナージュとスランのストライキ（インターナショナルへの追跡）
が述べられた。さらに，スランとその近郊の労働者へのベルギー総評議会のア
ドレスが報告された。

　リシャールが，マルセイユ支部の報告を，シュビツゲーベルが，スイスの支
部の報告を朗読した。パリが，リヨンの絹糸撚糸工の報告を，バスタンが，ヴ
ェスデル流域連合の報告を，そしてペリセが，バルセルロネの労働組合連合の
報告をした。会議は6時25分に閉会した（pp.19-44）。

　さらに第四の公開会議は9月8日（水）に行われ，点呼が取られた。書記が，
前日の公開会議の議事録を朗読し，承認された。パエペが，電報，手紙を紹介
した。議長は報告の継続を伝えた。

　ペレは，ジュネーヴの時計製造団体の活動について報告した。

　続いてロバンはリエージュ支部の報告を，リシャールはナポリ支部の報告を，
そしてグローセリンはジュネーヴ支部の報告をし，最後にフラオは，パリの大
理石工組合の報告を朗読した[49]（pp.45-58）。

　こうして第三と第四の公開会議で，大会議案の討議に先立ち，総評議会の報
告および各国の運動報告がなされた。1868〜69年のヨーロッパ各国のストラ
イキ闘争，ボリナージュとスランのストライキ，また労働者，働く人の状態が紹
介された。

　第五の公開会議は9月9日（木）に開かれた。午前の会議では，フランス，
イギリス，オーストリアの代表から，協同団体，相互信用，労働組合の活動に
ついて報告された。バクーニン主義者も述べた。また午後の会議は，ユング議
長のもとで2時から始まった。論議は「土地所有の問題」に入り，パエペとリ
ッティングハウゼンが「土地所有問題」の委員会の決議を述べた。

　1．社会は土地の個人的所有権を廃止し，土地を共有にする権利を有する。

　2．土地を集団的所有にする必要性が存在する。

　そして社会が農業労働を組織するべき仕方について，委員会に二つの意見が
ある。多数派は，土地は連帯した自治体によって耕作され利用されねばならない，
という意見である。少数派は，個人的な農業経営者であれ，団体に地代を支払
う農業協会であれ，社会は土地の占有を認めるべきであると考える。ヘスは，

168

ヴリュッセル大会決議の無条件の確認を求めた。

　第六の公開会議は 9 月 10 日（金）の 9 時 30 分に始まった。点呼がとられた。午前の会議の議題は「土地所有問題」であった。

　ドラン，バクーニンに続いてレスナーは述べた。問題は 1868 年ヴリュッセル大会の決議によって解決されていると考える。しかし共産主義についていくつかの注意がある。共産主義によってかれは，すべての児童がよい教育への権利を持つべきであり，すべての人が労働道具への権利を持つべきであると理解する。個人主義は，社会総体にとって有害でないかぎりにおいて，存在するにすぎない。農民が彼ら自身の立場を知らないなら，彼らに説明しなければならない。変化は，彼らに有利であることを示さねばならない。イギリスでは，大規模農業が小所有者を消滅させた。大農業は小農業よりはるかに有利である。科学が問題を決定した。科学は問題を集団的所有に有利なように決定した（p. 68）。

　第六の公開会議の午後の討議は，ユング議長のもと 2 時に始まった。点呼が取られ，「土地の所有権」にかんする討議が，引き続きおこなわれた。

　フルノは述べた。労働者は，この問題を扱うことができないように思われる。人間の自然的所有権は，その労働にもとづくにすぎない。彼の富となすべきは，彼の生産物である。土地は人間の労働の成果ではない。土地は自由に同意された契約のために，彼の所有物になったのである。土地の所有権はこのように確立したのではない。それは狡猾さ，暴力によるのである。しかし今日誰もが，五千年前から続いた特権階級のあることに憤慨する。それは事のなりゆきで，プロレタリアのあらかじめの合意によってのみ廃止できる。

　バクーニンは事変，すなわち革命を待たねばならないと述べた。私は革命を拒絶する。革命は，プロレタリアの無知から考えて，我々の敵対者の有利とのみなるからである。我々は，買い戻しとなりうる過渡的な手段を探求せねばならない。それゆえ私は，自然権，合法性の名のもとに，借地人が直接のまた正当な権利としての所有者になることを求める。

　ロビンは述べた。トランは人類の進歩が集団ではなく，個人によって生み出されたと述べた。農民は，共有に対しつねに激しく反対する。フランスでは事態は歴史的に間違っている。もし今日の小土地所有者が，その狭い土地を維持

しようと望むなら，彼らはそうしている間に，大所有の廃止を望むことになる。

さらに，リッティングハウゼは所有権の問題についての報告を，リシャールはリヨン支部の報告を，パエペはヴリュッセル支部の報告を，オーブルはルアン支部の報告をそれぞれ行った。ジュネーヴ支部の報告がなされ，論議の後，次の委員会の提案の投票が行われ，採択された（pp.72f, 75-92）。

委員会の提案の投票

1. 大会は宣言する，社会は土地の個人的所有権を廃止し，土地を共有にする権利がある。54賛成，4反対，13棄権，採択。
2. 大会はさらに宣言する，今日，土地を集団的所有にする必要性が存在する。53賛成，8反対，10棄権，採択。

カポルソは，集団的所有の問題に関連して次の提案をおこなった。　インターナショナルの全支部は，次の大会のために，集団的所有の問題の解決をもたらす実際的な方法にかんする報告を用意する。採択（pp.74f）。

次に「相続権問題」が討議された。ブリスメは委員会の決議を朗読した。

相続権は，個人的所有権の本質的要素であり，多数を犠牲にしてのいく人かの利益のために，土地所有権および社会的富の喪失を引き起こし，その結果，土地の集団的所有権への最大の障害のひとつであること。他面で相続権は，その作用がいかに限られていようとも，個人が精神的かつ肉体的に生育する手段を完全に持つことを妨げ，ゆえに絶えず社会権に対する脅威になること。大会は，集団的所有に賛成することを表明する。大会は，相続権が完全にかつ根本的に廃止されるべきであること，そしてこの廃止は，労働者解放の不可欠の条件の一つであると認める。

デュパエペは，相続権にかんするヴリュッセル支部の報告のいくつかの節を読んだ。恒久的な最終的な原理として，相続権の廃止は有効ではない。社会の清算手段として，それは確かでない。

バクーニンは述べた。相続権の廃止の投票を不必要とみなす集産主義者とその投票を必要と考える集産主義者との間には相違がある。前者は未来を，すなわちすでに土地と労働手段の集団的所有権がすでに実現された未来を出発点とみなし，他方我々は現在，すなわちその完全な力での個人的な相続所有権を出発点と考える（pp.92, 93f）。

総評議会の報告

相続は，ある人間の労働の生産物を他人のポケットに移す権利を作り出しはしない。相続は，この権利を他の個人の手に移すことができるだけである。市民法の他のすべての作用と同様に，相続権は原因ではなく結果である，生産手段の個人的所有に基づく社会の現実の経済組織の法的な結果である。

我々が議論し決定すべきは，結果ではなく原因である。法律の構成ではなく経済の基礎である。生産手段が個人的所有である代わりに，社会的，共同的所有に変わると想定すると，社会的に重要なものとしての相続権は，ひとりでに消滅する。なぜなら，人はその死後，存命中に所有していたものをその相続人に残すことができないからである（pp.96f）。

ジュネーヴ支部の報告

相続権は，社会で支配的である経済的，社会的，政治的な不平等の主要な原因の一つであること，平等の外では自由や正義は存在することができず，プロレタリアートには常に抑圧と搾取，隷従と貧窮があり，人民の労働の搾取者には富と支配があることを考慮して，大会は相続権の完全な廃止の必要性を認める。この廃止は事態におうじて，改革あるいは革命によって行われる（p.102）。

「相続権問題」の委員会報告について，指名点呼がおこなわれた。
32 賛成，23 反対，13 棄権，絶対多数 35.
続いて「総評議会の提案」の表決がおこなわれた，賛成 19，反対 37，棄権 6，絶対多数 32，会議は 7 時に閉会した [50]（pp.95f）。

こうして第五，第六の会議で，資本主義的市場経済の根底に横たわる土地所有問題が，相続権をも含めて論議された。報告は「土地所有権問題」および「相続権問題」の委員会の報告を基調とし，これに対して各国の報告が続けられた。論議にはバクーニンも参加し，相続権の廃止を主張した。ヴリュッセル大会で問題となりまた大会前の 7 月 6 日の総評議会で論議された，耕作地を含めて土地の社会化および個人的所有は支持された。だがバクーニン主義者が運動の出発点とする「相続権の廃棄」，それは大会前の 8 月 3 日の総評議会でも論議されたものであるが，承認されなかった。

第2章　1868年のヴリュッセル大会と1869年のバーゼル大会　**171**

　第七の公開会議は，9月11日（土）に，ユング議長のもとで9時30分に始まった。議題は「労働組合の問題」に移った。ピンデュは委員会の報告を行い，討議された。

委員会の決議

　大会はすべての労働者が，様々な職業団体に抵抗基金 des caisses de résistance を設立するように積極的に務めるべき，という意見である。この団体が組織されるにつれて，大会は支部，連合グループ，中央評議会に，職業団体の全国協会を設立するために，同業者の団体にそれを通知することを勧める。この連合は，賃金制度が自由な生産者の連合によって取りかえられるまで次のことをひき受ける。それぞれの産業の有益な全情報を集め，共同で措置をとるように導く，ストライキを調整しそれらの成功に積極的に専心する。大会は総評議会が，必要な場合には，全ての国の労働組合連合にたいする仲介者を務めることを勧める（p.109）。

　リープクネヒトは，二重の組織が必要であると指摘した。第一に，ある国のすべての労働組合は，互いに国民的に組織されていなければならない。第二に，国内の様々な団体は国際的に連合していなければならない。ドイツの資本家たちは，最近スウェーデン人の移入を行っている。もし，スウェーデンの組合が互いに連合しており，そして国外の組合と統合しているなら，そのようなことは起こり得ない。

　デュランは述べた。同一の職業のすべての労働団体は，国内的また国際的な不断の関係を持つことを望む。この産業が自由交換いらい負担した困難を知らせた後，もし労働の世界連盟が創設されたなら，この困難は征服されるだろう。なぜなら他国の労働者たちは，資本がパリの兄弟たちの利益と闘うために，かれらの援助を利用することを妨げるからである。労働組合は，政治権利の要求で偉大な役割を果たすのに必要とされた。職業の世界連盟が解決を与える（pp.110-113）。

　第七の午後の会議は，2時に始まった。

　ブリズメは表明した，社会のすべての労働組合は，資本の支配から労働者階級を救いだせない。所有権の変換，つまり労働手段の労働者の手への移転だけが，

望まれた成果を達成せしめる。ストライキについてヴリュッセル支部は，それを調整するために最大限の努力をおこなっている。加盟した各組合の三人の代表からなる連合評議会がある，この評議会は提起されたストライキが可能かどうかを調べる任務をもつ。

　レスナーは，ヴリュッセル大会1868年で労働組合の問題は決議されていると述べた。労働組合は現実の運動の目標とは決してならないだろう，労働組合はそれを達成するたんに手段にすぎない，なぜなら目標は賃金制度の廃止であるから（pp.113, 114）。

　アップルガースは，次の提案をおこなった。

　1）現在の競争時代において，産業家は危険な企て，無分別な金融的投機に乗り出すだけでなく，さらに多くの場合ある国の労働者を他国の労働者と対抗させている。それは，労働者の有効な保護のために，すべての国籍のあいだの労働者連盟の保護のために，生活条件の保護のために，労働組合を各国にとって絶対に必要なものにする。

　2）労働者の利害は世界中で共通であり，ほぼすべての国民の利益を代表する大会は，すべての国で，そして搾取されている産業の各部門で，いまだ労働組合に組織されていない団体に対し，直ちに労働組合をつくることを勧める。

　3）大会は，すべての国の団体にたいし連盟に編制されることを強く勧める。連盟は各国での賃金，労働時間，一般的労働条件に関する調査を含む報告を，毎月つたえあう。

　4）国際労働者協会の様々な支部の協力は，労働組合の設立を助けるために必要である。総評議会は，必要な情報を提供することで，また広めるべき報告を示すことでその援助をおこなう。

　5）大会は労働組合にたいし，労働に関する紛争を解決するために調停（仲裁）を取り入れる重要性を呼びかける。そして事情が許す限りすぐに，生産のために協業制度の取り入れとこの目的での組合基金の使用を勧める。

　6）現実の競争制度が生産のための協業に代わらねばならないのなら，過去の経験から判断して次のことは明らかである。労働組合は，現在の競争の支配が続く限り，労働者がたより保護をもとめるべき本来の最良の組織形態である。

　7）大会は労働組合にたいし，将来の綱領，つまり修道院に属さない義務教育制度の国家への要求に取り組むことを勧める。それはすべての重要な社会的，

政治的改革に先行すべきものであり，これらの改革が永続的であり，有益であることの唯一の保証である（pp.114-115）。

さらに，パリのブロンズ労働者の相互信用と連帯の協会は「労働者解放のための労働組合の影響力」について報告した。クールテゥラン地区の支部は「抵抗の基金」を，ルアン連合は「プロレタリアート解放からみた労働組合の影響力とその重要性」を報告した（pp.118-129）。

委員会の提案は，満場一致で承認された。また「運営決議」と「労働のノート」について決議された[51]。

第七会議で，軍隊との抗争にまで広がったベルギーのストライキ闘争など，各国の運動の主体をなす経済闘争，とくに労働組合の性格とその政治的課題が論議され，運動の方向が各国の代表の報告によって模索され，委員会の提案が承認された。ここで各国労働者の国際的連繋が，ストライキのさいの他国からの労働者導入に対抗して提案されたこと，また各国の労働条件の調査がしめされたことは，国際労働者協会の前進を意味しよう。だが同時に，ストライキ闘争の評価では意見が対立した。すなわちストライキを仲裁によって秩序づけるのか，つまり頻発するストライキの調整，あるいは1868年のヴリュッセル大会決議「労働組合とストライキ」で述べられたように，一定のルールのもとでのストライキ闘争の意義を認め，ストライキを労働者階級の解放の一環として理解するのかである。

この点でイギリス労働組合を代表するアップルガースの発言は，興味深い。彼は，労働者の保護のために労働組合の意義を認め，その国際連繋，さらに労働調査をも主張するのである。この労働調査は，資本蓄積がどのように労働者に影響をおよぼすのかをしめすもので，1866年ジュネーヴ年大会に続き，1868年ヴリュッセル大会でも「10）労働者階級の状態への統計調査」として決議されていた。

だが他面でストライキはあくまでも秩序的に，つまり仲裁裁定によって社会の容認する範囲でおこなうことが提起された。アップルガースは「現実の競争制度が生産のための協業に代わらねばならない」と言うが，その条件を述べず，労働組合とストライキ闘争はあくまで現実の競争制度，資本主義的生産の存続を条件とし，一定の限界内でのみ容認された。ここにはJ. S. ミルによって示された視点，社会改良主義の影響がみられる。J. S. ミルでは，他人の労働を支配

する資本の運動が充分に論じられず，現存の私有財産制度の漸次的改良が提示された。それは熟練工の特権組合を代表するアップルガースにとっても好ましいものであり，また彼が総評議会のメンバーとして国際労働者協会に参加する意味があったのである。

1869年第四回バーゼル大会で，土地所有，相続権，労働組合について論議されたが，いずれもこれまでの大会で論議されており，バーゼル大会はこれまでの大会で整備された運動の方針を補足するものと言えよう。もとより土地所有，相続権の問題が，バクーニン主義者たちの主張をなし，大会の争点の一つをなしたことはいうまでもない。言わば，第三回ヴリュッセル大会で確立した国際労働者協会の指針に異議を唱えた無政府主義者バクーニンとの対立が起こった大会であった。生産者と生産手段との歴史的分離過程，農民からの土地収奪，本源的蓄積の意味を，従って資本制的生産の生成過程を理解しえないバクーニンは，革命的ではあったが歴史的視点を欠いた政治批判であった。即時の国家破壊を訴えるが，その国家の土台の分析，資本蓄積の分析が欠落しているのである。

そしてこのバーゼル大会で，労働者階級の独自な国際的な合意形成機関としての大会をふまえ，大会運営についての規則「インターナショナルの大会の運営手引き」が，「運営細則」とともに決められた。

1）大会は，9月の第一日曜日に始まる。

2）土曜の午前から，大会が開かれる場所の支部によって任命された委員会が，代表の委任状を受け取る。委員会は名簿に次のことを記す。代表の名前，職業，住所，代表を任命したグループ名，その委任状の種類。

3）日曜日の午前9時に，運営会議は委員会の報告に基づき，委任状を確認する。執行部の任命。議長，二人の副議長，表現される各言語に対し二人ないし三人の書記。大会に提出された問題と同数の委員会の設立。各成員は，かれが属する委員会を指定する。書簡，請願文，電報を綿密に検討するため，インターナショナルが存在する国の言語を話す数人で構成される委員会が設立される。

4）日曜日の午後2時に，総評議会の報告が読まれる。各支部あるいは支部連合は，毎年の大会の少なくとも一月前に，一年間のその活動と歩みにつ

いての詳細な報告を，総評議会に送付しなければならない。総評議会はそれらをつかって，独自の報告書を作る。そして，それだけが大会の会議で読まれる。

5）週の残りの六日には，それぞれ二つの会議がある。第一の会議は9時から12時まで，第二の会議は2時から6時までとする。第一の会議では運営問題を取り扱う。第二の会議では議事日程の問題について討議し，投票する。

6）各会議の最初あるいは最後に，また議長が有効と判断した時に指名点呼がとられる。この点呼の結果は，公式の報告書に添付された表に記録される。

7）主要な問題についてのすべての決議は，指名点呼によって投票される。

8）各発言者は同じ問題について二回だけ発言することができる。かれは自分の意見の展開に10分，反駁に5分を自由に使える。

9）書記は，点呼，投票の結果を書きとめ，議事録を作成する。さまざまな言語の書記は，かれらの議事録が互いに正確な翻訳書であるため，理解しあわねばならない。

10）公開の会議で大会は最初に，総評議会によって提出された議事日程の問題を取り扱う。はかの全ての問題は，その後に論議される。

11）夜には，さまざまな委員会の集会がある。それぞれの集会では，委員会が扱った問題について，いくつかのグループによって提起された報告が読み上げられる。委員会は統一的な報告書を作成し，それだけが公開の会議で読まれる。委員会はさらにどの報告が，公式の報告書に付けくわえるべき特別な報告であるのかを決定する[52]（pp.130f）。

1869年の第四回バーゼル大会で確定されたこの議会手続きは，9月6日におこなわれた第二公開会議での運営規則論議を受け，国際労働者協会の意志を決定する大会の規則を規定したものである。第一に，議決権と係わる代表の資格認定を厳密にしていること，第二に，議案提出権を総評議会のみならず，各国の組織，団体にも認めていること，第三に，各国の代表はその意志に従って，議題と委員会を選択できたことである。

さらに大会運営上でも，報告者の発言時間や回数，議長の権限，指名点呼による投票，各言語での議事録の作成，秘密を要する非公開会議と多数の参加を求めた公開会議の区分，異なる言語の通訳，夜の集会での大会の補充など，議会手続きの整備がはかられた。

国際労働者協会の支配をめざす少数者の独裁的なバクーニン主義との抗争が，この大会規則整備の背景にあったことはいうまでもない。大会規則は，後にマルクスとエンゲルスによって行われた 1871 年の規約改正でも利用され，「大会」について記した規約細則にも一部取り入れられた[53]。労働者自身が議会的な運営方法を取得し，議会規則に基づき大会を主催するのである。独立した労働者，さまざまな意見の対立，その討議をつうじて合意形成がはかられた。現実の社会で働く労働者およびの農民の成長を前提とする大会運営，従ってまた大会を重視する国際労働者協会の特質がここに示されたといえよう。

3 バーゼル大会後の総評議会での論議

大会後，総評議会で大会について論議された。1869 年 9 月 14 日総評議会に，カメロンが議長に選ばれ，議事録が確認された。合州国の労働代表も参加し，議長はユングを指名した。

ユングは述べた。日曜の朝，予備会議が開かれ，信任状の審査委員会が決められた。代議員の歓迎会が開かれ，いくつかの演説がなされた。月曜の朝，信任状が確認され，その後バーゼル支部の長が開会演説を行い，そして役員の選挙が行われ，私は議長に選ばれた。アメリカ代表も参加し代議員は多く，三つの問題だけが論議されたので，不満を言う者もいた。会議は，午前は 9 時から 12 時まで，午後は 2 時から 6 時までなされた。水曜日以後，夜の集会が 8 時から 11 時まであった。規約作成に時間が使われたが，これからの大会は順調におこなわれるだろう。代議員の受入れと宿の手配，会議の準備はよくなされた。ジュネーヴ大会以来，大きな進歩がなされた。1866 年ジュネーヴ大会では，ドイツ人とフランス人の席が分かれ，各自ドイツ人として，あるいはフランス人として演説したが，バーゼルではそのようなことはなかった。パリの新聞のみならず，地方紙も記者を出していた。投票で，最も重要であったのは土地問題であった。昨年は賛成 34，反対 6，棄権 23 であったが，今年は賛成 54，反対 4，棄権 13 であった。

アップルガースは述べた。私は労働組合の委員会にいたが，労働組合についての自分の意見を示せなかった。アメリカから代議員が参加したことは嬉しかった。アメリカの労働者と我々の連帯ができることを期待する。大きな問題は土地問題であった。しかし，教育問題が論議されなかったのは残念であった。

これからの大会では，書記と決議の翻訳者を用意すべきである。

ルークラフトは述べた。多くの時間が浪費された。総評議会は，様々な問題に決議を用意すべきである。三日間が，準備と報告に使われたのだ。代議員が，議長に従うようになったのは進歩である。

レスナーは述べた。会議の他に，夜の集会が行なわれた。演説がなされエッカリウスや私が話した。そこで多くの宣伝がなされた。総評議会が決議を準備することに賛成であり，これからは演説を翻訳し，記録する人を雇うべきである。

エッカリウスは述べた。以前の大会で，長い報告や文書の演説を取り除こうとしたが無駄であった。だが改善されてきた。大会のみならず，夜の集会に影響力があることは確かである。我々に最も関心があるのは，総評議会が再選されたことである。会議で，エッカリウスが総書記に選ばれ，各国担当書記が全員が再任された。会計も再任された。

この総評議会の論議は，バーゼル大会議事録とも照応する。1869年のバーゼル大会で大会運営も整備され，三つの問題，土地所有および相続権，労働組合とストライキが論議され，大会自体が，議事運営に習熟した労働者によって円滑に営まれるようになってきたこと，さらに総評議会と各国諸組織との連携を確認しうる。

1869年9月28日の総評議会で，大会報告の印刷が決められた。

10月5日の総評議会ではマンチェスターからの手紙で，大会報告書を100部広めることが，またパリからの手紙で，大会代議員の集会が開かれ諸団体の協会の加入を促すこと，また新しい規約を印刷し個人支持者を増やすことが述べられた。またヘールズの提案で，国際労働者協会のイギリス支部を，できるだけ早く設立することが論議された。

10月12日の総評議会で，パリからの手紙は五つの団体が大会報告を聞くために集会を開いたが，警察の介入があったことを伝えた。

10月19日の総評議会で，大会報告書にイギリス通信員と総書記が署名することが同意された[54]。

11月16日の総評議会で，書記は大会報告書の受取りを知らせる手紙を読んだ。マルクスは，アイルランド問題へのイギリス政府の態度について，論議を始めた。そして次の決議をあげた。

グラッドストンは，投獄されたアイルランド人愛国者の解放の求めに答えて，

慎重にアイルランド国民を侮辱した。彼は政治的大赦を妨げる。彼は自己の責任ある地位に逆らって，アメリカ奴隷保有者の反乱を公然と，熱狂的に支援し，今や彼はアイルランド人民に無抵抗の服従の教義を説くにいたる。アイルランド人の大赦問題に関する彼のすべての措置は，「征服政策」の真の結果である。国際労働者協会の総評議会は，アイルランド人民が大赦運動にかかわった勇敢で気高いふるまいに称賛を表明する。この決議を，ヨーロッパおよび合州国にある国際労働者協会のすべての支部と，関係する労働諸団体に送付する。

　1869年11月26日の総評議会で，ヘールズが議長に選ばれ議事録が確認された。アイルランド問題についてのイギリス政府の態度に関する論議が再開された。
　オッジャーは，要望という形態で政府にいかなる申請もなすべきではない，と述べた。ハイドパーク集会を呼びかけたビラには，無条件の解放の要望がなされた。私も同様に解放に賛成である。しかし，この方向で進めることは賢明ではない，それは事態を悪くする。グラッドストンは，教会法 Church Bill を勇敢に促進した。今や，それは過去の問題である，彼の土地法が教会法と同様によいことを希望する。
　ユングは，述べた。我々の目的は囚人を解放することではない，政府の行為について意見を表明することである。
　アップルガースは，述べた。オッジャーは，はげしい言葉を使うことが適切かどうか，を問題提起した。もし，我々がハイドパーク事件にひざまついたなら，そこから何も得られないであろう。いかなる事情のもとで人は逮捕されたのか，なぜ彼らは拘留されているのか，を考慮せねばならない。彼らは長く投獄されている。やわらかい言葉を用いることは役にたたない，要望する時である。
　11月30日の総評議会で，ルクラフトが議長に選ばれ議事録が確認された。アイルランド大赦問題でのイギリス政府に関する決議が読まれた。
　オッジャーは，グラッドストンに全責任を負わせないように変更することを述べた。彼の行為の多くは，自身自由にできない古い政党に帰するものである。
　ウェストンは，グラッドストンがツァーにすぎないと述べた。アイルランド人は，誠実さの証拠として完全な大赦を受け入れたであろう。彼の政策はアイルランドの人々に届いていない，それは怒りに達するまで人々を揺り動かすにすぎない。彼は心から提案を支持する。
　マルクスは述べた，もし，オッジャーの意見に従えば，総評議会はイギリス

の党の視点に身を委ねることになる。それはできない。総評議会は，アイルランド人に問題を理解していること，また大陸にたいしイギリス政府に賛成しないことを示さねばならない。総評議会は，イギリス人がポーランド人を扱ったように，アイルランド人を扱わねばならない。決議案は承認された[55]。

　かくしてバーゼル大会決議は，総評議会によって各国に普及され，各国の運動の中でその現実の検証を受けたのである。さらに11月には，アイルランドが問題となった。これは総評議会がアイルランド独立をめざす運動，イギリスの植民地支配の批判を述べたものであり，1867年11月に総評議会が公表した「マンチェスターのフェニアン党の囚人たちと国際労働者協会」に続き，「アイルランド人大赦問題にたいするイギリス政府の態度について」（MEW, Bd.16, S.219f, 383）を公表し，英政府の弾圧を非難し，政治的大赦をグラッドストンに求めたのである。

　こうした国際労働者協会の活動と並行して，マルクスおよびエンゲルスは各国の運動について助言している。ヨーロッパ各国の運動の特徴について，1869年3月14日付のエンゲルス宛書簡でマルクスは，フランス，スイス，イタリアを「革命的」，「火山的」な労働運動の諸国，他方，イギリス，ドイツ，合衆国，ベルギーを「労働者階級の発展が緩慢な諸国」，「水成的」な労働運動と述べた（MEW, Bd.32, S.279）。

　とくに総評議会が置かれたイギリスも資本の母国として注目された。マルクスは1868年10月に「国際労働者協会とイギリスの労働者組織との結びつき」を執筆し「ロンドンに本部を置く労働組合協議会のうち三人，オッジャー（協議会書記，靴工代表），アップルガース（合同大工指物工組合代表），ハウエル（煉瓦積工，議会改革連盟書記）は，同時に国際労働者協会の総評議会員でもある」と，さらに「残りの加盟労働組合（地方の労働組合を除いてロンドンだけでも約50）も，さらに五人の組合員，ショー，バクリ，コーン，ヘールズ，モリスを代表として国際労働者協会総評議会に送っており，そのうえそれぞれの組合もまた特別の場合には，代表を総評議会に送る権利と習慣を持っている」と述べた。こうしてよく組織され多くの経験をつんだイギリス労働組合の国際労働者協会への加入に力をそそいだ（MEW, Bd.16, S.332）。

　なおイギリス労働組合の第一インターナショナルへの加盟については，1867

180

年に総評議会が特別に刊行した規約「イギリス付則」がある（*The General Council 1866–1868*, p.270）。

他方，ドイツの運動も注目されたが，エンゲルスは 1868 年 9 月に「ラサール派の労働者協会の解散によせて」で，当時ドイツで労働者の唯一の組織体である全ドイツ労働者協会が，普通選挙権および国家援助にとらわれていたことを批判している（MEW, Bd.16, S.326–329）。

また 1869 年 8 月のアイゼナッハでの労働者党設立について，同年 8 月 18 日付のエンゲルス宛書簡で，マルクスは「アイゼナッハ大会では，ドイツの労働者たちを勧誘して，かれらが中央会員としての会員証を買うという仕方で，国際労働者協会に加入させることが決議されました」と述べている（MEW, Bd. 32, S.367）。

そして 1868 年ヴリュッセル大会で，ドイツ人支部から 1867 年『資本』第一部「資本の生産過程」に，次の提案がなされた。

「9）ドイツの代議員による決議。我々，ヴリュッセル国際労働者大会に参加したドイツ代議員は，昨年出版されたカール・マルクス『資本』をすべての国の労働者に推薦し，この重要な著作がまだ翻訳されていない諸言語で，その翻訳作業に熱意をもって取り組むことを提案する。マルクスは科学的に資本を分析し，その構成部分に分解した最初の経済学者であるという長所をもっている」（*The General Council 1868–1870*, p.298）。

1867 年の経済学批判『資本』は，「近代社会の経済的運動法則の解明」を課題とするが，近代社会の展開は，同時に十九世紀イギリスを中心に発展した資本主義経済の軌跡であり，それは同時に産業発展とともに戦争にもつながるものであった。とりわけドイツの近代化は，1865 年にデンマークとの，1866 年にオーストリアとの戦争の歴史でもあった。これにたいし 1866 年のジュネーヴ大会では，軍隊，常備軍と生産の関連が論議され，さらに 1868 年のヴリュッセル大会で，資本の競争，対立から生じる戦争問題が討議され，ストライキ，労働停止を含む，反戦運動が労働者自身によって大会決議された。

最後にバクーニンは，1869 年に国際労働者協会に加盟した。

バクーニンの国際社会民主同盟は，権威主義的，個人崇拝的な組織的特徴をもち，社会民主同盟による国際労働者協会の支配を企図し，1869 年のバーゼル大会にはバクーニン自ら参加し，訴えた。

第 2 章　1868 年のヴリュッセル大会と 1869 年のバーゼル大会　**181**

「国家は，少数の人が他のすべての人の労働生産物を横領する手段を承認し，保障する。すべての生産的労働は，第一に社会的労働である，生産は，過去および現代の世代の労働結合によってのみ可能となる」。

　ここにイギリス労働組合の社会改良主義に対し批判的視点，社会的労働も述べられ，大陸で影響力をもったバクーニン主義の国際労働者協会での活動をみいだせる。だがそれは現存社会制度への批判的視点をもつが，同時に資本の分析を欠いた小ブルジョア的なものであった。このバクーニン主義の視点は，フランスで有力なマルクスの永年の同盟者であるプルードン主義にも共通するものであった。

　プルードンは『所有とは何か』(1841 年)，『経済的諸矛盾の体系，貧困の哲学』(1846 年)，『19 世紀における革命の一般理念』(1851 年)，遺著『労働階級の政治能力』を執筆刊行したが，マルクスは『哲学の貧困。プルードンの「貧困の哲学」への返答』(1847 年)に続き，論説「P. J. プルードンについて」(1865 年)で，プルードン『所有とは何か』の矛盾について述べた。

　「『所有とはなにか』には，すでに次のような矛盾が見出されます。プルードンは，一方ではフランスの分割地農民の（のちには小ブルジョアの）立場から，またその目で社会を批判していながら，他方では社会主義者たちから受け継いだ尺度で物をはかっている点です」(S.26)，「彼は，歴史的運動，おのずから解放の物質的条件をつくりだす運動の批判的認識のなかから科学をくみだそうとしないで，ユートピア主義者のやり方で，社会問題解決のための公式を先見的にひねくりだす道具の役をするような，いわゆる科学を追い求めているのだということです」，「彼は，資本と労働とのあいだ，経済学と共産主義とのあいだをうろつく小ブルジョアにすぎない」(MEW, Bd.16, S.28f)。

　バクーニンとの確執は，のちに国際労働者協会の解散にも通じ，労働者階級の国際組織であるインターナショナルの組織のうえでの重要な対決点をなした。バクーニンを頂点とし個人的色彩の強い国際社会民主同盟は，特定の個人の権威を否定し，労働者階級の大会を最終的な意志決定機関とする国際労働者協会とは根源的に異なるものである。ここにマルクス運動論の核心を，つまり多数の労働者自身の理性，その進歩に基づく合意形成を推察しうるのではなかろうか[56]。

第 4 節　大会の意義

　国際労働者協会の歩みのなかで，各国の運動は前進していった。運動は労働日，労賃などの経済闘争から始まり，1866 年のインターナショナルの大会では「労働組合」，「協同組合」の意義と役割が論議された。そして 1868 年，1869 年の大会では，経済闘争は「労働組合とストライキ」，「機械問題」に，さらに「戦争問題」へと発展した。さらにこの大会では，体制の根幹をなす「土地所有」，「相続問題」が論議された。なお，土地所有に関連して農民問題，労働者と農民との同盟が問題となるが，これについてマルクスは経済学批判『資本』初版の第四章 4「機械と大工業」で述べていた。またエンゲルスも『ドイツ農民戦争』（1850年）で，1525 年の大農民戦争をひきあいにして，ドイツ人民の革命的伝統を記した。

　労働者は大会でさまざまな問題を討議し，その解決を模索する中で，一つの歴史的生産様式である資本主義的商品生産の矛盾，資本蓄積と労働者階級の運命を理解するようになる。国際労働者協会では大会が，労働者自身によって独自に運営される。各国労働者の意見の相違を前提として，しかし総体としての労働者階級の意志が，かれらの合意が確定される。労働者は，大会毎に，資本主義的生産様式の理解をより深め，さらに問題が各国の労働者に共通するものであることを知り，労働者階級の運命とその変革への道筋を共に学ぶようになる[57]。1867 年に，『資本』，近代社会の経済的運動法則の解明，「資本主義的蓄積の歴史的傾向」が刊行された。

　マルクスは 1869 年 4 月 13 日の総評議会で述べた。「我々の規約では，支部に活動の自由を認めており，総評議会も容易には介入できない。しかし統一も必要であろう」（*The General Council 1868–1870*, p.83）。

　国際労働者協会では，現実に起こっている諸問題，資本主義の発展のもとでの労働者の状態の変化，それにたいする対応，労働者階級の解放の条件が模索された。そして毎年の大会でヨーロッパ労働者階級の意志が決定されるのだが，大会議案は，前大会の決議，また各国労働者の意見をふまえ総評議会で整備され，そして大会に提起される。そして大会での労働者の自由な討議によって決議が，資本主義生産の経済動向をふまえ「労働者階級の共通綱領」が宣言された。大会を通して労働者の向上が，従って資本主義生産のもとでの各国の自律的な運

第 2 章　1868 年のヴリュッセル大会と 1869 年のバーゼル大会　**183**

動が追求されたのである。これらの各国の運動の国際連携をつくりだし，列強
間の戦争を防止し，歴史前進への指針を提示することに総評議会の役割があっ
たのである。

注

1 ）MEGA I / 20, 1992, S. 19, 21, 24, 41, Apparat. S. 896. 政治運動，組織論について，桑
　　田，田尾『組織論』（1998 年，有斐閣）を参照。なお，マルクスの運動論については，
　　共産主義者同盟の研究が不可欠である。共産主義者同盟は，正義者同盟を，マルクス
　　およびエンゲルスの加入にさいして改組したものであるが，そのさい「大会」を規約
　　で新たに規定していることが注目される（*Der Bund der Kommunisten Dokumente und*
　　Materialien, Band 1, 1983, S.467, 628）。
　　　　また労働者階級の運動については，橋本直樹訳，M.I. ミハイロフ「カール・マルク
　　スとフリードリヒ・エンゲルスによるプロレタリア党のためのたたかい 1849 ～
　　1852」（『マルクス・エンゲルス・マルクス主義研究』17, 18, 19, 1993 年），ライデ
　　ィヒカイト「マルクス，エンゲルスと労働者階級の党（1852 ～ 60 年）」（『マルクス・
　　エンゲルス　マルクス主義研究』20, 1994 年），「『共産党宣言』普及史研究の諸成果」
　　（『経済』No.29, 1998 年）を 参照。なお，社会主義の諸問題については，社会主義
　　理論学会編『20 世紀社会主義の意味を問う』（御茶の水書房，1998 年）。
2 ）MEGA I / 22, 365-415. なお総評議会と各国組織の関連については，本書第 4 章「総
　　評議会と各国組織との関連」を参照。
3 ）Rolf Dlubek, *Marx und der erste Kongreß der 1. Internationale, Beiträge zur Marx-*
　　Engels-Forschung, 21,1987, S.75f.
4 ）Monika Steinke, Karl Marx und die Formierung eines revolutionär-proletarischen
　　Führungskerns im Generalrat der 1.Internationale, *Beiträge zur Marx-Engels-Forschung*
　　18, S.48f.
5 ）I. A. Bach, L. I. Golman, W. E. Kunina, *Die Erste Internationale* Teil 1, Moskau 1981.
　　S.86f. ステクロフも『第一インターナショナル史』で「マルクスは国際労働者協会を
　　共産主義的傾向を有する国際労働者党の萌芽とみなし」，「総評議会をこのような政党
　　の執行委員会の萌芽とみなした」と述べた（*G. M. Stekloff, History of the FirstInternational,*
　　1968, p.181）。
6 ）「第三インターナショナルとその歴史上の地位」（1919 年）。『レーニン全集』第四版
　　第 29 巻，304 頁，大月書店。第一インターナショナルを，共産主義者同盟，第二イ
　　ンターナショナル，第三インターナショナルとの対比で捉えることが必要であろう。
7 ）国際労働者協会における大会の意義を組織規約の変遷を中心に検討したものに拙稿

184

「国際労働者協会と組織原則——総評議会と大会を中心に」『釧路論集』第 31 号，1999
年）がある。そこでは規約の検討から，国際労働者協会の意志決定機関である大会が，
各国組織の独立性を認めて規定されていたことが述べられた。

8）1864 年の暫定規約のジュネーヴ大会での承認の経緯については，前掲拙稿「国際
労働者協会と組織原則——総評議会と大会を中心に」参照。

9）*The Minute Book of the General Council of the International Working Men's Association
1864-1866*, Moscow, 1962, pp.289-291（以下 *The General Council 1864-1866*, pp.289-291
と略記する）．（*The General Council 1866-1868*, pp.266-270）

10）*The General Council 1866-1868*, pp.186, 188, 189. 総評議会は大会議案を『ビー・
ハイヴ』などの新聞で広く公表した。これについては *The General Council 1866-1868*,
pp.315, 316.

11）*Ibid*., pp.198, 199, 207.

12）*Ibid*., pp.212-214. またマルクスは，1868 年 6 月 20 日付のエンゲルス宛書簡で，
大会開催地変更について話している（MEW, Bd. 32, S. 96f）。

13）*The General Council 1866-1868*, pp.216-218, 220.

14）*Ibid*., pp.222, 224-227. 総評議会の毎週の会議でも，議会的な手続きが重視されて
いた。毎回会議の初めに，前回会議の議事録が確認され，また時には訂正されていた。
さらに，総評議会での動議の提案には，支持者が必要であったことが議事録から確認
される。マルクスは，1868 年 10 月 13 日付シュヴァイツァー宛の書簡で，全ドイツ
労働者協会の規約の中央集権的性格を批判し，総評議会の会議では議長 chairman は
毎回選出されていることを伝えている（MEW, Bd.32, S.570f）。なお暫定規約第 4 条，
1867 年規約第 3 条では，会長 president は記載されていたが，1871 年の規約第 5 条で
は削除されている。

15）*Ibid*., pp.228, 230-234, 236-239.

16）*Ibid*., pp.240-244. マルクスは工場での機械の使用に関連して，『資本』初版から工
場法の教育条項について分析している。

　　「ロバート・オウエンを詳しく研究すればわかるように，工場制度から未来の教育
の萌芽が芽生えたのであり，この未来の教育は，社会的生産を増大させるための一方
法としてだけではなく，全面的に発達した人間をつくるための唯一の方法として，一
定の年齢以上のすべての児童にたいして，生産的労働を知育および体育と結びつける
であろう」（*Das Kapital*, Erster Band, 1867, S.475f）。

17）*The General Council 1866-1868*, pp.245-250. なお，総評議会の報告については，
MEW, Bd.16, S.322f, MEGA I / 21, 2009, S.83-87.

18）*Troisième Congrès de I'Association internationale des trvailleurs Compte rendu officiel* は
Jacques Freymond La Première Internationale, Tome I, 1962. に含まれている。以下，こ

第2章　1868年のヴリュッセル大会と1869年のバーゼル大会　**185**

れを資料として用いる。

　ジャック・フレモンは，この『資料集』の序文で述べる。明らかにしたいのは，西ヨーロッパの独自な社会運動の歴史である。第二インターナショナルで展開するヨーロッパ各国の政治運動，政党に組織された労働者の運動，この運動の萌芽をなすのが第一インターナショナルである。各国の運動の相互作用，その自律的な形態，それらの進化の過程を，総合的に資料的に解明する。

19) *Troisième Congrès de I'Association internationale des trvailleurs Compte rendu officiel*, pp.239-257.

20) *Ibid.*, pp.257-265. MEW, Bd.16, S. 318, 321.

　マルクスは，レスナーからヴリュッセル大会について報告を受けていたが，1868年9月10日付のエッカリウスおよびレスナー宛の書簡で，大会にはドイツおよびイギリスの代表の参加が少ないことから，理論的な問題の決議を避けることを提案している。

　そして注目される戦争問題について「労働者階級はまだ十分組織されるにいたっていないため，事態を決定的に左右するようなことはできないが，しかし大会は，労働者階級を代表して抗議し，戦争の張本人を告発するものであること，フランスとドイツとのあいだの戦争は一つの内乱であり，両国を破滅させ，全ヨーロッパを破滅させる」という決議案を提案している（MEW, Bd. 32, S. 558f）。

21) *Troisième Congrès de I'Association internationale des trvailleurs Compte rendu officiel*, pp.265-290.

22) *Ibid.*, pp.290-300, 347, 348.

23) *Ibid.*, pp.300-338.

24) *Ibid.*, pp.340-347, 388.

25) *Ibid.*, pp.348-361, 388.

26) *Ibid.*, pp.361-379, 405, 406.

27) *Ibid.*, pp.379-387.

28) *Ibid.*, pp.388, 389.

　1868年9月ベルンで開かれる平和連盟の大会は，バクーニンを中心に運営されたもので，国際労働者協会の支配を意図していた。またヴリュッセル大会には，バクーニンの意をうけペロンとベッカーが参加していた（*The General Council 1868-1870*, pp.425-426）。「平和連盟の招待への返書」については *Ibid.*, pp.297-298.

29) *Troisième Congrès de I'Association internationale des trvailleurs Compte rendu officiel*, pp.402-429.

30) ルソーの人民主権と国家連合，ルソーとカント永久平和論については，田畑茂二郎，樋口謹一「ルソーの平和思想」桑原編『ルソー研究』（第二版，岩波書店，1968年）を参照。

31）*Troisième Congrès de I'Association internationale des trvailleurs Compte rendu officiel*, pp.429, 430. 国際労働者協会の活動と並行して進められたマルクスの『資本』作成については, 服部, 佐藤編『1 資本論体系の成立』(有悲閣, 2000 年)。

32）*The General Council 1868-1870*, pp.31-35. 1868 年 9 月 9 日付エンゲルス宛の書簡で, マルクスはヴリュッセル大会が『タイムズ』と『デーリ・ニューズ』に掲載されたこと, また 9 月 12 日付エンゲルス宛書簡で, これまで反対していたプルードン派が労働組合に賛成したことを伝えている (MEW, Bd.32, S.146f)。

33）*The General Council 1868-1870*, pp.35-39, 41, 44, 45, 56.
　　エッカリウスについてマルクスは, 1868 年 9 月 16 日付のエンゲルス宛書簡で, 大会でのかれの振る舞いを非難している (MEW, Bd.32, S.150f)。また大会決議の公表について, 1869 年 2 月 24 日付のエンゲルス宛書簡で, マルクスは第一回ジュネーヴ大会決議と第三回ヴリュッセル大会決議を一緒に刊行すること, またこの作業に係わったことを知らせている (MEW, Bd.32, S.259)。

34）*The General Council 1868-1870*, pp.284-298. 「年少者と児童 (男女）の労働」では, 児童と年少者の権利を守ること, さらに「精神教育」,「体育」,「技術教育」と労働との結合について述べている。

35）*Ibid.,* pp.43, 53, 54. Explanatory Notes 33, 43. マルクスによる同盟の規約への脚注については pp.273-278.

36）*Ibid.,* p.56. Explanatory Note 48. 12 月 22 日の総評議会の文書「国際労働者協会と社会民主同盟」については pp.299-301.

37）*Ibid.,* pp.74-75, 134-135. Explanatory Note 79. 1869 年 3 月 9 日の総評議会の文書「国際労働者協会の総評議会から社会民主同盟へ」については pp.310-311. なおこの文書作成についてマルクスは 1869 年 3 月 5 日にエンゲルスに手紙を, またエンゲルスは返答を 3 月 7 日にマルクス送っている (MEW, Bd. 32, S. 273-276)。

38）*The General Council 1868-1870*, pp.61, 66. 70.

39）*Ibid.,* pp.71, 74, 83-85, 95f, 106, 110, 112, 113. 「ベルギーの虐殺 ヨーロッパと合衆国の労働者へ」については Ibid., pp.312-318.
　　これはマルクスが起草し, 5 月 4 日の総評議会で承認され, 印刷と普及が確認された。この文書についてマルクスは, 1869 年 5 月 8 日付のエンゲルス宛書簡で, 総評議会の呼びかけを英語および仏語で起草したこと, しかし独語訳はエッカリウスに任せたことを知らせている (MEW, Bd. 32, S. 314f)。

40）*The General Council 1868-1870*, p.114. 大会議案はリーフレット, 新聞で公表された。Explanatory Note 149.

41）*Ibid.,* pp.115-127.

42）*Ibid.,* pp.128-133.

第2章　1868年のヴリュッセル大会と1869年のバーゼル大会　**187**

43）*Ibid.*, pp.134, 136-138. マルクスが作成した「相続権についての総評議会の報告」については pp.322-324. Explanatory Note 161（MEW, Bd. 16, S. 367-369）。

44）*The General Council 1868-1870*, pp.140-147. 近代教育史については，岩崎，志村，池田編『西洋教育思想史』（明治図書，1987 年），長尾十三二『西洋教育史』（東京大学出版会，1978 年），教育思想学会編『教育思想辞典』（勁草書房，2000 年，2017 年）を参照。

45）*Ibid.*, pp.148-155.

労働組合のストライキ闘争について記した，マルクスの手による第四回大会総評議会報告については pp.326-342（MEW, Bd.16, S.370-382）。

46）「バーゼル第四回大会資料」Compte rendu du Ⅳ e Congrès International tenu à Bâle, en septembre 1869 は Jacques Freymond 編集の *La Première Internationale, Tome Ⅱ*, 1962 に含まれている。

47）Compte rendu du Ⅳ e Congrès International tenu à Bâle, en septembre 1869 Tome Ⅱ, pp.5-12.

48）*Ibid.*, pp.13-19.

49）*Ibid.*, pp.19-58.

50）*Ibid.*, pp.58-108.

51）*Ibid.*, pp.108-131.

52）*Ibid.*, pp.130,131.

53）大会運営についてのこれらの大会決議は，1871 年の規約「運営細則 1　一般大会」に取り入れられている（MEGA I / 22, 1978, S.368f）。

54）*The General Council 1868-1870*, pp.156-161, 163, 165, 167, 170.

55）*The General Council 1868-1870*, pp.178-183, 193f.

マルクスはバーゼル大会について，1869 年 10 月 30 日付のエンゲス宛書簡で「バーゼル大会の一成果として見るべきものは，総評議会によって企図された土地労働連盟の結成であって，それによって労働党は完全にブルジョアジーとは絶縁するのだ。土地の国有化が出発点なのだ」と述べている（MEW, Bd.32, S.381）。

総評議会でのアイルランド問題に関する論議については 1869 年 11 月 18 日，11 月 26 日のマルクスからエンゲル宛ての手紙を参照（MEW, Bd. 32, S. 392f, 405）。

56）プルードンについて論じたものに，石原博「初期プルードンの経済思想に関する一考察」研究年報『経済学』Vol.48, No1（1986 年），森川喜美雄『プルードンとマルクス』（未来社，1979 年），津島陽子『マルクスとプルードン』（青木書店，1979 年），服部文男「小ブルジョア急進主義の国際的系譜」，「共産主義通信委員会の評価について」『マルクス主義の発展』（青木書店，1985 年）が貴重である。とくに服部氏は，マルクスとプルードンとの批判的思想の連繋について紹介され，興味深い。

188

　さらに服部氏は,「無政府主義」anarchism（大月『経済学辞典』1979 年）で述べる。
　「無政府主義は,資本主義社会の諸矛盾にたいして,商品生産において相互に独立し
た自由な人間と人間とのあいだに結ばれる関係を対置させる。したがって,これはブ
ルジョア的個人主義の裏がえしにすぎず,資本主義的搾取の原因や社会主義社会への
移行の必然性を理解することができない。そして社会を変革する原動力としての階級
闘争,わけてもこれを指導する労働者階級の前衛政党の役割を認めない。1860 年代
以降,無政府主義は運動として展開されるようになり,プルードン主義,ついでバク
ーニン主義として科学的社会主義に敵対した」。なお,『バクーニン著作集』（全六巻,
白水社,1973 年）がある。

　また,国際労働者協会の活動をバクーニンを中心に論じたものに渡辺孝次『時計職
人とマルクス　第一インターナショナルにおける連合主義と集権主義』（同文館,1994
年）がある。マルクスとバクーニン主義との抗争については　Bach, Golman, Kunina,
Die Erste Internationale, Moskau.　Ulrich Peters, Kommunismus und Anarchismus, *Die Zeit
der Ersten Internationale*, 1997, Köln, René Berthier, *Bakounine politique Révolution et
contre-révolution en Europe centrale*, 1991.

57）総評議会と支部との関係については拙稿「総評議会と各国組織」本書第 4 章を,ま
た拙著『資本蓄積と労働者階級の運命』（創風社,2009 年）を参照。

《資 料 1 》　P. J. プルードン

　河野健二編『資料フランス初期社会主義　二月革命とその思想』（平凡社,
1979 年）。

　河野氏は「四　二月革命の哲学」（「解説　二月革命の思想的展開」）で,P.
J. プルードン,ルイ・ブラン,カベ,ルイ＝ナポレオンの四人について説明する。

　P. J. プルードンによれば,二月革命（1848）は失敗に終わった革命であった。
なぜなら,この革命は「理念」なき革命であったからである。彼によれば,
一八世紀の革命は政治革命に終始することはできたが,一九世紀の革命は「経
済革命」として遂行されなければ,その使命をはたすことはできない。ところが,
二月革命で成立した臨時政府は,社会の経済的再組織については何らの対策を
もち合わさず,ブルジョア体制と妥協しつつ当面をごまかしているにすぎない。
『人民の代表』紙においてプルードンは書く。

　「臨時政府の布告は,破産が資本を移動させるように,貧困を移動させるもの
である。それは何一つ直しはしないのである。盲目的で無知な革命的圧力はこ

れらの布告によって満足する。しかしまさにこれらの布告によって，人民はだまされるのである」。P. J. プルードンのいう「経済革命」の内容は，臨時政府の一員になったルイ・ブランが試みていたような生産や労働への介入，その組織化といったことではなくて，逆に生産や労働を自由に発展させるために「信用と流通の組織化」をはかろうとするものであった（460頁）。

つぎに，「信用と流通の組織化」についてみてみよう。

P. J. プルードン「政治問題と経済問題の同一性——解決の方法」1848年
1848年4月以後日刊紙になった『人民の代表』紙を舞台に，プルードンは社会革命の原則と手段を明らかにしようとして精力的に論文を発表する。これらの一連の論文を貫く主張は，つぎのように要約される。

「現代社会の基礎は流通にあり，所有は流通の障害物になっている。だから経済革命のためには所有を廃絶しなければならない。所有を廃絶するには，所有のもっとも集中的な表現であり，流通を阻害する専制君主である貨幣を廃絶すること，言いかえれば相互性による流通と信用の組織化によって貨幣を流通から追放することが必要である。交換銀行はその機関にほかならない。交換銀行案は，のちに人民銀行として結実することになった」（339頁）。

所有についてわれわれが先に行った考察で，二つのことが証明された。
第一は，流通がほとんど重要性をもたないために，財産の独立が完全であり，個人的所有にもとづいていた古代社会とは反対に，現代社会は，全産業と全財産を相互に結び付ける流通という，一般的で支配的な事実にもとづいて構成されている，ということである。この第一の事実から直接に，われわれはつぎの結論を引き出した。すなわち，二月革命によって提起された問題は，とりわけ交換的正義の問題，流通，信用，交換の問題であって，作業場の組織化の問題ではないということである（340頁）。

われわれが証明した第二のことは，社会の構成を変化させた経済的進歩によって，生産的機能の分離とかみ合わせによって，古代社会がそれにもとづいて存続してきた所有は，流通の桎梏になり，社会生活の障害になったということである。

われわれの理論は，ある時は利己主義に頼り，またある時は献身に頼ったりするのではなくて，交換的正義と関係の平等を拠り所にしている。それは，富

190

の増大と諸条件の平準化と生産者の連帯（対人的なものではなく対物的な）によって，自由，平等，友愛を無限に発展させる傾向をもっている。それは，われわれが労働の組織化に対立させて，信用と流通の組織化と呼んだものである。というのは，生物体において，循環が主要な機能であり，循環器官が最初に形成されるのと同じように，経済的革命は流通と交換から始め，労働と作業場を再建された個人的自由に委ねなければならない。最後につぎのことを付け加えよう。国家による労働の組織化には専制が存在するのと同じ程度に，全市民の協同による信用の組織化には自発性があるということ，改革が実行されるためには，彼らが自分たちの配慮によって自由に行うべきことを知らせれば十分であること，である（341頁）。

所有とは何か。経済学の範囲のなかだけで考えれば，所有とは，資本と労働用具の所有者によって流通にたいして行使される拒否権である。この拒否権を取り除き，資本と労働用具を所有者の手から移動させるために，その消費者である生産者は，状況と対象に応じて，利子，地代，賃貸料，貨幣利子，利益，打ち部，割引料，手数料，特権，独占，プレミアム，兼任，閑職，賄賂などの名で呼ばれる納付金を所有にたいして支払うのである。
生産物の流通にたいして通行税を取り立てるこの巨大な組織は，その必然的結果として，またその支柱として，警察，戦争，裁判，さらに信仰さえも，要するに予算によって表わされる国家をもっている（342頁）。

貨幣は，よくいわれるように，価値の徴標であるだけではなくて，所有のあらゆる濫用の徴標，所有が生産，流通，消費に課するあらゆる束縛の徴標，所有が行なう強奪の体系がひき起こすあらゆる貧困とあらゆる犯罪の徴標でもある。したがって，われわれが滅ぼさなければならないのは，貨幣である。われわれが体系的に経済的否定に着手するのは，貨幣の否定においてである。人間の王権を廃止したように，貨幣の王権を廃止することが重要である。市民間の平等を樹立したように，生産物間の平等をつくり出すこと，全員に選挙権を与えたように各商品に代議能力を与えること，われわれが王権や大統領制や執政官の仲介なしに社会の統治を組織しようとしているように，貨幣の媒介なしに価値の交換を組織することが，重要である。要するに，政治的次元で行なおうとしていることを経済的次元で行なうことが重要なのである。それがなければ，

第2章　1868 年のヴリュッセル大会と 1869 年のバーゼル大会　**191**

革命は重要な部分を欠くことになり，不安定になるであろう。

　したがってこの二つの改革，すなわち経済的改革と政治的改革は緊密に結びついている。両者は，そのどちらが欠けても実現されえない。生産物間の均衡は市民間の正義と同じものである。こうして正義は，われわれにとっては具体物であると同時に理念的存在である。そして 1848 年革命はとりわけ経済的革命であるから，われわれはまさに経済科学にたいしてこそ，新しい共和的原理を求めなければならないのである。

　信用と流通を組織すること，一言で言えば銀行を創出すること，これが，経済的基本構造と同時に政治的基本構造の出発点である。同じ等式が社会問題と国家の問題の解決に役立つであろう。同じ定式がこの二つの解決を表すであろう（344 頁，阪上孝訳）。

《資 料 2》　標準労働日のための闘争，機械と大工業，機械経営の発展に伴う労働者の反発と吸引

　　江夏三千穂訳『初版　資本論』（幻燈社書店，MEGA II / 5, MEW, Bd.23）

　第 3 章　絶対的剰余価値の生産

　第 3 節　剰余価値率

（1「労働力の搾取度」　小表題は第二版から，以下同様。）

　「だが彼は，労働日のうち，彼が労働力の日価値たとえば三シリングを生産する部分では，資本家によってすでに支払われた価値に対する等価のみを生産するのであり，つまり，新たに創造された価値により投下可変資本の価値だけを補填するのであるから，価値のこの生産は単なる再生産として現象する。だから私は，労働日のうち，この再生産が行なわれる部分を必要労働時間と名づけ，この時間中に支出される労働を必要労働と名づける。それは労働者にとっても必要である。けだし，それは，彼の労働の社会的形態には係わりがないからである。それは資本とその世界にとっても必要である。けだし，労働者の絶えざる定在は資本とその世界との基礎だからである。

　労働者が必要労働の限界をこえて苦役する労働過程の第二期は，なるほど，彼にとって労働，労働力の支出を必要とするが，彼のためには何らの価値も形成しない。それは，無からの創造の全魅力をもって資本家にほほえみかける剰

余価値を形成する。私は、労働日のこの部分を剰余労働時間と名づけ、この時間内に支出される労働を剰余労働と名づける。価値を単なる労働時間の凝結、単なる対象化された労働、として把握することが価値一般の認識にとって決定的であるように、剰余価値を単なる剰余労働時間の凝結、単なる対象化された剰余労働、として把握することは剰余価値の認識にとって決定的である。諸々の経済的社会構造を——たとえば奴隷制の社会を賃労働の社会から——区別するものは、この剰余労働が直接的生産者、労働者、から絞り取られる形態に他ならぬのである」(II / 5, S.162f. MEW, Bd.23, S.230f)。

第4節 労働日
(1 「労働日の限度」)
「さて、労働日は固定的な大きさではなく流動的な大きさであるとはいえ、それは他方では、特定の限界内でのみ変動しうる。だが、それの最小限度は規定されえないものである。……これに反し、労働日は一つの最大限度を有する。それは、ある特定の限界を超えては延長さえないものである。この最大限度は二重に規定されている。第一には労働力の肉体的な限度によって。……かかる純粋に肉体的な限度 rein physischen Schranken を別としても、労働日の延長は精神的な諸限度 auf moralische Schranken にぶつかる。労働者は、精神的および社会的な欲望——その範囲および数は一般的文化状態によって規定されている——を充たすために時間を要する。だから労働日の変化は、絶対的に肉体的なおよび多かれ少なかれ相対的な社会的な諸限度の内部で動く。だが、この二つの限度はきわめて伸縮自在のものであった、変動の余地がきわめて大きい。かくして我々は、8時間、10時間、12時間、14時間、16時間、18時間、さらにそれ以上の労働日を、つまりきわめて相異なる長さの労働日を見出す」(II / 5, S. 178f. MEW, Bd.23, S.246f)。

「まったく伸縮自在な諸限度を度外視すれば、商品交換そのものの性質からは、労働日の何らの限界も、従って剰余労働の何らの限界も、生じない。したがって資本家が、労働日をできる限り延長し、可能ならば一労働日を二労働日にしようとする場合には、かれは購買者としての自分の権利だけを主張するのである。他方において、販売される商品の独自の性質は、購買者によるそれの消費のある限度を含むのであって、したがって労働者が労働日を一定の標準的な大

きさに制限しようとする場合には，かれは販売者としての自分の権利だけを主張するのである。つまりこの場合には，ともに等しく商品交換の法則によって確認された権利対権利という，二律背反が生ずる。同等な権利と権利との間では暴力が裁決する。かくして，資本制的生産の歴史においては，労働日の標準化は，労働日の諸限度をめぐる闘争——総資本家すなわち総資本家階級と総労働者すなわち労働者階級との間の一つの闘争——として現れる」（II / 5, S.181. MEW, Bd.23, S.249）。

（2 「剰余労働にたいする渇望。工場主とボヤール」）

ドナウ諸公国のレグルマン・オルガニクは，剰余労働にたいする渇望の積極的表現であり，その各条項はこの渇望を合法化したものとすれば，イギリスの工場条例は，同じ渇望の消極的表現である。この法律は国家によって，しかも資本家と地主との支配する国家の側から，労働日を強制的に制限することにより，労働力の無制限な吸取りにたいする資本の熱望に立ちふさがるものである。しばらく，工場監督官のいうところを聞こう。[48]

（48）イギリスでの大工業の初めから1845年までの期間について，私はところどころで言及するにとどめるから，この期間について読者は，エンゲルス，フリードリヒの『イギリスにおける労働者階級の状態』（ライプチヒ，1845年）を参照されたい。エンゲルスが資本制的生産様式の精神を，いかに深く把握したかは，1845年いらい公にされた工場報告書，鉱山報告書などを見ればわかるのであり，また彼が状態をいかに驚くべき詳細に描いたかは，彼の著述を，その18年ないし20年後に公刊された『児童労働調査委員会』の公の報告書（1863〜67年）と，ちょっと比較してみればわかる（II / 5, S.184f. MEW, Bd.23, S.253f）。

以下は資料の追加。（荒川）

エンゲルスは『イギリスにおける労働者階級の状態』（MEW, Bd.2，浜林正夫訳，新日本出版社，2000年）で次のように述べている。

まず「序文」1845年3月15日でいう。

「労働者階級の状態は，現在のあらゆる社会運動の実在の土台であり，出発点である。なぜならそれは，われわれの現在の社会的困窮の最高の，もっともあからさまな頂点だからである。そこから，フランスとドイツの労働者の共産主

義が直接に，またフーリエ主義やイギリスの社会主義が，ドイツの教養あるブルジョアジーの共産主義と同じく間接的に，生み出されたのである」（17頁）。

また「序説」でいう。

「イギリスの労働者階級の歴史は，前世期の後半に，蒸気機関と綿花を加工する機械の発明とともにはじまる。これらの発明から，よく知られているように産業革命へつきすすんでいくことになるが，この革命は同時に全ブルジョア社会を変革したのであり，その世界史的意義はいまようやく認識されはじめたばかりである。イギリスはこの変革の古典的な土地であって，その変革は静かにおこなわれただけに，それはいっそう強力なものであった。したがってイギリスは，この変革のもっとも重要な結果であるプロレタリアの発展にとっても古典的な国なのである。プロレタリアートは，イギリスにおいてのみ，その生活状態のすべてにおいて，あらゆる角度から，研究することができる」（21頁）。

浜林氏は，同書の「解説」で，『イギリスにおける労働者階級の状態』の刊行，ドイツ語初版（1845年），英語アメリカ版（1887年），ドイツ語第二版（1892年），英語イギリス版（1892年）について，また『資本論』第8章，第13章での同書の引用，さらに綿工業の技術的側面，工場法の歴史について貴重な説明を加えている。

（5「標準労働日のための闘争。14世紀中葉から17世紀末までの労働日延長のための強制法」）

「資本は労働力の寿命を問題にしない。それが関心をもつのは，ただ専ら，一労働日のうちに流動化されうる労働力の最大限だけである。資本は，労働力の寿命を短縮させることによってこの目的を達するのであって，それはあたかも，貪欲な農業者が土地の豊饒度の掠奪によって土地収益を増加させるようなものである。

つまり，本質的には剰余価値の生産であり剰余労働の吸収である資本制的生産は，労働日の延長により，労働力の正常的な精神的および肉体的な発展ならびに活動諸条件を奪う人間労働力の萎縮を生ぜしめるだけでない。それは，労働力そのものの余りに早い疲弊と死滅とを生ぜしめる。それは，労働者の生活時間の短縮によって，与えられた期間内における彼の生産時間を延長するのである」（II/5, S.208. MEW, Bd.23, S.281）。

第2章　1868年のヴリュッセル大会と1869年のバーゼル大会　**195**

「あとは野となれ山となれ。これがあらゆる資本家およびあらゆる資本家国民の標語である。だから資本は，労働者の健康と寿命に対しては，それを顧慮することを社会によって強制されるのでなければ，何ら顧慮しない。……だが全体として，このこともまた個々の資本家の意思の善悪には依存しない。自由競争は資本制的生産の内在的諸法則を，個々の資本家にたいし外的な強制法則として有効ならしめるのである。

標準労働日の確定は，die Festsetzung eines normalen Arbeitstags 資本家と労働者との間の数世紀間にわたる闘争の成果である。だが，この闘争の歴史は二つの相対立する流れを示す。たとえば現時のイギリスの工場立法を，14世紀から近くは18世紀の中葉に至るまでのイギリスの諸労働条例と比較されたい。現代の工場立法は労働日を強力的に短縮するのであるが，かの諸条例はこれを強力的に延長しようとする」（II / 5, S.212. MEW, Bd.23, S.285f）。

（7「標準労働日のための闘争。イギリスの工場立法の他国への反応」）

「標準労働日なるものの創造は，資本家階級と労働者階級との間の，長期にわたる多かれ少なかれ隠蔽された内乱の産物である。この闘争は近代的産業の範囲内で開始されるのであるから，それはまず，近代的産業の祖国たるイギリスで演ぜられる。イギリスの工場労働者たちは，彼らの理論家たちが資本の理論に対して先ず挑戦したのと同じように，イギリスの労働者階級ばかりでなく近代的労働者階級一般の選手であった [191]」。

（191）「ロバート・オーウェン　Robert Owen が，この世紀の最初の十年間がすぎると間もなく，労働日制限の必要を理論的に主張したばかりでなく，十時間労働日を現実にニュー・ラナークの彼の工場で実施したとき，それは共産主義的空想として嘲笑された。彼の『生産的労働と児童の教育の結合』とまったく同じように，またかれによって起された労働者の協同組合事業とまったく同じように」（II / 5, S.238f. MEW, Bd.23, S.317）。

「同時に（1866年9月初め）ジュネーヴの『国際労働者大会』は，ロンドンの中央委員会の提案に基づいて次のように決議した。我々は，ここに労働日の制限を，それなくしては解放を求める他の一切の努力が挫折せざるをえない予備条件だと宣言する。……我々は，8時間労働を労働日の法的限度として提案する」（II / 5, S.240. MEW, Bd.23, S.319）。

196

第4章　相対的剰余価値の生産

第4節　機械と大工業

（1「機械の発達」　小表題は第二版から，以下同様。）

「ミル・ジョン・スチュアトはその著『経済学原理』でいう，『従来なされた
すべての機械の発明が，何人かの日々の労苦を軽減したかどうかは疑わしい』と。
だが，そうしたことは，資本制的に使用される機械の目的では決してない。労
働の生産力の他のあらゆる発展と等しく，機械は，商品を低廉ならしめ，労働
日のうち労働者が自分自身のために要する部分を短縮して，かれが自分の労働
日のうち資本家に無償で与える部分を延長するはずのものである。機械は剰余
価値を生産するための手段である（II / 5, S.301f. MEW, Bd.23, S.391)。

（3「労働者に及ぼす機械経営の直接的影響」）

「大工業の出発点をなすものは労働手段の革命であって，変革された労働手段
は，工場の編成された機械体系においてその最も発達した姿態を受け取る。こ
の客観的有機体に人間材料がいかにして合体されるかを見る前に，われわれは，
かの革命が労働者そのものに及ぼす若干の一般的反作用を考察しよう」。

（A「資本による追加労働力の取得。婦人労働と児童労働」）

「機械が筋力を不用ならしめる限りでは，機械は，筋力なき労働者，または肉
体的発達は未熟だが，四肢の柔軟性の大きい労働者を，使用するための手段と
なる。だから，婦人および児童労働 die Weiber-und Kinderarbeit というのが機械
の資本制的充用の最初の言葉であった。……労働力の価値は，個々の成年労働
者の維持に必要な労働時間によってのみならず，労働者家族の維持に必要な労
働時間によって規定されたのであった。機械は，労働者家族の全成員を労働市
場に投ずることによって，夫の労働力の価値をその全家族の上に分割する。だ
から機械は，彼の労働力の価値を減少させる。……かくして機械は，そもそも
の最初から，資本の固有独自の搾取領域たる人間的搾取材料と同時に搾取度を
拡大するのである。機械はまた，資本関係の形式的媒介たる労働者と資本家と
の契約を根本的に変革する。商品交換の基礎上では，資本家と労働者とが自由
な人格として，独立の商品所有者として，一方は貨幣および生産手段の所有者，
他方は労働力の所有者として，対応するということが第一の前提であった。と
ころが今や資本は児童または少年を買うのである」。

第2章　1868年のヴリュッセル大会と1869年のバーゼル大会　　**197**

「機械が最初にその基礎上で成長する工場で直接に，については他のすべての産業部門で間接に，資本の搾取に委ねる児童，少年少女，ならびに労働婦人の肉体的荒廃は，すでに以前に示唆されたところである。だからここでは，幼児期における労働者児童の膨大な死亡率という一点だけについてのべよう」。「婦人労働および児童労働の資本制的搾取から生ずる精神的委縮は，F.エンゲルスによりその『イギリスにおける労働階級の状態』で，またその他の著述家たちによって余すところなく叙述されているので，私はここでそれに注意をするにとどめよう。未成熟な人間を剰余価値の製造品の単なる機械に転化させることによって人為的に生み出された知的荒廃は……結局，イギリス議会をしてさえも余儀なく工場条例に従わせられたすべての産業で，初等教育を den Elementarunterricht 14 歳未満の児童の『生産的』消費のための法的条件としたのである」（II / 5, S.322–327. MEW, Bd.23, S.416–422）。

（B「労働日の延長」）

「機械は労働の生産性を増大するための，すなわち一商品の生産に必要な労働時間を短縮するための最も有力な手段だとすれば，資本の担い手としての機械はさしあたり，直接に機械によって捉えられた産業では，あらゆる自然的制限をこえて労働日を延長するための最も有力な手段となる」（II / 5, S.330. MEW, Bd.23, S.425）。

「だが機械は，物質的摩損のほかに，いわば道徳的摩損をもこうむる。機械は，同じ構造の機械がより安く生産されうるか，より優秀な機械が競争者として現れるかすれば，その程度に応じて交換価値を失う。機械の全価値が再生産される期間が短くなればなるほど，道徳的摩損の危険はますます少なくなるのであり，そして労働日が長くなればなるほど，右の期間はますます短くなる。だから，機械の最初の生活期間においては，労働日の延長のためのこの特殊的動機が最も激しく作用する [148]」。

注（148）「数年来，綱目織の製造において重要な数多くの改良が行われたので，最初には費用価格 1200 万ポンドだった完全な機械が，数年後には 60 ポンドで売られた」。したがってかかる疾風怒涛時代には，綱目織製造業者たちは，やがて，最初の労働時間たる 8 時間を二交代で 24 時間に延長した（同前，377，378，279 頁，II / 5, S.331f. MEW, Bd.23, S.426f）。

198

「だから機械の資本制的充用は，一方では，労働日を無際限に延長する有力な新動機を生みだし，この傾向に対する抵抗を打破するような仕方で労働様式そのもの及び社会的労働体の性格を変革するとすれば，他方では，一部は労働者階級のうち従来は手のとどかなかった層を資本の手にまきこむことにより，一部は機械によって駆逐された労働者を遊離させることによって，資本の命ずる法則に従わねばならぬ過剰労働者人口を生みだす[154]。機械は労働日のあらゆる道徳的および自然的な諸制限を転覆するという，近代産業の歴史における注目すべき現象はここから生ずる」。

注 (154)「機械を商品の生産手段としてのみならず，『過剰人口』の生産手段としても把握したということは，リカードの偉大な功績の一つである」(II / 5, S.334f. MEW, Bd.23, S.430)。

（C「労働の強化」）

「労働者階級のだんだん増大する反抗が，国家をして余儀なく，労働時間を強制的に短縮し，さしあたり本来的工場に標準労働日を命ぜしめるやいなや，つまり，労働日延長による剰余価値の生産増進がすっかりだめとなったこの瞬間から，資本は全力，全意識をもって，機械体系の加速的発展による相対的剰余価値の生産に没頭したのである。それと同時に，相対的剰余価値の性格に一変化が生じる。一般的にいえば，相対的剰余価値の生産方法とは，労働の生産力を高めることにより，労働者をして同じ労働支出をもって同じ時間内により多く生産することができるようにするということである。同じ労働時間は総生産物にたいしあいかわらず同じ価値をつけ加える。なるほど，この不変の交換価値は今やより多くの使用価値で自らを表示するのであり，したがって個々の商品の価値は低下するのであるが。

とはいえ生産力の発展および生産諸条件の節約に膨大な刺激をあたえる強行的な労働日短縮が，同時に労働者にたいし，同じ時間内における労働支出の増加，労働力の緊張の増大，労働時間の気孔充填の濃密化すなわち労働の凝縮を，短縮された労働日の範囲内でのみ達成される程度にまで強制するやいなや，事情は一変する。ある与えられた時間内へのより多量の労働のかかる圧縮は，いまや，あるがままのものとして，すなわちより多量の労働として計算される。『外延的おおきさ』としての労時間の度量 das Maß der Arbeitszeit als ausgedehnter Größe と相並んで，いまや，労働時間の密度の度量 das Maß ihres Verdichtungsgrads が

行われる。十時間労働日中の集約的な一時間は，いまや，十二時間労働日中の多孔的な一時間に比べて，同じだけのまたはより多くの労働，すなわち支出された労働力を含む」（II / 5, S.336. MEW, Bd.23, S.432）。

「労働日の短縮は，さしあたり労働凝縮の主観的条件，すなわち与えられた時間内により多くの力を流動させる労働者の能力を創造するのであるが，この労働日の短縮が法律によって強制されるやいなや，資本家の手にある機械は，同じ時間内により多くの労働を搾りだすための客観的なかつ体系的に充用される手段となる。そうなるのは二つの仕方，すなわち機械の速度の増大と，同じ労働者が見張るべき機械の範囲または彼の作業部面の範囲の拡大によってである」。

「労働日の 12 時間への短縮は，イギリスでは 1832 年以来のことである。すでに 1836 年にイギリスの一工場主は説明していった。「以前に比べると，工場でなされる労働は，機械の速度の著しい増加が労働者から要求する注意深さと活動との増大によって非常に増大した」と」（II / 5, S.338f. MEW, Bd.23, S.434f）。

（4 「工場」）
「我々は本章の冒頭で，工場の身体たる機械体系の編成を考察した。ついで我々は，機械は婦人および児童労働の取得によって資本の人間的搾取材料を増加すること，それは労働日の無制限な延長によって労働者の全生活時間を没収すること，および，ますます短時間にますます膨大な生産物を供給することを可能にする機械の進歩は，結局，各瞬間により多くの労働を流動させるための，または労働力をますます集約的に搾取するための手段に急変することを知った。いまや我々は，工場全体，しかもその最も発展したすがたでの工場全体に目をむけよう」（II / 5, S.344. MEW, Bd.23, S.441）。

「ここでもいつものように人は，社会的生産過程の発展による生産性の増大と，社会的生産過程の資本制的利用による生産性の増大とを区別せねばならぬ。
　マニュファクチュアおよび手工業では労働者が道具を使い，工場では労働者が機械に奉仕する。そこでは労働手段の運動が労働者から起こり，ここではその運動に労働者が追随せねばならない。マニュファクチュアでは，労働者は生きた一機構の手足をなす。工場では死んだ一機構が労働者から独立して存在するのであり，労働者は生きた付属物としてこの機構に合体される。……労働過

程であるばかりでなく同時に資本の増殖過程たる限りでのすべての資本制的生産にとっては，労働者が労働条件を使用するのではなく逆に労働条件が労働者を使用するということが共通しているが，しかしこの転倒は，機械をもって初めて技術的，感覚的な現実性を受け取る。

労働手段は自動装置に転化することによって，労働過程そのものの間，労働者にたいし資本として，生きた労働力を支配し吸収する死んだ労働として対応する。生産過程の精神的力が手労働から分離するということ，およびこの力が労働にたいする資本の権力に転化するということは，すでに以前に示唆したように，機械を基礎にして組み立てられた大工業で完成される」（II / 5, S.347f. MEW, Bd.23, S.445f）。

（5 「労働者と機械の闘争」）

「資本家と賃労働者との闘争は，資本関係そのものと共に始まる。それは全マニュファクチュア時代を通じて暴れ続ける」[193]。

（193）なかんずく，ジョン・ホートン『農業および工業の改良』（ロンドン，1727 年）。『東インド貿易の諸利益』（1720 年）。ジョン・ベラーズ『産業専門学校設立の提案』（ロンドン，1696 年）参照。

「機械の採用いらいはじめて，労働者は，資本の物質的存在様式たる労働手段そのものと抗争する。かれは，資本制的生産様式の物質的基礎としての，この規定された生産手段形態に反逆するのである」。「労働者が機械をその資本制的充用から区別し，したがってかれの攻撃を物質的生産手段そのものからそれの社会的利用形態に移すことを学ぶまでには，時間と経験とが必要だったのである」。「機械としては，労働手段はただちに労働者そのものの競争者となる[197]。

（197）「機械と労働とは絶えず競争している」（リカード『経済学原理』）。

「機械による資本の自己増殖は，機械によって生存条件を破壊される労働者数に正比例する。資本制的生産の全体系は，労働者がその労働力を商品として売ることを基礎とする。分業はこの労働力を一面化させて，ある部分道具を操縦するための全く特殊化された熟練にしてしまう。道具の操縦が機械の受持ちになれば，労働力の使用価値とともに交換価値も消滅する。労働者は通用力を失った紙幣と同様に，売れないものとなる。労働者階級のうち，機械によりかように余分な，すなわち資本の自己増殖にとってもはや直接に必要でない人口に

転化された部分は，一方では，機械的経営に抗する旧式な手工業的およびマニュファクチュア的経営の勝負にならぬ闘争で破滅し，他方では，近づき易いすべての産業部門を充満させ，労働市場を氾濫させ，したがって労働力の価格をその価値以下に低下させる」。

「機械のあらゆる改良の不断の目的および傾向は，実は，人間の労働をすっかり排除すること，あるいは，青年男子労働に代えるに婦人および児童労働をもってし，または熟練労働者に代えるに不熟練労働者をもってすることによって，労働の価格を減少させることである」（Ure, ユーア『製造業の原理』改訂第二版，ロンドン，1835年）（II／5, S.351-355）。

（6「機械によって駆逐された労働者にかんする補償説」）
「ジェームズ・ミル，マカロック，トレンズ，ショーニア，J. S. ミルなどのような一連のブルジョア経済学者の主張によれば，労働者を駆逐するいっさいの機械は，つねに同時に，かつ必然的に，それと同数の労働者を就業させるに充分な資本を遊離させるという[213]」。(213)「リカードは最初にはこれと同意見であったが，のちに至り，かれの特徴たる公平さと真理愛好とによって，明白にこの意見を撤回した」（『経済学と課税の原理』第31章「機械について」）。
「機械は，それが捉える部門における生産物を低廉化させ増加させるのであって，他の産業部門で生産される生活手段の分量をさしあたり変化させない。だから社会は，機械の採用以後にも駆逐された労働者のための従来と同等量またはより多くの生活手段を有する。そしてこのことは，経済学的弁護論の要点である。機械の資本制的充用から不可分離な矛盾や敵対なるものは存在しない。なぜならそれらは機械そのものから生ずるのでなく，機械の資本制的充用から生ずるのだから。つまり，それ自体としてみた機械は労働時間を短縮するが，それが資本制的に充用されると労働日を延長するのであり，それ自体としては労働を軽減するが，資本制的に充用されると労働の強度を高めるのであり，それ自体としては自然力にたいする人間の勝利であるが，資本制的に充用されると人間を自然力によって抑圧するのであり，それ自体としては生産者の富を増加させるが，資本制的に充用されると生産者を窮民化させるなど」（II／5, S. 358f, 360f）。

（7 「機械経営の発展に伴う労働者の反発と吸引。綿業恐慌）

工場制度の膨大で飛躍的な拡張可能性とその世界市場への依存性とは必然的に熱病的な生産とそれにつづく市場の充満を生み出すのであるが，市場が収縮するとともに麻痺状態が生ずる。産業の生活は，中位の活気，繁栄，過剰生産，恐慌，停滞の諸時代の序列に転化する。労働者の就業，したがってまた生活状態が機械経営のもとで免れない不確実と不安定は，産業循環のこの周期的変遷とともに正常的なものとなる。繁栄時代を除けば，資本家たちの間では市場の個人的分前をめぐる猛烈きわまる闘争がのこる。この分前は生産物の低廉さに正比例する。そのために生ずるところの，改良された労働者に代位する機械と新生産方法との採用にかんする競争のほかに，労賃を労働力の価値以下に暴力的に引下げることによって，商品を安くしようとする努力の行われる時点がその度ごとに生ずる。

だから，工場労働者総数の増大は，工場で投下される総資本の比例的にはるかにより急速な増大を条件とする。だがこの過程は，産業循環の干潮期および満潮期の内部でのみ行われる。のみならずこの過程は，時には潜勢的に労働者に代位し，時には事実的に労働者を駆逐する技術的進歩によって常に中断される。機械経営でのこの質的変動は，たえず労働者を工場から退け，または，新参者の新たな流れに対して工場の門を閉ざすのであるが，他方，諸工場の単に量的な拡張は，投げ出された労働者のほかに新鮮な労働志願者をも呑み込む。かくして労働者は，いつも反発されては吸引され，あちこちとこづき廻されるのであって，しかもその際，募集労働者の性，年齢および熟練さは絶えず変化する（II／5，S.370f）。

工場労働者の運命 die Schicksale des Fabrikarbeiters は，イギリス綿業の運命を一瞥すれば最もよくわかる。

1770 年から 1815 年まで綿業が不況または沈滞をきたしたのは五年間である。この最初の 45 年間，イギリスの工場主は機械および世界市場を独占していた。1815 年から 1821 年までは不況，1822 年および 1823 年は好況，1824 年は労働者団結禁止法の廃止，工場の一般的大拡張，1825 年には恐慌。1826 年には綿業労働者間の大窮乏および暴動。1827 年には僅かに改善，1828 年には蒸気織機および輸出の大増加。1829 年には輸出，特にインドへのそれが従来のどの年よりも多かった。

1830 年には市場が充満して大窮境，1831 年から 1833 までは不況が続いた。東アジア貿易（インドおよび中国）が東インド会社の独占から奪取された。1834 年には工場および機械の大増加，職工の不足。新救貧法が工場地方への農村労働者の移住を促進した。地方州からの児童の掃蕩。白色奴隷売買。1835 年には大景気。同時に木綿手織工は餓死状態。1836 年にも大景気。1837 年および 1838 年には不況と恐慌。1839 年には景気回復。

1840 年には大不況，暴動，軍隊の干渉。1841 年および 1842 年には工場労働者の恐ろしい窮乏。1842 年には工場主が穀物法の撤廃を強要するために職工を工場から締め出した。労働者の多くがヨークシャに流れていったが，軍隊によって追い返され，その指導者はランカスターで裁判に付せられた。1843 年には大窮乏。1844 年には景気回復。1845 年には大景気。1846 年には初めは好況が続いたが，ついで反動の徴候が現れた。穀物法の撤廃。1847 年には恐慌。「大パン」お祝いとして 10％からそれ以上の一般的賃金引下げ。1848 年にはひきつづき不況。マンチェスターは軍隊によって警備。1849 年には景気回復。

1850 年には好景気。1851 年に物価下落，賃金低下，ストライキ頻発。1852 年には好転，ストライキ続発，工場主は外国労働者を輸入すると脅かした。1853 年には輸出増加。プレストンにおける 8 ヵ月にわたるストライキと大窮乏。1854 年には好景気，市場の充満。1855 年には合衆国，カナダ，東アジア諸市場から破産の報殺到。1856 年には大景気。1857 年には恐慌。1858 年には好転。1859 年には大景気，工場の増加。

1860 年にはイギリス綿業の絶頂。インド，オーストラリアその他の諸市場は著しく充満して，1863 年になってもまだ全ストックが吸収しきれないほどであった。フランスとの通商条約。工場および機械の膨大な増加。1861 年には昂揚が暫く続いて反動来，アメリカの南北戦争。綿花飢饉。1862 年から 63 年までは完全な崩壊。綿花飢饉の歴史は，黙ってすごすには余りに特徴的である。まひ程度についていえば，信頼すべき計算によると，1862 年 10 月には紡錘の 60.3％と織機の 58％が休止した（II / 5, S.371f）。

イギリス綿業の最初の 45 年間たる 1770 ～ 1815 年には恐慌および沈滞期が 5 年しかないのであるが，しかしこれは，イギリス綿業の世界独占の時代であった。次の 48 年間たる 1815 ～ 1863 年には，不況および沈滞 des Drucks und der Stagnation の 28 年にたいし回復および好況期は 20 年しかない。1815 ～ 1830 年

には，ヨーロッパ大陸および合州国との競争が始まった。1833 年以来，アジア市場の拡張が「人種の破壊」によって遂行された。穀物法の撤廃以来，1846 ～ 1863 年には，中位の活況と好況の 8 年間にたいし，不況および沈滞は 9 年間であった。成年男子綿業労働者の状態が好況期でさえどんなものであったかは，次のことからも判断できる。「生産物を低廉ならしめるための労働の絶えざる駆逐の結果，最大の好況期においてさえ大きな割合の成年男子は，条件のいかんを問わず工場では何らの種類の仕事も見出すことができない」『1863 年 4 月 30 日の工場検査官報告』（II / 5, S.375）。

（9 「工場立法——保健条項と教育条項。イギリスでのその一般化）
　「工場立法，すなわち社会の生産過程の自然発生的姿態にたいする社会のこの最初の意識的で計画的な反作用は，すでにみたように，綿糸や自動機械や電信と同様に，大工業の必然的な産物である。我々は，イギリスで身近に迫っている工場立法の一般化に移る前に，イギリスの工場条例のうちの労働日の時間数に関係のないなお若干の条項について，簡単に述べておかねばならぬ」（II / 5, S.393f）。

　「大工業の基礎上での自然発生的に発達したこの変革過程の一契機は，工芸学校および農学校であり，もう一つの契機は，労働者に子供が技術学および種々の生産用具の実際的取扱にかんするいくらかの授業を受ける『職業学校』である。資本からやっと奪った最初の譲歩としての工場立法は，初等教育を工場的労働と結びつける der Elementarunterricht mit fabrikmäßiger Arbeit, にすぎないとすれば，労働者階級による不可避的な政権獲得は，理論的および実践的な技術教育のためにも労働学校におけるその占むべき席を獲得するであろうということは，疑う余地がない。 資本制的生産形態およびこれに照応する労働者の経済的諸関係が，かかる変革的酵母およびその目的たる旧式分業の止揚と絶対的に矛盾するということもまた，疑う余地がない。だが，一つの歴史的生産形態の諸矛盾の発展は，その生産形態の解体と新形成との唯一の歴史的通路である」（II / 5, S.400）。

第3章 1871年のロンドン協議会

第1節 第一インターナショナルとパリ・コミューン

マルクスは，1871年『フランスにおける内乱　国際労働者協会総評議会のよびかけ　ヨーロッパおよび合州国の全協会員へ』で述べた。

1871年3月18日の明けがた，パリは「コミューン万歳」という鳴りとどろく叫びで目をさました。ブルジョアの頭をひどく悩ませているこのスフィンクス，コミューンとは何か。中央委員会は，3月18日のその宣言のなかでこう言っている。

「パリのプロレタリアは，支配階級の怠慢と裏切りとのなかにあって，公務の指揮を自分たちの手ににぎることによって時局を収拾すべき時が来たことを理解した。……彼らは，政府権力を掌握することによって自分自身の運命の主人となることが，彼らのさしせまった義務であり，絶対的権利であることを理解した」（MEGA I / 22, S.137）。

1870年の普仏戦争およびそれに続いて起こった1871年のパリ・コミューンのなかで，国際労働者協会は，どのように行動したのであろうか。すなわち変転する歴史現実を踏まえ国際労働者協会の意志が，どのように決定されたのであろうか。以下では，マルクスによって指導された国際労働者協会の運動を考察せんとするものである。

MEGA I / 22（1978年）の「まえおき」で，次のようにのべる。

マルクスの分析は，パリ革命の原因が，結局，社会的発展の合法則性と資本主義の基本的な階級対立の絶えざる深化に基づいていることを示している。パリ・コミューンによるブルジョア国家の弾圧機構の粉砕——歴史的に大きな意義の一歩——は，マルクスがすでに1852年に彼の著作『ルイ・ボナパルトのブリュメールの18日』で引き出した結論を証明した。すなわちプロレタリアートはその解放の前提条件として「官僚的軍事機構を……破壊」しなければならない（1871年4月12日，マルクスのクーゲルマン・ルートヴィヒ宛の手紙）。「フランスにおける内乱　よびかけ」で，マルクスはパリ・コミューンの経験に基

づいて,その国家論および革命論の指針を深化させ具体化した(MEGA I / 22,「ま
えおき」S.24)。

『フランスにおける内乱』に関するその著作で,マルクスは革命でのプロレタ
リアートの同盟者の問題の研究をつづけた。コミューンの具体的で歴史的な資
料は,労働者階級と都市中間層および農民層との同盟論を,さらに仕上げ具体
化することを可能にした。プロレタリアートは,他人の労働で生活しない社会
のすべての階級を——小市民も——民主主義および国民の真の利益のための闘
争で集めることができることを,マルクスは指摘した(S.206–207)。マルクス
はその著作で,農民問題に大きな注意を払った。コミューンの経験は,労働者
階級が農民層による支援なしに革命で勝利できないという,かれとエンゲルス
によって基礎づけられたテーゼの正しさを証明した。マルクスは『フランスに
おける内乱』で強調した。労働者階級と非プロレタリア大衆——まず第一に就
業している農民層——との同盟は,プロレタリア革命の勝利と搾取から自由な
新しい社会秩序の建設のための本質的条件である。「我々の勝利はあなたがたの
唯一の希望であると」コミューンが農民に叫ぶとき,「コミューンは完全に正し
かった」(S.207)。かれが「よびかけ」で指摘したように,就業している農民の
利害の自然的代表者としての労働者階級だけが,資本主義的隷属から農民を解
放し,農民に安全な展望を与えることができるのである(MEGA I / 22,「まえお
き」S.30f)。

「労働者階級の政治活動にかんする決議」は,創立宣言と規約,ならびにジュ
ネーヴ大会とローザンヌ大会の決議で含まれていた経済闘争と政治闘争の統一
の原則を確認し,具体化した。それは「労働者階級の偉大な義務としての政治
権力の獲得」(S.354)を示し,この目的を達成するために戦闘的で独立した労
働者党の必要性を宣言した。ここで初めてインターナショナルの綱領的文書で,
プロレタリアートの党の課題が表明された。

1871年9月20日の会議でマルクスは,大衆と強く結びついた労働組合の必
要性を強調した。すでに1866年のジュネーヴ大会はマルクスによって起草され
た決議で,労働者階級の解放闘争にとってのプロレタリア階級組織としての労
働組合の機能を,詳細に特徴づけていた。ロンドン協議会の諸決議で,マルク
スとエンゲルスは政党と労働組合とのあいだの関係を明確にした。

「労働者階級が，その経済闘争によってすでに一定点にまで成し遂げた個々の諸勢力の結合は，その搾取者の政治権力に対する闘争にとってもてことして役立たねばならない」（S.355）。

マルクスはイギリス労働組合を，インターナショナルとの密接な結びつきによって政治闘争に取り込むことを求めた。さらに協議会は総評議会に，労働組合のあいだの国際的関係を促進することを勧めた。

本巻で公表された協議会の資料は，就労している農民の獲得のためのマルクスの重要な詳論を含んでいる。それはロンドン協議会の論争で，マルクスとエンゲルスが大きな注意をさいた問題である。1869年のインターナショナルのバーゼル大会が，とくに農業プロレタリアートに集中したが，ロンドン協議会はマルクスの提案で，産業プロレタリアートの運動への農耕民の連携，地方（いなか）宣伝が重視されるという決議を採択した（S.328, 353, 724, MEGA I / 22, 「まえおき」S.42, 44, 45）。

他方，クラウゼは，「1871年のロンドン代表者協議会──労働者階級の党のためのマルクスとエンゲルスの闘争での重要な一段階」Hans Dieter Krause, *MARX-ENGELS-JAHRBUCH 3*, 1980. で述べる。ロンドン協議会ではパリ・コミューンの経験から，各国で革命的な労働者党の設立が決議され，バクーニンの無政府主義および改良主義的なイギリス労働組合主義の批判が行われた。さらに連合評議会から各国労働者党への漸進的転化がすすんだと，クラウゼは指摘している。またロンドン協議会決議で，イギリス連合評議会の設立，労働者階級と農民の同盟，女性労働者の組織化のための労働組合の意義が強調されたと述べる。さらに同論文では，ロンドン協議会で規約が新たに刊行され，民主集中制が確立したと述べている。しかし問題は，労働者が政治闘争の必要性を，つまり経済闘争と政治闘争の関連を理解することではないだろうか。

これまで国際労働者協会，第一インターナショナルの毎年の大会を，国際労働者協会の意志決定の場として位置づけ，総評議会での論議，そして大会での討議を中心にして検討してきた。これまでの検討から国際労働者協会の意思は，総評議会が決定を行い，大会でそれを事後的に承認するというものではなく，総評議会を中心に各国労働者組織と連携をとりつつ大会議案を準備し，最終的に毎年の大会で決定され，各国に普及されるというものであった[1]。

208

では，1870年の普仏戦争および1871年パリ・コミューンという緊急事態のなかで，国際労働者協会はどのように歩んだのであろうか。予定された1870年の第五回大会は開かれず，代わりに1871年にロンドンで協議会が開かれ，緊急事態に対する国際労働者協会の運動指針が論議された。国際労働者協会にとって，そしてその後の労働運動にとって重大な決議がなされたのである[2]。以下では，普仏戦争およびパリ・コミューン，そしてロンドン協議会の過程を，1870～1871年の総評議会議事録およびロンドン協議会議事録を用いて検討し，よって当時の労働運動の特質を考察せんとするものである。

第2節　普仏戦争とパリ・コミューン

1　大会準備と総評議会

1870年1月4日　総評議会

ヘールズが議長に選ばれ，議事録が確認された。チューリヒのドイツ語支部が綱領を示した。それは教会と国家との分離，学校と教会との分離，高等教育分野での無償教育，病人の無償保護，鉄道の国有化，工場での12歳以下の児童の労働禁止，12～16歳は8時間労働，成人は10時間労働，工場は政府の監督官の検査を受ける，というものであった。これに対しジュネーヴの『エガリテ』紙は，それが政治的であると批判した。

マルクスは述べた。労働時間の短縮は二つの大会で決議されている，それは政府に労働日制限を強いることでのみ実現しうる。『エガリテ』紙の批判は不当である。また，ドイツからストライキの支援要請があり，スイス，スペインで新たに加盟が報告された。

2月1日

ユングは，バーゼル大会議事録についてスイス担当書記から報告を受け取ったこと，また，スイスの中央評議会は『エガリテ』紙の運営に新しい人員を配置したことを伝えた。

2月8日

ジュネーヴからの手紙で，『エガリテ』紙での総評議会非難の記事は支部から

送信されたのではなく編集部から送られたこと, ロマンス連合の創立大会で, 『エガリテ』紙の編集部が選出されていたことを伝えた[3]。

3月22日

ジュネーヴから, ロシア人支部の設立と国際労働者協会への加盟を求める手紙が届いた。ロシアでのインターナショナルの広まりは, 汎スラブ主義への抑制であることを伝え, また次の理由からマルクスがロシア通信員であることを望んだ。ひとつにロシアではドイツと運動の性格が似ていること, またマルクスの書物はロシアの若者のあいだで広まり, 評価されていること, そしていつも, 所謂ロシアの愛国主義者たちの不吉な行為を暴いているからである。彼らはバクーニンに反対であると。

3月29日 総評議会

スイスでロマンス連合の大会が開かれること, またマドリッドでのスペインの大会開催が伝えられた。

4月5日

ユングは大会議案が作成され, 送付されることを述べた。それは支部に, 会費納入の呼びかけとなるであろう。

4月12日

ユングは, ショード・フォンでの大会が分裂したことを伝える手紙を読んだ。この大会で社会民主同盟はスイスロマンス連合に加入し, 大会討議でジュネーヴ支部と対立し, フランス語訳の規約をもとに政治闘争に反対した。大会後ロマンス連合は分裂した[4]。

4月19日

ユングは述べた。スイスの新し党派は『ソリダリテ』紙を発行し, その支持者は約600人であるが, 古い党派の支持者は約2000人であると。

4月26日

デュポンは, フランスの諸支部が中央委員会（パリ連合）を再建し, ナポレ

オン三世の人民投票に反対したことを伝えた。国際労働者協会の規約のフランス語訳がなされた。

1870 年 5 月 3 日　総評議会
　マルクスは，仏政府の国際労働者協会への中傷を問題とした。仏政府は，パリやリョン支部の多くの会員を逮捕しただけではなく，国際労働者協会が「いわゆる陰謀」の共犯者であると中傷している。国際労働者協会の規約の趣旨からいえば，イギリス，大陸およびアメリカにある国際労働者協会の諸支部が，労働者階級の組織化の中心として活動するだけでなく，インターナショナルの究極の目標，すなわち労働者階級の経済的解放の実現に役立つ，総ての政治活動を支援することは確かに特別の使命である。同時に，規約は国際労働者協会の総ての支部が白日のもとに行動することを義務づけている。労働者階級との一体感を本質とする国際労働者協会は，秘密組織のあらゆる形態を排除する。あらゆる国民の多数を占め，富のすべてを生産する労働者階級が，もし謀叛を企むならかれらは公然と謀叛を企むであろう[5]。

5 月 10 日
　ウェストンは，大会議題が討議に間に合うように作成され，代議員が総評議会の考えを知りうるかどうか不安であると述べた。また協同組合が重要な問題であると述べた。

5 月 17 日
　マルクスは，大会開催地変更にかんする次の提案を行った。バーゼル大会でパリが今年の大会開催地とされたが，フランス政府がそれを許さないこと，それにもかかわらず現状からして即座の決議が必要であること，また規約第3条によれば緊急の場合，総評議会は大会で決められた開催地を変更でき，他方，ドイツの社会民主労働者党がドイツでの開催を提言していること，以上から，今年の国際労働者協会の大会を9月5日にドイツのメイヤーンス Mayence で開催することを決議する。同提案は承認された。
　デュポンは，小委員会が大会議案を作成することを提案し，同意された[6]。

6 月 21 日

第3章　1871年のロンドン協議会　**211**

　ジュネーヴ建設業のロックアウトについて論議され，ヨーロッパと合衆国の国際労働者協会支部および労働組合に声明文を書くことになり，マルクスにその起草が委託された。

6月28日

　セライエから，スペインで大会が開かれたことが伝えられた。他方，ジュネーヴから，ショードゥフォンでの対立について判断を求めてきたが，これについてマルクスは，総評議会は現在のスイスロマンス連合をそのまま承認すると述べた。スイスロマンス連合は義務を果たしてきたし，多くの支持者を持つ。また社会民主同盟を承認したことも伝えられるべきであり，新しい委員会は地方名をとることができる。さらにマルクスは，総評議会をロンドンからヴリュッセルへ移すことを提案した。論議の後，この提案を大会議案とともに各国支部に送ることになった。

7月5日

　ヘールズは，総評議会の移転問題をとりあげ，移転にさいしては，総評議会の国際的な構成を考慮するべきと述べた。マルクスは討議の継続を求めた。もしヘールズの提案を認めるなら，ロンドンが総評議会の唯一の場所になる。

1870年7月12日　総評議会

　総評議会の移転が論議されたが，一致点として総評議会は国際的な性格を有すること，問題の論議に諸支部も加わることが確認された。
　大会に話は移り，書記は大会議案にかんする小委員会の報告を提出した。
Ⅰ．土地を共同所有に変える実際の手段について。農村労働者の支部をつくり，都市の労働者と連携させるというベルギー支部の提案は，この項目のなかで扱われる。
Ⅱ．労働者階級の政治活動と社会運動の関連について。
Ⅲ．公正な補償をともなう公債の廃止。
Ⅳ．全ての発券銀行の国立銀行への転換。
Ⅴ．全国的規模での協同組合生産の条件について。
Ⅵ．労働の統計調査という1866年のジュネーヴ大会決議を実行する必要について。

212

大会議案で労働者の代表権の問題が，なぜ削除されたのかが論議となった。

マルクスは答えた。それはイギリスの問題でしかなかった。イギリスでのみ，労働者階級の政治問題は議会代表である。労働者の政治運動を考えるのに種々の方法があるが，それらを含む包括的な形態を考えるべきである。

銀行の決議は信用問題を含むのかが問題となった。マルクスは，イギリスの銀行法は大陸では存在しないと述べた。

ここで書記（エッカリウス）は，小委員会を代表して意見を述べた。最初の問題は，先の大会決議であるので否定できない。第Ⅱ項について，ヘールズはそれは広がりすぎると述べた。「労働者階級がとるべき最良の政治活動」に変えることを提案した。この提案は支持されず，委員会案が承認された。Ⅲ，Ⅳ，Ⅴ，Ⅵ項は，承認された。

ヘールズは，第Ⅶ決議として戦争反対を提案した。

ユングは述べた。これまでの大会で反戦は決議されており，繰り返すことは必要ないであろう。先の決議の成果としては常備軍廃止の具体的手段が問題となる。中産階級の大会は戦争に反対するが，労働者を抑圧する常備軍を維持するために資金を投入する。ヘールズは決議を「常備軍を廃棄し，戦争を防止する最良の方法」に変更した。マルクスは，戦争が勃発した時に，戦争反対決議を行うという総評議会の意見を支持した。投票の結果ヘールズ案が支持された[7]。

1869年バーゼル大会に続く国際労働者協会の第五回大会は，ドイツのメイヤーンスに決められた。社会民主労働者党からメイヤーンスでの大会開催の提言があり，また1867年の規約第3条により総評議会は，大会開催地を変更できたからである[8]。さらに大会議案が問題となった。すでにこれまで四回の大会が開かれ，機械制大工業を基盤とする資本主義経済の本質を踏まえ，労働者の経済闘争を労働運動の正面に据えていくという方向は確認されていた。もとより国際労働者協会内でもフランス，スイス等に，小生産者を中心とする勢力が根強く残存したのであるが，いずれにせよ第一回ジュネーヴ大会と第三回ブリュッセル大会の決議を，一つの小冊子として1869年に総評議会が発行しており，経済闘争を運動の柱とすることは，国際労働者協会で確立されていたと言えよう[9]。

第四回バーゼル大会では，これに加えて資本主義的市場経済の根幹にかかわる土地所有が問題となっていたのであるが，それはこの第五回大会にも継承された。しかし，この第五回大会の新しい課題は政治闘争であった。経済闘争か

第3章 1871年のロンドン協議会 **213**

ら政治問題を導出し，両者の関連を各国労働者の合意のもとに大会決議として
確立することが新たな課題であった。1870年7月12日の総評議会で，大会決
議の第Ⅰ項は土地所有問題に，第Ⅱ項は「労働者階級の政治活動と社会運動の
関連について」として提起された。しかし，ここでも国際労働者協会の大会で，
政治運動を取り上げることに異論が出されている。労働者にとって経済運動と
政治運動とのつながりは理解の困難な問題であった。何故，政治運動に取り組
むのか，その必然性を労働者が自らの問題として捉えるには，労働者は歴史的
体験と学習とを必要としたのである。

そして国際労働者協会での政治闘争の位置づけと関連して，この時期には政
治運動を一切否認するバクーニンの社会民主同盟との対立があった。社会民主
同盟は，1869年に国際労働者協会に加入していらい，国際組織の解散指示にも
かかわらず，国際労働者協会を手中にせんと，その組織を温存したまま動いて
いたのである。これはバーゼル大会での土地所有問題の衝突から始まり，1869
年末からは『エガリテ』紙での総評議会批判として登場し，さらにスイスにあ
るジュネーヴの中央評議会の分裂という形で現れた。総評議会は，これにたい
し旧来の中央評議会であるスイスロマンス連合をそのまま保持し，バクーニン
主義者に新しい地方委員会の名称を提案した[10]。

バクーニンとの抗争は，運動の課題である政治闘争のみならず，組織形態に
も影響した。それは運動に現れた秘密組織の問題である。5月3日の総評議会で，
マルクスは秘密組織が国際労働者協会の原則と根本的に相違すると述べた。国
際労働者協会の各国支部が政治運動に取り組むことは当然である。しかし政治
運動は秘密組織の形ではなく，公然と，白日の下に行われるのである。けだし
労働者こそが，労働の生産力の発展，社会的生産の主要な担い手をなすのであ
るから。ここに当時『資本』全三部の草稿を前提に，1867年に『資本』第一部
を公刊し，さらに資本主義経済の分析を続けるマルクスの視点があった。

2 普仏戦争（1870年7月〜71年1月）と総評議会

シュレースヴィヒ－ホルシュタイン問題をめぐる1866年のプロイセン－オー
ストリア戦争（普墺戦争）でオーストリアを降伏させ，プロイセン（ビスマル
ク首相）中心の北ドイツ連邦が組織された。これにつづいて，スペイン王位継
承問題をめぐり1870〜1871年にはプロイセン－フランス戦争（普仏戦争）が

214

起こった。1870 年 7 月 19 日フランスがプロイセンに宣戦を布告，北ドイツ連邦諸国も参戦した。プロイセン－ドイツ軍はフランス国内に進出，9 月 2 日ナポレオン三世はスダンで降伏し，パリでは共和政権が樹立された。フランス国民はドイツ軍に抵抗したが，ストラスブール，メスの要塞が陥落し，パリの国防政府も籠城四ヵ月ののち 1871 年 1 月 28 日に開城した。5 月フランクフルトで講和条約を締結し，フランスは賠償金 50 億フランを支払い，アルザス・ロレーヌの大部分を割譲した。1 月 18 日にベェルサイユでドイツ帝国の成立が宣せられた（『世界史小辞典』改訂新版，2004 年，山川出版社）。

1870 年 7 月 19 日　総評議会

　マルクスは個人的な手紙から，フランス地方で戦争雰囲気がないこと，パリでのにせの興奮について知らせた。そしてパリ支部での反戦争宣言から一部を紹介した。ヘールズの提案でマルクスに「よびかけ」の起草が委託された。マルクスは述べた，パリ市民のような宣言を総評議会は公表できない。それは国際的でなければならない。議長ルークラフトは，我々の立場は中立であり平和を望むと，現在戦争を防ぐことはできないが，戦争を止める力のあることを世界に知らせようと述べた。

7 月 26 日

　マルクスは述べた。リヨンでは平和行進を抑えるために軍隊が用いられ，また北ドイツ議会では，国際労働者協会の会員であるリープクネヒトとベーベルが戦債投票を棄権した。彼らが賛成投票できなかったのは，戦争は王朝戦争であり，賛成投票はプロイセン閣僚への信任投票を意味するからであると，だが，反対投票はボナパルトの犯罪的陰謀を支持するものとして受け取られるであろう。彼らは主張した。民族を越えてあらゆる抑圧者と闘い，あらゆる被抑圧者たちの連帯を求める社会共和主義者として，また国際労働者協会の会員として投票できなかった。そしてヨーロッパの人民が権力を獲得し，彼ら自身の運命を決定することを希望すると。

　マルクスは小委員会で承認された「普仏戦争についての第一のよびかけ」を朗読した。「1864 年 11 月の国際労働者協会創立宣言で，われわれはこう言った，もし労働者階級の解放のために彼らの兄弟のような協力が必要だとすれば，……略奪戦争に人民の血と財宝をそそぎこむような対外政策をもってして，どうし

てこの大使命を実現できるであろうか」。「よびかけ」address は称賛をもって受け入れられた。

8月2日
ウェストンが議長についた。

セライエは述べた，ベルギーからの手紙で，アムステルダムが大会開催地として提起された。また同手紙は，直接選挙と教育の問題が大会議案から削除されたこと，総評議会がスイス問題に介入したこと，さらに戦争について総評議会が反対しないことが疑問であると述べ，そして総評議会のロンドンからの移転には賛成であると伝えた。ウェストンは，スチュアート・ミル Stuart Mill が，「よびかけ」に大いに満足していたと伝えた。

ブーンは，大会開催地を考えるべきと述べた。

マルクスは，大会は9月5日に開かれることになっているが，現在の状況では，特にフランスとドイツで困難を伴うと述べた。アムステルダムでは，国際労働者協会が十分に整備されていないので大会に相応しくない。大会に代えて，1865年のように協議会を開くべきと述べた。

ヘールズは，大会の延期を各国支部に連絡し，各国の支部が同意すれば総評議会が日程をとり決めることを提案した。

マルクスは，提案を支持し，また各国支部が同意すればロンドンで協議会を開くことを主張した。ユングは述べた，大会では規約を決めることもできるのだから，大陸からの代表なしに大会を開くなら，彼らは我々の行為を認めないであろう。総評議会は先の大会で決められた開催地を変更できることが確認され，各国支部への呼びかけの提案が承認された。

8月9日
スペインからの手紙で，バルセロナでの大会開催の提案があった。スペインの新聞は反戦で満ちていると。「普仏戦争についての第一のよびかけ」の独語，仏語への翻訳およびそれの印刷と各国への普及が確認された。

8月16日
スイスのドイツ語支部から，大会延期に賛成し，時期と場所は総評議会に一任するという手紙が届いた。ドイツの社会民主労働者党からも同一の手紙が届

216

いた。しかし，両手紙は，総評議会のロンドンからの移転に反対であると述べた。

8月23日

スイスのロマンス連合からの手紙は，大会延期を支持し，ロンドンに総評議会を置くことを述べた。セライエは，大会についての大陸の諸支部からの意見を考慮し，できるだけ早期の開催を前提に，第五回大会は延期されるという決議を提出し，承認された[11]。

9月6日

マルクスは，普仏戦争への対応について問い合わせてきたドイツの社会民主労働者党からの手紙を読んだ。またドイツ人民への「よびかけ」発行を総評議会に求めてきたパリ連合委員会の手紙を紹介した。「ドイツ人民へ　パリの国際主義者によって発行された宣言」には，ドイツに対する戦争を宣言した人物は彼らのもとにあること，そして今，撤退することがドイツ軍の義務であると述べられていた。そして，プロシア政府の政策に反対する労働者の集会が，ドイツでただちに開かれるであろう，と述べた。

「よびかけ」について論議され，マルクス，ユング，ミルナー，セライエが，「よびかけ」を作成すること，そのための特別の会議が開催されることが，決められた。

1870年9月9日　特別会議

マルクスは「普仏戦争についての第二のよびかけ」を朗読し，承認された。1000部の印刷が決められた。7月23日のわれわれの第一の宣言で，われわれはこう言った。「第二帝政の弔鐘はすでにパリで鳴らされたのである。第二帝政は，その始まったときと同じように終わるであろう。つまり，猿まねに終わるであろう。しかし，ルイ・ボナパルトが十八年ものあいだ復古帝政という凶悪な茶番を演じることができたのは，ヨーロッパの諸政府と支配階級のおかげであることを，われわれは忘れないようにしよう」。

1870年9月20日　総評議会

エンゲルスが，総評議会の会員として承認された。

第3章　1871年のロンドン協議会　**217**

10月11日

マルクスは，ドイツでさらに逮捕が起こったが，ベルリンとミュンヘンで，プロシア政府の政策に反対する集会が行われたとを伝えた。また9月リヨンでの蜂起について，バクーニンは，国のあらゆる公的権力と機構の廃絶を要求していると述べた。

10月18日

マルクスは，「普仏戦争についての第二のよびかけ」がベルギーの国際労働者協会の文書で公表されていないことを指摘した。総評議会は，ベルギーの国民評議会が公的資料の刊行を禁止することに反対する。承認。

10月25日

マルクスは，第二の「よびかけ」の前半部分が，ヴリュッセルの『インターナシオナール』紙で公表されたこと，『ニューヨーク・トリビューン』紙が国際労働者協会の歴史を好意的に紹介したことを，伝えた。

11月1日

マルクスは，ニューヨークで10月，フランス支部とドイツ支部の合同会議が開かれ，ヨーロッパの兄第たちへの戦争の「よびかけ」が採択されたという手紙を紹介した。手紙は，アメリカには協会の諸原則を宣伝するための広大な領域があり，資本と労働の対立は日ましに強まっているが，労働組合は解散状態であると，賃金労働者の悪化の大きな原因の一つは，荒地が彼らの手の届かないようになったことにある，と述べた。マルクスは，ドイツ人支部とフランス人支部を代表する連合委員会をつくるということに反対しないが，彼らがアメリカ人を代表していないことを忘れるべきでない，と述べた。彼らは連合委員会 a Federal Committee を創設するが，合州国の中央委員会 the Central Committee と称するべきではない，が承認された。

1871年1月31日　総評議会

エンゲルスから次の提案があった。1）フランス共和国を支援する労働者階級の運動は，最初から，イギリス政府によるフランス共和国の承認に力を集中すべきであった。2）フランスを支援するイギリス軍事介入は，ある時点での

み有効であったが，でもそれはとうに過ぎさった。3）イギリスは，「パリ宣言」（1856年3月30日のパリ会議で，1853年から1856年のクリミア戦争を終結させた講和条約。仏，英，墺，サルデーニャ，普，トルコ，露。）の破棄によってのみ可能となる海軍を使う自由を取り戻すまでは，大陸の事件に有効に介入できないし，大陸の軍事的な専制から自国を守ることもできない。総評議会でとられる政策は「第二のよびかけ」で記されていた。9月4日に共和国が宣言され，9月9日に「よびかけ」が公表された。

「イギリス労働者は，外部からの平和的な圧力で，フランス共和国を承認する英政府のためらいを克服する手段を講じていた」。論議の継続が承認された。

1871年2月7日

ウェストンは述べた。労働者階級のなかで一致はあるが，でも労働者階級だけで共和国の承認を押し通すことはできない。私は，依然としてオッジャーがロンドンの民主主義の代表者であると思っている。我々は1870年9月，ハイドパークで集会を開き，フランス共和国への賛同と政府がそれを認めることを求める宣言を，採択した。私は，たとえ全労働者階級が同意したとしても，中産階級の協力なしには政府はそれ以上のことをしないと思う。

2月14日

延長された論議が，ユングによって再開され，ユングは述べた。ウェストンは，労働者階級の運動は成功していないこと，そして，それは中産階級との同意を必要としていると述べた。私はそれは誤った政策と思う。彼は，もし労働者が団結しても成功しないというが，団結すれば成功すると考える。先にミルナーは，いかなる政府の下でも労働者階級の状態を改善することが我々の目的であると，発言した。それは我々が政治にかかわるべきでないという考えに通じている。でも我々は政治的な団体であり，我々の目的は単なる社会改善よりも大きい。我々は現在の状態を改革したいのである。

マルクスは述べた。共和国の承認は，他のすべてにとって最も重要な条件である。もしそれに成功しなければ，残りの総ては失敗せざるをえない。フランスは国際的にも，国内でも麻痺しており，他方プロシアの背後にロシアがある。共和国が宣言されれば，フランスで万人が共和主義者となるであろう。共和国が承認されれば，成功の機会が生まれるであろう。富裕層たちは，共和国よりもプロシアの勝利の方が利益だと考える。かれらは共和国が，いずれ社会主義

にならざるえないことを恐れている。だから共和国に反対して陰謀をはりめぐらす。ところで，この論議で共和国の承認が最も重要な問題であることは，誰にも反対されなかった。

1871 年 2 月 21 日

　マルクスは，『イースタン・ポスト』紙での報告の誤りを指摘した。

　ウェストンは述べた，土地保有改革協会は，労働者党を土地国有化に半歩，向かわせた。土地労働連盟は，それらを前進させた [12]。

　インターナショナルの第五回大会は，ドイツのメイヤーンスに予定されていたが，1870 年 7 月に普仏戦争が勃発し，予定された大会を開催されないことになった。1870 年 8 月 23 日の総評議会で，ドイツやスイスからの返書を踏まえ，大会を延期することが承認された。

　そして普仏戦争について総評議会でも論議され，戦争への抗議文を総評議会から発することになり，マルクスに起草が委託された。1870 年 7 月 23 日「普仏戦争についての国際労働者協会総評議会の第一のよびかけ　ヨーロッパおよび合衆国の国際労働者協会会員へ」は，述べた。

　「1870 年 7 月の戦争陰謀は，1851 年 12 月のクーデタの改訂版にすぎない。」

　インターナショナルのパリ会員たちは，7 月 12 日付の『レヴェイエ』に，「万国の労働者にあたえる」宣言を発表した。

　「フランス，ドイツ，スペインの労働者諸君，声をあわせていっせいに戦争排撃の叫びをあげよう。覇権や一王朝の利益のための戦争は，労働者の目からみれば犯罪的な愚行でしかない，……ドイツの兄弟諸君，われわれが仲たがいすれば，ライン両岸に専制政治の完全な勝利をもたらすだけであろう」。

　フランス人のよびかけ，7 月 22 日『マルセイエーズ』，「この戦争は正義の戦争であるか。ノーだ。この戦争は国民の戦争であるか。ノーだ。それは純然たる王朝戦争である」。ルイ・ボナパルトとプロイセンとの戦争がどういう成行きとなるにせよ，第二帝政の弔鐘はすでにパリで鳴らされたのである。

　他方，ドイツにとってこれは防衛戦争であるが，ボナパルト侵略の背後にはビスマルクの動きがあったこと，そしてこの戦争が「防衛的な性格をなくして，フランス人民にたいする戦争に堕落するようなことを，ドイツの労働者階級が

許すなら」，勝敗にかかわらず，結果は不幸なものとなろう。ケムニッツでは，五万人のザクセンの労働者を代表する代表者会議が満場一致で次のような決議を採択した。「我々は，現在の戦争がまったく王朝戦争であることを宣言する。……我々は，フランスの労働者が我々にさしのべた友愛の手をよろこんで握りしめる」。

　イギリスの労働者階級は，フランスとドイツの労働者に友誼の手をさしのべている。彼らは，このさしせまった恐ろしい戦争の成行きがどうあろうと，万国の労働者階級の同盟がついには戦争を絶滅するであろうことを，深く確信している。公的フランスと公的ドイツが兄弟殺しの争いに突入しているときに，フランスとドイツの労働者はたがいに平和と好意のメッセージをとりかわしているというほかならぬこの事実は，より明るい未来の見通しをひらくものである。

　そして９月６日の総評議会で，戦争への対応を求めるドイツの社会民主労働者党からの手紙およびドイツ軍の撤退を求めるパリ支部からの手紙が紹介され，「第一のよびかけ」に続いて「第二のよびかけ」を起草することになった。

　1870年９月９日，マルクスは「普仏戦争についての第二のよびかけ」で述べた。ドイツの戦争は防衛的な性格をなくしてフランス人民に対する戦争に堕落したこと，防衛戦争は，ルイ・ボナパルトの投降，スダンの降伏，パリにおける共和制の宣言をもって終わったこと，そしてアルザスとロレーヌの割譲を要求していると。だが，戦争を防止する力のなかったドイツの労働者階級は「フランスにとっての名誉ある講和とフランス共和国の承認」とを要求していること，ドイツの社会民主労働者党は決議をあげ，「ドイツの労働者は，フランスとドイツの共通の利益のために，平和と自由のために，東方の野蛮に立ち向かう西欧文明のために，アルザスとロレーヌの併合をだまって忍びはしないであろう」と述べ，さらに「フランスにおける共和制の成立を歓迎する」と主張した。

　他方「フランスの労働者階級は，極めて困難な事情のもとにおかれている。敵がパリの城門をたたくばかりにせまっている現在の危局に，およそ新政府を倒そうなどと試みるのは，むこうみずな愚挙であろう。フランスの労働者は，市民としての彼らの義務を果たさねばならない。……彼らは，過去を繰り返すべきではなく，未来を建設すべきである。彼らは自分自身の階級を組織する仕事のために，共和制の自由が与える便宜を冷静に，断固として利用するがよい。それは彼らにフランスを再生させ，我々の共同の事業＝労働の解放をなしとげ

第3章　1871年のロンドン協議会　**221**

るための新しいヘルクレスばりの力を与えるであろう」と述べた。

　そしてイギリスの労働者は，彼らの政府がフランス共和国の承認をしぶっているのを，外部からの有益な圧力によって克服するための方策をすでにとっている。イギリスの労働者はまた，彼らの政府がフランスの分割に全力をあげて反対することを要求している。

　このように二つの「よびかけ」で，無謀な王朝戦争への抗議，国際労働者協会の原則，独，仏，英の労働者の国際的連帯が提案されたのである。実際，北ドイツ議会でリープクネヒトとベーベルは，軍事予算に反対したのであり，ドイツ，フランスで抗議運動がおこなわれたのである（1870年7月29日付，マルクスからW.リープクネヒトへの手紙，MEW, Bd.33, S.127）。

　なお，エンゲルスは1871年1月31日の総評議会で，普仏戦争についてのイギリスの役割を指摘し，労働者階級は最初から英政府による仏共和国の承認に集中すべきであったと述べた。エンゲルスは「戦況時評」を『ペル・メル・ガゼット』紙上で戦争勃発の1870年7月29日から1871年2月18日の終結まで掲載し，戦争の軍事的分析をおこなっていた。マルクスも2月14日の総評議会で，共和国承認の重要性を強調し，共和国の承認から労働者に成功の機会が，新たに生み出されると述べていた[13]。

3　パリ・コミューン（1871年3月18日〜5月28日）と総評議会

　パリ・コミューンは，プロイセン‐フランス戦争に敗北後，革命化したパリの国防軍と民衆が，国民軍の武装解除をめざし国防政府に反抗して打ち立てた革命的自治政権である。1871年3月18日より5月28日までの72日間持続した。政府がベルサイユに脱出したのち，パリ・コミューンは国民軍支配下のパリ各区から選出された代議員によって構成され，同時に行政府であり立法府でもある革命的行動の中核体たるべき性格を持ち，労働者階級の利益にそってその解放をめざす多くの施策を打ち出したが，政府軍との「血の週間」といわれる大戦闘のうちに崩壊した（『世界史小辞典』改定新版，2004年，山川出版社）。

1871年2月28日　総評議会

　ウェストンは述べた，我々は土地の私的所有の廃止に賛成である。土地保有改革協会は荒地の国有化，内地植民，人口増大から生じる地代の横取りを，提

案した。我々はこの計画を認め，促進すべきである。

マルクスは述べた，情報はきわめて正しい，彼がウェストンに反対するのは，彼が高位者の地位から綱領を擁護することだけである。

エンゲルスは述べた，インターナショナルの外部の協会は，我々の綱領と対立する手段を講じている。論議中の問題が片付いたあとで，土地保有改革協会の綱領を論議されることを提案し，承認された。セライエがパリでの状況を紹介し，論議された。セライエは述べた，パリには支部も連合評議会もなく，協会会員はすべて投獄され，そして常備軍や国民軍に配属された。また「第二のよびかけ」は過度にプロシア的と批判された。

「もしあなたがドイツ人を我々と平等のものとして話すなら，私はあなたを撃ち殺す，我々はドイツ人をわが祖国の敵としてのみ語っている」。マルクスは伝えた，セライエが述べたことは，パリで話されていることの反響にすぎない。

3月7日

セライエは述べた。仏国民軍がプロシア軍の進入に反対することを決議し，国際労働者1856年協会との関係をつくろうとしている。インターナショナルは，忙しく組織化を行っている。ロビンは次の会議で，総ての支部の代表からなる運営協議会を，できるだけ早くロンドンに招集することを提案すると述べた。

マルクスは，「パリ宣言」（1856年のパリ会議，クリミア戦争）の問題に立ち返った。もしイギリス労働者がはっきりと言わないなら，「宣言」は条約の一つとなる。イギリス人民は外交政策で武器を捨ててはいけない，失うべき時間はない。直ちにイギリス委員会が設置されるべきである。この国の支配階級は外部で祖国防衛力をなくした，フランスが無力化すれば，イギリスが西ヨーロッパを代表することになる。イギリス労働者は復活しなければならない。

3月14日

ロビンは，ロンドンでの早急な協議会開催を提案した。総ての国の社会主義者たちが，特にフランスとドイツの代表が集まり，政府に対する今後の活動について協議することが必要である。運営問題を協議する。

マルクスは提案に反対した。パリは治安が不安定である。ドイツでは多くが投獄されており，代表を送ることができない。規約によれば大会は一年に一回であるが，一年に二回でもいい。続いてエンゲルスは，協議の開催に賛成で

あるが，今はその時期ではないと反対した。ロビンは，いかなる運営問題が協議会を必要とするのかを示していない。

継続の問題が論議され，以下の決議が承認された。イギリスは，海軍力を使う自由を取り戻すまでは，それはパリ宣言の破棄によってのみ可能であるが，大陸の問題に効果的に介入できないし，大陸の軍事的独裁から自国を守ることができない。

1871 年 3 月 21 日

マルクスは，次のことに注意を喚起した。戦争が起こったとき，総評議会は大会がメイヤーンスでもパリでも開かれないことを大陸の支部に知らせたが，諸支部から，大会の時期と場所の選定を総評議会に一任するという返書が届いていた。

エンゲルスは，パリでの事態の進行を報告した。パリ委員会からの情報では，国民軍は銃砲の製造に支払い，それらを保持しようとした。選挙の後，彼らが発見したのは共和国は議会のもとで決して安全ではないということである。プロシア軍がパリに入ったとき，銃砲は取り上げられ，彼らの手の届かないように町の他の場所に移された。そして政府はそれらの所有を主張し，国民軍からそれらを取り去ろうとした。これは政府の意図に疑いを残さない。

国民軍は抵抗の用意をしている。260 の大隊から 215 は労働者と将校の結びついた中央員会を構成した。各団体から一名の代表が選出され，そこから区の地方委員会が編制され，かれらは中央委員会を選出した。議会がベルサイユに移ったとき，政府はパリから革命家を取り除き，彼らから銃砲を奪おうとした。ビノーの指揮のもとに雇われた軍隊だけがパリに到着した。ビノーは，1851 年のクーデターで，通りの人々の射殺を軍人に命じた人物である。彼らは早朝には部分的に成功した。しかし国民軍が事態を見つけた時，彼らは銃砲を再びとりはじめ，軍人たちは民衆と親しくなった。パリは今，人民の手にある。投降しなかった軍隊はマルセイユに撤退した。議会は何をなすべきかを知らない。中央委員会には有名人はいないが，でも彼らは労働者のあいだでよく知られている。委員会にはインターナショナルの会員が四人いる。コミューンが翌日に選挙されるはずである。ボナパルト系以外，印刷の自由は尊重されると表明された。最も重要な決議は，平和の準備が尊重されるべきという決議である。プロシア軍が近くにいる [14]。

1871 年 3 月 28 日　総評議会

　マルクスは述べた，プロシア政府はインターナショナルに所属する者を除いて，ドイツでの我々の同志への告訴をすべて取り下げた。インターナショナルは，社会民主共和国を設立しようと望んでいる，それゆえインターナショナルに属することは大逆罪である。パリの人民に「よびかけ」an address を書くことになり，マルクスに執筆を委託された。

　4 月 4 日

　エンゲルスはリープクネヒトからの手紙を伝えた。リープクネヒト，ベーベル，ヘプナーは釈放されたこと，ビスマルク文書のすべての告発は事実に反することが分かった。またパリでの事件の結果，「よびかけ」の発行は現在，不適当であるとマルクスが考えていると述べた。提案は支持された。

　4 月 11 日

　エンゲルスは「パリ事件」について述べた，国民軍の中央委員会が処理しているあいだは，うまく進行していたが，選挙後，討議はあったが行動はなかった。ベルサイユへの反撃のとき，それは弱体であった。だがその機会は失われた，いまではベルサイユ軍は優勢になり，パリ市民を撃退しているように見える。彼らは地盤を失い，その弾薬は使われたが成果なく，その貯えを使い尽くしている。パリの一方が開かれているかぎり，彼らは飢えから降伏することはない。ファーブル（ティエール政府の外務大臣）はプロシア軍の援助を断った。20 万の労働者は，他のいかなる反乱よりもよく組織されている。オリバーは，国際民主協会がロンドンのハイド・パークで集会を開き，パリ労働者への共感を示し，コミューンへの「よびかけ」を考えていると述べた。

　4 月 18 日

　エンゲルスは，ドイツ（ベルリン，ハノーバ，ハンブルク）でコミューンに対する賛同を表明する集会が開かれたと述べた。

　マルクスは現在の状況下では，インターナショナル一般にたいし，戦いの一般的な傾向についての「よびかけ」の起草が，なされうる最適のことであると述べた。「よびかけ」が起草され，後に印刷されると。ウエストンは，一般的な表現での決議が作成されることは望ましいと述べた。

第3章　1871年のロンドン協議会　**225**

ミルナーは，総評議会が戦いにたいする意見を述べることを望んだ。

1871年4月25日　総評議会

マルクスは，ラファルグからの次の手紙を紹介した。フランスとプロシア政府は，手紙を審査している。地方では包囲のときと同じように，パリで起こっていることが知られていない。戦闘が行われている場所以外でも，決して安静ではない。中産階層の大部分は，ベルヴィルの国民軍に参加した。大資本家たちは逃げ出した，小商人たちは労働者階級と行動を共にしている。人々に国民軍の熱狂はない，ベルサイユの人たちが，パリに入れると思うなら馬鹿げている。パリは地方での蜂起を信じていない，だがプロシアの介入と食糧不足を心配している。家賃と商業手形の規制は，二つの打撃である。それらがなければ，商人たちの四分の三は破産する。最大の不幸は，コミューンが安く指揮されていることである。高級役人でさえ年6000フランの給与を受け取っているだけであり，その他のものは労働者並みの賃金である。「よびかけ」は次の会議で用意されることになった。

5月2日

書記エッカリウスは，マルクスその他が「パリ革命」をもくろんだという，ニューヨーク『ワールド』，『パリ・ジャーナル』からの記事を読んだ。

5月9日

ユングは，ロバート・オウエン100年記念祭への参加を訴えた。

エンゲルスは，支持した。オウエンは元来，彼自身が製造業者であり，婦人や児童が工場で雇用される恥ずべき制度をやめさせるため，かれの階級に立ち向かった最初の人である。インターナショナルが代表されるべきである。

ヘールズは述べた，現在でも社会主義を無神論と同一視する人は多い，代表は協会原則の疑義をはらすために参加すべきと。

ウェストンは述べた，わが協会は他のどの協会よりもロバート・オウエンの原理を多く受け入れており，そのことが主張されるべきである。彼が参加した講演は，常に宗教的よりも社会的であった。

5月23日

マルクスは「よびかけ」を執筆中であることを伝え，またパリの戦いについて述べた。もしコミューンが倒されても，戦いは先に延ばされたにすぎない。コミューンの原理は不滅であり，押しつぶすことはできない。労働者階級が解放されるまで，繰り返し主張されるであろう。パリ・コミューンは，ティエール（共和国大統領，1871 ～ 73 年）の憲兵として働いたプロシア軍の援助で倒された。コミューン虐殺の陰謀は，ビスマルク，ティエール，ファーブルのあいだで作りあげられていた。上流階級は労働者階級を抑圧するのに常に一つになる。国際労働者協会は恐れられている。フランス政府は，国際労働者協会の活動を調査し，弾圧すると表明した。

ロビンは，ロンドンで国際労働者協会を非難するフランス公安新聞，『インターナショナル』が発刊されたと述べた。ブーンは，セライエから何か新しい知らせが届いていないかを尋ねた。残虐な事件で総評議会は残酷な行為に抗議すべきである。

マルクスは述べた，我々はベルサイユ政府によって取られた措置を公然と非難することはできるが，異議を述べるのではない。それは強盗である政府に懇願することになろう。総評議会のイギリス会員は，公開の集会を呼びかけたり，この問題で大臣に代表団を指名できるであろう。

ウェストンは述べた，イギリスの会員が行動するという案に賛成である。政府の干渉を求めることで，いくらか役にたつことがなされるであろう。

ブーンは提案した，総評議会のイギリス会員は委員会をつくり，ベルサイユ政府の残虐行為を制止するために，できることを考える。承認された。

5月30日

ユングはスイスで開催された大会が，コミューンへの決議をあげたことを報告した。

マルクスは，パリ・コミューンについて準備した「よびかけ」を提出し，朗読した。討議なく全員から支持され承認された。戦争についての二つの「よびかけ」と同じ版で印刷することになり，1000 部の印刷が決められた[15]。

6月6日

マルクスは，国際労働者協会と対立しはじめた「いわゆる国際民主協会」と

のあらゆる関係を断たねばならないこと，またイギリスの「新聞」で，コミューンについてのはずべき虚偽報道が行われていることに注意を向けた。それらはフランスとプロシアの警察によって偽造されたものである。イギリス新聞は，ティエールの警察としてまた探偵として行動している。コミューンとインターナショナルに対する中傷が，その残酷な政策に役立つようにねつ造された。新聞はインターナショナルの目的や原則を熟知している。上流階級はインターナショナルの原則を恐れている。

6月13日

マルクスが議長に選出された。エンゲルスは，すべてのヨーロッパの列強にたいし国際労働者協会の追跡を呼びかけた回状を発行した仏のファーブルについての小委員会報告を行なった。

『フランスにおける内乱　よびかけ』が提出され，印刷が承認された。マルクスとエンゲルスは，『よびかけ』を自費で宣伝したと述べた。『フランスにおける内乱』を下院の二つの党の代表者，労働者諸団体，バーミンガムとマンチェスターの労働評議会，進歩的な新聞に送ることが決められた。

6月20日　総評議会

『フランスにおける内乱　よびかけ』への署名が論議され，アップルガースとオッジャーは，署名を拒否したことが確認された。アップルガースは総評議会との関係を断つことを表明した。

オッジャーは述べた，私は辞めるつもりはない，でも総評議会に道理がないとおもわれるので，彼の名前が削除されると。パリ・コミューンの亡命者への支援が論議され，マルクスの寄付が話された。

6月27日

オッジャーがインターナショナルを攻撃していると報告された。マルクスは，彼が労働者階級を怒らせることなく，中産階級を喜ばせるという狡猾な仕方で振る舞ったと述べた。また『フランスにおける内乱　よびかけ』の初版が尽きたので，第二版を2000部印刷することを提案した。できるだけ広範囲の労働者に広めることが話された。パリ・コミューン亡命者の基金が論議された。

7月11日

エンゲルスは述べた。大会を開くに先立って協議会を開催することの是非について論議すべきである。コミューン亡命者のロシャーが総評議会成員として推薦され、承認された。マルクスはメーヤンスの労働者たちが集会を開き、『フランスにおける内乱 よびかけ』を自分たちの宣言として採択したと述べた。

7月18日

エンゲルスは述べた。『フランスにおける内乱 よびかけ』が翻訳され、オランダ語、ドイツ語で出版されている。ベルギーとスイスではフランス語訳で刊行されている。翻訳がさらにイタリア語、スペイン語、ロシア語で準備されている。

他方、ベルギーのタバコ労働者のスト支援、パリ亡命者支援基金が話された。またオージャーが国際労働者協会の創立者で、創立宣言を執筆したと述べているが、かれは「創立宣言」の作成にかかわっていないこと、また共和主義者と国際労働者協会との違いが論議された[16]。

1871年3月普仏戦争直後、パリで内乱、パリ・コミューンが勃発した。第一インターナショナルの総評議会は普仏戦争に対し、双方の労働者の国際的連帯を求めた。しかし、プロシア軍とたたかうフランスの労働者からは、「普仏戦争にかんするよびかけ」はプロシア的であると非難された。同時にイギリス政府にたいしフランス共和国の承認をもとめ、またさまざまな英労働者の集会運動を行い、イギリス労働者の再生を呼びかけた。そして戦争からパリ・コミューンが起こり、普および仏政府のインターナショルへの弾圧、パリ・コミューンの政治責任の追及がヨーロッパで強まるなか、マルクスはインターナショナルの役割を、労働者階級の国際的連帯を訴えた。

「外国の侵略者の庇護のもとで内乱をおこなって革命を打ち砕こうという支配階級の陰謀は、パリの大虐殺で頂点に達した。ビスマルクはパリの廃墟を見て、ほくそえんでいる」。「ヨーロッパの諸政府は、こうしてパリの前面で階級支配の国際的性格を立証しながら、国際労働者協会——資本の超国境的陰謀に対抗する労働の国際的組織——が、これらすべての禍いの根源だといってわめきたてている。……事実は、本協会は、文明世界のさまざまな国の最も先進的な労働者のあいだの国際的な紐帯にほかならない。……協会を成長させる土壌は、

近代社会そのものである。どれほど大量の虐殺によっても，協会を根絶することはできない。労働者のパリとそのコミューンとは，新社会の光栄ある先駆者として，永久にたたえられるであろう」（『フランスにおける内乱』『全集17』338〜340頁，MEGA I / 22, S.157-159）。

『フランスにおける内乱』第二草稿でも次のように述べていた。

「総評議会は，輝かしいパリの革命にインターナショナルのパリ支部が卓越した役割を果たしてきたことを，誇りに思っている。それは，愚か者たちが想像しているように，インターナショナルのパリ支部，あるいは他のいずれかの支部が，ある一つの中央部から指令を受け取ったというようなことではない。そうではないが，すべての文明国の労働者階級の精鋭はインターナショナルに所属しており，インターナショナルの思想でみたされているので，かれらがいたるところで労働者階級の運動の指導権をにぎることは確実である」（『全集17』574頁，MEGA I / 22, S.112）。

また同時期にマルクスとエンゲルスは，インターナショナルへの不当な中傷に答えるために，『タイムズ』，『ペル・メル・ガゼット』，『スタンダード』編集部，『デイリー・ニューズ』編集者等に抗議文を書いていた。

総評議会 3月21日および4月11日のエンゲルスの報告，また4月25日のマルクスの報告は，パリ・コミューンの状態について伝えた。コミューンの動向を把握しつつ，現在，『フランスにおける内乱 よびかけ』を執筆することが最良の選択であると答えた。マルクスは結果にかかわらずコミューンの原理は不滅であり，労働者階級は解放されるまで繰り返しに闘うことを述べ，さらにパリ・コミューンの意義，労働者の政治権力，労働者の政府樹立を強調した。それは 5月30日の総評議会で承認された。

「ヨーロッパおよび合衆国の全協会員へ」向けられた『フランスにおける内乱 国際労働者協会総評議会のよびかけ』は，四つの章および付注から構成された。それは国家権力に焦点をしぼり，近代国家が「労働に対する資本の全国家権力」であることを，そして帝政の正反対物がコミューンであり，「労働の解放をなしとげるためのついに発見された政治形態」，「労働者階級の政府」a working class government であると述べる。階級を廃絶するためには国家権力との闘争を回避することはできないのである。

「だから，コミューンは，諸階級の，したがってまた階級支配の存在を支えている経済的土台を根こそぎ取り除くためのてことならなければならなかった。労働が解放されれば，人はみな労働者となり，生産的労働の階級的属性はなくなる」。

さらに「労働の解放」について，「協同組合の連合体が，一つの共同計画にもとづいて全国の生産を調整し，それを自分の統制のもとにおき，資本主義的生産の宿命である不断の無政府状態と周期的痙攣とを終わらせる」と述べる。これが可能な共産主義であると。しかし同時に「より高度な形態をつくりだすためには，労働者階級は，長期の闘争を経過し，環境と人間とをつくりかえる一連の歴史的過程を経過しなければならないことを知っている」と述べ，パリ・コミューン弾圧の歴史経験を踏まえ，長期にわたる社会の経済改革と人間進歩について規定した。同書は直ちに第二版まで印刷され，英語原文から独語，仏語に翻訳された（MEGA I／22, S.142f）。

なお，長谷川正安氏は，『コミューン物語　1870 ～ 1871』（日本評論社，1991 年）で，パリ・コミューンを国家論としてみるだけでなく，地方自治体として見直す必要について指摘されている。資料，調査を踏まえての立論は新しい見方として有益であるが，パリ・コミューンを近代ヨーロッパの運動の歴史，特に第一インターナショナルで位置づけた場合，支持しがたい。

資 料：河野健二　「解説　二月革命の思想的展開」

「二　未来社会の理念」で，河野氏は述べる。十九世紀のフランス思想の特徴の一つは，それが十八世紀末の巨大な政治革命を経験したうえで組み立てられているということである。フランス革命は少なくとも政治や思想の次元で，全体的な革新をもたらしたものであった。その過程で，思想の深まりというか，思想の徹底性と体系性が獲得された（443 頁）。

シュタインよりも約三年おくれてパリへやってきたマルクスは，よく知られているように急速に共産主義に接近した。パリの労働者の革命的気分や街頭行動に影響されただけでなく，大革命や七月革命の記憶がなおフランスに生きていることに強い感銘を受けたのであろう。この時期のマルクスの考え方について，コルニュはつぎのような総括を与えている。

「私的所有の廃止なしに，ただブルジョア社会の改革だけをめざし，ブルジョアジーとプロレタリアートとのあいだの妥協という立場をとる社会主義の諸学説はマルクスを満足させえなかった。……当時，マルクスを引き付けることのできた唯一の学説は，ブランキの学説であった。ブランキは，バブーフの革命的伝統と彼の階級闘争権を援用しつつ，共産主義革命——実のところはまだ蜂起形態でそれを考えていたのだが——のなかにプロレタリアを解放する唯一の手段を見ていたのである」（449～450頁）。

　　（無署名「L-A. ブランキ」「プロレタリアのいっさいの希望は共和制に存す」）

　われわれは「プロレタリア」という言葉で何を意味しようとするのかとたえず問われる。われわれはその語によってフランス人の圧倒的多数を指している。われわれはフランスの労働者や農民に「プロレタリア」という名を与える。なぜなら，われわれには彼らの状況とローマのプロレタリアの状況との相違を何ら見出しえないからであり，また彼らはいっさいの恩恵を被ることなく，社会のすべての重荷を背負っているからである。

　フランス人は法のもとで平等だろうか。だが，それなら，なぜ3300万人のうちの一万人だけが政治的権利をもち，人間や市民として存在しているのだろうか。残りのフランス人たちは卑しい羊の群れとして閉じ込められているというのに。フランスには二つの国民が存在している。特権をもった国民と何ら特権をもたない国民とである。後者をわれわれはプロレタリアと呼んでいる。プロレタリアは自己の尊厳という感覚を抱かせる理性というものに恵まれている。そして理性は，彼らが，自らを搾取し侮蔑している主人と平等なのだということを理解させる。またそれは，自然が彼らをつくり出したのは，主人にへつらうためでなく，自らの同胞と手を組んで前進するためなのだということを理解させるものなのである。

　したがって，諸君はフランスには二種類の利害が存在することを認識しているはずである。ところで，われわれが共和政を唱えることによって廃棄したいと願っているのは，まさにこのようなことがらなのである。なぜなら，共和政とは本質的に平等の支配，等しい権利の支配を意味するものであるからだ。平等，等しい権利，これらの二語はわれわれの諸改良と社会改革のすべての計画を要約している。われわれにとって，共和政とは目的ではなく，一つの手段でしかない。平等，そこにわれわれの目的がある。われわれが君主政を破壊したいと

思っているのは，それが平等と両立しえないものだからである。

しいたげられ，空しく不満をささやいてきたプロレタリアよ，諸君の苦悩に終止符を打つことができるのは，唯一共和政だけ，すなわち平等だけである。共和政は諸君を食いものにしている吸血鬼，すなわち諸君の権利を侵害し，彼らの尊大な意思を押し付ける抑圧者たちから諸君を解き放つだろう。また共和政は，働いて生活の資を稼ぐことのできない状態にある人びとに生活必需品を供給するだろう。共和政は不幸な人びとの守護神になるはずである。共和政は特権者とプロレタリアとの区別をなくすだろう。そこに，共和政が人類に捧げるもっとも偉大な貢献がある。プロレタリア諸君，いっさいの希望は共和政にある（ここに訳出した文献は，「人権協会」時代のブランキのものと推定されるが，そこでの「プロレタリア＝民衆」という概念把握は，労働者の運動のこうした不分明な性格を物語っている）（205 〜 207 頁，谷川稔訳，河野健二編『資料フランス初期社会主義　二月革命とその思想』平凡社，1979 年）。

4　ロンドン協議会の準備と総評議会

1871 年 7 月 25 日　総評議会

ジュネーヴの社会民主同盟が問題となった。マルクスは，同盟が二年間会費を払っていないのだから，会員の資格を失うと述べた。ヘールズは，その問題は総評議会でなく，大会が決定する問題であると述べた。ロビンからスイスで，二つの連合評議会が対立して活動していることが問題とされたが，それは次の大会に送られた。

エンゲルスは，九月にロンドンで国際労働者協会の非公開の協議会を開くことを提案した。昨年戦争のため，諸支部は総評議会に大会を延期する権限を与えた。事態は現在もかわっていない。もし大会が招集されても諸支部が参加できない場合，それでも総評議会が今後の問題について諸支部と協議し承認を得ることが必要であるなら，それは非公開の協議会を開くことによってのみ可能となる。提案は同意され，協議会の議案を作成するための小委員会が任命された。

マルクスは『フランスにおける内乱』の第二版が不足したので，第三版を印刷することを提案し，1000 部の印刷が決められた。

8 月 1 日

ティエールとファーブルの擁護者であったオッジャーが問題となり，かれが

務めていたインターナショナルの会長の職が不必要なので，すでに廃止されていたことがマルクスから報告された。

8月8日

マルクスは述べた，不幸であるのは労働組合や労働団体が困難に陥るまで，インターナショナルから離れていることである。その時にのみ支援を求めにくる。もし彼らがインターナショナルと連絡していれば，事前にあらゆる防衛的手段をとることができる。インターナショナルと距離をおくことは，他の人々にとって有害であるだけでなく，かれら自身にとっても危険である。

セライエは，フランスのボルドーで国際労働者協会が再建されたこと，また労働組合が設立されていることを伝えた。六，七つの支部が警察の眼前で活動している。

エンゲルスは述べた，パリの労働者が命を危険にさらしているのに，イギリス労働者はコミューンを支援してこなかった。彼らには政治的生活がない。コミューン亡命者支援のアピールを，イギリス労働者に提起すべきである。かれらはドイツの労働者が行ったように，自発的に行動しコミューンへの賛意を表明すべきである。提案は承認された。

8月15日

エンゲルスから，スペインでは政府追求のため，マドリッドの連合評議会を一時解散したことが伝えられた。

マルクスは述べた。ニューヨークで『よびかけ フランスにおける内乱』の重刷が決定された。また非公開の協議会は，組織と方針の問題に限定すべきである。現在の状況では組織問題が最も重要である。提案は承認された。協議会の議案を作成するため，小委員会の追加が行われた。

1871年8月22日

35000人の共産主義者，ベルサイユでの囚人のカナダフランス語圏への移住計画が論議された。革命の打ち破られた兵士たちとベルサイユの殺人者たちとのあいだに介入することは，総評議会の本分ではないとみなされ，議会日程に委ねられた。

234

8 月 29 日

マルクスは，見知らぬもの（訪問者）の排除についての決議の執行を求めた。総評議会の議事情報が，フランス警察に送られている。またコミューン避難者基金の利用について論議された。

9 月 5 日

マルクスは，協議会について述べた。最初に，会計に関する報告が用意され，総評議会に提出されるべきである。次に，協議会開催の場所と代表の宿泊するホテルを確保すべきである。さらに次の提案を行った。総評議会の全員が協議会に参加し，すべての問題について発言する権利を持つ，しかし一定数のみが投票でき，その数は諸支部から来る代議員の数が確定してから決められる。 総評議会は，その構成要素とは区別される指導機関であり，集団的に総評議会としての方針をもつ。

ウェストンは述べた，総評議会はバーゼル大会で選ばれた，投票できなくても，全総評議会員は発言すべきである。

エンゲルスは述べた。総評議会は，これまで代議員によって代表されてきた。投票権を持つ代表の数は決まっていないが，この権限を放棄すべきではない。協議会は妥協の産物であり，規約には規定されていない。それは現在の緊急事態から生じたのである。

モターズヘッドは述べた。問題は権限であり，これまで決まっていなかった，必要なのは基準として役立つ原則である。

ヴァイヤンは述べた。総評議会は代議員に投票権を与えることなく，国際労働者協会の立場について助言するために協議会を開催することが正当であろう。総評議会には組織問題を決定する権限がある。なぜなら，総評議会はインターナショナルの中心に位置し，国際労働者協会全体の状況を知っており，その利害を促進する最良の機会を持っているからである。前半は承認され，後半は 9 対 3 であった。

マルクスは提案した。各国支部の信任状を有している代議員は，総評議会の代表としては考えない。承認。現在ロンドンに住むフランス人から三人を選出して，フランス支部の代表とする。承認[17]。

9月9日　小委員会

マルクスは述べた。協議会は，支部の代表から構成されるのではなく，非常事態のもと総評議会と協議するために参加した各国の代表から構成されている。従って大会とは全く異なり，その権限は大会とは相違する。マルクスは次の提案を行った。

1）会費問題。支部は大会前に会費を払う。承認。

2）国際労働者協会がその方策を提出することを禁止されている諸国では，他の名称が許される，しかし秘密組織ではない。承認。

3）協議会に提出すべき過去二年間にわたる総評議会報告の作成者を任命する。マルクスに委託された。

4）中央委員会を連合評議会と称するというバーゼル大会の決議を実行する。承認。

5）各国政府に対して発行される返書を後に起草する。承認。

6）正規に組織された諸国では地方税の正式の報告が送られる。取り下げ。

7）総評議会の総ての代表は，地方の評議会や地方の支部の会議に参加し，聞き知る権利を持つ。承認。

8）総評議会は，規約の新版を，正確な仏語と独語の翻訳を並列的に印刷して発行する。他の諸国も，その翻訳を印刷する前に総評議会の承認を必要とする。承認。

モターズヘッドから次の提案が追加された。協議会は総評議会に対し規約第5条の実行を提言する。第5条は労働統計に関するもので，ジュネーヴ大会でも決議された。これを実行するため必要な資料を提供しない労働組合は，ストライキに際し総評議会から支援されない。承認 [18]。

1811年9月11日　小委員会

マルクスは提案した。誤解を避けるため，総評議会は協議会の最初に次のことを説明する。協議会は，各国の代表が総評議会とともに，特別な状況で必要となった運営方策を討議し，決議するために開かれた集会にすぎない。

ヘールズは，イギリス連合評議会の設立を提案した。それは総評議会に送られた。マルクスは，働く女性支部の設立を提案した [19]。

236

9月12日　総評議会

マルクスが議長。

エンゲルスが協議会に関する小委員会の報告を行った。最初の6項目は承認された。第7項が問題となった。それは支部や加盟団体が，規約に対し統計調査を総評議会に送らなかった場合に，会員の資格を停止するというものである。

ブーンは，総評議会がそのような権限を持つことに疑問を抱いた。

エンゲルスは次の代替案を述べた。総評議会から求められた資料を提出しない支部は，総評議会に連絡され，総評議会は適切と思われる処置をとる。承認。会計の検査が確認され，協議会の会場が報告された。協議会の準備のために特別の会議を開くことが決められた。

1871年9月16日　総評議会

議長ユングは，ヴリュッセル，リエージュ，アントワープ，ジュネーブ，スペインなどから代表が到着したことを伝え，また総評議会の代表，その人数を決めることを提案した。フランスの代表が問題となった。現状にてらし信任されていない代表も認めるべきという意見と支部の信任が必要という意見が，討議された。

マルクスは述べた，先の会議の決議どおりに亡命者は三名の代表を選出していない，先の総評議会の決議は取り下げるべきである。フランス警察は亡命者とつながり，スパイが保護されている。先の決議は取り消すべきである。承認。

エンゲルスは述べた。代表を選出していない国は総評議会の書記によって代表される。承認。総評議会は六名の代表を出すこと，また総評議会は，代表によって投票権を持つことが承認された。

ヘールズ書記は提起した。ロンドン支部はロンドン連合評議会を選出すべきである。地方支部の同意をえたあと，それはイギリス連合評議会となる。総評議会は，イギリスにのみかかわる時間もないし，イギリスでの運動が必要である。

モターズヘッドは反対した，イギリスには支部もないし，政治運動もない，労働者階級は無関心であり，ごまかしをつくるだけである。1848年以後，政治的活力はない。

マルクスは，問題を協議会に委ね，代表者の意見を聞くことを提案し承認された[20]。

第3章　1871年のロンドン協議会　**237**

　1870年普仏戦争，そしてパリ・コミューンの非常事態のなか，これらの歴史的意味を理解し，新たな労働運動の課題を討議し理解するため，大会に代えて非公開の協議会を開くことが1871年7月25日の総評議会で承認された。現在の政治状態を理解し，運動課題をもとめるべき，各国支部の合意のうえに大会延期，協議会開催が決議されたのである。ロンドン協議会への総評議会の参加の仕方，総評議会の権限とその役割，パリ代表の選出が討議された。

　そして1871年9月9日と12日の小委員会で，マルクス発意のもとに協議会で論議すべき問題が確認された。緊急事態のなか議題は組織問題に絞られた。時局に応じた組織形態，特にバーゼル大会の決議である各国連合評議会の設立が決議された。小委員会でマルクスは大会とは異なる協議会の役割を強調するとともに，さし迫る課題に対応すべく国際労働者協会の組織問題を提起したのである。そして労働者階級を政治運動へ導くものとして各国の連合評議会の確立，その充実が提起された。それにともない規約の整備ならびに英語規約の独，仏語への正確な翻訳が承認された。

　さらに，パリ・コミューン後のフランス労働者の復活が伝えられ，強大な政治反動と対抗しつつ，労働運動の方向が模索された。フランス共和国の承認とコミューンの支援を総評議会はイギリス労働者にもとめたのであるが，かれらはストライキ支援団体としてのみ国際労働者協会をとらえ，その指導者であるアップルガースやオッジャーはパリ・コミュン後，『フランスにおける内乱』への総評議会員としての署名を拒否し，国際労働者協会から離れた。普仏戦争，そしてパリ・コミューンの事態に資本の母国であり，大工業の力で世界市場を席巻し，しかも組織された労働者をもつイギリスに，熟練工，特権的労働階層から離れた労働運動の育成，さらに独自のイギリス連合評議会の設立が提起された。

第3節　国際労働者協会　ロンドン協議会

　1871年9月17日から23日までロンドンで協議会が開かれ，第一から第十の会議が論議された。

　第一会議　1871年9月17日
　6時30分から始まった。ユングが議長につき，ロシャーが仏語書記，ヘール

ズが英語の書記を担当した。ユングは代表の資格審査を取り上げ，そのための
委員会が選出された。パエペは，翌日の会議の議題と協議会の目的を求めた。

マルクスは述べた。総評議会はさまざまな国の代表と，つぎのことを協議す
るために協議会を招集した。多くの国々で国際労働者協会が出会う危険に備え
るための方策，また状況の必要に応じた新しい組織にとりかかるための方策。
代表は，かれらの提案をなすべきである。第二に，あらゆる手段で絶えず国際
労働者協会の破壊を行っているさまざまな政府に反論するためである。最後に
ギヨームの要求にしたがって，スイスでの対立を最終的に解決するためである。
他の副次的な諸問題も，もちろん協議会のなかで提起されるだろう。

マルクスは付け加えた。ロシア政府へ公式の声明を発表する必要がある。ロ
シア政府は，ある秘密結社の事件に国際労働者協会をまきぞえにしようとして
いるのだが，秘密結社の主要な指導者は国際労働者協会とはまったく無関係で
あり，敵対している。ロシアでの国際労働者協会の名前の悪用である。協議会
は非公式である，しかし全ての代表が帰国した時，総評議会は協議会が公表を
必要と判断した決議を発表するであろう。

発言時間が問題となったが，論議の後，セライエは，発言時間を15分に限る
という先のバーゼル大会の方法に従うことを提案した。承認。ペレは議事日程
の決定を求め，最初に討議すべき問題は，スイスの紛争問題であると述べた。

マルクスは，この問題を調べるために五人の委員会の任命を提案し，論議の後，
採択された。会議は10時30分に終了した（*La Première Internationale tome II,
Jacques Freymond*, pp.149-155）（以下，頁数のみ記す）。

第二会議　1871年9月18日

会議は2時15分に始まった。ユングが不在でセライエが議長，ヘールズが英
語書記，マルタンとロシャーが仏語書記を担当した。前の会議の議事録が確認
された。ヴァイヤンは，議論から何も見落とされないようにフランス語の新た
な書記を求めた。承認。

デ・パエペは議事日程委員会の報告を行った。

1. 総評議会の報告（この報告の財政部分を確かめるための監視委員会），
2. 国際労働者協会の組織，三点にわけること，a）国際労働者協会の組織一般，
　必要があれば規約の改正，b）法律がその自由な発展に対立しない場所での

インターナショナルの地域組織（イギリス中央委員会の設立），c）法律が
正規の存在を禁じている国でのインターナショナルの組織，
3．スイスの衝突，
4．政府に対する国際労働者協会の態度（政府への声明で述べなければなら
ない問題点を示す委員会の任命），
5．ロシアでの有名な政治訴訟での国際労働者協会の名前の悪用。

　マルクスは，議事日程について述べた。かれは総評議会によって協議会に報
告を提出することをまかされた。しかし次の出来事は，かれに時間をあたえな
かった。二ヵ月前から，総評議会はパリの亡命者の問題に没頭した。かれは報
告を協議会の最後に口頭でおこなう。より重要でより緊急である国際労働者協
会の再組織の問題を，直接の議論にゆだねる。エンゲルスは財政の仕事につい
て報告を担当している，そして会計検査の委員会の指名を求めた。
　エンゲルスは，述べた。さまざまな国の代表は，それぞれの国での国際労働
者協会の状況について，各々の報告を前もって提出する。
　マルクスは，代表の報告は総評議会の報告の後に行われるべきと考えた。ま
た議事日程の委員会報告の2(a)，そこでは規約の改正が問題であるが，議論に
すすむことはできない。大会だけがその権利をもち，協議会は権利がないと述
べた。これに対しセライエは，委員会の意図が規約の改正ではなく，大会で承
認された形態に戻すことであると説明した。議事日程についての報告は，総評
議会の報告の変更を含めて投票され，承認された。財務委員会が選出された
（pp.157f）。

　マルクスは，総評議会の第一の提案を読み上げた。
　「あらゆる誤解をさけるために，バーゼル大会の決議が順守される。すなわち，
国際労働者協会が正規に組織されているさまざまな諸国の中央委員会は，当該
国の名前を付した連合評議会あるいは連合委員会の名前で呼ばれる。地方の支
部や委員会は，当該地域の支部や委員会として呼ばれる。」
　かれは付け加えた。実証主義，相互主義，宣伝支部のようなセクトの名前を
身につける支部は，なくならねばならない。それらはセクト主義者から構成され，
国際労働者協会から離れており，協会にとって危険である。いくつかの国では，
連合評議会が総評議会の名称をもっているが，ロンドンの総評議会だけが「総

評議会」の名称を用いることができる。

バステリカは，マルクスの提案を受け入れた。スペインの連合評議会は「スペイン地域連合評議会」と称している。またかれらの虚栄心と野望のために，国際労働者協会の名前を利用しようとする個人主義者との関係を完全に絶つべきと述べた。

ウティネはスイスの代表として，宣伝支部に対する提案をより支持した。もしバーゼル大会から，このような規則を作っていたなら，スイスで紛争は起きなかったであろうから。フランケは，職業団体の連合は連合会議所の名をとり，連合評議会の名前を国際労働者協会にわたすことを求めた。討議は打ち切られた。

マルクスは「今後，連合評議会はその名称を保持し，総評議会という名称を取らない」に投票を求めた。

ペレとウティネは，もし以後，連合評議会の名が規則となるに投票するなら，かれらは棄権する。スイスで，政府に属する連合評議会の名前をもつ権利がないからである。

マルクスは修正することを申し出た。

「連合委員会または連合評議会，この二つの名前のうちかれらに適した名前を選択する自由を諸国にゆだねる」，この点について投票を提案し承認された。

総評議会の第二の提案

「協議会は，総評議会に対し規約の新版を発行することを指示する。規約の新版では独語と仏語への正確な翻訳が，英語の原文とならんで印刷される。他の言語へのすべての翻訳は，刊行前に総評議会によって承認されなければならない」。

マルクスは述べた。元の規約の新しい翻訳を刊行することが，緊急の課題である。フランスで刊行され，またドイツ人に翻訳のために役立った国際労働者協会の規約は，多くの箇所で削除が行なわれている。英語から仏語へのこの最初の翻訳は，トラン氏とその友人によってなされた。かれらは国際労働者協会に危険ととらえたいくつかの文句を削除し，あるいは完全にゆがめた。国際労働者協会内でのいくつかの対立の原因は，規約が大会で決められたことを正確に含んでいないことに起因する。

パリの翻訳では，次のように削除されていた。

「階級支配を廃止する」が「階級を廃止する」に，「労働手段すなわち生活源

第3章　1871年のロンドン協議会　　**241**

泉の独占者」のかわりに「資本の独占者」に，資本は生活の源泉ではない。

　「労働者階級の経済的解放が大目的であり，あらゆる政治運動は手段としてこの目的に従属する」が「労働者階級の経済的解放が大目的であり，あらゆる政治運動は従属するべき」に。この誤った翻訳は，さまざまな解釈や分裂を引き起こした。それは規約の精神をゆがめた。

　デ・パエペは，五つの言語，英語，独語，仏語，伊語，スペイン語での翻訳を求めた。

　エンゲルスは，五つの言語での翻訳を，一つの同じ本におさめることは困難であると述べた。各小冊子に三ヵ国語で記載することで十分である。　マルクスは，新しい翻訳および英語，独語，仏語の翻訳をいっしょに含む小冊子の印刷が，極めて重要であると述べた。コミューンに対する迫害以来，国際労働者協会はイギリスおよびアメリカで非常に知られるようになった。スペインやイタリアそして他の諸国も，元の規約の新しい翻訳をできるだけ早く行うことを協議会は希望する。投票の結果，総評議会の第二提案は承認された。会議は5時30分に終了した[21]（pp.159-164）。

　こうして9月17日の第一会議と18日の第二会議で，ロンドン協議会の目的が確認された。論点はパリ・コミューン以後の各国政府への対応，インターナショナル弾圧への対応，すなわち政治問題であり，それに応じた組織形態であった。これらの問題は，同時に協議会のもう一つの課題でもあるバクーニンの社会民主同盟（1868年ジュネーヴで設立，1869年バーゼル大会に参加）との対決でもあった。かれらは政治闘争を否定し秘密組織を維持し，国際労働者協会を手中にせんとしたのである。それはスイス問題，ロシアでの秘密組織の問題とも関連した。また協議会は大会と異なり規約改正はできないと述べられていること，また協議会は非公式であり，協議会終了後に総評議会が決議を公表すると述べていることから，ロンドン協議会の性格を知ることができる。

　9月18日には二つの提案がなされ，第一に，各国に設立された中央組織は連合評議会と称し，総評議会はロンドンに限定するというものであった。名称の変更は，混乱を防ぐことに発するが，根底には国際労働者協会の創立以来もとめられてきた各国での運動の統合，普仏戦争およびパリ・コミューンを契機とする新しい事態に対応した運動組織を，構築せんとするものであろう。なおここでバクーニンに代表される国際的な陰謀形態，秘密組織が拒否されているこ

とは注目される。

第二に，規約の新版と正確な翻訳であった。1864 年の暫定規約以後，毎年の大会で規約の改正が行われており，それらの編集が必要であった。さらにより深刻であるのは，運動の混乱をもたらす意図的に変造された規約の翻訳である。規約の仏語訳では「手段として」が削除され，結果として「労働者階級の経済的解放」が主要な課題となり，「政治闘争」が否定されることになる。労働者階級の政治運動の否定である。また元の規約の正確な翻訳および英語，独語，仏語の三ヵ国語での翻訳を一つの小冊子で並列印刷することは，英，独，仏に展開する資本主義経済の発展とこれに対する労働運動の進捗を意味すると同時に，合衆国およびヨーロッパ大陸への国際労働者協会の普及を意図するものである。

第三会議　1871 年 9 月 19 日

会議は 2 時半に始まった。セライエが議長につき，議事録が一部訂正のうえ承認された。ウティネは，ジュネーヴの中央支部から発せられた 9 月 14 日の手紙を朗読した。それは次の問題を協議会に提案していた。1）パリの事件の時，フランス地方のインターナショナルの支部，特に南仏地域の支部がどうしてそれを支援し，革命のために煽動を行わなかったのか。2）ありうべき変革としてパリの事件を考えるなら，国際労働者協会の内部に軍事的イニシアチブに責任を持つ特殊な委員会を設けることが可能であり，有効でないのか。3）運動で最も良い宣伝と組織の方法とは，いかなるものか。4）軍隊での最も良い宣伝方法とは，いかなるものか。これらの提案は委員会に送られた。

マルクスは，総評議会の第三の提案を読み上げた。

「協議会は，総評議会の提案によって，労働者のなかに女性支部の設立を勧める。なお，これは両性の混合した支部の形成を少しも妨げるものではない」。そして「混在した支部の排除なしに」を追加した。

産業が多くの女性を雇う国では，もっぱら女性支部の創設が必要と考える。女性は生活で大きな役割を果たし，工場で働き，ストライキやコミューンにも参加した。女性は男性より情熱的である。論議の後，提案は承認された。

マルクスは，総評議会の第四の提案を読み上げた。

「協議会は総評議会に，労働者階級の一般的な統計を命じた規約第 5 条を実施することを促す。またこのためにジュネーヴ大会でとられた決議を実施する。求められた情報をわたすことを拒む労働者団体あるいは支部は総評議会に知ら

され，総評議会がそれについて決定する。」統計調査の方法および資料送付の時期についての論議の後，提案は承認された（pp.167-169）。

第四会議　1871年9月19日　夜の会議
　ユングが議長。夜の9時に始まる。最初に，国際労働者協会への加盟，連携を求める各国からの手紙が紹介された。
　マルクスは，総評議会の第五の提案を読み上げた。
　「総評議会によって特別の任務を任命された総ての代議員は，連合評議会，地区あるいは地方の委員会，地方支部の全ての会議に参加し，発言することを許される。但し，投票権を持たない」。連合評議会に対する総評議会の代表は，発言権を持つが，投票権を持たない。提案は票決され，承認された。
　マルクスは，総評議会の第六の提案を読み上げた。
　「協議会の終了後，いかなる支部も総評議会に年会費を支払う以前に，総評議会あるいは連合評議会によって国際労働者協会に属するとみなされない。」ごく少数の支部が，定期的に会費を支払っている。
　エンゲルスは，次の修正案を提出した。
　「今後3月1日に年会費を払わないどの支部も停止される。国際労働者協会への加盟を望む全ての新支部は，最初に会費を支払わねばならない。期日にその会費を支払わない支部の代表は，大会への参加を認められない」。
　論議の末，この問題にかんするバーゼル大会の決議が朗読された。会費を回収する実際的な手段を検討するための委員会を任免することがマルクスから求められ，票決の結果，承認された。会議は11時15分に閉会した[22]（pp.175-179）。

　9月19日には第三と第四の二つの会議が開かれたが，ここで次第に重要性を増してきた諸問題が総評議会の提案として提起された。
　第一に，機械制大工業の進展にともない役割の増えた女性の支部の設立。「婦人労働と児童労働は機械の資本主義的使用の最初の言葉であった」（『資本』初版第四章4「機械と大工業」）。
　第二に，国際労働者協会の目的である労働者階級の経済的解放をなしとげるために必要である労働者階級の状態把握，その統計調査，1866年ジュネーヴ大会の決議。
　第三に，国際労働者協会の相互連絡と協力を進めるための各国組織への総評

244

議会代表の派遣。

　第四に，宣伝，連絡，亡命者支援等で不足する活動資金を補うための会費納入が，提起された。これらは『資本』初版および1871年パリ・コミューン後に書かれた『フランスにおける内乱』の普及とともに，各国で運動と連携が前進していることを意味するものである。

　第五会議　1871年9月20日

　午後3時から始まる。セライエが議長についた。前日の会議の議事録が読まれ，訂正のうえで承認された。議長セライエは，ヴァイヤンの提案を読んだ。

　「社会民主主義の全ての要求を武力でもみ消し，階級の差異を武力で維持することを望む際限のない反動が一時的に勝利していることに直面して，協議会は国際労働者協会の会員に対し，政治問題と労使間の問題とは固く結びついていること，それらはインターナショナルが解決することを目的とした問題，すなわち階級の廃止の，ただ一つのまた同じ問題の二重の面でしかないことを，思い起こさせる。労働者は，彼らを結合する経済的団結と同様に政治的団結をも認め，彼らの大義の最終的勝利のために，経済分野と同様に政治分野でも彼らの力を結束しなければならない」。

　マルクスは，この問題は組織一般の議論で再び取り上げられえるべきと述べた。

　議長セライエは，デュラエ提案を読み上げた。

　「地理的に孤立し連盟を形成する労働団体にとって，資本家と闘争することはますます困難となっていること，ストライキの大部分は，同業者の団体またさまざまな国の団体のあいだの行動の統一性がないために失敗したこと，将来の成功を確保するためには，同一産業の全ての団体を実際に連帯させることが不可欠であること，以上を考慮して次の決議を提案する。地理的に孤立し連盟を形成する全グループの世界連盟が，各職業団体のために設立される。この連盟の目的は，1）管理の地方分権化，将来の真のコミューンの創設，2）ストライキの成功を確保するための行動の統一，3）宣伝手段として，現実の国際労働者協会支部の設立」。この提案の議論は，ロランゾの提案が論議されるときに送られた（pp.180-183）。

　組織に係わる提案を順次論議することになり，マルクスが提案した議事日程，1）デュラエ，2）ヴァイヤン，3）ベルギーの代表，4）ウチネとドイツ語支部，が承認された。デュラエ提案が，論議された。

デュラエは述べた。1）ストライキの成功からみると，労働問題の改善のために なされた各一歩は，事実上，社会革命への一歩である。もし，ニューカッスルの組立工がすべての国の組立工と連合するなら，かれらは不敗である。もし，同じ職業のいくつものストライキが様々な国でおこるなら，労働者はたがいに誤りをおかす危険にさらされる。2）地方分権化からみて，総評議会にはそれを達成できないが，連盟のみがそれをなしうる。3）労働者はこの連盟を抵抗手段として考え，連盟は国際労働者協会の宣伝を容易にする。というのは，協会にはいることの利益を理解しない労働者，抵抗団体にはいることを選ぶ労働者，あるいは直接の利害を考える労働者がいるからである。

マルクスは述べた。現在，労働組合はこの連盟を受け入れないと確信している。例えば，イギリスでは労働組合は半世紀前から存在するが，貴族的な少数者のものであり，大多数の労働者は労働組合の外にある。最も貧困な労働者が，組合にはいれない。経済の発展がいなかから都市部へ追い出した労働者の大群は，ながいあいだ組合の外にあり，そして最も不幸な大衆は決して組合に属さない。農民，日雇い労働者は，この団体に決して加わらない。労働組合はそれ自体ではなにもできない。

インターナショナルはプロレタリア集団に直接に働きかけているのに，労働組合は少数派のままであり，それはプロレタリア集団にいかなる力もない。言語も労働組合の国際的連帯に対立しており，そして分業もまた労働者分裂の主要な原因の一つである。

フランケルは述べた。裕福で強い連盟は，弱くて貧しい連盟との結合を受け入れない。インターナショナルの総評議会は，さまざまな連盟のあいだの結合の輪でなければならない。デュラエの提案は，現在，実行可能ではない。

エルマはフランケルを支持し，デュラエの提案を原則として認めているベルギーの組合の例をあげた。

「各国の通信員は，ストライキのような緊急の場合に，総評議会のいかなる会員をも招集する権限がある。その場合執行部は，インターナショナルの支部が存在する総ての国が，直ちにストライキの存在を知らされるために必要な措置をとる」。

バステリカは述べた。デュラエの提案は，インターナショナルの存在そのも

246

のを問題としている。かれは王室的尊大さをもつ労働組合に用心している。多くの団体がインターナショナルの外にある時に，職業団体の連盟は危険である。二つの運動がある，労働組合の運動はむしろ国際労働者協会に対立している。余分に法律をさだめ，労働者が社会革命という本質的目的を見失い，かれらの特殊な利害にとどまることを恐れる。

ウチネは述べた。論議は結局，ストライキにかかわり，デュラエの提案もそれを対象にしていた。だが同じ目的を果たすインターナショナルの支部があるのだから，提案は見込みがなく，有効でない。労働組合は貴族的な少数者のものであり，彼らの外に多くのプロレタリアがある。

スタンスは，マルクスとエルマと同意見である。かれは職業団体の連盟が労働組合によって吸収されることを恐れた。職業団体の連盟は大陸に適しているにちがいないと考えた。

マルクスは述べた。労働組合についてのスタンスの不安にくみしない。労働組合は，アメリカ合州国に支部をもち最もよく組織されていても，われわれに呼びかけることなしに決してなにもできなかった。イギリスの労働組合は大きな革命運動の外にある。インターナショナルが誕生して以来，事情は変わった。もし労働組合が我々の支援のもとでその力を使おうとするなら，すべてをなしえよう。労働組合の規約の中には政治に加わることを禁止する箇所がある。かれらはインターナショナルの影響のもとでのみ，政治運動を行ってきた。総評議会は，数年来，労働組合と関係をもってきた。一つの委員会があった。現在，総評議会は選挙改革に関連して，三大都市，マンチェスター，バーミンガム，シェフィールドの労働組合となお関係をもっている。

フランケル，バステリカ，セライエ，ウチネ，ロレンソ，パエペは次の提案を行った。「1）総評議会は，他の国の職業支部と理解しあうことを助ける目的で，ある国の異なった職業支部に招かれる。2）このように，さまざまの国の法律がインターナショナルに許す範囲内で，労働統計によってバーゼル大会の計画を実行する」。

この提案は承認された。コアンは，抵抗団体が非常に有益であり，この抵抗団体の連盟が労働者の利害から出てきたこと，そして世界連盟の傾向を促進することがインターナショナルの義務であると述べた。会議は6時30分に閉会した[23]（pp.184-188）。

９月 20 日の第五会議には，これまでの総評議会の提案とはことなる重要な問題が提起された。一つは，ヴァイヤンからの政治運動の提案であり，二つは，デュラエからの職業団体の世界連盟の提案である。そして議事日程がマルクスから発案され，デュラエの提案から論議された。デュラエの提案は，ストライキ闘争を目的とする職業団体あるいは労働団体の世界的な連盟をつくり，また権限を各国の地方団体，連盟に移し，その管理を委ね，結果として総評議会の機能を消失せんとするものであった。それはバステリカが述べるように，国際労働者協会の存在それ自体を問題とするものであった。頻発したストライキ闘争の問題は，国際労働者協会の創立以来の事項であり，たえず総評議会でも報告され議論されてきた。まさにその成否は，労働者の経済的解放を訴える国際労働者協会の存在を問うものであった。この点で労働者の国際的な連帯，その団結を主導するデュラエの提案は合理性をもつ。

しかし提案は次第に力をつけてきた各国組織，連盟を背景に，国際労働者協会の組織を再編成しようとすること，また経済闘争の意味，経済闘争と政治闘争の関連が指摘されず，協議会で承認されなかった。これに代えて，各国の労働組合の国際的な相互協力を推進すべく，総評議会の新たな役割および各国の労働者階級の状態の調査が提案された。また，デュラエの提案に含まれていた政治的内容について，つまり地方の団体に権限を委譲し，コミューンを創るということにたいして，マルクスはイギリスの労働組合の性格を紹介し，それが熟練工を主体とする特権的で非政治的な性格を有すること，しかし国際労働者協会の活動のなかで次第に変化してきたことを述べ，経済問題と政治問題との関連について述べた。

第六会議　1871 年 9 月 20 日
ユングが議長。夜の 9 時に会議が始まる。19 日夜の会議の議事録が訂正の後，承認された。フランケルは，会費徴収の委員会として六項目の提案を行い，第六項目を除いて承認された。

次に，ヴァイヤンの提案が論議された。

「社会民主主義の全ての要求を武力でもみ消し，階級の差異を武力で維持することを望む際限のない反動が一時的に勝利していることに直面して，協議会は国際労働者協会の会員に対し，政治問題と労使間の問題とは固く結びついていること，それらはインターナショナルが解決することを目的とした問題，すな

わち階級の廃止の，ただ一つのまた同じ問題の二重の面でしかないことを思い起こさせる。

労働者は，彼らを結合する経済的団結と同様に政治的団結をも認め，彼らの大義の最終的勝利のために，経済分野と同様に政治分野でも彼らの力を結束しなければならない」。

ヴァイヤンは述べた。かれの提案は規約の精神の明確な表現であるから，長い論議を引き起こさない。しかし二つの反対があろう。一つは，この声明は慎重さをかき，きっと国際労働者協会への政府の厳しい措置を招くというものである。しかし，政府が国際労働者協会を政治団体として追求していることを，我々はいつも見ているのではないのだろうか。それゆえこの点に関して，この主張を差し控えるいかなる理由もない。反対にすべての誤解は，今後いいわけできなくなる。

第二の反対はこうである。国際労働者協会は，政治にかかわるべきでないと言われるものである。パリで，特に国際労働者協会の創立者の間で，この見方が多く共有されていることを思い出す。それは労働者を迷わせ，一定の時間かれらを真の戦場から遠ざけるのに役立つ。かれらが，本当の規約の歪曲をよりどころにして政治への永久の棄権を勧め，新しい社会を形成するための第一の武器が権力であることに気づかない。

ロレンソは，これは原理の問題であり協議会で議論できないと，そして大会で扱うべきであると述べた。この協議会は原理の問題でなく，組織の問題のために召集された。バステリカもそれを支持した。

ウチネは述べた。ロレンソの反対は完全に誤っている。提案は新しい原理を含んでいない。それは規約に含まれていることを，より明確な仕方で表現しようとしたにすぎない。協議会は，この提案を票決する権限を有する。この宣言は，その明確な性格によって誤解を終わらせ，意識的にせよ無意識的にせよ，ブルジョアジーの実際の補佐である棄権主義者たちを，国際労働者協会の外に放り出すであろう。

セライエは，ヴァイヤンの提案に先行させる修正案（理由書）を読んだ。

「異なった言語での元の規約の誤った翻訳が，いろいろな解釈の原因であったこと，それが国際労働者協会の発展にとって有害であったことを考慮し，協議

会はインターナショナルの会員に対し，政治問題と社会問題は固く結びついていること，またそれは国際労働者協会が解決しようとした問題，すなわち階級の廃止のただ一つの，同一の問題の二重の面でしかないことを思い起こさせる。」

「それゆえ彼らは，国際労働者協会の基礎をなし，その真の力を形成する社会的原理の要求を確立するために，すべての好機を捉えなければならない」。

バステリカは，政治から求めるものが，議会や市議会に労働者を任命するために労働者のエネルギーを浪費することであるかを訊ねた。この子供じみた扇動の政治は，私には重要でないと思われる。我々は棄権主義者として非難されるが，棄権はある時期には革命的な政治である。インターナショナルはフランスで，六ヵ月で二つの革命を起こした。

ヴァイヤンは述べた。「理由書」をかれの提案に先行させることは，不要であると考える。国際労働者協会は，自己を正当化し，自己を弁護することは必要でない。規約にはかれの提案の原則が，階級廃止に到達するための手段として示されていた。初めからそれは，インターナショナルの創立を引き起こす精神であった。それゆえ私の提案は国際労働者協会にとって不可欠な原理を，力強く確認させようとするものでしかない。

バステリカに答えて述べた。確かに私が政治と言う言葉で理解しているのは，議会に労働者を送るという些細な煽動をすることではない。同じく破壊しなければならないのは，議会であるのだから。国際労働者協会の政治は社会主義的であり，階級の廃止という一つ目的をめざすものでしかない。

フランケルは，セライエの「理由書」が，ヴァイヤンの宣言に根拠を与えることが目的であると述べた。われわれは，インターナショナルの分裂の原因をかくすべきでない。この問題は，規約の誤った翻訳である。それゆえこの原因を記載すべきである。かれは「理由書」の追加に賛成である。

ペレは，フランケルと同じ意見であった。かれはこの規約の誤った解釈を，最終的に終わらせたいと述べた。スイスでは，かれが代表するフランス語圏スイス支部は，国際労働者協会が政治を行うべきであるという意見である。これはまたスイスで，インターナショナルの多数派の意見である。少ないキリスト教会だけが，棄権主義を説いている。労働者は政党を組織せねばならない，また棄権するべきではない。

デ・パエペは述べた。規約で，すでに述べられていたことを繰り返すことに

反対しない。しかしヴァイヤンの宣言が厳密で明確であるにもかかわらず，いくつかの支部は引き続きこの行動指針に従うことを拒否し，新しい対立を引き起こすであろう。ベルギーでは労働者が法律で棄権をしいられても，かれらは自分らに欠けている政治的武器を手にするために，集会でまた文書の宣伝で闘争することをやめなかった。すべての国に対し同一の政治方針を強いることができるとは，考えられない。

マルクスは述べた。ロレンソは我々に規則の遵守を求め，バステリカもこの方法に従った。「元の規約と創立宣言」に，総評議会は大会討議に議題を提出する責任があると読める。総評議会が協議会の討議に提出した方針は，国際労働者協会の組織を含んでいる。ヴァイヤンの提案はこの点にかかわる。それゆえロレンソとバステリカの抗議は根拠がない。多かれ少なかれすべての国で，あるいくつかのインターナショナル会員は，ジュネーヴ大会で議決された規約の削除された声明を根拠にして，政治を行うべきというのは規約に基づかないと述べてきた。まさにドイツで，シュバイツァーやその他のものがビスマルクに買収されて，支部を政府の政治に賛同させようとしてきた。フランスではこの非難すべき棄権が，ファーブル等（パリ・コミューンの死刑執行人）に9月4日の権力を奪うことを可能にした。

アメリカで少し前に開かれた労働者の大会で，政治問題を引き受けることが決議された。そしてかれらを代表するために，かれらの階級利害を守ることに責任をもつ労働者を，政治家に置き換えることを決議した。しかしすべての国で，状況に応じて政治にかかわることが必要である。イギリスでは労働者にとって，議会にはいることは容易ではない。議員はいかなる援助金も受けられず，生活のために労働という資産のみをもつ労働者にとって，議会は近寄りがたい。そして議員への手当てをかたく拒んでいるブルジョアジーは，そのことが労働者階級の代表されることを妨げる手段であることを十分に知っている。労働者に対立する普遍的な力は政治権力であり，それは資本と同様に労働者の自由を奪いさる。イギリスの労働者は，ゆっくりと進む。

しかし議会の演壇は，最良の宣伝の道具である。議会に労働者があることが重要でないと思うべきでない。もしかれらの発言が抑えられたり，かれらが追放されるなら，この冷酷さと不寛容さの結果は，人々に深刻である。もし反対に，

第3章　1871年のロンドン協議会　**251**

ベーベルやリープクネヒトのように，この演壇から発言できるなら，それを聞くのは全世界である。いずれにせよそれは，われわれの原理にとって大きな宣伝になる。その一例をあげる。ベーベルとリープクネヒトが，フランスでおこなわれる戦争に反して，また戦争のあいだ，労働者階級の全責任を解放するために闘争にとりかかったとき，全ドイツが動揺した。政府は我々に対立する。

我々はできる限りの手段で，政府に答えなければならない。政府に対し全般的な反対運動をおこなわねばならない。労働者を議会に送れば，それだけ勝利である。

私はヴァイヤンの提案を支持する。但し，規約の誤った翻訳に関するフランケルの修正案とともに。それはこの声明の存在理由を説明する理由書を先行させるものである。すなわち，この問題が規約によってすでに解決されていることを主張し，また労働者が政治にかかわることを国際労働者協会が求めたのは，今日ではなくずっと以前からであることにその本質がある。論議は継続となった（pp.189–196）。

第七会議　1871 年 9 月 21 日

夜の 6 時から始まる。セライエが議長。書記が 9 月 20 日の会議の議事録を読んだ。それは訂正の後，承認された。9 月 20 日夜の会議の議事録も読まれ，承認された。

ヴァイヤン提案が論議された。エンゲルスは提案を支持した。労働者に政治に取り組むことを絶対に勧めなければならない。なぜなら，棄権は国際労働者協会の規約と矛盾するだけでなく，社会主義の大義の欲求とも矛盾するからである。政治での棄権主義者は，パリ・コミューンの努力を論理的に強く非難する人々である。パリ・コミューンで初めて労働者が政治的手段で，我々の原理の勝利に到達する真の手段を手にしたのである。さらに本当に絶対の棄権主義者はいない。ヴァイヤン提案が，今後あらゆる誤解をはらすであろうから支持する。

セライエは，ヴァイヤンの提案への修正を主張した。かれが反論するのは，原理の問題ではなく，編集の問題である。かれは協議会が修正案を採択することを強く主張した。それはインターナショナルに対し，それぞれの国の政治に加わることを強く命じている。修正案なしには国際労働者協会はいかなる影響力も持ちえず，また発展しえず，したがって労働者の大義は危うくなる。かれ

の修正案は，すべての運動があらゆる機会をつかまえねばならないことを，述べるものである。

バステリカは，次の提案を述べた。

「協議会は原理の問題を解決する権限がない。規約が再版され，それから議事日程に移ることを協議会が決議することで十分である」。

政治問題は経済問題に従属している。彼は提案が，次の大会に送られることを提案した。会議は 8 時 15 分で閉会した（pp.197-200）。

第八会議　1871 年 9 月 21 日

会議は夜 8 時 30 分に再開された。セライエが議長についた。

ウチネとペレは，次の決議を提案した。

「二つの決議の内容を認め——プロレタリア党の政治活動の必要性，しかもそれは現在の状況ではかつてないほど必要である——協議会は総評議会に対し，ヴァイヤンとセライエ，フランケルの二つの提案を最終的に編集する任務を委ねる」。この提案が討議された。

ヘルマンは述べた。ベルギーではインターナショナルはかなり組織されている。もしこの国が普通選挙を手に入れるなら，労働者はすぐに流血もなしに多くの都市で権力の指導を手にするであろう。議会自体が，この問題についての不安を表明している。かれは積極的に政治にかかわることが必要であるという意見であり，ヴァイヤンの提案に同意する。

マルクスは，バステリカに反駁した。協議会の最初からこの問題はまったく組織問題であり，原則問題でないと決議されていた。規約について言えば，ヴァイヤンの提案は規則と矛盾しない。かれは「規約と創立宣言」を一緒に読まねばならないとして，再度よんだ。かれは棄権について時間を追って述べた。この問題でいらいらする必要はない。この教義を広めたのは誠実な空想家であった。かれらは部分的な闘争をおこなったが，それは階級の運動ではなかった。かれらはセクト主義者であり，その傾向は反動的であった。空想家はいつも誠実であった，かれらは政治が手段にすぎないと述べた。しかし今日同じ手段を再びとる人は，そうではない。かれらは激しい闘争のさきに政治を延期し，そして人民を形式主義的，ブルジョア的反対派へと陥れた。だが権力と同時に，かれらと戦うことがわれわれの義務である。人々がもう一度だまされないよう

にするために，ガンベッタ（フランスの政治家，1838 〜 1882 年）の仮面をは
がねばならない。われわれはそれによって政府に対する行動を理解する。

　かれはヴァイヤンの意見と同一である。われわれは，あらゆる政府に挑戦せ
ねばならない。いたるところで，スイスでさえ，インターナショナルに対する
政府の迫害に応じて。反動は大陸全体にある。それは普遍的で永久的であり，
合衆国やイギリスでさえ別の形で存在する。われわれは政府に言わねばならない。
　「我々は政府がプロレタリアートに対する武装された強力であることを知って
いる。我々は可能なかぎり，政府にたいし平和的に行動する」。

　必要な時には武器による。ヴァイヤンの提案の編集にさいして，変えるべき
ことがある。だからウチネの提案に賛成する。

　バステリカは述べた。原理を認めることにとどめねばならない，大会でこの
問題を決定せねばならない。この問題の終了が提案され，承認された。

　ウチネは述べた。編集が総評議会によって補強され，提案がより根本的につ
くられることを期待する。総評議会に権限を委託したのは協議会であることが
よく理解される。

　ヴェリケンはバステリカに支持され述べた。協議会にこの提案を討議する権
限があるのか疑問である。プログラムは広すぎるし，この問題について支部は
協議されていない。規約の一パラグラフを引用して述べた。行動は自由でなけ
ればならない，国に応じて政治にかかわるべきか，そうではないのかである。
提案を次の大会に送ることを提案する。

　最初に，バステリカとヴェリケンの提案が点呼で表決された。
　　　　　賛成 4 ，反対 13，棄権 1 ，欠席 2 。
　次に総評議会に編集を委ねるという提案が点呼で表決された。
　　　　　賛成 10，反対 2 ，棄権 4 ，欠席 2 [24]　　　（pp.201-204）。

　こうして 9 月 20 日の第五会議で，パリ・コミューンのメンバーでありブラン
キストのヴァイヤンによって提起された政治問題は，職業団体の世界連盟の設
立を主張したデュラエの討議の後に論じられた。それは 9 月 20 日の第六会議か
ら始められ， 9 月 21 日の第七会議および第八会議でも引き続き論じられた。ヴ
ァイヤンは，階級の廃止に結びつく経済闘争と政治闘争のつながりを，国際労
働者協会の理念，その原理として主張した。パリ・コミューン後の政治状況を
踏まえ，政府との対決に通じる政治闘争の必要性を主張したのである。ヴァイ

ヤンは，労働者の経済闘争と政治闘争はともに不可分であると述べた。すでに労働者によって到達された経済闘争，その団結を背景にさらに政治運動を進展させ，「武装された強力」である国家権力との対決に方向づけんとするものであった。

これに対し経済闘争を重視する棄権主義者，政治的禁欲主義から批判が出された。協議会の性格からして政治問題は議題に相応しくないと反論された。マルクスはこれに対し「規約と創立宣言」とを一緒に読み上げ，政治問題は組織問題，規約の問題として協議会の議題に含まれることを述べた。政治的棄権主義者は協議会の議題の適否を問題とすることで問題を経済闘争に制限し，国際労働者協会の創立以来の前提であった階級の廃止，すなわち労働者階級の経済的解放をなしとげる手段としての政治闘争を否定しようとしたのであった。

さらに，論議のなかで労働者階級の経済闘争を強調し，政治運動の意義を認めようとしないデュラエの労働組合運動の動きがあった。たしかに経済闘争は国際労働者協会の創立以来の重要な課題であった。賃上げをめぐるストライキ闘争の支援は，インターナショナルの日々の活動であった。マルクスはデュラエの議論のなかでイギリス労働組合の特質，すなわち熟練工主体の特権的性格，政治運動の放棄を問題とし，経済運動と政治運動のつながりの困難さを指摘した。そして多数の一般労働者が労働組合に組織され，経済闘争に向けられた労働者の力を政治運動に向ける仕事を，つまりイギリス連合評議会設立の課題を，意識的に取り組んでゆくことが述べられた。

またセライエ，フランケルは，政治的棄権主義の背後に，元の規約の誤った仏語訳があることを述べ，そのことをヴァイヤン提案に追加することを提起し，承認された。激しい論議を経て，労働者階級の政治運動を掲げた提案，規約の編集を総評議会に一任することが承認され，これとは逆に，問題を次期大会に送るという政治的棄権主義者の提案は承認されなかった。1871年のパリ・コミューンの経験をふまえ，総評議会および大陸の代表の集まったロンドン協議会で組織問題，規約整備，つまり政治問題を扱うことが国際労働者協会の意志として宣言されたのである。

第八会議（続き）

発言は，「スイスの衝突に関する委員会」の報告者であるマルクスによってなされた。ジュネーヴ大会の少しあと，一つの協会，社会民主同盟が創られた。

同盟は，その規約を総評議会に知らせるまえに公表していた。これは陰謀団である。かれらは総評議会に規約を送り，それを認めるかどうかを尋ねてきた。マルクスは規約のいくつかの節を読み上げた。これがインターナショナルの規約に完全に反していることは明白である。総評議会はこの考えで同盟に答えた。

のちに 1870 年の大会で，スイスの二つの構成部分のあいだで闘争が起きた。一方は多数の労働者からなる元のフランス語圏スイス連合，他方は同盟である。この問題を解決するために支部に呼びかけがなされ，また総評議会にも規約にもとづき対応することを求めてきた。総評議会はあらゆる専制的な措置を，いつもさけてきた。総評議会は，あらゆる紛争を避けるために次の決議をした。フランス語圏スイス連合はその称号を保持し，同盟は地方の称号をとることを勧める。だが行われていない。同盟は国際労働者協会にたいし，多くの悪事をおこなってきた。かれは報告を読んだ。

マルクスは報告を三つの部分に分け，別々に討議し，投票するという意見を述べ承認された。第一の部分は，社会民主同盟のみに関係するものである。同盟はそれ自体解散したこと，そして同様な団体が再建されないことを我々は望んでいるというものである。論議の後，承認された。マルクスは報告の第二の部分を読み上げた。当事者は，協議会には権限がないと主張する，これは答える必要がある。論議の後，承認された。マルクスは報告の第三の部分を説明し，要約した。協議会は大会のかわりに，かくも重要な問題に意見を述べねばならない。提案は承認された。

フランケルは，「協議会は新聞『ソリダリテ』の行為を非難する」という提案を行った。マルクスは，「『ソリダリテ』と同じように『プログレ』も」で，この提案に賛同した。承認された [25]（pp.206–209）。

こうしてこの日の第八会議では，ヴァイヤンの政治運動の提案と並んで，バクーニンの率いる社会民主同盟の問題，つまりスイスでの対立が論議された。政治的棄権主義をその中心にすえ，パリ・コミューン後の国際労働者協会の活動と対立する社会民主同盟に対し，ロンドンの協議会でもその批判が決議された。

第九会議　1871 年 9 月 22 日

会議は午前 11 時 30 分から始まった。セライエが議長につき，デュラエが書記に加わった。21 日の会議の議事録が読まれ，議事録についての訂正があり，承認された。「財務委員会の報告についての論議」承認された（pp.210–212）。

256

「ベルギー代表の提案の討議」

提案 「総評議会は，国籍ごとに二ないし三人の代表から構成される」。

デュ・パエペは述べた。総評議会は連合評議会のタイプにもとづき，また国籍ごとに同数から構成される。かれは，総評議会がパリ・コミューンのメンバーによってあふれることを恐れる。ベルギーでは，コミューンのメンバー全員が認められた。総評議会が，もっぱら一つの国籍に属する人から構成されるように思われる。この制度は危険であると思う。

マルクスは，デュ・パペが規約の全部を読んでいないと述べた。規約の一節をあげ，総評議会は，それが規定するように行動できることを明らかにした。規約は，すべての国の労働者を追加することを総評議会に許している。各国から三人のメンバーを見出すのは不可能である。亡命者に関しては，われわれはインターナショナルのメンバーのみを迎え入れた。大部分はパリ・コミューンのメンバーであった。

デュ・パエペとベェリュケの次の提案は，論議を経て承認された。

「協議会は総評議会に，それが追加するメンバーの数を制限すること，またこの追加が，ただ一つの国籍に属する市民のあいだに過度になされないようにすることを，を要求する」。

デュ・パペは，協議会がパリ・コミューンの一員であったメンバーの追加を正式に認め，総評議会も認めることを提案し，承認された（pp.212-215）。

「ベッカーの提案の再開」

マルクスは，農村（いなか）への宣伝について述べた。それは不可欠である，しかし，ただ軍国主義を妨げるという見地だけではない。重要な問題は，都市と農村の利害をどのように両立させうるのかを，知ることである。マルクスとフランケルは次の提案を提出した。

「農村（いなか）での宣伝の問題を，次の大会が取り上げるという最終的決議まで，連合評議会は農村にアジテータを派遣することを勧められる。大衆の集会を組織し，国際労働者協会の宣伝をするために」。

マルクスは述べた。提案を分けなければならない。第一に，都市の労働者と農村の労働者を合同する方法について論議し，次に直接的な宣伝と農業支部をつくる方法について論議する。

スタンスは述べた。支部をつくる方法は，ベルギーで研究されている。それ

は次の大会に提出されるであろう。農村にも産業支部はあるが，労働者の抵抗団体はない。われわれは要望を示すことができるだけである。

マルクスは，協議会が総評議会に次のことを促すことを提案した。連合評議会がこの問題についての報告を次の大会に準備することを。フランスには，二つの小さな農業支部がある。

マルクスによって提案された分割は，採択された。この問題を大会の議事日程にいれるという提案も，採択された。農村で可能なあらゆる宣伝を行うことを，すべての支部に勧めるという第二の部分も採択された。マルクスは述べた。我々は都市の労働者にあまりに多く従事してきた。われわれは，いつも失敗するであろう（pp.215-217）。

「総評議会の提案　インターナショナルの支部の組織一般」
「第一部　イギリス連合評議会の形成」
総評議会の提案　「協議会は総評議会に促す。イギリス労働組合の支部が中央委員会を設立し，そして地域，労働組合と連携することを。そしてイギリス連合評議会を形成することを総評議会によって勧告される」。

マルクスは述べた。総評議会の作業は，膨大となった。総評議会は一般的な問題のみならず，国家の問題にも対処せねばならない。総評議会はこれまで，イギリス連合評議会の設立に反対してきた。その理由は，将来のイギリス人に国際的な社会主義の精神を抱かせることを，強いねばならなかったからである。現在，総評議会によって，かれらの教育はなされている。規約によれば連盟を設立することは，イギリス人の権利である。しかしイギリスの主要な代表者は，総評議会の中にある。もしわれわれが望まなければ，かれは行動しないだろう。コミューン以来，多くの支部が形成された。それらは彼らのあいだのつながりを望んでいる。提案は承認された。

ウティネの提案「フランスでの国際労働者協会の状況についての決議」。
1）協議会は，あらゆる追跡が国際労働者協会の活力を倍加するものでしかないこと，また諸支部は引き続き組織化を行うことを，強い確信のもと表明する。
2）したがって協議会は総ての支部に対し，かれらがフランスで国際労働者協会の原理の宣伝に払ってきた援助を放棄しないこと，またフランスで国

際労働者協会の規約を，できるだけ多くもたらすことを勧める。

3）ベルギー連合評議会，ロマンス連合評議会，スペイン連合評議会は，フランスの支部と総評議会との仲介者の役割を行うこと，それらの加入を受け入れることを認められる。

4）総評議会はフランスの労働者に対し，我々の解放事業の前進のもとに公然と政府と闘うこと，そしてあらゆる迫害にもかかわらず規約に従い組織されることを求める。

論議をへて提案が，承認された。

マルクスは，「アメリカでの国際労働者協会の展開」を時間を追って述べた。

総評議会は，アメリカで大きな影響力を持っている。二人の通信員がいる。かれらに権限が与えられた。中央委員会とグループとのあいだに対立がある。評議会は両者を和解させようとしてきた。マルクスは，次の提案をした。

「協議会は，ニューヨークでのインターナショナルの状況を考慮して，総評議会の決議に賛同する（ニューヨーク中央委員会の全権を確認した）」。

この提案は，採択された。

ウティネは述べた。「ロシアでは秘密の協会」をつくることが絶対に必要であると思われている。われわれはそれを必要としない。バクーニンは，インターナショナルの名前を悪用している。

マルクスは，ウティネを支持した。また「スペインの支部」についても報告された。会議は6時45分に閉会した[26]（pp.217-223）。

9月22日の第九会議で，各国の運動を代表する総評議会の構成および農村支部の問題，つまり都市労働者と農民の同盟が論議された。さらにイギリス連合評議会の設立が提起された。これまで総評議会がイギリス連合評議会の役割を兼ねてきた方式をやめ，イギリス連合評議会の設立が提起されたことは，各国での連合評議会の設立に対応した動きであるとともに，パリ・コミューン以後のヨーロッパでの運動自立を背景に提起された決議である。実際この日の会議では，独，仏の問題のみならず，英，露，米，イタリア，スペインの状況が報告されており，運動の進展のなかで労働者の国際的連帯を求める国際労働者協会の性格が反映されていると言えよう。

マルクスは1870年4月9日付のマイアおよびフォークト宛（在ニューヨーク）

の手紙で，イギリスの位置について説明している。

「イギリスは資本の中心であり，いままでのところ世界市場を支配している強国であるので，さしあたり労働者革命にとっては最も重要な国であり，しかもこの革命の物質的諸条件がある成熟度まで発展している唯一の国だ。イギリスにおける社会革命の促進は，国際労働者協会の最も重要な対象だ。これを促進する唯一の手段，それはアイルランドを独立させることだ」（MEW, Bd.32, S. 669）。

またフランスに関する決議で，政府の弾圧にもかかわらず労働者の力は萎縮していないこと，パリ・コミューンのあとでも運動の再興が見られること，そして，これらを支援することが表明された。さらに公然と政府と闘うこと，つまり政治問題が提起された。

第十会議　1871 年 9 月 22 日
議長はセライエで，夜の 8 時 45 分から始まる。
マルクスは「ドイツ」について話した。ドイツでは組織は，その本来の名前で存在できないが，社会民主党の名前で存在できる（法律によって，地方的な団体はいっさい国外の団体に加盟できないからである）。1871 年 8 月のドレースデンの大会で，インターナショナルへの加盟を表明し，我々の規約を採択した。戦争のあいだのドイツの労働者に対し何も言えない。反対に，それはまさに階級の問題になるのである。最初から彼らは，戦争を社会主義党に反する問題としてみなしてきた。ベーベルとリープクネヒトは戦争に対し抗議を表明し，補助金に反対票を投じた。かれらは議会を出たところで逮捕された。ベルリンでさえ，労働者は「コミューン万歳」と叫び，兵士をののしった。彼らはブレスラウで討論集会を開き，盛大にパリ・コミューンに賛同した。彼らは，ドイツで社会主義の熱望を表明する唯一の党であることを示した。

マルクスは「イギリス」について，アイルランドの労働者とイギリスの労働者との対立について話すことを忘れていた。言語と宗教の相違，アイルランドの長い抑圧は民族の対立を引き起こし，専制君主の権力を永久化した。この対立は，上流階級と政府によって利用されている。この二つの部分のあいだにつながりをつくることは可能であると，誰も思わない。マクドネル（アイルランドの労働運動の代表者）は，アイルランドで最も人気のある人物であるが，インターナショナルの労働者支部をすでに設立した。やがて，われわれはイギリ

260

ス支部よりも多くのアイルランド支部を持つであろう。かれらはいつもわれわれと一緒に行動する。それらは両側で，総評議会によって指導される。それは国際労働者協会が成し遂げた最大の成果の一つであろう。

　ウティネは述べた。ドイツの労働者は，この前の戦争のあいだ中傷されてきた。総評議会が作成する声明文で次のように述べられる。

　「総評議会は，ドイツの労働者が戦争のあいだインターナショナルの義務を完全に果たしたと考える」。提案は採択された。

　マルクスは「総評議会の決議」を読み上げた。

　「国際労働者協会の正式の組織が政府の干渉によって一時的に不可能になっている国では，協会，その地方グループはさまざまな名称で組織されうる。しかし秘密結社の形態でのインターナショナル支部のあらゆる設立は，明確に禁止され，禁止され続ける」。

　本来の意味での秘密結社について話そうとしないといわれる。なぜならフランスとイタリアの現在の状況は，同じような結社を設立しようとしているからである。しかしこの種の団体はプロレタリア運動と完全に矛盾し，国際労働者協会の精神を破壊する。労働者を自由，そして独立へと高める教育をおこなうことが必要である。この団体は神秘的であり，権威主義的である。それは国際労働者協会の精神にとって危険である。承認。

　「委員会のさまざまな提案」

　マルクスは提案した。協議会は総評議会に次の権限を与える。議事録の抜粋および協議会の決議のうち，ふさわしいと判断したものをできるだけ速く公表し，また政府に対し国際労働者協会は重要であることを，できるだけ速く示す。承認。

　パエペとスチーの提案。

　協議会は，次期大会の日時とそれがおこなわれる国を決めることを総評議会に委託する。提案は承認された。午前1時に閉会 27)（pp.224-232）。

　9月22日の最後の第十会議で，パリ・コミューン，およびインターナショナルのドイツ，フランス支部の活動および秘密組織が論議された。とくにドイツの社会民主労働者党の取り組み，パリ・コミューンへの連帯が述べられ，またパリ・コミューンに対するベルギー政府の態度，各国政府の措置に抗議文を起

草することになった。ベルギー政府に対し，マルクスは「アメリカとイギリスは，ベルギーを理想的な政府としてみなしている」と述べた（p.226）。さらに社会民主同盟の背景にある秘密組織の形態が，国際労働者協会の組織また労働者の抵抗運動と根本的に相違することが確認された。なお総評議会に，各国政府への抗議文，決議の刊行，次期大会日時と場所の選定を委託していることから，総評議会の役割，その指導性を理解しうるであろう。

ロンドン協議会の決議と総評議会

　1871 年 9 月 17 日から 22 日まで続いたロンドン協議会終了後，総評議会でロンドン協議会について論議された。

9 月 26 日　総評議会

　マルクスは議事の進行を求め，総書記，会計係，財務委員会，そしてドイツ，イタリア，フランス，オーストリア，ハンガリー担当書記が選出された。マルクスはドイツ担当書記に，エンゲルスはイタリア担当書記と財務委員会に選ばれた。

10 月 2 日

　二人の新しい会員を総評議会へ追加するかどうかで論議されたが，総評議会の人数を制限するというロンドン協議会の決議に従い，行われなかった。さらに，残りの各国通信書記の選出が行われ，エンゲルスはスペイン，マクドネルはアイルランド，ヘルマンはベルギー，エッカリウスはアメリカ合州国，ヴァイナンはアメリカのフランス語集団，ヘールズはスイス，ロシャーはオランダ，モターズヘッドはデンマーク，マルクスはロシアに選ばれた。

　マルクスは述べた。総評議会は会議の議題を決めるべきである。ロンドン協議会の報告の論議，規約の印刷等，多くの仕事がある。そしてロンドン協議会の報告討議のために，10 月 7 日に特別の会議を開くことになった。

10 月 7 日　特別会議

　マルクスが議長についた。インターナショナル会員のグスタフ・デュランが，フランス警察のスパイとして，コミューン亡命者と総評議会を調査していたことが報告され，それを公表することになった。議長は述べた。ロンドン協議会

の報告をすべて論議するには時間がかかりすぎる。ロンドン協議会の提案を実行するのに必要な委員会を選出すべきである。

ヴァイヤンとセライエの決議を一つにするために委員会に，エンゲルス，マルタン，ムースが選ばれた。規約と大会決議の新しい版を刊行する委員会に，マルクス，ユング，セライエが選ばれた。総評議会の新しい証紙を準備する委員会に，ムース，フランケル，ユングが選ばれた[28]。ロシアでネチャーエフによって行われた運動は，国際労働者協会と無関係であることを示す宣言の起草に，マルクスが選ばれた。

10月10日　総評議会

ユングが議長。議事録が確認された。ヴァイヤンが，アメリカのフランス人集団の書記を辞退し，代わりにムースが選ばれた。またユングは，ウロブレスキーを総評議会のメンバーに選び，ポーランド書記として選出することを提案し，承認された。

マルクスは述べた。ロンドン協議会から三週間すぎたが何もなされていない。多くの連合評議会が不満を述べている。臨時会議を16日に開くことを提案し，承認された。

1871年10月16日　臨時会議

マルクスは述べた。ロンドン協議会の決議のうち公表すべきものと，そうでないものとを分けなければならない。次に，マルクスは総評議会の構成に関する協議会の決議を朗読した。

第一，総評議会員の数を増やしすぎないようにし，一つの国籍に偏らないようにする。第二，調査が十分行えるように，申し出と選挙のあいだの人物審査の期間を，三週間に延長する。第三，通常の選挙以前に，各国支部に当該の通信書記の候補者を提案する。第四，総評議会が，コミューン亡命者から総評議会に加えた追加を承認する。以上の提案は，承認された。また協議会で，総評議会の会計報告が承認され，会計制度の改善が助言された。次にマルクスは，ネチャーエフが国際労働者協会の会員ではなかったという決議を報告した。

続いて，総評議会がフランスとイタリアの労働者に宣言を発行すること，また国際労働者協会の会員を訴追した各国政府に対し声明文を発表するという決議が確認された。

さらに運営機構の部分を除いて，連合評議会に対する回状を発行することが決議された。特にフランス労働者に，彼らの権利への専制的な蹂躙に抗議することを求め，またどのように彼らが組織の仕事を行うのかを述べた呼びかけを印刷することが，マルクスの動議で決められた。

他方，ロンドン支部に対し，ロンドン連合評議会を設立し，地方支部の同意に基づきイギリス連合評議会になるという決議が，エンゲルスから提案され，承認された[29]。特別な代表団，婦人支部設立および統計資料作成の決議が，承認され，印刷に送られた。

次の決議も論議の後，印刷が決められた。

総評議会の代表が，他の支部の会議に参加する資格についての決議。

農業支部の設立をめざして，農村で宣伝を行うという決議。

大会あるいは協議会の日時と場所の決定を総評議会に委託するという決議。

そして労働組合支援についての決議は修正された。

またネチャーエフ問題に関して協議会がウーチンに与える指示の印刷は延期され，社会民主同盟についての決議は承認された。

セライエとヴァイヤンが，フランスの労働者への呼びかけを，ジョナールとエンゲルスが，イタリアの労働者への呼びかけを書くことになった。

そして，マルクスは諸決議を編集した回状を準備することになり，回状に記載できない諸決議は，通信書記からそれぞれの支部に連絡することが承認された。

エンゲルスは，セライエとヴァイヤンの決議を編集する委員会の報告を行い，「労働者階級の闘争的状態では，その経済運動と政治活動は不可分である」について論議された[30]。報告は承認され，印刷に送られた。

10 月 17 日

エンゲルスが議長につき，議事録が訂正のうえで承認された。

マルクスは，新フランス支部の規約検討委員会の報告を行った。規約のうち一般規約と対立する第 2 条と第 11 条を除いて承認された。第 2 条は，すべての会員がその生活財の正当性を主張するべきというものである。これは支配階級の古い好みにすぎない。第 11 条は，どの支部員も支部の代表として派遣される以外，総評議会の任務につくことは許されないというものである。これは事実上，総評議会の会員は支部員になることは許されないこと，また支部の権威を総評議会の上に置くもので認められない。支部はそれらの違法性を示され，それら

を削除することを求められる。論議の後，提案は承認された。またマルクスは，ロンドン協議会の諸決議を編集した回状の印刷を求め，500 部の印刷が決められた[31]。

1871 年 10 月 24 日

マルクスは規約改訂委員会の報告を行い，5000 部の印刷が決められた。誰が印刷したとしても，すべての発行物は総評議会の財産である[32]。

10 月 31 日

エンゲルスは述べた。規約，細則，諸決議は印刷の準備ができている。しかし，協議会で決められたように印刷するのは困難である。もし四ヵ国語で印刷するなら各ページに二ヵ国語ずつ印刷されるが，三ヵ国語を一頁に印刷するのは不便である。そして次の代替案を提起した。規約の数ヵ国語の版は当面あきらめる。しかし異なる言語での版は，規約改訂委員会が最適と考える時期と場所で，別々に印刷される。

フランケルは述べた。ロンドン協議会は誤訳を防ぐために，一つの版での異なった言語での印刷を決めた。だが同一の委員会が翻訳の仕事を行うなら，目的は達成される。承認。証紙委員会は，証紙印の準備ができたことを報告した。

書記ヘールズは協議会の決議に従い，ロンドン連合評議会が創設されたことを伝えた。最初の集会が 10 月 21 日に開かれた。ロンドン協議会決議が承認され，暫定ロンドン連合評議会を作ることが決められた。第二回目の会議が 10 月 27 日に開かれ，書記と会計，さらに連合評議会を代表し，財政問題を扱う二人の代表が選ばれた。論議のなかで，労働組合を創立集会に呼ばなかったことが問題となった。

エンゲルスは述べた。イギリスの労働組合は直ちに支部とみなすことはできない。一つに，支部はその規約を総評議会に提出するべきなのに，労働組合は規制を拒んで自分で規約を作っており，また国際労働者協会と協議することなく勝手に行動する。さらに会費も，個人単位でなく団体で支払っている。

エッカリウスから，家具師，はまき師，ロンドン仕立屋，日雇製本工の連合，大工と煉瓦工の合同評議会，労働組合を招集した会議を開くという修正案も出された。論議の後，提案は支持された。

11月7日

エンゲルスは述べた。諸決議を編集した回状が英語と仏語で各800部できている。また規約も近日中にできるであろう。また規約の裏面で，ロバート・オウエン百周年および『フランスにおける内乱』を宣伝すること，そして規約を1000部，ニューヨークの連合評議会に送ることが決められた[33]。

こうしてロンドン協議会の諸決議は，協議会終了後，総評議会によって編集された。それは英語，仏語，そして独語の回状で各国組織に配付された。総評議会が大陸の重要な中央支部と共に協議した諸決議は，1871年3月に勃発したパリ・コミューン以後のヨーロッパの政治的緊張を反映し，これまでの四回の大会を前提に，総評議会と各国組織の関係を構築するものであった。すなわち「全国的団体」（暫定規約第7条）に整備されてきた各国組織を，組織の面で，また運動の面で推進せんとするものであった[34]。

では，ロンドン協議会および総評議会での論議を経て成立した「決議IX 労働者階級の政治活動」とは，いかなるものであろうか。

「規約前文」が「労働者階級の経済的解放が大目的であり，あらゆる政治運動は手段としてこの目的に従属すべきものである」と述べていること，「創立宣言」が「土地の貴族と資本の貴族は，彼らの経済的独占を守り，永久化するために，彼らの政治的特権を十分に利用するのを常とする。今後も彼らは労働の解放を促すことはおろか，労働の解放の道にあらゆる障害を横たえることをやめないであろう。……従って政治権力を獲得することが，労働者階級の偉大な義務となった」と述べていること，

ローザンヌ大会（1867年）が「労働者の社会的解放はその政治的解放と不可分である」という決議を可決していること，フランスの協会会員の陰謀についての総評議会の声明（1870年）が，「わが協会のすべての支部が労働者階級の闘争組織の中心となるにとどまらないで，さらにそれぞれの国でわが協会の終極目標——すなわち労働者階級の経済的解放——の達成をめざすあらゆる政治運動を支持することが，それらの支部の特別の任務である」と述べていること。

元の規約の誤訳のため，国際労働者協会の発展と活動とにとって有害な，各種の解釈がうまれたこと，以上のことを考慮し，「さらに，労働者の解放をめざす一切の努力を力ずくでおしつぶし，暴力によって階級差別とそれに由来する

266

有産階級の政治支配とを維持しようとしている抑えのきかない反動に当面している時，労働者階級が有産階級のこの集合権力（diese Gesammtgewalt）に対抗して階級として行動できるのは，有産階級によって作られた全ての旧来の党から区別され，それに対立する政党（besondere politische Partei）に自分自身を組織する場合だけであること，労働者階級をこのように政党に組織することは，社会革命とその終極目標——階級の廃止——との勝利を確保するために不可欠であること，労働者階級がその経済闘争によって既になしとげた勢力の結合は，同時に地主と資本家の政治権力に対する彼らの闘争のためにもてことして役だたなければならないこと，以上のことを考慮して協議会は，労働者階級の闘争の立場からすれば，その経済運動とその政治運動とは切りはなせないように結びついていることにインターナショナル会員の注意をうながすものである[35]」。

　このように「決議 IX」は，冒頭に「規約前文」および「創立宣言」を配置し，もって，「労働者階級の経済的解放」とその「政治運動」とが不可分であること，さらに労働者階級による「政治権力獲得」の必要性を示しているのである。「決議 IX」は，この両文書によって政治棄権主義の批判に答えると同時に，労働者階級が経済運動のみならず政治活動にも取り組むことが，国際労働者協会の創立以来の原則に基づくものであり，さらに一般大会で論議されてきたものであることを再確認したものと言えよう。実際，マルクスが 9 月 20 日と 21 日のロンドン協議会で，「創立宣言」と「暫定規約」の両文書を読むことに固執した理由も，ここに存したと考えられる。

　この「政治的決議」は，ロンドン協議会でブランキストのヴァイヤンから提起されたものであるが，マルクスはそれを編成し，対決点を凝集し，ロンドン協議会では示されなかった労働者階級の各国の政党への組織化を追加した。それはパリ・コミューンの歴史的経験を踏まえ，各国の全国的組織に運動の重心を移し，現在の課題，すなわち労働者階級の経済運動と政治運動の結合，労働者階級の階級としての組織化，つまり各国労働者党の設立を唱え，総資本に対する総労働の対決，国家権力の把握を，労働者に提起せんとするものであった。

　この「政治的決議」は，1871 年の政治的事件を契機として提示されたが，しかし 1864 年の創立宣言および規約前文で労働者階級の政治運動が示されていたこと，また普仏戦争のために開催されなかった 1870 年の大会でも「II 労働者階級の政治活動と社会運動の関連について」が大会議案に含まれていたことが

第3章　1871年のロンドン協議会　**267**

注意されるべきである。労働者階級はパリ・コミューン，そしてそれを概括したロンドン協議会から，歴史の流れを，その歴史的使命を自覚せんとしたのである。

　さらに，「決議Ⅷ　農業生産者」で述べる。
　「1）協議会は，総評議会および連合評議会または連合委員会にたいして，工業プロレタリアートの運動への農業生産者の参加を確保する手段についての報告を，次期大会に準備するように要請する。2）その一方，各国の連合評議会または連合委員会にたいし，農村地域（いなか）で公開集会を組織し，インターナショナルについて宣伝をおこない，かつ農業支部を設立するために，農村地域（いなか）に代表者を派遣することをすすめる」（『全集17』394頁，MEGA I / 22, S.328, 342, 353）。
　こうして労働者解放の事業をとげるために，「決議 IX 労働者階級の政治活動」労働者党の設立とならんで，都市労働者と農業生産者との同盟が「決議Ⅷ」で提起されたが，『フランスにおける内乱』でも，すでにこの同盟について述べられていたのである。

　「コミューンが農民に〈コミューンの勝利が諸君のただ一つの希望である〉と告げたのは，完全に正しかった。……コミューンは，農民を血税から解放し，安あがりな政府をかれらにあたえ，かれらの現在の吸血者である公証人，弁護士を……農民自身が選び農民自身にたいして責任を負うコミューンの有給の吏員に変えたであろう。……コミューンの支配が——そしてその支配だけが——フランスの農民に提供した大きな即自の恩恵は，以上のようなものであった。だからコミューンだけが農民の利益になるように解決できたし同時に解決せざるをえなかったもっと複雑な，だが切実な諸問題，すなわち農民の分割地のうえに悪魔のようにのしかかっている抵当負債や，この分割地のうえに日ごとに増大する農村プロレタリアートや，近代的農業の発展そのものと資本主義的農業経営の競争とによってますます急速におしすすめられている農民の土地の収奪の問題について，ここで詳しく述べることは，まったく余計なことである」。
　「田舎地主たちは，コミューンのパリと地方とのあいだに自由な交通が三ヵ月もつづいたなら，農民の全般的蜂起が起こること知っていた。そこでかれらは，パリのまわりに警察の封鎖戦を設け，こうしてこの牛ペストの伝播をくいとめ

268

ようとして，やっきになったのである。コミューンは，こうしてフランス社会のすべての健全分子の真の代表者であり，したがって真に国民的な政府であったが，それと同時に労働者の政府として，労働の解放の大胆な戦士として，断然国際的であった」（『フランスにおける内乱』『全集 17』321 ～ 323 頁，MEGA I / 22, S.144f）。

　またロンドン協議会は，パリ・コミューン後の弾圧に苦しむフランスの労働者に支援を表明し，またドイツ労働者の戦争抗議への取組みを協議会決議で評価した。そして独，仏のみならず英の労働者にも，政治運動への参加を，すなわちイギリス連合評議会の設立を提起した。さらに，スイスで紛争を引き起こしていた社会民主同盟に関して，同盟の歴史および協議会決議を踏まえ問題は解決したと述べた。すなわち，同盟は自ら解散を表明していること，また社会民主同盟という名称で，国際労働者協会と異なる使命を果たす機関はロンドン協議会の決議で禁止されたのである。国家破壊を掲げ，だが同時に政治活動への取り組みを拒否する，バクーニンに率いられた社会民主同盟にたいする対応を総評議会は求められたのである [36]。

　これらのロンドン協議会の決議編集と並行してマルクス・エンゲルスによって作成された「1871 年規約」では，一般規約で，国際労働者協会の意志表明の場としての大会が暫定規約を元に復元され，また運営細則も I 大会，II 総評議会，III 各国組織と編成された [37]。

　こうして 1864 年暫定規約，これまでの大会での規約決議を総編集した 1871 年規約で，総評議会と各国組織との関係が，各国組織の運動自立を前提に提示され，そして労働者階級の合意形成，大会決議という国際労働者協会の組織原則が確認された。

第 4 節　ロンドン協議会の意義

　1864 年に国際労働者協会が創立されてから毎年大会が開かれ，産業労働者の経済闘争，労働組合運動が基本的な課題として位置づけられた。それはオーエン主義，イギリスの特権的労働組合主義，フランスのプルードン主義的な方向ではなく，労働者階級の経済的解放，すなわち資本主義経済の中枢に運動の焦点をあてようとするものであった。それは 1867 年刊行の『資本』によって，資

第 3 章　1871 年のロンドン協議会　**269**

本主義的商品生産，資本蓄積と労働者階級の運命の分析によって根拠づけられた。多くの軋轢を伴いながらこの指針が確立されたことは，第一回ジュネーヴ大会と第三回ヴリュッセル大会決議を，1869 年に総評議会が一つの小冊子として公表したことによっても理解できよう。

　しかしこの経済運動の他に，国際労働者協会にとって重大な問題があった。それは政治闘争，階級の廃止であった。経済運動と政治運動のつながりへの労働者の理解であった。そして 1870 年の第五回大会こそが労働者階級の政治活動を大会議題に提起し，この問題を論議することを予定していた。しかし普仏戦争勃発により大会は延期され，政治闘争は論議されなかった。

　1870 年普仏戦争に対し総評議会は，労働者階級の立場から二つの「よびかけ」抗議声明文を発表し，国際労働者協会の意志を表明した。この抗議声明文で，戦争がボナパルト三世とビスマルクとのあいだの争いでしかなく，生産者である労働者にとって無縁のものであること，そして独および仏の労働者が資本の対立をのりこえ相互に連帯すること，また英国労働者のフランス共和国支援が述べられた。さらに勝利したドイツ労働者の課題として，独軍に侵略的性格を放棄させ，フランス共和制を承認することを訴えた。

　戦争に続いて発生した 1871 年 3 月パリ・コミューンに対し，国際労働者協会の総評議会は 6 月『フランスにおける内乱　よびかけ』を刊行し，このフランス労働者の抵抗運動，それが持つ歴史的意義を分析した。『フランスにおける内乱』では，支配機構としてのブルジョア国家の役割が，さらに労働者階級の政府としてのパリ・コミューンが解明され，労働の経済的解放を実現するために国家権力との闘争が提起された。「コミューンの本当の秘密はつぎの点であった。すなわち，コミューンは本質的に労働者階級の政府であり，横領者階級にたいする生産階級の闘争の産物であり，そのもとで労働の経済的解放を達成することができる，ついに発見された政治形態だったのである」(MEGA I/22, S.14)。

　こうして戦争，内乱によって大会は開かれず，総評議会と大陸の支部代表が，時局にかなう組織形態を討議するため 1871 年 9 月にロンドンで協議会を開催した。このロンドン協議会の開催は，大会延期とともに各国組織の同意を前提とした。協議会は，戦争，そして内乱を歴史課題として受けとめ，まさに労働者階級にとっての政治運動を提起し，経済運動と政治運動の結合を国際労働者協会の原則として決議した。また，このロンドン協議会で，バクーニン主義者等

の政治的棄権主義およびその論拠としての規約の誤った仏語訳が批判され，同時に組織形態として秘密組織も否定され，各国で政治運動を担う全国的組織，つまり各国連合評議会を設立することが再度確認された。

「決議Ⅸ　労働者階級の政治活動」は，創立宣言および暫定規約をふまえ，各国での労働者党の設立，社会革命とその終局的目標，階級の廃止を提起した。戦争そして内乱という緊急事態のもとで，ロンドンで協議会が開かれ方策が決議されたが，それは総評議会の指導性とともに，あくまで各国組織の合意を前提とし，それらの諸組織の自律的発展が，すなわち歴史的な反転をも踏まえて，ヨーロッパおよび合衆国の労働者，中間層，農民の運動が意図されていたのである [38]。

さらに，翌 1872 年 6 月には『共産党宣言』ドイツ語版が出版され，その「序文」で次のように記された。

「国際的な労働者団体である共産主義者同盟は，当時の事情のもとでは，言うまでもなく秘密結社でしかありなかったが，1847 年 11 月にロンドンで開かれた大会で，下記の署名者たちに，公表することを決めた，詳細な理論的および実践的な党綱領の起草を委託した。こうして，つぎの『宣言』は生まれたのであって，その草稿は二月革命の二，三週間前に，印刷のためにロンドンへ送られた。最初にドイツ語で公刊され，このドイツ語でドイツ，イギリスおよびアメリカで，少なくとも十二の異なる版が印刷された。……

最近の二五年間における大工業の巨大な進展およびこれとともに前進している労働者階級の党組織に比べると，また，はじめには二月革命の，そしてはるかに多くの程度であるが，プロレタリアートがはじめて二ヵ月のあいだ政治権力をにぎったパリ・コミューンの実践的諸経験に比べると，こんにちではこの綱領はところどころで時代おくれになっている。とくにコミューンは，『労働者階級は，できあいの国家機構を簡単に手にいれて，これを自分自身の目的のために動かすということはできない』という証明を提供した（『フランスにおける内乱。国際労働者協会総評議会のよびかけ』ドイツ語版 19 頁，MEGA I / 22, S. 199）。そこではこのことがいっそう展開されている。

さらに言うまでもないことであるが，社会主義的文献の批判は，1847 年までしかおよんでいないので，こんにちでは不完全である。同様に，様々の反政府党にたいする共産主義者の立場についての記述（第四節）は，原則においては

こんにちでもなお正しいが……こんにちではすでに時代おくれである。けれども，『宣言』は一つの歴史的文書であって，それを改める権利は，もはやわれわれにはない。おそらく今後，1847 年から現在までのへだたりに橋をかける序論のついた版が出版されるであろう」（MEW, Bd.18, S.95f）。

　共産主義者同盟の綱領である『共産党宣言』1848 年は，次のように述べていた。
　「Ⅰ　ブルジョアとプロレタリア」
　「しかし，産業の発展とともに，プロレタリアートは数を増すだけではない。それはいっそう大きな集団に結集され，その力は増大して，プロレタリアートはますます自分の力を感ずるようになる。……ブルジョア相互のあいだの競争の増大，およびそれから生ずる商業恐慌は，労働者の賃金をますます動揺させる。ますます急速に発展する絶え間ない機械設備の改良は，労働者の全生活状態をますます不安定にする。個々の労働者と個々のブルジョアとのあいだの諸衝突は，ますます二つの階級のあいだの諸衝突という性格をおびてくる。労働者たちは，ブルジョアに対抗する同盟をつくりはじめる。彼らは，その労賃を維持するために結集する。彼らは，その時々のこれらの反抗にたいして食糧を準備するために，永続的な結社をさえつくる。ところどころで闘争は爆発して反乱となる。
　ときには労働者たちは勝つこともあるが，それはただ一時的でしかない。彼らの闘争の本来の成果は，直接の成功ではなくて，労働者たちがますます広く自分のまわりにひろげてゆく団結である。労働者たちの団結は，大工業が生み出して，種々の地方の労働者たちを互いに結びつける交通手段の増大によって促進される。しかし，いたるところで同じような性格をもっている多くの地方的闘争を，一つの全国的な闘争に，一つの階級闘争に集中するためには，団結だけが必要なのである。しかし，どの階級闘争も政治的闘争である。
　プロレタリアの階級への，したがってまた政党へのこの組織化は，労働者たち自身のあいだの競争によって，いつでもくりかえし破られる。しかしそれは，つねにいっそう強力で強固で強大になって復活する」。

　「Ⅳ　種々の反政府党にたいする共産主義の立場」
　「ドイツにたいして，共産主義者はその主要な注意を向ける。なぜならば，ドイツはブルジョア革命の前夜にあるからであり，またドイツは，十七世紀にお

けるイギリスおよび十八世紀におけるフランスよりも，ヨーロッパ文明一般のいっそう進歩した諸条件のもとで，またはるかに発展したプロレタリアートをもって，この変革をなしとげるからであり，それゆえドイツのブルジョア革命は，プロレタリア革命の直接の序曲でしかありえないからである」。

「一言で言えば，共産主義者は，いたるところで，現存する社会的および政治状態にたいするどの革命的運動をも支持する。これらすべての運動において，共産主義者は，所有問題を，それがとる形態の発展の程度が多かろうとも少なかろうとも，運動の根本問題として強調する。最後に，共産主義者は，いたるところで，すべての国々の民主主義的諸党の提携および協調につとめる」（MEW, Bd.4, S.470f, 492f. 服部文男訳『共産党宣言，共産主義の諸原理』新日本出版社，1998 年）。

この 1848 年『共産党宣言』でのべられた視点が，普仏戦争，フランスにおける内乱をへて，1871 年 9 月国際労働者協会のロンドン協議会で，労働者，生産者によって理解され，確認された。すなわち「決議Ⅸ　労働者階級の政治活動」として承認されたのである。資本主義的商品生産の矛盾を明らかにした 1867 年『資本』初版，そして理論と運動の結合，つまり「資本蓄積の歴史的傾向」と第一インターナショナルとの統合である。

注

1) これまでの大会については本書第 2 章を参照。また大会の役割りについては，拙稿「国際労働者協会と組織原則——総評議会と大会を中心に」『釧路論集』第 31 号，1999 年を参照。

2) ロンドン協議会諸決議，規約編集については，MEW, Bd.17, S. 409–455, MEGA I /22, S. 283-440. Bach, Golman, Kunina, *Die Erste Internationale* も普仏戦争，パリ・コミューン，ロンドン会議の関連について説明している。

3) *The General Council of the First International 1868-1870*, Minutes, pp.197–200, 206, 209–210. 1869 年末からバクーニンは，『エガリテ』紙で公然と総評議会を非難しはじめた。1869 年 1 月に開かれたスイスロマンス連合の創立大会で，連合評議会と『エガリテ』編集部が選出された。同編集部ではバクーニン主義者が多数を占めた。(Note 66, *Ibid*., p.429)。これにたいし総評議会は，1870 年 1 月に回状「総評議会からスイスロマンス連合へ」を出して反論した（*Ibid*., pp.354–363）。

4) *Ibid*., pp.219–220, 221, 223, 224.

第3章　1871年のロンドン協議会　　**273**

　　1870年4月のショード・フォン大会で，スイスロマンス連合はバクーニンの率い
る連合委員会（ショード・フォン）と旧来の連合委員会（ジュネーヴ）に分裂した。
バクーニンは，『ソリダリテ』（ギヨーム編集）を刊行した。またショード・フォン大
会でのスイスロマンス連合の分裂に対し，総評議会は決議を行った（*Ibid*., p.368）。
　　マルクスは，1870年4月19日付のラファルグ宛の手紙でバクーニンについて説明
している。社会民主同盟の組織はセクト的であり，ジュネーヴに本部を置き，国際的
な協会として組織されている。同時にインターナショナルの構成メンバーでもあり，
インターナショナルをバクーニンの道具に変えようとしている。また綱領では，相続
権の廃止，諸階級の平等，そして労働者階級は政治に係わってはいけない，と述べて
いる。最後に，ショード・フォンでのラテン系スイスの大会で，バクーニンが公然と
分裂を引き起こしたと（MEW, Bd.32, S.674-677）。

5）*The General Council 1868-1870*, Minutes, pp.226, 228, 231.
　　エンゲルスは1870年4月21日付のマルクス宛の手紙で，社会民主同盟はラテン系
スイスのような一地方組織にはふさわしくない，同盟はあらゆる国々と連絡をとり，
またそこに支部を維持しようとしていると述べている（MEW, Bd.32, S.483）。
　　なお4月26日の総評議会で，これまで国際労働者協会の機関紙であった『ビー・
ハイヴ』との関係を絶つことが決議された。同紙では記事の内容が改ざんされ，国際
労働者協会と対立したのである。

6）*The General Council 1868-1870*, Minutes, pp.237, 238, 240.
　　社会民主労働者党の綱領については後藤洋訳『ゴータ綱領批判，エルフルト綱領批
判』（新日本出版社，2000年）を参照。同党綱領には政治や経済の問題と並んで，小
学校での義務教育，無償教育，教会から学校の分離などの教育条項を取り上げていた
ことが注目される。近代教育の視点からの児童教育は，国際労働者協会のジュネーヴ
大会でも論議された。

7）*Ibid*., pp.255, 256, 261, 266-270.
　　戦争にかんする決議は，1868年の大会で決議されていた。本書第2章を参照。メ
イヤースで開かれる予定の第五回大会の議案は，小冊子で印刷され，フランス，ド
イツの新聞でも公表された。この小冊子の第2項は「労働者階級の政治活動と社会運
動との関連」となっていた（*Ibid*., pp.372-374）。
　　また労働者階級の政治問題は，リープクネヒトによって社会民主労働者党の1870
年4月のマインツ大会，6月のシュトゥットガルト大会でも論議されていた（*Ibid*.,
pp.477. Note 365）。

8）社会民主労働者党のメイヤースでの大会提案については Note 339 を参照（*Ibid*.,
p. 474）。1866年の規約第3条「……必要な場合には，総評議会は大会の開催地を変
更することはできるが，開催日時を延期する権限をもたない」（MEW, Bd.16, S.521）。

274

9）二つの大会決議編集とマルクスの労働運動論との関連については，拙稿「『二つの大会（ジュネーヴ大会とヴリュッセル大会）諸決議』編集とマルクス」（『マルクス・エンゲルス・マルクス主義研究』第 22 号，1994 年）を参照。

10）国際労働者協会でのバクーニンの活動については，本書第 2 章「1868 年ヴリュッセル大会と 1869 年バーゼル大会」を参照。

11）*The General Council of the First International 1870–1871*, Minutes, pp.31, 32, 38–44, 48, 50. マルクスは 1870 年 7 月 20 日付のエンゲルス宛の手紙で述べた，今度の戦争でプロイセン人が勝てば，国家権力の集中はドイツの労働者階級の集中に有利だ，さらにドイツの優越は，西ヨーロッパの労働運動の重心をフランスからドイツへ移すだろう」と。またドイツの労働者階級が，理論的にも組織的にもフランスの労働者階級にまさっていること，そしてドイツ労働者階級の優越は，同時にプルードンなどの理論にたいする我々の理論の優越でもあると。また 1870 年 8 月 8 日付のエンゲルス宛の手紙で述べた。「ジョン・ステュアート・ミル氏はわれわれの呼びかけに大きな賛辞を呈した。この呼びかけは一般にロンドンでは多大な効果をあげた。なかんずく，俗物コブデンの平和協会はそれの普及を文書で申し出てきた」（MEW, Bd. 33, S.5, 33）。

　　他方，エンゲルスはマルクス宛の 8 月 15 日付の手紙で，ドイツの労働者には，プロイセンによるアルザスとロレーヌの併合に反対すること，パリの共和主義政府と名誉ある講和を結ぶこと，そしてドイツ労働者とフランス労働者との利害の一致を強調することが必要であると，述べている（MEW, Bd.33, S.40）。

12）*The General Council 1870–1871*, Minutes, pp.59, 61, 68, 73, 81, 112f, 119-121, 128f, 134, 137.

　　普仏戦争に対する社会民主労働党委員会の立場，これについてのマルクスの所見は，MEW, Bd.17, S.268–270. を参照。なお「パリ宣言」とは，1853 年のクリミア戦争後に結ばれた規則で，海上での武装中立を原則としていた。他方，ウェストンのいう土地保有改革協会は，1869 年 7 月に J. S. Mill の影響下で設立され，荒地開墾で小農業者の再生，失業者の救済を意図していた。また土地労働連盟は 1869 年 10 月総評議会の指導のもとにつくられ，土地国有化，労働時間の短縮，普通選挙権，国内植民を求めていた（*The General Council 1870–1871*, Note 118, 119, p.510）。

13）普仏戦争に対する「第一の呼びかけ」は *Ibid.*, pp.323–329, MEW, Bd.17, S.3–8, MEGA I / 21, S.478–484 を，「第二のよびかけ」は *Ibid.*, pp.333–342, MEW, Bd.17, S.271-279, MEGA I / 21, S.485–499 を参照。エンゲルスの「戦況時評」Notes on the War は MEW, Bd.17, S.11–264 を参照。なおエンゲルスは，ドイツの統一をめぐるプロイセンとオーストリアの 1866 年戦争についても，「ドイツ戦争小論」を『ザ・マンチェスター・ガーディアン』に 1866 年 6 月 20 日から 7 月 6 日まで連載していた（MEW, Bd.16, S.169–189. MEGA I / 20, S.206–223）。

第3章　1871年のロンドン協議会　**275**

　他方，マルクスは1870年10月19日付のビーズリ宛の手紙で，バクーニンがリヨンで蜂起したこと，また「中産階級は全体として社会主義的な傾向をもつ共和制が勝利するよりも，プロイセンの征服を選んでいる」と述べている（MEW, Bd.33, S.158f）。

14）*The General Council 1870-1871*, Minutes, pp.140, 148, 149, 151, MEGA I / 22, S.521, 523.

15）MEGA I / 22, S.527, 529, 532, 537, 540f, 544, 550, 555f, 558.

　宣言『フランスにおける内乱』は最初ロンドンで，1871年6月13日に英語で，1000部が小冊子で刊行された。『フランスにおける内乱』については MEGA I / 22, S.118-162. MEW, Bd.17, S.313-365. また MEGA には『フランスにおける内乱』の一次稿および二次稿も含まれている。他方パリ・コミューンについては Nikita Kolpinski, Der Bürgerkrieg in Frankreich ein wichtiges Dokument des schöpferischen Marxismus, *MARX-ENGELS-JAHRBUCH 2*, 1979, コミューンに対する独仏政府の共謀については Erich Kundel, Der Bürgerkrieg in Frankreich ein zeitgenössisher Report über das reaktionäre Komplott der deutschen und der Versailler を参照。

　またコミューン戦士であるリサガレー『パリ・コミューン』1786年（喜安，長部訳，現代思潮社，1969年），ルイーズ・ミッシェル『パリ・コミューン，一女性革命家の手記』1898年（天羽，西川訳，人文書院，1971年）は，パリ・コミューンを理解するうえで参考となる。マルクスは，1871年4月17日付のクーゲルマン宛の手紙で，「資本家階級およびその国家と労働者階級との闘争は，パリの闘争によって新しい局面にはいりました。事態が直接にどのような経過をたどろうとも，世界史的に重要な一つの新しい出発点が獲得されたのです」と述べている（MEW, Bd.33, S.209）。

　さらにパリのフランケルおよびヴァイヤン宛の1871年5月13日付の手紙で，「私は，あなたがたの件で，我々の支部のある世界のすみずみにまで，何百通という手紙を出しました。なお労働者階級は最初からコミューンに賛成です」と述べている。（MEW, Bd.33, S.226）。

16）MEGA I / 22, S.560, 563, 567, 569, 574, 78.

　イギリス新聞でのコミューン記事については Christian Klein, Die Reaktion der englischen Presse auf den Civil War in Franse im Jahre 1871, *MARX-ENGELS-JAHRBUCH 9*, 1986.

　また，エンゲルスによる『フランスにおける内乱』英語版からの独語訳については MEGA I / 22, S.179-226. を，マルクス編集の仏語訳については MEGA I / 22, S.481-515. を参照。

17）MEGA I / 22, S. 582, 588, 590-592, 594f, 598, 601-603.　9月5日の総評議会のためにマルクスが用意した決議案については MEGA I / 22, S.275. を参照。1871年9月5日の総評議会で，マルクスが総評議会は他の諸団体とは異なる指導機関であると述べている。これについては次の1864年の暫定規約第6条が参考になる。

第6条，中央評議会は「様々な協力的協会の間の国際的仲介機関」となって，各国の労働者にたえず他のすべての国々における自階級の運動の事情を知らせ，ヨーロッパ諸国の社会状態の調査を共通の指導のもとに同時におこなわせ，重要な問題をすべての団体の討議にかけ，「たとえば国際紛争の場合のように，実際的な措置を即座にとる必要が生じたときには，加盟各団体が同時に一様の行動をとりうるようにはからうものとする」。中央評議会は，適当と思われる時にはいつでも，提案のイニシアチブをとり，全国的または地方的団体に提示する。

　また1871年8月29日付のダニエル・コンウェイ宛の手紙で，マルクスはフランス警察の侵入のために総評議会の会議に外来者を参加させないこと，またフランス亡命者のための資金が底をつき，また彼らの状態は悲惨であることを，伝えている（MEW，Bd.33，S.274）

18）MEGA I / 22，S.278-281.

19）*Ebenda*，S.282.

20）*Ebenda*，S.604-609.　なおマルクスは，1871年8月10日付のアドルフ・ユーベル宛の手紙で次のように述べた。普仏戦争への第二の呼びかけで，プロイセン政府の征服計画を強く告発し，フランス共和国の支持をドイツとフランスの労働者に呼びかけたこと，またイギリス労働者が，フランス共和国の承認を政府に迫っていると（MEW，Bd.33，S.265）。

21）*La Première Internationale tome* Ⅱ，Jacques Freymond 1962，Genève，pp.149-155，156-159，159-165. 1871年のロンドン協議会議事録はMEGA I / 22，S. 643-748にも収録されているが，フレモン編纂の資料が詳細であるため，これを使用した。総評議会の提案については，すでに9月9日の小委員会でも論議されており，それは八項目からなる決議案として編成されていた（MEGA I / 22，S. 276-277）。

　なおロンドン協議会には，代表が，総評議会から六名，ベルギーから六名，スイスから二名，スペインとイギリスから各一名が参加した。ドイツ，イタリア，アメリカ合衆国，アイルランド，フランスは，政府の追求および財政のため代表を派遣できなかったが，総評議会の各通信書記によって代表された。この他に総評議会から十名が，討議への参加資格で出席した。なお代表者は，マルクスの支持者，プルードン左派，バクーニン主義者，ブランキ主義者，イギリス労働組合主義者，旧チャーティストから構成されていた。そしてバクーニン自身は参加せず，代わりにロビンやバステリカを参加させ，その主義を伝えようとした（MEGA I / 22，Apparat S.1119-1120）。

22）*La Première Internationale tome* Ⅱ，Jacques Freymond，pp.166-179.

23）*Ibid*.，pp.180-188. ここで問題となったイギリス労働組合については，本書第1章「マルクスによるイギリス労働組合主義批判」を参照。

24）Ibid.，pp.189-206.　なおヴァイヤンは，総評議会の代表として参加したが，パリ・

第3章　1871年のロンドン協議会　　277

コミューン亡命者であった（MEGA I / 22, Apparat S.1118）。

25）*La Première Internationale tome Ⅱ*, Jacques Freymond, pp.206-209. 新メガアパラート
では，ロンドン協議会の目的が，第一に，パリ・コミューンを解明し，各国に自立的
な労働者党を創設すること，第二に，無政府的な教義を国際労働者協会に押しつけよ
うとするバクーニン主義者との闘争であると述べられている（MEGA I / 22, Apparat
S.1116）。またバクーニンの秘密組織をマルクスが批判したことについては，Hans
Dieter Krause, *Die Londoner Delegiertenkonferenz von 1871.* を参照。

26）*La Première Internationale tome Ⅱ*, Jacques Freymond, pp.210-223.

27）*La Première Internationale tome Ⅱ*, Jacques Freymond, pp.224-232.
　　協議会終了後，マルクスは9月23日付のジェニー・マルクス宛の手紙で「きょう
やっと協議会が終わった。重労働だった。午前と午後の会議，その間の委員会の会議，
証人の喚問，報告の起草等。しかしまた他方で，やったことはこれまでの大会全部を
合わせたよりも多かった」と述べている（MEW, Bd.33, S.286）。

28）マルクスはクヴァスニェフスキに宛てた1871年9月29日付の手紙で，総評議会は，
これから会員証を発行せず，かわりに証紙（郵便切手のようなもの）を送り，会員は
それを張りつけると述べた（MEW, Bd.33, S.287）。

29）1871年のロンドン協議会でイギリス連合評議会の設立が決議されたが，イギリス
連合評議会が，将来イギリス労働者党の核になることが意図されていたと，ステクロ
フは述べている（G.M.Stekloff, *op. cit*., p.220）。

30）*Marx-Engels Gesamtausgabe Apparat*, I / 22, 1978　S.1393.

31）1871年のフランス人支部に関する総評議会決議案については MEW, Bd.17, S.461-
465. またマルクスは，ユング宛の1871年10月20日付の手紙で，ロンドン協議会決
議を，回状で，英語版，仏語版，各500部を印刷すること，また11月6日付のゾル
ゲ宛ての手紙で，仏語50部，英語50部をニューヨーク向けに発送することを伝えて
いる（MEW, Bd.33, S.297, 308）。

32）マルクスは，1871年9月12日付のゾルゲ宛の手紙および9月29日付のクヴァス
ニェフスキ宛ての手紙で，ロンドン協議会が確実な規約を英語，仏語，独語版で出す
こと，また規約に関する大会決議を盛り込むことを伝えた（MEW, Bd.33, S.282,
287）。さらにエンゲルスは，1871年11月4日付のリープクネヒト宛の手紙で，ロンド
ン協議会決議の独語訳を行っていること，またマルクスとエンゲルスを中心に，規約
改正作業を行っていることを伝えた（MEW, Bd. 33, S. 306）。

33）MEGA I / 22, 1978, S.610-613, 615-619, 620f, 624-630, 631, 633-637. なおロンド
ン協議会に関する各国新聞報道については *Ebenda*, S.613-614.

34）ロンドン協議会の諸決議については MEW, Bd.17, S.409-433. を参照。バッハとク
ニナは，パリ・コミューンを総括した1871年ロンドン協議会で，各国労働者党設立，

政治権力の奪取，プロレタリアートのディクタトゥールが決議されたことを述べ，インターナショナルの転換と評価した。これと関連して 1869 年にドイツで，アイゼナッハ労働者党が創立されていたことを指摘した（Der Sieg der marxistischen Prinzipien in den Programmdokumenten der Ersten Internationale, *Beiträge zur Geschichte der deutschen Arbeiterbewegung*, Sonderheft 1964）。なお 1871 年 9 月 25 日ロンドンで開かれた「国際労働者協会創立七周年祝賀会」のマルクスの演説でも（『ザ・ワールド』の通信員の報道記事），プロレタリアートのディクタトゥールについてふれている（MEGA I / 22, S.479）。

35）「IX 労働者階級の政治活動」については，MEGA I / 22, 1978, S.342f.

36）ロンドン協議会諸決議，「X インターナショナルの正規の組織が政府によって妨げられている諸国についての一般的決議」，「XI フランスにかんする諸決議」，「XII イギリスにかんする決議」，「XIII 協議会の特別諸決議」，「XVI 社会民主同盟」，「XVII スイスのフランス語地域における分裂」については MEW, Bd.17, S.422–425, MEGA I / 22, 1978, S.329–332 を参照。

37）1871 年ロンドン協議会決議の仏語版，英語版，独語版については MEGA I / 22, 1978, S.321–358. MEW, Bd.17, S.440–455. 英語版，仏語版，独語版の 1871 年規約については MEGA I / 22, 1978, S.361–415. また 1871 年規約の意義については，本書第 4 章「総評議会と各国組織」を参照。

38）各国に全国的団体を設立することについては，本書第 4 章「総評議会と各国組織」を参照。他方 W. クニナは，マルクス運動論の特質を共産主義者同盟から国際労働者協会への流れのなかで，また英，独，仏の各国労働者党設立を契機に捉えている。運動の歴史的概観も有益である（Waleria Kunina, Zur Untersuchung der Geschichte der internationalen Arbeiterbewegung durch Karl Marx, *MARX–ENGELS–JAHRBUCH* 7, 1984）。

またマルクス運動論については服部文男「階級および階級闘争」（『史的唯物論と現代』第二巻「理論構造と基本概念」青木書店，1877 年）も，1840 年代から 1870 年代に至るマルクス運動論を分析している。特にプロレタリアートのディクタトゥール論は，国家論と関連し貴重である。また国際労働者協会での活動と並行して行われたマルクスの経済学研究については服部文男，佐藤金三郎編『資本論体系 1. 資本論体系の成立』（有斐閣，2001 年）を参照。

なおプルードンについては『19 世紀における革命の一般的理念』（1851 年）（三一書房，1971 年），『労働者階級の政治能力について』（1865 年）（三一書房，1972 年）は貴重である。同著には，石版印刷工，彫金工，機械工，青銅細工人，錠前工など，第一インターナショナルに加わったプルードン主義者は相互主義者，相互連帯の思想，と呼ばれていたことが記されている。

《資 料》 マルクスとブランキ主義

　エンゲルスは，1891 年『フランスにおける内乱』序文で述べた。コミューンの議員は，ブランキ主義者の多数派とプルードン主義者の少数派から構成されていた。ブランキ主義者の大多数は，革命的プロレタリア的な本能だけによる社会主義者であって，ほんの少数のものだけが，ドイツの科学的社会主義を知っていたヴァイヤンを仲介として，原理のいくらかを知っていた。以下では，マルクスとブランキ主義との関係について考察する。

　S. モリニエは，『コンミューンの炬火──ブランキとプルードン』（栗田勇，浜田泰三訳，現代思潮社，1963 年）で，ブランキ Blanqui, Auguste（1805–1881）について述べる。

国家とブランキ

　1870 年の戦争は，共和主義者ブランキにとっては，自らの熱烈な愛国心をはっきりと自覚する機会であった。おそらく，かれは絶えずフランスに対して，熱烈なる愛情を感じていた。この国はかれの祖国であり，その国民は彼の目に，共和国および民主主義の理想像と映っているばかりか，民衆の革命的意思を肉体化していると見えた。……古き君主制への闘争を通じて，あらゆる思考と行動のエネルギーを，フランス共和制および全世界の共和制の勝利のための，社会主義的政治闘争計画に集中してきたからだ（『コンミューンの炬火』74 頁）。

　戦闘行動が軍事的というよりも政治的でなければならぬ理由はそこにある。「国家防衛といかにも愚劣に命名された政府」は「国家投降の政府」へと変貌してはならない。それは神聖同盟という合言葉のうちに，反共和主義的政策を隠蔽しているのである。「この外面的な戦いの奥底には，なによりも内的な戦闘がある。外部を決定するのは中味である。資本は，共和国よりも，プロシアの王を好んでいる。王とともにあれば政治権力はともあれ，社会権力を手に入れることができるからだ」（『危機にたつ祖国』221 頁）。

　「反動勢力は，ギヨームや，ビスマルクよりもむしろ革命を恐れている……二十五万の郊外の国民防衛軍は革命軍となるかもしれぬ。ここに国民が軍隊を

組織することを望まぬ理由はそこにある」（『危機にたつ祖国』96 頁，『コンミューンの炬火』79 頁）。

　ブランキが絶えることなく悲壮な呼びかけを行うのは，滅亡してはならぬ，滅亡しえない祖国を救わんがためである。「共和国とは，フランスそのものにほかならない」（『危機にたつ祖国』69 頁）。「革命的勢力は徹底的抗戦を高らかに要求する。それだけが，国家に対する唯一の祝福の機会である」（『危機にたつ祖国』78 頁，『コンミューンの炬火』80 頁）。

社会主義者

　共和主義者ブランキは，つねに自ら社会主義者と名乗っていた。共和制を社会主義と切り離して考えたことはたえてなかった。さらに生涯を通じてかれは，社会主義共和国という一貫した理想に忠誠をつくした。1834 年 2 月，かれの最初の新聞『解放者』の創刊号に，かれはこう書いている。「もしわれわれが，共和主義というなら，それはわがフランスが絶えず求めつづけ，それを使命としている社会的改革を，共和国に対して期待していることにほかならない……われわれは，政治改革を，社会改革への道としてのみ欲している」。

　1874 年二月二十日，ランクに宛てた文中でふたたび断言する。

　「プロレタリアの組織化，人間による人間の搾取の撲滅，まさに，これこそ現代の国家的問題であるとともに，そのためにわれわれが身を挺している世界的課題でもある」（『コンミューンの炬火』82, 83 頁）。

　ブランキの社会主義思想が，明確にあらわれている第一の点は，何度も反復されている現世界の社会組織にたいする断罪である。

　「人々は，この敵対する二大陣営が，その真の名，すなわちプロレタリアとブルジョアジーとよばれることを望まない。しかしながら，それはまさにそれ以外のものではあり得ない——激烈な戦闘が交えられているのは，まさにこの両階級間においてである——戦闘は，ブルジョア集団対プロレタリア集団の間，すなわち，雇用者と被雇用者，資本と労働との間にある」。

　「資本は，それ自体としては不毛であるがゆえに，労働手段によってのみ，始めて，利子を産む。一方，資本は必然的に社会的力によって加工された最初の素材であるがゆえに，資本の所有から除外された大多数者は，少数の資本所有

者の利益のために，強制労働を強いられる状態にある。労働の手段も利益も，労働者には属さず，有閑人に属している」（『コンミューンの炬火』84頁）。

「労働の手段を剥奪され，横領者たる特権階級に隷属する者は，自由ではない。大衆を隷属化するのは，この独占であって，なんらかの政治組織ではない。土地および資本の世襲的伝達は，市民らを，財産所有者のくびきのもとに縛りつける。かれらは，自らの主人を選ぶ自由以外に自由をもたない」（『コンミューンの炬火』85頁）。

かれは詳細に資本主義の権力の漸進的確立を定義した。
「資本は，1848年におけるより，1870年において，わが国をより強力に支配している。このことは動かしがたい事実である。さらに，資本は今日よりも将来さらに，よりいっそう強力な支配者となるであろう。資本主義は絶対的専制政治へ向って巨人の足どりで歩んでいる」。
「資本家は，自国内で，かくのごとく悲惨と死を組織化したのち，遠国の海岸までも詐欺，窃盗，強奪，殺人をもたらす。黒奴の売買のあとは，黄色人種を売買する」。
「五年ないし六年ごとにあらわれる経済恐慌は決して戦争，暴動，あるいは貧困が原因ではなく，繁栄の時期にやってくる周期的かつ規則的危機である。……政治経済は，目をつぶすものを見ぬように注意する。消費を同程度に動かす力を持たずに銀行が生産を動かす。労働者にかれらの生産力の等価物を買うことを許さぬ資本主義の先取の結果として，ここより必然的に過剰が生ずる。その結果，五年ないし六年ごとの全体的危機が襲ってくる。生産は止まり，販路は閉され，余剰ストックが溢出する。さらに流出した過剰は，盲目的勢いを得，たえず同一の新たな冒険へと到達するために，銀行のあらゆる狂気の沙汰が再開する」（『コンミューンの炬火』86, 87頁）。

だが独占資本主義は，危機の存在にもかかわらず，企業合同の恐るべき組織へと進んでいる。「貪欲な資本主義は虎視眈々として，企業組合の能力を掌握した。そして，この進歩的な強大な手段は，双の手の中で，まさしく一箇の武器となった。資本主義は，この武器を中小企業を駆逐するために用いている。」
この強力な敵に打ち勝つためには，プロレタリアは，末梢的改革にたよって

はならない。すなわち，貯蓄銀行，恩給，協同組織，互助会等と呼ばれるものである。労働者階級は，闘争において，効果ある武器のみを利用すべきである。

第一に等閑視されるべきでないのは，労働者のグループ化——われわれの労働組合——「労働の権利の擁護と，資本への抵抗のための」組織的組合である。

「労働者は，団結の力により，旧支配者の意のままになることをやめる……かれらは，給与の下落を止め搾取をやめさせ，労働条件に耐えるかわりに，異議を申したてることができる」。

第二は，ストライキである。この実力行使は，よりいっそう効果的である。

「ストライキは，誰にもわかりやすい。これは圧政に対する抵抗という単純な思想である。すべての人々は，この点に一致する……ストライキは，さまざまな不都合にもかかわらず，誰しも行うことの可能な，また，全員参加の可能な自然な手段である。……ストライキは資本との闘争において，まことに一般的な唯一の武器である」。

第三は，高級な武器である。これは，人民による政権の掌握を準備し，確立するための政治運動である。

「資本の圧政に対する自衛手段としてのストライキに，一時的にはたよっても，民衆は，社会改革を実行し，正義による産物の分配を可能ならしめる唯一の方法である政治変革へと，力を集中せねばならない」。

だがこの観点に達すると，ブランキの思想は現実の批判的分析をはるかに超え，よりよい未来の革命的形成へと，急激に飛躍する。二つの理由が，革命による権力の掌握を必然的ならしめる（『コンミューンの炬火』88，89頁）。

第一には，「社会問題は，政治問題の，徹底的，かつ究極的解決ののち，また，それによってしか，真摯な論議にも，実行にも，移されないからである。これ以外の行動は本末転倒である。すでに一度，努力はなされた，しかしこの社会問題は二十年間で無に帰してしまった」。

第二には，「武器および組織である。これこそ前進の決定的要素であり，貧困と決別する真剣な手段である。武器をもつものは，パンを得る。銃剣の前に人は平伏し，騒々しい群衆を追い払う。武装せる労働者に満ちたフランス，これこそ社会主義の到来である」。

緊急を要する根本的，基本的な第一の処置は，プロレタリア独裁の確立である。限定していえば，パリのプロレタリアの。勿論，武装せる独裁である（『コンミ

ューンの炬火』90, 91頁）。

　この資料から，ブランキのいくつかの特徴をしることができよう。かれはフランス共和制の支持者であり，社会主義的共和国を求めた。そしてブルジョアジーとプロレタリアの対立，人間による人間の搾取の爆滅，資本と労働，ブルジョア集団とプロレタリア集団との闘争を理解し，また資本の分析，労働手段の独占，周期的な恐慌をとらえている。さらに，強力な敵に打ち勝つこと，労働組合，ストライキ，そして政治闘争へすすむ。武装せる労働者に満ちたフランス，パリのプロレタリアの独裁である。実践を重視するブランキの経済分析の背景には，兄ブランキ，アドルフ・ブランキが想定される。兄はフランスにあり，1837年に『欧州経済思想史』を刊行している。

　次に，マルクス，エンゲルスの著作から，ブランキとの関連についてみてみよう。
　マルクスとエンゲルス　「1850年三月の中央委員会の同盟員へのよびかけ」
　中央員会から同盟員へ
　1848〜49年の革命の二年間に，同盟は二重に試験に合格した（二月革命は，1848年二月，パリのブルジョワ共和派と小市民，労働者よりなる民衆が七月王政を倒し共和政府を樹立した革命である。——『世界史小辞典』）。その第一は，同盟員がどこでも精力的に運動に参加して，ただ一つの断固たる革命的階級であるプロレタリアートの最前列に立ったことである。第二は，1847年の両大会および中央委員会の回状や，さらに『共産党宣言』で示された運動についての同盟の考え方が，唯一の正しい考え方であったことが証明されたことである。だが，それと同時に，まえには強固であった同盟の組織がひどくがたがたになってしまった。個々の地区や班が，中央委員会との結びつきをゆるめ，しだいに眠りこませた。労働者の独自性を回復しなければならない（MEW, Bd.7, S.244）。

　「1850年六月の中央委員会の同盟員へのよびかけ」
　この前の回状では，われわれは，現在の瞬間における，および革命が起こった場合における労働者党，とくに同盟の態度を説明した。今回の回状のおもな目的は，同盟の現状について報告することである。昨年夏の革命党の敗北は，同盟の組織を一時的にほとんど完全に解体させてしまった。

中央委員会は，代表として特派した二，三の同盟員をつうじて，フランス人，イギリス人およびハンガリー人の断固たる革命党との連絡を保っている。フランスの革命家のうちでは，ことにブランキを首領とする本来のプロレタリア党が，われわれと手を結んでいる。ブランキ派の秘密結社の代表は，同盟の代表と規則的に，正式の連絡をとっており，同盟の代表に，当面するフランス革命のための重要な準備的な仕事を委託した。革命的チャーティスト党の指導者たちも，同様に，中央委員会の代表と規則的に密接な連絡をとっている。かれらの新聞は，われわれに紙面を提供している。この革命的な独自的労働者党と，オコナーの率いる妥協的傾向の強い分派との絶縁は，同盟の代表によって大いに促進された（MEW, Bd.7, S.306, 312）。

マルクスとエンゲルス「A. ブランキの乾杯の辞のまえがき」（1851 年）

ブランキが 1850 年 2 月 10 日にメールの刑務所から「平等者の宴会」の準備委員会に送った乾杯の辞を，マルクスとエンゲルスは，1850 年の春にフランス語からドイツ語と英語に翻訳し，それに簡単な「まえがき」をつけた。ドイツ語訳は三万部印刷されて，ドイツとイギリスでまかれた（MEW, Bd.7, S.568–570）。

マルクス『フランスにおける階級闘争　1848 年から 1850 年まで』

はじめ『新ライン新聞，政治経済評論』で発表，1850 年。

「一　1848 年六月の敗北　1848 年二月から六月まで」

革命の進行によって，プロレタリアートとブルジョアジーの中間にいる国民大衆，つまり農民と小ブルジョアが，ブルジョア秩序に反対し，資本の支配に反対して立ち上がり，かれらが，その前衛闘士であるプロレタリアに味方せざるをえなくなるまでは，フランスの労働者は一歩も前進することはできず，ブルジョア秩序をそこなうことはできなかったのである（MEW, Bd.7, S.21）。

「三　1849 年六月十三日の結果」1849 年 6 月 13 日から 1850 年 3 月 10 日まで

1848 年 6 月 23 日が革命的プロレタリアートの反乱であったとすれば，1849 年 6 月 23 日は，民主主義的小ブルジョアの反乱であった。この二つの反乱はいずれも，それをおこなった階級の典型的で純粋な表現であった。フランスの全人口の三分の二をこえる農村人口は，大部分いわゆる自由な土地所有者からなっている。1789 年の革命によって無償で封建的負担から解放された最初の世代

は，土地にたいしてなんらの代金もしはらわなかった。しかし，つづく諸世代は，かれらの半農奴的な祖先が，地代，十分の一税，賦役等々の形態で支払っていたものを，地価の形で支払った（MEW, Bd.7, S.69, 82, 83）。

　他方では，プロレタリアートは，ますます革命的社会主義のまわりに，すなわち，ブルジョアジー自身がそれにたいしてブランキなる名称を考えだした共産主義の周囲に結集しつつある。この社会主義は，革命の永続宣言であり，階級差異一般の廃止に，階級差異の基礎であるいっさいの生産関係の廃止に，これらの生産関係に照応するいっさいの社会関係の廃止に，そしてこれらの社会関係から生じるいっさいの観念の変革に到達するための必然的な通過点としてのプロレタリアートの階級的独裁である（MEW, Bd.7, S.89, 90）。

マルクス『ルイ・ボナパルトのブリュメールの十八日』
　1851 年 12 月から 1852 年 3 月までに執筆。第二版は 1869 年発行。
　1848 年五月四日から 1849 年五月末までの第二期は，ブルジョア共和制の制定，その樹立の時期である。二月事件のすぐあとで，フランス全体がパリに不意を打たれたのであった。1848 年五月四日にひらかれた国民議会は，国民を代表していた。この議会は，革命の結果をブルジョア的な尺度にひきもどすものであった。パリのプロレタリアートは，この国民議会の性格をすぐにさとって，五月一五日に，この議会の存在を力ずくで否認し，それを解散し，……試みたがむだであった。
　よく知られているように，五月一五日は，ブランキとその同志たち，すなわちプロレタリア党の真の指導者たち（革命的共産主義者たち——1852 年版）を，本論文で考察している周期全体をつうじて，公けの舞台から遠ざける結果となっただけであった（MEW, Bd.8, S.120f）。

マルクス『ルイ・ボナパルトのブリュメール一八日』第二版序文（1869 年）。
　ヴィクトル・ユーゴは，このクーデタの責任発行人にむかって，辛辣な，気のきいた悪口をあびせかけるだけである。……プルードンのほうは，クーデタをそれに先立つ歴史的発展の結果として説明しようとしている。……わたしは，これとは違って，ある凡庸でこっけいな一人物が英雄の役割を演じることができるような事情や条件を，どのようにしてフランスの階級闘争がつくりだしたかを，説明しようとする（MEW, Bd.8S, S.559f）。

『資本』（1867 年）第三章「絶対的剰余価値の生産」 四節「労働日」

1852 年に，L. ボナパルトが法定労働日をゆさぶってブルジョアとしての地位を占めようとしたとき，フランスの労働者たちは異口同音にこう叫んだ。

「労働日を一二時間に短縮する法律は，共和国の立法中われわれの手に残っている唯一のよきものだ[129]」。

(129) 1850 年九月五日のフランスの十二時間法は，すべての作業場に無差別に適用される。この法律以前には，労働日はフランスでは無制限であった。労働日は，工場では，十四時間か十五時間か，それ以上続いた。『1848 年におけるフランスの労働者階級。ブランキ氏著』を見よ。ブランキ氏は，経済学者であって革命家ではないが，労働者の状態の調査を政府当局から委嘱されていた（MEGA II / 5, S.218）。

しかし 1875 年フランス語版『資本』では，「あの革命家のブランンキ氏ではなく，経済学者であるこのブランキ氏」に変更されていた（MEGA II / 7, S.233）。

マルクス『フランスにおける内乱』（1871 年）

この帝政，ルイ・ボナパルトを大統領とする議会的共和制は，資本と労働の闘争に直接にまきこまれていない膨大な生産者大衆，すなわち農民に立脚すると称した。それは，ブルジョアジーが国民を統治する能力をすでに失っており，そして労働者階級がまだそれを獲得していないような時期における，ただ一つ可能な政府であった。それの支配のもとで，ブルジョア社会は発展をとげた。その商工業は巨大な規模に膨張した。帝政の正反対物がコミューンであった。パリのプロレタリアートが二月革命を開始したさいの「社会的共和制」という叫びは，階級支配の君主制形態ばかりでなく，階級支配そのものを廃止するような共和制への漠然たるあこがれをいいあらわしたものにほかならなかった。コミューンこそは，そういう共和制の明確な形態であった（MEW, Bd.17, S.337–338）。

コミューンは，大司教と，おまけにたくさんの司祭までつけて，当時ティエールの手に捕らえられていたブランキただ一人とを交換しようと，幾度も申し入れていた。ティエールは頑固に拒絶した。彼は，ブランキを渡せばコミューンに首領をあたえることになる（MEW, Bd.17, S.359）。

1871 年 ロンドン協議会

パリ・コミューンの後，1871 年 9 月 17 日から 23 日までロンドンで開催され

た協議会で「九　労働者階級の政治活動」が承認された。この決議は，1871 年
9 月 20 日の国際労働者協会のロンドン協議会で，E. ヴァイヤン（ブランキスト）
によって提起されたのである。

　「社会民主主義の全ての要求を武力でもみ消し，階級の差異を武力で維持する
ことを望む際限のない反動が一時的に勝利していることに直面して，協議会は
国際労働者協会の会員に対し，政治問題と労使間の問題とは固く結びついてい
ること，それらはインターナショナルが解決することを目的とした問題，すな
わち階級の廃止の，ただ一つのまた同じ問題の二重の面でしかないことを思い
起こさせる。

　労働者は，彼らを結合する経済的団結と同様に政治的団結をも認め，彼らの
大義の最終的勝利のために，経済分野と同様に政治分野でも彼らの力を結束し
なければならない」（*La Première Internationale tome Ⅱ*, Jacques Freymond, 1962,
Genève pp.180–181）。

　マルクスは，労働者が政治にたずさわることを協会が要求するのは，いまに
始まったことではなく，つねにそうであったことを明言するという，フランケ
ルの修正案つきで，E. ヴァイヤンの提案を支持した。さらに 9 月 21 日の会議で
マルクスは言った。私はきのう E. ヴァイヤンの提案に賛成したから，今日も反
対しない。E. ヴァイヤンの提案は，多少字句を変えるべきだと思う。だから，
私はウチンの提案に同調する（*La Première Internationale tome Ⅱ*, Jacques Freymond
p.196, 201, 202. MEW, Bd.17, S.651f）。

　この「労働者階級の政治活動」を記載した 1871 年「国際労働者協会のロンド
ン代表者協議会の諸決議」，また，これまでの大会（1866 年，1867 年，1868 年，
1869 年）での規約，細則の改正，訂正が整備された「国際労働者協会一般規約
および運営細則」でも，総評議会員としてブランキ主義者である E. ヴァイヤン
の名前が確認される（MEW, Bd.17, S.426, 455）。

　なお E. ヴァイヤンは，マルクスの提案で，1871 年 8 月 8 日の総評議会で評議
会員として認められた（*The General Council 1870–1871*, Minutes, p.255）。

　さらに E. ヴァイヤンは，コミューン敗北後，ロンドンに亡命していたブラン
キストたちとともに，「コミューンの同志たちへ」（1873 年末～ 1874 年）を発
表した。

「プロレタリアートは，ブルジョワ階級がなくなれば諸階級が廃絶され，革命の目的が達成されるであろうということを，知っている」。

「共産主義は私有財産を廃止し，それを基礎にしているすべての諸制度を一つ一つ打倒する。」「教育の道がすべての者のために開かれて，知性の平等が与えられるであろう。それなくしては物質的平等も価値のないものなのだ。」「コミューンとは社会革命の戦闘的形態である。起き上がり，敵を支配する革命である。コミューンとは新しい社会が生まれいく革命期である」（加藤晴康『ブランキ革命論集』376 ～ 378，382，450 頁）。

エンゲルス『亡命者文献』「ブランキ派コミューン亡命者の綱領」（1874 年）

ブランキがいっさいの革命をわずかな革命的少数者の急襲とみなしていることから，おのずと急襲が成功したのちには独裁が必要になってくる。この独裁たるや，いうまでもなく，革命的階級全体，つまりプロレタリアートの独裁ではなくて，急襲をおこなった，プロレタリアートのなかの少数の者の独裁なのである。ご覧のとおり，ブランキは過去の世代の革命家である（MEW, Bd.18, S.529）。

エンゲルス『フランスにおける内乱』の序文（1891 年）

コミューンの議員は，ブランキ主義者——かれらは国民軍中央委員会でも牛耳っていた——からなる多数派と，プルードンの社会主義学派の追随者を主とする国際労働者協会の会員たちからなる少数派とに分かれていた。当時のブランキ主義者の大多数は，革命的プロレタリア的な本能だけによる社会主義者であって，ほんの少数の者が，ドイツの科学的社会主義を知っていたヴァイヤンを仲介として，原理のいくらかはっきりつかんでいたにすぎなかった。だから経済の面で，今日のわれわれが考えるとコミューンが当然なすべきであった多くのことがおろそかにされたのも，むりからぬことであった。……だがそれよりもっと驚くべきことは，ブランキ主義者とプルードン主義者との寄合い世帯であったコミューンが，それにもかかわらず，多くの正しい措置をとったことである（MEW, Bd.17, S.622）。

これらの著作資料から，マルクスのブランキにたいする評価を理解できよう。まず，1848 ～ 49 年革命である。「1850 年三月 同盟員へのよびかけ」で，同盟

第3章　1871年のロンドン協議会　**289**

員が運動の先頭にたったこと，また「これまでのすべての社会の歴史は，階級闘争の歴史である」ではじまる『共産党宣言』は，正しい見地であったことを述べる。そして「1850年六月　同盟員のよびかけ」で，革命後，崩壊した同盟の再建で，ブランキを首領とする本来のプロレタリア党および革命的チャーティスト党との連携が延べられた。

　また革命直後に書かれた『フランスにおける階級闘争　1848年から1850年まで』，『ルイ・ボナパルトのブリュメール18日』でもブランキについて記された。前者では，プロレタリアートは，革命的社会主義のまわりに，ブランキなる名称の共産主義の周囲にあつまりつつあると，そして革命の永続宣言，階級差異一般の廃止，プロレタリアートの階級的独裁，が述べられた。また後者では次のことが述べられた。パリのプロレタリアートが，国民議会の性格，革命の結果をブルジョア的な尺度にひきもどす，をさとって，1848年五月十五日に議会の存在を力ずくで否認した。そして，この五月十五日は，ブランキとその同志たち，プロレタリア党の真の指導者たち（革命的共産主義者たち──1852年版）を，公の舞台から遠ざけた。

　さらに普仏戦争後，1871年にパリ・コミューンが樹立され，マルクスは直後に『フランスにおける内乱』を執筆し，のべた。18世紀のフランス革命が最後の障害物をとりのぞいたが，社会の経済的進化にともない，政府の政治的性格も変化した。国家権力は労働にたいする資本の全国的権力，社会的奴隷化のために組織された公的強力，階級専制の道具という性格をおびるようになった。

　1830年の七月革命，1848年の二月革命，そして1851年の事件がルイ・ボナパルトを大統領とする議会的共和制，第二帝政を生み出した。このもとでブルジョア社会は発展をとげ，商工業は巨大な規模に達した。そしてこの帝政の反対物がコミューンであった。パリのプロレタリアートが二月革命を開始したさいの社会的共和制は，階級支配そのものを廃止するような共和制へのあこがれをいいあらわしたものであり，コミューンこそは，そういう共和制の明確な形態であった。コミューンは，大司教と，おまけにたくさんの司祭までつけて，当時ティエールの手に捕らえられていたブランキただ一人とを交換しようと，幾度も申し入れていた。ティエールは頑固に拒絶した。ブランキを渡せばコミューンに首領をあたえることになる。

　この『フランスにおける内乱』（1871年）のコミューンの経験を踏まえた論

点は，1848 〜 49 年の革命のそれと異なる。ここでは資本主義的商品生産を分析し，近代社会の経済的運動委法則を解明した 1867 年『資本』と 1864 年創立の第一インターナショナル，国際労働者協会が運動の前提であった。これまでの 1789 年フランス革命を教訓とする少数者の革命家の行動，1830 年，1848 年の運動から，労働者の多数の合意と理解を前提とする運動への転換である。労働者が日常の賃金，経済闘争から運動の大局を理解し，その団結を踏まえ政治闘争へと進むのである。すなわち経済運動と政治運動との統一が図られたのである。さらに注目すべきは，パリ・コミューン後の 1871 年ロンドン協議会で，経済闘争と政治闘争の連携，階級の廃止が決議されたことである。そしてこの決議提案者こそ，ブランキストである E. ヴァイヤンであった。マルクスは，この提案を支持した。1840 年代の共産主義者同盟，『共産党宣言』と 1860 年代の第一インターナショナル，『資本』との連続，労働運動の大義，階級闘争，階級の廃止の再確認である。

　最後に，ブランキ主義とマルクスとの関係について，研究をふりかえる。

　R. ガローディは『近代フランス社会思想史』（1949 年，平田清明訳，ミネルヴァ書房，1958 年）の「第五章　1848 年以前の共産主義」で，マルクスのブランキにたいする評価について述べる。

　ブランキは，デザミと同様に，1848 年以前に科学的社会主義に，もっとも近ずいていたフランス共産主義者の一人であった。カール・マルクスは，このことをすこしも疑わなかった。1861 年，ブランキが獄中にあったとき，マルクスは，その年の 1 月 10 日，ヴァト医師に次のように書いている。

　「私が，つねに，フランスのプロレタリア党の頭脳であり，心臓であるとみなしてきたこの人の運命ほど，私にとって気にかかるものはないのだ，ということを確信してくれたまえ」（国立図書館，ブランキ手稿）。

　参照：「ブランキはあいかわらずマザーズ監獄に在獄中だ。そこでかれは，予審判事の命令で，憲兵その他によって，肉体的に虐待されている」（1861 年 5 月 8 日，マルクスからラサール宛の手紙）。

　「フランスで，プロレタリアの党のことを，頭と心でつねに考えてきた人の運命に，わたしほど関心をもつものはないということを確信してください。」1861 年 11 月 10 日，マルクスからルイ・ヴァト宛の手紙（MEW, Bd.30, S.603, 617）。

第3章　1871年のロンドン協議会　**291**

　また1861年6月6日の手紙のなかで，マルクスはエンゲルスに次のように書いている。

　「なによりもさきに，汚辱にみちたブランキ裁判に反対の叫びをあげたドノンヴィル（ワトー医師の筆名）のパンフレットを印刷させるための資金をみつけだすことだ。ブランキは，ドノンヴィルを通じて，かれへのわれわれの同情にたいして心から，ドイツのプロレタリア党と私に感謝する，といってきている。われわれがフランスでの真に革命的な党と直接の関係をむすぶのはすばらしいことだ，と私は思っている」（参照：1861年6月9日，マルクスからエンゲルス宛の手紙，MEW, Bd.30, S.176）。

　さらに注目すべきは，1879年6月12日，P.ラファルグのブランキ宛の手紙である。R.ガローディは，これをマルクスと連署としるす。

　「四十年間におよぶありとあらゆるブルジョアジーの誹謗や迫害にもすこしもへこたれない人は，われわれの時代には，あなたの他にはおりません。あなたは，われわれが，プロレタリア党を建設し，党を政権の獲得に前進させる人物を，もっとも必要としているときに，丁度よく出所してこられました。今日のブルジョア共和国は，ブルジョアジーが，その革命的役割をすでにおえたことを，盲人にたいしてすら証明してみせました。……しかし他方では，コンミューンとそれに影響されたヨーロッパやアメリカでの反乱は，プロレタリアがすでにその歴史的使命を自覚したこと，今はただ，かれらの胸のうちにある革命的諸要素が，全人類的運動の先頭をきるために組織されることだけが必要なのだ，ということを証明しています。あなたは，一般の人々が，まだ初期の共産主義者たちのユートピア的な夢におちいっていた1848年以前に，すでに，階級闘争を公然と宣言していたという名誉をもっていられます。今日では，階級闘争が恐ろしいほど行われております。あなたはふたたびその旗手としてあらわれるでありましょう。……あなたの政治的全生涯に大きな関心をはらっているマルクスも，あなたの知己をうけることを，大いによろこぶことでしょう」（国立図書館，ブランキ手稿，340〜343頁）。

　R.ガローディは述べる。マルクスにとっては，ブランキはそのプロレタリア独裁の理論によって，ジャコバン独裁の伝統をうけついだバブーフが予見していた巨大な階級闘争の鎖の一環を形成していたのであって，ブランキは，十九

世紀における労働者階級の成長に力をえて，この巨大な階級闘争をふたたび発展させ，ついでコンミューンの人々が，不完全ではあるが偉大な姿で，この闘いを現実のものにしたのであった。マルクスは『フランスにおける内乱』で，国家論とプロレタリア独裁の機構をえがいた（R. ガローディ著，345頁）。

　ここで，「ジャコバン独裁の伝統をうけついだバブーフ」の意味，そしてバブーフとブランキとの関連が問題となるが，R. ガローディは，同著「第二章　ジャコバン主義からバブーフ主義へ」で述べる。

　カール・マルクスが1843年パリに到着して，パリの秘密結社の指導者たちにあったとき，かれは，30年代の新バブーフ主義者の残像とその方法とを，かれらのなかにふたたび見出した。バブーフ主義思想は，パリで設立された正義者同盟によって遺産として受け継がれ，その連盟は，この思想を共産主義者同盟に受け渡した。そしてこの同盟から，マルクスとエンゲルスのかの『宣言』がだされるのである。（バブーフは，『共産党宣言』の「Ⅲ 社会主義的および共産主義的文献」の「3 批判的・空想家的な社会主義および共産主義」で，引用されている。「われわれはここでは，すべての近代の大革命においてプロレタリアートの諸要求を表明した文献（バブーフらの諸著作）については述べない」──荒川）。

　バブーフは，ブルジョア的所有権とその上に建てられた経済組織についての，まだ生硬であったが最初の分析をおこなった。かれはそこに，労働者とブルジョアジーとの階級闘争の経済的根拠を見出した。かれは，国家と法律のなかに，持てる者の，持たざる者にたいする支配の機関をみぬくことができた。かれは，新しい社会の生誕は，プロレタリアートの革命的活動にかかっている，ということを理解していた。かれは，共産主義の到来を準備するためには，人民独裁が必要であることを教えた。

　このバブーフ主義の伝統は，1848年までフランスに直接的影響をおよぼしてゆく。1848年に，これはブランキによって同化され，フランス社会主義の他の潮流に合流する。この最初の共産主義者は，十八世紀フランス哲学の伝統と大革命の経験のなかから，近代共産主義の二つの基本的な命題をくみとった。すなわち，唯物論と階級闘争とがそれである（R. ガローディ著，117～118頁）。

　なお，對馬忠行氏は『ブランキ主義とマルクス主義』で，平井新氏は「ブラ

ンキの階級闘争説とプロレタリヤ独裁説」で，ブランキのマルクスへの影響を述べている。また平井新氏は「ブランキに関する断片」で，P.ラファルグとブランキとの関係，そしてマルクスとブランキについても述べている。ブランキの四季協会と正義者同盟，さらに共産主義者同盟との関係を，對馬氏，平井氏も指摘されている。またエンゲルスも『共産主義者同盟の歴史によせて』（1885年）で述べている（MEW, Bd.8, S.578）。

　他方エンゲルスは，1874年に『亡命者文献』「ブランキ派コミューン亡命者の綱領」で，ブランキのいう独裁は，革命的階級全体つまりプロレタリアートの独裁ではなくて，急襲をおこなった，プロレタリアートのなかの少数の者の独裁なのであること，そしてブランキは過去の世代の革命家である，と述べた。
　これにたいして関曠野「囚われの聖者ブランキと聖なる共和主義」解説は，貴重である。
　遅れてきた共和主義者ブランキは，その気質と知性において本質的に十八世紀の人間である。かれが十九世紀の世界に生きた十八世紀の人間であったことがまた，かれがその事実上の創始者となった共産主義とはどのような政治思想であったのかを説明する。共産主義のキーワードは，財産と教育である。
　ブランキは，封建的専制対共和的自由という十八世紀の思考を，資本対労働という十九世紀のそれに置き換える。「共和制，それは労働者の解放であり，搾取の支配の終焉であり，資本の暴挙から労働を解き放つ新しい秩序の出現である。／　自由，平等，友愛，この標語は，オペラのむなしい装飾物であってはならない」。
　こうした言葉から明らかなように，共産主義には，資本主義が飛躍的な発展を遂げつつある十九世紀の新しい状況を，あくまでフランス革命を範例として捉えようとする時代錯誤の産物という面があった。共産主義は経済の分析とは無縁のところで生まれ，封建領主による農民の搾取を資本と労働の関係にそのまま適用できるかどうか自問してみることもなかった。この時代錯誤という要素は，ブランキの次のような言葉によって，さらにはっきりしてくる。「共同の努力によりアンシャン・レジームが倒されるとすぐ，勝利者たる二つの同盟者――ブルジョアジーとプロレタリアート――の間に闘争が始まったのだ。現在この闘争は，ちょうど1789年の時点に再び立ち戻っているのである。大革命の歴史をひもとくことは，今日の歴史をひもとくことになる」（マイヤールへの

294

手紙）。

　ブランキの生きた時代は，大革命の余震というべき再三の革命と反革命をつうじて近代的国民国家フランスが次第に完成されていった時代だった。この裏切りにみちた時代にあって，かれは絶えず 1789 年の革命の原点に立ち返り，そこからテコでも動かなかった。敗北と挫折に終わったとはいえブランキストが活躍したパリ・コミューンは，第三共和政の改革と民主化の出発点となった。行動の人ブランキは歴史や経済の理論を持たず，ひたすら大革命のドラマを反復しようと欲した（加藤晴康『ブランキ　革命論集』486 ～ 489, 492 ～ 493 頁）。George Woodcock ed., *A Hundred Years of Revolution, 1848 and after*（Haskell House Publishers 1974, New York）より重訳で引用。

文　献

柴田朝子「十九世紀フランスの革命思想——オーギュスト・ブランキを中心として」
　　岩間編『変革期の社会』御茶の水書房，1962 年。

平井新「ブランキの階級闘争説とプロレタリヤ独裁説」『三田学会雑誌』1931 年，
　　第 25 巻 2 号。

——「バブウフ主義と秘密結社」『三田学会雑誌』第 24 巻 6 号，1930 年。

——「ブランキに関する断片」『三田学会雑誌』第 54 巻 3 号，1961 年。

對馬忠行，アテネ文庫『ブランキ主義とマルクス主義』弘文堂，1950 年。

加藤晴康『ブランキ　革命論集』彩流社，1991 年。

柴田三千雄『バブーフの陰謀』岩波書店，1968 年。

河野健二『フランス革命とその思想』岩波書店，1964 年。

アドルフ・ブランキ『欧州経済思想史』1837 年，吉田啓一訳，有信堂，1965 年。

第4章　国際労働者協会と組織構成
——総評議会と各国組織を中心に——

第1節　第一インターナショナルの規約改正

　資本の国際化に対抗して，労働運動の国際的な統合を考えようとする場合，マルクスが事実上の指導者であった国際労働者協会（第一インターナショナル）の果たした役割は重要な意味を持つものと言えよう[1]。マルクスはどのようにして，各国で独自に歩んできたヨーロッパの諸運動を国際労働者協会に結集することができたのか。各国のさまざまな運動のなかで，どのようにして「労働者階級の経済的解放」という国際労働者協会の共通の目標は，実現されようとしたのであろうか。マルクスは1867年に経済学批判『資本』を完成した。これによってA.スミス，D.リカードなどの古典派経済学を批判し，資本主義的生産の動向を，労働者階級の運命を提起した。理論的かつ歴史的な批判が『資本』末尾の「資本主義的蓄積の歴史的傾向」で述べられた。

　1864年に創立された国際労働者協会が，各国のストライキ支援や，国際紛争の反対など労働運動の発展に多くの貢献をなしたことはすでに指摘されていることである[2]。しかし，マルクスが1867年の経済学批判『資本』をささえに，この国際労働者協会をどのように編成しようとしていたのか，とりわけ第一インターナショナルの根幹をなす総評議会と各国組織との関係を，どのように考えていたのかについては必ずしも明らかではない[3]。

　1864年9月から1867年9月までのマルクスとエンゲルスの著作，論説などを収録した1992年刊行のMEGA I / 20の「まえおき」で，次のように述べる。
　「マルクスが『創立宣言』で展開し，『暫定規約』前文でまとめた綱領理念に劣らず重要であったのは，かれによって規約条項に記された組織規定であった。かれは広範囲な国際的大衆組織に適した，弾力的で民主的な組織構成を計画した。それらの本質的な特徴をなすのは，地方支部と加盟団体の広範囲な権限，インターナショナルの最高の機関としての大会の承認，大会に報告義務のある，中央評議会による大会と大会との間の指導であった。現存する労働者組織は，

インターナショナルによって排除されないで合同され，共同の闘争でさらに発展されねばならない。非常に重要であったのは，マルクスによって『暫定規約』で定められたすべての会員の義務——各国での労働者組織の統合と国民的指導機関の設立のために働くという義務——であった。インターナショナルは，労働者階級の国民的組織を無用とするのではなく，それを前にすすめ，しかもそれを高度な規模でおこなった。しかしのちに主要な諸国で強力な労働者統合が形成されたとき，中央によって指導された国際的な組織は，労働運動の発展の必要にもはや対応できないことが証明された。また同時にマルクスとエンゲルスは総評議会の権限をますます高めたので，それが最終的に第一インターナショナルの解散の主要な原因の一つとなった」（MEGA I / 20,「まえおき」S.24）。

　また1866年大会について述べる。
　「同じように重要であったのは，マルクスによって起草された『暫定規約』にもとづき，また組織規定で補充された最終的規約の承認であった。それによって，インターナショナルの組織原則の具体化の過程が始まった。それはインターナショナルの綱領の作成と密接に相互に作用し，マルクスの意図に適合した。マルクスは代議員に組織問題への重要な指図書を与えた。大会後にかれは総評議会の委託で，規約の公認のフランス語版『1866年，ジュネーヴ大会で決議された国際労働者協会の規約』の編集をおこなった。またラファルグもかれの協力をえて，『1866年，ジュネーヴ大会で決議された特別規則』の公認のフランス語版を編集した」（MEGA I / 20,「まえおき」S.41）。

　同アパラートでも，暫定規約の第3条と第5条は，大会が「国際労働者協会の最高の機関」であると，また暫定規約の第6条は，中央評議会が「さまざまな協力的協会のあいだの国際的仲介機関として」，「各国のプロレタリアート階級運動を緊密に統合し，整序し，指導し」，「大会と大会とのあいだ，国際労働者協会の指導機関として機能する」と述べた。『暫定規約』でマルクスは協同組合および労働組合の参加を可能にした。特に「労働者階級の政治的組織化」を促進することにかれはつとめた。この目的にかなったのが，規約第7条の規定である（MEGA I / 20, Apparat. S.896f）。

　このようにMEGA I / 20の「まえおき」で，マルクスは「広範囲な国際的大衆組織に適した，弾力的で民主的な組織構成」を計画した。その本質的な特徴

第4章　国際労働者協会と組織構成　　**297**

をなすのは，「地方支部と加盟団体の広範囲な権限」，「インターナショナルの最
高の機関としての大会の承認」，「中央評議会による大会と大会との間の指導で
あった」と述べられる。

　また暫定規約が正式に認められた1866年ジュネーヴ大会の規約は，マルクス
の編集であると指摘された。しかしこの「まえおき」でも，中央評議会と各国
組織との関連は述べられていない。

　さらに，1871年3月から11月までのマルクスとエンゲルスの著作，論説な
どを収録した1978年刊行のMEGA I / 22の「まえおき」で，次のように述べる。
　「組織問題にかんする協議会（ロンドン）の決議——その多くはマルクスによ
って提案された——は，とりわけ分派活動者に向けられており，次のことを目
標にもった。インターナショナルの系列で内部の団結と規律を強めること，イ
ンターナショナルの中心機関である総評議会の指導的役割を強化すること，総
評議会と連合評議会とのあいだの関係を明確にすること，指導の必然的な集中
化と支部のイニシアチブとの関連を確保すること。それはプロレタリア党の組
織原則として民主的中央集権制に関して重要な考えを含んでいた。それは後に
レーニンの著作でさらに展開された」（MEGA I / 22，「まえおき」S.45）。
　「ロンドン協議会の決議でマルクスとエンゲルスによって準備された労働者協
会の規約と運営規定の新しい信頼できる版は，インターナショナルの政治的か
つ組織的強化に重要な貢献をなした。マルクスによって起草された暫定規約を
基礎におく新しい規約版は，インターナショナルの大会およびロンドン代議員
会議で決議されたすべての変更と補充を考慮した。それによって初めて，協会
の組織的原則のさらなる発展にとって重要なすべての決議と規定が，一つの文
書にまとめられた。……従って同時にそれは，各国での革命的労働者党の創設
の準備にとって重要な意義をもった。それは政治的指導機関としての総評議会
の役割を強化し，また小市民的勢力の分派主義的試みに対する闘争で一つの重
要な武器であった。規約の英語版，仏語版，独語版でマルクスとエンゲルスは，
右派プルードン主義者とバクーニン主義者の試み——彼らの意見の普及に偽造し
た規約版を利用する——にも有効な手段を対置した」（MEGA I / 22，「まえおき」
S.48）。
　こうしてMEGA I / 22の「まえおき」で，「インターナショナルの中心機関で
ある総評議会の指導的役割を強化すること，総評議会と連合評議会とのあいだ

の関係を明確にすること」，1871年のロンドン協議会後「マルクスによって起草された暫定規約を基礎におく新しい規約版は，インターナショナルの大会およびロンドン代議員会議で決議されたすべての変更と補充を考慮した。それによって初めて，協会の組織的原則のさらなる発展にとって重要なすべての決議と規定が，一つの文書にまとめられた」と述べられた。

1871年のロンドン協議会後，これまでの大会およびロンドン協議会の決議を取り入れた規約の新しい版がマルクスによって作成され，そこで総評議会の権限の拡大および総評議会と各国組織との関係が提起されたのである。

他方，バーフ，クニナ，ゴリマン編『第一インターナショナル史』（1981年）では次のように述べている。1864年の「暫定規約は，インターナショナルの構成のなかで民主主義的原理を発達させる条件を保証していた。一般労働者大会が最高指導機関として宣言された。規約は地方組織や全国組織にも，協会の個々の会員にも大幅な権限を与えていた。……暫定規約には，国際労働運動の指導に必要な一定の中央集権制の要素も規定されており，それはまず第一に指導機関である総評議会の権限および義務のなかに表現されていた。……国際連絡を形成し，労働運動の緊急問題をインターナショナルの全会員に討議させ，各国での労働条件調査を総点検する広範囲の機能の仕事は総評議会の義務であった」[4]。

また，1866年のジュネーヴ大会における「規約と規定の確認で，協会の本来の組織構成はかたまった。そしてこの構成は各国組織に最大限に可能な自治を与えながら，しかし同時に総評議会にはインターナショナルの組織的，指導的中心として大幅な権限を定め，その決定は大会によってしか廃棄できなくなった」[5]。さらに，1872年のハーグ大会では「大多数の代表の発言は，プロレタリアート勢力の統一，協会の執行機関，総評議会の強化とその権限の拡大への配慮に貫かれていた」[6]。

以上の研究では，インターナショナルでの最高の機関としての大会の重要性，各国組織の「大幅な権限」あるいは「最大限可能な自治」は認められたものの，国際労働者協会の「組織的，指導的中心」即ち，「協会執行機関」としての総評議会の権限が強調され，暫定規約以来，次第に強化，拡大されてきたことが確認しえる[7]。こうした把握は，最近出版された加藤哲郎氏の『社会主義と組織原理Ⅰ』でも見出すことができる。「ここに（ハーグ大会規約改定草案──荒川）

みられるのは，もともと国際連絡，連帯組織として作られた国際労働者協会を，総評議会を指導部とし『厳格な規律』を持つ一つの労働者政党に組替ようとする，マルクスの指向である」[8]。

　以下ではこうした理解を踏まえつつ，マルクスが 1867 年の経済学批判『資本』を前提に，総評議会と各国組織との関連をどのように編成しようとしていたのかについて，国際労働者協会の規約の変遷をたどることで検討する。前もって全体の構成を示せば，Ⅱでは，1864 年の暫定規約から 1869 年の規約改正まで，Ⅲでは，1871 年のロンドン協議会から翌年夏の総評議会における論議，1872 年秋のハーグ大会での規約改正が検討され，Ⅳは結びをなす。

第 2 節　1864 年の暫定規約から 1869 年の規約改正まで

1　1864 年の暫定規約について

　国際労働者協会の綱領および組織の基本的枠組みは，1864 年 11 月末マルクスによって作成された暫定規約によって与えられた[9]。では暫定規約において中央評議会 Central Council（1866 年の大会で総評議会 General Council と変わる）と各国組織（支部，労働団体，グループ）との関係はどのように規定されていたのであろうか。結論から言えば両者の関連は，暫定規約では明示的には述べられていないものと言えよう。すなわち暫定規約では，大会，中央評議会および各国組織について規定されてはいるが，主要な部分は大会および中央評議会にあてられ，また，各国組織の任務が中央評議会の規定と並立して述べられ，各国組織と中央評議会との関係がそれ自体として規定されるに至っていないのである[10]。以下，この点についてさらに考察を進めることにしよう。

　暫定規約の第 1 条で，国際労働者協会の目的について述べる。
　「本協会は，同一の目的，すなわち労働者階級の保護，進歩および完全な解放をめざしているさまざまな国々の労働者諸団体の連絡と協力を媒介する中心として創立された」。
　国際労働者協会の目的を述べた第 1 条で，本協会は「労働者階級の完全な解放」をめざしている「さまざまな国々の労働者諸団体の連絡と協力を媒介する中心」として創立されたとし，各国組織の独自性，多様性を認めた国際労働者協会の

組織構成を述べていると言えよう。実際，第9条は，国際協会会員の国際間移動の相互支援をのべ，また第10条は，労働者団体は既存の組織を維持すると規定し，すでにある各国の労働運動を踏まえているのである。各国の働く人，労働者および農民の国際的な連帯，およびその進歩，前進が意図されていたのである。

続いて第2条で国際労働者協会の名称，第3条で大会について規定し，第4〜6条は中央評議会について述べている。また第4条で，中央評議会の構成に関して，中央評議会が国際協会 the International Association に代表される諸国に所属する労働者をもって構成され，議長，会計，書記長，各国担当通信書記等を互選すると記している。

第5条で，中央評議会と大会との関連に関して，中央評議会が，その一年間の活動について大会で報告をすること，中央評議会は毎年の大会で任命されるが自ら評議員を追加する権限を持つこと，緊急の場合，大会の期日を早めることができること，が示された。

さらに第6条で，中央評議会の任務に関して，中央評議会が「様々な協力的協会の間の国際的仲介機関 international agency 」となって，1）各国の労働者に他の国々における自階級の運動の事情を知らせ，2）ヨーロッパ諸国の社会状態の調査を同時におこなわせ，3）重要な問題をすべての団体の討議にかけ，4）緊急な場合には加盟各団体に行動提起を呼びかけ，5）適当と思われる時に提案のイニシアチブをとり，全国的または地方的団体 national or local societies に提示すると述べている。

第6条から「国際的仲介機関」としての中央評議会の機能が理解しうるのであるが，第4〜6条に及ぶ中央評議会に関する規定からは，中央評議会と各国組織との関係は直接には導出されえないのである。つまり，中央評議会が各国組織に対して調査を呼びかけ，また行動提起を訴えた場合，中央評議会の提起は，各国組織にとってたんなる要請として受けとめられるのか，あるいは半ば強制的な命令として受けとめられるのかは不明である。つまり，中央評議会と各国組織との権限関係が明示されていないのである。

この点は，各国組織について論じた第7条からも理解することができる。

第7条で，各国の労働運動は一致団結の力によらなければ成功することはできず，また中央評議会の有用性は，それが交渉する相手が少数の労働者協会全

国中央部であるか，多数のばらばらな地方的小団体かによって決定されざるを
えないのだから，「国際協会の会員は各自の国のばらばらの労働者諸団体を，全
国的な中央機関に代表される全国的団体 national bodies, represented by central
national organs に結合するために最大の努力を払うべきである」と述べられた。

　こうして第7条では各国の協会会員に対し，各国で，ばらばらな労働者諸団
体を「全国的団体」に結合することが規定されたが，これは創立宣言，暫定規
約前文とあわせて理解すべきである。すなわち「創立宣言」では，「政治権力を
獲得することが，労働者階級の偉大な義務になった」こと，「成功の一つの要素
を労働者はもちあわせている——人数である。だが人数は，団結によって結合
され，知識によってみちびかれる場合にだけ，ものをいう」，および「暫定規約」
の前文にある「労働者階級の解放のための闘争は，……あらゆる階級支配の廃
止のための闘争を意味する」，「労働者階級の経済的解放が大目的であり，あら
ゆる政治運動は手段としてこの目的に従属すべきものである」。すでに1864年
の『創立宣言』および『暫定規約の前文』で，労働者の団結，さらに「あらゆ
る階級支配の廃止」，「労働者階級の解放運動」として経済運動と政治運動との
統一が示されていたのである。
　しかし第6条で示された中央評議会の機能に対応して，各国組織の任務が述
べられておらず，また各国組織の中央評議会への服従等も記されていない。　た
だ，どの地方団体も中央評議会と直接に連絡することが認められていたにすぎ
ないのである[11]。

　このように暫定規約によるかぎり中央評議会と各国組織との関係は，必ずし
も統一性を持ったものとは言えないのであるが，実際には中央評議会が労働者
階級の解放をめざす労働者諸団体の「国際的仲介機関」として機能していたと
言えよう。では，中央評議会と各国組織との間に対立が生じた場合にはどうな
るのであろうか。
　暫定規約に基づくなら，その解決は大会でなされることになる。第3条は，
大会について次のように述べている。　国際労働者協会に加盟した労働者諸団
体の代表をもって構成される一般労働者大会は「労働者階級の共通の願望をヨ
ーロッパに向かって宣言し，国際協会の規約を最終的に決定し，協会の活動の
成功のために必要な方策を審議し，協会の中央評議会を任命すべきものとする」。

国際労働者協会に加盟する各国の支部，労働諸団体の代表によって構成される大会が，中央評議会の構成員を任命するのである。従って中央評議会は毎年開催される大会で一年間の活動について報告をおこない，その審査を受けることになる。また，大会は協会の規約を最終的に決定する。つまり，国際労働者協会の組織原則を記した規約をめぐって各国の支部間であるいは中央評議会と各国の支部との間に紛争が生じた場合，中央評議会でなく，大会が問題を最終的に決定することになる。

以上から大会が国際労働者協会の最高の決定機関として位置づけられ，それゆえ中央評議会と各国組織との間に問題が生じた場合，最終的には大会によって決着がつけられることになる。「労働者階級の保護，進歩および完全な解放をめざす」運動の調整者としての中央評議会と各国組織の活動の自由という問題は，最終的決定機関としての大会を介在させることで解決がはかられていたと考えられる。

第8条は述べる。「第一回大会が開催されるまでは，1864年9月28日に選出された委員会が暫定中央評議会として行動し，さまざまな全国的労働者協会との連絡をはかり，連合王国内で会員を獲得し，一般大会の召集を準備する措置をとり，大会に提出されるべき主要な問題について，さまざまな全国的および地方的団体と協議するであろう」。

2　1869年のバーゼル大会の運営決議

暫定規約は1866年の第一回ジュネーヴ大会で，大会規定について変更のうえ承認された。翌1867年の第二回ローザンヌ大会でもいくつかの修正はみられたが，総評議会と各国組織との関係については，1869年の第三回バーゼル大会まで基本的な変更はなかったと言える[12]。両者の関係について進展がみられたのは1869年のバーゼル大会であった。1869年9月7日から9月10日にわたって開かれた大会の運営委員会で，総評議会の権限の強化を求め，また総評議会と各国組織との新たな関係を規定した細則「運営決議」が採択された。9ヵ条からなるこの決議のうち，第4条から第7条までが総評議会と各国組織との関係について規定している[13]。

第4条：インターナショナルへの加入を望むいずれの新設の支部または団体は，総評議会に直ちにその加盟を知らせねばならない。

第4章　国際労働者協会と組織構成　303

　第5条：総評議会は，次の大会に上告する場合はのぞいて，すべての新団体
　　または新グループの加盟を認めるまたは拒否する権利を有する。しかし，
　　連合グループ（des groups fédéraux）の存在する場合，総評議会は，新支部
　　または新団体の加盟を認めるまたは拒否する前に，グループ（le groupe）
　　に意見を求めねばならない。なお総評議会の暫定的な決定権は失われない。
　第6条：総評議会はまた，次の大会まで，インターナショナルの支部の資格
　　を停止する権利を持つ。全てのグループは，それぞれ，支部あるいは団体
　　を拒否し，あるいはその内から排除することができる。しかしグループは，
　　それからインターナショナルという性格を奪うことはできないが，資格の
　　停止を総評議会に求めることができる。
　第7条：全国的なグループの団体や支部のあいだに，または異なった国籍（民
　　族）のグループのあいだに紛争が起こったとき，総評議会は次の大会に上
　　告する場合はのぞいて，紛争に決着をつける権利を持つ。大会は最終的に
　　決定する。

　上記四ヵ条の細則「運営決議」の意義はいかなるものであろうか。あるいは，
この決議のはらむ問題とはいかなるものであったのであろうか。この四ヵ条は
バクーニン主義者の後押しによって採択されたと言われている。しかし，バー
ゼル大会にマルクスは参加しておらず，これらの諸決議成立に対するマルクス
の関与は明らかでない。しかしマルクスは1871年の規約改正に際し，さらに翌
1872年の総評議会における規約改正の論議においても，このバーゼル大会の決
議を根拠にしており，総評議会と各国組織との関連を解明するという課題にと
ってこの四ヵ条は極めて重要なものであると言えよう。
　この四ヵ条によって，従来の「規約および細則」では示されなかった総評議
会と各国組織（支部，団体，グループ）との新たな関係が規定されることにな
った。

　第一に，総評議会は，団体あるいはグループの協会加入の承認権，および支
部の資格停止権，さらに諸支部間の紛争の仲裁権を得た。
　第二に，連合グループは自己の所属から支部を排除する権限を持った。また，
総評議会は連合グループに属する支部の資格を停止する場合，連合グループに
事前に協議することが規定された。

第三に，暫定規約で示された原則を踏襲し，支部の資格停止あるいは仲裁等の総評議会の諸決定は次期大会までの暫定的なものであり，一般大会が最終的な決定機関として規定されたことである。

このようにして細則「運営決議」によって，総評議会と各国の支部および団体さらに各国連合評議会と諸支部との関係が規定されたが，他面でこの四ヵ条は，重大な問題を含むものとなった。それは，総評議会と連合グループとの関係である。「運営決議」の第5条によれば，総評議会は新設の団体あるいはグループの国際協会への加盟の承認権を獲得したことになり，第5条の理解として，総評議会は新設の支部だけでなく，連合グループの協会加盟に対する承認権を持つとも解釈できるのである。実際第5条の但し書きは，総評議会がグループに協議することを述べ，グループ＝連合グループとも解しうる。また，第6条但し書きでも，「全てのグループ」が自己の所属から支部を排除する権限について述べ，グループ＝連合グループと解しうる。さらに第7条には，「全国的なグループの諸団体や諸支部の間に」とあり，グループが全国的な組織を含むものと理解される。

従って，これらのバーゼル大会運営決議は，基本的には総評議会と各国の支部および団体との関係を規定したものと言えるが，同時に総評議会と連合グループ，即ち総評議会と連合評議会（Federal Council）との関係を不十分ながらも規定したものとも言えるのである[14]。実際バーゼル大会開催時において，ベルギー連合評議会が全国的な組織として既に成立しており，またスイスにはラテン系支部連合およびベッカーの率いるジュネーヴドイツ語支部中央委員会が活動しており，各国連合評議会がいかなる権限を有するのかが問題となりつつあったのである[15]。

では，このような解釈に曖昧さを残した「運営決議」が大会で承認された経緯とはいかなるものであったのであろうか。この点についてベッカー編集の『フォアボーテ』には興味深い記事が掲載されているが，以下，要約して紹介しておくことにしよう。

エッカリウスは，総評議会の名前において，国際労働者協会の精神に背いた全ての支部を，大会の承認を条件として除名する権限を総評議会に与えること提案した。　ロービンは，この提案がさらに拡張されること，つまり各国の中

央委員会もまたその連合から，団体や個人を，大会承認を条件として除名する権限を持つべきであると述べた。

バクーニンは提案した，次期大会まで，新支部の加盟を拒否し，また既存の支部の資格を停止する権限を総評議会に与える，これに対し各国評議会は，個々の支部を自己の連合から排除することはできるが，国際労働者協会から排除することはできない。

ヒンスは，資格停止の権限は総評議会でなく，各国中央委員会に与えられるべきであると述べた。　バクーニンは，協会のインターナショナルな性格を強調した。それによって総評議会が無力にならないのである，また，次のことに注意を促した。もし，各国の組織が資格停止権を持つなら，正当なインターナショナルに基づき存立する支部が，原則にあまり忠実でない多数によって排除されるということが生じる，と [16]。

この記事はバーゼル大会9月8日の運営委員会の模様を伝えるものであるが，以上の要約から確認しうるのは，第一に，総評議会が各国支部の資格を停止するという提案がエッカリウスによってまず提起され，論議の中でバクーニン案を中心にまとめられたこと，また9月7日から10日まで「運営決議」の作成にかなりの時間がさかれたことである [17]。

第二に，論点は，総評議会と各国支部のみならず，各国連合評議会と諸支部との関係に，換言すれば，総評議会と連合評議会の各国支部にたいする権限が問題となっていたことである。

ベルギー連合評議会のヒンスは，連合評議会の権限の拡大を求めたのに対して，バクーニンは，むしろこのバーゼル大会では総評議会の権限の強化を求めた。バクーニンがこうした総評議会の権限の拡大を求めた意図は，各国連合評議会の権限の乱用によって正規の支部が害を被ることを防ぎたいというものであった。このバクーニンの提案について，ギヨームの『第一インターナショナル』は，さらに次のように説明している。

バクーニンは，具体的には，ジュネーヴの州委員会によってジュネーヴの地方連合への加盟を拒否された社会民主同盟の支部，またラテン系連合委員会によってラテン系連合への加盟を拒否されるおそれのあった社会民主同盟の支部のことを考えていた [18]。従って，バクーニンの提案は，もともと総評議会の権限を拡大することを意図したものでなく，同盟支部のために各国連合評議会の

権限を抑制することを主張したのである[19]。

　このように「運営決議」作成の経緯において，総評議会と各国支部との関係よりも，各国連合評議会と支部との関係に重心があったのである。かくしてバーゼル大会の運営決議は，総評議会と各国支部に関してだけでなく，総評議会と各国連合評議会との関係を内包した表現となったのであり，総評議会による連合評議会の資格停止は事実上問題提起されていたと考えられよう。

第3節　1871年ロンドン協議会からハーグ大会までの規約編集

1　1871年のロンドン協議会と規約編集

　バーゼル大会の「運営決議」はその後どのようにして規約に収録されるにいたったのか，換言すれば，総評議会と各国組織との関係は規約でどのように規定されたのであろうか。

　規約の編集は，1871年9月のロンドン協議会まで延期されることになった。1871年3月パリ・コミューンの発生によって大会にかえ，9月にロンドンで総評議会メンバーとベルギー，スイス，スペイン，イギリスなどの代表による非公開会議が「情勢の必要に応じた新しい組織化に取組むための措置について，諸国の代表に協議するために」開催された[20]。このロンドン協議会で，1871年パリ・コミューンの歴史的経験を踏まえ，労働者階級の経済運動と政治活動は切りはなせないこと，そして各国労働者党の創設を求めた「決議Ⅸ　労働者階級の政治活動」が承認された。また規約および細則の公認版を作成することが決定され，マルクス・エンゲルスを中心に規約の改正が行われた[21]。

　では，ロンドン協議会後，マルクスも取り組んだ規約の編集で，1866年および1867年の一般規約はどのように整備，変更されたのであろうか。

　第1条の国際労働者協会の目的，第2条の国際協会の名称は同一であった。

　しかし，1866年の大会で削除された第3条は，『暫定規約』の第3条を復元した。すなわち「協会諸支部の代議員で構成される一般労働者大会を，年一回開催するものとする。大会は労働者階級の共通の志望を宣言し，国際協会の活動の成功のために必要な方策をとり，協会の総評議会を任命すべきものとする」と，労働者階級の志向を表明し，総評議会を任命する機関としての大会の役割

が明確に述べられた。

　さらに第4条で，1867年（ロンドン版）の規約第3条の一部と第4条の全文を取り入れ規定した（『マルクス＝エンゲルス全集』第16巻，515 ～ 521 頁）。

　「第4条　毎年の大会は次期大会の開催日時と開催地を指定する。代議員はとくに招集されないでも，指定された日時と場所に集合する。必要な場合には，総評議会は開催地を変更することはできるが，その日時を延期する権限をもたない。大会は，毎年総評議会の所在地を指定し，評議員を選出する。こうして選出された総評議会は，新しい評議員を追加する権限をもつものとする。一般大会は，その年次会議において，総評議会の一年間の活動について公式の報告をうけるものとする。緊急の場合には，総評議会は，所定の年次期日以前に一般大会を招集することができる」。

　こうして大会で，次期大会の日時と場所とが指定され，大会が，総評議会を任命し，その一年間の報告を受けることを確認した。

　続いて第5条で総評議会の構成を，第6条で総評議会の任務を，第7条で各国の労働運動について規定したが，これらの規定は同一であった。また第8条で各国での通信書記の任命を，第9条で国際協会への会員資格に規定した。さらに，第12条は1867年の運営細則15条を取り入れ，「本規約は，出席代議員の三分の二がその修正に賛成することを条件として毎年の大会で改正することができる」と，また第13条は1867年の規約第11条を取り入れ，「本規約に規定されていない事項は，すべて特別の細則に定めるものとする。細則は，毎年の大会で改正することができる」と，大会で規約および細則は改正できることを述べた[22]。このように1871年規約は，暫定規約第3条を復元し，大会の役割を重視したものとなり，暫定規約の基本構成，すなわち〈一．大会，二．総評議会，三．各国組織〉を再現した。

　同時に作成された「運営細則」でも大会は重視された。運営細則は「各大会（1866 ～ 69 年）およびロンドン協議会（1871 年）で採択された諸決議」に基づき，「Ⅰ 一般大会」，「Ⅱ 総評議会」，「Ⅲ 総評議会への納入会費」，「Ⅳ 連合評議会または委員会」，「Ⅴ 地方団体，支部および支部群」，「Ⅵ 労働者階級の一般統計」と編成され，一般規約と同様に〈一．大会　二．総評議会　三．各国組織〉という構成をとった。

308

　「Ⅰ　一般大会」（第1〜14条）は，大会を規定した規約第3条を，より具体化したものである。第1条から第7条で大会代議員について規定し，第1条で「国際労働者協会の会員はすべて，一般大会への代議員選出にさいして，選挙権と被選挙権とをもつ」と，第2条で「各支部は，その会員数にかかわりなく大会に代議員一名を派遣することができる」と，第3条で「代議員はすべて，大会で議決権一票をもつだけである」と，第4条で，代議員の費用は支部で負担すること，第5条で，諸支部提携して共同の代議員を派遣できること，第6条で，会員数500名をこえるごとに一名の追加の代議員を派遣できること，第7条で，インターナショナルに属し，総評議会に会費を納入した支部の代議員だけが大会に出席し，議決権を行使する。ただしインターナショナルの組織を法律によって禁じられている国では，労働組合や労働者協同組合の代議員が原則問題についての大会討論に参加することは許されるが，運営問題についての討論と表決には参加を許されないと，述べた。こうして大会は，各支部を代表する代議員によって構成され，この大会代議員が，議決権をもつのである。

　続いて大会の会議について，第8条で「大会の会議は二種類にわかれる。運営問題にかんする非公開会議と大会議案にあげられた一般問題にかんする討論と表決のおこなわれる公開会議である」と，非公開会議と公開会議とを区別した。
　さらに大会議案について，第9条で「大会の議案は，前期大会によって上程された問題，総評議会が追加した問題，および諸支部，支部群またはその委員会から総評議会に承認をもとめて提出された問題からなり，総評議会によって作成されるものとする。すべての支部，支部群または委員会が，前期大会で提案されなかった問題を，今期の大会に提出してその討議にかけることを望む場合は，その旨を3月31日以前に総評議会に通知しなければならない」と述べた。
　総評議会が，大会議案のとりまとめをおこなうが，大会議案は前大会の提起および諸支部の議案提出を含み，大会議案作成への諸支部の参加が認められた。

　また大会の準備について，第10条で「毎年の大会の準備は総評議会に委託される。総評議会は，各国の連合評議会または委員会を仲介として，適当な時期にすべての支部に大会議案を通知しなければならない」と，総評議会と各国組織との協力を述べた。
　さらに大会の運営について，第11条で「大会は，大会に提出されたおのおの

の問題ごとに一つの委員会を任命する。各代議員は，その参加を希望する委員会の名前を申し出るものとする。各委員会は，その担当する特殊問題について諸支部や支部群から提出された意見書を読まなければならない。

委員会は，これにもとづいて一つの総括報告を作成するものとし，公開会議ではこの総括報告だけが読みあげられる。委員会はさらに，前期の意見書のうちどれを大会議事についての公式の報告書に添付すべきかを決定しなければならない」と，各代議員が参加する委員会を自由に選び，討議をおこない，大会ではこの委員会の総括報告が読まれると述べた。

続いて大会議案の順序について，第12条で「大会は公開会議においては，まず第一に総評議会によって上程された問題を審議する。その他の問題についての討議は，そのあとでおこなわれる」と，議案の順序において総評議会を優先した。また第13条で，原則問題についての討議は記名投票によること，第14条で，各支部あるいは支部連合は，その活動と発展についての報告を総評議会に提出し，総評議会は，これらの資料に基づいて総括報告を作成し，大会で，この総括報告が読みあげられると述べた[23]。こうして総評議会を中心に大会準備と大会運営をおこなうが，大会は各国支部の代議員で構成され，また大会議案作成，大会討議，議決での各国支部の権限が重視された。

続いて，「Ⅱ 総評議会」，「Ⅲ 総評議会への納入会費」，「Ⅳ 連合評議会または委員会」，「Ⅴ 地方団体，支部および支部群」，「Ⅵ 労働者階級の一般統計」について述べられた。

「Ⅱ 総評議会」（第1～9条）

　　第2条　総評議会は大会決議を執行する義務を負う。（後で詳論する）。

「Ⅳ 連合評議会または委員会」（第1～4条）

　　第1条　連合評議会または委員会の費用は，所属諸支部によってまかなわれるものとする。

　　第2条　連合評議会または委員会は，すくなくとも月に一回，報告書を総評議会に提出するものとする。

　　第4条　各連合は，団体もしくは支部の加盟を拒絶し，またはこれを自己の所属から除名することができる。ただし，連合は，それらの団体または支部のインターナショナル所属団体という性格を剥奪する権限はもたないが，その資格停止を総評議会に提案することができる。

310

「Ⅴ　地方団体，支部および支部群」（第1～8条）

第1条　各支部は，地方的事情とその国の法律とにおうじて，自由に地方
　　　　的な規約と運営細則とを作成することができる。ただし，それらの規約
　　　　と細則は，一般規約および細則に反する条項をふくんではならない。

第2条　各地方支部，支部群およびそれらの委員会は，今後は，当該地域
　　　　の名称を冠して，たんに，もっぱら国際労働者協会の支部，支部群およ
　　　　び委員会と称し，そしてそうしたものとして組織されるべきである。

第4条　本章の第2条は，加盟労働組合には適用されない。

第6条　労働者階級内に婦人支部を結成することを勧告する。ただし，こ
　　　　の決議は，男女混成の支部の存在または結成を妨げるものでないことは
　　　　いうまでもない。

第7条　インターナショナルにたいする攻撃文が発表された場合には，も
　　　　よりの支部または委員会は，ただちにこの種の刊行物の一部を総評議会に
　　　　送付する義務がある[24]。

　また，この1871年の規約には「付録」が加えられたが，これは暫定規約以後
の規約改正の経緯を説明するものとして興味深い。

　「1871年9月17日から23日までロンドンで開催された協議会は，以下の理
由によって，国際労働者協会の『一般規約および細則』の新しい公認改正版を
英語，フランス語，ドイツ語で発行することを，総評議会に委託した」。

　「Ⅰ．一般規約」「1866年ジュネーヴ大会は，1864年11月にロンドンで公表
された協会の暫定規約を，若干の補足をつけて採択した。大会はまた，総評議
会が，規約および大会によって採択された細則の正式の拘束的なテキストを，
公表すべきことを決定した。総評議会は，ジュネーヴ大会の議事録がフランス
経由で輸送中ボナパルト政府によって押収されたために，この命令の執行を妨
げられた。議事録が，当時のイギリスの外相スタンリ卿の斡旋によってようや
くとりもどされたときには，すでに（大会報告の）フランス語版が，ジュネーヴ
で発行されていた。それにはいっていた規約と細則のテキストは，ただちにすべ
てのフランス語諸国で再刊された。このテキストには非常に誤りが多かった」。

　かつてロンドン刊行の暫定規約のパリ版（1864年）が忠実な翻訳と認められ
ていた。しかしパリ委員会は，規約の前文にはきわめて重大な変更を加えていた。

第 4 章　国際労働者協会と組織構成　**311**

そればかりでない。委員会は不完全な英語力のため，規約のいくつかの条文を誤って解釈したのである[25]。さらに注目すべきは，暫定規約と大きく相違することになった 1866 年規約に対する次の説明である。

「1866 年ジュネーヴ大会は，暫定規約に最終的性格をあたえなければならなかった。この目的のために任命された委員会は，規約の暫定性にすこしでも言及しているあらゆる章句をあっさり削除してしまい，これらの章句のいくつかには，けっして暫定的でないきわめて重要な事項がふくまれていることを見逃した。ローザンヌ大会（1867 年）のあとで公刊された英語版でも，同じようにこれらの章句は，はぶかれている」[26]。

この説明から大会規定の変更を理解することができよう。1864 年の暫定規約第 3 条は述べる。

「1865 年に国際協会に加盟した労働者諸団体をもって構成される一般労働者大会をベルギーで開催するものとする。大会は労働者階級の共通の志望をヨーロッパに向かって宣言し，国際協会の規約を最終的に決定し，協会の活動の成功のために必要な方策を審議し，協会の中央評議会を任命すべきものとする。一般大会は，年一回開催するものとする」。ここで「1865 年に国際協会に加盟した労働者諸団体をもって構成される一般労働者大会をベルギーで開催する」は，1864 年に国際協会を創立した労働者諸団体が 1865 年にベルギーで大会を開くと暫定的な文言を含み，それゆえ大会について記した「暫定的でないきわめて重要な事項」第 3 条全体が削除されたと考えられる。

しかも「ローザンヌ大会のあとで公刊された英語版でも同じようにこれらの章句は省かれている」と述べ，総評議会刊行の 1867 年の規約でも第 3 条は削除されていることと符合する。ここから 1866 年の規約変更は大会の位置づけの変更ではなく，暫定的な文言削除に基づくと推定され，従って 1871 年規約で新たに大会規定が復元されたことを理解しうるのである。また「付録」の「2　運営細則」で「従来，規約といっしょに公刊されてきた運営細則は，ジュネーヴ大会（1866 年）で議決された条項しかふくんでいない。それゆえ，それ以後の各大会と最近のロンドン協議会とによって議決された追加の細則を編集することが必要になった」と述べ，暫定規約を基礎に各大会の議決事項を取り入れ，細則を整備したことを記している[27]。

では，マルクスは，この規約の編集で総評議会と各国組織との関係をどのよ

うに規定したのであろうか。一般規約と併せて改正された「運営細則」は全体が六節から構成されるが、総評議会と各国組織との問題に係わるものとして「Ⅱ．総評議会」の次の条項が重要である[28]。

第1条「総評議会という名称は，国際労働者協会の中央評議会だけに限られる。インターナショナルが正規に組織されている各国の中央評議会は，今後は当該国の名を冠して連合評議会または連合委員会と称する」と述べられた。

この第1条は，ロンドン協議会の決議「Ⅱ 全国評議会その他の名称」を収録したものであるが，これによって総評議会と各国組織との関係が，つまり総評議会と各国支部および団体，また総評議会と各国連合評議会との関係が規定される前提が作られた[29]。なお，この第1条が新たに追加された背景にはベルギー連合評議会に続いて，スペイン連合評議会が全国的組織として設立されたこと，また，フランスではパリ支部連合が，ドイツではアイゼナッハ党が結成され，さらにアメリカでも北アメリカ連合評議会が設立されていたことが考えられる[30]。さらに第4～7条は，1869年バーゼル大会の決議を取り入れ，次のように修正，追加された[31]。

第4条：設立され，インターナショナルに加入を望むすべての支部または団体は，直ちに総評議会に加盟を知らせねばならない。

第5条：評議会は，大会に上告する場合をのぞいて，すべての新支部あるいはすべての新グループの加盟を認めるあるいは拒否する権利を持つ。しかしながら，連合評議会あるいは連合委員会（conseils ou comités fédéraux）が存在する場合，総評議会は新支部または新団体の加盟を認めるあるいは拒否する前に，それらに意見を求めねばならない。なお総評議会の暫定的な決定権は保留される。

第6条：総評議会はまた，次の大会までインターナショナルの支部の資格を停止する権限を持つ[32]。

第7条：もし，全国的なグループ内の団体または支部のあいだに，あるいは異なった国籍（民族）のグループのあいだに紛争が起こるなら，総評議会は，大会に上告する場合をのぞいて，紛争を裁定する権利を持つ。大会の決定は最終的とする。

この四ヵ条とバーゼル大会の運営決議との相違はどこにあるのだろうか。両

第 4 章　国際労働者協会と組織構成　　**313**

者が根本的に異なるのは，この四ヵ条では，総評議会と各国組織との関係が，総評議会と各国の支部あるいは団体の関係にしぼられ，総評議会と各国連合評議会との関係が述べられていないことである。すなわちマルクスは，バーゼル大会運営決議を規約に収録するに際し，ロンドン協議会の決議「Ⅱ 全国評議会その他の名称」をも取り入れ，1869 年のバーゼル大会の運営決議の「連合グループ」（des groupes fédéraux）を「連合評議会あるいは連合委員会」（conseils ou comités fédéraux）に置き換えることで，決議にみられたグループと連合グループとの混在を排除し，従って総評議会と各国組織との関係を総評議会と各国支部あるいは団体との関係に限定しようとしたのである。

　もとよりこの改正によっても，第 5 条によれば総評議会はなお支部およびグループの協会加入に対する承認権を保持したが，このグループは連合グループ，即ち連合評議会とは異なるものとなる。実際，運営細則「Ⅴ．地方の団体，支部およびグループ」の第 2 条には「各地方支部，地方グループ（les branches, sections ou groupes locaux）およびそれらの委員会は，今後は当該地域の名称を冠して，たんにもっぱら国際労働者協会の支部，グループおよび委員会と称し，そしてそうしたものとして組織されるべきである」と記されている。それゆえ，この第 2 条によれば，グループとは地方グループのことを指し，当該国の名を冠した全国的な組織としての連合評議会とは区別されていたと考えられる。

　しかし他面で，総評議会による各国支部間の紛争の仲裁について規定した第 7 条には「ひとつの全国的なグループ（un groupe national）に属する団体もしくは支部の間に」とあり，グループが地方グループに必ずしも限定されていないことが注目される。

　従って，この 1871 年の規約編集では，基本的には総評議会が支部，団体および地方グループの国際労働者協会加入に対する承認権を持つことが示されたが，同時に全国的なグループの国際労働者協会加入に対する承認権をも内包するものとなったのである[33]。こうした改正作業の背景には，各国組織の自立化，ならびに総評議会と各国連合評議会との権限関係を事実上内包したバーゼル大会の運営決議を尊重するというマルクスの見地が存在するものと言えよう。すなわち，マルクスはこのロンドン協議会の規約改正では，1866 年ジュネーヴ大会から 1869 年バーゼル大会までの各大会決議およびロンドン協議会の成果を規約資料として収録し，規約の整備をはかることに専心した。そして，バーゼル大

314

会の運営決議にすでに内包されていたとはいえ，規約の根本的な改正に繋がる総評議会と各国連合評議会との関係については，翌年の大会に委ねることにしたのである。なお，総評議会と各国支部との規定と併せて，「Ⅳ．連合評議会または委員会」では，バーゼル大会の運営決議第6条に基づき，各国連合評議会と支部との関係が規定された。

2　1872年9月のハーグ大会における規約改正

　ロンドン協議会後，規約改正の作業は翌1872年のハーグ大会に舞台を移すことになる。総評議会は大会に提出すべき規約改正案作成の準備に入るが，この準備過程で深刻な論議を引き起こすことになったのは，前年のロンドン協議会から持ち越されることになった問題，すなわち総評議会と各国連合評議会との関係であった。では，マルクスは，この規約改正の論議を，どのようにとりまとめていったのであろうか。以下，総評議会における論議をあとづけることで，この問題を考えてみることにしよう。

（一）　1872年の6〜7月，規約改正について総評議会で行われた論議
　1872年6月11日の総評議会の会議で，マルクスは次のように述べた。
　組織問題が大会に提起される主要な問題であることは疑いない。これまで生じてきた闘争がそれを十分証明している。その論議にさいして，問題を総評議会に関する部分と連合評議会に関する部分とに区別するのがよい。バクーニンの提案は，総評議会を評議会をもつに値しない統計事務局に引き下げようとするにすぎない。文書は集められうる全ての情報を与えることができるが，総評議会が，統計について改善されることの必要性を，支部に繰り返し訴えたにもかかわらず，いかなる統計も集められていないことが忘れられるべきでない。
　ベルギー連合評議会の提案は論理的である。というのは，それはもはや必要ないものとして総評議会の廃止を目的としているからである。連合評議会は必要なすべてのことをなしうること，連合評議会はあらゆる国に設立され，また設立されつつあること，また評議会は運営を自身の手に収めたと主張された。スペインの『エマンスペイション』紙はその提案を批判して，それは国際労働者協会の死を意味するであろうと，また，論理的に言えば，連合評議会も同時に廃止されざるをえないので，その提案は一貫していないと述べた。
　それにもかかわらず，私は，その提案を一つの選択肢 an alternative として，

第 4 章　国際労働者協会と組織構成　　**315**

一つの試み an experiment として受け入れることに反対しない，もっともその提案が，総評議会の再建の絶対的な必要性を証明するにすぎないことを私は確信しているのであるが。たとえ，総評議会の機能を強化しようとする提案が拒否されたとしても，私は進んで総評議会を支持するつもりである。しかし，総評議会を残しつつ，それを無用のものとするというバクーニンの提案をいかなることがあっても受け入れないと [34]。

　1871 年のロンドン協議会後，組織問題の焦点は総評議会と各国連合評議会との関係に移ったのであるが，バクーニンは総評議会の統計事務局への引き下げを，またベルギー連合評議会は，連合評議会への権限の委譲と総評議会の廃止を求めていた。ここで注目すべきは，マルクスは総評議会の形骸化を求めたバクーニンの提案を決して受け入れることはしないが，ベルギー連合評議会の提案を，一つの代替案として受け入れる用意があると述べている点である。　もとより，マルクスはベルギー連合評議会の提案が，むしろ総評議会の絶対的な必要性を証明するものであることを確信しており，両者の間には根本的な相違が存在するのであるが，各国の運動の進展，各連合評議会の機能充実には，マルクスにも共鳴しうる部分があったと思われる。マルクスが総評議会の機能の強化を求めたとしても，その強化の内容が，即ち各国連合評議会との関係がいかなるものであるのかが問われなければならない。　マルクスは 1872 年 5 月 28 日のセザール・デ・パープ（在ブリュッセル）宛の手紙で，次のように述べた。

　「ベルギーでは『諸偏見』を考慮に入れる必要はありますが，総評議会を廃止して，その機能を連合評議会に移譲するという，いや，その職能を拡大しさえするという提案がなされました」（『マルクス＝エンゲルス全集』第 33 巻，388 頁）。

　1872 年 6 月 25 日の会議では，運営細則「Ⅱ. 総評議会」の第 1 条〜第 6 条が論議された。第 1 条は変更されなかった。第 2 条「総評議会は，大会決議を執行する義務を負う」について，フランケルは「国際労働者協会の原則をまもる the principles of the Association」の追加を提案した。マルクスは提案が総評議会の権限と機能に関する規約に入ると述べ，支持した。承認。

　エンゲルスは提案した。提案は仏語でなされる，またいかなる誤解を防ぐために，フランス人書記が任命され，すべての提案を仏語で記録することを提案した。総評議会は，なされた提案の信頼できるテキストをもつであろう。承認。

第6条「総評議会は，またインターナショナルのいずれの支部の資格をも，次期大会の開催まで停止する権限をもつ」の改正が，マルクスによって提起された。

マルクスは，「いずれの支部」の後に「グループ，連合あるいは連合評議会」を挿入することを提案した。フランス語で書かれた議案書をみれば分かるように，これがバーゼル大会の真の意図であったこと，問題は現在の状況では放置するわけにいかない。というのは，合州国のいわゆる新連合評議会の行為が証明するように，そこでは反対者が政治的策略としてのみ加盟したのでドイツ人やフランス人が脱会したのであるが，連合と連合評議会は，どの一支部より，はるかに大きな害を及ぼしうるからであると述べた。

セライエは，総評議会が強化されねばならず，資格を停止する権限を持たねばならないと述べた。しかし彼は，支部が属している連合評議会に協議することなしに without consulting 支部の資格を停止することが意図されているのか尋ね，連合評議会が協議されるべきであると主張した。

ヴァイヤンは，総評議会が十分な証拠に基づかないでは決して行動しないから，セライエの提案は不必要であると述べた。

ユングは述べた，協議することなしには十分な証拠は集められないので，連合評議会が協議されねばならないこと，さらにもし彼らが協議されなかったら，大会は総評議会が全ての権限を望んでいると考える，と。

エンゲルスは，ユングと同意見であった。総評議会が主に行動を要求される場合は，独立した支部の場合である。連合に属する支部の場合は，連合評議会が支部を処分するのでいかなる危険もない。連合評議会に支部の行為を是認する多数がいない限り。その場合は支部の代わりに処分されねばならないのは連合評議会である。連合に属する支部の場合は，連合評議会が最初に協議されることを提案した。

フランケルは述べた，運営細則の第5条は，総評議会が新支部を承認する前に連合評議会に協議することを要求しているので，総評議会が支部を追い出す前に連合評議会に協議することが帰結される，と。

マルクスは述べた。バーゼル大会の決議は絶対的であり，彼の提案には新しいものは何もない。もし総評議会が，支部の資格を停止するための目的でのみ，

第4章　国際労働者協会と組織構成　**317**

支部の資格を停止する場合が想定されているなら，エンゲルスの提案が承認されるべきである。しかし，もし総評議会が合理的に行動すると信じられるなら，それは必要ない，彼の提案は総評議会の権限に何らかの追加をなすものでない。

　エンゲルスはバーゼル大会の決議について，総評議会は同一の政策を続けることに拘束されない，目的は規約をより効果的にするため改善することであると述べ，論議は継続された[35]。

　6月25日の会議でマルクスの提起した第6条の改正は，これを総評議会と各国組織との関連においてみるなら，総評議会の権限の著しい強化であると言えよう。つまり，マルクスの提案によれば，総評議会は支部あるいはグループのみならず，連合あるいは連合評議会の資格をも停止する権限を付与されることになる。だが，以上からマルクスが各国組織に対して総評議会の一方的な権限の拡大を望んでいたということになるのであろうか。

　この問題の検討に際して重要であるのは，マルクスによる第6条の改正の理由である。改正の理由は二つ述べられており，一つは，合衆国の新連合評議会の実例が示すように，連合評議会が単一の支部よりはるかに大きな間違いを冒すことであるが，さらに第二により注目すべきは，第6条の改正案が1869年のバーゼル大会の「真の意図」に基づくと述べている点である。マルクスはバーゼル大会の運営決議に基づき第6条の改正を提起したのであり，マルクス自身の見地に基づくものではないのである。

　マルクスはその提案がバーゼル大会の運営決議に基づくものであることを述べ，さらに「フランス語で書かれた議事録をみれば明らかなように」と，大会議事録への照合を促した。ここで「フランス語で書かれた議事録」が問題となるが，マルクスは1871年の規約改正に際し自らが利用した三つのバーゼル大会の決議文書を，資料として規約末尾に付記しており，そのうちの二つがフランス語版の資料であることから判断して，問題の「フランス語で書かれた議事録」とは，これらの文書をさすと考えられる。

　筆者が入手したバーゼル大会決議文書 Compte rendu du Ⅳe Congrès International, tenu à Bâle, en septembre 1869, Bruxelles. 1869. は，このマルクスの付記したフランス語版バーゼル大会議事録の一つであり，その内容はすでにバーゼル大会の運営決議を検討したさい述べたものに合致する[36]。

先にバーゼル大会の運営決議を考察したさい明らかになったように，運営決議は基本的には総評議会と各国の支部および団体との関係を規定したものであったが，他面で，総評議会と各国連合グループ，換言すれば各国連合評議会との関係をも規定したものであった。もとよりバーゼル大会決議をそのように解釈したとしても，それはあくまでも総評議会による新連合評議会の加盟の承認権についてのみ規定し，総評議会が既存の連合評議会の資格停止権を持つことを規定していないのであるが，バーゼル大会運営決議全体の理解として，つまり「真の意図」として，後者の権限も含まれているとマルクスは判断したのである。実際，バーゼル大会で運営決議が論議された背景には，バクーニンの提案にみられるように，各国連合評議会の権限の乱用の問題が存在したのであり，明記はされなかったが総評議会による既存の連合評議会の権限乱用への規制，つまり連合評議会の資格停止は暗示されていたと言えよう。

マルクスは1871年の規約編集では，連合グループを連合評議会と置き換え，総評議会と各国組織との関係を，基本的に総評議会と支部あるいは団体との関係に限定しようとしたのであり，従って総評議会と各国連合評議会との関係が，最後に解決すべき課題として残されていたのであるが，マルクスはこの両者の関連をバーゼル大会の運営決議に基づき提案したのである。マルクスが，彼の提案に対する反論に答えて「バーゼル大会の決議は絶対的であること，彼の提案にはなにも新しいものはない」と述べたのは，かかる理由によるものでる。

6月25日の会議では，争点が総評議会と各国連合評議会でなく，総評議会と各国支部，とりわけ連合評議会傘下の支部との関連に終始した。しかしながら，マルクスの提案に対する反論の骨子は，総評議会が新支部の承認に際し，当該の連合評議会に意見を求めるという規約第5条をもとに，総評議会が連合評議会に加盟する支部を処分する場合，連合評議会に事前に意見を求めることを追加せんとしたものであり，マルクスの提案そのものの否認を要求していないのである。それゆえ，マルクスにとってこれらの反論は根本的に容認しえぬものでなく，基本的な点で一致できるものであった。

また，マルクスが大会決議の遵守を求めたのに対し，エンゲルスは大会決議に拘束されないこと，「目的は規約をより効果的にするためにそれらを改善することにある」と述べ，大会決議に対する柔軟姿勢を示している点がマルクスと異なるが，しかし規約改正の内容について，つまり総評議会と各国組織の関係

第 4 章　国際労働者協会と組織構成　**319**

については，根本的な相違はないと言えよう。マルクスにとっては，総評議会が国際労働者協会の意志に基づいて行動すること，つまり大会決議をふまえ合理的に行動することは自明の前提であり，エンゲルスのようにそれを明文化するまでもないと思われたのである。

　続いて7月2日の会議では，運営細則「Ⅱ. 総評議会」の第6条～第9条が論議されたが，6月25日の会議と同様に運営細則第6条の改正に議論が集中した。

　先の会議の議事録が確認された。マルクスは，フランケルの運営細則第2条の改正「国際労働者協会の原則をまもる」に，「国際労働者協会の一般規約および細則」を追加することを提案し，承認された。

　第6条について，エンゲルスは述べた。総評議会の意図がいかなるものであろうとも，大会は，修正案を総評議会にたいし新しい権限を求めた提案とみなすであろう。彼は総評議会の権限を拡大することに賛成である，しかし権限のいかなる拡大に対しても安全装置が与えられるべきと考える。彼は次の提案をおこなった。

　「総評議会は，支部の資格を停止する権限を持っているのであるが，総評議会はその支部が所属する連合評議会と協議するまで，その権利を行使できない。連合評議会の解散の場合には，連合は新しい連合評議会を選出することを直ちに要求される。他方，連合の解散の場合には，協会を構成する全ての連合は，とられた処置を再考する機会を持つ」。

　デュポンは提案に賛成した。ヴルブレフスキーは，総評議会が連合に全く意見を求めることなく，次期大会まで資格を停止する権利を持つことに賛成した。提案された計画はあらゆる種類の陰謀を生み出すと述べた。

　マルタンは，提案が問題を複雑にし，提案された会議は，総評議会にとってある種の調整機関となるにすぎないと述べた。

　マルクスは述べた。連合評議会の解散は重要な問題である，しかし総評議会が権限を持つとしても，連合全体が反動的にならない限り決して解散できない。もし連合の資格が停止され，また全ての連合がとられた処置に反対するなら，正しいにせよ間違っているにせよ総評議会が譲歩せざるえないことは確かである。総評議会は，国際労働者協会に対立して自らを一つの権力に構成することは決してできない。総評議会が大きな失策をしないかぎり，そのような事態は

決して生じないであろう，と。

エッカリウスは，提案が反乱が起こることを含意しているように思えるので反対した。もし連合が停止され後に復権されるなら，それは総評議会を不本意な立場に置くことになるであろう。もし連合評議会が停止され，後に復権されるなら，やめる総評議会のために幾つかの規定が作成されなければならない。それは総評議会を多数の意志に依存する内閣と同じものにする。それは純粋に議会的な制度であり協会において実用的でない。

ロズヴァドフスキーは，提案が議会的要素を協会に多くもたらすことになるので反対した。大陸における迫害のため，提案では作業が不可能となるであろうと述べた。

エンゲルスは述べた。エッカリウスは，決議が反乱が起こることを含意しているので反対した。実際それに非常によく似たことがアメリカで，幾人かの中産階級の詐欺師の介入によって起こったと言ってよい。もし総評議会が常に国際労働者協会を代表することができないなら，それは権限を持つべきではなく追い出されるべきである。またロズヴァドフスキーの意見に対して，必要な時に権限を集中することを信じていると言ってよいが，国際労働者協会は武装反乱のための陰謀団でないことが想起されるべきである。おそらく。しかし現在，国際労働者協会はそのようなことに関係がないと述べた。承認。

ヘールズは「支部，グループ，連合評議会および連合が，国際労働者協会の原則および一般規約を冒したという十分な証拠に基づいて。資格停止の全ての場合に，理由書が与えられる」の追加を提案した。規約はできるだけ明確であり，恣意的な行為を許さないようにすべきである。

マルクスは提案に反対した。もし細部に入るなら，刑法典を必要とするであろう。総評議会は権限の拡大を求めてはいない。実際には，それが持っている権限を制限することを求めているのである。

ヘールズは述べた。現在の総評議会の会員が，次の総評議会の会員になるとは限らない。さらにインターナショナルには秘密組織もある。総評議会の権限は強大であり，危険である。投票の結果，不承認[37]。

6月25日の会議で結論を見出せないまま，第6条の改正は7月2日に持ち越された。この会議では，マルクスの提案に安全装置を加えたエンゲルス案を中

第 4 章　国際労働者協会と組織構成　**321**

心に，論議が進められた。この安全装置の眼目は，連合評議会の解散の場合，総評議会でなく，連合を構成する諸支部が新しい連合評議会を選出すること，また連合の解散の場合，各国の連合の同意を必要とすることである。即ち，総評議会の資格停止権はそれ自体では効力を持たず，諸支部あるいは諸連合の承認をもって，初めて実行しうるのである。

この 7 月 2 日の討議におけるマルクスの発言もまた，このことを補強するものである。総評議会が合理的に行動するとは，総評議会が国際労働者協会の意志——労働者階級の解放，「資本主義的蓄積の歴史的傾向」（1867 年『資本』第六章「資本の蓄積過程」）——にもとづいて行動すること，すなわち総評議会は国際労働者協会に対立して，多数の連合の意志に反して自らを一つの権力に構成することはできないと，マルクスは述べた。総評議会は多数の連合の反対がある場合，譲歩せざるをえないのである。

従って，総評議会が支部，グループあるいは連合，連合評議会の資格を停止するというマルクスの第 6 条改正案は，バーゼル大会の運営決議に基づき，また国際労働者協会の多数の意志を，つまり多数の連合評議会の支持を前提とした改正案だったのである。マルクスは，総評議会および各国支部の代表によって構成される最終決定機関としての大会決議を，すなわち国際労働者協会の意志を遵守し，また各国連合評議会がもつ独自の権限をも重視するという原則のもとに規約の改正をはかったのである。

さらに，大会について記した一般規約の第 4 条の改正も，これまでの討議を踏まえ各国連合評議会の権限を重視したものとなった。

第 4 条についてエンゲルスは，規約の終わりの部分を，以下の文句ととりかえることを提案した。

「総評議会は，緊急の場合，大会の日時と場所を変更でき，また多数の連合の同意を得て，大会と同一の権限を持つ非公開会議をもって大会に代えることができる。いずれにせよ大会，あるいはそれに代わる会議は，毎年の大会で定められた期日後三ヵ月以内に開催されなければならない」。

総評議会は，やむえぬ事情のため 1870 年に大会を開くことができず，また1871 年には大会に代えて非公開会議を開かざるをえなかった。その行為は正当なものではなく，大会で説明せねばならない。彼の提案は，実際に必要なことを提案したにすぎないと述べた。承認[38]。

322

エンゲルスの提案した第4条の改正は，1865年および1871年のロンドン協議会の経験をふまえ，緊急の場合，総評議会が大会と同一の権限を持つ非公開会議を開くことを述べており，総評議会の権限の拡大に繋がるものであるが，総評議会が非公開会議を開く場合，多数の連合の同意を必要としており，総評議会への権限の集中でなく，諸連合との権限の均衡がはかられている点は運営細則第6条の改正と同一である。

（二）1872年9月　国際労働者協会第五回ハーグ大会
　1872年9月のハーグ大会の時点では，ベルギー，スペインに続いて，イギリス連合評議会，さらにデンマーク連合評議会が全国的な組織として成立されており，大会参加国は14ヵ国に及んだ[39]。ハーグ大会では，総評議会の用意した規約改正案のうち，「プロレタリアートによる政治権力の獲得と各国労働者党設立」を求めた「一般規約第7条a」および「運営細則の第2条と第6条」が承認された。「規約第7条a」は29対5票，棄権8票で，「細則第2条」は40対4票，棄権11票で，「細則第6条」は36対6票，棄権16票で採択された。このうち運営細則の第6条は，先にみた総評議会の論議で深刻な論議を引き起こしたものである。

　　運営細則
　第2条　「総評議会は，大会決議の実行に責任を負う。また，各国で国際労働者協会の原則，規約，運営細則の遵守を見守る」。
　第6条　「総評議会は，同じく次の大会まで国際労働者協会の団体，支部，連合評議会，委員会，連合の資格を停止する権限を持つ。しかし，連合評議会に属する支部の資格を停止する場合は，当該の連合評議会に事前に協議する。連合評議会あるいは委員会が解散される場合には，総評議会は，問題の連合の諸支部に30日以内に新しい連合評議会または委員会の選出に取り組むことを求める。連合全体の資格が停止される場合には，総評議会は直ちに，そのことを全ての連合に知らせなければならない。連合の多数が求めるなら，総評議会は，臨時協議会を開催しなければならない。この協議会は，問題を解決するため各国の代表が参加し，一月後に開催される。国際労働者協会の活動が禁止されている国も，正規の連合と同じ権利をもつ」。
　1872年9月6日，この第6条に関する大会討議において，大会に自ら参加し

第4章　国際労働者協会と組織構成　　**323**

たマルクスが次のように提案の理由を述べていることが注目される。

「われわれはこの権能を，われわれのために要求しているのでなく，新しい総評議会のために要求しているのである。われわれはブリスメが望むように，総評議会を郵便ポストの機能に変えるのを見るよりも，むしろ総評議会を廃止することを選ぶであろう。……

ベルギー連合評議会は総評議会の前で，様々の乱用，縁故びいきなどから，他のどの連合評議会にないほど激しく非難されており，しかもそれはベルギーの労働者たちによるものである。……総評議会はすでに，支部の資格を順に停止することで，連合全体の資格を停止できる。連合評議会又は連合の資格を停止の場合，総評議会はすぐに問責動議や非難に身をさらすであろうから，このような資格停止権は絶対に必要な場合にのみ行使されるであろう。またかりに総評議会に，黒人の族長やロシアのツァーリのような権利を認め与えたとしても，総評議会が国際労働者協会の多数を代表しなくなれば，その力はなくなる。総評議会は軍隊も持たなければ，予算も持たない。それは精神的な力であり，国際労働者協会全体の同意をえなければつねに無力であろう」[40]。

このマルクスの発言は二つの点で重要である。一つは，総評議会が各国連合評議会の資格を停止する権限がなぜ必要であるのかを，ベルギー連合評議会の実例に基づき述べていることである。それは，総評議会におけるマルクスの発言，つまり連合評議会が単一の支部よりも大きな誤りをおかすと同一のものであるが，加えて明確になったのは，各国の連合評議会が資格を停止される場合，総評議会が資格を停止したとしても，諸支部と協議することを求めていることである。

第二の点は，総評議会の権限がいかに強化されようとも，総評議会が国際労働者協会全体の同意をえられなければ直ちに無力になるという点である。この点も，すでに総評議会の論議でマルクスによって述べられたことであるが，より正確に確認したものである。この問題は総評議会と各国組織との関連の考察にとって重大な意義を持つと言える。蓋し，それは，各国組織の権限を重視した組織原理を持つと言えるからである。総評議会は，「軍隊も持たなければ，予算も持たない」，多数の連合評議会の支持をえられなければ，また各国の連合評議会の意志を無視しては，無力である。すなわち自らを一つの権力に構成することはできないのである。現実の社会での各国の労働者の歩み，その進歩に根

324

ざした国際労働者協会の姿勢が，ここにみられるであろう。

第4節　第一インターナショナルの組織原則

　これまでマルクスが指導的な役割を果たしてきた国際労働者協会の組織構成について，次のように述べられてきた。すなわち，1864年の暫定規約では総評議会と各国組織との関連は緩やかな関係として規定されたが，1869年のバーゼル大会以後，とりわけパリ・コミューン以後，総評議会の権限の拡大がはかられ，次第に中央集権制が強められるに至ったと。確かに1871年の規約整備で，総評議会による各国支部の資格停止権が認められ，翌1872年のハーグ大会では，総評議会による各国連合評議会の資格停止権も認められたことなどは，こうした見解を裏付けているかのように思われる。

　しかし，マルクスによる一連の規約改正の作業は，1869年のバーゼル大会の決議に基づくものであり，また，バーゼル大会の運営決議それ自体が，各国における連合評議会の設立によって提起された新たな問題，すなわち各国連合評議会の独立，その国際労働者協会への再編成に答えようとしたものであった。従って1871年から始まるマルクスによる一連の規約編集作業は，1864年の暫定規約の枠組みを根本的に変えることなく，この問題の解決をはかろうとしたものであり，総評議会の権限を一方的に強めた国際労働者協会の新たな組織編成を，意図したものとは言えないであろう。

　さらに，マルクスはこの問題の解決に際して，国際労働者協会の最終的決定機関としての大会決議に基づき，また各国労働者党の設立「一般規約7条a」を念頭に，各国組織，とりわけ各国連合評議会の自律を重視した組織原則を一貫して守りとおしたと言えよう。

　「ハーグ大会についての演説」（1872年9月8日）アムステルダムの大衆集会
　「ハーグ大会は，新たに総評議会にいっそう強力な権限を与えた。……というのは，ばらばらな行動は無力だからである」。だが「総評議会の権威はもっぱら精神的なものではないのか」。「総評議会の決定は各連合の判断に委ねられ，その決定の実施は各連合に委託されるのではないのか」[41]。ヨーロッパを中心に展開された各国の多様な運動を統合し，経済闘争と政治闘争の連携を意図したマルクスの運動論の真意が，問われなければならない。1867年の経済学批判『資

本』,「近代社会の経済的運動法則」, 理論および思想の労働者への伝わり, 第一インターナショナルを媒介としての現実の運動への浸透である。

注

1）資本の国際化を労働組合運動との対抗関係に視点をすえて分析したものとして, 佐々木健『日本型多国籍企業』（1986 年, 有斐閣）および同『日本型国際化と人権』（1991年, 部落問題研究所）が示唆に富む。

2）総評議会議事録, 全五冊（1864 ～ 72 年）には, ヨーロッパ各国のストライキ支援に対する具体例が数多く記されている。とくに国際労働者協会は, 外国人労働者を用いてのストライキ破りを阻止するのに成果をあげた。また国際労働者協会と反戦運動との関わりについては Rolf Dlubek, Marx und Engels und der Beitrag der 1. Internationale zum Kampf der Arbeiterklasse gegen Militarismus und krieg: *Beiträge zur Marx–Engels–Forschung 29*, 1990. バーフ, ゴリマン, クニナ編, 刀江書院編集部訳『第一インターナショナル史 1864 ～ 70 年』（第一部, 刀江書院刊, 1967 年）がある。

3）マルクス組織論の考察はその革命論を分析するための重要な一環をなすものと言える。組織論と革命論との関連および国際労働者協会と 1840 年代の共産主義者同盟との関連についてはさらに考察をすすめたい。マルクスの革命論については, 山之内靖『マルクス・エンゲルスの世界史像』（未来社, 1969 年）, 淡路憲治『マルクスの後進国革命像』（未来社, 1971 年）, 同『西欧革命とマルクス, エンゲルス』（未来社, 1981年）, 共産主義者同盟については服部文男『マルクス主義の発展』（青木書店, 1985 年）を参照。

4）I. A. Bach, L. I. Golman, W.E.Kunina, *Die Erste Internationale Teil 1*, Moskau, 1981. S. 86f.

5）*Ebenda*, S.132f.

6）I. A. Bach, *a. a. O.*, Teil 2, S.202.

7）こうした理解は国際労働者協会を一つの国際的な党として把握するという見地に対応するものと考えられる。「世界的な闘争同盟であるインターナショナルは, その活動の数年間, 組織的に一つの共通の中心によって指導される国際的なプロレタリアートの結合体であった。しかし, プロレタリアートの統一体のそのような組織形態は……」（バーフ編, 上掲著, 644 ～ 645 頁）。ステクロフも『第一インターナショナル史』で,「マルクスは国際労働者協会を共産主義的傾向を有する国際労働者党の萌芽とみなし」,「総評議会をこのような政党の執行委員会の萌芽とみなした」と述べている（G. M. Stekloff, *History of the First International*, New York, 1968, p.181）。

8）加藤哲郎『社会主義と組織原理Ⅰ』（窓社, 1989 年）130 頁。

326

9）マルクスは 1864 年 11 月 4 日付のエンゲルス宛ての手紙で暫定規約成立の経緯について説明しているが，「ヨーロッパの労働者階級の一種の中央政府」を掲げたヴォルフ案を「実際には全く不可能なこと」として批判している点が注目される（MEW. Bd. 31, S. 14-16）。また総評議会における暫定規約作成に関する討議については *The General Council of the First International 1864-1866 Minutes*, Moscow, pp.35-48.（以下 *The General Council 1864-1866* と略記）。1864 年 11 月 1 日の中央評議会の会議では，マルクスの作成した暫定規約案が変更なしに承認された。

10）*The General Council 1864-1866*, pp. 288-291.

11）ドイツ通信担当書記としての任務の他に，マルクスは国際労働者協会の運営に際して，アメリカのゾルゲ，フランスのラファルグ，スイスのベッカー，ドイツのベーベルやリープクネヒト等と頻繁に連絡を取り交していた。

12）1866 年のジュネーヴ大会では，暫定規約が国際労働者協会の規約および細則として承認された。だがこの承認過程で，大会規定が総評議会に関する規定に包含され，事実上大会規定が削除されることになった。大会規定に係わる第 3 条の改正は協会の組織原則を解明するうえで重要であると思われるが，従来この点は看過されてきた。またこの第 3 条の改正についてマルクスの意向が反映されたものと理解されてきたが（『全集』第 16 巻，注 392，702 頁），のちの 1871 年の規約改正に際しマルクスは削除された大会規定を復元しており，1866 年の規約改正に対するマルクスの関与は再検討される必要がある（MEW. Bd. 16, S. 520-523. 515-521 頁）。

　またジュネーヴ大会で中央評議会から総評議会へ名称が変更されたことは，各国で設立されつつあった中央評議会との区別を意図したものと考えられる。スミルノワは述べた。

　「委員会の草案では，暫定規約の二項（3 条と 8 条）が省かれた。それは大会を招集するまでの総評議会の任務とインターナショナルの第一回大会の責務を規定していた」。「委員会によって提案された草案は，暫定規約と原則的に相違しておらず，ただ重要でない，国際労働者協会の二年間の展開によって課された諸変更だけを提出した」。「かくしてジュネーヴ大会 1866 年は，インターナショナルを科学的共産主義の原則にもとづき，国際的プロレタリアートの革命的大衆組織として発展したことを認めた。規約と細則の承認は，インターナショナルの本来の組織構成をも確定した。それは各国組織に最大限の自治を認め，同時にインターナショナルの組織的かつ指導的中核としての総評議会に広範囲の権限を与えた。その決議は大会によってのみ取消された」。Walentina Smirnowa: Der Genfer Kongreß der Internationalen Arbeiterassoziation, *Marx-Engels-Jahrbuch 5*, 1982.

13）*Compte-rendu du IVe Congrès International*, tenu à Bâle, en septembre 1869. p. 172. Jacques Freymond, *La Première Internationale, Tome II*, p. 129. *Report of the Fourth*

第 4 章　国際労働者協会と組織構成　**327**

Annual Congress of the International Working Men's Association, held at Basle, 1869. Published by the General Council, 1869, London. p. 21. なお最後の英語版には決議の第5条から第7条までの三ヵ条のみが記されている。

14）各国の中央委員会を示す Federal Council という名称は，1871 年のロンドン協議会の決議「2　全国評議会その他の名称」によって採択されたのであるが，1869 年 1 月12 日の総評議会の会議で General Council for Belgium ではなく，Federal Council for Belgium を用いることがマルクスによって提案されていた（*The General Council 1868-1870*, p.59）。

15）バーゼル大会の運営決議の解釈については総評議会議事録に記された次の注記が注目される。「この大会（バーゼル大会──筆者）の報告のフランス語版は，支部のみならず連合全体を承認あるいは拒否する権限について述べている」（*The General Council 1871-1872*, p. 557）。他方，1868 年 12 月全ベルギー支部大会が開催され，ベルギー連合評議会が設立された。また 1865 年 9 月にはスイスでドイツ語支部中央委員会が設立され，スイス，ドイツ，オーストリア諸国の国際労働者協会支部と連絡をとっていた。ベルギー，スイスは，イギリス，フランス，ドイツとともに早くから国際労働者協会の活動の拠点をなしていた（I. A. Bach, *a. a. O.*, Teil 1, 9 und 10 Kapitel）。

16）Der Vorbote, März 1870, Nr. 3, S. 41f.

17）バーゼル大会前にこれらの「運営決議」について，総評議会で事前に論議されたということは議事録から確認しえない。またバーゼル大会後，総評議会で「運営決議」の作成にかなりの時間がかけられたことが報告されている（*The General Council 1868-1870*, p. 157）。「運営細則」に関する論議は 9 月 7 日と 8 日の午前の会議，9 日の午前と夕方の会議，10 日の夕方の会議で続けられた（*Ibid.*, pp. 448-449）。

18）James Guillaume, *L'Internationale, 1864-1872*, Volume Ⅰ, Paris, 1985, p. 208. なおスイスにおけるバクーニン主義者の活動については 1873 年『社会民主同盟と国際労働者協会』の「3　スイスの同盟」参照（MEW. Bd. 18, S. 347-362）。

19）バクーニン派の組織は社会民主同盟であった。この組織を利用して国際労働者協会にはいりこみ，それに自分の無政府主義的な綱領をおしつけようとした。1869 年 3 月 5 日のエンゲルス宛の手紙でマルクスは述べた。

　　（第一インターナショナルの）規約の第一条によって「同一の目的，すなわち労働者階級の保護，進歩，完全な解放をめざしている」労働者団体は，すべて加入を許される。同じ国でのいろいろな労働者部分の発展段階も，違った諸国における労働者階級の発展段階も，必然的に非常に違っているのだから，必然的に現実の運動も非常に違った理論的な諸形態において表現される。国際労働者協会の生みだす行動の共通性，あらゆる国々での諸支部のいろいろな機関紙による思想交換，最後に一般大会における直接の討論は，徐々に一般的な労働運動のために共通の理論的綱領を作り出してい

328

くであろう。

同盟の綱領について，総評議会が問うべきは「この綱領の全般的傾向が国際労働者
協会の一般的な意図——労働者階級の完全な解放——と矛盾していないかどうか」と
いうことである。また同盟の綱領にある文句「諸階級の平等化」について批判する。「諸
階級の平等化」は「資本と労働との調和」の書き換えにほかならない。論理的に不可
能な「諸階級の平等化」目標なのである（MEW. Bd.32, S.273f）。

20）総評議会メンバーのロンドン協議会への参加資格については，総評議会メンバーが
協議会に参加し発言することは自由であるが，決議への投票は一定数に制限されるこ
とが決められた。このように大会あるいは協議会に対して，総評議会も国際的仲介機
関として，一つの特殊な支部として，扱われていたとみなしうる（*The General Council
1870-1871*, pp.270-271）。

21）1871 年の規約編集およびその成立については MEGA I / 22 apparat, S.1213-1216.
『マルクス＝エンゲルス全集　第 17 巻』，411 〜 427 頁，また規約の英語版，仏語版，
独語版については MEGA I / 22, S.365-415.

22）MEGA I / 22, S.366f.

23）MEGA I / 22, S.368f.

24）MEGA I / 22, S.369, 370, 371, 372.

25）MEGA I / 22, S.374. なお 1871 年規約末尾の「付録」の「Ⅱ . 運営細則」では，暫
定規約，1867 年規約，ジュネーヴ大会 1866 年，ローザンヌ大会 1867 年，ヴリュッ
セル大会 1868 年，バーゼル大会 1869 年，ロンドン協議会 1871 年の諸決議が，規約
および細則改訂のために，どのように使われたのかを記している（MEGA I / 22, S.
374-378）。

26）MEGA I / 22, S.374. なお MEGA I / 20 のアパラートで，1866 年大会での規約編成
について述べていた。

「委員会は，とりわけ最終的な規約条項の作成に集中した。前文でかれらは本質的
に暫定的性格をもつ章句，国際労働者協会の創立集会（1864 年 9 月 28 日）への関連を，
現実のものとすることに制限した。それゆえ利用された暫定規約の仏語版，つまりパ
リ委員会の翻訳での『暫定規約』の複写は，考慮理由をプルードン的にゆがめられた
形態で再現したことに気づかなかった。規約条項の構成と内容を委員会は本質的に保
持した。しかし『暫定規約』の第 3 条と第 8 条は削除されたので，規約の新しい順序
が生じた。規約の 7 と 8 で付加が挿入され，規約の 9 と 11 は新しくつけられた。規
約規定の編集は，詳細は特殊規則で扱うという規約 11 に含まれている規定で容易に
された」（MEGA I / 20. Apparat.S.1251f）。

27）MEGA I / 22, S.374.

28）*Ebenda*, S.369f.

29）Federal Council という名称は Spanish Federal Council や Belgian Federal Council とい
う全国的な組織に対して当該国の国名を冠して用いられていたが，London Federal
Council，Paris federation あるいは Federal Council of Geneva など地方的な組織に対し
ても地方の名称を付して用いられていた。また，パリ連合評議会が総評議会と同一の
選出方法を持つことを批判した「1871 年のフランス支部の規約に関する決議」では，
「パリ連合評議会は，例えばヴリュッセル連合評議会やマドリッド連合評議会のように，
全国大会によって選出された全国的な評議会ですらない。パリ連合評議会はパリの諸
支部の代表であるにすぎない……」と述べられており，スペインやベルギーの連合評
議会の場合には「全国大会によって選出された全国的な評議会」であることが強調さ
れている（*The General Council 1870-1871*, p.490, MEW. Bd.17, S.438）。

30）スペイン連合評議会は 1870 年 6 月に設立されており，エンゲルスがスペイン担当
通信書記の職にあった。またドイツでは 1869 年のアイゼナッハ大会で社会民主労働
党が設立されており，マルクスは同党をドイツの Federal Council とみなしていた
（Note1 67, The General Council 1868-1870, p.445）。

なおパリ支部連合は 1870 年 3 月に，北アメリカ連合評議会は 1870 年 12 月にそれ
ぞれ結成されていた。このように 1860 年代末以降においては，スペインと合衆国で
の国際労働者協会の進展が注目された。

31）MEGA I / 22, S.370.

32）実際，総評議会はいかなる場合に支部の資格を停止したのであろうか。ニューヨー
クの第 12 支部の資格が停止された理由は，同支部が各大会の議事や規約を任意に解
釈することを決議し行動したこと，また，国際労働者協会の目的と対立する諸目的の
道具に協会を変えようとしたことであった。さらに，もっぱら学生から構成されたス
ラブ人の一支部が資格を停止されたのは，労働者階級に属しない会員から主に構成さ
れる支部の設立を，規約は認めていないからであった。両支部とも 1872 年に資格を
停止されているが，資格停止の際の判断の基準は，支部の作成した規約やその活動が，
一般規約で述べられた国際労働者協会の基本的な目的や原則に合致しているかどうか
であると言えよう（MEW. Bd.18, S.53-54）。

33）1872 年 1 月 9 日の総評議会の会議で，マルクスはロンドン連合評議会の規約に関
する委員会の報告を行っている。また 1871 年 3 月 1 日の総評議会の会議で，マルク
スはニューヨーク中央委員会が，北アメリカ中央委員会という名称を求めたのに対し
て，それがアメリカ人の支部を含んでいないという理由で反対している。さらに，
1872 年 1 月 30 日の総評議会の会議で，マルクスはオランダ連合評議会（Dutch
Federal Council）の規約が，一般規約に合致しているという規約委員会の報告を行い，
同連合が承認されている。このように総評議会は，各国の連合評議会の設立に対して
承認権を有していたと考えられる。

34) *The General Council 1871-1872*, pp.221-222.

　　村田陽一氏は，1872 年 6 月 11 日の総評議会の議事録を訳されている。村田氏は，末尾で「he」を「同紙」（エマンシパシオン紙）と訳されているが疑問である。「he」は「同紙」ではなく，マルクスと訳すべきであろう（『全集』第 18 巻，700 頁）。

35) *Ibid.*, pp.237-240.

36) 1871 年の規約改正に際して，マルクスが付記したバーゼル大会のフランス語版の議事録については，MEGA I / 22, S.375. また 6 月 25 日の総評議会で，マルクスが参照を求めたバーゼル大会議事録の部分には，注解が付され次のように記されている。

　　「これは国際労働者協会への新支部の承認に関するバーゼル大会の決議に関連する。この大会の報告のフランス語版は，支部のみならず全連合を承認あるいは拒否する権限について述べている」（Association Internationale des Travailleurs.Compte rendu du IV e Congrès International, tenu à Bâle, en Septembre 1869. The General Council 1871-1872, p.557, Note 224）。

　　この注で指摘された資料は，筆者が入手した文献と同一のものであり，またマルクスが 1871 年の規約改正に際して末尾に付記したものである。なおバーゼル大会での規約改正，第 4 条と第 5 条について，1871 年ロンドンで設立されたフランス支部の資料から確認しうる（*The General Council 1870-1871*, p.435）。

　　他方マルクスは，1872 年 3 月 21 日のラファルグ宛の手紙で次のように記している。

　　「この大会が総評議会の権限を度はずれに拡大したとすれば，バクーニン，ロベール，ギヨーム，その他声を大にしてその拡大を要求した社会民主同盟の代議員以外に誰にそのとががあるだろうか。（注。これらの諸公は，バーゼル大会で総評議会がジュネーヴに移されるものと思い込んでいたのだ）」（MEW. Bd.33, S.441）。

37) *The General Council 1871-1872*, pp.241-246.

38) *Ibid.*, pp.258-259.

　　後にエンゲルスは「マンチェスターの外国人支部からイギリス連合の全支部および会員へ」（1872 年）で，ハーグ大会の決議によって「総評議会の権限は拡大されたというよりは，むしろ一層正確に規定されたのであって，その一方で，この権限は以前にはなかった様々な保障規定で制限された。……だから結局は連合そのものがやはり最終の審判者なのである」と述べている（MEW. Bd.18, S.200）。

39) イギリスでは 1864 年の暫定規約第 8 条に基づき，総評議会がイギリス連合評議会の任務を兼ねていたが，1871 年ロンドン協議会でイギリス連合評議会を設立することが決議された。ロンドン連合評議会が設立された後，1872 年にはイギリス連合評議会が結成された。また 1871 年にはコペンハーゲンでデンマーク連合評議会が設立された。イギリス連合評議会成立に関する総評議会での論議については，*The General Council 1871-1872*, pp.69-71, pp.78-82. 参照。

第 4 章　国際労働者協会と組織構成　**331**

40）Jacques Freymond, *La Première Internationale, Tome* Ⅱ, pp.354–355.

41）マルクスによる「ハーグ大会についての演説」（1872 年 9 月 8 日）（MEW. Bd.18, S.160）。また，マルクスとエンゲルスがバクーニン主義者の総評議会への批判に反論して執筆した回状『インターナショナルのいわゆる分裂』（1872 年 1 ～ 3 月）で，「あらゆるブルジョア団体の規約とは違って，インターナショナルの一般規約はその運営機構にはほとんどふれていない。規約は運営機構の発展を実践に，その整備を将来の各大会にまかせている」と述べられた（MEW. Bd.18, S.36）。またエンゲルスは「サラゴサで開催されたスペイン全国大会代議員の市民諸君へ」（1872 年 4 月）で，協会の発展が「協会の特殊な組織構成——全国連合もしくは地方連合に完全な行動の自由を許し，中央諸機関には，綱領の統一と共通な利害を保護し，協会がブルジョアの陰謀や警察の策動の玩弄物になるのを妨げることができるようにするために絶対に必要な権力だけしか委ねていない組織構成におうている」と述べている点は重要である（MEW. Bd.18, S.63f）。

〔附記〕本稿は，東北経済学会第 43 回大会（1989 年，岩手大学）における報告をもとに作成したものである。

《資 料 1》「共産主義者同盟規約」（1847 年）

　以下に，「共産主義者同盟規約」を資料として紹介する。これは 1864 年創立の国際労働者協会，第一インターナショナルの組織構成について，さらにマルクス，エンゲルスの運動論を理解するうえで貴重である。1860 年代の国際労働運動は，1840 年代の運動をその前史として持っていた。英仏の有力な労働組合運動を中心とする第一インターナショナルが，英国のロンドンを拠点に経済闘争を基盤としたのにたいし，同盟運動は，1789 年の仏革命の影響下に，最急進派のバブーフ，その流れをくむブランキ主義者，およびドイツの解放，再建および人類の解放を願う亡命ドイツ人を中心とした運動であった。それは合法的でなく非合法の秘密組織であり，多数の産業労働者を柱とするものでなく，亡命少数者の政治運動であった。また第一インターナショナルでは，1867 年の『資本』によって資本主義的生産が分析され，価値論と剰余価値論，経済闘争と政治闘争の統一がはかられたが，同盟では『共産党宣言』，また「賃労働と資本」の分析を基礎に，フランス，ドイツ，ヨーロッパの政治運動，1848 ～ 49 年革

332

命が展開された。

「共産主義者同盟規約」は，MEW, Bd.4, S.596-601，服部文男『共産党宣言　共産主義の原理』（新日本出版社，1998 年）から抜粋したものである。これらの資料は『共産主義者同盟。文書および資料』（ディーツ社，第一巻，1983 年）にも収録されている。また『共産党宣言』成立について述べた服部氏の「解説」も紹介した。なお，同書には『共産党宣言』の成立にかかわるエンゲルス『共産主義の原理』および『共産主義的信条表明草案』（1847 年）も含まれている。

他方，『共産党宣言』初版の成立，各国での普及史についての詳細な研究については，橋本直樹《『共産党宣言』普及史序説》（八朔社，2016 年）が有益である。なお「被追放者同盟規約」1834 ／ 35 年，「正義者同盟規約」1837 ／ 38 年は，『共産主義者同盟。文書および資料』（ディーツ社，第一巻）に，また「義人同盟規約」（1838 年）は良知力編『資料　ドイツ初期社会主義　義人同盟とヘーゲル左派』にある。

「共産主義者同盟規約」（1847 年）　万国のプロレタリア，団結せよ。

　第一章　同盟　Der Bund
第一条　同盟の目的は，ブルジョアジーの打倒，プロレタリアートの支配，階級対立にもとづく旧来のブルジョア社会の廃止，および階級と私的所有のない新しい社会の建設である。
第二条　同盟員の条件――A）この目的に合致する生活様式および活動，B）宣伝の革命的なエネルギーおよび熱意，C）共産主義の信条表明，D）どの反共産主義的な政治的または国民的結社へもの参加の断念，およびなんらかの結社への参加の上級機関への申告，E）同盟の諸決定への服従，F）同盟のあらゆる案件の存在についての黙秘，G）班への全員一致による採用。これらの諸条件にもはや適合しないものは，排除される。
第五条　同盟は，班，地区，指導地区，中央指導部および大会に組織される。

　第二章　班　Der Gemeinde
第六条　班は，少なくとも三名，多くとも二〇名の同盟員からなる。
第七条　各班は，一名の班長および一名の副班長を選出する。班長は会議を指導し，副班長は会計を行ない，また班長不在の場合にはその代理となる。

第九条　異なる種類の班は互いに知ることなく，相互の通信は行なわない。

　　第三章　地区　Der Kreis
第十二条　地区は，少なくとも二つ，多くとも一〇の班をふくむ。
第十三条　諸班の班長および副班長は地区指導部を構成する。後者は，その
　　内部から一名の長を互選する。地区指導部は，その諸班および指導地区と
　　の通信を行なう。
第十四条　地区指導部は，地区諸班全体にとっての執行権力である。

　　第四章　指導地区　Der leitende Kreis
第十六条　一国または一州の諸種の地区は，一つの指導地区の下にある。
第十七条　同盟の諸地区の州への区分および指導地区の指名は，中央指導部
　　の提案にもとづき大会が行なう。
第十八条　指導地区は，その州の諸地区全体にとっての執行権力である。そ
　　れは，これらの諸地区および中央指導部との通信を行なう。
第二十条　指導地区は，暫定的には中央指導部に，終局的には大会に報告の
　　義務を負う。

　　第五章　中央指導部　Die Zentralbehörde
第二一条　中央指導部は，同盟全体の執行権力であり，こういうものとして
　　大会に報告の義務を負う。
第二二条　中央指導部は，少なくとも五名の構成員からなり，大会がその所
　　在地を移した場所の地区指導部によって選出される。
第二三条　中央指導部は，諸指導地区との通信を行なう。中央指導部は，三
　　ヵ月ごとに同盟全体の状況に関する報告を行なう。

　　第六章　共通規定　Gemeinsame Bestimmungen
第二四条　班および地区指導部ならびに中央指導部は，少なくとも二週間に
　　一回，会議をひらく。
第二五条　地区指導部および中央指導部の構成員は，一年の任期で選出され，
　　再選しうるが，選挙人によりいつでも解任されうる。
第二六条　選挙は九月に行なわれる。

334

第二七条 地区指導部は，同盟の目的にしたがって諸班の討議を指導しなければならない。

　ある種の問題の討議が全般的かつ直接の関心があるものと中央指導部に思われるときには，中央指導部は同盟全体にこの問題の討議を求めなければならない。

　第七章　大会　Der Kongreß

第三〇条 大会は同盟全体の立法権力である。規約のなかの変更に関する提案はすべて，指導地区を通じて中央指導部に送付されて，中央指導部により大会に提出される。

第三一条 各地区は一名の代議員を送る。

第三二条 同盟員三〇名未満の各個の地区は一名の代議員，六〇名未満は二名，九〇名未満は三名，等々である。諸地区は，その地方に属さない同盟員により代表されうる。ただし，この場合には，諸地区はその代表に詳細な委任状を送らなければならない。

第三三条 大会は毎年八月に開かれる。緊急の場合には，中央指導部は臨時の大会を召集する。

第三四条 大会は，そのつど次年度の中央指導部がその所在地とするべき場所および大会がつぎに開かれる場所を決定する。

第三五条 中央指導部は大会に席をもつが，決議権はもたない。

第三六条 大会は，各会期の後に，その回状のほかに，党の名において宣言を発する。

　第八章　同盟にたいする違反　Vergehen gegen den Bund

第三七条 同盟員資格の諸条件（第二条）に違反するものは，その事情に応じて，同盟から除籍または除名される。除名は，再加入を排除する。

第三八条 除名については，大会のみが決定する。

　第九章　同盟財政　Bundesgelder

第四三条 大会は，国ごとに各構成員が支払わなければならない会費の最低限を確定する。

第四四条 この会費は半額が中央指導部に入り，残りの半額が地区または班

第4章 国際労働者協会と組織構成 **335**

の金庫にとどまる。

第四五条　中央指導部の基金は，つぎのために使用される。1）通信費および管理費の支弁のため，2）宣伝用パンフレットの印刷および普及のため，3）特定の目的のための中央指導部の特使の派遣のため。

第四六条　地方の指導部の基金は，つぎのために使用される。1）通信費の支弁のため，2）宣伝用パンフレットの印刷および普及のため，3）臨時の特使の派遣のため。

第一〇章　加入 Aufnahme

第五〇条　班長は加入者に第一条から第四九条までを朗読し，これらを説明し，加入者の負う義務を短い演説のなかで特別に強調してから，「では君はこの同盟にはいることを望むか」という質問を提出する。彼がこれに「はい」と答えると，班長は彼に同盟員の義務を果たすとの誓いをさせ，同盟の構成員として彼を宣言して，彼をつぎの会議において班に紹介する。

ロンドン，1847 年 12 月 8 日

1847 年秋の第二回大会の名において　書記　エンゲルス　議長　カール・シャッパー

〈資料 1 〉の解説

正義者同盟の第一回大会 1847 年 6 月にはエンゲルのみが参加し，そして同年の第二回大会 1847 年 12 月（「共産主義者同盟」）には，マルクスとエンゲルスがともに参加した。これらの大会で従来の「正義者同盟（義人同盟）der Bunnd der Gerechten」の規約（1838 年）は変更され，同盟はドイツ人亡命者を中心とする国際的運動体として整備された。

「同盟の目的」は，大会論議で次のように変更された。

1838 年の規約

「第三条　同盟の目的は屈辱的抑圧のくびきからのドイツの解放，人類を隷従から解放するための協力，人権および市民権のうちに含まれた諸原理の実現である」。

1847 年 6 月の規約（第一回大会）

「第一条　同盟の目的は，財貨共有制の理論の普及とそのできるだけ速やかな

導入とによって，人類を奴隷状態から解放することにある」。

1847年12月の規約（第二回大会）

「第一条　同盟の目的は，ブルジョアジーの打倒，プロレタリアートの支配，階級対立にもとづく旧来のブルジョア社会の廃止，および階級と私的所有のない新しい社会の建設である」。

同盟規約について細部の変更は省くが，第一回大会（1847年6月）にくらべ第二回大会（1847年12月）で成立した同盟の規約で注目されるのは，「班，地区，中央指導部」に「指導地区」と「大会」が追加され，そして「大会」の規定が第一回大会より整備され，重視されたことである。第三十条，大会は同盟全体の立法権力であること，第三三条，大会は毎年八月に開かれることは同一であるが，第三二条で，地区規模（人数）と代議員数が詳細に規定され，第三四条で，大会が次年度の中央指導部の所在地だけでなく，つぎの大会の場所をきめること，また第三六条で，大会が，各会期後に，回状のほかに党の名で宣言を発すること，が規定された。さらに「指導地区」，「中央指導部」に大会への報告を義務とし，また同盟からの除名，同盟の会費について，大会の決定を述べているのである。

なお，1838年「義人同盟（正義者同盟）」規約には，「班，地区，人民本部（中央機関）」の規定はあるが，大会にかんする規定はなかった。当時の状況から秘密組織として活動した「共産主義者同盟」（1847年）に，あえて大会規定を組み入れ，大会での論議，相互の理解，そして合意形成を重視し，運動が個人的独裁におちいる弊害を排除したことは注目されよう。

「解説」　服部文男

『共産党宣言』は，1848年2月末にロンドンで刊行された。刷りあがったのとほぼ同時に，フランスで二月革命が始まったという知らせが届いたとされている。// 本訳書で『宣言』本文の前におかれたマルクスおよびエンゲルスの各種「序文」，とくに最初の1872年ドイツ語版への「序文」から明らかなように，『共産党宣言』は，当時の国際的な労働者組織「共産主義者同盟」の大会で，マルクスおよびエンゲルスに起草が委ねられた「綱領」であった。//

この頃，首都パリには社会主義および共産主義の種々の潮流があらわれ，なかでも少なからぬ政治的亡命者をふくむドイツ人労働者は数万に及んだ。1834

年に結成された「亡命者同盟」（文字通りには「被追放者同盟」），1836年ごろに，そのなかのプロレタリア的分子がわかれて組織した「正義者同盟」（「義人同盟」とも訳される）は，ともにこれらのドイツ人労働者からなる秘密結社であって，後者は，少数の分子による権力奪取をめざすフランス革命家ブランキの指導する秘密結社「四季協会」と密接な関係をもっていた。1839年5月，「四季協会」が蜂起するや，「正義者同盟」もともにたたかい，ともに鎮圧されて，逮捕された「同盟」の指導者はロンドンに追われた。こうして，「正義者同盟」の活動の重心はパリからロンドンに移ったが，1840年2月に設立された「共産主義的労働者教育協会」の活動を通じて，「同盟」はドイツ人の組織から，しだいに国際的な組織へと性格を変えつつあった。//

これ以後，マルクスとエンゲルスは，この新しい世界観を，ヨーロッパ，とくにドイツのプロレタリアートの間にひろめ，彼らに理論的武器をあたえようとして，その第一歩として，1846年2月，ベルギーのブリュッセルに「共産主義通信委員会」を設立し，イギリス，フランス，ドイツの労働者組織や社会主義団体のなかの意識の進んだ分子を結集しようとした。彼らの積極的な組織活動および政治的，理論的活動の結果，さきに述べたロンドンの「正義者同盟」の指導部のなかに，ロンドンにも設立された「共産主義通信委員会」の構成員がはいることになり，指導部の所在地もパリからロンドンに移された。

この新しい指導部は，1846年11月，「同盟」の全組織にたいする「よびかけ」のなかで，大会を召集して，綱領として「簡単な共産主義的信条表明」を作成することが必要であると強調した。

マルクスおよびエンゲルスにたいする加盟要請の直後，1847年2月に，「正義者同盟」の指導部は第二の「よびかけ」を発し，来るべき大会では「短い共産主義的信条表明をつくり，ヨーロッパのあらゆる言語で印刷して，すべての国々にひろめなければならない」と述べた。

1847年6月にロンドンで開かれた「正義者同盟」の大会には，マルクスは旅費を調達できなかったために欠席し，エンゲルスだけが出席した。大会の代議員は一二ないし一五名と推定されている。規約案は大会の承認をえたが，さらに「同盟」の全組織の討議をまって決定することとなった。その第一条は，「同盟の目的は，財貨共有制の理論の普及とそのできるだけ速やかな導入とによっ

338

て，人類を奴隷状態から解放することにある」という不明確なものであった。
しかし，「同盟」の名称は「共産主義者同盟」と改められ，また，これまでの「人
間はみな兄弟だ！」というスローガンは，「万国のプロレタリア，団結せよ！」
という階級的立場を明確にした闘争のためのスローガンに改められることにな
った。……綱領についても，この六月大会の最終日に討議の暫定的結論として「共
産主義的信条表明草案」が作成された。この「草案」は全文がエンゲルスの筆
跡で書かれ，書記ヴィルヘルム・ヴォルフおよび議長カール・シャッパーの署
名があるが，内容的には旧来の見解とマルクスおよびエンゲルスの見解が併存
しているものであることは否定しがたい。……エンゲルスは，パリ班での「草案」
討議において，ヘスのこの「真正社会主義的」草案を徹底的に批判して，新草
案の作成を一任され，10 月下旬から 11 月にかけて，やはり問答体形式による『共
産主義の諸原理』を書いた。

　六月大会のあと約半年後に，第二回大会が 1847 年 11 月 29 日から 12 月 8 日
までの 10 日間，ロンドンで開かれた。今度はマルクスもエンゲルスとともに出
席することができた。大会への出発直前に，エンゲルスはマルクスにあてた 11
月 23 ／ 24 日付きの手紙のなかで，「問答形式をやめて共産主義宣言と題する
のが一番よいと思う。そのなかで多少とも歴史が述べられなければならないから，
従来の形式ではまったく不適当だ」と述べた。

　第二回大会の中心問題は，綱領の審議であった。マルクスとエンゲルスは，
共産主義の原則についての詳細な説明をおこない，少なくとも八日間にわたる
徹底的な討論ののちに，大会の全代議員はマルクスおよびエンゲルスのしめし
た原則を承認した。あわせて，六月の大会で一応の承認をえた規約に重要な修
正を加えたうえで，全員一致で承認された。

　第二大会の終了後，マルクスはブリュッセルに帰り，エンゲルスはパリにも
どったため，二人がつねに共同して綱領の起草にあたることは困難となった。
そこで，マルクスは，二度の大会の諸文書のほか，エンゲルスの『共産主義の
諸原理』や，これについてのエンゲルスの手紙の趣旨などを参考にして，『共産
党宣言』の執筆に着手した（161 ～ 166 頁）。

《資 料 2》共産主義者同盟の規約（1851 年）

「ケルン中央委員会の同盟員への呼びかけ」（1850 年 12 月 1 日）

　ロンドンに起こった出来事，すなわち同地の同盟員のあいだの分裂に導いた出来事については，ケルン地区は，はじめ前中央委員会の九月十五日の会議の議事録によってこれを知った。この会議では，10 票中 4 票の多数（七対三）で次の決定が採択されたのであった。

　1）中央委員会をロンドンからケルンに移転し，ケルン地区に新中央委員会の結成を委託すること，2）同盟規約の廃棄を声明し，新中央委員会に新しい規約の起草を委託すること，3）従来の一つのロンドン地区の代わりに，同地に二つの地区を結成すること（MEW, Bd.7, S.561, 562）。

　　共産主義者同盟の規約（1851 年）

一　共産主義者同盟の目的は，宣伝と政治闘争のあらゆる手段をもちいて，旧社会を破壊し――およびブルジョアジーを打倒し――，プロレタリアートの精神的，政治的および経済的解放を成し遂げ，共産主義革命を遂行することである。同盟は，プロレタリアートの闘争が経過すべきさまざまな発展段階において，つねに運動全体の利益を代表する。同盟はまた，プロレタリアートのあらゆる革命勢力を自己のうちに結合し組織することにつとめる。同盟は秘密結社であり，プロレタリア革命がその終局目標を達成するまで解散することはできない。

二　同盟員となることができるのは，次の諸条件をあわせそなえた者だけである。

　　a）どんな宗教からも自由であること，……b）プロレタリア運動の諸条件，発展行程および終局目標を理解していること。c）同盟の目的に敵対的または妨害的な団体や部分的な企図と，いっさい関係をもたないこと。d）宣伝をおこなう能力と熱意をもっていること，信念に忠実な，確固不抜な革命的実行力をもっていること。e）同盟内部の事情は，いっさいかたく口外しないこと。

三　採用は，班の全員一致の決定による。採用は班の全員会議で班長がこれをおこなう。同盟員は，同盟の諸決定に無条件で服従することを誓約する。

四　同盟所属の条件に違反したものは，除名される。個々人の除名についての決定は，その班の多数決による。地区指導班からの提議があれば，中央指導部は個々の班を全体として除名できる。……。

五　同盟は，班，地区，中央委員会，大会に編成される。

六　班は，同一地域に住む三人以上の同盟員からなる。……

七　一国または一州内の各班は，一つの指導班，すなわち地区に従属する。地区は，中央委員会がこれを任命する。

八　班は，少なくとも二週間に一回，定期的に会合をひらく。……

九　班長，副班長，地区議長および副議長は，一年を任期として選出され，選挙人はいつでもこれを解任することができる。中央委員会の解任は，大会だけがおこなうことができる。

一〇　各同盟員は，毎月会費を納入すべきものとする。同盟費の最低額は大会で決定する。……

十一　中央委員会は，同盟全体の執行機関である。中央委員会は，三名以上の委員からなり，大会が中央委員会の所在地を定めた地区によって選ばれ，かつ補充され，もっぱら大会にたいしてのみ責任を負う。

十二　大会は，同盟全体の立法機関である。大会は，各地区会議の代議員をもって構成される。地区会議は，それぞれ五班に一人の割合で代表を選出する。

十三　地区会議は，地区の代議機関であって，地区の諸問題の討議のために，四半期に一回定期的に，指導班の機関の指導のもとに地区所在地でひらかれる。各班は地区会議に代議員各一名を送る。……

十四　大会は，各地区の選挙会議が終わってから二週間後に，別の地点が中央委員会によって指定されないかぎり，当然に中央委員会の所在地でひらかれる。

十五　大会は，中央委員会——大会に出席するが，決議権はもたない——から，中央委員会の全活動と同盟の状況とについての報告を聴取する。大会は，同盟の遂行すべき政策の原則を解明し，規約の変更についての決定をおこない，次年度の中央委員会の所在地を決定する。

十六　緊急な場合には，中央委員会は臨時大会を収集することができる。……

十七　個々の同盟員のあいだの紛争は，終局的には，同一の班に属する者の

第 4 章　国際労働者協会と組織構成　**341**

場合，班がこれを解決し，同一の地区に属する者の場合は，地区指導部が
これを解決し，異なる地区に属する者の場合は，中央委員会がこれを解決
する。中央委員にたいする個人的な苦情は，大会が所管事項とする。……
大会はさらに，中央委員会と同盟下級機関とのあいだに生じたすべての紛
争を解決する（MEW, Bd.7, S.565–567. Der Bund der Kommunisten B.2 1849–
1851, S.331–334）。

〈資 料 2 〉 の解説

　この共産主義者同盟の規約は，1850 年 9 月の同盟分裂後に，ケルンの中央委
員会によって作成されたものである。翌年一月五日のロンドン地区会議で，マ
ルクス参加のもとで，承認された。
　1851 年の「共産主義者同盟の規約」が 1847 年の「共産主義者同盟規約」と
相違するのは，前者が 1848 ～ 49 年の革命，フランス二月革命，ドイツ三月革
命を経験し，それを踏まえて作成されたことである。そして 1847 年規約を継承
するものとして，第五条の班，地区，中央委員会，大会の組織構成，また 1847
年規約から導入された大会について，第十二条で，大会は同盟全体の立法機関
であると明記され，第十四，十五条で大会の役割が規定されたことである。
　他方，相違するのは第一条の共産主義者同盟の目的で，『共産党宣言』（1848 年）
の規定をとりいれたことである。ブルジョアジーの打倒，プロレタリアートの
解放は同一であるが，さらに「同盟は，プロレタリアートの闘争が経過すべき
さまざまな発展段階において，つねに運動全体の利益を代表する」と述べた。
それは「1850 年三月の同盟員へのよびかけ」でも強調された同盟運動の指針と
しての『共産党宣言』の正しさの確認である。さらに運動の勝利をおさめるた
めに「同盟はまた，プロレタリアートのあらゆる革命勢力を自己のうちに結合
し組織することにつとめる」と述べた。ここでプロレタリアートのあらゆる革
命勢力が問題となるが，「1850 年の三月のよびかけ」，『共産党宣言』では，小
ブルジョア，中間党との連携が指摘されていた。
　最後に，「1850 年六月の同盟員へのよびかけ」で，組織的に破壊された同盟
運動の再建として，仏のプロレタリア党，ブランキ主義者および英の革命的チ
ャーティストとの連携が指摘されたことである。これは同盟運動，『共産党宣言』
全体を貫く運動の視点，プロレタリアの階級闘争，そして階級の廃止に受け継

がれた。1860年代の運動，第一インターナショナルでは，この視点は維持され
より具体化され，労働組合運動，ストライキ，そして労働時間の短縮闘争が「労
働者階級の原理の勝利」として宣言された。さらに，この経済闘争を踏まえて
労働者の政治闘争が提起された。この二つの運動の統一，それは1871年のパリ・
コミューンの歴史体験をもとに，ロンドン協議会で「労働者階級の政治活動」
として承認され，そして1872年のハーグ大会で規約に組み入れられた。1867
年『資本』を基礎に労働者の運動原理が確立された。

第5章　1872年のハーグ大会
——資本主義的蓄積の歴史的傾向——

第1節　政治的決議とバクーニン主義

　第五回ハーグ大会は，1872年9月にオランダのハーグで開かれた。国際労働者協会の歩みを反映し，大会は12の国籍から六十四人の代表が集まった真の国際労働者大会であった。これまでロンドンでの協議会（1865年，1871年）にしか参加していなかったマルクスも，総評議会代表の一人として大会にあった。第一インターナショナルの歴史において，ハーグ大会は，どのように位置づけられるのであろうか。

　1870年9月に勃発した普仏戦争のため，1870年に予定されていた大会を開くことができず，大会は延期された。戦争はプロシア軍優位のうちに翌1871年まで続き，そして3月にはプロシア軍への降伏に反対したパリの民衆が仏国防軍とともに蜂起し，首都パリを占拠した。パリ・コミューンが打ち立てられたのである。しかし，コミューンは5月にベルサイユに結集した仏軍によって弾圧された。

　国際労働者協会の総評議会は，直ちに『フランスにおける内乱　国際労働者協会総評議会の呼びかけ』を発表し，コミューンが，既存の秩序を維持するための国家とは異なる「労働者階級の政府」の樹立，すなわち「労働者階級の解放」であることを示した。さらにコミューン亡命者を支援しつつ，1871年9月にロンドンで非公開の協議会を開いた。このロンドン協議会では普仏戦争，パリ・コミューンと続いた歴史的事件を前提に，労働者階級の政治闘争および運動組織が討議された。経済闘争と政治闘争との関連，そしてそのための運動組織，各国労働者党の設立が，現実の労働者の課題としてロンドン協議会で討議された[1]。

　パリ・コミューン後に書かれた1871年11月23日のマルクスのボルテ（在ニューヨーク）宛ての手紙は，労働者階級の解放の手段，方法について，つまり国際労働者協会の目的，その意義を示すものとして貴重である。次のように述べる。

「インターナショナルが設立されたのは，社会主義的または半社会主義的な宗派のかわりに，たたかうための労働者階級の現実の組織をつくるためでした。例えば，もともとの規約ならびに創立宣言を見れば，ひと目でこのことははっきりとわかります。……インターナショナルの歴史は，インターナショナル自体の内部で，労働者階級の現実の運動に対抗しようとはかる諸宗派やしろうとの試みにたいする総評議会の絶え間ないたたかいだったのです。このたたかいは各大会で，だがそれよりはむしろ総評議会の各宗派との私的な交渉のなかでおこなわれました」。

　……パリではプルードン主義者（相互扶助主義者），ドイツではラサール一派，そして 1868 年末にロシア人バクーニンがインターナショナルにはいりました。その目的は，インターナショナル内部に社会民主同盟と称して，彼を首長とする第二インターナショナルをつくることでした。彼の綱領は，諸階級の平等，社会運動の出発点としての相続権の廃止，無神論，主要な教条としては政治運動への不参加がありました。// 『資本』は，まだ英語あるいはフランス語では出ていません。フランス語版は作業が進行中だったのですが，あの事態で中断されてそのままになっています。……

「政治運動にかんする所見。労働者階級の政治運動は，もちろん労働者階級のための政治権力の奪取を最終目的としてもっており，そのためにはもちろん，ある程度まで発達した，労働者階級の事前の組織が必要で，そしてその組織は彼らの経済闘争のなかからおのずと生い育ってきます。しかし他方，労働者階級が階級として支配階級に対抗し，外からの圧力によってこれに強制を加えようとする運動は，すべて政治運動です。

　例えば，個々の工場なり個々の組合でストライキ等々によって，個々の資本家から労働時間の制限をかちとろうとする試みは，純粋に経済的な運動です。これにたいし，8 時間労働法等の法律をかちとるための運動は政治運動です。そしてこのようにして，いたる所で労働者の個々ばらばらな経済的な運動のなかから一つの政治運動，すなわち，彼らの要求を一般的な形で，つまり一般的で，社会的で強制力をもつ形で貫徹するための階級の運動が生まれてくるのです。これらの運動がある一定の事前の組織を前提とするにせよ，それはまたそれで，この組織発達の手段でもあるのです。

労働者階級がその組織の点でまだ十分に発達していないために，支配階級の集団権力，すなわち政治権力にたいして決定的な戦闘をおこなうにいたっていないところでは，ともかく労働者階級は支配階級の政治にたいするたゆみない宣伝によって，そのための訓練を受けなければなりません。そうでない場合には，労働者階級はいつまでも支配階級の手中でもてあそばれる手玉でありつづけるのです[2]」。

パリ・コミューン後に書かれた 1871 年 11 月 23 日のマルクスのボルテ宛ての手紙は，ロンドン協議会の決議「Ⅸ 労働者階級の政治活動」の理解をはかるものである。すなわち，労働者の経済運動と政治活動の関連，階級闘争，その組織形成を具体的に述べたものである。

政治権力の奪取を目的とする労働者階級の政治運動は，一定の組織形態を基礎とするが，その組織は経済運動のなかからおのずと生ずること，個々の資本家から労働時間の制限をかちとることは純粋に経済的な運動であり，他方 8 時間労働法等の法律をかちとるための運動は政治運動である。労働者の個々ばらばらな経済運動から一つの政治運動，かれらの要求を一般的な形で貫徹するための階級の運動が生まれてくる。これらの運動がまた組織発達の手段でもある。インターナショナルの設立は，戦うための労働者階級の現実の組織を作ることであり，その歴史はインターナショナル内部での諸宗派と総評議会との絶え間ない戦いであった。

以下では，このロンドン協議会から 1872 年の第五回ハーグ大会にいたる過程を追跡し，バクーニン主義者との組織をめぐる抗争を中軸に，第五回ハーグ大会に，いかなる課題が提起され，どのように運動が編成，組織されたのかを検討する。Ⅱでは「ロンドン協議会からハーグ大会までの総評議会」を同議事録によって，またⅢでは「ハーグ大会」を，同大会議事録を材料に考察する。

第 2 節　ロンドン協議会からハーグ大会まで

1）1871 年ロンドン協議会の決議および規約

1871 年　11 月 14 日　総評議会での論議

セライエは，ロンドン協議会の諸決議が仏の新聞で，印刷されていることを伝えた。

346

1871 年 11 月 21 日

新フランス支部およびイギリス連合評議会から代表が参加した。また新フランス支部が提出した規約は，規約改正委員会に送られた。議長は，総評議会と対立するスイスのある党派が，ソンヴィリエで大会を開いたことを伝えた。すなわち 1871 年 11 月 12 日に，バクーニン主義者たちはソンヴィリエで集会を開き，「国際労働者協会の全連合への回状」ソンヴィリエ回状を決議した。それは総評議会と対立し，政治不参加と支部の自治を述べ，また総ての連合が規約を改定し，総評議会を非難するための大会開催を提案していた[3]。

11 月 28 日

マルクスは，プロイセンのブランズウィックから手紙で，同委員会の会員が逮捕され，裁判にかけられたことを伝えた。彼らが，戦争およびアルザスとロレーネの併合に反対したことが処罰の理由である。エンゲルスは，マァツィーニが，再び，イタリアで国際労働者協会を非難していることを伝えた。

12 月 5 日

バリは，イギリス連合評議会と総評議会を分離する時期にいたったこと，またヘールズがイギリス連合評議会と総評議会の書記を兼ねることを問題とした。

マルクスは述べた。総評議会は，連合評議会が加盟団体によって合意される前に，それを承認したという点で，幾分正式の手続きをふまえていなかった。それは連合評議会ではなく，ロンドン連合委員会でしかない。二つの職務の兼任は両立しがたいことを提案した。

12 月 12 日

議長ユングは『エガリテ』の記事を読んだ。スイスの支部が，バクーニン主義者との激論の末，バクーニン主義者のソンヴィリエ回状を拒否し，ロンドン協議会決議の支持を表明した。そして総評議会が国際労働者協会の原理を維持し，実行することを求めた。エッカリウスは，ニューヨークの連合委員会が分裂し，ゾルゲを中心とする労働者中心の第一連合委員会と小ブルジョア主体（第 9 支部と第 12 支部）の第二連合委員会が作られたことを伝えた[4]。

12 月 19 日

　セライエは，フランスで国際労働者協会の再建についての記事が報道されているが，政府の介入に注意を要すると述べた。マルクスは，フランス政府の要請でイギリス政府が，市民罪としてコミューン亡命者の起訴を準備していること，またベルリンからの手紙で，ビスマルクに近いラサール派の新聞が，ロンドン協議会の決議と総評議会を非難していることを伝えた。さらにニューヨークからの手紙で，分裂した北アメリカ連合評議会の再建が行われていること，またスイスでロシア支部を代表するウーチンからの手紙で，先の大会にバクーニン主義者が現れ，ロンドン協議会の決議の取消しを求めたことを述べた。

　エンゲルスは，スペイン連合評議会の機関紙『イマンスペイション』で，政治問題と社会問題の結合を述べたロンドン協議会の決議の支持が報道されたことを伝えた[5]。

1872 年 1 月 2 日　総評議会

　ユングは，ジュネーヴから，改定された規約を求めてきたことを伝えた。

　マルクスは，ベルギー大会 1871 年 12 月 24, 25 日で，間接的にロンドン協議会決議に反対して決議したこと，しかも彼らのロンドン協議会代表の投票に反対して行動したこと，を伝えた[6]。

　ロッシャーは，オランダ連合評議会がロンドン協議会決議を支持したことを伝えた。モターズヘッドは，デンマークとスウェーデンでの国際労働者協会の進展を伝えた。

　マルクスは，イギリス連合評議会について，総評議会が暫定連合委員会を認めたのであるから，連合委員会がどのように行動しているのか，その人数，労働組合の参加等を調べることが規約上，必要であると述べた。

1 月 9 日

　セライエは，ボルドーの支部がロンドン協議会の決議を認めたことを伝えた。また別の手紙は，コミューンについて伝えている。コミューンは，労働者階級の発展に大きな貢献をした。地方でも，コミューン戦死者は殉教者とみなされている。コミューンは，労働者階級の自治能力を証明した。

　マルクスは，新ポーランド支部の規約の報告を行った。規約は，総評議会を紛争の調停者とする部分を除いて，国際労働者協会の規約に適っている。承認。

またロンドン連合評議会の規約について，それは国際労働者協会の規約に反しないと述べた。同連合の人名一覧，参加支部および労働組合のリストも報告された。

1872 年 1 月 16 日

マルクスは，規約委員会を代表してロンドン連合委員会の報告を行い，次の訂正を条件としてロンドン連合評議会の規約が認められると述べた。1）連合評議会が，その会員を追加する権限を持つことを削除する。2）世界共和主義連盟の評議員が，ロンドン連合委員会に所属することを止める。3）暫定連合委員会の承認以降に追加された会員は，評議会から除かれる。第一は，一般規約との整合性のために必要である。第二は，世界共和主義連盟は国際労働者協会と対立し，国際労働者協会を非難しているので。第三は，代表者でない人を選出することは規約違反であるから。論議の後，承認された。

1 月 23 日　総評議会

マルクスは，サクソニーの社会民主党がシェミニッツで大会を開き，ソンヴィリエ回状を論議し，国際労働者協会の原理とロンドン協議会の決議を支持したことを述べた。またアムステルダム支部から，一般規約の翻訳およびオランダ連合評議会の規約を受け取ったことを伝えた。

1 月 30 日

マルクスは，オランダ連合評議会とチューリッヒ支部の規約を吟味し，一般規約と一致していることを伝え，承認された。またベルリンで製造業者の世界連盟が設立され，国際労働者協会の活動を調べ，政府への報告を企図していることを伝えた。

エンゲルスは，スペインについて報告した。スペインでは，政府の国際労働者協会への弾圧が注目されている。これまで政治活動を慎むことが慣習であったが，社会活動のみならず政治活動を行うことを余儀なくされている。スペインのインターナショナルは，政治問題と社会問題とは不可分であるというロンドン協議会の決議を完全に認めた。セライエは，フランス南部の地方支部が，支部は宗派的な名称を用いないというロンドン協議会の決議を，承認したことを伝えた[7]。

第5章　1872年のハーグ大会　**349**

1872年2月6日

　見知らぬ人を認めないということに関する規則を，あらゆる場合に絶対的とすることが，全員で承認された。　マルクスは，リチャードとブランクが，ボナパルトの手下になり，国際労働者協会から離れたことを伝えた。彼らは，帝国主義こそがフランスを救うと主張し，帝国の復権を労働者に呼びかけている。彼らは，かつて政治的棄権を述べていた。フランス人亡命者の代表がここで，更なる支援を労働者に与えることを総評議会に懇願するために参加した。論議で，ベルサイユ政府がパリ・コミューン成員の引き渡しをヨーロッパの政権に要請したこと，スイスの連合評議会がこれに抗議したことが話された。マルクスは，支援は総評議会の外で行うことを述べた。これまで総評議会は，コミューン亡命者を支援してきたが，非難だけを受けてきた。支援の会計監査も必要である。もちろん総評議会メンバーの個人的な支援は引き続き必要である。論議の後，総評議会から5ポンドの寄付が承認された。

　2月13日

　マルクスは，ベルリンからの手紙で独語訳の規約を受け取ったこと，また統計調査の委員会もつくられたとを紹介した。また，ベルギー書記へ次の提案を行った。1）ベルギー連合評議会は，仏語訳規約の200部の受け取りを通知し，2）どれだけの印紙が必要なのかを知らせ，3）『リベルテ』紙が，ベルギー連合評議会の機関紙であるのかを知らせること。けだし，そこで総評議会に関する記事は適切に扱われていないのに，スイスの反対者の記事は大きく取り上げられている。提案は承認された。

　セライエは，パリで運動が進展し，支部の再建が進んでいることを伝えた。

　2月20日

　書記ヘールズは，北アメリカの二つの連合委員会から手紙が届いたことを伝えた。一つは，英，独，仏，伊，スペイン語訳の規約を求めており，もう一つは，連合評議会の規約を送ってきた。ユングは，かつてのインターナショナルの機関紙『エガリテ』の編集者であったウーチン宅への，ロシア警察の不当な捜査を非難する抗議文を報告した。

　ユングは述べた。3月18日の記念日を祝うための方策を検討すべきである。これまでインターナショナルは，1848年6月の労働者蜂起を，権力獲得のため

の労働者階級の最初の試みとして祝ってきた。でも3月18日のパリ・コミューンは，その最初の成功である。今，それを祝賀すべきである。提案は承認され，そのための委員会が選出された[8]。

1872年3月5日　総評議会

マルクスは，ライプツィヒで国際労働者協会の印刷物の販売が禁止されたこと，またイギリス政府は，フランス政府の要請に応じて，コミューン亡命者の国外追放を準備していること，また国際労働者協会に対する法を用意していることを伝えた。　さらにスイス紛争について書き上げた宣言を提出した。それはフランス語であったが，重要な諸点を説明した。この宣言の意義は，国際労働者協会の原理と方策の歴史的な歩みを示すことにある。印刷の同意を求め，承認された。宣言は仏語版小冊子で『国際労働者協会のいわゆる分裂　総評議会の非公開回状』として全連合に送付された[9]。またマルクスは，アメリカの紛争についての報告を行なった。

3月12日

エンゲルスは先週の会議の公表資料は，イタリアの部分が間違っていると述べた。イタリアでは医者，弁護士等の中産階層は政治の棄権を主張するが，労働者はこれと異なる。彼らも他のヨーロッパ諸国やアメリカ合州国の労働者と同じようになるであろう。

マルクスは，アメリカについての報告を取り上げ，第2条，少なくとも会員の三分の二が労働者で構成されていない支部は，連合評議会によって認められないを読んだ。その目的は，インターナショナルが中産階級によって選挙目的に利用されるのを防ぐことにある。賛否の論議がおこり，その後，提案は承認された。アメリカについての報告の残りも承認され，また第12支部は，その活動に照らし，次の大会まで資格を停止された[10]。

3月19日

エンゲルスは，スペインやポルトガルからの手紙で，当地のインターナショナルの進捗状況を紹介した。またベルギーからの手紙が読まれた。1）仏語訳の規約を200部受け取ったこと，2）支部は会費を支払うことに異存はないこと，3）『リベルテ』は，ベルギー連合評議会と見解が異なり，同連合の機関紙では

第 5 章 1872 年のハーグ大会　351

ないと伝えてきた。

　ヘールズは，1871 年 3 月 18 日の社会革命を祝賀するために予定されたセント・ショージホールでの集会について報告した。同会場では記念集会は開催されなかった。その理由は，集会は帝国の崩壊を祝賀し，共産主義的な集会は法律に違反すること，また 1871 年社会革命の集会を認めても，それにコミューン亡命者が参加することに問題があるというものである。集会は別の場所に移動し，決議が採択された。

　3 月 26 日

　エンゲルスは，スペイン連合評議会の報告を読んだ。スペインでは 1869 年に国際労働者協会が知られ，1870 年のバルセロナの大会で組織された。以後，パリ・コミューンと警察の迫害のなか，インターナショナルは勢力を増し，1871 年のバレンシアの協議会には十三の地方連合が参加した。そして今，サラゴサで 4 月 7 日開催予定の大会には，七十の地方連合が参加することになる。労働組合の加入も増えている。そして，このサラゴサ大会開催に，国際労働者協会の連帯の証しとして，総評議会からの電報を望んでいる。エンゲルスにその仕事が委託され，承認された [11]。

　セライエは，パリの労働者が「製パン所での夜間労働の廃止」の法律を求めて運動していることを伝えた。その法律は，パリ・コミューンによって制定されたものであり，コミューンが，労働者階級に教えたものである [12]。

　このように 1871 年 9 月のロンドン協議会終了後，総評議会によって協議会決議および規約が編集され，各国支部に伝えられた。とくにパリ・コミューンによって労働者階級にたいし宣言され，それを成文化した決議「IX 労働者階級の政治活動」は，各国で論議を起こした [13]。他方で，各国政府の動きがある。仏政府はコミューン亡命者の引き渡しを各国政府に要請した。英政府は市民罪の適用を検討し，また 4 月に下院で国際労働者協会のコミューンへの関与，国際労働者協会の違法性が論じられた。そして，ベルリンでも国際労働者協会の調査および訴追が始められた。同時に国際労働者協会内部での衝突があった。イギリスでは，ロンドン協議会決議を具体化したイギリス連合評議会の設立に関する紛糾が，さらにアメリカでは，支部の性格規定について対立が生じた。

　だがより深刻であったのはロンドン協議会決議を否認する社会民主同盟の動

きである。スイスを根拠地とするバクーニン主義者は，1871 年 11 月にソンヴィリエで大会を開き，協議会決議の無効と総評議会を非難する「ソンヴィリエ回状」を各国に配布した。「回状」は，国際労働者協会の全支部がロンドン協議会の諸決議に反対し，大会の即時招集を呼びかけていた。

　総評議会は，マルクスとエンゲルの手になる『国際労働者協会のいわゆる分裂　総評議会の非公開回状』を 1872 年 3 月に刊行し，これに答えた。バクーニン主義は大衆的労働運動に敵対する宗派主義の一つであり，宗派主義の社会的根源が労働者階級にたいする小ブルジョア的環境の影響にあると述べた。宗派主義は「プロレタリア運動の幼年時代」であり，「インターナショナルの創立が可能となるためには，プロレタリアートがこの段階をのりこえなければならなかった」。バクーニン的宗派主義の特徴は，理論的な立ち遅れと革命的大衆運動からの分離，教条主義，革命的冒険主義である。

　1868 年に社会民主同盟が設立され，国際労働者協会に加入を申しいれた。総評議会は，同盟のいう諸階級の社会的平等化を，たんなる書き誤りと理解し，国際社会民主同盟という国際組織，すなわち第二の国際団体を止めることを条件に承認した。「わが協会の全般的傾向，労働者階級の解放」に反した場合を別として，各支部での理論的綱領の自由な作成は，国際労働者協会の原則に合致しているのである。

　社会民主同盟はインターナショナルへの加盟後，相続権の廃止，政治活動への絶対的不参加を主張し，1870 年 4 月にラテン系スイス人指導部を占拠し，『ソリダリテ』で総評議会を権威主義と批判した。そして普仏戦争のなか，1870 年 9 月にリヨンで蜂起し，ジュネーヴで革命的社会主義宣伝行動支部を標榜した [14]。

　社会民主同盟を批判したこの『非公開回状』で同時に，国際労働者協会の組織原則が示された。　各国の運動の発展条件は違い理論的意見も異なるが，国際労働者協会の行動の共通性，中央団体の機関紙公開による意見の交換，一般大会での直接の討論は，徐々に共通の理論的綱領 ein gemeinsames theoretisches Programm を生み出す。インターナショナルは資本家，地主，国家に対する万国プロレタリア階級の現実の戦闘組織である。その綱領はプロレタリア運動の大筋を描くに留め，その理論的仕上げは，実際の闘争と各支部内での思想の交換に任せ，あらゆる社会主義的信念の持ち主を，機関紙や大会に参加させる。すなわちインターナショナルの一般規約は，運営機構に殆どふれていない。規約は，

第 5 章　1872 年のハーグ大会　　353

運営機構の発展を実践に，その整備を将来の各大会にまかせているのである [15]。

　2）1872 年の総評議会　インターナショナルの分裂
　1872 年 4 月 2 日
　マクドネルは，ダブリン，コーク等でのアイルランド支部設立および警察の訴追について報告した。他方，ヘールズからの手紙で，イギリスでのアイルランド支部設立に反対していることが伝えられた。アイルランド支部設立は民族的な偏見を永続化し，国際労働者協会の原則とも対立するというのである。
　論議の後，アイルランドでの警察の処置に抗議する声明文を起草する委員会が作られ，マルクス，ミルナー，マクドネルが選ばれた。
　マルクスは，ドイツでのベーベルとリープクネヒトの裁判について報告した。
　セライエは，国際労働者協会の支部の復活を伝える，パリのフェレ支部の宣言を報告した。

　4 月 9 日
　フランケルはフランスで運動を広げるために，『フランスにおける内乱』（英語版）の仏語訳を提案し，承認された。『フランスにおける内乱』仏語訳は，マルクス編集で 1872 年 6 月ヴリュッセルで出版された。
　ヤローは，総評議会に代表を送ったという馬車製造工連盟の信任状を提出した。しかし，イギリスの団体から総評議会への代表を認めないという決定が既になされていることを説明し，イギリス連合評議会に協議することを提案した。
　マクドネルは委員会を代表し，国際労働者協会の宣言「アイルランドでの警察テロリズム」を報告した。イギリス労働者とアイルランド労働者との民族的対立は，労働者階級解放への大きな障害となっており，従ってまた，イギリスおよびアイルランドでの階級支配の支柱となっている。アイルランドへのインターナショナルの広まり，そしてイギリスでのアイルランド支部設立は，かかる事態終焉の前兆である。イギリス政府が警察の策略を用いて，アイルランドでのインターナショナル設立に介入するのは当然である。
　ヘールズは，国際労働者協会の存在そのものが，現存社会に対する戦争の宣言であるのだから，宣言は子供じみていると言った。宣言はアイルランド的色彩に取り込まれすぎていると。
　エンゲルスは述べた。宣言は警察介入への抗議であり，階級憎悪とは無関係

である。問題は政府が合法的な活動を妨害していることにある。決議は承認され千部の小冊子をアイルランドで配布することになった。また決議は新聞『イースタン・ポスト』,『エガリテ』,『イマンスパスィオン』紙でも公開された。

ヘールズは,英国でのアイルランド支部設立に注意を促し,その政策の継続に決議を提出すると述べた。

4月16日

ヘールズは,馬車製造工連盟から,その代表を受け入れない理由を尋ねてきたと述べた。エッカリウスは,イギリス連合評議会設立の仕方に問題があり,そこから困難が生じていると述べた。ヘールズは事情を説明するために,馬車製造工に代表を派遣することを提起し,認められた。また英国でのアイルランド支部設立についての動議を延期した。

マルクスは,公表すべき二つの決議文を用意していると述べた。一つは,英下院での国際労働者協会に関する報告についてであり,もう一つは「いわゆるインターナショナルの分裂」である。マルクスは,国際労働者協会に関する英下院での論議についての声明文を朗読し承認された。それは国際労働者協会の廃絶を企図した仏政府,スペイン政府と英政府との関連,国際労働者協会の政治活動,そしてロンドンの総評議会がパリ・コミューンを指示したという『タイムズ』の記事等について論じていた。

エンゲルスは1872年4月4〜11日にスペインのサラゴサで開かれた大会の報告を行った。大会では,総評議会支持派とバクーニン支持派との対立が激化した。地方組織の強化を求めた規約改正案が決議され,スペイン連合評議会は,事実上バクーニン主義者の手に落ちた。また同大会で,パリ・コミューン擁護者への感謝投票が行なわれた。

4月23日　総評議会

議長ローチは,セクストンの総評議会への追加を提案した。セライエから,彼の行為について疑問が出された。ヘールズはセクストンが地理学会,動物学会に所属し,博学であることから提案を支持した。

マルクスは,総評議会の多くは労働者から構成されているが,知識人の参加は問題とならない。ただ,疑問に答えるための調査の時間が必要であると述べた。提案は調査に送られた。エンゲルスは,英下院での国際労働者協会についての

論議を批判したマルクスの報告を，小冊子『国際労働者協会』として，自費で1000部を印刷したこと，また総評議会の会員にも配付すると述べた。

マルクスは，アメリカの新連合委員会が総評議会の決議の受入れを拒否したこと，またエッカリウスが彼らに決議を送付することを拒否したこと，を伝えた（「合州国連合の分裂にかんする国際労働者協会の総評議会決議，1872年3月5日および12日の総評議会会議で採択）。総評議会員が，総評議会の決議を実行しないことは，驚くべきことである。

エッカリウスは答えた。決議には問題があり，それを進めることを考えていない。新連合評議会は，支部の三分の二が労働者から構成され，また第12支部の資格を停止するという決議に反対であると伝えてきた[16]。

1872年4月30日

エンゲルスは，次の作業のための臨時の会議の招集を提案し，承認された。1）セクストンの選挙，2）アメリカの問題，3）エッカリウスの行動，4）3月18日の委員会報告（1871年3月18日から5月28日まで持続したパリ・コミューン記念集会），5）馬車製造工の代表の報告，6）ウェストンの問題行動，7）いわゆる連合評議会に対する対応，8）イギリスでのアイルランド民族主義者の支部設立についてのヘールズの動議。

議長は，非難に答えたセクストンからの手紙を紹介した。

ヨローは，不正な表示がなされているので，セクストンの拒否を提案した。彼がイギリスの自然科学系の学士院，王立協会に属することは問題とならない。論議の後に提案は承認された。ヘールズは，ウェストンから手紙を受け取ったことを報告した。手紙で，ウェストンは彼の名前が「世界連合評議会」と称する文書で公表されたことを説明した。ヴァイヤンは述べた。ウェストンは，彼の名前がその意志に反して資料に書かれたことを説明しない限り，総評議会から追放される。ウェストンが総評議会に出席し，説明することが確認された。

5月4日

ヘールズはニューヨークの手紙から，旧連合評議会は総評議会の決議を実行しているが，新連合評議会は決議に反対していることを伝えた。新連合評議会の反対は，エッカリウスが発した手紙に基づいていると述べた。

ユングは，ジュネーヴからの手紙で，大会をジュネーヴで行うことを提案し

356

てきたことを伝えた。エンゲルスは，大会を1872年9月に開催することは『いわゆるインターナショナルの分裂』で記されていると述べた。

5月7日　総評議会

ヘールズはゾルゲからの手紙で，彼の属する連合評議会が，総評議会の決議を受け入れたことを伝えた。エンゲルスは述べた。ウェストンの署名の真偽にかかわらず，かれは事件について無罪ではない。しかし彼に反論の機会を与える。再度，ウェストンに書簡を送り，もし返書がないなら総評議会はウェストンの追放を決議することを伝えることが決められた。

エッカリウスからアメリカ書記の辞職が提出された。

エンゲルスは述べた。アメリカの連合評議会の一つが総評議会の決議を認めることを妨げる手紙を，エッカリウスが書いたことが問題であるが，アメリカ書記の辞職前に，これを調査することが必要である。エッカリウスが何もしていないのなら，総評議会は彼に名誉ある免責を与える。しかし，エッカリウスの辞職は承認された[17]。

1872年5月11日

ユングはスイスから，完全にスイス支部から構成される地方委員会の設立について，総評議会に意見を求めてきたことを伝えた。討議で，それはスイス自身で決定する問題であるとされた。

マルクスはエッカリウスに対する非難にふれた。昨年の11月19日にアメリカの支部に分裂がおき，12月と1月はじめにそれに関する最初の手紙が届いたが，当時，総評議会のイギリス会員のあいだの衝突のため，その問題を扱うことができなかった。すぐその後でスイスの論争がおきた。それはインターナショナルの存在そのものに係わるのもので，より重要であった。紛争は実際には国際労働者協会内の秘密組織によって引き起こされたのである。そこでよびかけ『フランスにおける内乱』よりも手間どった文書『インターナショナルのいわゆる分裂』（1872年3月）が書かれたが，それは総評議会がアメリカ問題に注意を向ける前に，論じられた。

しかし，その問題が処理されるやいなや，小委員会にアメリカ問題が提出された。決議が起草され，総評議会はそれを認めていた（「合州国連合の分裂にかんする国際労働者協会の総評議会決議」）。エッカリウス自身もその大部分を，

投票で支持していた，だがエッカリウスは，採択後もそれを送ることを拒んだ。ところで彼は，総評議会の決定は個人の気紛れに従うべきではないと，またいかなる会員も，総評議会の活動を無視する権利を認めることはできない，と主張していたのである。エッカリウスは，たた職務を果たさなかっただけではない。手紙で彼は，総評議会の決議を送らなかったことを述べ，さらに連合評議会の一つに，決議の受入れを拒否させるようなことを述べた。こうして総評議会の影響力を低めたのである。かれの責任を追求することは必要であるが，その前に，エッカリウスが手紙で何を書いたのかを尋ねた。

　エッカリウスは述べた。彼には手紙の写しはなく，答えを控える。彼は，訴えようとするものは立証するべきという，イギリス法の原理を要求した。アメリカの分裂は，ゾルゲが支部の三分の二が労働者から構成されるという提案を，支部に求めたことから起きた。

　ユングは述べた。総評議会の会員は，評議会によって強く非難された意見を擁護する権利があると思わない。彼はその意見をもつことは許されるが，それを擁護する権利はない。そうしたいのなら，むしろ辞職すべきである。

　マルクスは述べた。エッカリウスは，罪となる手紙について何も述べていない，しかしもしエッカリウスが，総評議会の権威を損なうような手紙を書いたなら，それは犯罪である。エッカリウスは非難が証明されるべきと言うが，ここは被告人と検察官のいる通常の法廷ではない。問題は総評議会の影響力を守ることにある。現状では問題を先送りするしかない，書かれた手紙を求めて[18]。

　エッカリウスは，それはすでになされたと述べた。

　ブラードニックは，エッカリウスがそのような手紙を書いたのかどうかを答えるのは，容易なことであろうと述べた。エッカリウスは述べた，二週間前には彼は市民として質問され答えたであろう，でもいまは断るほうがよい。

　バリイは，すべての手紙が提出されることを述べた。

　ル・ムスイは，過去の手紙を求める手紙を書くことを伝えられた。この提案は承認された。

1872年5月14日　総評議会

　書記ヘールズは，ウェストンからの供述を読んだ。それはウェストンの知らないうちに，インターナショナルの「世界連合評議会」の規約とされている文

書に彼の名前が，記されているというものである。この文書は，エッカリウス，ローチおよびかれのいるところで，ウェストンによって署名された。そしてウェストンは反対者の集会の一つにいったが，しかし非公式に招待を受けたのであり，公表するといういかなる意図も知らなかった。適切な裁きの場は総評議会を非難する権限をもつと考えているが，公表には不賛成であった。適切な裁きの場で意味したのは，インターナショナル内部での人々の集まりである。かれ自身総評議会にたいし，公表する意図を彼に知らせることなく，かれの名前が使われてきたことに不満をもつ。総評議会は会員の名前を使う権利があることは分かるが，礼儀上，知らせが全会員に送られるべきである。このウェストンの返書を受け取ることが承認された。

　ヘールズは，総評議会の見解として，アイルランド民族自決主義の支部のイギリスでの設立は，国際労働者協会の一般規約と原理に対立するという提案を行った。インターナショナルの基本的原則は，民族主義をなくし，人を別つ障壁を取り除くことである。しかし，アイルランド支部あるいはイギリス支部の設立は，この動きを遅らせることになる。イギリスでのアイルランド支部設立は，これまで続いてきた両国の民族的対立を強めるだけである。

　モターズヘッドは，提案に反対した。イギリス労働者が，アイルランド人を見下しているなかで，むしろイギリスの国際労働者協会員が，アイルランドの国際労働者協会員との兄弟的精神を育むことに努めるべきであると述べた。

　マクドネルも，提案に反対した。提案は，アイルランド人のインターナショナルへの参加を妨げると述べた。　ブーンは，アイルランド人民組織の民族的性格に賛同し，英政府やイギリス労働者によってその権利の放棄を強制されないようにすることを求め，提案に反対した。

　エンゲルスは述べた。提案の意図は，アイルランド人支部のイギリス連合評議会への服従をつくることにある。一般規約では，支部が連合評議会の優位を認めることは書かれていない。ただ新支部承認前に，総評議会が当該の連合評議会に協議することを記しているだけである。アイルランドは，イギリスによって長く支配され，征服されてきた。提案は，被征服者がその民族性を忘れ，征服者に従うことを求めている。それはインターナショナリズムではなく，服従を言っているだけである。真のインターナショナリズムは，明確な民族

第5章　1872年のハーグ大会　　359

的な組織に基づかなければならない。かれらの民族的独立の達成が，最初の仕事であると規約前文に書かれてある。（規約前文「……本協会に加盟するすべての団体および個人は，真理，正義，道徳を，皮膚の色や信条や民族の別にかかわりなく，かれら相互のあいだの，また万人にたいするかれらの行動の基準と認める」）。

　ヘールズは，アイルランド人がインターナショナルの原理を理解していないと述べた。アイルランドという民族的教義をすて，インターナショナルに行動すべきである。新聞では，フェニアンニズムが問題となっているが，民族主義は問題の解決には役立たない。投票の結果，提案は承認されなかった[19]。

1872年5月21日　総評議会
チャールズ・マリが議長についた。

　マルクスは次の宣言を提出し，承認された。数週間前「国際労働者協会および社会主義共和協会の世界連合評議会」というパンフレットが発行された。このパンフレットは，国際労働者協会内部でクーデタを始めようとするものである。第二総評議会の設立を宣言し，国際労働者協会の組織および総評議会の運営を非難する。この新総評議会の会員および文書の署名者には次の者がある。

　第一に，ジョン・ウェストン，彼は総評議会の会員であり，かつての会計係であった。彼は総評議会に対し，彼の許可なしに名前が使われたことを表明した。

　第二に，国際労働者協会とは無関係な団体である世界共和主義連盟の六人の代表，　第三に，世界共和主義連盟支部の二人の代表であり，第四に，国際労働者協会とは無関係な土地労働連盟の二人の代表，　第五に，自称ドイツ人労働者教育協会の二人の代表，　最後に，二つのフランス団体の四人の代表である。

　これらの人達は，国際労働者協会の組織と歴史を全く知らない。我々の規約によると，総評議会は大会にその報告を提出しなければならない。また1870年に戦争が起こり大会が開催できなかった時，全ての連合は次の大会まで，総評議会がその業務を続けることを認めたのである。

　また避難者（コミューン亡命者）のために集められた基金についても，受けいれた総計は時々，総評議会の報告書で通知され，また受け取りは，どの提供者によってもいつでも検査される。この検査から，通常の仕事とまったく異なるこの対象に，総評議会が多くの時間をさいていること，また団体それ自体および個人会員も資産に応じて避難基金に寄付していることが理解できる。

360

　国際労働者協会が現在のように大きな力を持つようになってから，敵対する協会が攻撃の機会をえるのは，唯一，その力を弱めるためにその名前を強奪することである。このことは，政府系新聞および支配階級の諸新聞によって十分理解されている。これらの新聞は，総評議会の公式の発表を注意深く消し去りながら，「世界連合評議会」の無内容で滑稽な表明を，いつも急いで全ヨーロッパに知らせ続けるのである。

　マルクスは，アメリカ問題に戻った。再考の結果，総評議会で取られた措置は正しかったと考えられる。二つの支部の紛争について彼の立場は，国際労働者協会を適切な範囲で維持するために，決議「合衆国連合の分裂について」が必要であったということである。それは危機的な時期であり，国際労働者協会の原則にいかなる間違いも許されなかった。国際労働者協会の作業は，いくつかの他の集団のように本当のヤンキーに深く係わっていなかった。アメリカからロンドン協議会に届けられた文書は，中産階層の侵入から生じた危険に注意を促した。改革協会は労働問題を理解していないが，その団体はたえず増大し，労働者は彼らによって別な方向へ導かれる。その文書の署名者の七人は，新連合評議会に属する。
　ムースが，暫定的にアメリカ通信書記として働くことが決定された[20]。

　こうしてロンドン協議会の決議「IX 労働者階級の政治活動」を軸にたたかわされた総評議会と社会民主同盟との抗争は，1872年3月の総評議会の手による『国際労働者協会のいわゆる分裂』をもって帰着したかにみえたが，事態はさらに深刻な対立を引き起こした。だが，このバクーニンとの衝突の他に，イギリスそしてアメリカでの問題が生じた。4月30日総評議会でのエンゲルスの発言は，運動の前進に伴う諸問題を照射した。ここから1872年初頭から半ばに至る紛糾は理解しうる。
　まず，総評議会があるイギリスでは，パリ・コミューンを記念した祝賀集会が英政府によって禁止された。1871年コミューンへの，そしてそれに伴う運動への英政府の対応である。これはイギリスでのアイルランド支部創設問題にも，根底で脈絡する。すなわち，独立したアイルランド支部設立の承認は，不在地主であるイギリス本国とアイルランドとの植民地関係の破棄に通じ，他方，国際労働者協会でのヘールズによるアイルランド支部設立反対は，これまでの両

第 5 章　1872 年のハーグ大会　**361**

者の関係の保持を主張するものである。まさに資本主義の母国である英帝国繁栄の礎にアイルランド植民があるのであり，両労働者の連携は体制にとって危機的な問題であった[21]。マルクスは『資本』初版第六章「資本の蓄積過程」（第二版「資本主義的蓄積の一般的法則の例証　アイルランド」）で述べた。

　「アイルランドは，現在，幅の広い堀で区切られた，イングランドの一農業地帯にすぎず，イングランドに穀物や羊毛や家畜を供給し，また工業と軍隊との新兵を供給している」（江夏美千穂訳『初版　資本論』幻燈社，1983 年，801 頁）。

　また，ヘールズが博物学者セクソンの総評議会への参加を強く求めたのは，労働者的性格の強まった総評議会を変更せんとするものであろう。このことはヘールズを柱とするイギリス連合評議会創立での，既存の労働組合参加に対する消極的態度にも反映した。馬車製造工の総評議会への代表派遣問題も，イギリス連合評議会と労働組合とのつながりに起因する問題であった。

　次にアメリカ問題がある。アメリカで国際労働者協会支部が各地で作られたが，本来の支部設立と離れたブルジョア的意図から支部が作られ紛糾が起きた。総評議会は「合衆国連合の分裂にかんする国際労働者協会総評議会の決議」を刊行し答えた。その決議は，1872 年 3 月 5 日および 12 日の総評議会で，論議され承認された。総評議会は，国際労働者協会の原則に照らし，次の措置を講じた。中央評議会は，各国で「労働運動の一致団結の力」を確保するためにのみ設置されることから，二つの中央評議会が再度合同し暫定連合評議会として行動し，7 月にアメリカ全国大会を招集し，合衆国の連合評議会を任命することを勧める。

　また第 12 支部は，国際労働者協会の原則および目的と対立することから，次期大会まで資格を停止する。国際労働者協会は，労働者ではないインターナショナルの積極的な支持者にたいし会員になる権利を与えているが，しかし，少なくとも三分の二が労働者から構成されない新支部の加盟を認めない。そしてこの紛争に関連してエッカリウスが，ゾルゲを中心とした労働者主体の支部設立に反対し，言わば総評議会の権威をおとしめる行為をしたことが問題となった。エンゲルスは，共産主義者同盟以来の友であるエッカリウスに対し，自白による名誉ある免責を主張したが応答はなく，遂にマルクスは，国際労働者協会の原則に反した行為は犯罪であると厳しくエッカリウスの行為を糾弾した[22]。

362

　こうしたアメリカ，イギリス問題の他に，より根本的な国際労働者協会の存在に関わる問題がおきた。それは「世界連合評議会」およびバクーニン等による，総評議会の占拠，強奪である。総評議会は社会民主同盟の活動に対し，1872年３月に「非公開回状」『インターナショナルのいわゆる分裂』を刊行し，個人独裁と国際組織である秘密組織，社会民主同盟の陰謀「国際労働者協会の最高指導権を奪う」を暴露した。しかし同盟は，これをユダヤ人の不当な誹謗中傷であると反論し，さらに総評議会の不法占拠を企図したのである。

　1871年パリ・コミューン以後，その歴史的体験を介して労働運動の力を拡大せしめ，各国政府の強力的干渉を生み出すにいたった国際労働者協会を，バクーニン主義者は，体制の暗黙の容認のもとに占拠せんとしたのである。各国の新聞等は社会民主同盟に与みした。スイスのジュラを本部とし，スペイン等で連合評議会の不法占拠を行った社会民主同盟は，遂に総評議会そのものの強奪にのりだしたのである[23]。総評議会は５月21日の会議で反論の声明文を確認し，「国際労働者協会総評議会の声明」（『マルクス・エンゲルス全集』第18巻，73頁）をインターナショナルの機関紙で公表した。そしてこうした分裂運動の中に，総評議会員のウェストンが含まれていたことは問題をより深刻にした。

　1865年に労働組合による賃上げ闘争に反対し，協同組合運動を主張し，マルクスと対決したオウエン主義者ウェストンは，論争後も総評議会で活躍した。かつてマルクスは，ウェストンの主張の根底にある正しい考えに彼が同意していることを賃金論争で述べたが，ウェストンは総評議会批判の立場からバクーニン主義者に賛同した。５月７日の総評議会はウェストンの答弁を承認した[24]。

　3）総評議会　大会議案の討議
1872年５月28日
　アメリカでの対立が論議され，新しい規約を1000部，ゾルゲに送ることになった。マルクスは，ベルギーでの大会について報告した。そこで，一般大会に提案予定の新しい規約が検討された。それはまさに総評議会の廃止を主張している。一般大会の開催を決定する時期が近づいている。国際労働者協会の再建が提起されることは確かである。総評議会は，この問題を検討しなければならない。

第5章　1872年のハーグ大会　　363

6月4日

セライエは，ブリュッセルのフランス人亡命者支部から，それが独立の支部
として承認されるかどうかを問い合わせてきたと報告した。同支部はベルギー
連合評議会への加入を希望しない，なぜなら，同連合は政治活動を述べたロンド
ン協議会の決議に反対しており，また同連合への加入で警察に通告され，国か
ら追放されると聞いたからである。これについて最初に，ベルギー連合評議会
へ意見を求めることが論議されたが，亡命者はフランス革命の精神を代表して
おり，支部の承認は暫定的で，大会で最終的に決められることが話された。

マルクスは，ベルギー連合評議会はロンドン協議会で多数であったが，労働
者階級の政治活動の決議に反対していたこと，また手紙をふまえ支部は承認さ
れるべきであり，総評議会が大会で責任を取るべきと述べた。

セライエの次の提案が承認された。フランス人亡命者を危険にさらすことが
ないようにするため，ヴリュッセルのフランス人支部は，最初にベルギー連合
評議会に問い合わせることなく承認される。

ヴァイヤンは，論議を促進するための運営規則について報告した。

1）決議の提案者を別として，各問題に付き一度だけ発言する。承認。

2）決議の提案者および報告者を除き，どの問題にも5分以上の発言は許さ
れない。承認。

3）できる限り，賛成者および反対者の名前が取られる。検討中。

4）四人の会員によって論議の終了が提案されれば，議論なしに決議される。
原則にかかわらないものであれば，二人で十分である。承認[25]。

1872年6月11日　総評議会

書記ヘールズは，前回の会議の議事録を読んだ。

エンゲルスは議事録が，ベルギーにあるフランス支部を独立の支部として認
める問題について起こった論争を，正確に報告していないという理由で，議事
録の承認に抗議した。書記には，議事録への記載を選別する資格はないと述べた。
ここで書記のヘールズから辞職が提起された。またエンゲルスは『いわゆるイ
ンターナショナルの分裂』の仏語版がジュネーブから2000部届き，そのうち
1000部は英国へ，500部はスイスへ，100部はベルギーへ，25部をオーストリ
アとハンガリーへ，50部をライプツィヒへ，120部をイタリアへ送ることを報
告し，承認された。

マルクスは一般大会について，都市の選択はオランダに任せ，大会をオランダで開催することを提案し，承認された。また9月の第一月曜日に開くことも決められた。マルクスは述べた。組織問題が大会の主要な問題となることは疑いない，過去の闘争がそれを示している。組織問題を扱うのに，問題を総評議会に関する部分と連合評議会に関する部分とに分けるのがいい。バクーニンの提案は，総評議会を，評議会を持つに値しない統計事務局に引き下げようというものである。……しかし，いかなる場合でも総評議会を残しつつ，それを無用なものとするバクーニンの提案を受け入れない。

論議のなかで，再組織の問題が大会の第一の問題であること，また総評議会を廃止するという提案を拒否することが承認された。次に，総評議会の権限を強めることが問題となった。

ヘールズは，総評議会の現在の構成を変えることを提案した。

マルクスは，総評議会が書記でのみ構成されるべきであること，その書記は国民自身で任命されること，を提案した。人数は決めないが，どの国も一票以上を持つことはない。欠員は，国民自身によって補充される。

エンゲルスは，総評議会が暫定的に欠員を補充することを述べた。ヴァイヤンは，各国が提案し，大会で選出することを主張した。ヘールズは，各国選出の候補者が大会で承認されなかった場合を問題とした。セライエは，総評議会が追加の権限を持つべきと述べた。ヘールズは，総評議会が種々の思想を代表し，それらを融合し，調和したものにすることを主張した。論議を継続された。

6月18日

エンゲルスは大会議案として，組織問題と規約改正を求めたスペインのロレンツォからの手紙を報告した。彼らは各国にある連合間の連帯をつくりだすことを望んでいる。オランダから大会開催地として，ハーグを指定してきたことが報告され，承認された。

マルクスは，大会問題に論議を集中することを提起した。セライエは，即座の対応を必要とする通信については，小委員会が扱うことを提案した。マルクスは述べた。総評議会が大会開催地を公表すると同時に，規約改正提案を意図していることを宣言する。

ユングは，声明文を起草するための委員会をつくることを提案し，エンゲルス，ヴァイヤン，マクドネルが選ばれた[26]。

第 5 章　1872 年のハーグ大会　　365

6 月 25 日　総評議会

　ヘールズがニューヨークに送った手紙は，反対者を激励し，総評議会の影響力を弱めるものであったことが述べられ，司法委員会で調査することになった。

　規約と運営細則の討議がエンゲルスから提案され，総評議会に関する部分「運営細則」の「Ⅱ 総評議会」から始めることになった。

　議長は，第 6 条「総評議会は，またインターナショナルのいずれの支部の資格をも，次期大会の開催まで停止する権限を持つ」を読んだ。マルクスは「いかなる支部，グループ，連合あるいは連合評議会」の追加を提案した。これがバーゼル大会の真の意図であり，現在の事態は見過ごすことができない。連合および連合評議会は，合衆国の新連合評議会のように，単なる支部よりもはるかに大きな誤りをおかしうる。

1872 年 7 月 2 日

　エンゲルスは次の提案を行った。総評議会は支部の資格を停止する権限を持つが，支部が属する連合評議会に協議するまでそれを行使できない。連合評議会の解散の場合には，連合は直ちに新しい連合評議会を選出することを求められる。連合の解散の場合には，国際労働者協会を構成する全連合は，とられた措置を再検討する機会を持つ。

　マルクスは述べた。連合評議会の解散は重要な問題である，しかし総評議会が権限を持つとしても，連合全体が反動的にならない限り決して解散できない。もし連合の資格が停止され，また全ての連合が，とられた処置に反対するなら，正しいにせよ間違っているにせよ総評議会が譲歩せざるえないことは確かである。総評議会は，国際労働者協会に対立して自らを一つの権力に構成することは決してできない。総評議会が大きな失策をしないかぎり，そのような事態は決して生じないであろう，と [27]。第 7 条，第 8 条，第 9 条は変更されなかった [28]。

7 月 5 日　小委員会

　バクーニンは，総評議会の小冊子「いわゆる分裂」に対して手紙で答えた。それはエンゲルスのよって翻訳されたが，「いわゆる分裂」は，大部分ドイツのユダヤ人が考え出した卑劣な中傷を集めたものでしかないと。バーゼルで，バクーニンはマルクスの方策に反対していた。小員会は次の決議を行った。1）バクーニンの手紙には返答しないこと，2）エンゲルスが，バレンシア，スペ

イン連合評議会に対し，同盟との関係を尋ねること，けだし同連合評議会には，同盟の会員が少なくとも三人在籍するからである。3）次の大会で，バクーニンおよび同盟メンバーの追放を提案することを，総評議会に求めること[29]。

1872 年 7 月 9 日　総評議会

　フランケルは，細則 II「総評議会」第 3 条「総評議会は，その資力のゆるすかぎり頻繁に，国際労働者協会にとって関心のありうるあらゆる問題をあつかった会報または報告書を発行するものとする。……」を廃止し，「総評議会は，毎週，議事報告を公表する」に変更することを提案した。総評議会の報告は行われているが，統計資料の収集は実行されていない。承認。

　ヘールズは「国際労働者協会の会員はすべて，会員書を提示して，総評議会および連合評議会以外の，全ての会議に出席し，発言する権利を持つ」を提案した。会員が，宣伝を広め，兄弟愛の感情を育み，秘密組織を防ぐことを述べた。

　ヴァイヤンは，警察のスパイ活動を問題とした。

　エッカリウスは，会員が会議に参加し，互いに干渉するなら，作業はできなくなると述べた。ヤローは，決議が英国内のアイルランド支部への打撃を意図したものであると述べた。

　エンゲルスは，総評議会が，そのような規則を作ることができるのか，また大会がそれを受け入れるか疑問であると述べ，反対した。論議は打ち切られた。ヘールズは，投票毎に，賛成，反対，棄権の名前の記録を提案した。不承認。

　エンゲルスは，「一般規約の前文」を朗読した。

　ヴァイヤンは「様々な労働部門」は，労働組合的性格を与えるから，それを削除することを提案した。セライエは，それが削除されたら経済闘争もなくなり，様々な労働を結びつけるものがなくなると反対した。バリーは，それが団結および連帯の不足を指摘しているとして反対した。

　アルノーは，その言葉は，国際労働者協会を過度に労働評議会的なものにするので，その語句の保持に反対した。9 対 12 で不承認。

　バリーは，前文の「近代社会が存在する」の削除を，また協力という言葉のあとに人民という言葉を挿入することを提起した。今のままの規約の言葉づかいでは，協会の範囲を狭めるが，提案はあらゆる諸国の人民を含むと述べた。

　ミルナーは，階級の手に資本と機械を集積し，人民を賃金奴隷にする制度が

インターナショナルを必要としたのであり，そして近代社会が，インターナショナルの原因であると述べた。

フランケルは，バリーが提案した言葉の削除は，最も重要であると述べた。

エンゲルスは，提案された言葉の削除は，協会を中産階級によって始められた博愛団体のようなものに変えると，述べた。近代社会は，資本が支配し，労働者が道具として使われる社会である。近代社会を取り去ることは，本質を取り去ることである。マルタンは，協会は全世界を含むべきであると考えるので，削除に賛成した。7対10で不承認。

1872年7月16日　総評議会

エンゲルスは「一般規約」を朗読した。エッカリウスから「宣言」の men は男性に限るとしてに person に変えることが提案された。エンゲルスは，men は両性を含む包括的な言葉であると述べた。不承認。

第1条について，マルクスは国際労働者協会の発展が（労働者階級の闘争の）局面を変えたことを踏まえ「同一の目的を目指している様々な国の労働者諸団体の連絡と協力を媒介する中心として創立された」を，「同一の目的を目指している様々な国の労働者階級の間の共同行動を組織するために創立された」に変更することを提案した。承認。

一般大会を規定した第3条について，バリーは「労働者の一般大会」を「一般大会」に変更することを提案した。規約は，さらに労働者諸団体の代表から大会が構成されることを述べているのだから「労働者の」は必要ない。

マルクスは，大会の労働者階級的な性格がなくなるので反対した。

エッカリウスは，大会にインターナショナルに所属しない労働者団体も参加しているので，提案を支持した。セライエは，フランスでは「労働者」を狭く解釈している支部もあり，なんらかの変更は必要であると述べた。不承認。

エンゲルスは，大会を規定した第4条について次の提案を行った。「総評議会は必要な場合，大会の日時と場所を変更しうる。多数の連合の承認のもと the sanction of the majority of the federations 大会に代えて大会と同等の権限を持つ非公開の協議会 a private Conference を開催する。いずれにせよ大会あるいは大会に代わる協議会は，一般大会によって規定された期日後，三ヵ月以内に開かねばならない」。提案は，起こりうる可能性に対応しようとするものである。

ヘールズは，提案が総評議会に専制的な権限を与えるとして反対した。それはインターナショナルを少数者の秘密組織にすることになる。承認。

エッカリウスは，総評議会の構成について規定した第5条について，総評議会がその定員を追加する権限をなくすことを提案した。それは，イギリスに連合評議会がないこと，また労働団体の代表を加えることは，かれらの教育によいとして採択された。しかしそれは執行委員会よりも議会的であり，仕事に相応しくない。ヴァイヤンは，各国三人の代表者から構成される総評議会を，大会で任命することを提案した。総評議会は，この決められた数に追加する権限はない。しかし大会では決められなかった定員を補充する権限をもつ。

マルクスはヴァイヤンを支持した。それは無制限の追加を止め，同時に特別の場合に総評議会が欠員を補充する権限を認める。原則が認められるなら三人という定員数は付随的である。各国を代表する定員数は大会で決め，原則だけが承認された[30]。

7月19日 小委員会

マルクスは，イギリス支部，イギリス連合評議会，アイルランド支部，アメリカ問題に対するヘールズの行為を伝え，ヘールズ氏の行動が総評議会および国際労働者協会の利害と対立することを報告し，書記の資格を停止することを提案した。ヘールズのとったすべて行為は，総評議会を無視し，殆どいつも総評議会に反して行動してきたことを示している。論議をへて，司法委員会の最終的な調査まで，書記の地位を停止することになった。

ユングはスイスからの手紙で，ハーグでの大会開催に不満をもらし，ロマンス，ドイツ，イタリア支部には好ましくないと述べていることを伝えた。エンゲルスは，大会参加数を予測した。

マルクスは，ハーグでの危険を尋ねた。エンゲルスは，事態の推移から，現状を受け入れざるえないと述べた。

フランケルは，総評議会が大会への報告書を作成することを提案し，マルクスに委託された。また総評議会の経理を報告することが決められ，エンゲルスが選ばれた[31]。

1872年7月23日 総評議会

フランケルは，総評議会の任務について規定した第6条について，「国際紛争

および連絡を容易にするため，総評議会は定期報告を公表する」の削除を提案した。承認。

ベアリーは，総評議会の会員は，総評議会が発行する文書に彼の名前が記載される場合，事前に協議され，また彼の名前の記載を選択できることを提案した。

ヴァイヤンは反対した。総評議会は，一つの構成を代表することが必要である。もし総評議会の行動に反対であるなら，引退することができる。不承認。

各国における全国的団体の設立を規定した第7条について，アルノーは「できるだけ国際的な性格をとる」を追加することを提案し，承認された。

ヴァイヤンは，第7条「各国のばらばらな労働者諸団体を全国的団体に結合する」と第8条「各支部は総評議会と連絡する書記を任命する」とのあいだに「ロンドン協議会の決議 Ⅸ」を挿入することを提案した。

「所有階級の集合的権力に対して，労働者階級は所有階級によって作られた全ての旧来の党派と区別され，対立する政党に自らを構成することによってのみ，階級として行動しうる。政党への労働者階級の構成は，社会革命の勝利を確保するため，またその最終的目的——諸階級の廃止 the abolition of classes——を確保するために不可欠である。

労働者階級が，経済的闘争で既にもたらした勢力の結合は，同時に，地主と資本家の政治権力に対する闘争のてことして役立つ。土地の貴族と資本の貴族は，常に彼らの政治的特権を，彼らの経済的独占の保護および永久化のために，また労働者を奴隷化するために用いる。ゆえに政治権力を獲得すること to conquer political power が労働者階級の偉大な義務となった」。

それは大きな興奮を生み出し，近年のインターナショナルの成功の多くは，その決議によっている。それゆえ，総評議会はそれを再確認し，国際労働者協会の基本的な規約として採択すべきである。

マルクスは述べた。我々は二種類の敵を持つ。政治的棄権主義者は，最も強くその決議を攻撃する。またアメリカとイギリスの労働者階級は，中産階級をして政治的目的のために彼らを利用させている。それを暴露して，終わりにしなければならない。承認[32]。

クルネは，小委員会の意見として，司法委員会が報告書をつくるまで，ヘールズの書記の資格は停止することを提案した。マルクスは，書記は有給な職であるのに，総評議会に反して振る舞った証拠があると述べた。提案は承認され，

これからは毎回，書記を選ぶことが決められた。またイギリスのための通信書記を選出することになり，ミルナーが選ばれた。

次に規約討議に戻り，全ての支部は通信書記を選出できることを規定した第8条は，削除された。国際労働者協会への加入資格について規定した第9条「国際労働者協会の原則を承認し擁護するものはだれでも，会員となる資格がある。各支部は，その加入させた会員の誠実さについて責任をおう」について，マルクスは「各支部は，少なくとも三分の二が賃金労働者から構成される」の追加を提案した。アメリカで，インターナショナルの性格を変えようとする企てがなされた。この性格を失わないことが必要である。中産階層について論議された後，承認された[33]。

1872年7月27日　小委員会

クルネは，オランダからの手紙を読んだ。今度のハーグ大会について新聞でも取り上げられており，一般的に国際労働者協会に対する憎悪よりも，不安の気分が強いと述べた。またホールを借りるのに必要な，大会の準備資金が話された。ホールの借用を直ぐに申し込むこと，またオランダの会員に75フラン送ることが決められた。ジュラ連合から，オランダでなく，スイスでの大会を求めた手紙が報告された。

マルクスは述べた。スイスで既に三回の大会が開かれてきた。また1870年にはベルギー支部によってオランダが提案されており，地理的にみてオランダはイギリス，ベルギー，ドイツと北フランスの中心にある。変更する必要はない。またマルクスは，規約委員会として，スイスの独語支部および仏のフェリエ支部の規約の承認を報告した。

デュポンは，ノッチンガムでの大会について報告し，ヘールズを非難した。ヘールズは総評議会を通さないで，連合評議会が通信することを認める決議をあげた。ヘールズが，総評議会と連合評議会の対立を作っていると述べた。これは総評議会の司法委員会で扱うことになった。

8月4日 小委員会

マルクスは，さざまな支部が大会に派遣する代表者の数を総評議会に知らせること，また総評議会と連絡しない支部にたいしてバーゼル大会決議を想起することを，提案した[34]。

8月6日　総評議会

　エンゲルスは，「社会主義者同盟」と表題をもつ新しい運動についての小委員会の報告を読んだ。同盟は，インターナショナルを破壊しようとしている。バクーニンは，同盟の主要な組織者である。彼は，我々に多くの困難をもたらしたが，その計画を暴露すべきである。承認[35]。

　1872年の8月13日，23日，27日の総評議会で，個人会費について論議された。また総評議会を代表して大会に参加する次の六人の代表が選出された。マルクス，デュポン，セライエ，ウロブレフスキー，クルネ，セクソン。またマルクスは大会への総評議会の報告を朗読し，承認された。また28日の小委員会で，総評議会に送られた白紙の委任状がコンバルトに与えられた[36]。

　こうして総評議会は大会議題を，組織問題，特に総評議会と各国組織との関連に集約した。一つに，国際労働者協会の創立以来の課題である各国の全国的組織の確立，各国労働者党の設立，さらに経済闘争と政治闘争の結合が，すなわち「ロンドン協議会決議Ⅸ」の規約第7条と第8条のあいだへの組み入れが，ヴァイヤンの提案で総評議会で決められた[37]。なお各国の運動について1864年「暫定規約」第7条では次のように述べられていた。

　「各国の労働運動は一致団結の力 the power of union and combination によらなければ成功を確保することはできず，他方ではまた国際中央評議会の有用性は，中央評議会と交渉をもつ相手が少数の労働者協会全国中央部であるか，それとも多数のばらばらな地方的小団体であるかによって大部分決定されざるをえないのであるから，国際協会の会員は各自の国のばらばらの労働者諸団体を，全国的な中央機関に代表される全国的団体に結合するために最大の努力を払うべきである。national bodies, represented by central national organs.」。

　同時に，総評議会の権限拡大が各国組織自立と相応して論議された。規約第1条で「労働者階級のあいだの共同行動を組織する」，また運営細則第2条で「総評議会は大会決議を実行する。また国際労働者協会の原則が守られていることを注意する」と記された。そしてより画期的であったのは，細則第6条で，バーゼル大会決議を元に，総評議会に次期大会まで各国組織，つまり「支部，連合評議会，連合」の資格を停止する権限を認めたことである。

　こうした規約改正，国際労働者協会の組織整備は，コミューン以後の事態に

372

応ずるものであり，各国組織の自律的成長を土台に，しかし同時にその国際的連帯が求められた。すなわち各国政府との対立がつまるなかで各国労働者の連携を図る指導機関としての総評議会の役割，フランスのプルードン主義者，ドイツのラサール派，ロシアのバクーニン派など多様な各国運動を，国際労働者協会の原理のもとに連携，統合することが課題となった。各国独自の成長を踏まえ各民族を尊ぶ真の国際組織，インターナショナリズムがここに提起されたのである。

運営細則第６条は，総評議会が支部のみならず，連合評議会，連合の資格をも停止することを述べたが，同時にその前提として，各国組織の権限，各国連合の尊厳が記された。総評議会は「国際労働者協会に対立して自らを一つの権力に構成することは決してできない」，国際労働者協会を代表しなければ無である。各国の組織発展を前提に，総評議会の権限の拡大が，いなその制限，国際労働者協会の原則の遵守が意図されたのである[38]。

第３節　国際労働者協会 第五回ハーグ大会

第五回大会は，1872年９月１日から９月７日まで，世界各国の代表をもって，国際的な広がりのなかで開催された。大会はオランダのハーグで開催され，総計六五人の代表が参加した。その構成は，仏十八人，独十五人，ベルギー七人，英五人，スペイン五人，オランダ四人，スイス四人，オーストリア二人，デンマーク，ハンガリー，オーストラリア，アイルランド，ポーランドは各一人であった。大会には九五通の信任状が集まり，また代表の職業は，靴屋，機械工，教師，医者，テーラ，印刷工などであった。論議は仏語で行われたが，他の各国語に通訳された。

９月１日から４日まで，大会論議に先立ち大会運営および資格審査委員会による代表資格が討議された[39]。大会運営は，これまでの大会，総評議会での論議を踏まえて進められ，報告者の発言時間，賛成および反対意見の時間，また英語，独語，仏語への通訳，点呼による出席者確認，公開会議と非公開会議の区別，新聞報道への対応が決められた。

資格認定は大会決議の採択に関わり，国際労働者協会内部での抗争を反映し，先鋭化した。代表資格について一方で，ジュラ連合（同盟）と対立するロマンス連合代表，また連合評議会の分裂したアメリカ代表（ブルジョアジーから構

第 5 章　1872 年のハーグ大会　　**373**

成されたニューヨーク第 12 支部）および社会民主同盟が支配したスペイン代表
について疑問がだされ，論議された[40]。代表の資格審査の後，議長，副議長およ
び各国語への通訳が選出され，そして大会議題が決められた。しかし議題順序
でも，総評議会の権限縮小を求めるベルギーから規約の優先が提案され，紛糾
した。なお，マルクスは 9 月 3 日に，社会民主同盟の追放およびその問題にか
かわる資料を検討する委員会の設立を提起した。

1872 年 9 月 3 日の会議
　マルクスは強調した。社会民主同盟が認められたとしても，それは当初その
秘密の性格を知られていなかったからである。もちろん同盟が再編成されたこ
とは知っていた。しかし 1871 年 8 月 6 日の解散の公式な声明を前にして，協議
会は決議を採択しただけである。彼自身秘密の団体それ自体に反対しない。な
ぜなら私は，この種の団体に属していたからである。しかし私は，国際労働者
協会に敵対する有害な秘密団体に反対である。フランス語圏スイス連合評議会
は，問題の支部の入会に激しく抗議した。総評議会が規約に従い，それを拒否
したのはまさに根拠があったのである。ブリュッセルでは状況は異なる（La
Première Internationale Tome Ⅱ, Jacques Freymond, pp.337f. 以下，頁数のみを記す）。

9 月 4 日の会議
　マルクスは資格審査委員会を代表して，ウェストの代表権限を取り消すこと
を提案した。なぜならウェストは，資格を停止された第 12 支部のメンバーだか
らである。// 第 12 支部は婦人参政権を労働問題に優先するべきと考え，また国
際労働者協会の労働者組織の性格を認めようとしない。支部 1 は支部 12 のこう
したやり方に抗議し，少なくとも支部のメンバーの三分の二は，賃金労働者で
あることを求めた。なぜなら合州国では，すべての労働者の運動はブルジョア
ジーによって利用され，ゆがめられているからである。支部 12 は，三分の二が
賃金労働者であるという求めに抗議した。そこで両派は総評議会に判断を求め
てきた。3 月 5 日と 12 日に総評議会は，支部 12 の資格停止の決定を知らせた。
だからウエストの代表権は，認められないのである（342 頁）。

　1）「総評議会の報告」
1872 年 9 月 5 日（木）

会議は朝の8時過ぎに始まり，議長は議事日程および受け取った通信文を報告した。ジュネーヴから，革命宣伝支部の代表資格に反対する電報が届いた。

エンゲルスは，ウエストの退出を求めた。五名からなる社会民主同盟の調査員会が選出された。

公開会議が10時過ぎに開かれ，公衆および各国の通信記者が訪れた。

議長は開会の挨拶で，二年間，一般大会を開催できなかった理由を説明し，またパリ・コミューンに対する国際労働者協会の立場を述べた。そしてコミューンに対する非難に反論し，またコミューン亡命者を保護し，その引き渡しを拒否した諸国を称賛した。オランダに祝辞を送り，「インターナショナル万歳」で挨拶を終えた。

マルクスが起草した「総評議会の報告」は，セクトによって英語で，ロンゲによって仏語で，マルクスによって独語で朗読され，またアベールによって蘭語に翻訳された。総評議会の報告は承認された。大会から，各国での迫害の犠牲者への共感およびフランス，ドイツなどで苦しむ同志への連帯の言葉を送ることが決議され，3時に閉会した。

公開会議が4時15分から開かれた。

ランヴィエル議長はパリのフェレ支部の報告を読み，ボナパルトおよびバクーニンに対する非難を述べた。アルノ，クルネ，ランヴィエ，ヴァイヤン等から，政治での棄権を放棄し，プロレタリアートの革命勢力の闘争組織，政治闘争の組織を大会の議題とすることが提起され，このための委員会が選出された。

ヘルマンは，総評議会とその権限に関する議題を提起した。彼は総評議会を残すが，その全権を取り下げるというベルギーの意見を示した。

ギヨームは述べた。運動には二つの考えがある。だれかの手への権限の集中と自由な連合である。運動は権威で覆われた総評議会を必要としていない。我々は権威を求めない。ジュラ連合には権威はない。我々は経験に基づく。これまで我々は経済闘争あるいは政治闘争で，総評議会を必要としたであろうか。総評議会はストライキを組織し，指導したであろうか。総評議会はバリケードを築いたであろうか。国際労働者協会は頭脳を必要としているだろうか。否。

ゾルゲは，ギヨームに反論した。本当にジュラ連合は権威的でないのか。総評議会はストライキ闘争で有益でないと述べるが，パリのブロンズ工のストライキでは有益であった。総評議会は将軍ではないとしても，少なくとも幹部を

第5章　1872年のハーグ大会　　**375**

養成し組織する参謀本部でなければならない。

　モラゴは，総評議会の廃止に賛成であった。通信と統計のセンターを残すだけでいい。スペイン連合は完全に自立しているが，真に自立し，自由な国際労働者協会を求める。総評議会は，支部あるいは連合に対するいかなる権限も持つべきでない。議論の延長が提起され，承認された。会議は 10 時に閉会した [41]（348〜352 頁）。

　このように大会は，議長によるパリ・コミューンの称賛をもって始められた。マルクスの起草した「総評議会の報告」は，英，独，仏，蘭語で朗読された。総評議会の報告でマルクスは，「1870 年から 1872 年の動き」を三つの戦争で捉えた。第一に，普仏戦争，第二に，フランスにおける内乱，そして第三に，国際労働者協会に対する戦争である。

　1870 〜 71 年のプロイセン-フランス戦争（普仏戦争），ナポレオン三世の降伏，アルザス・ロレーヌの割譲，1871 年ドイツ帝国の成立，パリで共和政権の樹立。そして戦争でフランスの敗北後，国民軍と民衆が武装解除をめざす国防政府に反抗して革命的自治権，パリ・コミューンを打ち立てた。それは 1871 年 3 月 18 日より 5 月 28 日まで 72 日間続いた。さらに「国際労働者協会に対する戦争」がこれに続いた。

　これまで「インターナショナルに対する戦争」が，ドイツ，フランスで「局地戦争」として戦われたとすれば，「パリ・コミューンが成立し，そして没落してからは，それは全般的な戦争となった」。フランス政府からコミューン亡命者の引き渡し，オーストリアとハンガリーでは労働者に対するテロル，ドイツではベーベルとリープクネヒトの大逆罪，イギリスではアイルランドへの警察テロル，ロシア政府はウチンの捜索，イタリアでインターナショナルの禁止が行なわれたのである。「インターナショナルをもたない労働者階級とインターナショナルをもった労働者階級との違いは，1848 年の当時をふりかえってみるといちばん明瞭にわかる。1848 年 6 月の蜂起を，労働者階級そのものが彼ら自身の前衛の仕事と認めるまでには，長い年月が必要であった。ところがパリ・コミューンは，ただちに全世界のプロレタリアートによって歓声で迎えらえた」（MEW, Bd.18, S.129–137）。

　ここで注目されるのは，すでに前年『フランスにおける内乱』で示された論点，

すなわち既存の国家権力の破壊，「労働者階級の独自な政府」の樹立である。3月18日から5月26日まで続いたパリ・コミューンで，労働者階級独自の政治闘争が確認されただけでなく，さらにコミューンの歴史的経験から，体制変革での国家の役割，プロレタリアートのディクタトゥルが提起されたのである。だが，プロレタリアートのディクタトゥルは，すでに1848年革命後にも述べられていた。1852年3月5日付きのヴァイデマイアー（在ニューヨーク）宛てのマルクスの手紙で，次のように記されていた。

「わたしについていえば，近代社会に諸階級が存在していることを発見した功績も，それら階級相互間の闘争を発見した功績も，わたしのものではありません。わたしよりもずっとまえに，ブルジョア歴史学者たちが諸階級の闘争の歴史的発展について述べていましたし，ブルジョア経済学者たちも諸階級の経済学的解剖学について述べていました。わたしが新しくやったことといえば，つぎの点を証明したことです。すなわち1）階級の存在は生産の一定の歴史的発展段階だけに結びついたものであること，2）階級闘争は，必然的にプロレタリアートのディクタトゥルを導くということ，3）このディクタトゥルそのものは，いっさいの階級の廃絶と無階級社会とにいたる過度にすぎないということ」（MEW, Bd.28, S.507f）。

1871年パリ・コミューンの経験は，1848年革命から学んだ経験をさらに深化せしめるものであり，プロレタリアートのディクタトゥルが概念的に理解されただけでなく，具体的，歴史的に確認されたのである。総評議会報告の最後でマルクスが，この二つの革命を比較しているのは，そのことをしめすものであろう。もとより，「総評議会の報告」ではプロレタリアートのディクタトゥルが論じられてはいないが，1872年ハーグ大会は1871年のパリ・コミューンの経験を労働者の財産に，共通の理論的綱領にするための大会であった。すでに大会前の1872年6月24日のドイツ語版への『共産党宣言』序文で，パリ・コミューンの独自な意味が指摘されていた。

「労働者階級は，できあいの国家機構を簡単に手に入れて，これを自分自身の目的のために動かすということはできない」。

『フランスにおける内乱』（1871年）
社会の経済的変化にともなって，また政府の政治的性格も変化した。近代工

業の進歩が資本と労働の階級敵対を発展させ，拡大し，強化するのと歩調をともにして，国家権力は，労働にたいする資本の全国的権力，社会的奴隷化のために組織された公的権力，階級独裁の機関という性格をますますおびるようになった。帝政の正反対物がコミューンであった。コミューンは，議会ふうの機関ではなく，同時に執行し立法する行動的機関でなければならなかった。コミューンの本当の秘密はこうであった。それは本質的に労働者階級の政府 a working-class government であり，横領者階級にたいする生産者階級の所産であり，労働の経済的解放をなしとげるための，ついに発見された政治形態であった。……だからコミューンは，諸階級の，したがって階級支配の存在を支えている経済的土台を根こそぎ取り除くための梃子とならなければならなかった。労働が解放されれば，人はみな労働者となり，生産的労働者は階級的属性でなくなる（MEGA I / 22, S.137−142）。

　各国政府との抗争が歴史舞台に上がったのである。どのようにして闘争するのか，国際労働者協会の構成はどうあるべきか。そして９月５日の午後の会議では，総評議会の権限が問題となった。社会民主同盟から総評議会の権限縮小，また廃止が提起された。すなわちバクーニン主義者は，経済闘争あるいは政治闘争でもはや総評議会を必要としない，と総評議会の意義を否定し，自由な国際労働者協会を求めたのである。国家権力との対抗，「労働者階級の独自な政府」が新たに迫るなか，バクーニン主義者は自由な連合のもとでの直接行動を訴えたのである[42]。

　２）「大会議案の論議」９月６日（金）
　朝の９時に開会した。ゾルゲとベッカーは，総評議会の権限に関する規約の討議に直ちに入ることを提案した。提案は承認された。

　　運営細則「総評議会」
　第２条　「総評議会は，大会決議の実行する義務がある。また，各国で国際労働者協会の原則，規約，運営細則が遵守されていることを見守る」。
　第６条　「総評議会は，同じく次の大会まで国際労働者協会の団体，支部，連合評議会，委員会，連合の資格を停止する権利を持つ。しかし，連合評議会に属する支部の資格を停止する場合は，当該の連合評議会に事前に協議

するまでこの権利は使えない。

　連合評議会あるいは委員会が解散される場合には，総評議会は，問題の連合の諸支部に三十日以内に新しい連合評議会または委員会の選出に取り組むことを命じる。

　連合全体の資格が停止される場合には，総評議会は直ちに，そのことを全ての連合に知らせなければならない。連合の多数が求めるなら，総評議会は，臨時協議会を開催しなければならない。この協議会は，問題を解決するため各国籍の代表が参加し，一月後に開催される。国際労働者協会の活動が禁止されている国も，もちろん正規の連合と同じ権利をもつ」。

ブリズメは述べた。ベルギー人は，強力な総評議会を望んでいない。総評議会の廃止さえ求めている代表者もいる。総評議会は国際労働者協会の事務員であり，各国内部の問題に介入することはできない。ロンゲは述べた。総評議会の完全な廃止を求めているフリューは，ブリズメより論理的である。なぜならブリスメの言う任務のためには，総評議会を必要としないからである。

　ギヨームは，代表の多くが，だれも代表していないと述べた。これに対しセライエは，フランスを代表していると述べ，そして政治および総評議会の活動についてのロンドン協議会の決議に賛同した。

　モラゴは指摘した。総評議会は，大会決議，規約またはあらゆる他の文書を自分の好きなように解釈できる。そのような場合我々には，総評議会に対する対抗手段がない。提案は危険に思われる。我々は人に支配されることを望んでいない。ラファルグは明言した。総評議会の支配力に対するモラゴの議論は，各支部に対し同じく適用できる。国際労働者協会が禁止されている国では，しばしば警察のスパイやその手先から支部がつくられる。もしモラゴが総評議会の不確定な独裁政治にいかるなら，かれの行為は暴君的であろう。なぜならかれとその仲間は，その脅威をまえにして退却することを望んでいるからである。

　表決の結果，第2条は，40対4，棄権11で採択された。

　つぎに第6条の論議に進んだ。

　エルマは，資格停止の権限が不都合な結果をもった例を挙げた。

　マルクスは明らかにした。われわれがこの権限を求めるのは，われわれのためにではなく，新しい総評議会のためにである。われわれはブリズメが望むよ

うに，総評議会が郵便ポストの任務にかわるのをみるよりもむしろ，総評議会
を廃止することを選ぶであろう。その場合国際労働者協会の管理は，ジャーナ
リストの手のあいだに落ちる，つまりとくに労働者ではない人々の手に落ちる。

　私はジュラ連合が，国際労働者協会をブルジョア政治を支えるための道具に
しようとする第12支部を支援することに驚く。そのような支部が，フランスや
オーストリアや他の国で，つくられていることを知らねばならない。フランス
では警察の長が，支部を組織する。しかし国際労働者協会は，それが禁止され
ている国でうまくいく。なぜなら迫害は，いつもそうした結果をもつからである。

　総評議会は支部の資格を次々に停止にして，連合全体の資格をすでに停止で
きる。連合や連合評議会の資格停止の場合には，総評議会は直ちに不信任や非
難に身をさらすので，したがって総評議会は絶対的に必要な場合にのみ資格停
止の権利を行使する。たとえ総評議会にロシアのツァーのような権利を認めた
としても，総評議会が国際労働者協会の多数を代表しなくなれば，その権力は
すぐに無になる。総評議会には軍隊もなければ，予算もない。総評議会は精神
的権威でしかない。国際労働者協会全体の同意に基づかなければ，総評委議会
は常に無力である。

　表決の結果，賛成36，反対6，棄権15で第6条は採択された（352〜355頁）。

　エンゲルス，マルクスと総評議会の他の成員は，総評議会の所在地をニュー
ヨークに1872〜1873年のあいだ移転すること，また総評議会は以下のアメリ
カ連合評議会の成員によって構成されることを提案した。

　そしてエンゲルスは，総評議会のニューヨークへの移転について述べた。
総評議会はつねにロンドンにその本部を置いてきた。なぜならロンドンは真に
国際的であり，記録や文書もきわめて安全である唯一の場所だからである。す
くなくともそれらの安全性は，ロンドンと同じくらいニューヨークは高い。ヨ
ーロッパの他のどの場所も，そのような安全性をもたない。あるいくつかの事
件がしめしているように，ジュネーヴやヴリュッセルでさえも安全でない。ロ
ンドンでは，党派の争いがきわめて激しくなり，所在地を他の場所にうつさね
ばならない。そのうえ，総評議会に対する非難や攻撃は，とても激しくなって
続いている。だから現在の総評議会成員の大部分は疲れ，総評議会で仕事に就
くことを控えるようになっている。例えば，マルクスや私の場合もそうであ
る[43]。そもそも元の総評議会は，常に意見が一致しているわけではない。成員

のすべてが，それを証言できる。八年前から総評議会は同じ場所にあり，硬直した状態を直すには移転が良い。類似した理由として，既に 1870 年にマルクスは総評議会のヴリュッセルへの移転を提案したが，すべての連合がロンドンの総評議会の維持に賛成したのである。

　どこに総評議会を移転するべきか。ヴリュッセルやジュネーヴは安全に問題がある。ニューヨークだけが残っている。ニューヨークは，文書管理が安全であり，また誠実で協力な組織があり，そこでの党派は本当に国際的である。またニューヨークの連合評議会は，アイルランド人，フランス人，ドイツ人，イタリア人，スウェーデン人から構成されている。生まれながらのアメリカ人もいるだろう。ニューヨークが離れているという反対意見は，これまで総評議会の内部問題へのあらゆる干渉を用心ぶかく拒否してきたヨーロッパの諸連合にとって優位となるので，意味がない。距離が離れることで，総評議会からの干渉が困難となるであろうし，また特殊な連合が，総評議会の内部に深刻な影響を及ぼすことも避けられるであろう。そして今日まで常に起きていることであるが，そもそも総評議会は一定の問題に対し，ヨーロッパに権限を委託する権利と義務さえ持つ。

　ヴァイヤンは，ニューヨークへの移転に反対した。現在，アメリカには多くの対立があり，また協会の一部はブルジョア政治に巻き込まれている。

　セライエの提案で，エンゲルスとマルクスの動議は，三つの問題に分けられた。第一に，総評議会は移転されるべきか，第二に，どこに移転するのか，第三に，総評議会の成員の選出について。

　提案は採択された。総評議会の移転については，賛成 26 対反対 23，棄権 9 で，そしてニューヨークへ移転することは 30，ロンドン 14，棄権 13 で採択された。また三人の他の成員を加える自由とともに，ニューヨーク総評議会の十二人の成員が選出された（355 ～ 358 頁，379 頁）。

　9 月 6 日夕方の会議は 6 時から始まった。大会は，労働者階級の政治活動に関する規約の新しいパラグラフの論議にはいった。一般規約第 7 条と第 8 条とのあいだに，以下を挿入することが動議された。

　「所有階級の結合された勢力との闘争で，プロレタリアートは，所有階級によって組織された旧来の全ての政党と対立するべつの政党に組織することによってのみ，階級として能動的な役割を演じることができる。政党へのこのプロレ

タリアートの組織化は，社会革命の勝利，その最終目的を実現，階級の廃止 l'abolition des classes に不可欠である。

既に経済闘争で達成された労働者勢力の団結は，彼らを搾取する政治勢力との闘争でも，プロレタリアートの手段でなければならない。土地所有者と資本家は彼らの経済的独占を守り永久化し，労働者を隷属させるために彼らの政治的特権を常に利用するので，政治的権力の獲得が，プロレタリアートの義務であり最高の任務となっている」。

ヴァイヤンは，規約への決議の導入のために発言した。

「我々に対し武力が用いられる。力は力によってのみ打ち破ることができる。経済闘争と政治闘争は統一されなければならない。そしてプロレタリアートのディクタトゥールによって，革命で階級の廃止が実現される。われわれには，二つのグループに分けられる棄権主義者がある。無知による棄権主義者と政治からの棄権主義者。かれらは政治で生活しており，叫び，どなる。そして今日，ヴェルサイユにある。しかしいたるところに，ヴェルサイユがある，ただフランスだけではない。我々は，所有し支配する階級のすべての党と対立し，ブルジョア階級といかなる関係もない，我々の党を組織しなければならない。既に創立宣言で，労働者階級の政治活動が推奨されており，総評議会は決してこの義務を怠ることはなかった。ロンドン協議会もまたこの真実を完全に理解し，コミューンおよびそれに参加したプロレタリアートの責任を負った」。

ギヨームは述べた。我々の見地は，ヒンがヴリュッセルで採択した。

「我々は現在の政府や議会制度に介入することを望まない。我々は政府全体の転覆を望んでいる」。不幸にも我々は，棄権主義者と呼ばれている。きわめて不適切にプルードンによって選ばれた名称である。我々は特定政治の，社会革命の，ブルジョア政治と国家の破壊の支持者である。提案された決議は『共産党宣言』に基づく文を含んでいる。かれは『宣言』の十の要求事項を読んだ。

「そこに政治権力獲得の理由，国家の，国家権力の掌握の理由を見出す」。

今度はブルジョアジーになるために！　我々は国家の政治権力の奪取を拒否する。反対に我々は，政治権力の表現として国家の完全な破壊を要求する。

これに対しマルクスは，フラマン語の翻訳者ヴァン・ダン・アベルを批判した。

ロンゲは，ギヨームがプルードンも，他の多くの社会主義者の著者も決して

382

読んでいないと述べた。かれはプロレタリアートの状況を詳しく述べた。プロレタリアートは，まったくいかなる政治組織ももたなかった。それは，ブルジョアのいいなりであった。

のちに国際労働者協会は，我々に経済問題を討議する方法を教えてくれた。もし我々が政党としてよりよく組織されていたなら，勝利したコミューンがパリだけでなく，ベルリンでも，他の場所でも宣言されていた。ヘプナーは，コミューンの崩壊を権威の不足としているが，間違っている。コミューンは組織が，すなわち政治的組織がないために倒れた。経済闘争のためにも，労働者は政党に組織されていなければならない。指導者がバクーニンであるギヨームは，国際労働者協会に所属できない。

賛成 29，反対 5，棄権 8 で採択された。議長は，夜の 11 時に会議を閉会した [44]（358 ～ 361 頁，373 頁）。

こうして 9 月 5 日の午後の大会会議で，すでに政治棄権主義者から総評議会の権限が問題とされ，9 月 6 日は総評議会に関する規約細則に移った。

そして国際労働者協会の中心にある総評議会の権限の拡大が，運動に推進に応じて提起された。運営細則第 2 条は，各国での「国際労働者協会の原則の遵守」を総評議会に委ね，第 6 条は各国の「支部」のみならず，「連合評議会，連合」の資格停止を提起した。しかし同時に 9 月 6 日の大会では規約の改正が，すなわち各国組織の拡充，つまり全国団体設立を唱えた規約第 7 条の後に，ロンドン協議会の決議「IX 労働者階級の政治活動」を挿入し，各国での政党への組織化，そして政治権力の獲得が主張されたのである。

実際，各国組織の資格停止の場合も，各国連合の同意を前提としており，無制限な総評議会の拡大ではない。パリ・コミューン後に強まった国家権力との対抗を担うため，各国の分散した運動を統合し，階級として対峙することが国際労働者協会に求められたのである。総評議会は各国運動を支援し，さらに国際的な運動の連携を担う機関として，その拡充を必要としたのである。国際労働者協会の原則の維持，労働者階級の経済的解放運動の前進を図るためである。

他方，ニューヨークへの総評議会の移転は，迫りくる政府干渉とヨーロッパでの社会民主同盟の暗躍への不安，さらに新興多民族国家アメリカでの前進を期待して提起された。こうして国際労働者協会は，ヨーロッパ各国での全国的組織，つまり各国連合の拡充，各国労働者党設立が大会決議されたことで，その

第 5 章　1872 年のハーグ大会　**383**

一つの歴史的任務を終えたのである。そして，政府転覆，国家破壊を絶対の政治課題とするバクーニン主義者と異なり，これまで蓄積された経済運動を基盤に長期にわたる労働運動，その政治的進展，階級廃止を実現するために政治権力獲得が大会で決議された。

3）「バクーニンの追放」

9 月 7 日（土）

会議は午前 9 時 30 分から始まった。新総評議会の選出に進み，北アメリカ連合評議会を中心に新総評議会が選出されたが，過半数の支持を得ることができず，再度，1872 〜 73 年の新総評議会の選出が行われた。そして十五名に定員を増やすことを認めて，十二名が選出された。各連合は，総評議会の会計報告を検査するために，一人の委員を任命することが決められた。

ラファルグとゾルゲは，労働組合の国際組織の設立を提案し，承認された。さらにオランダ連合評議会の招待で，明日，アムステルダムへ行くことが決められた。次の非公開会議と公開会議の日程を決め，午後 3 時 30 分に閉会した（361 〜 363 頁）。

5 時 30 分から非公開会議が始まった。総評議会の財務委員会の報告が論議され，承認された。次の一般大会をスイスで開くことが決議された。また，今度の大会の議事録の調査と翻訳および新総評議会への文書の引き渡しのために委員会が作られ，マルクス，エンゲルス，セライエ，デュポン，フランケルが選出された。

夜の 10 時から非公開会議が開かれ，社会民主同盟の調査委員会の報告が行われた。

「同盟組織の調査委員会報告」。

委員会は，完全な報告を作成するための十分な時間を持てず，提出された資料にもとづき意見を述べるだけである。一方で，マルクス，エンゲルス，デュポン，セライエ等から非難のために意見を聞き，他方で，同盟の秘密組織に所属していると告発されたギョーム，シュヴィッツゲベル等からも意見を聞いた。そして委員会は表明する。

1）同盟は，国際労働者協会の規約と完全に反する規約によって構成され，秘密裏に存在した。しかし現在の同盟存在の証拠は不十分である。

2）バクーニンによって署名された手紙や規則案から，バクーニンがヨーロ

ッパに同盟と名付けられた協会を作ることを試みた——おそらく成功した——ことが分かる。その規約は，社会および政治の分野で，国際労働者協会の規約と共通なものはない。

3）バクーニンは，他人の財の多少とも大切な部分を横領するために，詐欺にあたる不正な策略を用いる。

したがって委員会は大会に要請する。

1）バクーニンの国際労働者協会からの追放。

2）さらに同盟になお所属していることを認めたギヨーム，シュヴィツゲベルの追放。

3）調査のあいだに，マロ，ブスケ，ルイ・マルシャーンは国際労働者協会の破壊をねらう操作を企てたことが証明されたので，同じく国際労働者協会からのかれらの追放。

4）モラゴ，ファルガ等に関しては，同盟と言われた協会にもはや所属しないという明白な声明にとどめ，彼らに負わされた非難を取り消す。委員会，かれらが入手した文書および表明を，国際労働者協会の公的な機関紙で公表する。

クノーは断言した。国際労働者協会の内部で陰謀が行われたことは疑いないと，虚偽，中傷，詐欺が証明された。また委員会は困難な仕事をたたかった。

アレリニは，委員会は物的な証拠でなく，精神的な証拠のみによると考えた。かれは同盟のメンバーであったが，それを誇りに思う。あなたがは異端裁判所にすぎない。公開の調査を求めた。

ここでスペイン連合，ベルギー支部，ジュラ連合などの代表から次の声明がなされた。我々は，労働者グループの自治と連合を求めるが，先の大会で我々の原理と対立する議決がなされた。しかし，国際労働者協会内のいかなる分裂をも避けるために，次の声明を行う。

1）我々は会費納入，通信や労働統計のために，総評議会と運営上の関係を続ける。

2）我々の連合は，諸連合および正規に設立された国際労働者協会の全ての支部と，直接かつ規則的に報告を取り交わす。

3）もし総評議会が連合の内部問題に介入しようとするなら，連合は連帯し

てその自治を維持することを約束する。

4）我々は，全連合および全支部に対し，現在から次期大会まで，インターナショナルの労働組織の基本として，連合自治の原理の勝利を準備することを提案する。

5）我々は，ロンドンのいわゆる世界連合評議会，あるいはインターナショナルと無縁なすべての組織体とのあらゆる関係を，断固として拒否する。

　論議の後，大会は調査委員会の投票にすすんだ。バクーニン（27 対 6，棄権 7）とギヨーム（25 対 9，棄権 8）の追放は承認されたが，シュヴィツゲベル（15 対 17，棄権 7）の追放は認められなかった。第三提案の表決は延期され，第四提案が承認された。残りの仕事はすべて新総評議会に送られた。議長は「労働者万歳」と叫んで，国際労働者協会第五回大会の終了を宣言した（363 ～ 369 頁）。

　こうして大会最終日の 9 月 7 日に，国際的な秘密組織である社会民主同盟が論議され，国際労働者協会内での分裂破壊活動に判断が下された。社会民主同盟の調査委員会の報告で，バクーニン等の追放が提案された。

　エンゲルスは，すでに大会前に「総評議会から国際労働者協会の全会員へ」（1872 年 8 月 4 ～ 6 日）で，バクーニン等の秘密の陰謀について論じており，また大会で「社会民主同盟についての報告」を行った。その規約からみて，同盟の目的はその秘密組織を使って，自分の宗派的な綱領をインターナショナル全体に押しつけることにある。そのための有効な手段は，地下組織の力を利用して，地方評議会，連合評議会および総評議会に同盟員を選出させて，それを握ることである。同盟は，インターナショナルと戦うためにつくられた秘密結社である。バクーニン，同盟員およびジュラ連合の追放を提起する，と。

　1871 年パリ・コミューン以後，政府との対決という新しい課題を提起された国際労働者協会は，総評議会そのものの転覆，組織破壊を企図するバクーニン主義者と対立した。政治不参加，他人の支配の否定，非権威主義をモットーにして，自由な連合を唱える社会民主同盟は，たとえ政治的に国家破壊を提唱し，政治運動を喚起したとしても，根底においてブルジョア的個人主義の域にあると言えよう。バクーニンには，政府転覆の歴史的な洞察が，つまりブルジョア国家の経済的分析，労働者の経済闘争が欠落しているのである[45]。

9月8日，アムステルダムで大衆の集会が開かれ，マルクス，デュポン，ゾルゲ等が参加し，国際労働者協会の目的，展望について討議された。マルクスは述べた。ハーグ大会は三つの重要な仕事をなし遂げた。

第一に，「大会は，労働者階級が，崩壊しつつある旧社会と社会的な部面においてだけでなく，政治的な部面においてもたたかう必要があることを宣言した」。そして「ロンドン協議会の決議 Ⅸ」が，一般規約に取り入れられた。労働者は，新しい労働の組織をうちたてるために，やがては政治権力をにぎらなければならない。しかし，我々は，この目標に到達するための手段はどこでも同一だと主張したことはない。アメリカやイギリス，オランダなど，労働者が平和的な手段によってその目標に到達できる国々があることを，我々は否定しない。だが，これが正しいとしても，この大陸の大多数の国々では，暴力が我々の革命のてこならざるをえないことをも，認めなければならない。

第二に，ハーグ大会は，新たに総評議会にいっそう強力な権限をあたえた。というのは，ばらばらな行動は無力だからである。

「それに，総評議会の権威がわれわれの敵以外のだれに不安をいだかせるというのか。いったい総評議会は，服従を強制するための官僚機構を，武装した警察をもっているだろうか。総評議会の権威はもっぱら精神的なものでないのか，また，総評議会の決定は各連合の判断にゆだねられ，その決定の実施は各連合に委託されるのではないのか」と述べた。最後に，ハーグ大会は，総評議会の所在地をニューヨークに移転した。労働者が優勢なこの土地にインターナショナルが力強く根をはることが必要である（『マルクス＝エンゲルス全集』第18巻，157 ～ 159頁）[46]。

4）1872年ハーグ大会後の活動

大会後エンゲルスは，決議刊行準備委員会としてマルクスと共に『ハーグで開催された一般大会の諸決議　1972年9月2～7日』を編集するとともに[47]，「ハーグ大会」〈1872年10月1日のビニャーミへの手紙〉で，大会について次のように知らせた。

六十四人の代表の資格審査に二日以上もかかり，また総評議会を「たんなる通信，統計事務局」に変えるという意見も出されたが，大会は「運営細則」第2条と第6条で総評議会の権威を認めた。そして，総評議会の所在地として「文書の安全性と，総評議会の権威の国際的性格」から，ロンドン以外の唯一の場

所としてニューヨークが提案された。またロンドン協議会の決議「IX　労働者階級の政治活動」が，一般規約第7aとして，三分の二を超える多数で承認された。最後に「インターナショナルの中央指導部を掌握する」ことを目的とした，権威と服従の秘密結社とバクーニン等の追放が決議された[48]。

　他方，9月15日にバクーニン主義者は，ジュラ山地のサン・チミエで大会を開き，ハーグ大会決議を拒否し，またスペインおよびイギリスで，これに連動した動きがあった。

　マルクスは，「最初の真に国際的な大会であるハーグ大会」の有効性を攻撃するイギリス連合評議会の動きを，1872年12月23日の「イギリス連合評議会から各支部，加盟団体および会員への呼びかけ」で批判した。

　「すべての連合が次の一般大会に反対意見を提出する権利をもっている以上，ハーグ大会で採択された諸決議の改訂を目的としているイギリスで開催されるいかなる大会も，非合法であると宣言する」[49]。

　エンゲルスも1872年12月20日に「マンチェスターの外国人支部からイギリス連合の全支部および会員へ」で批判した。

　「大会は協会の立法権力である。大会の決議は全員を拘束する。大会の決議が気に入らない人間は，協会を脱退することもできれば，次期大会でその決議をくつがえすよう試みることもできる。しかし，個々の会員であろうと，支部，連合評議会，地方大会，全国大会であろうと，インターナショナルに留まると称しながら，この決議の無効を宣言する権利はもたない」。そして，米，独，仏，ポーランド，オーストリア，ハンガリー，ポルトガル，スイス，オランダ，スペインでハーグ大会決議は同意されていると述べた[50]。

　他方，ニューヨークに移転した総評議会は，1873年5月30日に「総評議会から全協会員へ」を公表し，次のように述べた。

　1872年12月から1873年1月に，ヴリュッセルのベルギー連合大会，コルドバのスペイン連合大会，ロンドン集会が，ハーグ大会決議を拒否する決議をあげたこと，以上からその大会および集会に参加し，決議を承認するすべての全国連合，地方連合，支部及び個人は，協会員であることをやめたものであると声明する。そして1873年9月8〜13日に，スイスで国際労働者協会第六回ジュネーブ大会を開催した[51]。

　第六回大会ではベッカーが議長につき，ジェネーブ支部から多数が参加した。

総評議会の報告と地方の報告が行なわれ，労働者階級の政治活動，総評議会の機能について論議された。また労働組合の国際的連携，労働者階級の政治闘争が確認された。

　大会で国際労働者協会からの追放を決議されても，逆に大会決議を否定し，その活動を続けるバクーニン主義者に対し，マルクス，エンゲルスは，1873年4～7月に「ハーグ国際大会の命によって公表される報告書と記録文書」の作成にとりかかり，ラファルグの協力のもと『社会民主同盟と国際労働者協会』を1873年に仏語版で，翌1874年に独語版で発表し，社会民主同盟の性格を暴露した[52]。

　そして，各国の様々な運動を包含する国際労働者協会が，政治運動，とくに国家破壊を唱える運動の直接行動隊を追放せざるをえない理由が，最後に述べられた。インターナショナルは，諸国の労働者階級の運動と志望に完全な自由を与えながら，なおかつそれらを一つに結集し，支配階級と政府にプロレタリアートの世界的な力を感じさせることができた。支配階級と政府が，国際労働者協会全体の執行機関である総評議会に攻撃を集中した。コミューン崩壊後，この攻撃は強まった。同盟はこの時期に総評議会を攻撃した。彼等が言う「自治とか自由な連合」は，「同盟の階層的，専制的な秘密結社にインターナショナルを従わせるという真の狙いを隠すためのただの策略に過ぎなかったのである」。

　さらに，マルクスは，バクーニンの『国家制と無政府制』が1873年に公刊されると直ちにその批判的検討を行なった[53]。

第4節　ハーグ大会の意義

　1872年のハーグ大会は，1869年バーゼル大会以後三年間の間隔をもって開催されることになる。そしてこの三年間に普仏戦争，パリ・コミューン等の歴史事件が起こり，国際労働者協会を震撼せしめた。大会に代えて開かれた非公開の1871年ロンドン協議会は，かかる事態への緊急措置であり，さらにパリ・コミューン以後強まった各国政府の弾圧に対抗する指針，すなわち労働者階級の政治活動が示された。

　すなわち，これまで経済闘争を中心に前進してきた国際労働者協会の運動は，パリ・コミューンを契機に労働者階級の政治闘争を運動課題として提起した。

運動の高揚のもと労働者階級が，これまでひろまった経済闘争をふまえ，さらに自らの共通利害を考え，判断し，行動する労働者の政治運動である。支配階級に対抗して労働者が階級として，労働者の共通な課題を一般的な形で，法律として提起する政治闘争である。そのために，インターナショナル創立以来主張されてきた各国組織を，各国連合の全国的組織，各国労働者党に編制することが求められた[54]。

　しかし，各国での国際労働者協会に対する政府介入が強まるなか国際労働者協会内部でも紛争がおこり，紛糾した。バクーニン主義者は，総評議会の事実上の解体となる規約の改正を提起した。これに対し，1872年3月の『国際労働者協会のいわゆる分裂　総評議会の非公開回状』に続き，大会前8月に，エンゲルスは「総評議会から国際労働者協会の全会員へ」を起草し，再度社会民主同盟を批判した。同盟の中心はジュラ連合であり，ここから指令が発せられる。同盟が強力に組織されたのはスペインである。スペイン連合評議会は，インターナショナル会員の醵金で同盟の代議員をハーグ大会に派遣しようとした。スペイン連合評議会は，一結社の機関となり，スペイン大会や規約でなく，バクーニンの秘密命令に従っている。

　こうして国際労働者協会の運動の歴史において初めて，この協会の内部でたくらまれ，現存の搾取制度でなく，国際労働者協会そのものをくつがえそうという陰謀にでくわした。これは事実上，プロレタリア運動それ自体を妨害する陰謀である。それゆえ，それはいたるところで，政治問題への絶対的不参加を説いている。ハーグ大会で，バクーニンおよび同盟会員を追放することが決議された。他方，このような社会民主同盟の動きに連動して，ベルギー支部は各国連合が総評議会なしで自立できると，総評議会の権限縮小，総評議会の廃止を提起した。

　労働者階級の独自な政治運動を否定し，国際労働者協会を強奪せんとした秘密組織，社会民主同盟の組織構成が同時に批判された。特に問題であるのは，その個人的独裁組織である。ジュラを拠点としバクーニンの指令のもとに下部組織が動くという，上から下への一元的指揮系統であった。事実上，そこにはブルジョア的な支配の論理が貫き，各国労働者の自律的展開を支援し，さらに育成するという視点が欠落していた[55]。

　マルクスはエンゲルスとともに，ハーグ大会前にバクーニンを批判した1872

年 5 月『国際労働者協会のいわゆる分裂』で述べた。

　国際労働者協会の綱領は「プロレタリア運動の大筋を描くだけにとどめ，その理論的な仕上げは，実際の闘争の必要から生まれる刺激と，各支部内で行われる思想の交換にまかせ」，不断の交流および毎年の大会で決定すると。大会に集まった各国労働者が，現実的課題の解決を求め激論を闘わすなかで問題の本質を把握し，「共通の理論的綱領」を獲得するのである。各国労働運動は，総評議会によって一面的に管理され指導されるのではなく，総評議会と各国組織との相互連携のなかで前進を模索した。各国組織の自律的発展が，国際労働者協会の組織原則であった[56]。

　マルクスは総評議会，そしてハーグ大会で規約改正を論じたが，そこで述べられた視点も同一である。

　総評議会が各国の支部のみならず連合評議会，および連合の資格をも停止するという「運営細則第 6 条」の改正は，総評議会の権限の拡大でなく，むしろその制限であること，また総評議会に権限を与えたとしても，総評議会が国際労働者協会を代表しなければ無であると述べた。総評議会には「服従を強制するための官僚機構」も，「武装した警察」もなく，「総評議会の権威はもっぱら精神的なもの」であり，「総評議会の決定は各連合の判断に委ねられ，その決定の実施は各連合に委託される」と。

　運動の「共通の理論的綱領」を支える 1867 年『資本』をふまえ，各国組織の各国労働者党への整備，それらの国際的連繋がはかられ，運動の前進がすすめられた。マルクスは，1877 年 11 月ごろに執筆された「ザピスキ編集部への手紙」で，次のように述べた。

　本源的蓄積にかんする章は，西ヨーロッパで資本主義的経済秩序が封建的経済秩序の胎内から生まれ出てきたその道を，あとづけようとだけするものであります。//「これが根本的に遂行されたのは，まだイギリスだけである。……だが，西ヨーロッパのすべての国もこれと同一の運動を経過する」等々（『資本』フランス語版）。

　この章の最後に，この生産の歴史的傾向が次のように要約されています。すなわちこの生産は，「自然の転変を支配する不可避性をもって，おのれ自身の否定をみずから生み出す」，この生産は，同時に社会的労働の生産諸力とすべての個人的生産者の全面的発展とに最大の飛躍をもたらすことによって，新たな経

済秩序の諸要素をみずからつくりだした。また，資本主義的所有は，事実上すでに共同的生産様式のうえに立脚しているので社会的な所有に転化するほかはない，ということがそれであります。ここで私は，これについて証明を与えることはしません。わたしのこの主張そのものが，それにさきだって資本主義的生産についての諸章のなかにあたえられている，長い叙述の要約にほかならない，という十分な理由があるからです（MEW, 19. S.108-110）。

「資本主義的蓄積の歴史的傾向」[57]
「資本の本源的蓄積，資本の史的創生記とは結局どういうことか。それは，奴隷および農奴の賃労働者への直接的転化，したがって単なる形態変換でないかぎりは，直接的生産者の収奪，すなわち自分の労働に基づく私的所有の解消を意味するに他ならない。
　労働者が自分の生産手段を私有することは小経営の基礎であり，小経営は社会的生産の発展，労働者自身の自由な個性の発展のための一必要条件である。この生産様式が繁栄し，全精力を発揮し，適当な古典的形態をとるのは，労働者が自分自身の使用する労働条件の自由な私的所有者である場合，すなわち農民は，自分が耕す畑の，手工業者は，かれが使いこなす用具の自由な私的所有者である場合である。
　この生産様式は，土地等の生産手段の分散を内臓する。それは生産手段の集中を排除するのと同様に，同じ生産過程の内部における協業や分業，自然にたいする社会的な支配や調整，社会的生産諸力の発展，をも排除する。それは生産および社会の狭隘な自然発生的限界とのみ調和しうる。特定の高度に達すれば，この生産様式は，それ自身の破壊の物質的手段を生み出す。この瞬間から，この生産様式を桎梏と感ずる諸力や情熱が社会の胎内で動き出す。この生産様式は破壊されねばならないし，破壊される。
　その破壊，個人的で分散的な生産手段の，社会的に集中された生産手段への転化，したがって多人数による小量的所有の，少数者による大量的所有への転化，したがって広範な人民大群からの土地や生活手段や労働用具の収奪，人民大衆のこの恐るべき且つ非道な収奪こそは，資本の前史をなす。みずから働いてえた，いわば個々独立の労働個人と彼の労働諸条件との癒着に基づく私的所有は，他人の，しかし形式的には自由な労働の搾取に基づく資本制的私的所有によって駆逐される。

この転化過程が，旧社会を深さおよび広さからみて充分に分解させてしまえ
ば，また労働者がプロレタリアに転化し，かれらの労働条件が資本に転化して
しまえば，さらに資本制的生産様式が自分の脚で立つことになれば，ここに労
働のいっそうの社会化，および，土地その他の生産手段の社会的に利用される
生産手段，つまり共同的生産手段へのいっそうの転化，従って私的所有者のい
っそうの収奪が新しい形態をとる。いまや収奪されるべきものは，もはや自営
的労働者ではなく，多くの労働者を搾取しつつある資本家である。

かかる収奪は，資本制的生産そのものの内在的諸法則の作用によって，諸資
本の集中によって成就される。かかる集中，あるいは少数の資本家による多数
の資本家の収奪と相並んで，ますます増大する規模での労働過程の協業的形態
が，科学の意識的な技術的応用が，土地の計画的で共同的な利用が，共同的に
のみ使用される労働手段への労働手段の転化が，結合された，社会的な，労働
の共同的生産手段としての使用によるすべての生産手段の節約が発展する。

この転化過程のあらゆる利益を横領し独占する大資本家の数が絶えず減少す
るにつれて，貧困，抑圧，隷属，退廃，搾取の度合いが増大するが，しかしまた，
絶えず膨張するところの，そして資本制的生産過程そのものの機構によって訓
練され結合され組織されるところの，労働者階級の反逆も増大する。

資本独占は，それと共にまたそれのもとで開花した生産様式の桎梏となる。
生産手段の集中と労働の社会化とは，それらの資本制的外皮と調和しえなくな
る時点に到達する。この外皮は粉砕される。資本制的私的所有の最後の時が鳴る。
収奪者たちが収奪される。

資本制的生産様式および資本制的取得様式は，したがって資本制的私的所有
は，自分の労働を基礎とする個人的な私的所有の第一の否定である。資本制的
生産の否定は，この生産そのものによって，自然過程の必然性をもって，生み
出される。これは否定の否定である。この否定は，資本主義時代に達成された
もの——自由な労働者の協業や，土地および労働そのものによって生産された
生産手段の自由な労働者の共有——を基礎とする個人的所有を再建する。

個人の自己労働にもとづく分散的な私的所有の，資本制的な私的所有への転
化は，もちろん，事実上すでに生産手段の社会的利用にもとづく資本制的所有の，
社会的所有への転化よりも，比較にならぬほど長くかかる，苦しい困難な過程
である。前の場合には，少数の横領者による人民大衆の収奪が行われたのであるが，
後の場合には，人民大衆よる少数の横領者の収奪が行われるのである [252]」（II / 5,

S.608-610)。

　そしてこの「資本主義的蓄積の歴史的傾向」末尾の「人民大衆による少数の横領者の収奪」に『共産党宣言』「Ⅰ　ブルジョアとプロレタリア」から，次の部分が「注」252 に引用された。

　（252）「産業進歩──ブルジョアジーを自己の無意志，無抵抗な担い手とする産業進歩は，競争による労働者たちの孤立化の代わりに，結社による彼らの革命的団結を生ぜしめる。だから，大工業の発展につれて，ブルジョアジーの足もとから，彼らがその上で生産し，かつ生産物を取得する基礎そのものが取り去られる。彼らは何よりも先ず彼ら自身の墓堀人を生産する。彼らの滅亡とプロレタリアートの勝利とは等しく不可避である。……今日ブルジョアジーに対立するすべての階級のうち，プロレタリアートのみが現実に革命的な階級である。その他の諸階級は大工業とともに衰微し滅亡するが，プロレタリアートは大工業の固有独自の産物である。……中間諸身分，小産業家，小商人，手工業者，農民，これらはすべて，中間諸身分としての彼らの生存を滅亡から守るために，ブルジョアジーと闘争する。……彼らは反動的である，すなわち彼らは，歴史の車輪を逆に廻そうとする」（マルクスおよびエンゲルス『共産党宣言』ロンドン，1848 年，Ⅱ / 5, S.608-610)。

　「共産主義者同盟」，その綱領として執筆された 1848 年『共産党宣言』，プロレタリアートによる政治権力の獲得は，その後「国際労働者協会」，1871 年パリ・コミューン，『フランスにおける内乱』，労働者階級による独自の政府へと展開された。そして各国の労働運動をささえる 1867 年『資本』──資本主義的商品生産の分析，価値論，労働力の商品化，剰余価値論──その第六章第二節「いわゆる本源的蓄積」末尾の「資本制的蓄積の歴史的傾向」で，『共産党宣言』から引用された。ここに共産主義者同盟と国際労働者協会との連続性が，すなわち労働者の解放運動，階級廃止の連続性が表明されたのである。

　さらに『宣言』「Ⅱ　プロレタリアと共産主義者」および「Ⅳ　種々の反政府党にたいする共産主義の立場」では，次のように述べられた。

　「Ⅱ　プロレタリアと共産主義者」

　「共産主義者はプロレタリア一般にたいしてどのような関係にあるか。共産主義者は，他の労働者諸党に対立する特殊な党ではない。彼らは，プロレタリアート全体の利害から切りはなされた利害をもたない。彼らは，プロレタリア的

運動をその型にはめようとする特殊な諸原則をもたない。// 共産主義者の当面の目的は，すべての他のプロレタリア的諸党の目的と同一である。すなわち，プロレタリアートの階級への形成，ブルジョアジー支配の転覆，プロレタリアートによる政治的権力の獲得である」。

「Ⅳ　種々の反政府党にたいする共産主義の立場」

「Ⅱによれば，すでに組織された労働者諸党にたいする共産主義者の関係，したがってイギリスにおけるチャーティストおよび北アメリカにおける農業改革者とのその関係は，おのずから明らかである。共産主義者は，労働者階級の直接に目前にある諸目的および利益の達成のためにたたかうが，彼らは，現在の運動において同時に運動の未来を代表する。」「一言で言えば，共産主義者は，いたるところで，現存する社会的および政治状態にたいするどの革命的運動をも支持する。これらすべての運動において，共産主義者は，所有問題を，それがとる形態の発展の程度が多かろうとも少なかろうとも，運動の根本問題として協調する。最後に，共産主義者は，いたるところで，すべての国々の民主主義的諸党の提携および協調につとめる」（MEW, Bd.4 , S.474, 492f. 服部文男訳『共産党宣言，共産主義の諸原理』新日本出版社，1998 年）。

　この『共産党宣言』のⅡとⅣの部分で示された視点，労働者解放の事業への労働運動の統一から，各国の労働者党の役割，解放の事業にかかわる他の民主的党派との連携が確認される。「共産主義者は，他の労働者諸党に対立する特殊な党ではない」という『宣言』の命題は，1860 年代の第一インターナショナルでも，運動の原理として生きていたのである（1871 年ロンドン協議会「決議Ⅸ　労働者階級の政治活動」，「決議Ⅷ　農業生産者」）。

　もとより働く人々の抵抗運動としての連続性は確認されるが，同時に 1840 年代と 1860 年代での労働運動の相違も見出される。1789 年のフランス革命を理念として展開されたヨーロッパの 1840 年代の政治運動，四季協会とブランキ主義，そして共産主義者同盟も少数者の政治運動，革命運動を基本とした。これに対し，十九世紀中葉のイギリス資本主義の世界的展開のもとに創立された第一インターナショナルは，多数者の革命，経済闘争での労働者の団結，それを踏まえての各国独自の政治闘争，政治権力の獲得をめざしたのである[58]。歴史の逆転運動をも考慮しつつ，各国の多様な運動の統一が現実の闘争と経験から

提起された。そして「近代社会の経済的運動法則」の解明を課題とする 1867 年『資本』は，資本主義的商品生産，価値論を踏まえ，「資本主義的蓄積の歴史的傾向」を述べた。

（参照）マルクス 1850 年『フランスにおける階級闘争，1848 年から 1850 年まで』，1851 〜 52 年『ルイ・ボナパルトのブリュメール 18 日』。ここでは農民の地位と役割，農民とプロレタリアートとの連携が考察されている。

注

1）1870 年から 1871 年におよぶ運動の進展とロンドン協議会との関連については，本書第 3 章「1871 年ロンドン協議会」を参照。翌 1872 年のハーグ大会に至るインターナショナルについては Korotejewa, *Der Haager Kongreß der I. Internationale Aus der Geschichte des Kampfes von Marx und Engels für die proletarische Partei*, 1961, Dietz がある。「ハーグではとどのつまりプロレタリアートのさらなる活動の方策——各国の独立したプロレタリア党の創設——の輪郭が描かれた」。他方，国際労働者協会の創立から解散までを扱ったものに G. M. Stekloff, *History of the first international*, 1928, New York. Bach, Golman, Kunina, *Die Erste Internationale*, Moskau, 1981. がある。なおステクロフは，1864 年に創立された国際労働者協会以前の国際組織も扱っており興味深い。

2）MEW, Bd.33, S.328–333.　Waleria Kunina は，「カール・マルクスによる国際労働運動史の探求」で述べる。「マルクスとエンゲルスの活動は，共産主義者同盟と国際労働者協会の連続性，それらの課題と目標，プロレタリアートの解放闘争におけるそれらの意味，それらの戦略と戦術を明らかにすることを認めている。……インターナショナルの目的は，政治権力の獲得による労働者階級の経済的解放の実現である」（*Marx–Engels–Jahrbuch 7*, 1984）。

　　他方，マルクス，エンゲルスの階級，階級闘争，プロレタリアートのディクタトゥルについては，服部文男「階級および階級闘争」（服部文男編集『史的唯物論と現代』2 理論構造と基本概念，1977 年）は，貴重である。同論文では 1840 年代，50 年代，60 年代における階級闘争論の変化が，マルクスの理論的進展，運動との関連で総合的に考察されている。『共産党宣言』と共産主義者同盟との関連については，同『マルクス主義の発展』（1985 年），『マルクス主義の形成』（青木書店，1984 年）を参照。マルクス政治論の前提をなすヨーロッパ政治思想史については，福田歓一『政治学史』（東京大学出版会，1985 年）は，ギリシアからのヨーロッパの政治思想史を扱い貴重である。

3）1871年11月にバクーニン主義者はソンヴィリエ大会を開き，総評議会を批判した回状を各国支部に送った（*The General council 1871-1872, Note 28*, p. 526）。これに対しエンゲルスは，翌年1872年1月には，ソンヴィリエ回状に反論した「ソンヴィリエ大会とインターナショナル」を執筆した（MEW, Bd.17, S.475-480）。

4）アメリカ連合評議会の分裂については Note 45, *The general council of the first International 1871-1872*, p.529. を参照。マルクスはソルゲ宛の1871年11月9日の手紙で，ニューヨーク中央委員会が中心となり，アメリカ合衆国の運動を進めることを述べた（MEW. Bd.33, S.315）。また社会民主同盟によって引き起こされたスイスのジュネーヴでの衝突については *The general council 1871-1872, Note 44*, pp.528-529.

5）*The general council 1871-1872*, pp.40-64. またラッサール派からのロンドン協議会決議批判については Note 52, p.530 を参照。

6）1871年12月末に開かれたヴリュッセルの大会で，ベルギー連合の自治を求めた決議が採択され，さらに一般規約の改正が提起された。こうしてベルギー連合は，社会民主同盟と同じ立場にたった（G. M. Stekloff, *ibid.*, p.217）。

7）*The general council 1871-1872*, pp.67-92.

8）*The general council 1871-1872*, pp.95-113.

9）MEW, Bd.18, S.7-51.

マルクスは，ヨゼヴィツ宛の1872年2月1日付の手紙で，『資本』第一部ドイツ語第二版，またこのドイツ語第二版に従って改訂するフランス語版，そしてロシア語版の刊行について知らせた。またこれらの作業と併せて，バクーニン等の策動を糾弾するための回状を作成していることを述べた（MEW, Bd.33, S.397）。

他方エンゲルスは1872年1月24日付のクーノ宛の手紙で，次のようにバクーニンについて説明した。バクーニンにとって国家が根本害悪であり，それゆえ国家の存続を可能とすることは行えないこと，従って，あらゆる政治への不参加が生じると述べた（MEW, Bd. 33, S.389）。

10）アメリカ連合評議会の分裂に対する総評議会の決議については MEW, Bd.18, S.52-54. *The general council 1871-1872*, pp. 410-413 を参照。またマルクスがこのために用いた新聞資料については *The general council 1871-1872*, pp. 321-332 を参照。

マルクスは，1872年3月8日付のソルゲ宛の手紙で，総評議会でアメリカの分裂に関する決議をあげたこと，また分裂への取り組みが遅れたのは，ヨーロッパでのインターナショナルの衝突が原因であると述べた。また1871年規約の英語版，独語版，仏語版を送ったことを伝えた（MEW, Bd.33, S. 419）。

さらにラシャトル宛の3月18日付の手紙で，『資本』仏語版を分冊出版すること，分冊にすれば労働者の手にはいりやすくなるので賛成したと述べた（MEW. Bd.33, S.434）。後にエンゲルスは「アメリカにおけるインターナショナル」で，アメリカの

第5章　1872年のハーグ大会　　397

第12支部について説明した（MEW, Bd.18, S.97-103）。

11）1872年4月に開かれたサラゴサ大会へ総評議会から送られた祝電については *The general council 1871-1872*, pp.415-417. 参照。　また1872年3月7日付のピオ宛の手紙で，エンゲルスは多くの支部からロンドン協議会決議の承認が届いていると述べた（MEW, Bd. 33, S. 415）。マルクスも，ラファルグ宛の3月21日付の手紙で，ロンドン協議会以後，運動が前進しており，新しい連合が世界各国で，アイルランドでも設立されており，またロンドン協議会の決議は，仏，英，米，独，蘭，アイルランド，デンマーク等で承認されたことを述べた（MEW, Bd.33, S.437）。

12）*The general council 1871-1872*, pp.118-138.

13）1871年のパリ・コミューンの歴史的意義を論じた『フランスにおける内乱』は，英語版で出版された。背景には熟練労働者を中心に組織された英労働組合の政治的喚起を意図したと考えられる。『フランスにおける内乱』に対する英国の反応は多様であった。これについては Christian Klein, *Die Reaktion der englischen Presse auf den Civil War in France im Jahre 1871, Marx-Engels-Jahrbuch 9*, 1986 を参照。

14）バクーニン主義が小生産者のイデオロギーを表明したものであり，搾取の仕組み，プロレタリアートの歴史的使命の理解が欠落していること，また国家が資本を創ったのであり，国家の破壊で資本主義は消滅し，階級支配の源泉としての相続権もなくなるというバクーニンの主張については Korotejewa, *a. a. O.*, S.553.

15）MEW, Bd.18, S.14, 33-36.
　エンゲルスは，1872年4月のスペインのサラゴサ大会への激励文で，国際労働者協会の組織の特徴にふれ，国際労働者協会の組織は全国連合もしくは各地方連合に完全な行動の自由を許し，中央機関には綱領の統一を守るための絶対に必要な権力しか認めていないことにあると述べた（*The general council 1871-1872*, p.415）。

16）*The general council 1871-1872*, pp.142-152, pp.153-168.『マルクス，エンゲルス全集』第18巻，46～48頁。

17）*The general council 1871-1872*, pp.169-185.

18）*The general council 1871-1872*, pp.187-192.
　マルクスはエッカリウス宛の1872年5月3日の手紙で，古くからの同志を激励しつつ，アメリカ問題に対するエッカリウスの行動を厳しく批判し，「決定的な時期」にニューヨークへ私的な手紙を出したことは「絶対に正しくない」と述べた（MEW. Bd.33. S.453-454）。またゾルゲ宛5月23日付の手紙で「エッカリウスはもうだいぶ前から堕落して，今は正真正銘のごろつきです」と述べた（MEW, Bd.33, S.470）。エンゲルスも，5月27日のリープクネヒト宛ての手紙でエッカリウスを非難した（MEW. Bd.33. S.472-476）。

19）*The general council 1871-1872*, pp.193-199.

なおアイルランド支部とイギリス連合評議会との関係に関するエンゲルスの報告については *The general council 1871-1872*, pp. 297-300 を参照。なお『資本』初版第六章第一節 c「資本主義的蓄積の一般的法則」でも、アイルランドの状態について記されていた。「アイルランドは現在、幅の広い堀で区切られたイングランドの一農業地帯にすぎず、イングランドに穀物や羊毛や家畜を供給し、また工業と軍隊との新兵を供給している」(江夏訳『資本論』初版、801 頁)。

20) *The general council 1871-1872*, pp.202-208.

21) 資本主義の母国として、しかし熟練工を主体としたイギリス労働組合のパリ・コミューン後の活動については G.M.Stekloff, *ibid.*, p.222 を、また、エンゲルスのイギリス労働者への対応については、Waleria Kunina, Friedrich Engels im Kampf für eine Proletarische Partei in Großbritannien (1871-1881), *Marx-Engels-Jahrbuch 4*, 1981. を参照。

22) エッカリウスについては、拙稿「エッカリウス『J.S. ミル論駁』の二つの版と新『メガ』編集」(『マルクス・エンゲルス・マルクス主義研究』第 4 号, 1988 年) を参照。

23)『タイムズ』は、バクーニンの独裁主義とマルクスを結びつけた。新聞が意図的にバクーニン主義者を支援したことについては Korotejewa, *a. a. O.*, S. 563. を参照。

24) 総評議会の「声明」については MEW, Bd. 18, S. 82-84 を参照。また 1865 年のマルクスとウェストンとの賃上げ闘争をめぐる論争については、荒川「第一インターナショナルと土地問題──『賃金、価格および利潤』におけるウェストン批判」(『東北大学研究年報』第 49 巻 4 号, 1988 年),「「賃金、価格および利潤」の意義」(服部, 佐藤編『資本論体系第一巻, 資本論体系の成立過程』有斐閣, 2001 年) を参照。

25) *The general council 1871-1872*, pp.210-217.

26) *The general council 1871-1872*, pp.218-235.
ハーグ大会で規約が議題となることは「国際労働者協会 6 月 18 日の諸決議」として公表された (MEW, Bd.18, S.94)。他方、マルクスはデ・パープ宛の 1872 年 5 月 28 日付の手紙で、総評議会を廃止して、その職能を連合評議会に移すというベルギーの提案を知らせている (MEW. Bd.33. S.479)。またゾルゲ宛の 1872 年 6 月 21 日付の手紙でも、総評議会の廃止という規約修正案がベルギーから提出されると述べた (MEW, Bd.33, S.491)。

27) 富沢賢治氏は『イギリス労働組合会議小史』で TUC の成立 (1868 年〜 75 年) を説明し、TUC は議会主義的性格が強かったこと、また大工, 印刷工, 機械工等の諸職種 (trade) の会議 (congress) として組織されたことを述べている。(『経済研究』Vol.23, No.1, 1972 年)。国際労働者協会の総評議会はロンドンに置かれたが、当初から総評議会の議事運営, さらに大会論議等で、イギリスの議会的慣習を取り入れたと考えられる。

第5章　1872年のハーグ大会　　**399**

28）*The general council 1871-1872*, pp.235-247.

29）*Ibid*., pp.304-307, pp.480-482.

30）*Ibid*., pp.247-261.

31）*Ibid*., pp.307-311, pp.482-486.

32）1872年6月24日の日付をもつ「1872年ドイツ語版序文」『共産党宣言』で，プロレタリアートが二ヵ月のあいだ政治権力を握ったコミューンの実戦的経験から，「労働者階級はできあいの国家機構をそのまま掌握して，自分自身の目的のために行使することはできない」ことが証明されたと述べた（MEW, Bd.18, S.96）。

　　マルクスの国家論については服部文男「『資本論』成立過程における「階級闘争」「国家」」（『マルクス主義の発展』青木書店，1988年）が貴重である。同書はマルクスの経済学研究と階級闘争論の関連を踏まえて国家論を論じた。

33）*The general council 1871-1872*, pp.261-266.

34）*Ibid*., pp.314-317, pp.486-491.

35）コロテジェワは，社会民主同盟について次のように述べた。同盟の活動は，バーゼル大会前後で分かれる。バーゼル大会前には，総評議会に自己の主張を押しつけようとした。そしてバクーニン自身がバーゼル大会に参加し，相続権の廃止を訴えた。次にバーゼル大会後は，スイスに居を置き『エガリテ』で総評議会を攻撃した（Korotejewa, *a. a. O*., S.558f）。他方エンゲルスは，クーノに宛てた1872年7月5日付の手紙で，バクーニン主義がインターナショナルの会員でもない代表を送りこんで，総評議会を少数派に追い込もうとしていると述べた（MEW, Bd.33. S.497）。

36）*Ibid*., pp.270-283, pp.317-319, pp.491-493.　社会民主同盟を批判した8月6日のエンゲルスの報告「総評議会から国際労働者協会の全会員へ」については，MEW, Bd.18, S.116-121. を参照。

37）バルテルとシュミットは，暫定規約第7条で，各国での全国的団体設立が記され，各国に労働者党建設が企図されていたと述べた。Harst Bartel, Walter Schmidt, Zur Entwicklung des Parteibegriffs bei Marx und Engels, Beiträge zur Geschichte der deutschen Arbeiterbewegung, 1969.

38）マルクスは，1872年7月29日付のクーゲルマン宛の手紙で，ハーグ大会はインターナショナルが生きるか死ぬかの問題です。僕が身を引く前に，少なくとも協会を解体分子から守るつもりですと述べた（MEW, Bd.33, S.505）。他方，エンゲルスは，ヴィルブロル宛の1872年8月19日付の手紙で「大会は，組織の堅固な基礎を築くでしょう。そして協会はあらためて内部的に平穏な発展をとげ，新しい力をふるってあらゆる外敵に対抗できるようになるでしょう」と述べた（MEW, Bd.33, S.519）。

　　クンデルは，ハーグ大会前の規約論議で総評議会の権限強化と同時に，各国の革命的労働者党設立が準備されたと述べた（Erich Kundel, Der Kampf der Sozialdemokratischen

Arbeiterpartei gegen den Bakunismus von der Londoner Konferenz 1871 bis zum Haager Kongreß1872, Beiträge zur Geschichte der deutschen Arbeiterbewegung 1964）。

なお国際労働者協会の組織については，本書第4章「国際労働者協会の組織構成——総評議会と各国組織を中心に」を参照。

39）1872年ハーグ大会についてはフレモン編集の大会議事録を利用した *La Première Internationale Tome Ⅱ*, Jacques Freymond, 1962, Genève Le Congrès de la Haye, pp. 326-348.

40）エンゲルスは，大会前1872年8月5日付のベッカー宛の手紙で，社会民主同盟の代表について，資格に問題があると述べていた（MEW, Bd.33, S.512-514）。

41）Le Congrès de la Haye, pp.348-352. マルクスによる総評議会の報告については MEW, Bd.18, S.129-137, Le Congrès de la Haye, pp.319-324. を参照。

42）9月5日の会議で，議長が国際労働者協会にとってのパリ・コミューンの意義について述べていることは興味深い。政府を先頭に，各国でコミューンに対する非難が強まるなか，まさに1871年のパリ・コミューンが，労働者階級の先駆的解放事業として受け入れられていたのである。また，プロレタリアートのディクタトゥルについて，レーニン「国家と革命」，前掲服部「階級および階級闘争」を参照。そこでは1848年と1871年の階級闘争，ディクタトゥルの関連と相異についても記されており，貴重である。

なお，マルクス以前にも，ディクタトゥルについて述べられていた（ホッブス『市民論』「第七章　国家の三つの種類，民主制，貴族制，君主制について」1642年刊，本田訳，京都大学出版会，2008年）。「かつてローマの人民のもとで独裁官（ディクタトル）Dictator が選任されたときのように」（168頁）。「それはローマの人民が，それ以前に独裁官に選任していたクイントゥス・マクシムスと等しい権力を」（169頁）。

ルソー『社会契約論』（1762年刊，桑原，前川訳，岩波文庫，1954年）第四篇第6章「独裁 Dictature について」「危険に対処するためには政府の活動力を増しさえすればよい場合には，その成員の一人あるいは二人に，政府（の権力）を集中する。そうすれば，変えられるのは，法の権威ではなくして，その執行の形式だけである。法という道具立てが，危険を防ぐ障害となるような場合には，すべての法律を沈黙させ，主権を一時停止するような最高の首長を一人任命する。// 第一の方法は，ローマの元老院が，神聖な礼式によって，執政官たち les Consuls に共和国の安全をはかることを命じた場合に用いられた。第二の方法が行われたのは，二人の執政官 des deux Consuls のうち一人が独裁官 un Dictateur を任命したときである」（171，172頁）。

43）ハーグ大会に関するフランス警察資料にマルクスに関する記載がある。大会の中心にマルクスがあり，バクーニンの攻撃を警戒し，総評議会の移転を計画した（Korotejewa, *a. a. O.*, S.584）。

第 5 章　1872 年のハーグ大会　　**401**

44）*Le Congrès de la Haye*, pp.352–361, pp.373–380.

45）バクーニンの視点から国際労働者協会を論じたものに渡辺孝次『時計職人とマルクス——第一インターナショナルにおける連合主義と集権主義』（同文社，1994 年）がある。なおマルクスは，国際社会民主同盟の綱領と規約への評注を，同盟の国際労働者協会への加入に際し行っていた（『マルクス＝エンゲルス全集』補巻 3，396 〜 401 頁）。また国際労働者協会の創立時にもバクーニンと会っていた。マルクスはエンゲルス宛の 1864 年 11 月 4 日付の手紙で，バクーニンが「後退しないで前進している」数少ない人間の一人であると述べた（MEW, Bd.31, S.16）。そして国際労働者協会の創立以後も，イタリアの情勢などについて，バクーニンと連絡していた。

46）*Le Congrès de la Haye*, pp.361–372. pp.373–380. MEW, Bd.18, S.159–161.
　　マルクスは『資本』初版の序文でも，社会移行の可能性について述べていた。「イギリスでは，変革過程が手にとるように明らかである。一定の高さに達すれば，それは大陸に反応するに違いない。大陸ではそれは，労働者階級そのものの発展程度に応じて，より残忍な，あるいはより人道的な諸形態で行われるであろう」（MEGA II / 5, S.13）。
　　エンゲルスも 1872 年 10 月「インターナショナルのハーグ大会について」で，総評議会は協会の執行委員会であり，細則第 6 条の改正で，総評議会の権能は拡大されたのではなくより明確な表現に書き改められたのであり，「総評議会の独裁などということはますます問題外になっている」と述べ，大会は総評議会の独裁を意図したものではないと論じた（Marx Engels Collected Works, Volume 23, Moscow, 1988, pp.263–264.『マルクス＝エンゲルス全集』『補巻 3』467 〜 477 頁，大月書店）。

47）MEW, Bd.18, S.149–158.
　　「ハーグ大会諸決議」は，最初にロンドンでパンフレットで，そして 11 月 12 日『エマンシパシオン』で，続いて 12 月 14 日『インターナショナル・ヘラルド』に掲載された。

48）*Ebenda*, S.165–170.

49）MEW, Bd.18, S.202–207. 総評議会書記とイギリス連合評議会書記をつとめたジョン・ヘールズが，大会後，ジュラ同盟と呼応して大会決議を攻撃したことに対し，マルクスとエンゲルスは「インターナショナル・ヘラルド編集者へ」を公表し，批判した（*Ebenda*, S.194–196）。

50）MEW, Bd.18, S.197–201.

51）1873 年の第六回大会について Bach, Golman, Kunina, *Die Erste Internationale Teil 1*, S.610–612. マルクスは，エンゲルス宛の 1873 年 8 月 29 日，30 日付きの手紙で大会について討議している（MEW, Bd..33, S.85–89）。

52）MEW, Bd.18, S.327–471. 国際労働者教会の運動に大きな影響を与えたバクーニン

402

主義者の活動については，Stekloff, *History of the First International*, 1968, New York. の第
2部に詳しく書かれている。

53）MEW, Bd.18, S. 597-642. バクーニンの『国家と無政府』摘要は『ロシア（2）1875』
と表題をつけられていた。バクーニンは，ロシア人民の理想の特徴として，すべての
土地は人民に属するという信念，土地用益の権利は個人に属するのでなく共同体，ミ
ールに属するという信念，共同体の自主運営を挙げている。

54）これについては拙稿「国際労働者協会と各国労働者党──マルクスの政治運動論」
（『マルクス・エンゲルス・マルクス主義研究』第20号，1994年）を参照。

55）エンゲルスは，クーノー宛の1872年5月7日付の手紙で，老ベッカーの組織観を
批判した。指導者達が全組織に共通の一方向を与えるために互いに組織的連絡を保
ち，しかもドイツ人組織の中央部はドイツ国外に置くという組織は，1848年以前のも
のであると述べた（MEW. Bd.33. S.461）。

　また服部文男氏は「無政府主義」（大月『経済学辞典』1979年）で，無政府主義が
ブルジョア的個人主義の裏かえしにすぎず，資本主義的搾取の原因や社会主義社会へ
の移行の必然性を理解することができない，と述べている。

56）エンゲルスは，1872年4月に「サラゴサで開催されたスペイン全国大会代議員の市
民諸君へ」を公表し，スペインのインターナショナルの成果は「協会の特殊な組織構
成──全国連合もしくは各地方連合に完全な行動の自由を許し，中央諸機関には綱領
の統一と共通の利害を保護し，ブルジョアの陰謀や警察の策動を防ぐのに絶対に必要
な権力だけしかゆだねていない組織構成──におうている」と述べていた（MEW,
Bd. 18, S. 63f）

57）「資本主義的蓄積の歴史的傾向」という表題は『資本』初版にはなく，第二版で書
かれた。

　林直道氏は『フラス語版資本論の研究』（大月書店，1975年）第二部Ⅱ「理論的叙
述の変更と補足」第八篇本源的蓄積の「61 資本主義的蓄積の歴史的傾向」で「この
節は『資本論』の目的である〈近代社会の経済的運動法則〉すなわち資本制的生産様
式の生成，発展，消滅の法則をまとめて叙述した，全巻中最も重要な箇所であるが」
と述べる。フランス語版『資本』第八篇32章「資本主義的蓄積の歴史的傾向」に，「近
代社会の経済的運動法則」が記されているという注目すべき見地である。

　また，中川スミ氏は，「資本主義的蓄積の歴史的傾向」（『経済学辞典』大月書店，
1979年）で述べる。「Ⅰ 意義　資本主義的生産様式の生成，発展，消滅の全生涯を資
本主義的蓄積史としてみれば，これは前史としての本源的蓄積と本来の資本主義的蓄
積の2過程からなる」。

　長谷部文雄氏は「訳者はしがき」（『資本論』青木書店，1954年）で，「ただ一つ私
が重ねて強調しておきたいことは，この書の目的が近代社会の経済的運動法則の暴露

第5章　1872年のハーグ大会　**403**

にあり，資本制的生産様式の発生，発展，および消滅の法則の解明にあるということである。最大の眼目は論理的論理にあるのではなく，歴史的論理にある」と述べておられる。レーニンも『カール・マルクス』で同じ意見を述べている。

58）「資本の母国」であるイギリス資本主義の世界展開と労働者階級の状態，その運命は，マルクス『資本』の背景をなし，国際労働者協会の「創立宣言」でも論じられていた。これについては藤本武『資本主義と労働者階級　イギリス貧乏小史』（法律文化社，1985年）は具体的資料を示し参考となる（拙著『資本蓄積と労働者階級の運命』創風社，2009年）。

　なおエンゲルスは，「『フランスにおける階級闘争』への序文」（1895年）で次のように述べた。

　「二月革命（1848年）が勃発したときは，われわれすべてのものが，革命運動の条件や経過についてのわれわれの考えにおいて，それまでの歴史的経験にとらわれていた。このフランスの歴史的経験こそは，まさに1789年以来の全ヨーロッパの歴史を支配してきたものであり，こんどもまた全般的変革への信号がそこから発せられてきたからだ。そこでパリで1848年二月に宣言された社会革命の，プロレタリアートの革命の，性質や経過についてのわれわれの観念も，1789 ～ 1830年のお手本の記憶に強く色どられていたことは言うまでもないことであり，避けがたいことでもあった」。

　「国民間の戦争の条件も変化したが，それに劣らず階級闘争の諸条件も変化した。奇襲の時代，無自覚な大衆の先頭にたった自覚した少数者が遂行した革命の時代は過ぎ去った。社会組織の完全な改造ということになれば，大衆自身がそれに参加し，かれら自身が，なにが問題になっているか，なんのために彼らは肉体と生命をささげて行動するかを，すでに理解していなければならない。このことをこそ，最近五十年の歴史がわれわれに教えてくれたのだ。だが，大衆がなにをなすべきかを理解するため——そのためには，長いあいだの根気づよい仕事が必要である」（MEW, Bd.22, S. 512, 523）。

第6章　マルクスの教育論

第1節　第一インターナショナルと児童教育

フレネ C. Freinet（1896 ～ 1966 年，フランス）は，「労働学校」L'Ecole du travail『クラルテ』（62 号，1924 年 7 月）で，次のように述べる。

「労働学校の実践

幼い子どもたちがとくに好きな環境は自然である。子どもたちは自分の周りの生命を見ているのである。もし彼らに生命を作り出すのに貢献できるようにすれば，もっと喜ぶだろう。子どもたちは単純な栽培，うさぎやにわとりの飼育，原始的な隠れ家作り，山小屋や洞穴に自分たちの飾りをつけたりすることには自然に興味を覚える。彼らはまた麻や亜麻の栽培，糸紡ぎ，機織り，簡単な衣服作りなど産業の原始的な事柄には夢中になるだろう。これらの仕事で，実際的有用性をできる限り感じとらせようとするものなのだが，そこにはさらに原始人（子ども）の力量に合致したものだという優れた利点がある。また，これらの仕事には最初の学校教育実践である読み，書き，計算，測定，重さの計算などに親しませることにより，知性と理性を発展させる不断の創造活動ともなる。

助け合いや社会性の意味を獲得するにつれて，生徒たちは教育の新しい段階，つまり様々な職業のゆるやかな分化の段階へ達する。……単純な栽培の次に，種子，肥料，収益などの計算や比較を要する考える農業が続く。また農耕や耕作者に必要なさまざまな職業——仕立屋，鍛冶屋，建具屋，石工，料理人など——の実習も行われる。これらの労働は，今日完全に学校の勉強となっている算数，幾何，歴史，地理，地質学などと併行して行われるだろう。これの明白な利点は，今日，抽象的で厄介なものとなっているこれらの勉強が，具体的目標を持つことになり，この目標のために，勉強が切実に求められることになるため，興味深いものとなるという点である。

労働学校の最終段階は，機械文明に特徴づけられた現在の労働の分化（分業）への導入ということになるだろう。だがこのような教育は未熟な時期になされるべきではない。……この学習は理論中心のものであってはならないだろう。

生徒たちは共同社会の仕事に役立つ機械——単純な蒸気機関，ポンプ，発電機などの——の建造や設置に協力させるがよい。このようにして彼らは将来工場で扱うことになるこれら進んだ道具の生活に慣れ親しむことになるだろう。……仕事を研究したり，学んだりすることは，単にその労働の最大効率——プロレタリア体制においても必要なことなのだが——だけを目的にしているのではない。個人の発達という課題も常にその目的として残されているのである。われわれは書物によってではなく，労働そのものによって労働や生活の学習を目指しているのである」（宮ヶ谷徳三訳『仕事の教育』110〜112頁，明治図書，1986年）。

　また島田豊氏は「科学的世界観と人格の形成」で，「個人の全面的発達」について述べる。

　「大工業の本性とは技術的諸条件と社会的，組織的諸条件との統一である。

　第一に，大工業の生産の技術的基礎は革命的である。生産過程は，生産手段をたえず更新して，自然科学の技術学的応用の過程へと連続的に転化してゆく。……第二に，大工業は，生産の技術的基礎とともに，労働過程の社会的結合をもたえず変革し，生産，労働の社会化をおしすすめる。……しかも，大工業は，この社会的結合をたえず変革して，労働者を一つの生産部門から他の生産部門へとたえず移動させる。こうして，大工業は労働者の全面的な可動性を必然的にする。このことは，労働者が全面的に発達した個人，人格，労働力に形成されることこそが，社会の生産力の無限の発展の不可欠の条件であることを立証する」（『現代民主主義教育　第3巻　民主教育の基礎理論』24〜25頁，青木書店，1969年）。

　「個人の全面的発達とは，基本的に，労働する人間のあらゆる素質を能力として実現することであり，個人の労働能力こそが人格であるという観点をつらぬくことは，教育の科学の基礎であると考える。……人間の労働能力とは資本の利潤に奉仕して生存しうる能力と同一ではない。人間にとって人間が最高の存在であるように，人間の生命活動である労働にとっては，労働する能力の発展それ自体が至上の価値なのである。その意味でこそ，人間の人格の発展は自己目的であって，他のいかなる目的の手段でもないということができる」。

　フレネが述べた労働学校，労働と教育の結合，また島田氏のいう人間の生命活動である労働，個人の全面的発達，個人の労働能力こそが人格という主張は，どのように理解されるのであろうか。これらの問題について，マルクスは興味

第6章　マルクスの教育論　**407**

深い資料を残している。以下，これについて考察を進めよう。

　1864年9月，ポーランド再興を求める英，仏の労働者によって国際労働者協会，第一インターナショナルが設立され，その「創立宣言」でマルクスは，1848年から1864年までの社会運動の歩みを概観した。国際労働者協会では，労働者が自ら創り出す運動の意味を歴史的視点から，つまり労働者階級の解放の視点から捉え直し，さらなる前進を労働者自身の自覚のうえで，自分の力で意識的に実現することが求められた。

　「原理の勝利」，すなわち資本および土地所有との長期にわたる闘争から勝ち得た10時間法案は，生産者としての労働者階級の力を証明した。すなわち商業恐慌を廃止し，社会的生産を実現する能力があることを示している。また資本関係を廃棄した未来の生産形態としての協同組合運動は，「社会的先見によって管理される社会的生産」，安定した経済成長，すなわち労働者が社会的生産を管理する能力のあることを明らかにし，労働手段を独占する支配階級としての資本家の不要なこと示すのである[1]。

　こうして19世紀英国「ヴィクトリアの黄金時代」のなかで労働者に課せられた様々な問題を解決していくなかで，問題の根源的理解を深め，その解決をはかろうとしたのである。そして労働者によって組織された国際労働者協会で，運動総体として労働者の能力向上が意図されていることは注目されよう。またさらに興味深いのは，社会改造の意識的な推進および前進を企図する国際労働者協会のなかで，労働者の教育のみならず，労働者児童の教育が論議されていることである。では，どのように教育が論議されたのであろうか。

　以下第2節で，1866年ジュネーヴ大会から1867年ローザンヌ大会および1868年ヴリュッセル大会を経て1869年バーゼル大会に至るまでの大会の論議を跡付け，労働者階級の解放を掲げた国際労働者協会で，いかに教育が論議されたのか，さらに第3節で，これらの活動と同時に執筆編集された経済学批判『資本』第一部「資本の生産過程」（1867年）で，どのように教育が論じられたのかをみてみよう[2]。

第2節　1866 年大会から 1869 年大会まで

1）国際労働者協会　1866 年　第一回ジュネーヴ大会

一　ジュネーヴ大会前の論議

1865 年 7 月 25 日の中央評議会で，予定されたヴリュッセル大会の延期および大会に代えてロンドンで協議会を開催することが決められ，次の協議会の議題が承認された。

1．大会　2．国際労働者協会の組織　3．各国における資本と労働の闘争の成果の国際労働者協会による結合　4．労働組合，その過去，現在，未来　5．協同組合労働　6．直接税と間接税　7．労働時間の短縮　8．婦人労働と児童労働　9．ヨーロッパへのモスクワの侵略と独立した完全なポーランドの再建　10．常備軍，生産階級の利害へのその影響。

なおフランス支部から提案された教育問題「7．初等教育と職業教育」は，すでに議案に含まれているとして支持されなかった。そして 1865 年 9 月 25 日から 29 日に，大陸の代表と常任委員会の会議である協議会がロンドンで開かれ，大会議案が承認された[3]。

翌 1866 年 7 月 17 日の中央評議会で，ジュネーヴ大会議案の論議を行なうことが決められ，7 月 24 日から 8 月 28 日まで連続して討議された。特に 8 月 21日の会議では，婦人労働と児童労働が論議された[4]。この大会議案論議と関連して，マルクスは 11 項目からなる「中央評議会の大会代議員への指示」を執筆した[5]。

初版『資本』作成と同時期に書かれたこの「大会代議員への指示」（1866 年）において，「創立宣言」で示された国際労働者協会の原則が確認される。第一に，「2．資本と労働の闘争における協会の仲介による国際的協力」では，国際労働者協会の目的は「従来さまざまな国の労働者階級が，ばらばらに行なってきた解放の努力を結合し，普遍化することである」と，労働者独自の運動の前進が規定される。「自分自身の運命を自分の手に握ること」を述べた。

また「5．協同組合労働」でも，「国際労働者協会の任務は，労働者階級の自発的な運動を結合し，普遍化することであると述べ，その「一般的原則」を示した。すなわち，労働者が管理する協同組合運動には，「階級敵対に基礎を置く

第 6 章　マルクスの教育論　**409**

現在の社会」，つまり資本主義社会を改造する力があることを延べ，さらに生産
分野への協同組合運動の拡張と「社会の組織された力，国家権力」の獲得を提
示した。なお，この「大会代議員への指示」には，労働者の自覚的な運動と深
く係わる「3．労働日の制限」や「6．労働組合，その過去，現在，未来」など
の問題も含まれていた。

　さらに「4．未成年者と児童の労働（男女）」Juvenile and Children's Labour（both
sexes）で，児童の教育について次のように述べた。
　大会は，「男女の児童と青少年を，社会的生産の偉大な作業に協力させる近代
産業の傾向」を，たとえ資本の支配の下で歪められていても，「進歩的で，正当
な傾向」と考える。
　「合理的な社会」では，すべての成人が食べるために頭と手をつかって働かな
ければならないように，9歳以上のすべての児童は「生産的労働者」となるべ
きである。労働者の児童と青少年は，三つのグループに分けられる。第一は9
歳から12歳，第二は13歳から15歳，第三は16歳と17歳である。作業場
workshop or housework での労働は，法律で，第一グループは2時間，第二グル
ープは4時間，第三グループはは6時間に制限される。9歳以前に，「初等学校
教育」を行なうのが望まれる。
　さらに教育について，述べられた。ここでは労働者を資本蓄積の道具におと
しめ，両親を子供の売り手にかえる社会制度の諸傾向に対する不可欠な対抗手
段のみを扱う。児童と青少年の権利は，擁護されなければならない。かれらは
自分自身で行動できない。それゆえ，かれらのために行動することは社会の義
務である。労働者は「子供の真の利益，人間発達の正常な条件」を知らない。
だが，かれらの階級の将来，ゆえに人類の将来は，全体として成育する労働者
世代に依存することになる。まず第一に，児童および青少年労働者を，現存制
度の抑圧的な影響から守らねばならない。これは「社会的理性を社会的強力に
転化することによってのみ」，そして現状では，「国家権力によって施行される
一般法」によってのみ実行される。かれらは，ばらばらの行為ではできなかっ
たことを，一つの一般行為でなしとげるのである。
　年少労働 juvenile labour は，教育と結びついてのみ認められる。教育は三つ
の部分からなる。第一「知育」Mental education，第二「体育」Bodily education，
第三「技術教育」Technological training である。技術教育は「すべての生産過程

の一般原理」を知らせ，児童と青少年に「あらゆる職業の基本的な道具」the elementary instruments of all trades の実際の使用と取扱いを教える。知育，体育および技術教育の課程は，年少労働者の年齢階級に応じて，しだいに程度を高めていかなければならない。

「有給の生産的労働，知育，体育，工業技術訓練の結合は」the combination of paid productive labour, mental education, bodily exercise and polytechnic training, 労働者階級を中産階級よりもはるかに高く引き上げるであろう。また，9歳から17歳までの夜間労働および有害な労働は，法律で禁止されなければならない。

以上のようにマルクスは，たとえ資本の支配のもとで歪められていたとしても，近代産業の傾向，すなわち青少年と児童の労働を正当なものであると評価し，教育と結びつくことを条件に，青少年と児童の社会的生産への参加を評価した。

ここで述べられた「労働」についてマルクスは，同時期に清書に取り組んでいた初版『資本』第一部第3章「絶対的剰余価値の生産」「1. 労働過程と価値増殖過程」で，次のように記した。

「労働過程は，諸使用価値を生産するための合目的な活動であり，人間の欲求を満たす自然的なものの取得である」，労働過程は「人間と自然との間における物質代謝の一般的条件であり，人間生活の永遠の自然的条件である」，それゆえ「この生活のどの形態からも独立しており，むしろ人間生活のすべての社会形態に等しく共通なものである」。Der Arbeitsprozeß ist…… allgemeine Bedingung des Stoffwechsels zwischen Mensch und Natur, ewige Naturbedingung des menschlichen Lebens.

さらに「人間は，この運動（労働）によって，彼の外にある自然に働きかけてそれを変化させることによって同時に，彼自身の自然を変化させる。彼は，彼自身の自然のうちに眠っている諸力能を発現させ，その諸力の働きを彼自身の統制のもとにおく」。Indem er durch diese Bewegung auf die Natur außer ihm wirkt und sie verändert, verändert er zugleich seine eigne Natur. Er entwickelt die in ihr schummernden Potenzen und unterwirft das Spiel ihrer Kräfte seiner eigenen Botmäßigkeit. [6]

労働過程を「人間生活の永遠の自然的条件」，「すべての社会形態に等しく共通なもの」として捉え，また「人間と自然との物質代謝」である労働のうちに，人間のもつ潜在的能力を実現する契機をみたのである。こうして近代産業とと

もに開始された青少年および児童労働を評価し，しかし同時に，青少年および児童を押しつぶし，ゆえに人類の将来をも危うくする資本蓄積の諸傾向に対する対抗措置を労働者に求めた。それは，国家権力によって施行される「一般法」の制定であり，それは社会的理性を社会的強力として表すことで，つまり労働者階級の「一般行為」によって成し遂げられる。「労働過程と価値形成過程との統一としては，生産過程は商品の生産過程である。労働過程と価値増殖過程との統一としては，生産過程は資本主義的生産過程，商品生産の資本主義的形態である」（江夏訳『初版 資本論』208 頁，MEGA II / 5, S.146）。

なおマルクスは，1840 年代に執筆した『経済学・哲学草稿』の「疎外された労働」で，次のように述べていた。

「疎外された労働は人間から，1）自然を疎外し，2）自分自身を，人間に特有の活動的機能を，人間の生命活動を，疎外することによって，それは人間から類を疎外する。……生産的生活は類生活である。それは生活をつくりだす生活である。生命活動の様式のうちには，一種族の全性格が，その類的性格が横たわっている。そして自由な意識的活動が，人間の類的生活である。ところがこの生活そのものが，もっぱら生活手段として現われるのである」（S.240）。

「対象的世界の実践的な産出，非有機的自然の加工は，人間が意識している類的存在であることの確証である」

「それゆえ人間は，まさに対象的世界の加工において，はじめて現実的に一つの類的存在として確認されることになる。この生産が人間の制作活動的な類生活なのである。この生産を通じて自然は，人間の制作物および人間の現実性として現れる。それゆえ労働の対象は，人間の類生活の対象化である」

「疎外された労働は，自己活動を，自由なる活動を，手段にまで引きさげることによって，人間の類生活を，彼の肉体的生存の手段にしてしまう」（MEGA I / 2, S.241. 城塚，田中訳『経済学・哲学草稿』岩波書店，1964 年）。

「疎外された労働」が，人間の類的生活，自由な意識的活動，対象的世界の加工，人間から類生活を疎外する。そしてこうした労働の理解をふまえ，第一インターナショナルで児童教育の視点が提示されたのである。無制限な過度労働を禁止し，そして労働作業と並行して行なわれる青少年児童の教育を，精神教育，身体教育，技術教育の三要素から捉え，これらと生産的労働との結合によって

労働者児童の向上を述べた。特に技術教育では，児童が道具の用法から始め，さらに「すべての生産過程の一般原理」を理解することを述べた。

この技術教育を理解するうえで，『資本』（1867年）第一部「資本の生産過程」第一章「商品と貨幣」「1. 商品」の次の文章は参考となろう。

「労働の生産力は，多様な事情によって規定されており，とりわけ労働者の熟練の平均度，科学およびその技術的応用可能性の発展段階，生産過程の社会的結合，生産手段の規模および作用能力，そして自然諸関係によって規定されている。」[7] 労働の生産力が総合的に，すなわち第一に労働者の熟練から，第二に自然科学およびその技術的応用から，第三に社会的生産過程および生産手段の規模から，第四に自然諸関係の視点から，捉えられていることが注目される。このことは，技術教育で述べられた「すべての生産過程の一般原理」を理解するうえで参考となろう。

マルクスは，教育と労働のうちに，社会の主体としての自由な発育，その形成を展望した。ここに歴史批判的視点から捉えたマルクスの教育論があった。また，「精神教育」については，「近代社会の経済的運動法則」を解明した『資本』初版の表紙に掲げられた次の文章が参考となろう。

「忘れられないわが友，勇敢で，誠実で，高潔なプロレタリアートの前衛，der kühnen, treuen, edlen Vorkämpfer des Proletariats　ヴィルヘルム・ヴォルフにこの書をささぐ」。

「勇敢で，誠実で，高潔なプロレタリアートの前衛」にこめられた意味は貴重である。勇敢は，子どもたちの権利，教育権をまもる戦いであり，誠実とは，他人，仲間に対するやさしさ，いたわりを意味し，高潔とは，人間としての知性と品性を述べたものと理解できよう。

また1835年8月10日と16日とのあいだに執筆された「職業の選択にさいしての一青年の考察」（卒業作――ドイツ語作文）で述べる。

「歴史は，普遍的なもののために働くことによって自己自身を高貴なものとした人々を偉人と呼ぶ。経験は，最大多数のひとを幸福にした人を，最も幸福な人としてほめたたえる。……われわれが人類のために最も多く働くことのできる地位を選んだとき，重荷もわれわれを屈服させることはできないであろう。なぜなら，その重荷は万人のための犠牲にすぎないからである。またそのとき，われわれは，貧弱で局限された利己主義的な喜びを味わうものではない。そう

ではなくて，われわれの幸福は数百万の人々のものであり，われわれの行為は，静かに，しかし永遠に働きながら生きつづけるのである。そして，われわれの遺体の灰は，高貴な人々の熱い涙によって濡らされるであろう」（MEW, Bd.40. S.594『マルクス・エンゲルス全集』第40巻，519頁）。

さらに，ペスタロッチ『白鳥の歌』（1825年）の次の文章も注目される。

52　直感力と言語力と思考力の三つの力はすべて，精神力を形成するためのあらゆる手段を含んでいると解さなくてはならない。精神力は，その合自然的な陶冶に対する出発点を直観力のうちに見出し，その中間点を言語力のうちに見出し，その終結点を思考力のうちに見出す。

69　直観力と思考力とが関係しあう経路は，次の通りである。直観力自体は，人間に，その周囲の事物の個々の明らかな表象を得させるようにする。人間の本性は，感覚的に明らかになった表象を，自己自身のうちで明瞭な概念に高めようとする。人間の本性は，かれの直感した対象を，自主的な力をもって総括し，分割し，相互に比較しようとする。人間の本性は，これらの対象を自己の判断力の予備的陶冶として利用しようとする。人間の本性は，それを論理的に加工しようとする。人間の本性はこのようなことを欲せざるをえない。人間の本性のうちに存する思考力や判断力が，不可避的にこれを彼に強いるのである[8]。

ペスタロッチについて，長田新氏は『ペスタロッチ教育学』（岩波書店，1934年）で述べる。

「ペスタロッチはさきにも述べたように手の教育を技術力の教育とか自然的の教育とか力量の教育とか労作陶冶とか様々なる名称を以て呼び，……彼は労作を以て知識と感情とに対する付加物とは見ず，却て知識と感情とを発展するのに欠くことのできない原理とみた。人間の諸力はすべてただ具体的な生命ある活動に依ってのみ発展する。労作は具体的にして生命ある活動というだけではなくて，前にも述べたように児童にありてはその衝動の直接表現であるから，児童の全我は労作において最も力強く生動する。労作は児童にありて全我の活動である。具体的にして生命ある全我の活動に依ってペスタロッチは児童におけるあらゆる性能の発展を企図したのである」（258頁）。

「ペスタロッチが教育に依って人間性の覚醒を企図したことは前既に述べた。然るにその教育は家庭生活と密接に関係し，特に家内工業と農業とに依って生

計の道を図る家庭生活のうちにペスタロッチは道徳教育の視点を見つけた。ペスタロッチの思想のうちに農民に対する深い理解と同情とが一貫していることは何人も見逃さないであろう。人格と人格との接触は常に教育の秘訣である。而もその人格と人格との接触の最も積極的なのは共に働く場所に如くはない。共同労作は人格と人格，心と心との相互作用としての社会成立の根本条件であり，斯かる社会のみ能く道徳人を陶冶し得るのであるが，愛を核心とする家庭こそは道徳人を陶冶する選ばれた共同労作の社会であるというのがペスタロッチの主張である。彼に従えば労作が道徳に対する最も高き作用は児童がその両親と労作を共にすることに依る」（268頁）。

二　1866年　第一回ジュネーヴ大会

1866年9月3～8日に，ジュネーヴ大会が開かれ，9月7日の会議で,「第四議案　婦人労働と児童労働」Travail des femmes et des enfants が論議された[9]。

まずデュポン（ロンドン）は，製造所での婦人労働と児童労働に関する中央評議会の報告を行なった。大会は徒弟（見習い）l'apprenti の問題を，真剣に取り組まねばならない。児童の利用は，一人前の男子のそれよりも不公平きわまる。またデュポンは，児童労働についてフランスの徒弟奉公 l'apprentissage を批判した。主人に三年間ひきわたされた児童は，そして主人はかれらのサービスを乱用するが，たいていの場合その職業を学ばない。徒弟奉公は実際には，もはや徒弟でないときにのみ始まる。職業教育 l'education professionnelle は，教育 l'instruction と同様に再編成されなければならない。教育と仕事 l'education et du métier との対応した展開が存在しなければならない。理論的教育と実践的教育を同時に行なう制度が，設立されなければならない。大会は中央評議会の提案を可決した。フランスの代表団は，人類の堕落と退廃の原因の一つとして，作業場での婦人労働を非難した。かれらは過度な児童労働を強く非難した（p.49, 76. Jacques Freymond, *La Première Internationale Tome* I, 1962. 以下，頁数のみ記す）。

クレイは，女性の解放を，現在社会での女性の痛ましい状況を説明した。女性はほとんど堕落を運命づけられている。それはプロレタリアートの最も恐ろしい側面である。女性の場所は，児童のそばの家庭の暖炉にある。女性は子供たちを注意深く見守り，かれらに根本原則を教えねばならない。彼女の使命は

第6章 マルクスの教育論　**415**

大きい。女性は自由と民主主義の支柱になるであろう（p.75）。

　トラン（パリ）は述べた。工場制手工業が存在するかぎり，女性は決して自由な人間ではありえないし，その天性の能力を伸ばすことはできない。作業場はそれを衰退させる。

　ローレンス（ロンドン）は述べた。ここには，我々のあらゆる推論よりもより強力なものがある。それは社会の進行である。我々は理論をつくるべきではない，我々は労働者である。もし，わが階級の解放を助けたいのなら，我々の役目は，周囲で起こっていることを観察し，社会運動を理解し，われわれの感情や特殊な見方をそれに押しつけないようにすることである。

　中央評議会の報告が正しく言っているように，近代産業の傾向は女性や児童を社会的生産に協力させることにある。これはイギリスのある部分では非常に正しい。しかし，女性が働かされる仕方に感心するわけにはいかない。でも問題は存在する。女性の労働を一般的に禁じるのは，狂気のさたである。我々にできることは，資本家階級がおこなうような女性の悪用に強く反対することである。

　他方，バァルラン，ブルドン（パリ）の次の修正案は，否決された。

　教育の不足，過重労働，きわめて低い報酬，そして製造所での劣悪な衛生状態は，現在，そこで働く女性の身体的衰弱および精神的堕落の原因である。これはよりよい労働団体，協同組合方式で解決される。女性は名誉を守り生活するために働くことを必要とする。その労働を禁止するのではなく，その労働をよりよくするために努めねばならない。また児童については，その作業所への就業を遅らせ，その労働時間をできるだけ制限する。

　児童の教育について，フランスの代表団の次ぎの提案が，全会一致で採択された。大会は宣言する。職人ではなく労働者の支配人をうみだす特別な教育によって，特権階級が形成されることがないようにするために，職業教育は理論的あり実用的でなければならない [10]（pp.50f）。

　以上のように1866年ジュネーヴ大会では，製造所での婦人労働，児童労働は，教育および道徳的見地から厳しく批判された。このなかで女性の保護，解放の手段として，女性は家庭にあり，本来女性にふさわしい仕事である育児，児童の教育を担うという意見が出された。他方で，現在の社会の運動，近代産業の

動向は，女性，児童の社会参加，生産への関与にあるとして，婦人労働，児童労働を認め，作業場での労働条件の改善を求める意見が出された。そして児童の教育について，児童が労働作業と同時に教育を受けること，「職業教育は，理論的であり，かつ実践的でなければならないこと」が，承認された。

　なおマルクスは児童の家内労働について，『資本』初版第一部「資本の生産過程」「4．機械と大工業」で次のように述べた。

　大工業が古い家族制度と家族労働，そして家族関係を解体する。子供の権利を守ることが，つまり家内労働を規制し男女の子供を親たちから守ることが，示された。「児童労働調査委員会」の報告。児童労働，とくに家内労働を際限もなく搾取するというこの「親権の濫用」は，資本主義的生産のなかで生み出された。キリスト教的，ゲルマン的家族形態は，古代ローマ的形態，古代ギリシア的形態，そして東洋的形態と同じように絶対的な家族形態ではなく，大工業から，家族および両性関係のいっそう高度な形態のための経済的基礎が創り出された[11]。

（資 料）

　「家族」　森田伸子『教育思想事典』（増補改訂版，2017 年，勁草書房）

　17，18 世紀のヨーロッパでは，学校教育と家庭教育の是非を問う論争がしばしば繰り返されている。ロックやルソーといった代表的な近代教育思想家はいずれも学校教育を非難し，家庭教育を擁護しているが，そこで非難されている学校とは，中世の徒弟修業的な性格を多分に残した学校であった。これに対して近代学校は全く新しい理念の上に発達した。それは，理想的な人格形成の場である家族の延長，あるいはそれを補完するものとして位置づけられている。19 世紀末に成立した公教育制度は，学校に対して，家族の延長や補完という機能から，さらに国民国家の担い手の創出といういっそう公的で積極的な機能を求めるようになった。近代教育は家族を不可欠の契機として抱え込んでいるということができる。

　「教育の自由」　北野秋男『教育思想事典』（増補改訂版，2017 年）

　「教育を行う自由」としての「教育の自由」という概念は，18 世紀の啓蒙思想家ロック，ルソー，コンドルセらの教育論にみいだされる。ルソーは，『エミ

ール』（1762 年）において自己保存，自己愛といった自然法の中心原理に依拠しながら，自律的な主体として生きる「人間」を形成する必要性を説いた。またコンドルセ（1743 ～ 1794 年）は，子どもを教育する権利は親に属し，教育は家庭で行われるべきであるから，公教育は知育に限定されるべきであり，個人の価値観（つまるところ個人の自律性）にかかわる宗教や道徳教育の領域に国家は介入すべきではないと主張した。

「母性愛」　児玉衣子『教育思想事典』（増補改訂版，2017 年）

　母性愛とは子どもを育む母親の愛情および母親的愛情をいう。一般には子どもとふれあうなかで母親の内に育つとされる。母性愛への明確な教育的注目は，乳幼児期をも教育の相の下に捉えたコメニウスの「母親学校」からであろう。爾来，ルソーを経てペスタロッチでは母性愛にもとづく「居間の教育」が重視されている。

　フレーベルにいたりキンダーガルテンが創出され，同時に幼稚園教師も養成された。ここにはじめて，母性愛の果たす教育的役割は具体的な体系的目的，内容，方法等を備えて実践化された。また幼稚園教師の出現は，母性愛を家庭および母親という枠組みから解放し教師の磨くべき資質に位置づけることになった。

　教育における母性愛は子どもの性別教育目標としてではなく，子どもの成長に直接関わる大人の磨くべき資質として問われるべきであろう。フレーベルによれば母性愛は人間形成のために父性愛と相補し，母性愛が子どもを周囲の世界の認知から愛や信頼へと導くのに対し，父性愛は子どもを周囲の世界それ自体に存在する諸特性，諸法則性等の経験に導くという。また彼は，両愛とも子どもとのふれあいで育つがそれだけではなく，神による検証と指導を信頼して成熟すると考えている。

　　　2）国際労働者協会　1867 年　第二回ローザンヌ大会

1867 年 7 月 9 日の総評議会で，大会に先立って大会議案が確認された。

　1．国際労働者協会は，資本の支配からの完全な解放を目指す労働者階級（男，女）の闘争で，どのようにして労働者階級の活動の中心の機能を果たすことができるのか。

　2．労働者階級は，現在，所有者階級と政府に与えられている信用を，どのよ

418

うにしてかれら自身の解放の目的に利用できるのか [12]。

第二回大会がスイスのローザンヌで9月2～8日に開かれ，教育問題が論議された [13]。

第十会議。9月7日にデュポン（ロンドン）議長のもと，第五議題「社会の機能，社会における男女の役割，児童の教育 Education des enfants，全面的な教育，教育の自由」で，委員会の報告が行なわれた。クィンデ（スイス）による報告の結論「1．科学的で，職業的で，生産的な教育，2．作業学習の組織，3．国家による義務教育と無償教育とを認めた教育の自由，4．初等学校，中等学校と師範学校の協力的な組織」（p.145）。

クレー（スイス）は，述べた。なによりも教会と国家は分離されるべきなので，学校での宗教教育は禁止される。教育は無償で義務的で自由であり，それは10～12歳の年齢から職業的で，生産的であるべきである。児童はこの年齢で学びながら職業を覚えるように，学業と見習いとが l'étude et l'apprentissage 組み合わせられねばならない。国家，団体は，個人の自由，良心の自由を侵すことなく参加する。一定年齢の児童の教育を証明する公のカリキュラムや試験で十分である。これが，貧しい子供が学びながら職業を覚えるために，教育が職業的であることを求める理由である。父親の信教の自由が尊重され，したがって国家は宗教教育を行なわない。

パエペ（ヴリュッセル）は，女性の社会的地位について，ベルギー支部の委員会によって作成された二つの報告（多数派と少数派）を読んだ。

シュマレ（パリ）は，婦人労働にかんして，労働者の健康と道徳性にたいするミシンの影響に関する報告の要約，を提出した。

ペロン（ジュネーヴ）は，女性の解放は男性の解放の結果であるという点で，シュマレ，パエペと同意見であった。

四項からなる委員会の「報告の結論」の第一項「科学的で，職業的で，生産的な教育」に，「全面的な教育のカリキュラムの検討に着手」を追加し，採択された。ロンゲ（フランス）の提案で，第二項「作業学習の組織」も，採択された。いくつかの修正案が第三項「国家による義務教育と無償教育とを認めた教育の自由」に提示された。会議は閉会した（pp.142-146）。

第十一会議。デュポンが議長。さきの第五議題の論議。

クンデ・クネ（スイス）は，第三項に次の追加を提案した。「免状，免許状なしに，宗教教育なしに」。シェマレ（パリ）は，国家による教育を望まず，次の提案を述べた。「用いる方法にいかなる偏見をもたず，必要不可欠な教育を子供におこなう義務を各家庭の父親に認めながら，大会は教育の自由を明言する」。

トラン（パリ）は，国家による教育の無償制について述べ，第三項に次の提案を行なった。「費用を負担するために，市民から税金が徴収されているのだから，無償教育という言葉は意味がない。でも教育は不可欠なものであり，いかなる家庭の父親も，その子供から教育を奪う権利はない。大会は，家庭の父親がその義務を果たせない時に，国家が父親の代わりとなる権利を認めるだけである。いずれにせよ，いかなる宗教教育もカリキュラムから取り除かなければならない」。

クレー（スイス）は，無償教育は夢ではないと述べた。学校の費用を負担するのは国家である。だが我々にとって国家は全市民の共有である。従って教育費用を全市民に負担させ，私たちは連帯の原理に従う。カルト（ロンドン）は，義務教育を支持した。人には，間違った教育あるいは無知によって，その子供の知性を殺す権利はない。論議ののちに，トランの第三項の編集が採択された。

第四項「初等学校，中等学校と師範学校との協力的組織」について。

トラン（パリ）は，翌年の大会で全面的な教育の問題を討議しなければならないと，またこの討議はおそらく初等学校と中等学校の区別の廃止にいたると，述べた。来年への論議の延期とこの問題の検討を提案し，採択された。

ペロン（ジュネーヴ）の次の提案が論議された。

「今日なお道徳教育の基礎として使用されている書物は，あらゆる種類の多くの誤りと道徳，真実，正義に反する危険な道徳規準を含んでいる。したがってこれまで国民に与えられた宗教教育と政治教育は，反道徳性，虚偽，不正を定着させる。生まれ変わろうとする社会は，新秩序の基礎である万人および各人の権利と義務の正確な表現を持たなければならない。以上を考慮して大会は決定する。すべての国民に共通する道徳規範は，疑いなく必要である。フランス革命の原理を認め，あらゆる宗教的信仰を絶ったすべての会員に，この作業を勧める」。

シェマレ（パリ）は述べた。われわれは学校から，あらゆる宗教教育を排除

する決議を採択したばかりである。それで十分であるように思われる。道徳教育は家庭の問題である。

　ロンゲ（フランス）は，述べた，道徳規範の基礎としてやくだつ正義の基準は，人間の外部ではなく，人間の内で捉えられる。ペロンは，自説の補足として，ロンゲ修正案を受け入れ，採択された（pp.147- 151, 210-231）。

　このように1867年の第二回ローザンヌ大会では，各家庭での児童教育の強調，また学校において学習と職業教育が統合して行なわれること，全面的な教育，さらに学校での宗教教育の禁止が承認された。そして，委員会から提案された国家による義務教育と無償教育は，各家庭の教育のかわりとして承認された。こうして青少年と婦人および児童が働くこと，児童の権利，つまり貧困でも同時にその精神的，知的向上，学ぶ権利，その教育権が社会的に認められようとしていたのである。なお，国際労働者協会の課題，労働者独自の運動によるその解放を理論的に根拠づけ，また同時に児童の教育についても述べた『資本』は，1867年末に刊行された。

（資　料）

　「宗教教育」宮寺昭夫『教育思想事典』（増補改訂版，2017年）

　「宗教」と「教育」との結びつきにはある種の歴史的な必然性がともなっている。宗教社会学者（デュルケーム，マックス・ヴェーバー）の成果も，宗教教育が単に学校のなかの道徳教育や情操教育に対応する教育課題には尽くされないことを示している。それは，広く言えば，社会のあり方や社会のなかでの人間のあり方にも深くかかわるテーマである。宗教改革の立役者ルターも，信仰によってこそ人は義とされることを説くとともに，自作の教義門答書をテキストとして使わせながら，民衆の読み書き能力の普及につとめている。これらの思想家にとって，教育それ自体が宗教活動の一環であり，教育思想は宗教教育思想であった。

　近代の啓蒙主義の時代になると，宗教教育は，個人の理性能力の形成とどのような位置関係をたもつか，という問題を抜きにしては語れなくなる。ルソーは，既成の宗教への帰依を拒否して，一人ひとりの個人に与えられている理性の判断力の訓練を通して，最終的には個人の判断で宗教を選択させるべきだとした。

『エミール』

それに対してシュライエルマッハーは，宗教を感情の問題として理性の管轄下から切り離し，科学的な探求との共存をはかろうとした。ルソーの場合は，感覚の訓練にはじまり道徳的判断力の陶冶にいたる理性能力の形成が，そのまま宗教教育の内実をなしていたのに対して，シュライエルマッハーの場合は，理性能力の形成とは別の系列で，感情への直接的な呼びかけが宗教教育の課題として立てられている。

フレーベル，ディルタイ，エマソン，ソローらの事例は，明示的には「宗教教育」としては語られてはいないものの，実証主義と自由主義が主流になりつつあった十九世紀にあって，それらのみでは解決されない教育課題，とくに国民形成や人間的尊厳の確立という課題に宗教がなお重要な役割をはたしていることを示している。十九世紀にはまた，先進諸国では国民教育制度が整備されていき，それにともない制度としての公教育と宗教との関わりが問題となった。そのとき，カトリック教会が強い影響力を持っていたフランスで，またさまざまな宗派が混合して存在していたアメリカで，「教育の中立性」の原則が確立していき，宗教教育は私事と見なされ公教育から切り離されていった。二十世紀には，学校における宗教教育は，特定宗派の教義を教えることよりも，人々にさまざまな宗教の教義の特徴や儀礼の特殊性を理解させ，「寛容の精神」を広めることに重点がおかれるようになった。「寛容であること」が，人々を結びつける普遍的な枠組みとして定着するようになった。

「女子教育」　影山礼子『教育思想事典』（増補改訂版，2017 年）

女性を対象にした教育。社会背景により女性観も変化するので，時代と場所で異なる概念。紀元前にプラトンが『国家』で家族制度を公的領域とした上で支配者層に男女同一の教育を説いたが，とくに近代以降は結婚，家庭，家族観が変化し私的領域と認識されるにつれ，歴史上の思想家は独自の女子教育思想を説いた。

フランスのルソーは『エミール』（1762 年）で男性には市民の，女性には家庭人としての二本立ての教育思想を展開した。その後女性観も次第に変化し，コンドルセは『公教育の本質と目的』（1791 年）で男女平等，共学の公教育を構想した。イギリスのウルストンクラーフトは『女性の権利の擁護』（1792 年）でルソーの女子教育思想を批判し，男女同権による同一の教育を主張した。ま

た同時期にスイスのペスタロッチは『リーンハルトとゲルトルート』を著し，母親の教育的機能を重視した。19 世紀になるとアメリカのビーチャーは『家事経済論』（1842 年）を発表，教育者，家事の専門家としての女性の新しい役割を認めた思想へと発展させた。

3）国際労働者協会　1868 年　第三回ヴリュッセル大会

一　ヴリュッセル大会前の論議

1868 年 1 月 21 日の総評議会で，六項目からなる大会議案を，加盟団体に送付することが論議された。その第三項は「技術的教育と総合的教育 Technical and comprehensive education」であり，第四項は「合理的な教育案をつくることの意義」であった。そして 1 月 28 日の総評議会で，大会議題を各支部で論議するために送付することが承認された。その第三項は「貧困な児童の技術教育と総合的な普通教育の明確な草案をつくることの意義」であった。

1868 年 7 月 14 日の総評議会で，六項目からなる大会議案が報告され，その第五項「労働者階級の教育」は承認された。7 月 28 日の総評議会で，大会議案「3.資本家の手にある機械の影響」が論議された。

マルクスは述べた。労働日が延長され，労働強度が増大したこと以外に，機械使用の他の結果は，女性と児童を工場へ押し込んだことである。女性と児童が社会的生産に参加すべきでないとは言わない。9 歳以上の総ての児童は，その時間の一部を生産的労働にあてるべきであるが，かれらが働かされている現在の状況は悲惨である。

8 月 11 日の総評議会で，大会議案「2.労働時間の短縮」が論議された。

マルクスは述べた。労働時間の法的規制は，労働者階級の精神的，身体的向上および最終的解放のための第一歩である。現在，国家が女性と児童のために介入しなければならないことを，誰も否定しない。かれらの時間の制限は，多くの場合，成年男子の時間短縮につながる。これまで英国が先頭にたってきたが，他の諸国もこれにならうことを，ある程度余儀なくされた。先の大会で，原則は決定されている。行動の時がきた [14]。

二　1868 年 9 月 6 ～ 13 日　第三回ヴリュッセル大会

第八会議で，まず「機械の問題」が，次に「教育問題」が論議された [15]。

第6章　マルクスの教育論　　**423**

　9月9日　第八会議

　ヒン（ヴリュッセル）は述べた。検討すべき二つの問題がある。第一は，教育とはいかなるものであるのか，第二は，誰が教育をおこなうのかである。国家による教育についての支持者とその反対者は，国家が家庭の父親の共同体であるべきと理解しあうことで同意したが，先の大会ですでに論議された義務教育問題については意見の対立がある。前提された労働時間の短縮は解決された。われわれはとりわけ社会学を含む，科学の公開の講習や講演の普及を目的とするべきである。

　「教育の委員会」は次の決議を提案した。

　さしあたり合理的な教育を組織することは不可能であるので，大会はさまざまな支部にたいし，今日，労働者たちが受けている教育の不足をできるかぎり補う公開の講習を設けることを勧める。労働時間の短縮が不可欠の予備措置であるとして考える（p.300）。

　続いてヴリュッセル支部から，「全面的な教育」について報告された。

　孤立した人の見地からすれば，すべての能力が調和的に発展することが重要である。集団の見地からすれば，教育はすべてにとって，合理的で科学的な同じ基礎をもつことが重要である。人間は孤立した存在であり，同時に集団の器官である。全面的教育は，人間をこの二つの見地から見て，できるだけ完成に近づけることが目的である。「労働者階級の教育。科学の学習と仕事の見習いを含んだ総合的な教育」（p.301, 306）。

　パリ製本職人から次の報告がおこなわれた。ローザンヌ大会は今年の大会議題に全面的教育のプログラムの検討を提起した。長い論議のあと，次のことが決定された。

　教育は両親の負担で義務的であるべきである，ただし困窮な家庭を考慮して無償を認めることを条件にして。教育の必要性とその義務制は認められた。そして，だれがその費用を負担するのかが残った。二つの制度が存在する。一方は，費用がかせられるのは家庭の父親と主張するが，他方は，それを負担するのは社会全体であることを求める。後者の制度は，ふつう無償教育と呼ばれる。「公的な教育は全員の利益であり，費用は国家の一般経費にうつすべきである」（p.306f, 309）。

さらにベルギーのリエージュ支部は,「全面的な教育」についてプルードン（J. Proudhon）『19世紀の革命の一般的理念』（1851年）から引用して述べた。

もし労働者が賃金制度を，彼らだけでその職業を営むことのできる協会によって取り替えようとするなら，仕事の見習いとこの仕事の実行に必要な科学教育とを決して分離しないことが大切である。「プルードンは述べる，教育と見習いを分離すること，職業教育と有益でまじめな実際の行使を分けることは，権力の分離と階級の区別を，政府の専制と労働者の隷属との最も強力な二要素を，別の形で再生産することである。かくして政治の抑圧と産業の無政府の制度で，われわれは問題がおこるのを見る。われわれの学校は，貴族階級の神学校である。理工科学校，師範学校などを設立したのは国民のためではない。階級の区別を維持し，強め，増大させるために，またブルジョアジーとプロレタリアートとのあいだの分裂を仕上げ，変更できないものにするためである」。

国家による教育は無償どころかより高価である。正義の見地からみても，我々にそれを押しつける権利はない。人道の点でもそれは個人のあらゆる自発性を破壊する。租税での国家の介入を放棄すべきとすれば，どのようにしてわれわれは教育を共通なものにできるのか。

第一に，それは自由な協会によってのみ存在しうる。労働者の協会は，この教育の展開に必要な施設自体を設立する。国際的連合あるいは国際的協会の役割は，この仕事で独自な協会を支援することである。第二に，現状では絶対に不可能なことが，自由と相互主義の協会に基づいた制度では実現される。労働者の学校は知的な会館であると同時に，生産的なセンターでもある。若い人たちは学ぶと同時に，雇用される。それはかれらの見習いの一部をなす。インターナショナルの一般規約でも，「労働者の解放は労働者自身の仕事でなければならない」と述べている。労働者の教育は，労働者の解放の最も強力な手段である（pp. 309-312）。

ルアンサークル（フランス）は，「労働者階級の知育 l'instruction と人の教育 l'education」について述べた。

もし経済学の範囲で重要な問題があるなら，それは教育の問題，とくに民衆教育の問題である。普通選挙，すなわち万人による万人の政府が，ヨーロッパでますます広がっている時代に，国民教育は真剣に考察されることを必要とし

ている。国民教育を語るとき，われわれは特に労働者の教育について話すことを望む。すなわち，生産や消費の点からみれば重要な役割を果たしているが，しかし社会政治機構の管理ではほとんど問題とされない階級の教育についてである。だが，腕，足，手で働くこの階級は，かれらを管理し，労苦の成果をかくも容易に享受する階級よりも，おそらく十倍も人数が多い。

　この大きな不幸の根本の原因は，教育の欠陥であり，知性の不足である。しかしながら，それなくしては何もない。それなしでは労働の解放のために試みられるすべては，つねに挫折し，あるいはつねにきわめて不十分な状態にとどまる。教育は，労働者の解放である。かれが用いる道具は，かれが毎日成し遂げる労働にある。この道具を使ってのみ，かれは自由につかえる能力を有利に活用することができる。炭鉱夫は，その歩みを照らすランプを必要とする。労働者を権利の獲得，その正当な独立の獲得へと導くために，かれには知性の光と教育が必要である（pp.312–313）。

　次に，ジュネーヴ支部（スイス）から，「教育問題」について，次の報告が行なわれた。

　社会の無秩序を終わらせるためには，教育が普及される必要がある。なぜなら社会の無秩序は，ある段階での万人の無知，あるいはある人たちが無知だからである。そして社会秩序は，すべての人の完全な教育である（p.325）。

　全ヨーロパでの共和制の樹立，教会と国家との分離，経済関係の変更，だがこれらの大きな進歩は教育の普及によって完全なものとならなければ社会の秩序を回復させないので，人間性の再生を望むどの団体にとっても，教育の普及をそのプログラムの先頭に置くことは義務であり理性の行為ではないのか（p.328）。

　要するに社会秩序は，教育の義務化が初等，中等，高等教育を含むことを必要とする（p.333）。

　報告の結論　1. 社会秩序は，あらゆる等級での教育の普及によってのみ達成される。2. 教育の普及は，教育の義務化によってのみ得られる。3. 最後に教育の義務化は，学校教育の補償金をもってのみ認められる（p.337）。

　9月10日　第十会議

　ベッカー（ロンドン）は述べた。さて知育 l'instruction が人の教育 l'education にどのように関係するのかを見てみよう。合理的な教育は，合理的な人の教育

のための準備をなすにすぎない。人の教育をなすのは，学校や家庭でなく実生活である。この人の教育を，公の生活，作業場，売り台，カフェで受ける。つまりかれが暮らす社会が，最終的な教育を人におこなう。それはその時代の産物であり，その社会的関係の，そのあらゆる習慣およびそのあらゆる偏見の産物である。従って，社会および政治制度が教育に適合しておらず矛盾する限り，合理的な教育はわずかな成果しかもたらさない。全面的な教育をおこなうためには，実生活を知育と調和させなければならない。結論する，学校は社会および政治生活と調和しなければならない。一方は他方なしに進まない。もし我々の世代が，人の教育と知育の条件を適切に変えることができるなら，我々は合理的な人の教育に適した社会および政治制度をも設立することができる。それで国際労働者協会は，二つの方向で活動しなければならない [16]。

　レスナー（イギリスのドイツ語支部）は述べた。すべての社会的生産を保証する教育は，労働者に不可欠である。しかし，それを実りあるものにするために，教育を聖職者に委ねることをやめなければならない。というのは国家だけが，この団体こそが，社会の最も大きな利益のために，国民にたいし教育を行なわなければならないからである。

　カタラ（ジュネーヴ）は述べた。教育は義務的であり，また全面的であるべきである。それは，あらゆる形而上的，宗教的な観念から解放された科学的な教育，そして各人に労働手段を与えるような職業教育を含んでいなければならない。

　タルタレは述べた。すべての人に対する義務教育に賛成であるが，教育は自由で，すなわち国家を除いて，でなければならない。ここで私が取り上げようとする問題は，職業教育の問題である。それは労働者にとって最大の関心のあるもので，この問題の報告には直接に職業の見習（徒弟奉公）が含まれる。講習が設立されるが，それらは生産者にどれだけ役立っているのだろうか。なぜならそれらは，科学と労働とのあいだに存在するいかなる関係も扱っていないからである。つまり科学は，すべての人の手に届くところに置かれるべきである。児童は手に職をつけるために，作業場でその最も重要な原理を習い，そして公開講座でくみ取ったより高度な学習を，それにつけ加えなければならない。こうして，よく事情を心得て団体に協力できる人物が養成される（pp.343-346）。

　デュラン（パリ）は述べた。土地と産業の支配勢力を打倒し，機械の影響と

戦い，すべての社会改善を成し遂げるために，国民に高等教育が必要である。

アーンス（パリ）は述べた。委員会によって提案された結論を支持しつつ，それに女性の教育という重要な問題が，省かれていることを残念に思う。

タルタレは，自由で相互的な産業の講習会を準備するために，労働者がただちに芸術家，科学者に訴えるという修正案を出した。

トーレは，科学的で職業的で生産的な教育のプログラム，つまり全面的な教育，および作業学校の編制の計画を，翌年のために検討に委ねることを提案した。

アンリは，税金は市民が支払っているのだから，教育は国家によって支払われ，教育は無償の義務教育でなければならないことを提案した（pp.346f）。

大会決議　教育問題

さしあたり合理的な教育を組織することは不可能であるので，大会はさまざまな支部にたいし，今日，労働者たちが受けている教育の不足をできるかぎり補うため，「科学的，職業的，生産的な教育プログラム，すなわち全面的な教育に従って」（追加），公開の講習会を設けることを勧める。労働時間の短縮が不可欠の前提条件であるということは，よく理解されている（pp.300, 388）。

この1868年第三回ヴリュッセル大会では「婦人労働と児童労働」について，これまでの二つの大会の論議をふまえ，さらに新たな論点が提示された。第一回のジュネーヴ大会では，現在の社会の運動，近代産業の動向が問題とされ，児童労働また婦人労働それ自体は，社会の進歩として肯定された。ただ児童，婦人の労働環境，その条件の劣悪さが指摘され，その改善および児童労働と教育，知的進歩との連携が確認された。続く第二回のローザンヌ大会では児童の労働と教育に，さらに義務教育，無償教育の問題が提起され，論議された。そしてこの第三回ヴリュッセル大会では，これまでの職業教育，無償教育，宗教教育などの問題が論議されただけではない。教育問題が，教育を取りまく社会政治制度との関連――近代産業，資本主義的生産――で捉えられ，論議された。

ジュネーヴ支部の報告では，民主制度，常備軍の廃止，経済関係の変更などの社会改革が，「教育の普及」によって完成されなければ，社会秩序はもたらされないこと，社会不安の要因である大衆の無知が，教育で取り除かれることが主張された。そして義務教育と国家による教育費支援が求められた。

ベッカーも，学校教育と社会制度との関連，教育とこれを取り巻く社会環境

との関連を問題とした。学校教育が社会，政治制度と矛盾せず，両者が調和することで真の人間教育が実現されると述べ，そして合理的な教育に適した社会経済制度の設立を，国際労働者協会に求めた。

　大会では教育問題を更に研究することを提起し，その結論で次のように述べた。

　「当面，合理的な教育制度の設立は困難であるので，労働者の教育不足を補う科学的で，職業的で，生産的な教育，つまり全面的な教育の計画に対応した公開の講習会を，設けることを提起する」。

　ここで労働と教育の統一の視点が示された。この公開講座の内容は，1869年に総評議会によって刊行された小冊子『国際労働者協会　1866年ジュネーヴ大会および1868年ヴリュッセル大会の決議』にもとりいれられた。そして「教育問題」で，「科学的あるいは経済的諸問題について連続の公開講義をもうける」と述べられた。そしてこの小冊子でも「労働時間の短縮が真の教育制度の不可欠の前提条件」であるとされた [17]。

　また教育制度の前提とされた労働時間の短縮，すなわち労働日の法的制限について，マルクスは1868年8月11日の総評議会で，労働時間の短縮が労働者階級の精神的，身体的向上をもたらすこと，そして1866年ジュネーヴ大会決議を実行することが求められていると，述べた。第一回ジュネーヴ大会決議「3.労働日の制限」では，労働日の法的制限は，あらゆる活動の前提条件であり，「労働者が健康と体力を回復し，知的発達をとげ，社会政治活動に携わる可能性を保障するために不可欠」であるとされていた [18]。

　労働日の法的制限は，さきに1865年6月の中央評議会で，J.ウェストンとの間で行なわれた賃金引き上げと物価上昇をめぐる論争でも論じられ，次のように主張されていた。

　労働者が，労働日を合理的な範囲にまで短縮しようとするのは，あるいは法律による標準労働日の制定を強制するのは，彼ら自身と彼らの種族に対する義務を果たすだけである。「時間は人間の発達の場である」Time is the room of human development. 思うままに処分できる自由な時間を持たない人間，睡眠や食事などによるたんなる生理的な中断を除けば，その全生涯を資本家のために労働によって奪われる人間は，牛馬にも劣る。かれは，他人の富を生産するたんなる機械にすぎず，からだは壊され，心はけだもののようになる。そして資本は，もしそれを抑えるものがなければ，全労働者階級を，この極度の退廃状態にお

第6章　マルクスの教育論　**429**

としいれるであろう[19]。

（資 料）

「生活」高橋勝『教育思想事典』（増補改訂版，2017年）

　十九世紀末から二十世紀初頭にかけて展開された欧米の新教育運動において，「こどもからの教育」が主張されたが，子どもの「生活」が鍵概念とされた。それは，遊びや作業など，興味や欲求からなされる子どもの諸活動の全体を総称した言葉である。

　ルソーは，『エミール』（1762年）のなかで，こう述べる。「人は子どもの身を守ることばかり考えているが，それでは十分ではない。大人になった時に，自分の身を守ることを，富も貧困も意に介せず，……生活することを学ばせなければならない」と。

　ルソーが思考実験の書物のなかで解き明かしたことを，およそ30年後に，スイスの教育実践家，ペスタロッチは，子どものなかに「生存する力」を育成する方法を，さらに具体的に実践してみせた。この時代は，マニュファクチュアの進出によって，農民の生活が大きく変貌し，その土地から追われる時期であった。そこで，ペスタロッチは，それまでの農民の農耕と家庭生活の機能を含めた一種の生活共同体学校を創設し，貧民の子弟たちとともに，労働や学習をともにし，家族的な憩いの場を再生させようとした。彼の教育観の基本は，「生活が陶冶する」という言葉に集約されるように，労働を中心とした日常の共同生活そのものが，すでに重要な人間形成の機能を含むとするものであった。

　前世紀末から今世紀初頭にかけて展開されたいわゆる新教育運動においても，「生活」は，鍵概念であった。そこでは，知識教授中心の学校に対して，学校の「生活接近」の必要性が説かれた。たとえば，デューイは，1896年に，シカゴ大学附属実験学校を開設し，学校を子どもにとっての活動の場，いいかえると生活と学習を統一する場にしようと試みた。このオキュペイションと呼ばれる作業活動の方法は，ドイツのケルシェンシュタイナーの作業学校論にも取り入れられ，学校の生活化を大いに促進する原動力ともなった。

　　　4）国際労働者協会　1869年　第四回バーゼル大会

教育問題が総評議会で，大会議案として論議された。

1869 年 2 月 16 日　総評議会

マルクスは，教育と信用，土地問題が次の大会議題になると述べた。

1869 年 6 月 22 日　総評議会

五項目からなる大会議題の一つとして，「4．一般教育問題」が報告された。

　8 月 3 日　総評議会　マルクスは，教育問題が信用問題に先んじて論ぜられることを提案し，承認された。

　8 月 10 日　総評議会

　教育問題が論議された。エッカリウスは，児童と成年の教育にかんする 1866 年ジュネーヴ大会の決議を朗読し，ここから誰が教育の仕事を行ない，誰がその資金を提供するのかを，決めることができると述べた。多額の税金を集めることは困難であるので，資金を常備軍費と国教会から入手する以外にない。これまでの二つの大会で一般決議がなされなかったのは，多くが，特にフランス人が教育を国家に委ねることに反対してきたからである。

　ハリスは教育問題で，ジュネーヴ大会決議に同意しているアメリカの新聞記事を読んだ。

　マルクスは述べた。この問題に関連した特殊な困難がある。一方では，社会環境の変換には適切な教育制度の設立を必要とする。他方では，適切な教育制度は，社会環境を変換することを必用とする。それゆえ我々は，現在の状態から始めなければならない。

　大会であつかう問題は，教育が国民的であるのか，あるいは私立的であるのかである。国民教育 national education は，政府の教育 governmental として考えられてきたが，必ずしもそうではない。北アメリカのマサチューセッツでは，総ての町で全児童のための初等教育の学校を用意しなければならない。5000 人以上の町では，技術教育の高等学校が用意されねばならず，より大きな町ではさらにより高度な学校が用意されねばならない。政府 the state の支援金は多くない。マサチューセッツでは地方税の八分の一が教育に，ニューヨークでは五分の一が教育に使われる。学校を管理する学務委員会は地方的である。かれらは男教師を任用し，本を選ぶ。アメリカ教育制度の欠陥は，あまりに分散的なことである。所与の教育は各地区に広まる文化状態に依存する。中央による監

第6章　マルクスの教育論　　**431**

督が求められている。教育税は義務的であるが，児童の出席はそうではない[20]。

　教育は，政府によらないでも国民的となりうる。政府は，教育コースそのものに関与するいかなる権限のない視学官を任命できる。視学官は，工場監督官が工場法の順守を求めたように，法律がまもられていることを確かめる。大会は，躊躇することなく教育は義務的であるべきことを決議するであろう。それによって仕事を妨げられる児童について，ひとつのことは確実である。教育で賃金は下がらないし，人々もそれに慣れるようになるであろう。プルードン主義者は，国が教育に支払わねばならないのであるから無償教育は意味がないというが，無償の専門学校教育に賛成ではないのか。またプロシアの教育制度は，すぐれた軍人をつくることのみを意図していると言えよう。

　ミルナーは述べた。教育のいかなる計画でも，すべての階級の同意が必要であるが，労働者階級は生産について，児童が，労働生産物の価値を規制する法則を学ぶべきであると主張すべきである。

　ハリスは，これは注意されるべきと支持した。ユングの提案で，論議の継続が同意された[21]。

1869年8月17日　総評議会

　ユングは，教育に関する論議を再開した。私は，これまで述べられてきた意見とすこし異なる。我々は，階級差別がなくなるまで待つことはできない。だから他の階級が同意するような計画で満足すべきである。アメリカとスイスでは，教育は国民的で，義務的である。スイスの商業はイギリスのそれよりも人口比でより大きいと，エイブル・スミスは証明した。これは義務教育を支持する何人かの要求を示している。初等教育は無償であるべきである。高等教育は労働者のものとはならないであろう。初等義務教育が全世界で設立されるだろう。またミルナーの提案に一致できない。誰が，児童に，労働の価値について教えることになるのか。労働の価値については，大きな意見の違いがある。読むこと，書くこと，そして身体訓練が，人々に自ら判断する力を与えるであろう。もしだれもが訓練されたなら，常備軍はなくなる。その資産については，教会の財産を教育に当てられるであろう。いかなる種類の学説も学校に持ち込まれることに反対である。わたしは，ミルナーが意味することを知りたいのです。

　ミルナーは述べた。私は，これまで多く論議されてきた問題には入らない。私は，ただ国際労働者協会が価値と分配の問題を忘れるべきでないと言ったの

だ。ユングに対し，我々は，労働価値について一致していないという意見の撤回を望んだ。我々が，問題について少しも知らないことを認めるべきなのか。アメリカ合衆国ではそれに夢中である。初等教育は，労働者にその問題を理解させておらず，中産階級と貴族も労働者に教えようとしない。我々がそれをできないなら，初等教育をやめたほうがよい。しかし，それについて二,三の意見が，われわれの声明で述べられることを求めるだけである。

ユングは，かれの理解の足りなさを認めた。この問題でエコノミストたちは意見が大きく異なるので，誰が正しいのか分からない。ミルナーは，現在，人びとが初等教育をもっているにちがいないと考えるが，そうではない。児童が，読み，書きを学ぶのを，義務的にすべきである。

ハリスは，ミルナーの意見に賛成し，初等教育の定義を望んだ。私は，児童に文法と代数 Grammar, Algebra を教えてきたが，それ以上進むことは教師にとって不適切であるので止めてきた。農業労働者は，労働の価値について何も知らない。私は 120 人の子供たちを指導してきたが，かれらは農地で働くためにつれ去られた。貧者は，かれらの子供を教育させる余裕がない。

義務教育は，アメリカでは，人々をさらに金銭獲得に向かわせ，スイスでは，人々がヨーロッパの専制君主と戦うために身売りすることを止めさせ，そしてプロシアでは，殺人を教えた。もし教育が，現在よりもさらに高い水準に押し進められないなら，それは役に立たない。ロンドン大学を除いて総ての大学は，たとえそれらが教育の場所であるとしても不十分である。ロンドン大学は，それらに対する生きた抗議である。エマソンは，我々が教育を行なう前に，あらゆる生活関係を知らなければならないと述べていた[22]。

ロー婦人は，教育とは人間を改善する総てのものであると理解した。労働者階級は，あらゆる種類の教育施設を維持しなければならないのに，それからいかなる利益も得ていない。教会財産が一般の使用に供され，学校に向けられるべきである。我々は少数の牧師と，より多くの教師を望む。ミルナーは我々に，労働者とはどのような人であるのか，を学ぶことを望んだ。ミルナーは児童に，労働の価値はどのくらいか，またどのようにしてそれを得るのか，を教えるべきであると申し出た。もし児童が，それを教えられたなら，そのように多くの時間，労働しなくなるであろう。ミルナーは，われわれの要求の一部として，教会の財産が教育に向けられるべきであると提案した。

レクルは，もし総評議会が平等な教育のために話さないなら，間違っていると述べた。われわれは権利の一部ではなく，その全部を欲している。あらゆる問題の真実を知りたい。われわれの教育は，労働者の児童にだけでなく，金持ちの児童にもできるかぎり完全でなければならない。我々には財産がないと反対されるかもしれない。でもわれわれは，フランスに6百万ポンドの年基金に相当する教会，軍隊，海軍を持っている。それらすべては，もし教育に向けられるなら，現在よりもよりよいサービスをもたらすであろう。もしわれわれが総べての人を教える資産がないなら，最良のものに教えよう。政府は，総ての男子と女子に平等な施設を与えなければならない。

エッカリウスは，労働の価値が社会の二大階級によって異なって評価されると述べた。現在，我々の反対者が国家を支配しており，従って，労働の価値についてその見解を強いる権限がある。労働者の逆転がきたなら，労働者はかれらの見解を強要し，それを正しくするであろう。

A（不明者）は，労働の価値が偶然的であることを認めない。ある人の一時間は，他の人の一時間と同価値である。そのことが，成育する世代に印象づけられるべきである。

ルークラフトは，われわれが決議を持つべきと考えた。我々は，なにか実用的なことを行なうべきである。もし教会が廃止されるまで待つなら，我々は，教育なしで長く待たなければならない。才能ある人は高められるべきである。我々の要求を，低い初等教育に制限することに賛成しない。普通の無償義務教育と最良の才能を高めることに賛成である。ハリスによれば，アメリカ人は労働の価値をしり，それはかれらをお金かせぎにした。我々の要求をつくり，その手段を見つけることを支配者にまかせるべきである。

マルクスは，いくつかの点で我々は一致していると述べた。議論は1866年ジュネーヴ大会決議を再確認することから始まった。ジュネーヴ大会決議は，精神教育を肉体労働，身体訓練，技術教育と結びつけるべきことを求めていた。それに対し反対はない。分業によって徒弟は，その作業の完全な理解を習得することを妨げられるのであるが，プロレタリア著述家たちによって擁護された技術教育は，分業から生まれるこの欠陥を補うことになる。徒弟は，中産階級が技術教育で理解するもので支配され，それを誤解してきた。

ロー婦人の教会運営費については，大会で教会に反対する宣言をすればよい

であろう。他方，ミルナーの提案は，学校との関連で導入されるのにふさわしくない。それは若者が生活の日常の闘争で，大人から学ぶべき種類の教育である。そうした教育は学校で行なわれるべきでなく，大人によってなされるべきものであることを，我々はつけ加えよう。党派的あるいは階級的な解釈の余地を残すものは，初等学校また高等教育でも導入されるべきでない。自然科学（物理，化学，天文学など），文法などの科目のみが，学校に適した問題である。Only subjects such as the physical sciences, grammar, etc., were fit matter for schools. 例えば文法の規則は，宗教的なトーリーあるいは自由な思想家によって説明されても違わない。異なる結論の余地を残す主題は取り除かざるをえず，大人の代わりに，宗教を教えるロー婦人のような教師に委ねられるべきである。また軍隊の廃止はブリュッセル大会で決議されており，その再提案は賢明でない。

そして8月10日，17日の総評議会での論議のあと，1869年9月6～11日にバーゼル大会が開かれたが，予定された第4議題「完全な教育」は論議されなかった。大会後の9月14日の総評議会で，アップルガースは，大会で教育問題が論議されなかったのは残念であると述べた[23]。

以上，バーゼル大会前に総評議会で，国民的教育について論議された。すなわち，これまでの大会で，児童を教育することの重要性，職業訓練と結びついた科学的な普通教育では合意をえることはできた。しかし，次に問題となったのは国民教育の問題であった。教育の担い手，すなわち家庭を中心とする教育，あるいは政府が行なう学校教育の対立である。前者は家庭教育での，自由，道徳，個性，愛情を訴え，後者は平等な，社会的な，科学的な教育を主張した。つまり，設立される国民教育の制度のありかたが，特に政府（国家）の教育への係わり方が問われたのである。教育にかかわる独自な困難が，問題にされた。

マルクスは8月10日の総評議会で，教育制度が社会環境と深く係わり，独自に困難な問題を含んでいることを指摘したが，この問題は，1868年の大会でも論議されたものである。つまり，学校教育が社会制度，政治制度と矛盾しないことが，真の人間教育の条件であるとされた。マルクスは，プロシアの国民教育を例に挙げ，ここでは国民教育が強兵養成として行なわれてきたと述べた[24]。しかし同時に，国民教育を行なううえで政府の介入が必ずしも不可欠ではないことを，北アメリカのマサチューセッツ州での実例で示し，国民教育としての

義務教育および無償教育は，中央政府によらないで，地方自治体が中心となっても行うことができると述べた。

　また8月17日の総評議会でも，教育制度と社会環境との関連が再び問題となった。

　そしてここでは国民教育の設立を前提に，先にミルナーによって提起された労働価値の問題を，教材として学校教育に導入することの是非が問題となった。ミルナーは児童が労働生産物の価値を規制する法則を学ぶべきと述べた。ユングは，意見の対立する労働の価値問題を，学校で教えることに反対した。エッカリウスは，階級対立の見地から労働価値問題と教育との関連を述べた。こうしてユングを除いて，初等教育に労働価値問題を導入することは支持された。

　しかしマルクスは，学校教育にミルナーがいう労働価値の問題を導入することに強く反対した。まず知的，精神教育を肉体労働，技術教育，身体訓練と結びつけること，そして1866年のジュネーヴ大会決議が，これまでの大会で反対されていないことを確認した。また分業からおこる弊害を防ぐものとして技術教育の有効性を指摘し，提案に反論した。労働価値を理解することが，労働者にとってたとえいかに重要であったとしても，それは学校教育ではなく，現実の日常闘争で学ぶべきものであり，学校教育に持ち込むべきものではない。そして初等，高等教育では，党派等によって解釈の異なるものは排除し，文法や，自然科学などのような，教師によって理解が異ならない教材を導入することを提案した。

　そして児童の知性，人間形成の場としての学校教育に，精神教育と労働，技術教育および身体訓練との結合を提起した。すなわち，社会環境と深く係わらざるを得ない教育制度に，諸利害の対立を反映する経済問題を教材として導入することに，強く反対した。またロー婦人，レクルが言う，教育財源として教会資産や常備軍廃棄を支持した [25]。科学に裏付けられた国民教育を提起し，近代教育の原則をなす義務教育，無償教育，非宗教性を提唱した。

　ここでマルクスは，「労働の価値」について学校ではなく，現実の日常闘争でまなぶべきものと述べたが，これは教育問題としてだけでなく，経済問題としても重要な論点を含んでいた。「労働の価値」と「労働力の価値」の違いである。すでに1867年『資本』初版で商品生産，価値生産を前提に，労働者階級の状態，剰余価値論，蓄積論は述べられていた。1840年代末の『賃労働と資本』と1865

年の報告「賃金，物価，利潤」との相違である。後者では，資本蓄積と労働者階級の運命が，価値論をふまえて論じられた。A. スミス，リカード等の国民経済学の批判である。労働力商品の把握は，資本主義的商品生産の理解，マルクス経済学の根幹であった。商品生産，等価交換を前提にして，剰余価値論が確立され，そして労働者階級の使命が，国際労働者協会の指針が与えられた。

1865 年 6 月の J. ウェストンとの論争「賃金，物価および利潤」での次の説明が注目される。

「13 賃金引上げのくわだて，または賃金切り下げ阻止のくわだての主要なばあい」で，賃金闘争を種々の諸条件と関連づけておこなうことの必要性を，次のように述べる。「賃金引上げの闘争は，たんにそれに先だつ諸変化のあとを追いかけているにすぎず，しかもそれは，生産額，労働の生産諸力，貨幣の価値，搾取される労働の長さ，または強度，需要と供給の変動に左右される産業循環の種々の局面に合致する市場価格の変動——これらが先に変化したこの必然的な結果にすぎないこと，一言でいえば，それは資本の先行的行動にたいする労働の反対行動である」。

さらに「資本と労働とのこの絶えざる闘争において，労働ははたしてどの程度まで成功をおさめるだろうか」と，問題を提起し，「市場価格は，長期的にはその価値に一致する」と答える。そしてこのさい，労働力の価値に「生理的要素」（労働者の生活必需日の価値）のほかに，新たに「歴史的または社会的な要素」を加えることで，賃金＝最低限というこれまでの見解を克服し，労働組合の賃金闘争に理論的基礎を与えた。この「歴史的または社会的な要素」は拡大することもできれば縮小することもできるのである。「資本家は賃金をその生理的最低限に引き下げ，労働日をその生理的最大限にのばそうとたえずつとめているし，他方，労働者のほうはこれと反対の方向にたえず圧力をくわえるのである。事態は，結局，闘争者たちのそれぞれの力の問題に帰着する」。

なお，8 月 17 日の総評議会の論議で問題となった分業と技術教育について，『資本』初版第一部第 4 章「相対的剰余価値の生産」「3．分業とマニュファクチュア」で，次のように述べられた。

マニュファクチュア時代の独自な機構は，多くの部分労働者から結合された全体労働者そのものである。マニュファクチュアは，個別的労働力の根源を奪い，労働者を不具な奇形物にしてしまう。自立する農民や手工業者にあった知識，

洞察，意志は，この部分労働者から失われ，資本に集積される。A.スミスも，次のように述べた。大多数の人間の精神は，必ず彼等の日常の仕事から発達する。わずかばかりの単純な作業を遂行することに全生涯を費やす人は……自分の悟性を用いる機会が全くない。……彼は，概して言えば，一人の人間にとって可能な限りの愚かで無智なものになる。彼の特殊な職業におけるかれの熟練は，彼の智的な，社会的な，勇敢な力を犠牲にして得られたようにみえる。だがこれは産業の発達した文明社会であれば，どの社会でも労働貧民 the labouring poor すなわち人民の大多数が必然的に，おちいらざるをえない状態なのである。分業から生ずる人民の完全な萎縮を防止するために，A.スミスは，国家による人民教育を推奨する[26]。

（資 料）

「公教育」越智康詞『教育思想事典』（勁草書房，2000，2017 年）

　近代社会成立のためには，宗教改革，市民革命，産業革命など社会変革を必要とし，それらの変革は，公教育の成立に寄与した。公教育とは「公」という政治的，社会的概念が人間の教育にかかわりをもつことを含意するのである。

　このような公的機能をもつ，とくに世俗性，義務制，無償性を原理とする公教育制度はドイツで最も早く成立をみた。だが，これらは近代市民社会の理念に立つ公教育制度ではなかった。ドイツで公共的な教育機関がいち早く成立した背景には，宗教改革と絶対主義国家の影響がある。ルターは都市の繁栄と福祉のためには，教会にかわって世俗権力が学校を設置し，市民と人材を育成すべきと唱えた。また，絶対主義国家は，教育制度を国家の物的福祉の増進や権力強化の手段と位置づけた。国民は国家を守る義務がある。ここに徴兵制と並んで就学強制（しかも有償）が成立し，一切の公の学校は国家の監督下に置かれることになった。絶対主義崩壊後のブルジョワ民主主義的諸改革でも，近代国民国家の形成，つまり民族意識の形成，愛国心，国民意識の高揚を目的に近代的国民教育制度が構想された。単なる庶民教育でなく，ドイツ国民教育が求められたのである。そして，人間の普遍的陶冶を目的とし，特定の職業教育でない学校を「公の普通教育機関」として位置づけた。ドイツで特徴的なのは公立学校主義なのである。

　これに対しイギリスでは，救貧法，工場法（産業革命が進行するなかで，児

童労働が発生し，徒弟の健康と道徳に関する法律として成立した）などの，社会立法に起源をもつ貧民教育が拡大して，一般民衆を対象とする公教育制度が成立するという経緯をたどった。福祉社会の教育理念に即して，教育保障の充実がはかられてきたのである。もちろん，その影では，社会秩序を守るため，民衆を無知から解放し，知的，道徳的教育が必要であるという観点から，政府は「道徳的教師」となることが求められていた。ただし，この場合でも決して無限定的な国家関与が是認されたわけではない。親や教会の力で不十分な点を補うという点から，国家介入は認められたのである。イギリスでは，もともと集権化を危険視し，ボランタリーな原則を重視する思想が強かったためである。

　イギリスでもう一つ注目されるのは，労働者の側から教育が求められたことである。チャーチスト運動は，労働者階級による議会改革の運動だが，これは公教育の「対象」に措定された労働者階級が，教育を自らの権利として認識し，政府に対して学習の権利を保障するよう要求するものであったという点で注目に値する。公的に保障される教育という点では同等でも，教育は慈善として上から与えられるものから，社会それ自体から当然に派生する権利として公的に拡充されるべきものへと変化したのである。

第3節　『資本』と教育条項

1　工場法の教育条項

　「近代社会の経済的運動法則」の解明を課題とする経済学批判『資本』1867年は，1864年9月に設立された国際労働者協会の前進と相応して編成され，この運動に指針を投じた。そして，国際労働者協会で論議された教育問題について，『資本』第一部「資本の生産過程」でも述べられた。マルクスは，大工業での労働者の状態，機械の労働者への影響について論じ，同時に大工業で始められた婦人および児童労働に注目した。そして児童労働それ自体の進歩性とともにその問題点をも指摘し，さらにこの工場制度に「未来の教育の萌芽」を構想した（江夏三千穂訳『初版　資本論』幻燈社書店，MEGA II / 5, MEW, Bd.23）。

　第4章「相対的剰余価値の生産」「4.機械と大工業」

　（第3節「労働者に及ぼす機械経営の直接的影響」）小表題は第二版による，以下同様。

第6章　マルクスの教育論　　**439**

　「大工業の出発点をなすものは労働手段の革命であって，変革された労働手段
は，工場の編成された機械体系においてその最も発達した姿態を受け取る。
……われわれは，かの革命が労働者そのものに及ぼす若干の一般的反作用を考
察しよう」（II／5, S.322, MEW, Bd.23, S.416）。

（第4節「工場」）
　「機械は婦人および児童労働の取得によって資本の人間的搾取材料を増加する
こと，それは労働日の無制限な延長によって労働者の全生活時間を没収するこ
と，および，ますます短時間にますます膨大な生産物を供給することを可能に
する機械の進歩は，結局，各瞬間により多くの労働を流動させるための，また
は労働力をますます集約的に搾取するための手段に急変することを知った。い
まや我々は，工場全体，しかもその最も発展したすがたでの工場全体に目をむ
けよう」（II／5, S.344. MEW, Bd.23, S.441）。

　次に，「工場法の教育条項」の規定をなす初等教育と労働との結合について述
べる（第9節　「工場立法（保健条項および教育条項）。イギリスにおけるその
一般化」）。
　工場法，すなわち社会の生産過程の自然発生的な姿態に加えた社会の最初の
意識的で計画的な反作用は，大工業の一つの必然的産物である。工場法の教育
条項は，概して貧弱に見えるとはいえ，初等教育を労働の強制的条件として宣
言した。この条項の成功はまず，教育および体育と筋肉労働との——従ってまた，
筋肉労働と教育および体育との——結合の可能性を証明した。
　「半労半学の制度は，二つ作業のそれぞれを，他方の作業の回復と気晴らしに
し，それゆえ児童にとっては，どちらか一つを中断なく続けるよりも，はるか
に適切である」『1865年10月31日の工場監督官報告書』。

　詳しいことはロバート・オーエンを研究すればわかるように，未来の教育
——社会的生産を増大するための一方法としてだけでなく，全面的に発達した
人間を生産するための唯一の方法として，一定年齢以上のすべての児童のため
に，生産的労働を知育および体育と結びつけるであろう未来の教育——の萌芽
は，工場制度から発生した。Aus dem Fabriksystem, wie man in Detail bei Robert
Owen verfolgen kann, entsproß der Keim der Erziehung der Zukun, welche für alle

Kinder über einem gewissen Alter productive Arbeit mit Unterricht und Gymnastik verbinden wird, nicht nur als eine Methode zur Steigerung der gesellschaftlichen Produktion, sondern als die einzige Methode zur Produktion vollseitig entwickelter Menschen [28].

　以上，機械制大工業とともに始められた工場法の教育条項は，児童労働と教育との結合を規定した。外的な強制によって始められ，いかに不充分なものであったとしても，マルクスは，生産的労働と教育との結合に，精神的萎縮および知的荒廃の廃棄を，さらに「未来の教育の萌芽」，「全面的に発達した人間」形成を見出したのである。「社会が，生産過程に加えた最初の意識的で計画的な反作用」である工場法の教育条項は，教育および体育を筋肉労働と結合することを表明したのである。

　そして，マルクスが注目した**オーエン**は，児童教育について 1820 年『**ラナーク州への報告**』「第三部　計画の細目　3.住民の住居，食事，被服を世話し，子供を仕付け，教育する制度」で，次のように述べた。

　人間の全面的な変革を実現するためには，新しい環境を用意することが必要であるが，この環境は，その各部分からみても，仕組みの全体からみても，自然の諸法則に一致していなければならない。実物教育によって子供は，かれの前に提示された経験的事実から正確な結論を引き出すように習熟していく。子供は，やすやすと楽しく，多くの知識を獲得する。貴重な知識を得るようになり，心の中にも最良の習慣と性向が，しらずしらずのうちにできてくる。

　各協同組合は，生活必需品，便宜品を自力で生産しなければならないから，職業教育は，教育の重要な部分である。協同組合の全員は，その工場と作業場で行なういくつかの仕事に，科学が提供してくれるあらゆる改良された技術を利用して，順番に従事する。そのさいこの仕事を，農耕園芸の仕事と交互に行なう。どの子供も人生の初期に，偏らない一般教育を受ける。これによって子供は，社会の正しい目的を実現するのにふさわしいもの，つまり社会に利益を与え，逆に社会からあらゆる恩恵を受ける子供になる。子供は 12 歳になるまで，これまで人々が得た知識の概略を正確に知るように教育される。

　こういう方法で，子供は，過去の諸時代，自分の生きている現代，自分の置かれている環境，まわりの人々，それに将来の出来事との関連のなかで自分をとらえ，自分のなんであるかをはやくから知ることになる。その時初めて，子

第6章 マルクスの教育論　**441**

供は，合理的存在という名に値するという誇りをもつ。子供は，力が増すにしたがって，自分の共同体の主要な労働のすべてに参加する。これによって，かれの労役は，大きな利益を社会にもたらし，また立派な習慣，見識，行儀，性質を身につけ，行動力と知識に満ちた労働者階級が立ち現れる。

　個人的利益中心の原理は，公共の利益と対立している。この個人的利益中心の原理から，人類間のあらゆる分裂，階級，宗派，党派および国民的敵対の誤りが発生する。望ましい成果をあげるためには，これまで認められてきた社会契約全体をすっかり改めることが必用である。全世界的に，普遍的原理を展開すべきである。すなわち，労働者階級の諸個人の，広範囲にわたる精神力と肉体力とを結合し，私的利益と公共の利益を完全に一致させ，諸国民を教育し，自分の国の国力と他国の国力とが平等に増大しなくては，十分に本来の姿では発展できないことを納得させていく原理である。

　現在人々は，幼児に影響を及ぼす環境を広い範囲にわたって支配することでき，また，この環境が，人間の性格形成に影響をおよぼすことができるかぎり，現世代の人々は，次代の人間の性格を，一人の例外もなく自分たちが望んでいるとおりの性格，すなわち人間の本性に反しないものにしていくことが，可能な時代にきている。この世の誤謬と害悪の最も一般的な源泉の一つが，幼児も，子供も，大人も，自分自身で思うままに形成した自由意志による行為の主体なのだ，という考えである。自分自身の創造者，自分独自の意志の形成者。しかし人間は，自分自身の能力をどうこうできる支配力は，すこしもない。人間は環境の子である。彼を取り囲んだ環境の諸条件と，かれの生まれながらの性質とが一緒になったものにすぎない[29]。

　またオーエンは『自叙伝』（1857年）で述べた。この時代に小児は，6歳で綿糸，亜麻，羊毛，絹の紡績工場に入ることを許され，労働時間は，法律によって制限されず，普通1日に14時間であったと。他方で「軍事訓練，舞踏，音楽は，善い，合理的な，幸福な性格を形成するのに良い手段であることを，私は経験で知った」。「労働者階級の小児を，合理的にものを考え，行動するように訓練すること……は，全くはじめてのことだ」と（五島茂訳『オーエン自叙伝』岩波書店）。

　マルクスは，ロバート・オーエンによって行われたニュー・ラナーク工場で

の児童教育の経験を示しつつ，工場制度に注目した。そしてオーエンについて『資本』で次のように述べた。オーエンは，協同組合工場の父であり，工場制度から出発しただけでなく，理論上も，工場制度を社会革命の出発点と述べた（MEGA II / 5, S.408）。またオーエンが，ニュー・ラナーク工場で行なった 10 時間労働日および生産労働と児童教育の結合は，工場法に実現されていると（MEGA II / 5, S.238）。

　一方で，近代的な工場制度では，機械的自動装置が主体となり，結合された全体労働者あるいは社会的労働体は客体とされる。すなわち機械体系が支配的に機能し，婦人や児童などの人間的搾取材料を増加させ，際限なく労働日を延長し，労働者の全生活時間を奪い，大規模生産が行なわれる。しかし同時にマルクスは，この機械体系に取り込まれた科学，巨大な自然力，そして社会的集団労働，つまり生産過程の精神的諸能力を教育と結びつけて捉えた。工場制度を基礎に，生産的労働と教育および体育とを結合し，未来の教育の萌芽として，すなわち全面的に発達した人間育成の唯一の方法として構想した。そして次に「全面的に発達した人間育成の契機」が，近代的工業から述べられる[30]。

2　機械と大工業

　まず，大工業の作業場内部の分業が，児童労働に及ぼす影響について述べる。大工業は，一人の人間全体を，一生涯一つの細部作業に縛りつけるマニュファクチュア的分業を技術的に廃棄するのであるが，同時に他方で，大工業の資本主義的形態は，この分業をいっそう奇怪なものに再生産する。この再生産は，本来の工場では，労働者を部分機械の自己意識ある付属物に転化することで行なわれる。労働者の一面化と奇形化がおこる。

　近代的な工場やマニュファクチュア場で働く児童の大部分は，幼少のころから最も簡単な作業に固く縛りつけられ何年も搾取される。例えば，イギリスの印刷所では，従来は，旧式のマニュファクチュアや手工業の制度に対応した，容易な作業から内容豊富な作業への移行が行われた。彼らは一人前の印刷工となるまでに，ある過程を終了した。読み，書きができることは，彼らのすべてにとって職業上の用件であった。印刷機とともに一切の事情が変わった。印刷機には二種の労働者が雇用されるのであって，機械の見張りをする成年工一人，他はたいてい 11 歳ないし 17 歳の少年工であり，この少年工たちの仕事は，もっぱら印刷用紙を機械に差し込んだり，印刷された紙を機械から取り出すこと

である。かれらは，ことにロンドンでは，週のうち幾日間は 14 時間，15 時間，16 時間ずつ中断なく，そしてしばしば食事と睡眠とのための僅か二時間の休みがあるだけで引き続き 36 時間，この苦役をするのだ。かれらの大部分は字が読めない。そしてかれらは，がいしてまったく野蛮化された，常軌を逸した人間である。

　こうして大工業は，工場内分業を再生産することで新たに児童の貧困を生み出すとともに，近代的科学である技術学をつくりだし，社会的生産に自然科学を応用せしめる。近代工業の技術的基礎は，常に変動し，革命的である。さらに，社会的分業と労働の転変，全面的可動性について次のように述べる。

　大工業はヴェールを引き裂いた。各生産過程それ自体を，その構成要素に分解するという大工業の原理は，技術学という全く近代的な科学をつくりだした。近代工業は，ある生産過程の現存形態を決して最終的なものとみなさないし，またそのようなものとして扱わない。それゆえ近代工業の技術的基礎は革命的である――すべての従来の生産様式の技術的基礎は本質的に保守的であったのだが[31]。

　近代的工業は，機械，化学的工程，その他の方法で，物質的生産の技術的基礎とともに労働者の諸機能および労働過程の社会的結合を絶えず変革する。したがってまた近代的工業は，社会内分業を絶えず変革し，大量の資本および労働者を，ある生産部門から他の生産部門へ間断なく投げ入れる。ゆえに大工業の本性は，労働の転換，機能の流動，労働者の全面的可動性を引き起こす。Wechsel der Arbeit, Fluß der Funktion, allseitige Beweglichkeit des Arbeiters.

　他面で大工業は，その資本主義的形態において，古い分業を再生産する。この絶対的矛盾は，労働者の生活状態の確実性を廃棄し，彼の手から労働手段と一緒に生活手段を叩き落とし，彼の部分機能とともに，かれ自身をもよけいなものにしようとする。これは消極的な側面である。

　労働の転換が，いまや圧倒的な自然法則としてのみ，また至るところで障害にぶつかる自然法則の盲目的な破壊作用をともなってのみ実現されるとすれば，大工業は，労働の転換，それゆえ労働者のできるかぎりの多面性を，一般的な社会的生産法則として承認し，そしてこの法則の正常な実現に諸関係を適合させることを，大工業の破局そのものによって死活問題とする。大工業は，変転する資本の搾取要求のために予備として保有され，自由に利用される窮乏した

労働者人口という奇怪事の代わりに，変転する労働要求のための人間の絶対的利用可能性をもってくることを，すなわち，一つの社会的な細部機能の単なる担い手にすぎない部分的個人の代わりに，様々な社会的機能が，相交替する活動様式である全体的に発達した個人をもってくることを，一つの死活の問題とする。 durch das total entwickelte Individuum. [32]

このようにして大工業は，物質的生産の技術的基礎を変革することで，労働者の諸機能および労働過程の社会的結合を絶えず変革する。しかし，労働の転換，機能の流動，労働者の全面的可動性は，資本主義的形態での分業と絶対的矛盾を引き起こし，それゆえ自然法則の破壊作用をもって，労働者のできるかぎりの多面性を生産の一般的な社会法則として承認し，さらに諸関係を改造することを大工業はそれ自身の課題とする。大工業は，自己破滅の脅威のもと変化する労働要求に対する人間の絶対的利用性を，すなわち社会的細部機能の担い手にすぎない部分的個人に代えて，社会的諸機能が相交替する活動様式である全体的に発達した個人の育成を，その歴史的課題とする [33]。

最後に，大工業と児童教育について述べる。

大工業の基礎上で自然発生的に発達したこの変革過程の一方の契機は，総合技術学校，農業学校であり，他方の契機は，労働者の子供たちが，技術学および様々な生産用具の実際の操作に関するある程度の授業を受ける職業学校である。工場法は，資本からやっともぎとった最初の譲歩として，ただ初等教育を工場労働と結びつけるにすぎないとしても，労働者階級による不可避的な政権獲得は，理論的および実践的な技術教育のためにも，労働者学校のなかにその席をとってやることは，少しも疑う余地のないことである。

Ein auf Grundlage der großen Industrie naturwüchsig entwickeltes Moment dieses Umwälzungsprozesses sind polytechnische und agronomische Schulen, ein anders sind die „écoles d'enseignement professionnel", worin die Kinder der Arbeiter einigen Unterricht in der Technologie und praktischen Handhabe der verschiednen Produktionsinstrumente erhalten. [34]

こうして大工業を基礎にした未来の教育について述べられる。科学としての技術学，すなわち理論的および実践的な技術教育が労働者学校に配置される。工場法教育条項による初等教育と生産的労働との結合から，労働者階級による

第6章　マルクスの教育論　**445**

不可避的な政権獲得によって，大工業によって生み出された労働者の全面的可動性と部分機械の付属物としての労働者との絶対的矛盾が廃棄され，全面的に発達した個人の育成がはかられる。精神労働と肉体労働の分離の克服条件があたえられる。「労働者階級の経済学」としての『資本』（1867 年）は，第一インターナショナル，国際労働者協会での教育問題をめぐる論争の核心をなすものであり，歴史創造と人間進歩の契機が述べられた。そして 1868 年ヴリュッセル大会では，ドイツ代表から『資本』の読了と翻訳が提起された。

　なお，大工業，近代生産力の発展と人間教育との関連について，すでにエンゲルスは『共産主義の原理』（1847 年），で次のように述べていた。
　「8，母親の最初の養育がなくてすむようになった瞬間からの，国の施設における，かつ国の費用での子ども全体の教育。教育と工場生産の結合」（133 頁）。
　「前世紀の農民およびマニュファクチュア労働者が，大工業に引きずりこまれたとき，その生活様式全体を変えて，みずからまったく別の人間になったのとまったく同じように，社会全体による生産の共同経営およびそれから生ずる生産の新しい発展は，まったく別の人間を必要とし，またそれを生みだしもするであろう。
　生産の共同経営は，各人がただ一つの生産部門に従属し，それにつながれ，それによって搾取されるこんにちの人間，また各人が他のすべての素質を犠牲にして一つの素質だけを発展させ，全生産の一つの部門だけ，あるいは一部門のなかの部門だけしか知らないこんにちの人間のような人間によっては，行なうことはできない。すでにいまの産業が，このような人間を必要とすることがますますありえないのである。
　いわんや，社会全体によって共同に，かつ計画的に経営される産業は，なおさら，素質が全面的に発展した，生産の体系全体を見通すことができる人間を前提にしている。……すでにいま機械によって掘りくずされている分業は，完全に消滅するであろう。教育は若い人々に生産の全体系を急速に経験させることができ，彼らに，社会の需要または彼ら自身の好みがそうさせるのに応じて，一つの生産部門から他の生産部門へと順々に移ってゆくことができるようにするであろう。こうして教育は彼らから，こんにちの分業が各個人に押しつけている一面的な性格を取りのぞくであろう。このようにして，共産主義的に組織された社会は，その成員に，彼らの全面的に発展した素質を全面的に実証する

機会を与えるであろう。しかしこれとともに，種々の階級もまた必然的に消滅する」（服部文男訳『共産党宣言 共産主義の諸原理』137, 138頁，新日本出版社，1998年）（MEW, Bd.4, S.373, 376）。

3 標準労働日をめぐる闘争

「真の教育制度の不可欠な前提条件」とされた労働日の制限について，『資本』初版第一部第3章「絶対的剰余価値の生産」「4.労働日」で述べられた。

資本は，身体の成長，発達，および健康維持のための時間を強奪する。人間的教養のための，精神的発達のための，社会的諸機能を遂行するための，社交のための，肉体的，精神的生命力の自由な活動のための時間は，ばかげたことである。

標準労働日の創造は，資本家階級と労働者階級とのあいだの，長期にわたる，多かれ少なかれ隠された内乱の産物である。労働者たちは，彼らを苦しめる蛇に対する「防衛」のために結集し，階級として国法を，彼らが資本との自由意志契約によって，彼ら自身および彼らの世代を売って，死と奴隷状態に至らしめることを防止する力強い社会的障害，を奪取しなければならない。[35]

上記引用からわかるように，標準労働日の創造は，資本家と労働者とのあいだの数世紀にわたる闘争の成果である。近代工場制度で確立した資本制的生産の内在的諸法則は，自由競争によって，個々の資本家には外的強制法則として貫徹する。生産手段は，労働を吸収するための，剰余労働を吸収するための道具となる。資本は，労働日を最大限に延長し，人間労働力の正常な精神的および肉体的な発育を奪い，人間労働力の萎縮を生み出す。

（資 料）

G.クラップ 『マルクス主義の教育思想——生産的労働と教育の結合』第三版，1960年，東独（大橋精夫訳，御茶の水書房，1961年）。

同書の第四章「一般教育的な技術学教育の思想（総合技術教育）」の第二節「技術学教育をほどこす学校の発生」でのべる。

大工業の出現とともに生産は，ますます著しい程度において自然科学を意識的に応用するようになり，技術は巨大な躍進をとげるようになるのであるが，

第 6 章 マルクスの教育論　447

それにつれて科学の基礎のうえにきずかれた技術教育への要求が現れてくる。

マルクスは「総合技術学校（工業学校），農業学校，職業学校」をあげている。

「総合技術学校」は，今日の工業大学の先駆であるが，これらの施設の最初のものは，パリの総合技術学校であった。それはフランス革命のつくりだしたもので，国民議会の諸方策の一つである。総合技術学校は 1795 年パリで，1815 年ウイーンで，1825 年ドイツで設立された。1828 年ドレスデンの「工業学校」。

「農業学校」は，今日の農業大学，農学部の先駆である。農業学校は 1806 年にテール，1807 年にフェレンベルクによって設立された。これらの学校では単に農業，畜産とそれに必要な自然諸科学だけではなく，農業に隣接したいくつかの工業も教えられた。農芸学（機械耕作，栽培，畜産論），農産業の技術（ビール醸造，バター，チーズ製造など）。

「職業学校」は，総合技術学校や農業学校とは多少趣を異にしている。職業学校というのは，労働者もしくは労働者の子どもたちが「技術学および種々の生産用具の実際的な取り扱いにかんするいくらかの教授をうける」学校のことであると，マルクスは定式化している。

学校で下層階級に職業教育をほどこす芽は，当時ドイツにも出はじめてはいたが，それは大体においてもっぱら手工業の諸要求に応じるものでしかなかった。これに反してイギリスでは十九世紀の中ごろに散在的にではあるが，労働者たちが近代工業に応じた職業的＝技術的知識を手に入れることのできる教育施設があった。「機械工学校」グラスゴー，ロンドン。そして十九世紀の中ごろに労働者の職業教育がドイツよりも，イギリスとくらべてさえはるかに進んでいたのはフランスであった。マルクスは，大工業の基礎のうえに発達しつつある労働者のための職業学校をいいあらわすためにフランス語を用いた。昼間学校，夜間学校に相当する成人学級の教育課程は，初等教育の諸科目や工業製図だけでなく，工業に応用された数学ならびに自然科学の諸学科をも含んでいた。多くの労働者がそれに出席した。徒弟学校は，工業部門に適合した職業教育をとりいれていた。ベルギーでも，下級の工業教育が発達し普及していた（263 ～ 277 頁）。

さらに第四章の第四節「教授と生産的労働との結合の原則の新しい内容としての総合技術教育の思想」でのべる。近代的大生産の段階で，教授を生産的労働と結合するという原則にかんして力点がおかれるべきは，もはや知育と手工

業的，手工的陶冶との結合ではなくして，社会的生産の科学的基礎を知らせる自然科学的，技術的陶冶だということである。このことは，ある程度の手工業的熟練を陶冶することには，いささかの考慮もはらわれる必要はないということを意味するものではない。それどころか子どもたちに，あらゆる生産部門の最も簡単な道具や用具をあやつることをも教えるということは，マルクス自身の要求していることであった。……大工業の段階でまず大切なことは，子どもや少年たちに，手工業的な熟練以上に出て，あらゆる生産活動の一般的な自然科学的，技術的基礎を知らせるということである（296，297頁）。

（資 料）

　五十嵐顕『民主教育論 教育と労働』（青木書店，1959年）
　大橋精夫「現代の教養と科学的認識」『現代民主主義教育 第3巻 民主教育の
　　基礎理論』（青木書店，1969年）

　五十嵐顕氏は，近代教育の矛盾について次のように述べる。
　教育の近代的発達の要請の自覚的形態として，象徴的にルソーやペスタロッチがあげられるし，公教育の思想的系譜として18世紀フランスの唯物論者やブルジョア革命思想の教育論やアメリカ建国当初の自由主義的国民教育論を典型的にあげることができるであろう。しかしこれらの教育思想は，19世紀における公教育実現過程，指標的にいえば1870年のイギリスの初等教育法，1830年代のアメリカの普通教育運動，1833年のフランスの国民教育に関する法令——によってうけつがれたとみることはできない。
　一般的にいって生産手段の私有制に基礎づけられる資本主義国では，大衆の公教育にいたって，教育と生産との結びつきは，生産手段の発達によって本質的に求められる自然，社会認識の科学化を基調とするものではなく，生産手段の私有制秩序を自然秩序とみなすことを強制するイデオロギーによってゆがめられてきたといえるのである。ということは表面的に学校の機能が不活発となったということではない。むしろ反対である。学校は個々人の利益の達成を助けながら，多くの人々の関心となってきた。しかし学校はこれらの個々の利益が社会進歩の力として結合するように働かなかったという事実である（45頁）。
　このような近代教育の根本的な原因は何であろうか。こうした矛盾のいっそ

う基礎的な原因は，人間の生活の基本である生産における矛盾の体制化によるものである。だから資本主義的生産の矛盾を科学的に説明したマルクスが，近代教育の矛盾について数多くはないが，しかし基本的な矛盾を指摘したことも理由のないことではなかった。……「男女の児童と少年とを社会的生産の大事業に参加させる現代産業の動向は，資本主義制度のもとでは奇形的な諸形態をとっているとはいえ，進歩的で健康な合法則な傾向である」（第一インターナショナルの指示）と表現されている。彼の批判は教育の近代的発達をもとめる客観的必然の動因を認めながら，その実現形態が資本主義制度下においておちいる矛盾を，当初の段階において早くもついていたというべきである。J. D. バナールは，『科学の社会的機能』のなかで，「科学は，その社会的意義を意識していなければ，反動的諸勢力に掌握された無力な道具となり，社会の前進とは正反対の方向にかりたてられ，そこではまさに科学の本質である自由の探究の精神は，破壊されてしまうのである」と述べている（46，49頁）。

　アダム・スミスは『国富論』のなかで，大衆教育のために公共の施設が必要であり，このために国家の財政資金が使われねばならない，というのである。そして，この考察は，分業化された工場制手工業に従事している労働の性質にたいする彼の観察にもとづいている。……彼が分業においてみてとったものは，一言でいえば生産における人間の頭脳的働きと肉体的な働きとの矛盾によって人間的資質が失われるという問題であった。すなわち分業がすすむと，大部分の労働者は簡単な仕事を職業としなければならない。……彼の心の働きは鈍くなり，「愚昧無知の徒」になるとスミスは述べている（『国富論』第五編第一章三節二項「少年教育施設の経費について」）。
　このような工場制手工業の段階における部分労働の問題は，産業革命を経て機械工業が支配的となるにつれて，大衆教育への要求を強めてくる客観的基礎である。……産業革命——科学技術の法則の適用にもとづく生産用具の発達によって，かつての小規模な用具による生産労働の場合のように，生産用具はもはや大衆の所有に属するわけにはいかなくなる。ますます多くの人間が，ますます拡大された分業にとりいれられる。
　この分業のなかでの人間の労働において最も重要な教育の問題は，分業をとおして個々の人々がこれまでになく密接な社会的相互関連を結ぶようになったのにかかわらず，個々人は彼におしつけられた一つの活動にとじこめられると

いうことである。生産用具の発達の結果，個々人の労働が成す総体は社会的意義をもつにいたったのにかかわらず，資本制近代社会ではこの総体の社会的意義は商品交換によってのみ成立するにすぎないのである。個々人の労働が社会的な労働の一環としての意味をもてばもつほど，労働者としての具体的な仕事は人間性実現の意味を失っていくのである（130，131頁）。

マルクスは，「経済学と哲学にかんする手稿」で，「労働は労働者にたいして外的である。すなわち，彼は彼の本質に属していない。それだから労働者は彼の労働において自己を肯定しないで否定する。幸福をでなくて不幸を感ずる。自由は肉体的精神的エネルギーを発展させることなく，かえって彼の肉体を辛苦させ彼の精神を荒廃させる。だから労働者は，労働の外部ではじめて自己のもとにあると感じ，労働のなかで自己の外にあると感じる」と述べている（『マルクス，エンゲルス選集』補四巻，132，303頁）。

同時に近代的大工業は，大規模の大衆教育を支えることに照応して，教育要求の根拠を客観的に提起するものであった。この客観的な教育要求の根拠をクループスカヤは，大規模工業の本質そのものの要求であるとしている。クループスカヤは次のように述べている。

「かくして大規模工業の本質そのものが労働にたいして一般的な能力をもち，総合技術的な教育をもち，どんな機械でも操作することができ，作業のどんな過程でも理解している全面的に発達した労働者を要求している」と（クループスカヤ，勝田訳，前掲書，33頁）。

人間の全面的な発達を要求する大工業の本質と，その資本主義的形態とを識別することは重要である。ここで私は『資本論』にかかれている「近代的大工業の本質」と，その資本主義的形態について詳述しない（『資本論』第四篇第13章「機械装置と大工業」）。この二つのものは，資本主義社会では矛盾的に結びついて現実化された（135頁）。

大橋精夫氏は，この機械制大工業の矛盾について，「現代の教養と科学的認識」で，次のように述べている。

大工業は，生産の技術的基礎とともに，労働者の機能や労働過程の社会的結合をも絶えず変革する。したがってそれはまた，社会のなかでの分業をも絶えず変革し，大量の資本と労働者の大群とを一つの生産部門から他のそれへと絶えまなく投げ出す。大工業の本性は，だから，「労働の転換，機能の流動，労働

第6章 マルクスの教育論 **451**

者の全面的な可動性を生じさせる」。この傾向は，前述のマニュファクチュア的分業と鋭く矛盾しながらも，「圧倒的な自然法則」として自己を貫徹する。

したがって大工業は，「一つの社会的細部機能の担い手でしかない部分的個人のかわりに，さまざまな社会的機能を自分のさまざまな活動様式としてかわるがわるおこなうような，全体的に発達した個人をもってくることを，一つの死活的な問題とする」（『マルクス＝エンゲルス全集』第23巻，512頁，52頁）。

第4節　マルクスの教育思想

これまで第一インターナショナルでの活動を中心に，マルクスの教育思想，理念についてみてきたが，どこにその教育思想の原点をもとめることができるのであろうか。

マルクスは『ヘーゲル法哲学批判序説』（1844年『独仏年誌』）で「人間にとっての根底とは人間そのものである」と述べる。

「もちろん，批判の武器は武器の批判の代わりをすることはできないし，物質的な力は物質的力によって倒さなければならない。だが，理論もまた，それが大衆をつかむやいなや物質的な力となる。理論が大衆をつかみうるようになるのは，それがひとの心をとらえるように論証をおこなうときであり，理論が人の心をとらえるように論証をおこなうようになるのは，それがラディカルになるときである。ラディカルであるとは，ものごとを根底において把握することである。だが，人間にとっての根底とは人間そのものである」（MEGA I / 2, S.177, 1982）。

また，『共産党宣言』（1848年）で，述べる。

「だが，諸君の教育もまた，社会によって規定されてはいないか。諸君がその内部で教育する社会的諸関係によって，学校などによる社会の多少とも直接的または間接的な干渉によって，規定されてはいないか。共産主義者は，教育にたいする社会の作用を発明するものではない。共産主義者は，この作用の性格を変えるだけであり，教育を支配階級の影響から引きはなすのである」（79頁）。

「10，すべての児童の公的かつ無償の教育。こんにち形態での児童の工場労働の除去。教育と物質的生産との結合，などなど」と（服部文男訳『共産党宣言　共産主義の諸原理』86頁，MEW, Bd.4, S.478, 482）。

さらに『ドイツ労働者党綱領にたいする評注（ゴータ綱領批判）』（1875年）で記す。

「生産諸手段の共有を基礎とする協同組合的な社会の内部では，生産者たちは彼らの生産物を交換しない。同様に，ここでは生産物に費やされた労働はこれらの生産物の価値として，すなわち生産物がもつ一つの物的特性として現われない。というのは，いまでは，資本主義社会とは反対に，個人的な労働は，もはや間接にではなく，直接に，総労働の構成部分として存在するからである。……ここで問題にしているのは，それ自身の基礎のうえで発展した共産主義社会ではなく，逆に，資本主義社会から生まれたばかりの共産主義社会であり，したがって，この共産主義社会では，あらゆる点で，経済的にも，道徳的にも，精神的にも，この共産主義社会が生まれてきた母胎である古い社会の母斑をまだつけている。それゆえに，個々の生産者は，かれが社会に与えるものを——控除したあと——同じだけとりもどす。かれが社会に与えたものは，かれの個人的労働量である。//（27頁）。

しかしこうした欠点は，長い生みの苦しみののちに資本主義社会から生まれたばかりの共産主義社会の第一段階では，避けることができない。権利というものは，社会の経済的な形態，およびそれによって条件づけられる社会の文化的発展よりもけっして高度ではありえないのである。　共産主義社会のより高い段階において，すなわち，分業の下への諸個人の奴隷的な従属がなくなり，それとともに，精神的労働と肉体的労働との対立もなくなったあとで，労働が生きるための手段だけでなく，労働そのものが生活の第一の欲求となったあとで，諸個人の全面的な発達にともなって彼らの生産諸力も増大し，協同組合的富のすべての源泉がいっそうあふれるほど湧きでるようになったあとで，——そのときはじめて，ブルジョア的権利の狭い限界が完全にのりこえられ，そして社会はその旗につぎのように書くことができる。各人は能力に応じて，各人はその必要に応じて」（30頁）。

「平等の国民教育。この言葉でなにを想像しているのか。こんにちの社会において（また，こんにちの社会だけが問題とされているのだが），教育はあらゆる階級にとって平等でありうると信じているのか。……一般的就学義務。無償教育。第一のものはドイツにすら存在し，第二のものは小学校についてスイスや合

第6章 マルクスの教育論　**453**

州国に存在する。……学校にかんする項では、少なくとも小学校と結びついた工業学校 technische Schulen（理論的および実践的な theoretische und praktische）を要望すべきであったろう。国家による国民教育とはまったく排除すべきものである。……むしろ、政府と協会は、どちらも、学校にたいしていかなる影響ももてないようにしなければならない」（46, 47頁）。

「児童労働の禁止。ここでは、年齢の限界を指示することが絶対に必要であった。児童労働の全般的な禁止は大工業の存在と両立しえず、したがって空虚な、かなわぬ望みである。児童労働の全般的な禁止を実行するということは――もし可能であるとしても――反動的であろう。というのは、いろいろの年齢段階に応じて労働時間を厳格に規制し、また児童の保護のためにその他の予防措置をするなら、生産的労働と教育とを早期に結合することは、こんにちの社会を変革するもっとも強力な手段の一つであるからである」（後藤洋訳『ゴータ綱領批判　エルフルト綱領批判』49頁、新日本出版社、2000年。MEGA I / 25, S.13, 15, 23, 24, 25）。

　また1877年ごろに執筆された「ザピスキ編集部への手紙」で、「資本制的蓄積の歴史的傾向」（『資本』第一部第八編32章　仏語版）についてマルクスは次のように述べた。
　この章の最後に、この生産の歴史的傾向が次のように要約されています。すなわち、この生産は、「自然の転変を支配する不可避性をもって、おのれ自身の否定を自ら生み出す」、この生産は、同時に社会的労働の生産諸力とすべての個人的生産者の全面的発展とに最大の飛躍をもたらすことによって、新たな経済秩序の諸要素をみずからつくりだした、また、資本主義的所有は、事実上すでに共同的生産様式に立脚しているので社会的所有に転化するほかはない、ということがそれであります。ここで、私は、これについて証明を与えることはしません。わたしのこの主張そのものが、それにさきだって資本主義的生産についての諸章のなかにあたえられている長い叙述の要約にほかならない、という十分な理由があるからです（MEW, 19. S.108-110）。

　マルクスの教育思想について、整理しておこう。「人間にとっての根底とは人間そのものである」、「精神的労働と肉体的労働との対立もなくなったあとで、

労働が生きるための手段だけでなく，労働そのものが生活の第一の欲求となったあとで，諸個人の全面的な発達にともなって」，「一般的就学義務。無償教育。生産的労働と教育とを早期に結合すること」，「社会的労働の生産諸力とすべての個人的生産者の全面的発展とに最大の飛躍をもたらすことによって」，「10，すべての児童の公的かつ無償の教育。今日の形態での児童の工場労働の除去。教育と物質的生産との結合」。

　さらにマルクスは1859年『経済学批判』序文で，「ブルジョア的生産諸関係は，社会的生産過程の最後の敵対的形態であり」，「この社会構成でもって人間社会の前史は終わる」と述べた（MEGA II, S.101）。

　では「人間社会の前史は終わる」とは，いかなる意味であろうか。この「人間社会」とは，どのような社会なのであろうか。島田豊氏は，「総論　人間と文化」（『史的唯物論と現代1　人間と文化』青木書店，1977年）で，「人間の尊厳」と「ふれあい」の関係について語る。

　人間は，だれしも，一人ひとり独自の個性をもつ生命体として一回かぎりの人生を生きる。人間の諸個人の生命と生活は，それぞれの生涯をつうじて一個のかけがえのない小宇宙をあらわしている。これはさまざまな思想，信条の相違に先だって確認されるほとんど自明の事実である。しかし，それにしても，この事実が，一人ひとりの個人にとって自分自身の人生の価値として普遍的に意識され，ひろく国民の常識（コモン・センス）として定着しうるには，現実の生活の歴史的発展をつうじて，個人が自然的共同体における人格的依存関係から自立し，個人としての人格的独立性を獲得する歴史の段階が，つまり，資本主義の高度には発達した段階が成熟していなければならない。たしかに，この個人の人格的独立性は，諸個人の社会的な相互関係が商品交換の媒介によっておこなわれる物的依存性のうえにきずかれ，したがって深い矛盾をはらんだ自立ではあるが，しかし，すべての前近代的社会からの歴史的進歩であるとともに，諸個人の自由な発展を実現する未来の人間的社会を展望しうるための歴史的前提でもある（3，4頁）。

　こうして「一個のかけがえのない小宇宙」，「個人としての人格的独立性」，「深い矛盾をはらんだ自立」について論じたあと，さらに人間の尊厳を意識する「市民社会における諸個人の結合関係」，「パーソナルなふれあいの関係」について

第6章　マルクスの教育論　　455

述べる。

　自由への道を歩む国民的協同の持続的な形成には，人間の尊厳を根源的な価値として意識し，その価値意識を内面化する国民の文化的自立の発展，文化としての生活様式の人間的形成を基礎としてみずから社会的結合の主人公となりうる生活規範が不可欠である。それには，市民社会における諸個人の結合関係をパーソナルな関係として，日本語でいえば情緒的な共感をふくむ「ふれあい」の関係として持続的に組織化することを必要とする。

　なぜなら，その「ふれあい」の関係によってこそ，一方で人格的独立性をもつ個人として自立しながら，同時に他方，敵対的競争によって孤立化することを強いられている高度に発達した資本主義国の国民は，それぞれの個人の尊厳の意識を回復し，その意識を人間の尊厳の意識にまで普遍化する道をみいだすことができるからである。孤立した自立から自立した友愛への人間的結合関係の組織化は，国民の文化的自立と合意の形成を持続的に推進する。マルクスは，労働運動のための結社の会合につどう労働者が，その会合を運動の手段とするだけでなく，同時にまた，その会合におけるうちとけた会話やともに飲食をたのしむことなどのパーソナルな「ふれあい」の関係それ自体を目的としていることを，人間の尊厳のあかしとして絶賛していた。//

　グラムシは，高度に発達した資本主義国では，国家は，政治社会（強制機関）と市民社会（同意の組織化としてのヘゲモニーの機関）との均衡，相互補完であり，両者は不可分の統一をなしていて，方法論的にのみ区別されうるとしていた。重要なのは，政治社会と市民社会の均衡が，各民族国家においてそれぞれ固有のあり方をし，それが各民族国家の個性をかたちづくり，その個性こそが各国の民主主義的自由の徹底をめざす変革の発展過程の具体的な形態を規定すると考えられていたことである。「西方」すなわち発達した資本主義諸国における「陣地戦」の歴史的課題を論じながら，グラムシは書く。

　「このことは（市民社会の成熟）は，まちがいなく，各民族国家の性格を正確に認識することを要求していたのである」（『獄中ノート』選集，第一巻）。

　したがって，グラムシが，市民社会における労働者階級の知的，道徳的ヘゲモニー，文化的合意の国民的形成を変革の要件ととらえるとき，そこでは，なによりもまず，イタリアの市民社会，イタリアの知識人の特質と大衆＝民族の関係，イタリアの大衆的文化の動向，イタリアの文化的伝統の精密な探求こそ

456

が主題となったのである」[36]（23，24，25 頁）。

　チャップリン『独裁者』の演説。
　「力をもっているのは，あなた方人民なのです。あなた方人民は，人生を自由にし，美しくし，この人生をすばらしいものにする力をもっているのです。だとすれば――民主主義の名において――それらの力を動員し，みんなで一つに手をつなごうではありませんか」（3 頁）。

　このように「個人の人格的独立性」は，「諸個人の社会的な相互関係が商品交換の媒介によっておこなわれる物的依存性のうえにきずかれ，したがって深い矛盾をはらんだ自立ではある」と述べられるが，このパーソナルな「ふれあい」の関係をさまたげる「深い矛盾」，「商品交換の媒介によっておこなわれる物的依存性」，つまり商品の物神性について，マルクスは 1875 年のフランス語版『資本』第一部『資本主義的生産の発展』の第 1 章「商品」第四節「商品の物神性とその秘密」で，次のように論じる。

　「労働生産物が商品形態を帯びるやいなや，労働生産物の謎めいた性格はいったいどこから生ずるか。明らかにこの形態そのものからである。人間労働の同等性という性格は，労働生産物の価値という形態を獲得する。継続時間による個別労働の測定は，労働生産物の価値量という形態を獲得する。最後に，生産者たちの労働の社会的性格がそのなかで確認されるところの彼らの諸関係は，労働生産物の社会的関係という形態を獲得する」。

　「一般的に言うと，有用物が商品になるのは，それらの有用物が，相互に独立して営まれる私的労働の生産物であるからにほかならない。これらの私的労働の総体が，社会的労働を形成する。生産者たちは，かれらの生産物の交換によってはじめて社会的に接触するのであるから，かれらの私的労働の社会的性格が最初に確認されるのも，この交換の限界内に限られる。……この結果，生産者たちには，自分たちの私的労働の関係が，あるがままのものとして，すなわち，自分たちの労働そのものにおける人と人との直接的な社会的関係としてではなく，むしろ物と物との社会的関係として，現れることになる」。
　「ブルジョア経済学の諸範疇は，それらが現実の社会的諸関係を反映するかぎ

り，客観的な真理をもつ悟性形態であるが，これらの諸関係は，商品生産が社会的な生産様式であるような特定の歴史時代にしか属していない。われわれが別の生産形態を考察すれば，現代において労働生産物を覆い隠しているこの神秘性はまるごと，たちどころに消え失せるであろう。経済学はロビンソン物語を好むので，まずロビンソンを彼の島に訪れよう。//

最後に，共同の生産手段を用いて労働し，協議した計画にしたがって多くの個別的労働力を同一の社会的労働力として支出するような，自由な人々の集まりを描くことにしよう。

ロビンソンの労働についてすでに述べたことはどれも，ここでも再現されているが，それは社会的にであって，個別的にではない。ロビンソンの生産物はすべて，彼の個人的で専有的な生産物であり，したがって，かれのために直接的な有用性をもつ物品であった。結合した労働者の全生産物は，一つの社会的生産物である。この生産物の一部は再び生産手段として役立ち，相変わらず社会的であるが，他の部分は消費され，したがって，全員のあいだで分配されなければならない。この分配様式は，社会の生産有機体と労働者の歴史的な発展段階とに応じて変化するであろう。……労働においての人間の社会的関係も，労働から生ずる有用物にたいする人間の社会的関係も，ここでは相変わらず，生産でも分配でも簡単明瞭である」（MEGA II / 7, p.53, 54, 59）。

また『共産党宣言』（1848 年）でも述べる。「プロレタリアートは，この生産関係とともに，階級対立の，諸階級そのものの存在諸条件を，したがってまた階級としてのそれ自身の支配を廃止する。階級および階級対立をもつ古いブルジョア的社会の代わりに，各人の自由な発展が，万人の自由な発展のための条件である連合体が現われる」（服部文男訳『共産党宣言　共産主義の諸原理』86頁，MEW, Bd.4, S.482）。

（資 料）

マルクス『経済学，哲学草稿』1844 年（城塚，田中訳，岩波文庫，1964 年，MEGA I / 2, 1982）。

「貨幣」（表題は新メガによる）

458

　貨幣は，すべてのものを買うという属性をもち，すべての対象を我がものに
するという属性をもっているから，したがって貨幣は優れた意味における対象
である。貨幣の属性の普遍性は，それの本質が全能だということである。だか
ら貨幣は，全能な存在として通用する……貨幣は人間の欲求と対象とのあいだ
の，人間の生活と生活手段とのあいだの取りもち役である。しかし私に私の生
活を媒介してくれるものは，また私にたいする他の人間の現存をも私に媒介し
てくれる。それは私にとっては他の人間なのである。

　ゲーテ　『ファウスト』（メフィスト）
　「べらぼうな。もちろん，手とか足とか，
頭とかおしりとかは，あなたのものです。
だが自分が新規に享有したものは，
だからといって自分のものでないとはいえない。
たとえば私が馬六匹の代を払ったとしましょう。
すると奴らの力は私のものではないでしょうか。
私はどんどん駆けられる，まるで足が，
二十四本あるような堂々たる男だ。」

　シェークスピア　『アテネのタイモン』
　「黄金か。貴い，キラキラ光る、黄色い黄金か。いや神さま。
私はだてにお祈りしているんじゃないよ。
こいつがこのくらいあれば黒も白に，醜も美に，
悪も善に，老も若に，臆病も勇敢に，卑賤も高貴にかえる。
こいつは……司祭を誘惑して祭壇からひっぱりだし，
なおりかけの病人から枕をひっこぬく。
……呪われた金属め，
おまえは人間をだれでもたらしこみ
諸国の人民をだます娼婦だ。」

　シェークスピアは，貨幣の本質をみごとに画きだしている。彼を理解するた
めに，われわれはまずゲーテの章句の解釈からはじめよう。
　貨幣によって私のためにあるようになるもの，私が代金を支払うもの，すな

わち貨幣が買うことのできるもの，それは，貨幣そのものの所有者たる私である。貨幣の力が大きければ，それだけ私の力も大きい。貨幣の諸属性は私の——貨幣所有者の——諸属性であり，本質諸力である。// 私は邪悪な，不正直な，不誠実な，才知のない人間である。しかし貨幣は尊敬される。だからその所有者も尊敬される。貨幣は最高の善である。だからその所有者も善良である。私は才知がない。だが貨幣はすべての事物の現実的な才知である。どうして貨幣の所有者が才知のないはずがあろうか。それだけでなく，私は才知に富んだ人たちを買うこともできる。才知に富んだ人たちを支配する力をもつものは，才知ある者よりもさらに才知に富んでいるはずではないか。この私は，人間的心情が渇望する一切のことを，貨幣を通じてなしうるのだから，私は一切の人間的能力を所持しているのではないか。こうして私の貨幣は，私の一切の無能力をその反対のものに変ずるのではないか。

　貨幣が，私を人間的生活に，社会を私に，私を自然と人間とに結びつける紐帯であるとすれば，貨幣は一切の紐帯のなかの紐帯ではないか。それは一切の紐帯を解き放したり結びつけたりできるのではないか。だからそれはまた，一般的な縁切りの手段ではないか。それは社会の真の結合手段，電気化学的な力であるのと同様に，真の分離貨幣でもある。

　シェークスピアは，貨幣についてとくに二つの属性をうきぼりにしている。

　1）貨幣は目に見える神であり，一切の人間的なまた自然的な所属性を，その反対のものへと変ずるものであり，諸事物の全般的な倒錯と転倒である。それはできないことごとを，兄弟のように親しくする。
　2）貨幣は一般的な娼婦であり，人間と諸国民との一般的な取りもち役である。貨幣が一切の人間的および自然的な性質を転倒させ，また倒錯させること，できないことごとを兄弟のように親しくさせること——神的な力——は，人間の疎外された類的本質，外化されつつあり，自己を譲渡しつつある類的な本質としての，貨幣の本質のなかに存している。貨幣は人類の外化された能力である。私が人間としての資格においてはなしえないこと，したがって私のあらゆる個人的な本質諸力がなしえないこと，それを私は貨幣によってなしうる（179～184頁，MEGA I / 2, S. 435–437）。

注

1) MEGA I / 20, S. 3–12. なお国際労働者協会の系統的な研究書としては，Bach, Golman, Kunina, *Die Erste Internationale Moskau*, 1981. が有益である。

2) 労働と教育の問題について，Robin Small, *Marx and Education*, New Zealand, 2005, Ashgate が有益である。同著は二部から構成され，第一部では教育理論が，第二部では教育実践が検討される。同書「序文」でのべる。「技術教育の考え，教育と生産的労働の結合の方策は，両者とも真にマルクスの教育概念である」。第一部ではマルクスの『経哲草稿』から労働疎外論が，第二部では『資本』，第一インターナショナルでの活動を踏まえ，労働と教育の結合，総合的技術教育が考察されている。

　　また青柳宏幸氏は『マルクスの教育思想』（白澤社，2010 年）で次のように述べる。

　　「教育の問題は，マルクスの思想的営為の全体を貫いていると考えることができる。本書が，マルクスの教育思想を研究対象として設定する理由はこの点に存している」（23 頁）。

　　「労働と教育の結合というマルクスの主張は，労働と教育とがともに人間形成的な本質をもっているということに根拠づけられているのではなく，むしろ労働の否定的な現実こそ教育を必要とするのであり，そしてその否定的な現実こそが，じつは労働と教育の双方を自由で肯定的な活動へと変えていくための条件を創りだしているのだ，という認識に根拠をもっていたのである。……それゆえ，労働と教育の結合という社会変革の構想は，マルクスの思想的，実践的営為の到達点であったといいうるのである」（239 頁）。

　　「重要なことは，自然と人間との肯定的な関係を創り出すことなのである。……この条件が整ったとき，労働は単なる労苦であることを止め，人間の豊かな発展の源泉へと転化する」（243 頁）。

　　青柳氏は，マルクスの「教育と労働の結合」について，初期から後期まで資料に内在して探求しており貴重であろう。マルクスの教育にかんする断片的な資料から，それについて再構成するためには，必然的にマルクス総体を考察せざるをえず，困難を伴うことになる。教育の思想はマルクスの生涯を貫き，「教育と労働の結合」の意味を労働者の解放理論，運動論として展開されるが同感である。もとより教育の意味を社会的諸関係において理解し研究することは不可欠であるが，同時に第一インターナショナルで論議された，児童労働，労働と教育の結合，学校教育の視点も重要であろう。本書でも指摘された「全面的発達」，「総合技術教育」，ポリテクニズム，の考察である。私は，社会解放としての，労働者教育としての視点と同時に，児童労働，労働と教育の結合の意味を，マルクス以前，以後の教育思想も踏まえて研究していくつ

第 6 章　マルクスの教育論　　**461**

もりである。

　黒沢惟昭氏は，青柳氏の『マルクスの教育思想』について，『教育学研究』第 78 巻第 2 号 2011 年 6 月「書評」で紹介されている。特に最後で「キャリア教育」にふれ，「子どもの労働体験を教育にどういかすのかは，教育現場の大きな課題であった」，「著者もこの現場の蓄積に目をむけ，教師たちの苦闘の歴史を学んでほしい」と，述べていることは興味ぶかい。また黒沢雅昭『疎外と教育』（新評論，1980 年），特に第 9 章「ヘーゲルの道徳。教育論」は，マルクス思想の理解において非常に有益であった。松田紀子「フランスにおける教育と産業，労働市場の連携の構築」『歴史と経済』第 223 号（2014 年 4 月）も参照。

3 ）MEGA I / 20, S.187f, 342–344, 453–476.

4 ）MEGA I / 20, S.435–450.　　なお貧民の教育と救済のために産業を用いるというやり方については，ジョン・ベラーズ『産業カレッジを設立する提案』（1695 年）がある。浜林，安川訳『イギリス民衆教育論』世界教育学選集（明治図書，1970 年）。

5 ）MEGA I / 20, S.225–235.　なおマルクスは，1866 年には『資本』第一部の清書作業にとりくんでおり，同年ジュネーヴ大会には，「大会代議員への指示」にとどまった。

6 ）MEGA II / 5, S.129, 135.　　児童の作業教育の重要性については，すでに 1826 年に執筆されたフレーベル『人の教育』*Die Menschenerziehung* で，次のように述べられていた。　人間は，一つには，自分のうちにある精神的なものを自分の外に形造るため，二つには，これによって自己自身の精神的，神的本質および神の本質を知るために，創造するのである。乳児が感覚器官を働かせたり，手足を動かしたりするのは，その最初の萌芽，最初の身体的活動であり，その創造的衝動の発芽である。それから遊戯をしたり，ものを立てたり形造ったりするのは，子供が咲かす優しき最初の花で，これまた人間が将来の勤労，勤勉または生産活動に対して準備されるべき時期である。児童というものは，またさらに進んで少年も青年も，どんな地位や素質のものでも，少なくとも日に一時間や二時間は，一定の外部的作用を創り出す真面目な活動に従事すべきものである。

　仕事をして，それによって学ぶこと，実生活から，またそれによって学ぶことの方が，何よりも優って遥かに解りやすく切実であり，またそれ自身としても，その結果を得るものにとっても，遥かに生き生きとして永続的に発展するのである。今日の子供や両親達は，真の作業活動というものを軽んじて，非常に自分自身の損失を招いている（小原訳『人の教育』玉川大学出版部）。

7 ）MEGA II / 5, S.21.

8 ）ボードマン『フレーベルとペスタロッチ』（乙訓稔訳，東信堂，2004 年），ハーゲル『ペスタロッチとルソー』（乙訓稔訳，東信堂，1994 年），玖村敏雄『ペスタロッチの生涯』（玉川大学出版部，1960 年），村井実『ペスタロッチとその時代』（1986 年，

玉川大学出版部）は貴重である。

　また，産業革命後の 19 世紀イギリスで，ロックが課題とした個人の自立を検討し
たハーバート・スペンサーは，その教育論で「知育，徳育，体育論」Education,
intellectual, moral, physical を述べた。白石，三笠編『現代に生きる教育思想2　イギ
リス』（ぎょうせい，1982 年）。

9）1866 年のジュネーブ大会についてはフレモン編集の大会議事録を利用した。Jacques
　　Freymond, *La Première Internationale Tome* I, 1962. *Le Congrès de Genève, Compte rendu du*
　　Courrier International, p.49-51, *Compte rendu de J. Card*, p.67, 75, 76. Mémoire des délégués
　　francais, p.89-98.　MEGA I / 20, S.649-679, 681-712.

10）仏の近代公教育を押し進めたコンドルセ（1743 ～ 1794 年）も，親の教育権（教え
　　る自由，学ぶ自由）を自然権として認めた。またコンドルセは公教育について，次の
　　説明を与えた。公教育は社会の義務であり，国民教育は公権力の当然の義務である。
　　また公教育は真理のみを教え，自然科学の学習を導入し，教育を政治権力から独立さ
　　せる。そして宗教教育の公教育からの排除と無償教育を述べた。松島編『現代に生き
　　る教育思想3　フランス』（ぎょうせい，1981 年）。なお，「子供を早くから労働につ
　　かせる習慣は……17 世紀には，マニュファクチュア制度の広がりと比べると，殆ど
　　信じられないほどに広まっていた。織物業の中心地ノリッジでは，6 歳の子供が労働
　　に耐えうるものとして扱われた」（MEGA II / 3・6, S.2006）。

11）MEGA II / 5, S.401f.

12）MEGA I / 20, S.572.

13）*La Première Internationale Tome* I, 1962. *Le Congrès de Lausanne Procès-verbaux du*
　　Congrès, p.143-15. *Rapports au Congrès*, p.210-231.　1867 年のローザンヌ大会では，
　　教育問題は第 10 番目の会議で論議された。

14）*The General Council of the First International 1866-1868*, pp.186, 189, 227, 232, 244.
　　MEGA I / 21, S.535, 538, 576, 580f, 588f.

15）*La Première Internationale Tome* I, 1962. *Le Congrès de Bruxelles, Compte rendu du*
　　Congrès, p.300-338, 340-347, 388.　プルードンは，『19 世紀における革命の一般理念』
　　1851 年（渡辺一訳，中央公論社，1967 年）で，「契約の理念は，政府の理念を排除す
　　る」，また「契約当事者間には，各人にとって必然的に真の個人的な利害関係が存在
　　する」と述べていた。神山正弘「第一インターナショナルの教育問題」『高知大学教
　　育学部研究報告』（第一部，39 号，1987 年）。神山氏は，公教育と民主教育を視点に，
　　第一インターの教育問題を考察される。特に第三回ヴリュッセル大会を，総評議会の
　　議論を資料に紹介され興味深い。

16）小学館ロベールの仏和大辞典によれば éducation は，徳育に重点をおく教育の意味
　　で用いられ，instruction は，知育に重点をおく教育の意味で用いられるとある。

第 6 章　マルクスの教育論　　**463**

17）*The General Council of the First International 1868-1870*, pp.284-298.

18）MEGA I / 20, S.229.

19）*Ebenda*, S.180.

20）19 世紀のアメリカでは，児童は働くことができるようになると，働きにでること
が一般的であった。それゆえ 1852 年に義務出席を立法化したマサチューセッツ州は
特異な州であった。また同州では，公教育は無償であることが同教育長マンによって
主張されていた。さらに，セントルイス市では，宗教教育は，教会と家庭の機能であ
って，いかなる教育機関でも宗教教育は禁止されていた。アメリカの公教育制度，コ
モン・スクール運動は，ウイリアム・ハリスによって整備，完成された（市村編『現
代に生きる教育思想 1　アメリカ』ぎょうせい，1981 年）。
　　他方，アメリカの公教育制度の歩みについて，梅根悟氏は次のように述べる。1776
年に独立を宣言したアメリカでは，公的な教育が提起された。独立した各州は，国民
教育制度の制定に着手した。例えば，ヴァージニア州では，次の教育法案が提案され
た。100 戸区ごとに，読み書き，算術を教える小学校を設立する。学校の教師は，そ
の区域の公費でまかなわれ，その住民はすべて，その子弟を 3 年間，この学校に無償
で就学させる。これらの学校は，視学員の視察を受ける。これはまだ義務教育制度で
ないが，公営で無償の大衆的国民教育制度の構想であった。アメリカでは，民主国家
の基礎は，民衆の啓蒙にあり，すべての民衆に知的啓蒙の道を開こうとする公営普通
教育制度が提唱された（梅根悟『世界教育史』新評論，1967 年，334 ～ 336 頁）。

21）*The General Council of the First International 1868-1870*, pp.70, 114, 137, 138-141.
　　MEGA I / 21, S.627f, 665, 683, 685f.

22）エマソン（W. Emerson, 1803-1882 年）は，自己信頼の精神に目覚め，個人の尊厳
を自覚することで，アメリカ民主主義の展望を期待した。「19 世紀アメリカ国民の教
師」として親しまれる。次のような教育理念を述べた。
　　個人こそ基本的価値がある，自分にとって真実であることは他人にとっても真実で
ある。教育は身体的，道徳的，知的能力の発達をめざすべきである。個人としての子
供の発達は内面的である。児童尊重，子供の個性の実現を目指す教育が必用である
市村編『現代に生きる教育思想　1　アメリカ』（ぎょうせい，1981 年）。
　　なお，1836 年に設立されたロンドン大学の特色は，「人々のための大学」という伝
統である。この伝統は人種，宗教，政治的信条にかかわりなく，広く学問への門戸を
開くために設立されたことによる。チャールズ・ディケンズも「真に人々のための大
学だ。屋根裏で勉強している靴職人にも教育の機会を与えている」と称賛した。

23）*The General Council of the First International 1868-1870*, pp.143-147. 159. MEGA I /
　　21, S.688-690, 711.　8 月 17 日の総評議会で，マルクスは自然科学を学校での教材と
してとりあげたが，マルクスの自然科学，技術学についての研究については MEGA

IV / 3・1 apparat「序文」に記されている。MEGA IV / 3・1 は，1877 年から 1883 年までのマルクス，エンゲルスによる自然科学著作の抜粋ノートから構成され，化学，物理学，地質学，生理学の分野にまたがっている。

　また，19 世紀の後半には自然科学が進歩し，エンゲルスが強調した三つの偉大な発見，「エネルギー保存則，細胞理論，ダーウインの進化論」が発見された。自然科学と技術を教授する教育施設も創られ，エンゲルスも科学技術と物質的生産との関連を研究した。MEGA I / 26, 秋間，渋谷訳，エンゲルス『自然の弁証法』（新日本出版社，1999 年）を参照。

　他方，バナール『歴史における科学』（みすず書房，1955 年）は，文明の起源から 20 世紀までの「歴史のなかでの科学の位置」，「科学と歴史の交互関係」を扱い，物理，化学，生物などの自然科学の社会的意義を知るうえで貴重である。なお，大沼正則『科学の歴史』（青木書店，1978 年）も，自然科学や技術の発展の歴史を論じ，示唆に富む。

24) ドイツでも 19 世紀はじめに工場制繊維工業がはじまり，そこで少年労働が行なわれていた。工場内に学校（工場学校）が設けられ，読み，書きが教えられた。1825年プロイセン全土に就学義務がひかれたが，フランスの教育行政官は，プロイセンが兵営と学校によってみたされている国であると述べた（伊藤，江上編『学校の歴史第 2 巻　小学校の歴史』第一法規出版）。

　プロイセンでは，フィヒテを頂点とする理想主義的な国民教育思想が支配的であった。国民教育の目的は，国民を理想的な人間性にまで高めることである。フィヒテ（1762～ 1814 年）は，『ドイツ国民に告ぐ』（1807 ～ 8 年）で，ドイツ国民を他国民より，すぐれた民族とみなした。国家は国民教育を管理し，強制就学制度を導入する。ドイツ国民教育は，愛国心のある強健な成人をつくりだすから常備軍の維持費は不用となる。そして有能な国民によって，経済的な繁栄がもたらされる。そして労働と学習の統一を述べた。

　またペスタロッチを批判し，編み物，つむぎ労働でなく，農耕，園芸，牧畜，手工労働を主張した。生徒が，事前に労働に必要な知識，植物の栽培，動物の習性，機械の原理をあらかじめ身につける農業人の育成を目指した。石井正司『民衆教育と国民教育』（福村出版，1970 年），金子編『現代に生きる教育思想 4　ドイツ』（ぎょうせい，1981 年）。

25) 後にマルクスは，『フランスにおける内乱』（1871 年）で，次のように述べた。

　「すべての教育施設は，人民に無償で公開され，同時に，それへの教会や国家の干渉がいっさい排除された。こうして教育が，誰でも受けられるものにされただけでなく，学問そのものが，階級的偏見と政府権力とによって負わされていた束縛から解放された」（MEGA I / 22, S.140)。また同第一草稿でも述べる。

第 6 章　マルクスの教育論　　**465**

「当然のことながら，国民教育 public instruction（education）を改組するひまはなかった。しかし，教育から宗教的，教権主義的要素を取り除くことによって，コミューンは人民の精神的解放の端緒をひらいた。コミューンは，教育（初等教育と職業教育）l'enseignement（primary and professional）の組織にあたる委員会を任命した（4 月 28 日）。コミューンは，教科書，地図，紙などの学用品は，すべて学校教師から無料で支給するように命令し，そして学校教師は，それらの学用品を彼らの所属するそれぞれの区の区長から受け取ることにした。学校教師はどんな口実によっても，これらの学用品の代金を生徒に請求することは許されない（4 月 28 日）」（MEGA I / 22, S.45）。なお，国際労働者協会では賃金問題は重要な問題であった。

26）MEGA II / 5, S.295f.

　アダム・スミス『国富論』の仏語訳者であるガルニエは，スミスのこの人民教育に反対した。人民教育は，分業に対立するものであり，我々の全社会制度を廃することになる。実際，労働者階級が学問の領域に携わる時間が少なければ少ないほど，それだけより多くの時間が他の階級に残されると。マルクスは『1861 〜 63 年草稿』「分業」でも，このガルニエを引用し，「社会の自由な時間は，強制労働によって労働者の時間を吸収することにもとづいているのであり，こうして労働者は精神的発達に必用な余地を失うのである」と述べた（MEGA II / 3・1, S.275）。

27）MEGA II / 5, S.322-327.

　1851 年英国の労働者は 1500 万人であり，3 〜 12 歳児童数は 324 万で，就学率 49％であった。下層の児童は，Evening school や，Sunday school にかよった（菅野芳彦『イギリス国民教育制度史研究』明治図書，1978 年）。

　マルクスは『1861 〜 63 年草稿』で，児童労働に注目し，紡績工場で 13 歳以下の児童労働（男女）が従業員に占める割合を，紡錘，織機，動力の数とともに計算し，大工業が児童労働者におよぼす影響を研究していた。また工場法の教育条項は，工場主によって非常に嫌悪され，字を書けない教師がいたことを述べている（MEGA II / 3・6, S.1966-1971, 2000, 2006）。

28）MEGA II / 5, S.393-396. この引用部分は，『資本』第二版，仏語版でも同じである。また J. デューイ（1859 〜 1952）も教育における仕事の意義について次のように述べた。

　教育過程の心理的な面と社会的な面を統合する環として仕事（occupation 園芸，料理，織物，大工仕事）を学校に導入した。仕事は人類にとって最も基本的な活動様式である。仕事は，社会的な事柄であり，人々の間の協力関係によって果たされてきた広義の文化であり，集団的な創造活動である。その仕事が，成長しつつある諸個人の基本的欲求に関連づけられた時，それは諸個人に自己実現と環境への適応の仕方を学ばせる（「学校は，小型の社会，萌芽的社会となる」市村編『現代に生きる教育思想 1　アメリカ』ぎょうせい，1981 年）。

29) ロバート・オーエン 『ラナーク州への報告』（渡辺義晴訳，明治図書，1820年，1965年）。1816年に，スコットランドのニュー・ラナークで「性格形成学院」が設立された。昼間は幼稚園（1～3歳，3～6歳）と小学校（5～12歳）で，学科目は，読み方，書き方，算術，裁縫，地理，歴史，音楽で，授業料は3ペンスであった。夜には，労働後の成人教育夜間学校（10～20歳）で，授業料は無料であった。ここで性格形成原理による環境改善教育，子供自身から引き出す教育，生産的労働と結びついた教育，自然と結びついた教育が実行された（五島，坂本「ユートピア社会主義の思想家たち」『世界の名著8』中央公論社，1975年）。

30) オーエンは『社会制度論』（1826～27年）で述べた。

「人間は，生まれてからほとんど無限に変化することができるが，それは教育によってなのである。教育とは，その真の意義としては，人間にそれ以後影響するすべての環境を意味している」。「肉体労働は，これらの助力を得て，健康で愉快な楽しい職業に変わるであろうし，他方，各個人は知的発展と社会的享受のための充分な余暇をもつであろう」。「よい性格の形成に最も好都合であることが知られている環境のもとに，すべての子供たちを置くことが社会の目的であるべきである」（永井義雄訳，オーエン『社制度論』『世界の名著8』中央公論社，1975年）。

金子氏はのべる。オーエンのいう「性格」は，感情，習慣，考え方をはじめとする特性，人格を指しているが，それらに加え，思想，宗教も含んでいた。性格とは一般に人の総合的な特性を表している。オーエンは，人間の性格が個人の意思によって形成されるという考えを誤謬とし，個人の意思ではなく周囲の環境によって創られるという考えを真理とした。

教育実践では，知識の獲得といったことは取り立てて要求されず，五感を通して感じとることが強調され，実物教授の採用と暗記の排除が行われた。彼の改革論は，社会諸制度の改革と人間の改革とが同時進行であり，その人間の改革は，現世代を担う成人よりも次世代を担う子供や若者に，より力点が置かれていた（金子晃之「オウエン」『教育思想事典』勁草書房，2000年）。

31) MEGA II / 5, S.396f, 398f.

マルクスは『1861～63年草稿』の「3.相対的剰余価値」で，「γ機械。自然諸力と科学との応用（蒸気，電気，機械的諸作用因と化学的諸作用因）」と小表題を記し，「ようやく近時になって，力学，物理学，化学などと手工業との結びつきが正当に認識された」と述べた。そして1772年にベックマンが初めて技術学という名称を用いており，包括的な技術学は，レミュールとショウに始まると記した。

さらに生産への科学の応用について述べた。大量生産（機械を充用する大規模な生産）が初めて，もろもろの自然力（風，水，蒸気，電気）を，大規模に直接的生産過程に従わせ，それらの自然力を社会的労働の諸因に転化させる。自然の諸動因の応

第6章　マルクスの教育論　　467

用（それらの資本への合体）は，生産過程の独立した一要因としての科学の発展と重なっている。資本主義的生産様式が，初めて自然科学を直接的生産過程に役立てるのであるが，他方で逆に生産の発展が自然の理論的征服に，その手段を提供する。資本は科学を創造しない，しかし，科学を徹底的に利用し，科学を生産過程に従属させる。科学は，労働に疎遠で，労働に敵対し，かつ労働を支配する能力として現われる（MEGA II / 3・6, S.2059−2061）。

　生田氏はのべる。「技術」はギリシャ語のテクネーに由来する欧語の訳語である。『百科全書』（1751 〜 1772 年）の中でディドロは，「技術」を同一の目標に協同するところの手立てや規則のすべての体系として捉え，「科学」と「技術」とが相互に助け合うものであること，したがってそこに「これらの両者を結合する鎖」がなくてはならぬことを強調した。「技術」と「科学」の接近，統合のこうした方向に対して，カントは「技術は，人間の熟練として，科学から区別され，実践的能力として理論的能力から，また技法として理論から区別される」『判断力批判』（1790 年）ものとして，「技術」を「科学」から分離させ判断力の世界に入るものとして規定した（生田久美子「技術，技能」『教育思想事典』勁草書房，2000 年）。

　なお中村静治氏は，『新版・技術論論争史』（創風社，1995 年）で，相川，岡，戸坂氏等の「技術は労働手段の体系である」とする「労働手段説」と武谷氏の「技術とは生産的実践における客観的法則の意識的適用」であるとする「意識的適用説」との論争を整理している。生田久美子「技術，技能」も参照（『教育思想事典　増補改訂版』勁草書房，2017 年）。

　また中村静治『現代の技術革命』（信山社，1990 年）では，現代のオートメーションの問題を検討している。また，吉田文和『マルクス機械論の形成』（北海道大学図書刊行会，1987 年）は，資料的に精密であり，マルクス機械論を検討するうえで有益である。なお，奥村正二『工作機械発達史』（科学主義工業社，1941 年）は，まさに工作機械発達の歴史的研究を扱い，貴重である。

32）MEGA II / 5, S.399f.

　人間の成長，つまり自らを高めようとする人間のもつ衝動について，ペスタロッチは次のように述べていた。基礎陶冶の理念とは，人間の心情，人間の精神，および人間の技術の諸能力と素質とを，合自然的に発展し，形成する理念のことであるとみなさねばならない。人間の本性の素質の内には，自己をその活気なき不器用の状態から完成せる力へ高めようとする衝動が宿っている。眼は見ることを欲し，耳は聞くことを欲し，手は掴むことを欲する。同様に，心は信じかつ愛することを欲し，精神は思考することを欲する（ペスタロッチ，佐藤正夫訳「白鳥の歌」1825 年，『ペスタロッチ全集第 12 巻』1959 年）。これにたいし大工業を基盤としたマルクスの教育論については，梅根悟『世界教育史』（新評論，1967 年）を参照。

33）G. クラップは『マルクス主義の教育思想——生産的労働と教育の結合』（大橋精夫訳，御茶ノ水書房，1961 年）の第二章「すべての人間を全面的に教育する必然性と可能性」で，大工業での矛盾，分業の廃止，「全体的に発達した個人」について述べている。

34）MEGA II / 5, S.400.

引用部分は，第二版でも同じである。仏語版では次のようになる。

「ブルジョアジーは，自分の息子のために工業や農学などの学校 les écoles polytechniques, agronomiques を設立したが，それはただ近代的生産の内的傾向に従ったまでのことで，プロレタリアには職業教育の影しか与えなかった」（MEGA II / 7, p.424）。

クルプスカヤは『国民教育と民主主義』（1917 年，五十嵐，海老原，飯野訳，明治図書，1976 年）で，ルソー，ペスタロッチ，オーエンなどの諸思想を紹介，検討しつつ，生産的労働と教育の結合，総合技術教育について論じている。さらに同『国民教育論』Ⅳ「総合技術教育」（勝田昌二訳，1960 年，明治図書），同『社会主義と教育学』（矢川徳光訳，1972 年，明治図書）は貴重である。なおカルラス『マルクス主義教育学の構想』（1961 年，ベルリン，田中昭徳訳，1963 年，明治図書），諏訪義英『総合技術教育の思想』（青木書店，1980 年）も有益である。

35）MEGA II / 5, S.207f, 238, 241.

自由な時間について，マルクスは，『1861 ～ 63 年草稿』でも述べている。工場制度では，剰余労働が，つまり労働時間の問題が決定的となる。時間は人間が発達する場であり，資本による労働時間の強奪は，労働者の精神的および肉体的生活の横領である（MEGA II / 3・6, S.2026f）。

さらに労働者に剰余労働を強制する関係は，かれの労働条件が資本として彼に対立して定在しているということである。剰余労働は，生産の多様性を増加させるのと同様に，「他の人々のための自由な時間を創造するのである」。

経済学者はこの関係を自然関係または神の摂理と解する（MEGA II/ 3・1, S.183）。児童労働調査委員会は，その最終報告書で，紡績業と綿布業に適用されている工場法を，児童，青少年，婦人にも適用することを提案した。工場法は，幼弱者だけでなく，成年労働者にも有利であり，時間の短縮および国の福祉が依存する体力が保護されると述べた（MEGA II / 5, S.403）。

36）『グラムシ選集』全六巻（山崎功監修，合同出版，1965 年）。石堂清倫訳『グラムシ獄中ノート』（三一書房，1978 年）。一方，竹村英輔氏は『グラムシの思想』（青木書店，1975 年）で述べる。

「グラムシはすでに，労働者階級が貧農，知識労働者の同意を獲得することを原則的な課題と意識していたが」（75 頁），「労働者の援助なしに，農民は土地を得られず，農民の援助なしに，労働者は資本主義を倒すことはできない。しかし，政治的には労働者が農民にくらべてより強力であり，より有能である。……だからこそ革命は実際

には，みずからの同盟者，農民を指導するプロレタリアートのヘゲモニーとして出現するのである」（84頁）。

「西ヨーロッパでの戦術転換」，「イリイッチ（レーニン）は，1917年に東方で成功裡に適用された機動戦（権力獲得の直接的強襲）から，西方で唯一可能であった陣地戦（革命的政党の指導下に成熟してゆく階級対立）への転換が必要であったことを理解しているように思われる。……東方では国家がすべてであり，市民社会は原初的でゼラチン状であった。西方では国家と市民社会のあいだに適正な関係があって，国家の動揺にさいしてはたちまち強固な市民社会が姿を現した」（76，77頁）。

また伊藤，片桐，黒沢，西村編『グラムシと現代』（グラムシ研究国際シンポジウム報告）（御茶ノ水書房，1988年），　マナコルダ，上野，小原訳『グラムシにおける教育原理──アメリカニズムと順応主義』（株式会社楽（三栄社），1996年）を参照。

《資　料》生産的労働と教育の結合について

以下，生産的労働と教育の結合について，ルソー，ペスタロッチ，またオーエンの見解について見てみよう。第一に，それぞれの教育思想を，次にそれらに対する研究を紹介する。同時に，今井康雄「知識」について，高橋勝「作業（労作）」について，を紹介する。今井氏は，「知識と教育の古代的モデルに対する基本的な革新」を指摘され，興味ぶかい。次にその要点を述べる。

「知識」今井康雄　『教育思想事典』増補改訂版（勁草書房，2007年，2017年）

知ることと人間形成との根源的関係というソクラテスの発想は，プラトン，イソクラテスに受け継がれている。どちらも，人間形成にとっての知識の重要性についてのソクラテスの立場を継承する。プラトンにとって教え学ぶに値する知識とは，イデアの世界についての知識であった。イデアの世界を想起することによってこそ，人間は「言葉のほんとうの意味において完全な人間」となることができるのである。他方，イソクラテスにとって，真に教養ある人とは，永遠不変の学知を持つ人ではなく，日々出会う問題を，対人関係をそこなうことなく適切に処理し，なお精神の調和を保っているような人であった。

プラトン的伝統が，人間から独立に存在する普遍的知識の獲得こそが人間形成に寄与すると考えるのに対して，イソクラテス的伝統では，人間関係のなかに生きて働く知識こそが人間形成に寄与すると考えられるのである。そして，

知識と教育に関するアリストテレスの思想は，プラトンとイソクラテスをつなぐものとして，つまり日常的な経験から出発して学知へと至る過程に教授と学習の意味を見出した思想として，位置づけることができる。

　知識と人間形成の根源的関係というソクラテスの思想を基盤に展開された知識と教育にかんする三つのモデル——プラトン的，イソクラテス的，アリストテレス的——は，その後のヨーロッパの教育思想の原型となった。学知による人間形成というプラトン的モデルは，科学的知識の教授による精神形成という近代的なカリキュラムの理念のなかに生き続けてきたと言える。しかし，近代科学は実験という新たな装置を組み込んでいた。知識は実験を，つまり自然への手仕事的介入を必要とする。物を作る作業による知識形成，それによる人間形成という考え方は，ルソーからペスタロッチを経て新教育にまで受け継がれるものであり，知識と教育の古代的モデルに対する基本的な革新を示している。それは同時に，生活を「労働」へと還元する近代的な生活観と軌を一にするものでもあった。デューイの教育理論は，表象としての知識を批判し，生活経験と学知，思慮と学知を連続的に捉える独自の知識論に立脚していたといえる。

「作業（労作）」　高橋勝『教育思想事典』（勁草書房，2000，2017 年）

　手を使って「ものを作り出す」という作業活動が，子どもの思考，認識能力の形成の重要な基礎になるという考え方が成立したのは，歴史的に見れば，宗教改革以後のことであり，およそ 17 世紀以降のことである。それ以前には，たとえば古代ギリシャにおいて，自由市民に求められたのは「観想」であり，そのモデルは，「行為」も「製作」も行うことなく，ただ「観想」のみにふける神々の生き方であった。「製作」という「技術」にかかわる労働や作業は，奴隷階級に与えられた卑しい仕事でしかなかった。　このような区別は，中世における「自由学芸」と「機械技術」の対立図式のなかにも，そのまま引き継がれている。

　しかし，宗教改革と産業革命を経て，十八世紀の新人文主義の時代になると，Arbeit の語は，卑しい骨折り仕事ばかりでなく，「頭の作業」，「書物の労作」，「学者の労作」，「精神的作業」などの意味でも用いられるようになった。さらに十九世紀後半になると，高度の産業化と技術化に伴って，Arbeit は，人間の最も本質的な行為と見なされ，子どもが発達する上で不可欠の営みとして理解されるようになった。

　「作業」を子どもの学習の中心にすえようとする考え方は，ルソーにまで遡る

第6章　マルクスの教育論　**471**

ことができる。かれは，当時の上流階級の子弟の学習が，書物や言葉中心であったことを批判し，むしろ子どもは，事物，自然とかかわり，それにはたらきかけることを通して，「生存」に必要な知識を獲得することができると説いた。それは，農民や職人の携わる「手仕事」こそが，人間の諸能力を開くものだというかれの認識に裏づけられている。同じくスイス出身の教育実践家，ペスタロッチは，ルソーのこの考え方をさらに実践的に発展させ，子どもは，「生活の必要」と結びついた作業活動に取り組むなかで，事物を正確に認識する力（知性），対象を操作する力（技能），他者と助け合う力（道徳性）の三つの能力を統合的に形成できると主張した。

　1880年代から1920年代にかけて展開された国際的な作業学校運動は，こうしたルソー，ペスタロッチ的な「生活教育」の回復を基調としながらも，さらにそれを生活共同体の文化規範と結びつけたところに，大きな特徴がある。つまり，「作業」を単に個人の「生存」のための労働とするよりも，それを通して，価値ある精神文化（ケルシェンシュタイナー），あるいは民主主義的な生活の仕方（デューイ）を実践的に身につけさせるものとして理解されるようになる。単なる「生存」や功利性を超えたところに，作業の意味づけがなされるようになる。

「ルソー」 J. J. Rousseau（1712-1778）

『エミール　または教育について』*Emile ou de l'éducation*（1762年，樋口謹一訳，第一，二，三，四篇『ルソー全集』第六巻，1980年，第四，五篇『ルソー全集』第七巻，1982年，白水社）。

『エミール』（今野一雄訳，岩波文庫，上，中，下，1962，1963，1964年）

序

　「この本は，さまざまの省察や観察を，秩序もまたほとんど脈絡もなしに集めたものだが，もとは，自分で考えることのできる善良な母親の望みにこたえようと書き始められた。

　……人は子どもというものを理解していない。それについて誤った観念をもっているので，これを踏まえて前に進めば進むほど，道に迷ってしまう。もっとも賢明な人でさえ，大人にとってなにを知ることが肝要かに執着して，子どもがこれを覚えられる状態にあるかないかを考慮しない。彼らは，いつも子ど

ものなかに大人をさがし求めて，大人になるまえの子どもがなにものかを考え
ない。これこそ，私がもっとも力をそそいだ研究であり，私の方法がすべて空
想的で間違っていたとしても，私の観察からはかならずや得るところがあるは
ずである」（樋口訳，13，14頁，以下，頁のみ記す）。

第一篇

「人間の教育は，彼が生まれた時に始まる。話しだす以前，ものが聞こえる以
前に，すでに学んでいるのだ。経験は授業に先行する。乳母を知る瞬間にもう
多くのものを獲得している」（55頁）。「まず第一に，子どもはその年齢にあっ
た文法をもっている」（68頁）。

「子どもの時期の最初の諸発展は，すべてほとんど一度に行われる。子どもは，
話すこと，食べること，歩くことをほとんど同時に学ぶ。これこそ，人生の真の
意味での第一期だ。……彼は生きているが，生きていることを知らない」（74頁）。

第二篇

「この時，人生の第二期が始まる。そして，本来の意味からすれば，幼年期は
終わっているのだ」（75頁）。「子どもを愛しなさい。子どもの遊びを，喜びを，
その愛すべき本能を助けなさい」（78頁）。「初期の教育は，だから，純粋に消
極的であるべきである。それは，徳や真理を教えることにあるのではなく，心
を悪徳から，精神を誤謬から保護することにある」（102頁）。

「だから，所有の起源にまでさかのぼることが問題になる。そこから所有の最
初の観念が生まれたはずだからである。子どもに，田舎で生活していると，田
園の仕事についてすでにいくらかは概念をもっていることだろう。そのために
は眼があり暇があるだけでいいのだが，彼はこの二つとももっている。創造し，
模倣し，生産し，力と活動のしるしをあたえることは，あらゆる年齢の人の，
とりわけ子どもの欲するところである。庭を耕し種子をまき，野菜が芽を出し
て大きくなるのを二回とみないうちに，自分も畑いじりをしたくなることであ
ろう。……このように原初的な概念を子どもに教え込むこの試みによって，所
有の観念がどんなふうに自然に，労働による先占者の権利にまでさかのぼるの
か，がはっきりする。これは明晰，明確，単純で，かつつねに子どもに理解で
きる程度のことである」（110，112頁）。

第6章 マルクスの教育論　**473**

「人間の悟性に入りこむものはすべて，感官を通って入ってくるのだから，人間の最初の理性は感覚的理性であり，これこそ知的理性への基礎の役を果たすのである。私たちに最初に哲学を教える先生は，私たちの足，手，眼なのだ。……考えるのを学ぶためには，だから，私たちの知性の道具である手足や感官や器官を鍛えねばならないし，これらの道具をできるだけ利用するためには，これらを提供する体が頑丈で健康でなければならない。このように，人間の真の理性はけっして体と独立に形成されるのではなく，体の善い構造こそが精神の働きを容易かつ確実にするのである」（155 頁）。

第三篇

「私としては経験の哲学に助けを求める。私はあなたがたの田舎で，たくましい男の子たちが父親と同じように耕し，鍬で掘り，鋤を操り，葡萄酒をたるにつめ，車をひいているのを見る。彼らは，声を出して正体をあかさなければ，大人に間違えられるであろう。あなたがたの町においてさえ，鍛冶屋，刃物工，蹄鉄工などの若い職人たちが，親方とほとんど同じくらい頑丈で，機を逸せずに鍛えれば親方に劣らぬ技能を身につけている。違いがあるにしても，……ここで問題にしているのは，肉体的な力だけではなく，とりわけ，これを補い，これを導くところの精神の力と能力でもあるのだ。……自分が獲得したものを真にわがものとするために，これを自分の腕に，自分の頭に，自分のうちにしまうだろう。だから，これこそ仕事の，教育の，研究の時期なのだ。私が恣意的にこの選択をするのではなく，自然そのものがこれを指示していることに注意してほしい」（214，215 頁）。

「子どもを本のうえにかがみこませないで，仕事場で働かせるならば，彼の手が労働して精神は利益を得，彼は哲学者になりながらも，自分が労働者にすぎないことを信じるだろう。……いかにして人は，哲学の遊びから，人間の真の職務にまで向上しうるか，がわかっていただけるだろう。すでにのべたように，純粋に理論的な知識は，子どもには，青年期に近づいた場合でさえも，適さない」（232 頁）。

「あらゆる技術中の第一位の，もっとも尊敬すべき技術は農業である。私は鍛冶職を第二位に，大工職を第三位に，等々というようにしたい」（250 頁）。

「彼の子どもらしい好奇心に，私たちがどんな方向をあたえているか，を考え

てほしい。感覚を，発明の精神を，先見の明を考え，私たちが彼の頭脳をどんなものに形成していくかを考えてほしい。彼はなにを見ても，なにをしても，すべてを知ろうと欲し，すべての理由を知ろうと欲するだろう。道具から道具へと，彼はつねに最初の道具にさかのぼろうと欲するだろう」（251頁）。

「私はどうしてもエミールに，なにか職業を学ばせることにしたい。少なくともなにか品のいい職業を，とあなたがたは言うのだろうか。品のいいとはどういう意味か。公衆の役にたつ職業は，どんなことでも品がいいのではなかろうか。……私はなにごとにおいても，かれを拘束するようなことはしない。詩人よりは靴屋になったほうがうれしいとは思う。磁器の絵づけをするよりも道路の舗装をするほうがうれしいとは思う」（265頁。今野訳（上）353頁）。

「もう一度繰り返せば，私の目的は，彼に学問をあたえることではなく，必要とあれば学問を獲得するすべを彼に学ばせ，彼に学問の価値を正確に評価させ，彼に何よりも真実を愛させることなのだ。この方法をとると，人は少ししか前進しないが，無益な一歩を踏み出すことはけっしてないし，後退を強制されることもない」（樋口訳，281頁）。

第四篇

「なんと迅速に，この地上の私たちの生は過ぎていくことか。人生の最初の四分の一は，人生をどうつかうかも知らないうちに流れ去る。最後の四分の一はまた，人生の楽しみが感じられなくなってから過ぎていく。はじめ私たちは，いかに生くべきかを知らない。やがて私たちは，生きることができなくなる。さらに，この最初と最後の，なんの役にもたたない時期にはさまれた期間にも，私たちに残されている時の四分の三は，睡眠と労働と苦悩と拘束とあらゆる種類の苦しみのためについやされる。人生は短い。わずかな時しか生きられないからというよりも，そのわずかな時のあいだにも，私たちは人生を楽しむ時をほとんどもたないからだ。死の瞬間が誕生の瞬間から，どれだけ遠くはなれていたところでだめだ。そのあいだにある時が充実していなければ，人生はやっぱりあまりにも短いことになる」（第六巻，283頁。今野訳（中）5頁）。

第五篇

「私たちは青春時代の最後の場面にたどりついた。しかしまだ幕をおろすところにはきていない。大人が独身でいるのはよくない。エミールはもう大人だ。

第 6 章　マルクスの教育論　　**475**

私たちはかれに妻を約束した。かれに妻をあたえなければならない。その妻は
ソフイーだ」（第七巻，157 頁。今野訳（下）5 頁）。

「旅について」
「青年が旅をするのはよいことかどうかと人々はたずねる。そして，それについていろんなことを言い合っている」（今野訳（下），211 頁）。
「かれに残されていることは，同じ市民たちとの社会的な関連において自分を考察することだ。そのためにはかれはまず，統治体（政府）一般の本質，さまざまの統治形態を研究し，さらにかれが生まれた国の統治体を研究して，この統治体のもとに生活することが自分にとって適当かどうかを知らなければならない。なにものによっても廃棄されえない一つの権利によって，各人は，成年に達して自己の支配者になれば，かれを共同体に加入させている契約を破棄して，その共同体が成立している国を去ることもまた，自由にできることになるからだ」（今野訳（下），221 ～ 222 頁）。

「王を選ぶ前に人民は人民であるのだから，人民を人民にしたものは社会契約以外のなにものでありうるのか。社会契約は，したがって，あらゆる市民社会の基礎であり，この行為の本質のうちにこそ，それが形成する社会の本質を求めるべきなのである。わたしたちは，その契約の内容はどんなものか，それはほぼつぎのような公式で言いあらわせるのではないか，研究してみることになる。『私たちはみんな共同に，自分の財産，人格，生命，そして自分の力のいっさいを，一般意思の最高指揮にゆだねる，そしてみんなで一緒に，全体の分割できない一部としての各自の部分を受けとる』。
　この公共的人格は一般に「政治体」という名称をおび，これは，受動的であるときには，構成員から「国家」と呼ばれ，能動的であるときには「主権者」と呼ばれ，そして同類のものとくらべるときには「国」と呼ばれる。構成員自身についていえば，かれらは集合的には「人民」の名をおび，「都市」（国家）の成員，つまり主権に参与する者としては個別的に「市民」と呼ばれ，主権に服従する者としては「臣民」と呼ばれる」（樋口訳，325 頁，今野訳（下）232 頁）。

「最善の統治形態についてはいつの時代にも盛んに論議されたが，それぞれの形態はある場合には最善のものとなり，別の場合には最悪のものになるという

ことは考慮されなかった。わたしたちとしては，さまざまな国家において，為政者の数は市民の数と逆にならなければならないとするなら，一般に，民主制は小国に，貴族性は中位の国に，君主制は大国に適当であると結論しよう」（樋口訳，327 頁，今野訳（下）242 頁）。

「そして圧政と戦争こそ人類のもっとも大きな災難ではないか。……どんなふうにして健全な連合社会を確立することができるか，なにがそれを永続的なものにすることができるか，また，主権をそこなうことなしに，どの点まで連合の権利を拡張することができるか，こういうことを研究してみよう。サン＝ピエール師は，国家のあいだに永久平和を維持するために，ヨーロッパのすべての国家の結合を提案していた。そういう結合は実行可能だったろうか。また，それが確立されたと仮定して，長つづきするものと考えられたろうか。これら研究は直接に国際法のあらゆる問題へわたしたちを導いていき，それが国際法の問題の解明を完成することになる。最後に，私たちは戦争法のほんとうの原理を確定し，なぜグロチウスその他の連中は，まちがった原理しかあたえていないかをしらべてみる」（『樋口訳，334 頁，今野訳（下）243 頁）。

桑原武夫編『ルソー研究』第二版（岩波書店，1968 年），杉之原寿一

同著「第 13 章　ルソーの教育論——シンポジウム」の「報告」で，杉之原寿一氏は，「二　ルソーの教育論の特色とその思想史上の地位」について，次のように述べる。以下，要約して紹介しよう。

第一，自然主義である。ルソーの教育の目的は，社会の中に生きている自然人を作ることであった。そのためには，自然が教える道に従って教育を行なわなければならない。「自然の法則にさからうな」，「自然の姿を保持せよ」，「自然に従って生きよ」（『エミール』）。

第二，彼の教育は消極教育である。その自然主義の教育とは，人間の自発性を社会の悪影響から遠ざけて純粋に発展せしめることであった。したがってそれは，つめこみ主義的な教育ではなく，子供の心身の発展を保護する教育である。ルソーによれば，教師の役目は，生徒に物を教えることではなく，知りたいという欲望を起こさせることであり，真理を教えることではなく，真理を発見する方法を教えることである。

第三，右に述べたルソーの教育論の二つの特色は，言いかえれば，子供の自由にまかせることであり，子供みずからに実行させることである。真の教育とは，

他から教えることよりも，みずから学ばせることであり，みずから真理を発見させ，みずから誤りを見出さしめることである。なお，彼は強制や処罰による教育に反対し，自由教育を説いているが，子供をあまやかして育てることに対しては声を大にして反対している。

第四，自由，自発活動の重視に関連して，ルソーの教育論の特質として，実物教育と経験による教育とがあげられる。言葉によって教訓や知識を子供たちに与えるよりも，経験により行為によって子供たち自身に，それらを学ばせなければならない。われわれの真の教師は経験である。経験こそ，いくら早く着手しても早すぎない真実の研究である（『エミール』）。

第五，『エミール』が「児童の福音書」と称せられているように，ルソーの教育論は児童本位の教育論である。ルソーよれば，人間の一生のあらゆる時期はそれ自体独立したものであり，それ自身の完成をみずからのうちに蔵するものであるから，教育においても，常に現在を尊重し，未来のために現在を犠牲にすべきではない。特にルソーは，当時の児童教育を攻撃している。

「かれらは子どものうちに大人をもとめ，大人になるまえに子どもがどういうものであるかを考えない」。

子供はあくまで子供でなければならない。子供を大人として取りあつかってはならない。子供を子供として取りあつかわなければならない。まして，未来の幸福のために子供の現在の幸福を犠牲にしてはならない。幼年時代にもその時代固有の完成と成熟とがある。幼年時代を尊重せよ。またルソーが，その教育論において，十六世紀のモンテーニュと十七世紀のロックの影響をうけていることは，否定しえない（338 ～ 341 頁）。

なお，ルソーの思想史研究においては，次の文献は貴重である。桑原武夫編『フランス百科全書の研究』（岩波書店，1954 年），同編『フランス革命の研究』（岩波書店，1959 年），同編『ルソー論集』（岩波書店，1970 年）。

柳久雄『生活と労働の教育思想史』（御茶の水書房，1962 年）

第二章　ルソーにおける人間解放の生活教育思想

柳氏は「第一節　アンシャン・レジームの社会と教育」で，当時のフランスの教育について説明し，さらに「第二節　ルソーにおける社会革命と人間革命との統一」で，「自然人の概念」について，また『社会契約論』，『エミール』，『人

間不平等起源論』の関連について述べる。

　ルソーは封建的絶対主義によって抑圧され，しかも同時に資本主義の進行から脱落してゆく農民や小生産者を視座の中心にすえて，かれらの独立と平等をかちとる社会体制を実現しようとしていた。『エミール』（1762 年）において提起された自然人の概念は，じつに断絶の原理として，全思想体系を起動させる原動力をなしていたのである。周知のように，かれは社会的条件によって拘束され制約されている人間を社会人とよび，これにたいして，社会的制約からはなれて「まったく自己じしんのために生存する」自己目的的な人間を自然人と呼んで，こうした独立の完結的な自然人をつくることを，新しい教育のねらいにしていた。この自然人の理想は，いわゆる自然状態における人間の自由，平等という本質を包含しているのであるが，その自然的本性が社会状態において歪曲されたり変質されると解されている（37 頁）。

　要するに，『エミール』で追求された自然人の人間像は，けっして社会から孤立化した人間ではなく，原始的な自然状態においておそらく保持していたとみられる自由平等な人間存在を，社会の形式において保障する市民国家の実現にあたる，担い手として形成されるのである。それは，『社会契約論』でとりあげられた政治的権利を実現する人間にほかならない。こうして，『エミール』と『社会契約論』とは，ともに自由平等な人間存在を可能にする社会形成の問題を追求しており，新しい理想社会＝契約社会の実現の基礎工作として，たがいにみっせつにむすびついているのである。一方は教育の面から，他方は政治の面から，同じ目標を追求していたのだ。

　それにしても，自然状態において自由かつ平等な人間が，なぜ社会状態において不平等に苦しみ，「屈従と強制と束縛」によって奴隷化されるのであろうか。ルソーによれば，人間は自然状態において相互に平等であり，だれからも制約されることなく，独立の自由を享受していた。これはいわば人類の極限状況として，本質存在として措定されるのである。しかし，「他人の援助を必要とした瞬間から，一人で二人前の貯えをもつことが有効であると気づいたときから，平等は消失し，私有が導入され，労働が必要となった。……美しい野原は，人々の汗で灌漑されなければならなかった。やがてそこに，奴隷制と貧困とが収穫とともに発芽し成長したのだ」（『人間不平等起源論』1755 年）。つまり，土地の所有によって不平等がはじまり，所有関係をめぐって支配と服従，搾取と横領，

権力と屈従の関係がうまれたのである。ルソーは，不平等の根源が私的所有にあることを指摘し，所有権の制限あるいは統制を示唆していた（41 ～ 44 頁）。

　柳氏は「第三節　生活教育の根拠」で，「児童解放」，「新しい児童観」についてのべる。

　ルソーは，近代教育における最大の児童解放論者であった。ルソーは『エミール』の序文で述べた。「われわれは，子どもというものを少しも理解していない」（14 頁）。

　子どもは子どもなりの見方，感じ方，考え方をもっている。しかもそれは，現実の生活環境をとおして，自由に活動することによってえられる。生きた事物と接触して，その性質や法則を知り，知性と判断力をやしなっていくのである。事物を直接に観察し，多くの経験をえる。子どもは，みずからの経験によって，事物の必然性を学ぶのである。ルソーのいうように，「子どもをとりかこむものは，すべてが一巻の書物であり」，見るもの，聞くものがすべてかれに印象をあたえ，観念をつくらせ，判断力を発展させるのである（60 ～ 62 頁）。

　さらに柳氏は，「第四節　生活教育の内容と方法」で，「人間形成にたいする労働の意義」，「生活教育思想」について述べる。

　ルソーは，人間存在の積極的基礎を労働のなかにもとめて，労働こそ，人間の自由と独立をささえる要件であるとともに，社会的諸関係を規定する機軸であると考えたのである。そして，人間形成にたいする労働の意義をするどく追及し，社会的に有用な生産労働をひじょうに積極的に教育のなかへみちびきいれた。

　かれによれば，労働こそ人間存在の基礎であり，人間の自由と独立を現実的に保障する最大のものである。またそれは，あらゆる人間の必須の社会的義務であり，いかなる人間もその義務から免除さるべきではないとされる。「何もしないで，自分で儲けたものでないパンを食う人間は泥棒である。何ひとつしないのに，国家の年金を受領するものは，わたくしからみれば，通行人の財布によって衣食する追いはぎとかわりない。……他の人間に依存して生活しなければならない社会にあっては，労働によって自己の衣食の代価をかれらに負っている。これには例外はない。だから労働は，社会に生きる人間の必須の義務である。金持であろうと貧乏人であろうと，また権力者であろうと弱者であろ

うと，徒食している人間はすべて泥棒である」（『エミール』）。

これは，労働大衆の隷属と収奪の上にあぐらをかいていた特権階級にたいして，痛烈な批判と攻撃を加えたものである（64〜66頁）。

かれはいう。生産的労働によって「生徒の好奇心を，その理解しうる現実的，物質的な諸関係をはなれずに，また了解できないただ一つの観念でさえも心の中に許さずに，多数の興味ある対象に向けることができるのではないか。教師の指導技術は，あまり意味のない細事にかれの観察を向けさせないで，将来，人間社会の秩序の善悪を判断するために知らなければならない重大な諸関係に，たえずかれを近づかせることである」（『エミール』）。

労働過程のなかで，「生徒の理解しうる現実的，物質的な諸関係」にそくして，社会的諸関係を認識させ，社会秩序について判断力をやしなうことができるし，またやしなわなければならないと考えている。まさしくルソーにおいては，労働関係こそが社会的諸関係の正しさをはかる尺度である。これによって，子どもは社会秩序の価値を判断し，正しい社会的認識に達することもできるのである。「われわれは手職の見習ではなく，人間の見習なのである」（『エミール』68〜69頁）。

近代教育の発達は，学習方法の観点からみれば，いわゆる詰込主義や注入主義にたいする批判と改革のかたちをとってきたとみられる。ルソーによって，書物学校から生活学校ないし労働学校への転換が，思想的になしとげられたといっても過言ではない。ルソーが書物を「子供たちをもっとも不幸にする第一の道具」とみて，それを敵視さえしたのは，やや誇張にすぎるが，子どもを囲じょうする事物世界こそが生きた書物であるという主張には，真実性がこもっている。「世界のほかに書物はない。事物のほかに教育はない」。

ルソーの学習方法を生活主義という一つの概念によってとらえることは，あるいは適切でないと考えられるかもしれない。しかし，基本的な思想構造からみれば，子どもの生活現実をふまえつつ経験をとおして学習を組織していく立場がつらぬかれているのである。思想と行動とがつねに結合し，「農夫のように働き，哲学者のように考える」人間像こそ，ルソーの目標であったのだ（70〜74頁）。ルソーの生活教育思想における生活のとらえ方は，いちじるしく農民的手工業的な小生産者のそれであったといえるだろう。労働が所有権の唯一の正当な基礎となり，自己の労働によって自由と独立を維持する小生産者の社会

第 6 章　マルクスの教育論　　**481**

が，ルソーの生活教育思想の根底になっているのである（75 〜 77 頁）。

「ペスタロッチ」J. H. Pestalozzi（1746 〜 1827 年）

『リーンハルトとゲルトルート』Lienhard und Gertrud，1781 年（第一部，第二部松田義哲訳『ペスタロッチ全集』第 2 巻，第三部佐藤守訳，第四部長田新訳『ペスタロッチ全集』第 3 巻，1959 年，平凡社）。

　第 3 巻「解題」で長田新氏は述べる。

　『隠者の夕暮』を公にした翌 1781 年ペスタロッチは，主著『リーンハルトとゲルトルート』を，続いて第二部を 1783 年に，第三部を 1785 年に，第四部を 1787 年に公にした。『リーンハルトとゲルトルート』は，その副題が『国民のための書』となっていることでもわかるように，一般の国民，とりわけ働く人たちのために書かれたもので，文学的にみるとそれは一種の郷土芸術である。この書は民衆の生活を，第三者の立場に立って外からながめるといったふうのものではなくて，民衆自身の中にはいって，民衆の考え方，感じ方，語り方ですべてが生き生きと表現されている。

　この小説の第一部が，主としてボンナル村の惨状の叙述に終わり，進んで第二部には，第一部に描き出された悲惨な状態がどうして起ったのかを述べた。さらに第三部において，この悲惨な状態の克服ということを問題とした。それはナトルプもいったように，小説のかたちで書かれた一個の「社会教育学の手引書」ともいいたいようなもので，ボンナル村の姿が手に取るように描きだされている。

　この小説を書いたころのペスタロッチは，働く者の教育については生産技術もしくは生産労働への教育を重視し，家庭教育も学校教育もこれに従属すべきであるという意見であった。それは下層民の精神的道徳的向上をはかるためには，まずもって彼らの外的境遇を改善し，彼らの精神的向上のための経済的条件を満たすことが必要であると考えていたからである。したがってゲルトルートの家庭教育の模範にならって作られたグリューフィーの学校へは，いちはやく職業的な生産的労働が持ち込まれた。

　とくに当時のスイスには農業から工業への国民経済の一大変動が起こり，従来たんに農業にのみ適応しうるように躾けられていた村民の間に，いきなり工業労働と労働賃金の所得とが問題となってきたことが，あらゆる社会病弊の原

因となった。そこで政治と教育とが協力して，この病弊の救済に当らねばならないというのがペスタロッチの信念だった（3〜7頁）。

　また長田新氏は『ペスタロッチ教育学』（岩波書店，1934年）で述べる。
　「ペスタロッチが教育に依って人間性の覚醒を企図したことは前既に述べた。然るにその教育は家庭生活と密接に関係し，特に家内工業と農業とに依って生計の道を図る家庭生活のうちにペスタロッチは道徳教育の視点を見つけた。ペスタロッチの思想のうちに，農民に対する深い理解と同情が一貫していることは，何人も見逃がさないであろう。私は進んで彼が，道徳教育の支点を農業経済や家内工業によって生計を立てなくてはならない家庭の労作に求めた所以を明らかにするであろう」。
　「人格と人格との接触は，常に教育の秘訣である。その人格と人格との接触の最も積極的なのは共に働く場所に如くはない。共同労作は人格と人格，心と心の相互作用としての社会成立の根本条件であり，かかる社会のみ能く道徳人を陶冶し得るのであるが，愛を核心とする家庭こそは道徳人を陶冶する選ばれた共同労作の社会であるというのが，ペスタロッチの主張である。彼に従えば労作が道徳に対する最も高き作用は，児童がその両親と労作を共にすることに依る」（268，269頁）。

　『ゲルトルートはいかにしてその子を教うるか。——子どもをみずからの手で教育しようとする母親への手引書——書簡形式による一つの試み』（1801年，長田新訳『ペスタロッチ全集』第8巻，1960年）
　「児童の教授の最初の時間は児童の誕生の時期であるということであった。彼の感覚が自然の印象を感じるようになるその瞬間，実にこの瞬間から，自然がかれを教育するのだ。生命の新しさとは，これらの印象を感受する能力がまさに熟しているということにほかならない」（29頁）。
　「ただ必要なことは，われわれが心理的技術を用いてこの意識に言葉を結合させ，それによってこの意識を高度に明晰なものにしてやることだ。そうすればわれわれは子供たちに次のことを二つともできるようにしてやることができる。すなわち多様な技術と多様な真理との基礎を，自然がみずから子供に教えた事がらに結合できるようになり，反対にまた，自然がみずから子供に教えた事がらを，人々が子供に教えようとするあらゆる技術や真理の説明手段として利用

第 6 章　マルクスの教育論　**483**

することができるようになるのだ」（31 〜 32 頁）。

「幼い子供たちは理屈で教えてはならず，彼らの精神の発育のための補助手段は，以下の諸点に限られなければならないということだった。　一，彼らの直観の範囲をますます拡大してゆくこと。二，彼らが意識するにいたった直観を，明確に確実に混乱させずに彼らに印象させること。三，自然および人為が彼らに意識させるにいたった事がら，さらに部分的には意識させるべき事がら，これらの事がらのすべてに対して完全な言語の知識を彼らに授けること」（37 頁）。

「私の究極の目標は，人間の技能と人間の知識との全分野に対して確実で安全な基礎を求めることであり，わたしの努力は児童の内面力をどんな技能に対しても，一般的にかつまた単純に強めてやることであり，またわたしはみずから漸次展開してくる諸原理の成果を冷静に，一見無関心とも見える態度で待っていた」（57 頁）。

「わたしの知る限りでは，学校はあたかも次のような大きな家のようにわたしには見えた。その家の一番上の階層は高尚な完璧な術に光り輝いているが，そこにはわずかの人間しか住んでおらず，中程の階層には幾らか多くの人々が住んでいるが，彼らが人間らしい方法で上層に昇って行ける階段がなく，……さらにその下の最下層には無数の人間の大群，日光や健康な空気に対して上層の人々とまったく同じ権利をもっている人間の大群が住んでいるが，彼らは窓一つない穴ぐらの，胸も悪くなるような暗がりのなかに放置されているばかりでなく，彼らが上層の輝きを仰ぎ見ようとして，あえて頭を擡げようものなら，人々は彼らの目をくり抜いてしまうのだ」（86 頁）。

「われわれ人類が要求している成長の形式は，自然の本質に由来している。この自然の本質は，それ自身不動で永遠だ。人為の術に関しても，この自然の本質がそれの永遠不動の根拠であり，またなければならない」（89 頁）。

「人間よ，高尚な自然のこの営みを模倣せよ。自然はたとい最も巨大な大木の種子からであれ，最初は目にも見えないほどの芽を出させるだけだ。次いでそれは同じように目立たないものを毎日毎時少しずつ付け加えていって，第一に幹の基礎を，次に主要な枝の基礎を，最後に分枝の基礎を生ぜしめ，ついには最先端の細枝を出すが，この細枝にはあの年々変わりゆく葉が着くのだ」（90 頁）。

「この法則に従って，いっさいの教育は，その認識部門の最も本質的なものを

人間の精神の本体のなかに揺るぎなく深く根づかせ，次いでそれほど本質的でないものをきわめて徐々に，しかし不断の力をもって本質的なものに結びつけ，こうしてその部門のあらゆる部分が，その最末端にいたるまで，この本質的なものに生きた，しかも調和的な関連を保つようにしなくてはならない」（91 頁）。

　長田氏は，『ゲルトルートはいかにしてその子を教うるか』の『解題』で述べる。この書はペスタロッチの全教育学的著作のうちで，最も重要なかつまた最も深い理論の書で，この書によって世界の教育学が見事に形成された。この書は，近代の国民教育の隅石であるだけではなくて，永久に国民教育の隅石であるだろう。

　「国民教育の解放」——ペスタロッチはこの書において何よりもまず，国民教育の解放のために戦った。「学校教授は，大多数の庶民と最下層の民衆階級にとっては，少なくともわたしがその実際を見た限りでは，まったく役にたたないも同然だったということを，わたしは否定できなかった」。

　こうした一，二の引用によって，人は遠く古代のギリシアに伝統をもつ西洋教育史上の階級的特権を打破して，教育の門戸を広く国民一般に，特には無産階級に解放しようとするまったく近代的なかつまた民主的な精神の逞しい息吹を感ずることができよう。

　「教育改革」——ペスタロッチのみた当時の学校は，児童が入学すると同時に彼らを文字の世界に引き入れ，それによって「直感なき概念」の世界に導きこみ，しかも学校生活を終えるまでその中に閉じこめて置く。だが，それがペスタロッチには許すべからざる犯罪だと思われた。こうした「文字制度」をペスタロッチは，まったく殺人行為のように呪った。直感と直感から生まれた明晰な認識とを欠く従来の言語教育に対して，ペスタロッチはこのように憤る。「人々は，国民を言葉の国民，お喋り国民に堕落させる」。

　　　「主要な教授の法則」
　一，教授の基礎は直感である。
　「直感をすべての認識の絶対の基礎と認めることのうちに，……知識はいわば直感からおのずから落ちて出てこなくてはならない」。
　二，学習の時期は判断や批判の時期ではない。
　「わたしは何かの対象に関する児童の判断を，時期を急ぎ過ぎて見かけだけの

成熟をさせることには同意しない」。

三，教授は最も単純な要素から出発し，そこから児童の発達に応じて，心理学的の順序で行なわれなくてはならない。感覚と直感とから表象を通って，明晰な概念にいたる過程を注意しないと，教授はなんら真の洞察力を開示することができない。

四，教材は児童の自由の精神的所有になるまで，それぞれの点に留まっていなくてはならないというペスタロッチのこの主張は，特に初歩の基礎教育に当てはまる。「最初の点に忍耐強く辛抱することによって，洞察とより広い発展との基礎が児童にできる」。「ただ根本的の知識のみが，真に人間を陶冶し，自由にし，力強くし，教育する」。

五，教授は児童の自己活動によるべきだ。教授は講義や教訓や伝達によるべきではなくて，あくまでも児童の自己活動に訴えなくてはならない。従ってペスタロッチは，講演癖に罹って児童に何も言わせぬ従来の古い教師を，極度に嫌った。いや呪った。

六，教育上児童の個性は，神聖なものとしてあくまでも尊重しなくてはならない。ペスタロッチはこの立場を特別に強調して，教授は児童の個性を尊重する限りにおいてのみ真実な教授であると言っている。

「真の教師は，決して生徒の発展の歩みに強制的に干渉したり，その方向を勝手に決めたり，自己の説や自己の目的を彼に強いたりしない」。

七，基礎教育の主要目的は，知識や技能ではなくて，精神力の発展だ。

「多くの知識や百科辞書的学習のもたらすものは，道徳的にも精神的にも萎縮であるが，これに反してわずかなことを根本的に教えることが，国民の力を陶冶し強化する」。だからこそ「綴り方学校や書き方学校などは欲せず，人間学校を欲するのだ」と，ペスタロッチは叫んだ。

八，ペスタロッチは，知識には必ず能力が，認識には必ず技能が結びつかなくてはならない，ということをいたるところで強調した。

「打つ，運ぶ，投げる，押す，引く，回す，格闘する，振る等々は，われわれの身体力の最も顕著な単純な表現だ。相互に本質的に違いながらも，それらはすべて一般に，またそれぞれに，およそ人間の職業の基礎となる」。

九，教師と生徒との接触，特にまた学校の訓育は，愛によって行なわれ，愛によって支配されなくてはならない。ペスタロッチの親心は，児童の世界を照

した。彼はまた教師がすべての彼の行動において，愛を基とすべきことを要求した。

「道徳および宗教の教育」——周知のごとく『ゲルトルートはいかにしてその子を教うるか』の最後の二信は，この書を通じて最も重要な部分だ。この二信は，児童の道徳および宗教の教育を論じ，ペスタロッチ自身「彼の全体系の要石」と呼んでいる部分だ。この二信で彼は，道徳および宗教の教育の基礎が，母とその子との関係に見出せると説いている。彼が母の義務の偉大と尊厳とそして神聖とについて語るところは，最も美しくまた最も感激的なものと言っていい。

「どうしてわたしは人間を愛し，人間を信じ，人間に感謝し，人間に従順になるようになるのか。人間に対する愛，人間に対する感謝および人間に対する信頼がほんらい基礎としている感情は，どうしてわが本性のうちにあらわれてくるか。そしてわたしは，それらが主として幼い子どもとその母との間に起こる関係から生じてくるということを知る」。

『ゲルトルートはいかにしてその子を教うるか』の意図——「わたしはすべての術と学問との初歩点の学習を，国民のために一般的に軽減し，そして国の貧民および弱者の見棄てられかつ荒れるがままに遺棄された力に，人道の道路でもある術の道路を開こうと思ったし，今もまたそう思っている」。このように一般国民教育の改革に対するペスタロッチの情熱は，それ自身「炎々たる焔で燃え」あがった（3〜9頁）。

「ヘルヴェチア立法についての見解」（1802 年，大槻正一訳『ペスタロッチ全集』第 8 巻，1960 年）
「民衆陶冶」
「民衆陶冶は基礎陶冶と職業陶冶と道徳的陶冶」とに分かれます。
「基礎陶冶」は，身体と精神と心情との普遍的基礎を，その最初の萌芽において覚醒させることに適した手段を包含します。そういう萌芽を普遍的に力強く活気づけなくては，公民的陶冶も道徳的陶冶も考えられません。換言すれば，そういう活気づけがなくては人間に，畑耕作や製造工業の高度の収穫の達成に本質的に必要な思考力や技量を授けることも，またすべての職業の収益すなわち財産の賢明な利用に本質的に必要な博愛心や善意を授けることも不可能であります。

第6章　マルクスの教育論　　**487**

　「職業陶冶」は，よき基礎陶冶によって覚醒され活気づけられた身体および精神の普遍的技量を外的適用によって強化し拡大し，個々人の職業や身分の特殊な必要と調和させるに適した手段を包含します。

　「道徳的陶冶」は，よき基礎陶冶によって覚醒され活気づけられた博愛心や善意へのわたしたちの心情の素質を強化し拡大することに適した手段を包含します。道徳的陶冶は特にわたしたちがわたしたち人類を彼らの権利や財産の使用における，あるいは彼らの公民的陶冶や公民的状況の結果の利用における博愛心や善意へ高めることに適した手段を包含します。「民衆陶冶」は，それがこれら三つの観点に適合する限りにおいて良く，適合しない限りにおいて不良であるということは明らかです（256 ～ 257 頁）。

　「**基礎陶冶の理念について Ueber die Idee Elementarbildung──レンツブルクの講演**」1810 ～ 1811 年（大槻正一訳『ペスタロッチ全集』第 10 巻，1960 年）
　「わたしが企図する教育様式が人類と祖国とに現実の利益を与えることができるか，またどの程度まで与えることができるかということを検討することができるためには，必ずやまず教育様式はいかなるものであるか，あるいは少なくともいかなるものでなければならないか，ということを決定しなければなりません。

　教育様式は基礎的であり，また基礎的でなければなりません。教育様式は基礎的方法として有機的＝発生的であり，またそうでなければなりません。わたしはこの方法を歴史的＝発生的の方法の概念に対立させて，有機的＝発生的と名づけます。……わたしはむしろ教育の出発点を認めます。教育の出発点は人間性の本質に宿っており，すでにそれ自体において真理であって，人間性そのものの自主性の働きです。そういう教育の出発点を純粋に把握し発展させることによって，子供をかの無数の迷い道へ導く横道や迂路から免除すべきであります」（186 ～ 187 頁）。

　「このような有機的＝発生的方法の要素は，知力と能力と意欲との出発点であって，これらの出発点は，土壌へ播かれて土壌の刺激的影響によって受胎し成長して茎となり花となり実となる種子のように──子供のうちの人間的なもの，子供の人間性，あるいは真の認識や美の感覚や善の力の萌芽を全部自己に含有しています。これらの萌芽が完全に発展するところに，子供自身のうちの真や美や善の完全な実現が見られるのです」（188 頁）。

「すでにバセドウ以前に一段高き自然のごときルソーが，なるほど新旧世界の転機として教育界に出現しました。かれは，全能の自然によって全能的に捉えられて，彼の同時代人が感性的に力強い生活からも，また精神的の生活からも隔離しているということを誰よりも強く感じて，巨人のごとき力をもって精神の桎梏を打破し――自己自身へ子供を取り戻し，子供と人間性とへ教育を取り戻しました。

しかし彼は自然と文化との統一の一段高い点――この点から初めて自然と文化との区別が生じてくるのであるが，この一段高い点を――意識しなかったために，自己自身と矛盾し，社会および不易の社会的要求と矛盾し，また人間精神およびその現実的な発達の法則とさえも矛盾し――子供の自主性を子供の精神的自主性の有機的鼓舞と発展とをとおして，主張することもできず，また人間の内的世界を人間の外的世界と調和させることもできなかったのであります。だから彼は時代に理解されず，ただ反逆者とみなされましたが，特に教育者からはほとんど例外なく誤解を受けました。彼の『エミール』は，コメニウスの偉大な理念と同様に，文化の事実として，荘厳なる世界史的意義をもちながら――ただ偶像崇拝のような賛美者や愚昧な説明者や意地悪き反対者を見出すだけで，封印された書物のままとなり，ルソーの精神を明らかにした唯一の著述として効果を収めなかったのです」（220頁）。

「道徳的な内的気高さがなく，制約されて，安易な世俗的感覚になずんでいるので――現代の学校陶冶の目標は，決して全人間の発展ではなかったのであります。全人間のうちなる個々的なるものの発展が，必然に不成功に終らざるをえなかったのです。なぜかといえば，現代の学校陶冶は全体的なものの純粋な普遍的発展のうちに統一的連関と陶冶的基礎を見出さなかったからです。真理と愛との両者が一般に欠けていました。両者の力が発展していなかったのです。

人々は子供の力や素質の必然的な普遍的な連関的な調和的な活気づけのうちに――すなわち子供の現実生活のうちに――現実生活の要求を満足させつつ，確実に子供の力や素質を活気づけ習練する普遍的な十分な基礎を見出さなかったのであります。……そのときは真理のかわりに仮現が，愛のかわりに利己心が，円熟した力のかわりに未熟な僭越な無力が，内的価値を意識した安静のかわりに，人間の魂におけるこの意識の欠乏が必然に生み出す不安が，わたしたちに分配されます」（247頁）。

第6章　マルクスの教育論　**489**

「方法の指導を受ける子供はまた，そのためにはっきりと特に秀でてきます。子供は判断を下す前に長く緻密に生き生きと観察します。子供は結論したり判断したりする範囲を広げることよりも，正しく判断したり結論したりすることができる力を陶冶することをはるかにいっそう習練します。子供はそのための彼の力を，彼の知識の範囲の拡大に対する浅薄な努力によってよりも，むしろはるかにいっそう秩序ある活動によって，勤勉と労作とによって発達させます。この方針で進めば子供の判断は，子供がまだその判断をひとりで口に出して言いもしないうちに，すっかり彼自身のうちで成熟します」（264頁）。

「愛がなければ子供の身体的の力も知識的の力も合自然的に，すなわち人間らしく陶冶されません。しかし愛においては悟性も腕もまったく確実に，それらの力の合自然的な適用へ，人間らしい適用に向かいます。基礎陶冶は，ただいたわり，喜ばせ，心を高める優しい愛のみを神聖な基礎と認めて――その基礎から出発し，その基礎に立脚するのであります」（267頁）。

柳久雄『生活と労働の教育思想史』（御茶の水書房，1962年）

柳氏は，「第三章　マニュファクチュア段階の労働教育思想――ペスタロッチを中心に」の「第一節　マニュファクチュアにおける農民崩壊と教育問題」で，「産業学校運動」，「生産労働と教育の結合の発端」について述べる。以下，要約して紹介しよう。

マニュファクチュア，すなわち工場制手工業は，一六世紀の半ばから一八世紀の末葉にいたるまで，資本主義的生産過程の形態として支配的であった。われわれの考察するペスタロッチ（1746～1827年）の立っていた歴史的現実も，スイスにおけるマニュファクチュア資本主義の現実的過程にほかならない。新しい生産様式の発達，資本関係の創設は農村経済を破壊したが，農民はそれに対応する技術や能力をもちあわせず，労働意欲を失ったまま怠惰な浮浪者に転落していった。ペスタロッチの有名な教育小説『リーンハルトとゲルトルート』も，このようなマニュファクチュア資本の要求する労働力形成の問題とけっして無関係ではないのである。

かのフランケ，キンダーマン，カンペ，さらにペスタロッチも産業学校運動の推進者であり，ほぼおなじ系譜にぞくするとみられる。一八世紀末から一九世紀のはじめにかけて，多数の産業学校が存在し，ベーメンでは674校，ウェ

ストファーレンでは 231 校，ヴィルテンベルヒでは 342 校，バイエルンでは450 校もあったといわれる。それらの学校では，学習と労働とがくみあわされて，子どもたちは教師をつうじて直接に資本主義的問屋制度に結びつけられ，教室がそのまま問屋下請の作業場となっていた。

　子供たちは，学習時間を一種の休息時間とみなし，労働から解放されていっそう楽しく効果的に学習できると考えられていた。ふつう一般には，労働と学習とは時間的場所的に区切られていたが，ときには同時におこなうことさえあった。つまり，子どもは「その手を機械的に運動させているときに，よりよく思考する」とされ，手の仕事を聖書の暗記や知識の定着などと結合させるようきびしく訓練されたのである。ともかく，産業学校では，民衆を勤勉な働き手にするために，学科の授業よりも，宗教的情操や，勤勉，熱心，節約というような道徳教育が重視された（87 ～ 90 頁）。

　続いて柳氏は，「第二節　ペスタロッチの労働教育思想」と「第三節　全面的調和的発達の人間像」で，「基礎陶冶」，「人間性の醇化」について述べる。

　ペスタロッチが生産的労働を教育の基礎にすえたこと，しかも貧民の状態の必要と立場に適合した教育組織のなかで，生産的労働から人間の全面的発達の教育へと思索をふかめていったことは，労働教育思想の発展に大きな役割をはたしたといわなければならない。

　「人間は，自分の従事している労働のうちに，その世界認識の基礎をもとめなければならない。頭の空疎な理論を，手の労働に先行させるのではなく，主として自分の労働そのものから見解をひきださなければならない。したがって，すべての子どもの教育は，かれじしんの労働を中心として集約されなくてはならない」（『ペスタロッチ全集』第 8 巻，102 頁）。

　たんなる生活の糧を主眼にした労働教育ではなく，逆に，全体的人間の確立のために産業の基礎陶冶が必要だったのである。それは，「人間を全面的に醇化することを目的にしている。ふつう一般の産業教育は，人間性を醇化することを犠牲にしても，パンの稼ぎをめざしているが，産業の基礎陶冶は，人間性のすべての素質の均等な発展によるのでなければ，パンの稼ぎの道を知らないのである。人間性を醇化するということは，自覚ある生活をいみする。したがって，基礎陶冶は，産業を人間化する固有の手段なのである」（Volksbildung und Industrie, Bd.18, S.150）。

じつに，ペスタロッチの『基礎陶冶の理念』も，ここにあったといえよう。それは，失われた人間の全体的統一を回復し，その主体性と尊厳を確立するための基礎教育にほかならない。具体的にいえば，頭と心と手，あるいは知識，心情，技能という三つの基礎能力がばらばらに分裂することなく，「人間性の統一と関連」において有機的に調和することが人間陶冶の理想像とされたのである。もともと人間は，人間であることの本質において統一的全体的であり，全体的人間であることを欲する。これはけっして抽象的な観念論ではなく，人間が生活と労働のなかで自分というものを維持するときの，もっとも本質的な要求にほかならない。人間が生活や労働のなかでいかに疎外されようとも，その生活と労働は，また人間の全体的統一を奪回する有力な拠点でもある。なぜなら，そこには人間のあらゆる可能性が潜在し，創造と進歩のエネルギーがあるからだ。ペスタロッチが基礎陶冶の方法の根底に，生活と労働をすえるのもこのためである（111 ～ 113 頁）。

　そして柳氏は「第四節　新技術の発掘」で，「技能形成」，「人間陶冶」，「道徳的心情」，「生活が陶冶する」について述べる。

　マニュファクチュア段階の家内工業や工場労働は，農業とは異なった身体的能力や特殊な技能を必要としていた。貧民の生活力と収益力をたかめるべき民衆教育は，どうしても必要な技能の習熟につとめなければならない。これは，ペスタロッチの初期からの一貫した課題であり，そのために産業の基礎陶冶をも構想していたのである。それによると，技能はたんなる手先の技能であってはならない。あくまでも人間的諸力を確実に，しかも一般的に発展させて，人間そのものの基礎陶冶の一環とならなければならない。

　そのさいに，技能の形成は，あくまでも一般的な人間陶冶の一環として，その本質的部分として位置づけられていた。「これらの努力（身体的，知的，道徳的）の共通の中心点から出発する技能は，もしそれが人間素質の一般的発達のなかに高次の基礎をもたないならば，まったく異質的なものになるだろう。……この基本的原則の本質によらなければ，民衆陶冶としての基礎陶冶も一つの夢にすぎない」（『ペスタロッチ全集』第 18 巻）。

　かれは，技能の形成が孤立した労働訓練ではなく，人間性の発達と結合することをめざしていたのである。「最下層の民衆においても，生活の糧をうる最高の力と，精神や心情の高次の力とを統一する方法がある」ということ，ここに

技能形成＝産業陶冶の真の意味があった。

　人間的諸力を有機的に統一する核の役割をはたすものが，道徳的心情なのである。道徳的心情こそは，人間を人間たらしめる最奥の本質であって，知識も技能もすべて道徳的心情によって裏づけられ，またそれをいっそう発展させる形において学習されなければならない。道徳性は，動物的自然や社会的諸関係と切りはなされるのではなく，それらによって堕落した人間性を建てなおし，自己を回復するところにある。人間はつねに堕落と廃墟の深淵にしずむ可能性をもっており，堕落した自我にはたらきかけて立ちあがらせること，そのことが道徳であって，このほかに純粋道徳というようなものは存在しないのである。

　「道徳のまったき純粋性は，必然的に，それが出てきた地点に帰っていかなければならない。その地点とは，いうまでもなく，わたくしの無邪気，すなわち不幸も苦痛も罪悪も知らない自己じしんなのである」（『ペスタロッチ全集』第12巻）。

　こうして，人間の無邪気という根源的感情に道徳の基礎をおく思想は，『隠者の夕暮』いらいのペスタロッチの独自の思想である。そして，この無邪気と単純，感謝と信愛にたいする人間感情をもっとも典型的に保持しているのが，家庭の居間における母子関係である。したがって，道徳的心情を形成するには，家庭生活を出発点として，生活の現実に立脚しなければならない。かの有名な「生活が陶冶する」という原則は，あらゆる教育の基本原則であるが，とくに道徳的心情の形成にとって重要であった。

　もちろんペスタロッチは，マニュファクチュアの侵入による農民生活の崩壊，そして家庭の正常な教育機能の喪失については，十分認識していたはずである。それにもかかわらず，人間の道徳的醇化の最後の拠りどころを家庭の居間における愛と信仰にもとめていた。これは明らかに論理的矛盾であり，撞着である。

　（注）「生活が陶冶する」とは，ペスタロッチ教育学の結晶であると同時に，近代の生活教育思想の偉大な源泉でもある。その教育原則は，「すべての合自然的な教育の基本原則」として，道徳的，精神的ならびに身体的な基礎陶冶の根底をなすものであった。それは，人間のすべての認識と実践，思考と行動を包含するもっとも普遍的根源的な原理であった。だから，「基礎陶冶の理念は，教育の原則を『生活が陶冶する』という言葉でいいあらわす」と，ペスタロッチは述べていた。ペスタロッチは，子どもの内部から発展する根源的な力，その

第 6 章　マルクスの教育論　　**493**

自己衝動をすべての教育の基本条件としていた。それは，人間自然の進行過程に合致する教育でもあった。「生活」は，こうした合自然的，合法則的な発展じたいを意味した。したがって，ペスタロッチは次のように主張した。

「生活は，子どもの内部にある自然諸力を全体的にそれじしんによって陶冶する」(122 〜 129 頁)。

　最後に柳氏は「第五節　社会進歩と民衆教育」で，「政治と教育」，「民衆のはたした歴史的役割」，「人間陶冶」について述べる。

　バルトがいうように，ペスタロッチにおいては，教育は究極において政治であり，また政治は本質的に教育であって，両者は同じ目的，つまり人間解放と社会進歩をめざしていたのである。ペスタロッチの思想構造は，フランス革命の衝撃によってその社会認識，政治認識に大きな変化をもたらしている。その重要な契機となっているのが，民衆に対する評価の変化である。初期においては，民衆は家父長的人格によって上から教化される対象にすぎなかったが，『然りか否か』において新しい意義をもって登場し，『探求』においては歴史創造の主体とみられ，さらに『わが時代およびわが祖国の純真者に訴える』において問題の焦点にたったのである。概括的にいえばペスタロッチは，革命の原因とその基本理念の追求によって，民衆のはたした歴史的役割を評価するようになったのだ。民衆は，もはや慈恵によって教化される対象的存在ではなく，みずから政治的に実践する主体的存在になった。

　かれは，特定の国家形態のなかに人類の救済を期待する気持ちはまったくなかった。ここに，かれの思惟様式の特質があり，「つねに人間から出発し，そして人間をめざして思索する」人間主義的，あるいは道徳主義的な傾向がみられる。これは，政治と教育とを人間的本質の使命にむすびつけることであり，政治の問題性が同時に教育の問題性であり，両者がひとしく人間存在の問題性に根ざしていることを意味する。究極には，国家の改革は人間陶冶に帰着する——これがペスタロッチの基本的立場であるということができるであろう(129 〜 132 頁)。

ロバート・オーエン Robert Owen（1771 〜 1858 年）

「ニュー・ラナーク施設についての声明書」（1812 年）

　以下に訳出したロバート・オーエンの匿名の『声明書』は，ニュー・ラナー

ク会社の共同出資者獲得のための趣意書であり，「貧しい労働者階級の状態改善のための積極的措置を心から願う人々のあいだで配布された」（『自叙伝』）。

1800 年からオーエンは，ニュー・ラナークの「統治」を始めた。1809 年，幼児学校など新教育会館を設立しようとし，共同出資者の協力を失う。

都築忠七編『資料 イギリス初期社会主義 オーエンとチャーティズム』（平凡社，1975 年）。以下，要約して引用した。

その結果，その創設におそらく二〇万ポンドほどを要したと思われる村と工場は，現在では個人が創設した生産工場というよりも，国民的慈善施設という様相を見せている。そして事実，それは地域社会にとって非常に興味のある国民的施設になっているのである。なぜならば，この施設は実際上，慈善施設のいちばんよい模範，つまり，貧乏人の性格を落とし，金持を貧しくするかわりに，貧乏人が自力で安楽と独立の生活をするように指導し，それが実際にできるようにし，彼らの勤勉と善行とによって，国の富と資源とを本質的に増してゆく施設になっている，と言っても現在ではまちがいではないだろう。

それらの計画は，人口を増加し，その費用を減少し，家庭的な安楽を増し，人々の性格を一段と改善することを意図していた。こうした目的を実現するために，施設の中心に，前面に囲い地つきの，新教育会館とでも名付けてよい建物がたてられた。

それによって達成をはかる目的の第一は，二歳から五歳の幼児用に遊戯場を手にいれるということで，その遊戯場では幼児たちを容易に監督でき，幼い心を正しく導けるようにし，そしてそのあいだ，幼児の両親たちの時間は，彼ら自身にとっても，施設にとってもずっと有益なことに使われよう。私の計画のうちこの部分は，私の下層階級の子どもたちの観察から生まれた。つまり，普通，彼らが学校に送りこまれてくるときにはすでに，その性格が一般にそこなわれており，悪い習慣が強くしみこんでしまっていることに気がついたのである。望ましい性格を作り出すためには，こうしたことを防ぎ，あるいはできるだけくじかなければならない。この空地は，学校の時間の前後に，五歳から十歳までの子供たちのために集合場所を提供し，少年たちには教練場として役立つはずである。

第二は，非常に望まれている大きな貯蔵庫を確保することであり，この取り決めにより，それは工場と村の両方に最も有利な場所に置かれた。

第6章　マルクスの教育論　**495**

　第三は，個々の家族が現在手に入れることができる材料よりも良い材料を使って，はるかに安い値段で食物の準備ができる大規模な台所である。

　第四は，台所に直接となりあった食堂である。

　第五に食堂は，食卓を天井に即時つり上げることにより空所ができるようにし，成人のうち若い人々が冬のあいだ，一週間に三晩，毎晩一時間ずつ踊ることができるようにする。踊りは正しい規則の下で，彼らの健康に本質的に寄与するものと期待される。

　第六，もう一つ別の部屋は，全長140フィート，幅40フィート，高さ20フィートで，村と工場で働く人々にとっての一般教育室となり，教会となるはずのものである。ここで意図されていたのは，少年少女たちが満足に読み，読んだものを理解するのを教えられ，読みやすい字で早く書き，正確に学びとることを教えられ，算術の基本的規則を理解し，たやすく使えるようにすることであった。

　第七，上記の部屋は，すでに枚挙した，有益な教育の諸部門にいちばん便利なように設置されているだけではなく，講義室と教会としても使えるように意図されていた。講義は冬に一週間三晩，踊りと一晩おきに行なわれ，人々を家庭経済，特に子供たちを訓練してゆくうえで，そしてまたまた子供たちがごく幼いときから習慣を作り上げてゆくうえで，採用しなければならない諸方法を教える打ち解けた講話になる予定であった。またこうした講和によって彼らは，その収入を最も有利に使い，その結果生ずる余剰を用いて，うまく調整のとれた適当な資産をつくりだす方法を教えられるはずであった。このようにして彼らは，いつ，いかなる事情の下でも，欠乏の不安と恐怖とから解放され，彼ら自身の努力とすぐれた行動とから生ずる理性的な独立を与えられる。これなしに堅固な性格や家庭の安楽は期待できないのである。そして最後に，この計画は工場と村からラナークの旧市へ至る道路の改良をも含んでいた。

　新教育会館に関連したこれらの設備は，工場に雇用されている個人にとって恩恵があるとは言え，それらは金銭面から見て，施設の事業主にとっても，少なくとも同様に利益のあるものである。……もしそれら（諸原則）が，一般に採用されれば，その結果，わが工業人口のみならず，全人口が次第にその性格を変えてゆくであろう。下層階級にとって毒である救貧税もなくなるだろう。先を見通す力と節制とが一般に普及し，彼らの労働は知性に導かれ，その結果，

彼らがまもなく経験する幸福は，今まで存在したどんな国民よりも，人数の割に効率的で強力な国民に，彼らを作り上げるだろう。

この制度の急速かつ全般的な採用を確保するためには，重みと影響力をこの制度に加えることを目的として，国内の指導的，最も愛国的な人々が，法人団体許可書を得るという方法によるか，あるいは別の方法によって，団体を結成することを，私は提案する。結論。この実験は，社会全般の幸福を目的として今まで試みられた諸実験のうちで，最も重要なものである，と言ってためらわない（48 ～ 53 頁，佐藤共子訳）

　ロバート・オーエン 『ラナーク州への報告』（1820 年）（渡辺義晴訳『社会改革と教育』明治図書，1963 年。以下，要約して引用した）

　「オーエン思想の解説」 オーエンをたんに教育思想家としてだけ評価するのは無理であります。かれの教育論は，理論的にも実践的にも，社会変革論と深く関連しています（180 頁）。英国では 1819 年の恐慌による窮乏は甚だしく，何万という失業者が飢餓にひんし，商売人は破産するもの多く，全国的に不穏な状況でしたが，ラナーク州にも失業者が続出，労働者の暴動もみられるありさまでした。ニュー・ラナークの統治の成功者オーエンは，州の依頼によって，「わがくにの繁栄と平和を脅かす一大害悪に対する効果的な救済策」を求められ，このために書いたのがこの報告書です（200 頁）。

　労働者の性格を根本的に改良し，かれらの状態を改善し，生産と消費の経費を減らし，生産に見合った市場を創造する制度のもとで，貧民労働者階級に恒久的生産的な雇用をあたえることによって，国民一般の困窮と蔓延しつつある不平をとりのぞくための計画に関する，ラナーク州への報告（1820 年 5 月 1 日）。

　第一部　序　説
　この報告書の主題は，労働者の家族を，共同体の利益になるように養っていくに足る賃金での雇用が，一般に不足しているという害悪に関するものであります。かねがね，報告者たる私は，この害悪の救済策を提案するようにいわれていました。そこで，私はこの問題を一所懸命研究してみましたが，どう考えてみても，結論は次のようになりました。
　一，人間は，科学を利用するようになると，いいかえれば，人為的技術の援

助をうけるようになると，それでもって人間の自然的欲望はいままでと変わらなくても，自分の生産力を増大させることができる。

二，科学的な力，つまり機械力や化学力が増大すればするほど，直接的に，必ず富が増大するのである。そこで，現在労働諸階級に対する雇用不足が起こっている直接的原因は，さしあたり，あらゆる種類の富が過剰に生産されていることにある。

三，市場が十分にありさえすれば，社会の富はまだまだ無限に増大できる。

四，労働者諸階級の雇用不足は，富あるいは資本の不足，または現存する富を飛躍的に増大させる手段が足りないことから起こったとは決していえない。それは，新資本のどえらい増加分を社会全体にどのように分けるかという分配の仕方に，何か欠陥があるためである。つまり，商業上の見地からいえば，市場の不足，生産手段の量に見合った交換手段があたえられていないことによるのである。

もしも私たちが新しい富をつくりだしたあとで，この富の分配を妨げている障害をとりのぞく旨い方法を工夫したならば，私はこれまでの失業者のすべて，および，あらたに失業者の仲間入りした相当数の人びとに，いとも容易にいい働き口を教えてやることができると思うのです。

そこで，これは変な言い方ですが，国中に福の神を放つために，私があえて提案してみたい方法の一つは，価値尺度の変更であります。金銀を価値尺度としたことによって，すべての品物の固有の価値は人為的価値に変えられてしまったのです。その結果，金銀は社会の全般的改良を非常にさまたげてきました。それは実にひどいものでありましたから，この意味から「貨幣はすべての害悪の根源である」といえると思います。ところが社会にとってありがたいことに，これらの金属は，無知によってわりあてられたその役割を，いつまでもはたすことができなかったのであります。この事実は，金銀が，科学的改良を利用して英国産業がふやしてきた巨大な富を，もはや実際に代表できなくなったことを実証しているのであります。そのさい，一時的便法が思いつかれ，そして実施されました。すなわち，イングランド銀行券が英国の法定価値尺度になったのです。

価値の自然的尺度は，もともと，人間の労働，いいかえれば，はたらかせた人間の肉体と精神との諸力の複合である。そこで，この原則をすぐに実践に移

すのは非常に有益で，いまや絶対に必要ではないでしょうか。こうして，人間の労働はその自然的なあるいは固有の価値を持ったものとなりましょう。そしてこの価値は，科学の進歩とともに増大しますが，これこそ科学の唯一の有益な目的そのものであります。

　人間の労働に対する需要は，もはや気紛れにゆだねられることはなくなるでしょう。あるいは，人間生活を維持していく仕事が，現在のようにたえず猫の目のようにかわる，商売上の事柄にされたりしなくなるでしょう。労働者階級は，いままでの未開社会，文明社会のなかでみられたどのような奴隷制よりも，実質的にはるかに残忍な人為的賃金制度の奴隷にされることもなくなると思います。

　価値尺度をこのように変えたならば，すぐさま，最大の利益をあげる国内市場を開拓することができるようになり，ついには万人の要求を十二分に充足させることができると思います。また，さきざき，市場の不足を原因として，いかなる害悪も起こりようがなくなるでしょう。この変更によって，道徳を破壊している現在の個人契約制度をなくしてしまうことができます。いったい，こういう制度こそ人間の性格を下劣なものにし，堕落させる大きな原因なのであります。この変更によって，労働者階級に適当な教育をほどこすための時間と手段が得られるようになりますので，社会から貧乏と無知は急速にのぞかれます。このようにして労働者階級は，自分自身にたいしてだけでなく，社会にたいしても，未曾有の実際的な大利益をもたらすものになっていくでしょう。

　この変更によって，労働者階級だけでなく，すべての階級の状態を漸次に改善していくことができ，それがどこまですすむかはいまから推測できないほどであります。しかもこの価値尺度の変更によって，誰一人として損害をうけたり抑圧されたりするものはないでしょう。というのも，それによって，人間の性質は本当に改良されますし，ひいては万人が例外なくずっと仕合せになるからであります（111 ～ 116 頁）。

　第二部　計画の概要

　現在の制度のもとでは，農業と製造業において，これ以上働き手を雇用して利益をあげていく余地はないし，それどころか両産業は破滅の寸前にあるといえましょう。そこで，消費を生産の発展テンポにあわせていく諸制度が必要になってくるわけです。

　一，土壌の耕作に犁の使用をやめて，鋤を使用すること。

第 6 章　マルクスの教育論　**499**

　二，鋤耕作のために必要な諸改革をおこない，この耕作を各個人にとってや
　　　りやすく有利なものにし，ひいては国に利益をもたらすものにしていくこと。
　三，新しい価値尺度を採用し，これによって，労働のつくり出した生産物の
　　　自由活発な交換をどこまでも促進させ，ついには富がありあまって，それ
　　　をふやしても仕方がないという時になるまで，交換の阻止，制限をゆるさ
　　　ないこと。
　鋤は土壌をある深さにまで掘り起こし，種子や植物の植わっている地層の下
に水を自由に浸み通らせ，そこにじっと水を残しておくことができます。そし
てその後，ながい日照のときに，貯えられた水がまたよび出され，地中の植物
にすこしずつ水分をくれてやるのがいちばん必要なときに，これらの植物をひ
たしてやることができます。鋤は，土壌が十分にありさえすればいつでも，こ
ういう仕事ができるのです（118 ～ 120 頁）。

　第三部　計画の細目
　一　協同組合の適当な人数（小表題の変更——引用者，以下同様）
　土地耕作者の今後の協同組合としては，最小 300 人最大限 2000 人（そのうち，
男，女，子どもの数は自然的割合で決めることとします）を一団として組織する，
こういう制度をつくられるがよろしい。なお土地耕作者は，土地耕作の附帯事
業として有利に思われるような附属的職業にも従事するものといたします。

　二　耕作される土地の面積
　これをどれくらいにするかは，土壌の性質およびその他の地域的特徴をかん
がえて決められるでしょう。労働者を食糧から切り離し，かれらの生存を他人
の労働とあてにならない供給とに依存させたことは，最大の誤謬であったと思
います。ある地域で全部の人間が農業をやり，同時にその附帯事業として製造
業にも従事するならば，そこで養うことのできる人間の数は，同じ地域で製造
業の従事者と農業の従事者がばらばらにされた条件のもとで，農業人口によっ
てのみ扶養されるものよりもはるかに多数になるでしょうし，またずっと快適
な生活をあたえられるでしょう。労働者がこの食糧を消費するのが結構なこと
であると同様に，労働者みずからが食糧の生産者となるのが，有益なこととな
るでしょう。このようにみてきますと，これらの協同組合の耕す最も有利な土
地面積は，組合自身の福祉と社会の利益を基準とした場合，おそらく一人あた

り半エーカーから一エーカー半となるでしょう。それゆえ 1200 人の協同組合の場合では，農業の規模をどれくらいにしたいかの程度に応じ，600 から 1800 法定エーカーの土地が必要となるでしょう。

三　子どもを育成し教育する制度

　協同組合をひとつの家庭としてその家庭内諸施設を配置していく形態としては，正方形あるいはむしろ平行四辺形が，その形の性質からみて最大の利点のすべてを備えたものであると考えます。本当にこの住宅形態は，人間の安楽な生活のために大変多くの利点をもたらしてくれるものであります。

　個人的利益中心の原理は，永久に公共の利益と対立しています。それなのに，とても高名な経済学者先生たちでさえ，これこそ社会制度の土台石であり，これなくては社会が存続できないと思っているのです。この個人的利益中心の原理から，人類間のあらゆる分裂と階級，宗派，党派および国民的敵対の数限りないあやまりとわるさが発生し，それはみなお互いの憤怒と悪意を生み出しておるのです。個人的利益中心の原理は，巨大なおもしのように，このうえなく貴重な能力と性質をおさえつけ，人間がどんな力を発揮しようとするさいにも，誤った方向に指示するものであります。　社会にとって仕合せなことに，こんにちでは，対立しあう個人的利益の制度は，やりきれない誤謬と矛盾の極点に達しているのです。富を創造する実にありあまる手段の真只中にいながら，すべての人が貧乏の状態にあり，あるいは貧民が他の人びとにおよぼす影響からおこる差し迫った危険の中にあります。

　環境によって支配されている現在の社会状態は，その個々の部分をとり出してみてもまとめて全体をみても，環境を支配することができるようになったときに現われる社会状態とは非常にちがいますから，前者から後者に私たちを案内してくれる一段階として役立つ若干の一時的中間制度が必要だと思うからです。私は，これから人びとが導入しようとしている科学を，長いあいだ実際に用いてきました。この経験から，一時的中間的段階のための制度をつくるのが有利である，いや絶対に必要であると確信するようになりました。

　この制度のもとで暮していくうちに，旧制度のなかでみじめな習慣を身につけた私たちは，楽に，漸次的に，そういう習慣をすて，そのかわりに新しい改善された社会状態のもとめる習慣を受けとることができるでしょう。旧社会の

第6章　マルクスの教育論　**501**

生みだした習慣，性質，思想およびそれに伴う感情は，たいへんおだやかに自然死をとげましょう。

　現在人々は，誕生後の幼児に影響をおよぼす環境を，とてもひろい範囲にわたり支配できること，および，こういう環境が人間の性格形成に影響をおよぼすことができるかぎり，現世代の人びとは，次代の人間の性格を一人の例外もなく，自分たちがのぞんでいるとおりの性格，すなわち人間の本性に反しないものにしていくことが可能な時代が，もうすでに到来している，ということであります。私は，こういう原理にもとづいて，子どもたち全部をひとつの家族であるかのように，一緒に教育する制度を勧告いたします。このため，四角形の広場のなかに，ひろい遊び場と運動場のある学校が二つほしいです。第一の学校は二歳から六歳の幼児，第二の学校は六歳から十二歳までの子どものためのものとなるでしょう。

　とにかくこの世の誤謬と害悪のもっとも一般的な源泉のひとつは，幼児も子どもも大人も，自分自身で思うままに形成した自由意志による行為の主体なのだ，という考えであります。そこで，人間を教育するさいに，人間をあたかも自分自身の創造者，自分独自の意志の形成者，自分自身の傾向と性質の作者であるかのように思っているなどということが，本当の知恵のあるしるしといえましょうか。私はそういう疑問をいだくものであります。

　人間の全面的な変革を実現するためには新しい環境を用意することが必要ですが，この環境は，その各部分からみても仕組みの全体からみても，自然の諸法則にぴったり一致していなければならない，ということであります。あたらしい学校の子どもには，系統的に有益な知識を得させる教育をほどこさねばなりません。それは実物教育によるべきです。これによって，子どもの反省力と判断力は，かれの前に提示された経験的事実から正確な結論をひきだすように習熟していくだろうと思います。これらの原理にもとづいた制度が上手につくられ，実施されてきますと，子どもらは，やすやすと，心たのしく，多くの本当の知識を一日のうちに獲得するでしょう。このようにして，かれらは貴重な知識を得るようになります。そのうえ誰の心のなかにも，最良の習慣と性向がしらずしらずのうちにできてきます。それから，かれらは仲間の幸福と諸施設の立派な運営のために必要とされるいっさいの義務と職務を遂行できるように，

502

訓練されるでしょう。そもそも，いつもかわらない人間共同体の立派な統治は，教育の力によってのみ可能なのです。

　教育を考えるとき，それと協同組合のいろいろな職業とのあいだに密接な連関があることをみのがしてはいけません。これはいうまでもないことです。じっさいこうした制度のもとでは，職業教育は教育の重要な部分なのです。というのも各協同組合は，ふつうの生活必需品，便宜品，慰安品の供給物の全部を，自力で生産しなくてはいけないからであります。さて，宿舎ならびに家庭的諸施設は，事情のゆるすかぎり耕地の中心近くに設置されますから，庭園をつくるのにつごうのよい場所は，四角形の広場の外側で，宿舎に隣接したところがいいことになります。これらの庭園はたがいに主要道路によって区切られます。そして，庭園の向こうの方に，かなり遠くまでつづく農場を超えたところに，作業所や工場が設置されるでしょう。

　協同組合の全員は，その工場と作業場でやるどれか一つあるいは二つ以上の仕事に，科学が提供してくれるあらゆる改良された技術を利用して，順番に従事いたします。そのさいかれらは，この仕事を農耕園芸の仕事と交互におこなうのであります。労働と利害の細分化，貧困と無知，この害悪をのぞくためには，どの子どもにも人生の初期にかたよらない一般的教育をさずけるでしょう。これによって，子どもは，社会の正しい目的を実現するのにふさわしいもの，社会に利益をあたえ逆に社会からあらゆる恩恵をうけることができるものになると思います。子どもは12歳になるまでに，これまでに人びとが得たすべての知識の概略を，正確に知るように教育されるでしょう。

　こういう方法で，子どもは，過去の諸時代，自分の生きている現代，自分の置かれている環境，まわりの人びと，それに将来の出来事との関連のなかで自分をとらえ，自分の何であるかをはやくから知ることでしょう。そのときはじめて，子どもは，合理的な存在という名にあたいするのだという誇りをもつのです。子どもは，力が増すにしたがって，自分の共同体の主要な労働のすべてに参加していきます。これによってかれの労役は，大利益を社会にさしあげるでしょう。そして立派な習慣，見識，行儀，性質を身につけ行動力と知識に満ちた労働者階級，が立ち現われるでしょう（133 ～ 160頁）。

　四　諸施設を作り，これを管理する制度。

第6章　マルクスの教育論　　**503**

　新しい村の農業施設および一般作業施設は，つぎのような人たちによってつくられることになると思います。

一，　一人あるいは任意の数の土地所有者ないし大資本家。

一，　公共の利益や慈善事業のために使うことのできるたくさんの基金をもち，基礎のしっかりした会社。

一，　教区と州，この場合は被生活保護者の世話と救貧税をまぬかれたいというのが目的です。

一，農民，職工，手工業者，つまり中産階級と労働者階級にぞくする人びとの組合。このひとたちは，現在の体制の害悪からすくわれたいために，これら諸施設をつくろうとするわけです。

　さて，これらの諸施設の管理の仕方は，管理する当事者によってちがった特徴があります。土地所有者と資本家，協同会社，教区あるいは州が創設者になっているところでは，これらの有力者から任命される人びとが指導者となるでしょう。したがって，こういう人びとが創設者によってきめられた規則や統制に左右されることになるのはいうまでもありません。中産階級および労働者諸階級が特権をみとめない互恵主義によって創設したときには，かれら自身が管理者になるでしょう。そのよりどころとする諸原則は，分裂，利害の対立，反目あるいは勢力あらそいからきっとおこる下品で俗悪な激情をふせいでくれるでしょう。つまり施設の業務は，委員会によって指導されるでしょう。委員会は，一定の年齢の制限をして——たとえば，35歳から45歳まであるいは40歳から50歳まで——協同組合の全員によって構成されます。

　五　余剰生産物の処理と各施設間の関係

　これらの協同組合がつくられるとなると，かんたんな管理により，人間の自然的欲望は十二分にみたされ，（ここでいう意味での）利己心は，もうそんな気持ちをもつ必要がないので，存在しなくなることがわかってくるでしょう。富はそういう協同組合の人びとの間で，それこそとても尊重されるでしょうが，しかしこういう富の生産は非常に容易となり，自分たちのすべての欲望を充足させてあまりあることとなりますので，誰もこれを自分でためこんでおこなうなどという気になりません。

　公正と正義，率直と公平の原理が，こういう社会のすべてのやり方に影響を

あたえましょう。そこでこれらの社会のあいだでは，精神的肉体的労働の産物を交換するのに，なんの障害もなくなるでしょう。すべての生産物にふくまれる労働量は，たやすく計算され（これには現在おこなわれている商品の原価計算の原理をあてにすることができますから），これにしたがって交換されます。そんなわけですから，こういうあたらしい協同組合のひとつができますと，かならず全社会のいたるところで別の組合をつくりたいと思うようになります。そこで，協同組合の数は急速にふえるものと予想していいでしょう。

　六　新施設と国の政府および旧社会との関係
　平時にはこれらの協同組合が，政府をわずらわすことはすこしもないでしょう。なにしろ，組合の内部は，公けの犯罪はいうまでもなく，ふつうの社会ではどうしてもさけられない多数の害悪や誤謬をさえ防止する原理にもとづいて統制されているのですから。裁判所，刑務所，刑罰はいらなくなりましょう。こういうものは，人間性がたいへん誤解されている場合，すなわち社会が個人競争と賞罰という人間を堕落させる制度のうえに成り立っている場合にだけ必要であるにすぎません。つまり，人類の全性格や行動におよぼす確実で圧倒的な環境の影響の科学が，まだ発見されない前の生活段階で必要とされるにすぎません。そこで平時には，これらの協同組合は，政府の負担と手数を非常に多く不必要にするわけであります。
　社会の現段階では，利益を得るために人類はじつにさまざまなことをしていますが，なかんずく戦争こそ，そういう行為の目的を台なしにするもっとも確実なやり方であります。本当に，それは直接ひとの道徳心をころしてしまい，ものを破壊する行為の体系そのものであります。しかるに，道徳心を再興し，ものを保存することこそ，すべての人びとの，またすべての国家の最大の利益ではありませんか。たしかに，戦争に訴えないで，ものごとを処理することのできる原理を発見し，これを実行できないでいるかぎり，人間は合理的存在だなどといえないのです（161 ～ 171 頁）。

　私は，社会の人びとを苦しめている害悪の原因とそれを除去する方法の研究に，生涯をついやした人間であります。そのような私は，人びとの貧乏を富裕と，無知を知識と，憤怒を親切と，分裂を団結ととりかえることを提案するのであります。私は，一時的な迷惑さえ誰にもかけないで，この変革をなしとげるこ

とを提案しているのであります。

　それは「貧しい労働者階級の性格を根本的に改善し，かれらの状態を改良し，生産と消費の費用をへらし，生産に見合ったひろさの市場をつくる制度のもとで，かれらにいつまでも生産的な職業をあたえ，ひいては社会全体の苦しみを救い，不満をとりのぞくための（30年の研究と経験との結論たる）計画」これであります（176 ～ 178 頁）。

　これまでオーエンの著作，『ニュー・ラナーク施設についての声明書』（1812年），『ラナーク州への報告』（1820 年）を，要約して紹介してきたが，以下，オーエンの教育思想の研究についてみてみよう。

永井義雄「オーエン　解説」，オーエン『ラナーク州への報告』

　永井氏は，「オーエン解説」（オーエン『ラナーク州への報告』永井義雄，鈴木幹久訳，河出書房新社，1959 年）で，『新社会観』と『ラナーク州への報告』を材料に，オーエンの「謎めいた存在」，「理解されているようで理解されていない不幸な存在」について見解をのべている。以下，要約して紹介しよう。

　「ロバート・オーエンが人類の知識にたいして重要な貢献をした」のは『新社会観』（1813 ～ 4）からこの『ラナーク州への報告』（1821）までの八年間だと，コールがいったのは，おそらくただしい。オーエンの成功にみちた生涯は，この『報告』でおわるのである。

　『報告』にいたって，資本主義的生産における分業と賃労働関係とが，社会的害悪の根源であることを，彼は理解した。また彼は，資本主義的生産方法が一定の歴史的役割をもっていたことと，そしてそれがつくりだした巨大な生産力が，ついにそれの根底をなす私有財産と，またしたがって階級とをもたぬあたらしい社会制度の出現を，必然にも可能にもすることを感知した。

　ところで『新社会観』と『報告』とのあいだに，オーエン思想の基本的性格に，根本的な，すくなくともかなりの変化があったようにしばしばいわれる。「温情家」，「博愛主義者」とよばれた段階から，エンゲルスもいったように「共産主義者」といいうる段階に，彼ははいるのである。功利主義にもとづく環境論的教育論が中心をしめる『新社会観』と，社会体制をめぐる批判と新構想との『報告』とのあいだには，たしかにすでにふれたようにへだたりがある。しかしな

がら，これら二つの著作の相違は，ブルジョア的視点とプロレタリア的視点との相違ではけっしてないと，わたしはおもう。エンゲルスが指摘したことば，すなわちオーエンの共産主義的ユートピアは「商人的打算の結果」であるということばは，きわめてするどいものをふくんでいるように，わたしにはおもわれる。

この『報告』にえがかれた「計画」すなわち「あたらしい組織」は，たんに一つの「村」（コミュニティ）である。それは，『新社会観』における「ニュー・ラナーク工場」が他におよぼさるべき模範であったように，漸次的に資本主義を克服する一つの模範である。資本主義の「全面的変革」が彼の主張であって，部分的改良に妥協しなかったことは，オーエンのばあいにけっして，みおとされてはならないのだが，同時に彼が，いかなる点でも資本主義社会との摩擦が生ずることを，注意ぶかくさけている点も，みおとされてはならない。これは，いかに調和させられるべきであろうか。

産業革命のまさに渦中において，まだあらわれたばかりの自己を表現しえなかったプロレタリアートの，劣悪な労働と生活との諸条件の改善にたいして配慮をしえたのは，良心的ブルジョア以外にはいなかったのである。オーエンのこのころの諸著作は，産業革命の実体を内側からてらしだしていて貴重である。人類の全面的福祉と生産能率との手をたずさえての向上というのが，オーエンの一貫せる願望であり，彼をユートピアにみちびいたものであった。コールは，オーエンを「謎」めいた存在だといったが，わたしはまた，彼は，理解されているようで理解されていない——「ロバート・オーエン協会」をもつ日本も例外ではないであろう——不幸な存在のようにおもえる（299〜302頁）。

芝野庄太郎 『ロバート・オーエンの教育思想』（御茶の水書房，1961 年）

オーエンは，『ラナーク州への報告』（1820 年）の第二部「計画の概要」で犁耕作から鋤耕作への転換をのべているが，これについて「学識あるひとびと（エジンバラ評論グループ）」，「実際の農業家，商人，科学者，経済学者，政治家，哲学者」からの「単純でつまらない変革」という反論を想定している。これについて芝野氏は『ロバート・オーエンの教育思想』「第三章 経済と教育」で，次のように説明されている。以下要約して紹介しよう。

オーエンの友人に「近世経済学の新派」と呼ばれるグループがあった。ジェ

ームズ・ミル，リカード，ジェームズ・マキントッシュ，フランシス・プレース，ジェレミイ・ベンタムなどが，このグループに属していた。オーエンは，彼らと親交をもっていた。オーエンと彼らとに共通する主張は，最大量の富が生産されること，及びすべての国民のための一般的な国民教育についての意見であった。しかし，オーエンの主張する「貧民および失業者の国家的雇傭」と，労働階級による真の富の最大量の生産，とについては彼らは常に反対であった。

この経済学者たちとオーエンとの意見の相違は，彼ら経済学者たちは，現実の実際的経験をもたず，ただ観念で，思想的に最大量の富の生産を考えていたのに対して，オーエンは，宗教観や人間観の相違は勿論であるが具体的には，実際的な工場経営の経験を持っていた点である。オーエンはマンチェスターで500人の職工たちと五年間管理，経営し，またニュー・ラナークで行った「協同と一致」の精神で結合された労働者たちに，科学的な工場管理を実施すれば，合理的な，すぐれた人々の教育と，最大量の富の生産が可能であるとの強い確信をオーエンは持っていた（157 ～ 158 頁）。

産業革命の使徒と呼ばれたアダム・スミスの学説によれば，「レッセ・フェール」の経済構造において，個人が自由に富を追求することは，究極において公の富の増大をもたらすことが出来た。富の獲得のためには，競争もまた是認される段階であった。しかしオーエンの時代においては，このような個人の自由競争を是認する楽天的，自由放任の経済原理では到底，すべての人々の幸福を獲得することが出来ない経済状態に到達していた。新しい社会状態は，新しい経済原理を要求している。それは「最大多数の最大幸福」を目標とする「協同と一致」の社会体制であり，経済原理でなければならなかった。新しい社会は，新しい原理を要求し，新しい教育を必要とする。すべての個人が，その天与の諸能力を発展し，個性の最善を尽し，協同一致して，福祉社会を建設する知識の涵養，これこそ，オーエンの求めていた合理的人間の教育であった（160 頁）。

他方，芝野氏は前掲著「第二章　宗教と教育」で，ルソーとオーエン，「人間の自然」，「自然の法」について説明する。

われわれは，オーエンの隣人愛にもとづく「自然の法」は，ルソーの自然法の精神に符節を合するごとく類似していることを感ずるのである。もちろん，両者の生活した時代と社会的環境の相違を認めなければならない。すなわちルソーの方は，フランス革命の前夜における封建的絶対主義に対する自然法の強

調であり，オーエンの場合は，イギリス産業革命の成熟期における自然の法の強調である。イギリスにおいてはすでに 1688 年に名誉革命を通過し，百年を経過して資本主義がその暗黒面を露呈していた。

　ルソーの主張した自然法の精神を，個人に即して考えたものが『エミール』であり，国家，社会に即して考えたものは『社会契約論』である。両著作とも 1762 年に出版された。ルソーにおいては，一切の思想の基礎は『人間の自然』または事物の自然である。『エミール』は，国家とか社会とかに関係なく「人間の自然」を積極的に強調したものであり，『社会契約論』は「人間の自然」が国家の限界において，いかに保持できるかを，消極的に考察したものとみられるであろう。

　オーエンにおいては，個人の完成と個人の幸福とは，彼の思想を支える根本基調であるが，その個人の完成と幸福とは，福祉社会の建設に努力して，社会のすべての人々，すなわち人類，同胞の完成と幸福に貢献する努力に比例して獲得されるものである。オーエンの経済論，政治論，法律論は，その理想において，個人の幸福と，社会，国家の道徳的理念との直線的な結合である。そのための理想主義的な社会改革である。もしオーエンの思想をルソー流に表現するならば，『社会契約論』の立場において，『エミール』的教育思想を摂取し発展させたものということが出来るであろう（127 ～ 128 頁）。

　芝野氏は同著「第八章　教育史上の意味」で，「ペスタロッチとオーエン」について述べる。まず両者の関連を，時代背景をふまえて説明する。

　1818 年，オーエンが大陸旅行をおこない，イヴェルドンに老ペスタロッチを訪問している。その訪問記によると，老ペスタロッチは，情熱をもって人間のもつ諸能力の調和的発展の理想を述べている（366 頁）。

　ペスタロッチの生産技術の教育は，『ノイホーフの貧民学校』，『スイス週報』，『リーンハルトとゲルトルード』を通じて，農業生産の技術と，工場における手工業の生産技術の両方の技術能力を身につけることを目標にしていたのである。農業技術，工場における生産技術は，ともに手工業技術であって「熟練」することが教育の目標であった（367 頁）。また，ペスタロッチの政治観念は，フランス革命を境として大きな変革をもたらしている。フランス革命以前は，封建主義，あるいは厳密にいって，絶対主義国家体制の擁護の立場に立っていた。フランス革命以後は，市民社会建設の政治観念をもって，市民的自由を強く表面

第6章　マルクスの教育論　**509**

に押し出して来ている。

　他方，オーエンの生活したイギリスにおいては，すでに百年前，すなわち
1688 年に名誉革命が行われ，1690 年に出版された，「市民革命の使徒，ジョン・
ロック」の『政治論』によって，市民社会はその向かう方向を決定され，「産業
革命の使徒アダム・スミス」によって，すでに資本主義が隆昌の一途をたどっ
ていた。市民的政治の自由から，経済的自由へと発展し，資本主義が，すでに
その暗黒面を露呈して，資本家階級に対する労働階級の抗争と対立を示し初め
ていた。オーエンはこの時，政治的，経済的な平等を理想として，万民の幸福
のために，資本主義体制から，協同を原理とする社会主義体制へと，その社会
の向かう方向を指示し，これを実現しようとした。そして，この協同的な社会
主義を建設するための唯一の基本を，労働階級のための教育という機能によっ
て成就しようとしたのである（370 〜 371 頁）。

　さらに芝野氏は，「両者の教育の目的および方法」について述べる。

　ペスタロッチにおいては，封建的国家，あるいは絶対主義国家体制から，市
民的社会に変革する渦中において，民衆に幸福を与えるための最も基本的機能
として教育を考えた。教育の目的は，人間の内面的な諸能力を，それぞれの個
性に応じて，調和的に発達さすことにより，よりよき市民社会を建設すること
であった。教育の方法原理としては，合自然による直感，労作，生活の三原理
を発見した。ペスタロッチの教育学における他人の追随を許さない功績は，こ
の方法原理の研究であった。

　オーエンにおいては，資本主義体制より協同的な社会主義体制への変革にお
いて，これを実現し，万人を幸福にする根本機能は教育であった。教育の目的は，
ペスタロッチと同じく，人間の天与の諸能力を，その個性に応じて発展させ，
これによって社会主義体制を確立し，最大多数の最大幸福を実現することであ
った。教育方法においては，これも同じく，直感，作業，生活の三つの方法原
理を協調している。しかし，直感論の構造分析はペスタロッチの長ずるところ
であり，作業の原理において，科学技術面の配慮は，オーエンの長ずるところ
である。それぞれ，その個性と時代と社会の相違により，そのユニークな点
に大同小異はあるが，諸能力の調和的発展と，その方法原理において，オーエ
ンは，ペスタロッチの流れを汲むものであり，ペスタロッチの精神をイギリス
産業革命期に実践したものである。

510

最後に芝野氏は,「両者の教育史での関連」について述べる。

1818年のペスタロッチ訪問以後は, オーエンのニュー・ラナークの性格形成学院において, ペスタロッチの算数の教科書が採用されている。「メンタル・アリスメティク」として使用されている。また, アメリカの「ニュー・ハーモニィ」においては, ペスタロッチの門弟, マックルーアが全権を委任されて活躍していた。ペスタロッチの思想が, オーエンを通して, イギリスの教育界, 特に幼児学校に宣伝され, 従来の注入教育に対して, 新しい自己活動による教育が拡大されるに至った。なお, ロバート・オーエンと, フレーベル (1782 ～ 1852年, ドイツ) との間には, 個人的, 思想的には何らの関連もなかった。それにもかかわらずここに取上げる理由は, オーエンは世界で最初の幼児学校の創始者であり, フレーベルは世界で最初の幼稚園の開設者であったからである (372 ～ 373頁)。

柳久雄 『生活と労働の教育思想史』(御茶の水書房, 1962年)

柳氏は, 同著「第四章 産業資本主義における教育思想Ⅰ——オーエンとマルクス」の「第一節 産業革命と児童労働」で, 産業革命の労働者への影響, とくに婦人労働と児童労働の導入について述べる。以下, 要約して紹介しよう。

イギリスではじまった産業革命は, 資本主義的生産様式の新しい段階をひらき, 生産力の飛躍的発展をもたらした。それは, 産業資本主義の本格的開始をつげるものであり, 現代のあらゆる社会問題, 政治問題の直接の発生始源でもあって, まさしく人類の歴史的転期であるといってよい。産業革命が, 蒸気機関や紡績機械など, 機械の発明と技術の進歩にみっせつにむすびついていたことは, いうまでもない。かのトインビー (A. J. Toynbee) も, 産業革命についてこうのべている。

「われわれは, 今もっとも暗い時期に接近しつつある。これは一国がまだかつて経験したこともないような, 不幸な恐るべき時期である。というのは, 富の大きな増加とともに, 貧困の巨大な増加があらわれ, そして自由競争の結果である大規模生産が, 両階級の急速な離間と, 生産者の大集団の堕落とにみちびいたからである」(『英国産業革命史』塚谷訳, 邦光書房, 1953年)。

エンゲルスによれば, 1839年のイギリス工場労働者のうちで, 成年男子労働者のしめる比率は23%であり, 約50%が18歳未満の年少者にしめられていた。

第6章　マルクスの教育論　　**511**

さらに，全労働者を男性と女性の割合でみると，前者は43％，後者は57％であった。木綿工場では，全労働者の56％が，羊毛工場では70％が，絹と亜麻紡績工場では71％が女性であった。広汎な児童労働の存在は，工場制機械生産によってその技術的基礎をあたえられ，産業革命いらいながく存在している現象である。機械装置は，労働生産性をたかめる労働手段の革命であるが，同時に，「資本のもっとも固有な搾取領域である人間的搾取材料を拡大するとともに，搾取度をも拡大するのである」（『資本論』）。

　それは，婦人労働と児童労働の導入を必然的に要求し，その必要性を促進せざるをえないのである。オーエンも，当時の工場主が，六歳から八歳の子どもたちを救貧院から補給され，食事時間をのぞいて，朝六時から夕方七時まで酷使していたことを報告している（『新社会観』141 ～ 148 頁）。

　続いて「第二節　オーエンの社会改革論」で，「貨幣という人為的価値標準から労働という自然的価値標準への変革」について述べる。

　オーエンは，労働がいっさいの価値源泉であることをスミスやリカードの古典派経済学から学びとって，社会主義的労働価値説を発展させたのである。「労働は価値の唯一の一般的尺度であり，同時に，その唯一な正確な尺度である。いいかえると，それは，われわれがあらゆる時と処において，各種の商品の価値を比較することができる唯一の標準である」（A. スミス『国富論』1776 年。大内，松川訳，岩波文庫① 163 頁，1959 年版）。

　貨幣は，あらゆる価値の尺度となることによって，富の本質的価値にかわる人為的価値の支配をゆるしたのである。オーエン「貨幣はすべての害悪の根源である。」この貨幣が資本主義社会をささえる価値の標準であるとすれば，労働が新しい社会主義社会をささえる価値の標準にならなければならない。これがオーエンの主張する「価値標準における変革」なのである。いわば貨幣という人為的価値標準から，労働という自然的価値標準への変革である。「価値の自然的標準は，原理的にいえば，人間労働なのである。すなわち，行使された肉体的ならびに精神的人間諸力の結合なのだ」（『ラナーク州への報告』）。

　オーエンは，その理想社会を次のようにえがいていた。

　「人間労働はその自然的本質的価値をかくとくし，その価値は科学の発達とともにますます増大するだろう。じっさい，これが真に有用な科学の唯一の目的なのである。人間労働に対する需要は，もはやいかなる恣意にも従属せず，人

間の生活資料はたえず変化する商業商品に依存せず，労働者階級は人為的な賃金制度の奴隷にならないだろう。……それは，労働者階級の適切な教育の時間と手段を提供することによって，社会から貧困と無知を追放するだろう」（『ラナーク州への報告』159 〜 162 頁）。

　次いで，「協同と一致の村」について述べる。

　「協同と一致の村」は，労働者の住宅，食物，衣料の世話をするだけではなく，村の中央部に協会，礼拝堂，学校，食堂などを建てて，文字どおり生活と労働をともにする協同体であった。この協同体は，オーエンの多年にわたる実際経験——とくにマンチェスターにおける 500 人の労務管理とニューラナークにおける 2500 人の組織運営——にもとづいているほか，その基礎となる原理をもっていた。

　いな，より端的にいえば，あらゆる問題が，人間の無知と貧困と隷属とを根絶して恒久的な幸福を達成するという一点に凝集され，そのための人間教育が最大の課題となり，協同体そのものが教育社会となるように構想されていたのである。あとでのべるように，オーエンの社会改革が，究極において教育を原動力とし，ひっきょう教育による社会改革にならざるをえなかった理由もここにあるだろう。

　オーエンによれば，私有財産＝資本は人間を近代的奴隷たらしめる元凶であり，何も所有しない労働者を圧迫するばかりでなく，資本家をも人間性を失わせて冷酷非情な存在にしてしまう。それは無限の犯罪と悲惨をうむ原因であって，「原理において不正であり，実践において不賢明であり，結果において邪悪である。したがって合理的社会においては，私有財産は存在を許すことができないもの」である（芝野庄太郎『ロバート・オーエンの教育思想』御茶の水書房，1961 年）。

　そして「教育による社会改革」について述べる。

　だが，オーエンは，革命的手段によって支配階級から政治権力を奪取することを考えていなかった，ということである。かれは，はっきりと革命による社会変革の道を拒絶して，もっぱら教育による社会改革を推進しようとしたのである。社会的矛盾をとりのぞくためには，「社会制度の再編成が包括的であり，むしろ普遍的でなければならない」ことをみとめながらも，「それは，あらゆる

団体，すべての人びとの善意と心からの一致をもって，平和裏に実現されるだろう」と考えていたのである（『ラナーク州への報告』）。

　ここに，オーエンの社会改革論の核心があるといってよい。それでは，どのようにして可能であるのか。かれは，このような循環系列をたち切る突破口を民衆の無知の除去，望ましい環境設定による性格形成，すなわち教育にもとめたのである。したがって，教育によって無知を退治し，立派な性格を形成することが，何よりも先決条件になってくる。

　1816年1月に，歴史的な「性格形成学院」を開設したときに，無知の追放こそ理想社会建設の要件であると強く訴えていた。その主旨はつぎのようなものであった。「世人は一千年泰平の世——理想社会のこと——を，どのように解しているか知らないが，わたくしはそれを犯罪，貧困，悲惨のない，人びとの健康な幸福と，英知とが，今の世の百倍にもなる社会だと思う。このような社会をつくり出すことを妨げているものは何か。それは人類の無知である。したがって，この呪うべき無知の悪魔を教育の力によって追放しなければならない」。

『ニューラナークの住民にたいする声明書』

　しかしこれは，政治と教育との関係において，教育を一面的に過大評価するとともに，他方では政治権力の実態を過少評価する危険を内包しているといわなければならない。これは，オーエンの思想の欠陥にもよるが，かれの立っていた歴史的情勢の制約でもあるだろう。なぜなら，当時の労働者階級はまだ歴史をつくる主体的勢力として成熟せず，独立の政治行動にでる能力を十分にもっていなかったからである（163〜171頁）。

　最後に「第三節　その労働者教育と性格形成」で，「オーエンの性格形成論」および「生産的労働と教育の結合」について述べられる。

　オーエンは，人間の性格形成が誕生と同時にはじまり，幼児期の生活習慣が生涯の性格に大きく影響すると信じ，幼児から合理的原理によって思考し行動する習慣を形成しなければならないと考えていた。しかし，現実には貧困労働者の親たちは，百人のうち九九人までは，子ども，とくに自分の子どもを教育する方法をまるで知らないといわれた。ここに，合理的な幼児学校を必要とする最大の理由があった。

もともと，オーエンは工場労働から子どもたちを解放して，性格形成学院で楽しい生活と教育をあたえることを考えていた。しかし，10歳以上の子どもや大人が工場労働をおえてから勉強するために，学院の内部に夜間学校を設けていたのである。この夜間学校は，働く子どもにとって基礎教育の意味をもつとともに，大人にとっては社会教育と職業教育の役割をはたした。『ラナーク州への報告』では，生産労働と教育との結合がいっそう意識的に自覚されていた。

「訓練と教育は，協同体の仕事ときんみつに結合していなければならない。じつに，この制度のもとでは，協同体の仕事が教育の本質的な部分となるだろう」。

「どの子どもも，幼い時から一般教育をうける。その一般教育は，かれを社会の固有の目的に適合させ，社会にとってもっとも有益で有能な存在にするのである。一二歳になるまでに，かれは人類がこれまでに到達したすべての知識の輪郭について，正しい見解をかくとくするように，楽な仕方で，教育されることができる」。このように，労働者階級とその子どもたちは，もっとも進歩した高度の生活水準に到達できるとされた。

「子どもたちに，人生の進歩した有用な技術の原理と実践の知識を習得させ」，これらの技術と知識，つまり高度の機械力や化学力の活用によって，「社会に利益をあたえる最大量の富を，最少の時間で生産させること」が，できると主張されたのである（芝野庄太郎『ロバート・オーエンの教育思想』）。

こうしていまや，個人的利益と社会的利益とが合致する協同体においては，生産的労働は人間のあらゆる身体力，精神力，道徳的感情を最高度に発達させ，いわゆる全面的発達の可能性をひらくことができるわけである。人間労働が価値標準となる社会体制では，子どもの労働は搾取の道具から，人間の全面的発達の手段に転化する。また，この思想が，すべての子どもに教育機会をあたえ，公費によって維持される公教育の思想を発展させるうえで，大きな力になったことも容易に理解されるだろう。教育はすべての人間の権利であり，社会の義務である。

しかも，そのような教育の権利思想が，資本主義的生産様式のもとでの児童労働を否定的媒介として生み出されてきたところに，歴史と教育についての弁証法的把握があると思われる。つまり，歴史における社会的生産力の発達が，資本主義の内部矛盾を媒介として，人間労働の価値を自覚させ，同時に生産労働を基盤とする新しい教育形態を予見させたのである。だからマルクスは，オ

ーエンの工場学校のなかに，将来の教育形態の萌芽を発見することができたのである。「ロバート・オーエンについて詳細に究明しうるように，社会的生産の増大のための方法としてのみでなく，全面的に発達した人間の生産のための唯一の方法として，一定年齢以上のすべての児童のために，生産労働を教授および体育と結合するであろう将来の教育の萌芽は，工場制度から発したのである」と（『資本論』177 〜 191 頁）。

517

<h1>あ と が き</h1>

　私の研究を進めるうえでまた本書の執筆にさいし，多くの力を得たものに東北大学社会思想史研究会がある。それは元東北大学経済学部教授の服部文男氏を中心に，その門下生が集まり，毎年仙台で開かれる社会思想史研究会である。私は大学院時代からこの研究会に参加してきたが，拙い私の報告に対し先輩諸氏から親身の御指導を頂いたことは，感謝の念に耐えない。

　昭和61（1986）年東北大学経済学研究科大学院を終了し，同助手を経て，平成3（1991）年北海道教育大学教育学部釧路校に職を得た。そして教育学部という大学時代とは異なる環境で継続して研究を行うことができたのも，この社会思想史研究会に負うところが多い。また，1989年のソ連の崩壊，EU統合，米国のIT情報化，そして日本の平成不況，2011年の福島原発事故など，激動する時代のなかで，経済学研究の意味を問い続け，自分の研究を掘り進めることができたのもこの研究会で培った探求能力にもとづく。研究会での自由な討議から，世界史の動向をつかみ，自分の研究の意義とその役割をつかむことができたのである。

　さらに，北海道教育大学教育学部での諸作業から多くの刺激を得た。教育学部の独自な，自由な性格から経済学研究の意味をあらためて考えさせられたのである。私の属する社会科教育専修には，経済学の他に，地理学，歴史学，倫理学，哲学，法律学，政治学，社会学，社会科教育学があり，それらの総体が社会科教育をつくるのである。さらに学生の教育実習等の指導から小，中学校を訪問し，諸先生，児童等と話すことから，教育への理解を余儀なくされ，教育問題と経済学との関連を次第に考えるようになった。

　そして，これらのことから自分の研究を従来とは少し異なる，より広い視野からみることができるようになり，とりわけ社会経済生活における人間のあり方を捉え返すことができるようになった。そこから経済学部での研究では感じることのできなかった感覚，地域社会の進歩，地域の人々の生活，子どもたちの遊びと学びを得ることができた。感謝の念に耐えない。

　最後に本書を作成するために，これまで発表してきた論文を利用したが，以下に年代順にその論文名を記すことにする。

「国際労働者協会と組織原則」——総評議会と各国組織との関連を中心に
『マルクス・エンゲルス・マルクス主義研究』第 15 号，1992 年。

「国際労働者協会と労働組合（1）」——マルクスによるイギリス労働組合主義
批判
『マルクス・エンゲルス・マルクス主義研究』第 19 号，1993 年。

「国際労働者協会と各国労働者党」——マルクスの政治運動論
『マルクス・エンゲルス・マルクス主義研究』第 20 号，1994 年。

「国際労働者協会と組織原則」——総評議会と大会を中心に
『釧路論集』第 31 号，1999 年。

「国際労働者協会と組織原則 II」——大会決議の作成を中心に
『マルクス・エンゲルス・マルクス主義研究』第 34 号，2000 年。

「国際労働者協会と組織原則 II」——ジュネーブ大会とローザンヌ大会
（上）（下）
『北海道教育大学紀要』第 51 巻 2 号，52 巻 1 号，2001 年。

「国際労働者協会と組織原則 II」——1871 年ロンドン協議会
『釧路論集』33 号，2001 年。

「国際労働者協会と組織原則 II」——1872 年ハーグ大会
『釧路論集』34 号，2002 年。

「マルクスの教育論」
『マルクス・エンゲルス・マルクス主義研究』第 41 号，2004 年。

本書を，いまはなき両親にささぐ。

著 者 略 歴

荒 川　繁 （あらかわ　しげる）

　1954 年富山市で生まれ，1975 年東北大学経済学部入学，1981 年同大学院入学，1986 年同大学院修了，同助手，同研究生を経て 1991 年北海道教育大学釧路校に採用，現在同大学准教授に至る。

第一インターナショナルとマルクス主義

2019 年 11 月 1 日　第 1 版第 1 刷印刷	著　者　　荒　川　　繁
2019 年 11 月 10 日　第 1 版第 1 刷発行	発行者　　千　田　顯　史

〒113 — 0033 東京都文京区本郷 4 丁目17 — 2

発行所　　(株)創風社　電話 (03) 3818 — 4161　FAX (03) 3818 — 4173
　　　　　　　　　　　　振替 00120 — 1 — 129648
　　　　　　　　http://www.soufusha.co.jp

落丁本 ・ 乱丁本はおとりかえいたします　　　　　印刷・製本　光陽メディア

ISBN978 — 4 — 88352 — 258 — 3